역주

소학집주 번역소학 소학언해

❷

역주 소학집주 번역소학 소학언해

2

김진식 역주

한국문화사

역주 소학집주·번역소학·소학언해 2

1판 1쇄 발행 2025년 8월 28일

역 주 자 | 김진식
펴 낸 이 | 김진수
펴 낸 곳 | 한국문화사
등 록 | 제1994-9호
주 소 | 서울시 성동구 아차산로49, 404호(성수동1가, 서울숲코오롱디지털타워3차)
전 화 | 02-464-7708
팩 스 | 02-499-0846
이 메 일 | hkm7708@daum.net
홈페이지 | http://hph.co.kr

ISBN 979-11-6919-333-7 94140
ISBN 979-11-6919-331-3 (세트)

오류를 발견하셨다면 이메일이나 홈페이지를 통해 제보해 주세요.
소중한 의견을 모아 더 좋은 책을 만들겠습니다.

머리말

《소학(小學)》은 주자학(朱子學)의 기초 학습서였다. 주지하다시피, 주자학은 안향(安珦)이 고려 말에 원나라로부터 전래하였다. 안향은 1289년(충렬왕 15년)에 왕을 호종하여 원나라에 들어가 《주자전서(朱子全書)》를 베끼고 공자(孔子)와 주자(朱子)의 화상(畫像)을 그려 다음해에 돌아왔다. 이어 공자 사당인 문묘 설치를 위한 준비와 인재 양성을 위한 재정적 기반으로 섬학전(贍學錢) 설치를 주도했다. 당시 고려 말의 시대 상황은 무신의 장기 집권, 불교의 부패, 무속의 성행, 몽골의 침탈 등으로 국내외적으로 위기가 가중되고 있을 때였다. 안향은 이러한 때에 민족주의, 명분주의, 주지주의적인 수양론(修養論)의 특성을 지닌 주자학을 적극적으로 수용하고자 하였다.

고려 말의 주자학은 성균관을 중심으로 안향・백이정(白頤正)・권부(權溥)・이색(李穡)・정몽주(鄭夢周)・길재(吉再) 등에 의해서 계승되었다. 고려가 망하고 조선이 성립하는 과정에서 사상적 전환의 계기가 된 배불숭유(排佛崇儒) 운동으로 주자학은 더욱 발전하게 되었다. 주자학은 조선시대에 이르러 크게 융성하였고, 그 기초적인 학습서에 《소학》이 있었다.

조선에서는 《소학》을 익히기 위해 두 가지 방안을 강구했다. 하나는 《소학》 이해에 필요한 주석서(註釋書)를 확보하는 일이었고, 다른 하나는 한문으로 된 《소학》을 당시 사람들이 쉽게 이해할 수 있도록 한글 번역서(飜譯書)를 만드는 일이었다. 《소학》의 주석서로는 《소학집성(小學集成)》·《소학집설(小學集說》·《소학집주(小學集註》 등이 주로 읽혔다. 《소학집성》과 《소학집설》은 모두 중국학자가 엮은 책이다. 하사신

(何士信)의 《소학집성》은 《소학》 이해에 어려움을 겪던 조선 조정이 1425년(세종 7년)에, 거금을 들여 중국으로부터 1백 권을 구입해 보급한 책이다. 그리고 정유(程愈)의 《소학집설》은 1491년(성종 22년), 북경 사행길에 김일손(金馹孫)이 저자로부터 편찬 5년만에 직접 구해 보급한 책이다. 특히 《소학집설》은 당시 조선 사회에서 많은 독자를 가졌던 것으로 추정된다. 《소학집설》이 도입된 지 6년 후인 1497년(연산군 3년) 12월에 단성훈도(丹城訓導) 송헌동(宋獻仝)은 상소문을 한 장 올린다. 송헌동은 재변(災變)을 극복하는 방안으로 17가지를 제언하는데, 그 중 제1조로 당시 조선에서 관행적으로 실시되고 있는 과부 재가 금지 규정을 특별한 조건 하에서 완화해야 한다고 주장하였다. 의정부와 육조를 중심으로 이루어진 논의는 소수의 찬성파와 다수의 반대파로 견해가 갈리었다. 이때 반대파인 정석견(鄭錫堅)은 《소학집설》 〈가언(嘉言) 제5〉 제44장을 들어 논리를 폈다. "남편을 잃은 부인이 개가하는 것은 실절(失節)하는 것과 같으며, 실절하지 않는 것이 생명을 지키는 것보다 더 중요하다."는 정이(程頤)의 견해를 주 내용으로 삼고 있었다(《연산군일기》 권28, 3년 12월 기묘). 물론 개가 금지라는 당시 관행이 현대와 맞지 않음은 분명하나, 《소학집설》이 당시 조정에서까지 논의의 준거로 이용될 만큼 그 영향력이 컸음을 알 수 있다. 결국 찬반 논쟁은 반대파의 승리로 끝났다.

중국학자들의 주석서는 또 다른 주석서인 이이(李珥)의 《소학집주》와 중앙정부 주도의 번역서인 《번역소학(飜譯小學)》·《소학언해(小學諺解)》에도 영향을 미쳤다. 1579년(선조 12년) 원고를 완성하고 1612년(광해군 4년)에 출간된 《소학집주》는 기존의 두 주석서가 갖는 문제점을 극복하고, 이들을 뛰어넘는 주석서를 독자적으로 만들겠다는 문제의식에서 출발하였다. 이이는 기존의 주석서를 그대로 활용하거나 변형시키며, 자신의 의견을 덧붙여 주자학에 대한 생각을 뚜렷이 부각시키려 하였다. 따라서 이 책을 읽는 사람들은 이이가 이끄는 방식으로 《소학》의 언어와 논리와 세계에 다다르게 되었다.

한편, 두 주석서를 바탕으로 하는 《소학》 공부는 한문이라는 절대적인 언어 장벽으로 인하여, 주자학의 심오한 내용을 온전히 이해하기에는 어려움이 있었다. 따라서 1518년(중종 13년)에 발간된 《번역소학》과 1588년(선조 21년)에 발간된 《소학언해》는 《소학》과 주자학을 이해하는 데 획기적인 전환점을 제공해 주었다. 이들이 발간됨으로 인하여, 조선의 문화 경계는 확장될 수 있었던 것이다. 그들의 번역 방식이 의역이든 직역이든 주석서보다는 조선에서 《소학》을 수용할 폭이 확장되었으며, 《소학》의 세계가 훨씬 친밀한 언어로 조선의 문화 속으로 들어올 수 있었다.

역주자(譯註者)는 43년여를 교육자로 살아오다가 정년퇴임을 하였다. 재직 중에는 혼자서 한문 전적(典籍)을 보다가, 퇴임 후에 본격적으로 서당 근독재(勤讀齋)에 나가 한문 공부를 하게 되었다. 한학 연구 외길을 걸어오신 석촌(石村) 이두희(李斗熙) 선생님을 모시고 《소미통감(少微通鑑)》, 《소학》, 《대학》, 《중용》 등을 공부하면서, 사서(史書)나 경서(經書)의 해석이 어렵다고 늘 생각하고 있었다. 고립어(孤立語)인 중국어는 교착어(膠着語)인 한국어와 달리, 문법 형태소가 없기 때문에 문장 구조를 정확히 이해하기가 어렵기 때문이었다. 더군다나 《소학》은 중국의 여러 경서·사서·성리서(性理書) 등에서 발췌한 문장으로 되어 있어, 독자들의 접근을 쉽게 허용하지 않는 어려움이 있었다.

역주자는 주석서인 《소학집주》에서 한문으로 대문(大文)과 주석을 보고, 16세기 번역서인 《번역소학》과 《소학언해》에서 중세국어로 된 번역 내용을 대조해 보는 방식으로 《소학》을 공부해 왔다. 이렇게 공부해 보니, 《소학》의 내용을 보다 정확히 이해할 수 있었다. 두 예를 들어본다. 〈명륜(明倫) 제2〉 제75장의 《소학》 대문은 "長者ㅣ與之提攜則兩手로奉長者之手ᄒᆞ고負劍辟咡詔之則掩口而對니라."이다. 이는 "어른이 더불어 그를 끌고 가거든 두 손으로 어른의 손을 받들고, 칼 차듯이 하여 입가까지 기울여 그에게 말을 하거든 입을 가리고 대답한다."로 해석할 수 있다. 그러나 그 의미가 무엇인지 분명하지 않다. 이에 대한 《번역소학》 번역문은 "얼운이 내 소늘 자브시거든 두 소노로 얼우신늬 소늘 받드ᅀᆞ오며 얼우니 갈 ᄎᆞᄃᆞ시 겨틔 셰시고 볼을 기우려 말ᄒᆞ시거든 입 ᄀᆞ리오고 ᄃᆡ답홀 디니라."이다. 이는 "어른이 내 손을 잡으시거든 두 손으로 어르신의 손을 받드오며, 어른이 칼 차듯이 곁에 세우시고 볼을 기울여 말하시거든 입을 가리고 대답할 것이니라."로 해석할 수 있다. 《소학》 대문만으로 해석할 때보다 《번역소학》 번역문과 비교하며 해석할 때 의미가 분명해짐을 알 수 있을 것이다. 이는 번역서가 문장의 본의(本義)를 정확히 파악함에 도움을 주는 예이다. 또 〈가언(嘉言) 제5〉 제10장의 《소학》 대문은 "范魯公質이爲宰相이러니從子杲稿ㅣ嘗求奏遷秩이어늘質이作詩曉之ᄒᆞ니라."이다. 이는 "范(범) 魯公(노공) 質(질)이 재상이 되었는데, 조카 고(杲)가 일찍이 벼슬 옮김을 구하여 아뢰거늘, 質(질)이 시를 지어 그를 깨우쳤다."로 해석할 수 있다. 이에 대한 《소학언해》 번역문은 "范범 魯로公공 質질[周쥬ㅅ나라 ᄌᆡ샹으로 宋송 님금 셤겨 魯로公공을 封봉ᄒᆞ니라]이 宰ᄌᆡ相샹이 되엿더니 아ᄎᆞᆫ아ᄃᆞᆯ 杲고ㅣ 일즉 엳ᄌᆞ와 벼슬 올몸을 求구ᄒᆞᆫ대 質질이 글을 지어 알외니라."이다. 이는 "범 노공 질[周나라 재상으로, 宋 임금 섬겨 魯公을 봉하니라.]이 재상이 되었더니, 조카 고(杲)가 일찍 여쭈어 벼슬 옮음[옮김]을 구하니까, 질(質)이 글을 지어 알리니라."로 해석할 수 있다. 그러나 《번역소학》 번역문은 한 단어의 번역에서 차이를 보인다. "范범 魯로公공 質질이 宰ᄌᆡ相샹이 ᄃᆞ외옛거늘 아ᄎᆞᆫ아ᄃᆞᆯ 杲고ㅣ 엳ᄌᆞ와 벼슬 올오ᄆᆞᆯ 求구ᄒᆞᆫ대 質질이 그ᄅᆞᆯ 지ᅀᅥ 알외니라."이다. 이는 "범 노공 질이 재상이 되어 있거늘, 조카 고(杲)가 여쭈어 벼슬 오름을 구하니까, 질이 글을 지어 알리니라."로 해석할 수 있다. 두 번역본에서 문제가 되는 부분은 《소학》 대문의 '遷秩'에 대한 번역이다. '遷'은 보통 '옮길 천'으로, '秩'은 '벼슬 질'로 새긴다. 따라서 《소학언해》는 단어 의미에 충실하여 '벼슬 올몸을'로 번역하였다. '올몸을'은 '옮(어간)+옴(명사형 어미)+을(목적격 조사)'로 분석된다. 여기서 '옮다'는 '어떤 곳에서 다른 곳으로 움직여 자리를 바꾸다.'를 뜻한다. 따라서 '벼슬 올몸을'은 '벼슬 옮음[옮김]을'로 해석된다. 그러나 《번역소학》은 다르다. '遷秩'의 의미를 '벼ᄉᆞᆯ 올오ᄆᆞᆯ'로 번역하였다. '올오ᄆᆞᆯ'은 '올ㅇ(어간)+옴(명사형 어미)+ᄋᆞᆯ(목적격 조사)'이다. 현대국어 '오르다'의 옛말인 '오ᄅᆞ다'는 15세기 문헌에서부터 나타난다. '오ᄅᆞ다'는 자음이나 매개모음으로 시작하는 어미가 결합할 때에는 '오ᄅᆞ거늘', '오ᄅᆞ시고'와 같이 '오ᄅᆞ-'로, 모음으로 시작하는 어미가 결합할 때에는 'ᄋᆞ'가 줄고 대신 'ㄹ'이 앞 음절에 부착되고, 뒤의 음절에는 성문 마찰 유성음 'ㅇ'이 얹힌다. 즉 '올ㅇ+아', '올ㅇ+옴'과 같이 '올ㅇ-'으로 실현되어 '오ᄅᆞ-/올ㅇ-'의 교체를 보인다. 따라서 '벼ᄉᆞᆯ 올오ᄆᆞᆯ'은 '벼슬 오름을'로 해석된다. 《소학》 대문을 볼 때, 조카 범고(范杲)가 숙부인 범질(范質)에게 遷秩을 구한 것은 단지 벼슬을 바꿔가기를 구한 것이 아니라, 승진하기를 구한 것이다. 따라서 이 대목에 관한 한, 《번역소학》의 번역이 보다 정확한 것으로 판단된다. 이는 번역서가 단어의 본의를 정확히 파악함에 도움을 주는 예이다. 예를 들다 보니, 《번역소학》이 《소학》 해석에 도움이 되는 예만 들었다. 그러나 《소학언해》 또한 《소학》의 대문 386장을 해석함에 그 본의를 분명히 드러내는 예들이 상당히 많다.

역주자는 대학에서 오랫동안 국어사(國語史)를 강의하였다. 그러나 국어사를 전공하지 않은 사람들은 16세기 중세국어로 번역된 두 번역서를 옳게 이해하기는 매우 어려울 것이다. 역주자는 이 책에서, 《소학집주》·《번역소학》·《소학언해》 등 《소학》 세 권에서 같은 대목을 나란히 놓고, 주석서의 한문과 번역서의 중세국어를 현대국어로 해석하였다. 해석 과정에서 대문이나 주석에 나오는 어려운 한자나 출처, 관련 인물과 사건 등도 풀이하였다. 물론 중세국어 단어들도 어휘사의 측면에서 현대국어로 자세하게 풀이하였다. 따라서 이 책을 읽는 사람들은 일반인이든 국어사를 전공하는 대학(원)생이든, 모두 자기가 필요한 만큼의 깊이로 공부하고 이해할 수 있을 것이다. 우리는 중세국어 자료 강독 교재에서, 그 책 이름이 무엇이든, 《훈민정음언해》·《두시언해》·《용비어천가》 등과 함께 《번역소학》과 《소학언해》가 빠지지 않고 들어 있음을 알고 있다. 또 중등교사 국어과 임용시험에도 이 두 자료가 상당히 비중 있게 다루어지고 있음도 알고 있다. 이 책은 이런 면에서도 상당한 정도의 도움을 줄 수 있다고 생각한다.

역주자는 3년 전에 이 책 출판에 대한 계획을 세우고, 꾸준히 준비해 왔다. 고희(古稀) 기념으로, 재직 중에 냈던 대학 교재와는 다른, 무게감 있는 책을 한 권 내는 것이 전부터 가져온 바람이었다. 일을 시작하고는 이른 아침부터 밤 1～2시까지 대부분의 시간을 이 작업에 할애하였다. 그 결과 만 일흔 살이 되는 금년 전반기에 2,562쪽에 달하는 원고를 완성하였다. 그리고 그 내용이 많아 편의상 4권으로 나누어 출판하기로 하였다. 긴 세월을 기오재(寄傲齋)에 묻혀, 용잡(冗雜)한 일들을 잊고 살게 해 준 가족들에게 고마움을 표한다.

《소학》은 조선시대 우리 조상들이 가장 많이 보아 왔던 책이고, 현재도 많은 독자층을 가진 책이다. 아무쪼록 이 책이 《소학》에 관심 있는 사람들에게 조금이나마 도움이 되기를 바라면서 말을 줄인다. 집필 과정에서 조언을 아끼지 않으신, 망백(望百)을 한참 전에 넘기신 석촌 선생님께 감사를 드린다. 또한 대한민국미술대전 초대작가이신, 오랜 벗 동우(東愚) 김학길(金學吉) 선생의 제자(題字)에도 고마움을 표한다. 마지막으로 어려운 한자와 16세기 중세국어로 쓰인 원고를 훌륭한 책으로 만들어 주신 한국문화사 김진수 사장님과 한병순 부장님, 강인혜 과장님께도 고마운 인사를 드린다.

歲在 乙巳 螢月 哉生魄 寄傲齋主人 東谷 金眞植 謹書

일러두기

1. 텍스트 선정

본서는 《소학집주(小學集註)》, 《번역소학(飜譯小學)》, 《소학언해(小學諺解)》를 텍스트(text)로 선정하였다. 《소학집주》는 이이(李珥)의 《소학제가집주(小學諸家集註)》를 저본으로, 어제소학서(御製小學序, 肅宗)·소학집주고정(飜譯小學考訂, 金長生)이 첨가된 1694년(숙종 20년)의 《소학집주》를 텍스트로 사용하였다. 1990년 학민문화사(學民文化社)의 을해신간(乙亥新刊) 춘방장판(春坊藏板) 《小學》의 영인 자료를 사용하였다.

《번역소학》은 권3은 국립한글박물관의 디지털자료와 2020년 세종대왕기념사업회의 영인 자료를, 권4는 한국서지학회의 《서지학보》 제24집(2000. 12.)의 영인 자료를, 권6·7은 1984년 홍문각 영인 자료를, 권8, 9, 10은 1984년 홍문관 영인 자료를 사용하였다.

《소학언해》는 1588년(선조 21년)에 간행되어, 한국국학진흥원(韓國國學振興院)에 간직되어 있는 본을 사용하였다. 1985년 대제각(大提閣)의 영인 자료를 사용하였다.

2. 구성

본서는 《소학집주》의 차례를 따르되, 《번역소학》과 《소학언해》에만 있는 내용을 적절한 위치에 집어넣어 구성하였다. 숙종 대 《소학집주》의 차례는 다음과 같다. 〈어제소학서(御製小學序)〉, 〈소학편목(小學篇目)〉, 〈소학집주총목(小學集註總目)〉, 〈소학집주총론(小學集註總論)〉, 〈소학서제(小學書題)〉, 〈소학제사(小學題辭)〉, 〈소학집주고정(小學集註攷訂)〉, 본문[本文, 대문(大文)과 주석(註釋) 6권], 〈소학집주발(小學集註跋, 成渾)〉, 〈소학발(小學跋, 李恒福)〉. 이는 이이의 《소학제가집주》의 구성에 〈어제소학서(肅宗)〉와 〈소학집주고정(金長生)〉이 추가된 것이다.

《번역소학》은 권1이 발견되지 않아 본문[대문(大文)과 번역문(飜譯文)] 앞에 어떤 내용이 들어있는지 알 수가 없다. 다만 권10 뒤에 〈번역소학발(飜譯小學跋, 南袞)〉이 붙어 있음이 확인될 뿐이다.

《소학언해》는 〈소학언해범례(小學諺解凡例)〉, 〈소학서제(小學書題)〉, 〈소학제사(小學題辭)〉, 본문[대문(大文)과 번역문(飜譯文)], 〈소학언해발(小學諺解跋, 李山海)〉로 구성되어 있다.

따라서 본서는 이상 세 권의 《소학》을 〈어제소학서(御製小學序, 肅宗)〉, 〈소학편목(小學篇目)〉, 〈소학집주총목(小學集註總目)〉, 〈소학집주총론(小學集註總論)〉, 〈소학집주고정(小學集註攷訂, 金長生)〉, 〈소학언해범례(小學諺解凡例)〉, 〈소학서제(小學書題)〉, 〈소학제사(小學題辭)〉, 본문[本文, 대문(大文)과 번역문(飜譯文)], 〈소학집주발(小學集註跋, 成渾)〉, 〈소학발(小學跋, 李恒福)〉, 〈번역소학발(飜譯小學跋, 南袞)〉, 〈소학언해발(小學諺解跋, 李山海)〉의 순서로 구성하였다.

3. 대문과 주석

대문(大文)과 주석(註釋)은 《소학집주》의 한문을 대상으로 번역하였다. 또한 《소학집주》에는 대문과 주석에 구결(口訣)이 달려 있지 않으므로, 대문의 구결은 《소학언해》의 옛말 구결을 그대로 이용하였다. 그 이유는 《번역소학》은 권1, 2, 5가 현재 존재하지 않고, 또 의역 방식으로 번역되었다고 비판을 받았던 책이기 때문이다. 다만 주석의 구결은 문의(文意)에 맞추어 현대국어로 달되, 성백효(1996)와 춘방장판(1990, 2002) 《小學》을 참고하였다. 그리고 대문과 주석의 한자에 대해서는 자주 쓰이는 음훈을 복수로 달은 것이 있다. 이때 괄호 속 맨 앞에 제시된 것이 그 문장에 맞는 음훈이다.

4. 존칭 표현

《소학》에는 많은 인물들의 말이 인용되고 있다. 《소학집주》의 대문과 주석에는 '曰/云'이, 《번역소학》과 《소학언해》 번역문에는 'ᄀᆞ로ᄃᆡ/ᄀᆞᆯ오ᄃᆡ'나 'ᄀᆞᄅᆞ샤ᄃᆡ/ᄀᆞᆯᄋᆞ샤ᄃᆡ'가 이끌고 있다. 번역문의 'ᄀᆞ로ᄃᆡ/ᄀᆞᆯ오ᄃᆡ'나 'ᄀᆞᄅᆞ샤ᄃᆡ/ᄀᆞᆯᄋᆞ샤ᄃᆡ'는 글자 그대로 '말하되'나 '말씀하시되'로 해석하면 되는데, '曰/云'에 대해서는 인물에 따라 '말하되'나 '말씀하시되' 중 어느 표현을 써야 할지 구분이 어렵다. 본서는 공자(孔子) 한 분만 '말씀하시되'로 해석했고, 나머지 인물들은 모두 '말하되'로 해석하였다.

5. ≪소학집주≫·≪번역소학≫·≪소학언해≫ 체재 비교

《소학집주》는 모두 386장 760절의 분구(分句)를 갖추고 있다. 모든 구마다 주석이 붙어 있다. 그러나 《번역소학》과 《소학언해》는 대문 386장으로만 구성되어 있다. 특히 《번역소학》은 현재 권1, 2, 5가 발견되지 않고 있고, 권3·4는 낙장(落張) 부분이 있다. 즉 권3은 〈명륜 제2〉 제40장부터 〈명륜 제2〉 마지막 제108장까지 총 69장이다. 이 중 앞부분 제40장, 제41장, 제42장 제1~3구 대문까지가 낙장이고, 제42장 제3구 번역문부터 제108장까지 보존되어 있다. 권4는 〈경신 제3〉 제1장부터 〈경신 제3〉마지막 제46장까지 총 46장이다. 이 중 뒷부분 제43장 제4구 번역문까지 보존되어 있고, 제43장 제5~6구 대문과 번역문, 제44장, 제45장, 제46장이 낙장이다. 이상 세 권과 본서의 체재를 비교하면 〈표 1〉과 같다.

〈표 1〉 ≪소학집주≫·≪번역소학≫·≪소학언해≫의 체재 비교

<table>
<tr><td colspan="5"></td><td colspan="2">小學集註</td><td colspan="2">飜譯小學</td><td colspan="2">小學諺解</td><td>本書</td></tr>
<tr><td rowspan="9">內篇</td><td>立教
第一
(13章)</td><td>1~13章</td><td>사람을
가르치던
법</td><td rowspan="9">기본강령을 밝힘</td><td>卷一</td><td rowspan="7">第一冊</td><td>(卷一)</td><td></td><td>卷一</td><td rowspan="7">第一冊</td><td rowspan="7">卷一</td></tr>
<tr><td rowspan="6">明倫
第二
(108章)</td><td>明父子之親
1~39章</td><td>父子의
친함</td><td rowspan="6">卷二</td><td>(卷二)</td><td></td><td rowspan="6">卷二</td></tr>
<tr><td>明君臣之義
40~59章</td><td>君臣의
의리</td><td rowspan="5">卷三</td><td rowspan="7">一冊</td></tr>
<tr><td>明夫婦之別
60~68章</td><td>夫婦의
분별</td></tr>
<tr><td>明長幼之序
69~88章</td><td>長幼의
차례</td></tr>
<tr><td>明朋友之交
89~99章</td><td>朋友의
사귐</td></tr>
<tr><td>通論
100~108章</td><td>通論</td></tr>
<tr><td rowspan="2">敬身
第三
(46章)</td><td>明心術之要
1~12章</td><td>心術의
요점</td><td rowspan="2">卷三</td><td rowspan="2">第二冊</td><td rowspan="2">卷四</td><td rowspan="2">卷三</td><td rowspan="2">第二冊</td><td rowspan="2">卷二</td></tr>
<tr><td>明威儀之則
13~33章</td><td>威儀의
법칙</td></tr>
</table>

		明衣服之制 34~40章	衣服의 제도							
		明飮食之節 41~46章	飮食의 예절							
	稽古 第四 (47章)	立教 1~4章	虞·夏·商·周 聖賢들의 행한 자취를 고찰하여, 입교·명륜·경신의 말을 증명.	卷四		(卷五)		卷四		
		明倫 5~35章								
		敬身 36~44章								
		通論 45~47章								
外篇	嘉言 第五 (91章)	廣立教 1~14章	漢나라 이래 賢者의 훌륭한 말을 기술하여, 입교·명륜·경신을 넓힘.	卷五	第三冊	卷六	一冊	卷五	第三冊	卷三
		廣明倫 15~55章				卷七				
		廣敬身 56~91章				卷八	一冊			
	善行 第六 (81章)	實立教 1~8章	漢나라 이래 賢者의 선행을 기록하여, 입교·명륜·경신을 실증.	卷六	第四冊	卷九	一冊	卷六	第四冊	卷四
		實明倫 9~53章								
		實敬身 54~81章				卷十	一冊			

본서 《역주 소학집주·번역소학·소학언해》는 내용이 방대하여 모두 4권으로 나누어 출간한다. 권1은 〈어제소학서〉로부터 시작하여 〈입교(立教) 제1〉(13장)과 〈명륜(明倫) 제2〉(108장)까지이다. 권2는 〈경신(敬身) 제3〉(46장)과 〈계고(稽古) 제4〉(47장)이다. 권3는 〈가언(嘉言) 제5〉(91장)이다. 권4는 〈선행(善行) 제6〉(81장)이다. 권1과 권2는 내편(內篇)이고, 권3과 권4는 외편(外篇)이다.

6. 장 표시

《소학》은 인용문의 출처에 따라 장(章)이 바뀐다. 각 장이 바뀔 때의 표시 방법에 있어, 《소학집성》은 一, 二, 三…과 같은 일련번호를 붙였고, 《소학집설》은 ○으로 표시하였다. 다만 각 편(編)의 제1장에는 ○표가 생략되어 있다. 굳이 표시하지 않아도 첫 장임을 알 수 있기 때문이다. 《소학집주》, 《번역소학》, 《소학언해》)은 모두 《소학집설》의 방식을 취했다. 《소학》은 모두 6편, 386장으로 되어 있으니, 세 책은 똑같이 ○가 380개 표시되어 있다. 다만 《번역소학》은 6편을 10권으로 나누어 편찬하였기 때문에 편 바뀜과 권 바뀜이 일치하지 않아 새로운 권의 제1장에 ○가 생략되는 것이 통일되어 있지 않다. 권3, 권7, 권8, 권10이 그러하다. 권1, 2는 발견되지 않았고, 권3은 시작 부분이 낙장이어서 확인할 수 없지만, 권1은 〈입교〉에 해당하고, 권2는 〈명륜〉 제1장에서 시작되며, 권3은 명륜 제40장부터 시작되니 추론하기에 어렵지 않다. 역주자는 대문(大文)의 각 장은 《소학집주》의 방식대로 ○로 표시하면서 장 번호도 함께 붙였고, 《번역소학》 내용은 번소로, 《소학언해》 내용은 소언으로 표시하여 참고하기에 편하게 하였다.

7. 공부법

대부분의 사람들이 《소학》을 공부하는 목적은 주희(朱熹)가 쓴 《소학》과 이이(李珥)가 덧붙인 【제가집주(諸家集註)】를 잘 이해함에 있다. 본서를 공부하는 방법도 다르지 않다. 한문으로 되어 있는 《소학》과 【제가집주】를 이해하면 된다. 그러나 그 부분이 혹 모호한 데가 있다면 《번역소학》과 《소학언해》의 현대역(現代譯) 부분을 읽고 비교해 보면 좋다. 이 두 권의 현대역 부분을 이해하기 위해서는, 역주자가 달아 놓은 단어에 대한 국어학적 설명까지 참고하면 좋은데, 이 작업은 굳이 거치지 않아도 된다. 단어에 대한 분석적 설명은 필요한 독자를 위한 참고용으로 정리해 본 것일 따름이다. 본서가 마치 수험 준비서처럼 보여 처음부터 당황할 필요는 없다. 자기가 필요한 부분까지만 공부해 가면 소기의 목적을 달성할 수 있을 것이기 때문이다.

總 目次

卷一

▮卷四

卷二 目次

小學諸家集註卷之三

飜번譯역小쇼學혹卷권之지四ᄉ 內ᄂᆡ篇편

小쇼學혹諺언解히卷권之지三삼 內ᄂᆡ篇편

敬身第三이라 內篇

● 몸 공경함이니, 차례가 셋째이다. 내편.

번소 몸 공경홀 일 니룬 셋잿편이라

현대역 몸 공경할 일 이른 셋째 편이라.

1 니룬: 이른. 니ᄅ(謂, 어간)+ㄴ(관형사형 어미)이다.

2 공경홀: 공경할. '공경ᄒ(어간)+오(대상 표시법 선어말어미)+ㄹ(관형사형 어미)'이다. 선어말어미 '-오-'는 종결형과 연결형, 그리고 관형사형에서 형태소의 자격을 얻는다. 그 기능을 파악함에 있어서는 세 활용형에 나타나는 '-오-'를 동질시할 수도 있고[의미·화용론적 접근법, 의도법설], 종결형과 연결형의 '-오-'를 관형사형의 '-오-'와 분리하여 처리함으로써 이질시할 수도 있다[통사론적 접근법, 인칭·대상설]. 종결형과 연결형의 선어말어미 '-오$_1$-'은 일반적으로 주어 명사구가 제1인칭 대명사 '나, 우리' 등 화자일 때 나타난다. 따라서 이를 화자 표시법 선어말어미(고영근, 2020: 363) 또는 1인칭법 선어말어미(허웅, 1958: 124-197)라고 부른다. 그러나 '-오$_1$-'은 주어 명사구가 제3인칭이라고 하더라도 그것이 화자 자신을 가리키는 경우에는 쓰일 수 있다. 이런 점에서 1인칭법 선어말어미보다는 화자 표시법 선어말어미라는 용어가 나아 보인다. 누른 새는 져기 ᄂᆞ로ᄆᆞᆯ 任意로 ᄒᆞ노라.《두시언해 20:10》 여기서 '누른 새'는 두보 자신을 가리킨다고 주(註)에서 말하고 있으므로 화자가 주어로 되어 있는 것이다. 妾은 王ㅅ 義예 죽고 王ㅅ 즐교매 죽디 아니ᄒᆞ노이다.《내훈 2 상:324》.

월희(越嬉)가 왕에게 하는 말인데, 역시 화자 자신을 가리킨다. 화자 표시법 선어말어미 '-오$_1$-'가 쓰일 때에는 존경법의 '-시-'가 원칙적으로 나타나지 못하는데, 이는 화자가 자기 자신을 높일 수 없다는 공대법의 규칙 때문이다. 물론 2인칭과 3인칭 주어와도 함께 쓰일 수 없다. '-오$_1$-'은 부정법[내 ᄒᆞ마 命終호라.], 직설법[내 이ᄅᆞᆯ 爲ᄒᆞ야 어엿비 너겨 새로 스믈 여듧 字ᄅᆞᆯ ᄆᆡᇰᄀᆞ노니.]뿐만 아니라, 회상법, 추측법, 확인법, 감동법에서도 목격된다. 회상법은 '-더-'에 '-오$_1$-'이 화합되어 '-다-'로[내 롱담ᄒᆞ다라.], 추측법은 '-오리-'로[내 이제 分明히 너ᄃᆞ려 닐오리라.], 확인법은 '-거-'에 '-오$_1$-'이 화합되어 '-과-/-가-'로[내 이제 훤히 즐겁과라. ᄒᆞ가니(ᄒᆞ+거+오+니)], 감동법은 '-옷-'에 '-오$_1$-'가 붙어 '-옷오-'로[우리도 이 偈ᄅᆞᆯ 좃ᄌᆞᄫᅡ 외오노소라.] 나타난다. 여기서 '외오노소라'는 '외오(어간)+ᄂᆞ(직설법 선어말어미)+옷(감동법 선어말어미)+오(화자 표시법 선어말어미)+라(평서형 종결어미)'이다. '-오$_1$-'은 평서형뿐만 아니라, 의문형에 쓰이는 일도 있다. 부텨 니르시논 해탈을 우리도 득ᄒᆞ야 열반애 다ᄃᆞ론가 ᄒᆞ다소니.《석상 13:43》. 언제 새어든 부텨를 가 보ᅀᆞᄫᆞ려뇨.《석상 13:19》. 현마 칠보로 ᄭᅮ며도 됴타 호리잇가.《월곡 기:121》. 관형사형에 나타나는 선어말어미 '-오$_2$-'는 존경의 선어말어미와 결합될 수 있다는 점과 제1인칭은 물론 제2·3인칭도 주어가 될 수 있다는 점에서 종결형과 연결형에 나타나는 '-오$_1$-'과 문법 범주를 달리한다. 피한정 명사는 관형사형에 대하여 주어도 될 수 있고, 목적어와 부사어도 될 수 있다. 이때 관형사형을 평서형으로 전개할 때 피한정 명사가 목적어나 부사어의 기능을 띠면 선어말어미 '-오$_2$-'가 나타난다. 따라서 이를 대상 표시법 선어말어미로 부른다(고영근, 2020, 372). 須達이 지ᅀᅮᆫ 亭舍마다 드르시며.《석상 6:38》. 얻논 藥이 므스것고.《월석 21:215》. 이들은 피한정 명사가 관형사형의 목적어가 되는 예이다. 그림 그륜 ᄇᆞᄅᆞᆷ…《두시언해 6:34》. 옷 ᄲᆞ론 므를 먹고.《석상 11:25》. 이들은 피한정 명사가 관형사형의 부사어가 되는 예이다.

소언 몸 공경홈이니 ᄎᆞ례예 셋재라

현대역 몸 공경함이니 차례에 셋째라.

공경홈이니: 공경함이니. '공경ᄒᆞ(어간)+옴(명사형 어미)+이('이다'의 어간)+니(연결어미)'이다. 중세국어 명사형 어미에는 '-옴/-움'과 '-기'가 있다. '-옴'은

양성모음 아래에, '-움'은 음성모음 아래에, '-롬'은 서술격 조사 아래에 쓰인다. '-기'는 중세국어에서는 드물게 사용되었으나 근대국어에서 활발히 사용되었다.

【集說】陳氏曰敬身者는敬以持身也라凡四十六章이라

진 씨가 말하였다. "敬身은 공경하여 몸을 가짐이다. 모두 46장이다."

孔子ㅣ曰君子ㅣ無不敬也ㅣ나敬身이爲大ᄒᆞ니라身也者는親之枝也ㅣ니敢不敬與아不能敬其身이면是는傷其親이오傷其親이면是는傷其本이니傷其本이면枝從而亡이라ᄒᆞ시니仰聖模ᄒᆞ며景賢範ᄒᆞ야述此篇ᄒᆞ야以訓蒙士ᄒᆞ노라

● 공자가 "군자가 공경하지 않음이 없으나, 몸을 공경함이 가장 크다. 몸이란 것은 어버이의 가지이니, 감히 공경하지 않을 수 있겠는가? 그 몸을 공경하지 않으면 이는 그 어버이를 상함이요, 그 어버이를 상하면 이는 그 뿌리를 상함이니, 그 뿌리를 상하면 가지도 따라서 망한다." 하셨으니, 성인의 법을 우러르며, 현인의 법을 향하여, 이 편을 지어 어린 선비를 가르친다.

漢字 模(법 모), 範(법 범), 景(향할 경, 우러러볼 경, 별 경, 경치 경)

번소 孔공子ᄌᆞㅣ ᄀᆞᄅᆞ샤ᄃᆡ 君군子ᄌᆞᄂᆞᆫ 공경 아니 ᄒᆞᄂᆞᆫ 이리 업스나 몸 공경호미 크니라 모미라 ᄒᆞᆫ 거슨 어버싀게 가지 ᄀᆞᄐᆞᆫ 거시니 잠ᄭᅡᆫ 닌ᄃᆞᆯ 공경 아니 ᄒᆞ야리아 그 모ᄆᆞᆯ 공경티 아니ᄒᆞ면 이ᄂᆞᆫ 어버ᄉᆡ를 傷샹ᄒᆞ논 디오 그 어버ᄉᆡ를 傷샹ᄒᆞ면 이ᄂᆞᆫ 믿불휘를 샹ᄒᆞ논 디오 그 믿불휘를 傷샹ᄒᆞ면 가지조차 업스리라 ᄒᆞ시니 셩신ᄋᆡ ᄒᆞ시던 이를 울얼며 현신의 법을 조차 이 편을 ᄆᆡᆼᄀᆞ라 ᄡᅧ 어린 아ᄒᆡ돌ᄒᆞᆯ ᄀᆞᄅᆞ치노라

현대역 공자가 말씀하시되, "군자는 공경 아니 하는 일이 없으나, (자기) 몸을 공겸함이 크니라. 몸이라 한 것은 어버이께 가지 같은 것이니, 잠깐인들

공경 아니 하겠는가. 그 몸을 공경하지 아니하면 이는 어버이를 상하는 것이고, 그 어버이를 상하면 이는 밑뿌리를 상하는 것이고, 그 밑뿌리를 상하면 가지조차 없으리라." 하시니, 성인의 하시던 일을 우러르며 현인의 법을 좇아 이 편을 만들어 써 어린 아이들을 가르치노라.

1 ᄀᆞᄅᆞ샤ᄃᆡ: 말씀하시되. 'ᄀᆞᆯ(어간)+ᄋᆞ샤(주체 높임 선어말어미)+ᄃᆡ(연결어미, '오ᄃᆡ'에서 '오' 탈락)'이다. 주체 높임 선어말어미 '-ᄋᆞ샤-'는 매개모음 '-ᄋᆞ-'를 개재시킨 어형이다. 주체 높임[존경법] 선어말어미에는 '-시-' 이외에 '-샤-'도 있다. '-시-'와 '-샤-'는 음운론적으로 조건 지어져 있다. 즉 '-시-'는 자음 어미 앞에서 실현되고, '-샤-'는 모음 어미 앞에서 실현된다. 본 예의 '-샤-'는 '-시-'가 모음 어미 '-오ᄃᆡ' 앞에서 실현되고, 모음 '오'가 탈락한 것이다. 종전에는 '-샤-'를 '-시-'와 '-아, -오'의 결합으로 해석하였고, '-오'의 이형태로서 '-아'를 세워 '-샤-'를 설명하기도 했다. 그러나 이 해석은 중세국어의 일반적인 '-시-'의 음운 현상에 어긋난다. 이른바 존재사 '이시-'가 어미 '-아, -옴, -오ᄃᆡ, -오라'와 결합하면 '*이샤, *이샴, *이샤ᄃᆡ, *이사라'가 되지 않고 '이셔, 이숌, 이쇼ᄃᆡ'로 바뀌는 것을 보면, '시+아, 오→샤'의 방식의 설명에 무리가 있음이 드러난다. '홈, 호ᄃᆡ, 혼'의 존경 형태가 'ᄒᆞ샴, ᄒᆞ샤ᄃᆡ, ᄒᆞ샨'이고, 이의 낮춤 형태가 '홈, 호ᄃᆡ, 혼'이라는 사실을 목도하면 '-샤-'는 '-시-'가 모음 어미 앞에서 교체된 형태라는 것이 분명해진다(고영근, 2020: 145). 결론적으로, '-샤-'는 '-시-'가 '-아, -오'로 된 어미나 선어말어미 '-오-' 등의 모음 어미 앞에서 실현된다고 말할 수 있다. 唱義班師ㅣ 실ᄊᆡ 千里 人民이 몯더니 聖化ㅣ 기프샤 北狄이 ᄯᅩ 모ᄃᆞ니(唱義班師 遠人競合 聖化旣深 北狄亦集).《용가 9장》, 盟誓ᄒᆞ샤ᄃᆡ 道理 일워ᅀᅡ 도라오리라 ᄒᆞ시고 鹿皮옷 니브샤 미친 사ᄅᆞᆷᄀᆞ티 묏고래 수머 겨샤 여슷 ᄒᆡᄅᆞᆯ 苦行ᄒᆞ샤.《석상 6:4》.

2 ᄒᆞ논: 하는. 'ᄒᆞ(어간)+ᄂᆞ(현재 시제 선어말어미)+오(대상 표시법 선어말어미)+ㄴ(관형사형 어미)'이다. 관형사형에 나타나는 선어말어미 '-$오_2$-'는 존경의 선어말어미와 결합될 수 있다는 점과 제1인칭은 물론 제2·3인칭도 주어가 될 수 있다는 점에서 종결형과 연결형에 나타나는 '-$오_1$-'과 문법 범주를 달리한다. 피한정 명사는 관형사형에 대하여 주어도 될 수 있고, 목적어와 부사어도 될 수 있다. 이때 관형사형을 평서형으로 전개할 때 피한정 명사가 목적어나 부사어의 기능을 띠면 선어말어미 '-$오_2$-'가 나타난다. 따라서 이를 대상 표시법 선어말

어미로 부른다(고영근, 2020, 372). 須達이 지순 亭舍마다 드르시며.《석상 6:38》. 얻논 藥이 므스것고.《월석 21:215》. 이들은 피한정 명사가 관형사형의 목적어가 되는 예이다. 위의 예도 이에 해당한다. 그림 그륜 ᄇᆞᄅᆞᄆᆞᆯ….《두시언해 6:34》. 옷 ᄲᆞ론 므를 먹고.《석상 11:25》. 이들은 피한정 명사가 관형사형의 부사어가 되는 예이다.

3 크니라: '크(어간)+니라(평서형 종결어미)'이다. '-니라'는 '이다'의 어간, 받침 없는 형용사 어간, 'ㄹ' 받침인 형용사 어간 또는 어미 '-으시-' 뒤에 붙어, 해라할 자리에 쓰여, 진리나 으레 있는 사실을 일러 줄 때에 예스럽게 쓰이는 종결어미이다. 고영근(2005: 152, 324)에서는 '-다'를 첫째 설명법 어미로, '-니라'를 둘째 설명법 어미 또는 보수적 설명법 어미로 부른다. 모든 일을 다 잊어버려라. 잊는 것이 제일이니라.《김동인, 젊은 그들》

4 ᄒᆞᆫ: 한. 'ᄒᆞ(어간)+오(대상 표시법 선어말어미)+ㄴ(관형사형 어미)'이다.

5 어버ᅀᅴ게: 어버이께. '어버ᅀᅵ(명사)+의(관형격 조사)+게(부사성 의존명사)'이다. '게'는 부사성 의존명사 'ᄀᆡ'와 수의로 교체되었다. 본 예 '의게'는 부사성 의존명사 '게'가 관형격 조사 '의'와 함께 쓰여 '께'를 뜻한다. ᄒᆞ나ᄒᆞᆫ 衆生緣慈ㅣ니 一切衆生의게 브튼 ᄆᆞᅀᆞᆷ 업수ᄃᆡ 衆生의게 自然히 利益을 나톨씨오.《월석 8:28》, 일후미 第十二觀이니 無量壽佛ㅅ 無數化身이 觀世音 大勢至와 샹녜 行人의게 오시리라.《월석 8:44》

6 잠ᄶᅡ닌ᄃᆞᆯ: 잠깐인들. '잠ᄶᅡᆫ(명사)+인ᄃᆞᆯ(조사)'이다. '인ᄃᆞᆯ'은 받침 있는 체언류 뒤에 붙어, '인들'을 뜻하는 조사이다. 魔王이 말 재야 부텨ᄭᅴ 나ᅀᅡ 드니 현 날인ᄃᆞᆯ 迷惑 어느 플리.《월곡 상:27》, 觀世音菩薩와 大勢至왜 一切 고대 모미 衆生 ᄀᆞᆮᄒᆞ니 오직 首相ᄋᆞᆯ 보면 觀世音인 ᄃᆞᆯ 알며 大勢至ㄴᄃᆞᆯ 알리니.《월석 8:45~46》

7 ᄒᆞ야리아: 하겠는가. 'ᄒᆞ(어간)+야(확인법 선어말어미)+리(추측법 선어말어미)+아(의문형 종결어미)'이다. '-아'는 의문사 없이 쓰이면서, 가부(可否) 대답을 요구하는 하라체 제1·3인칭 판정 의문문이다. 의문형 종결어미의 어미 모음이 '아'로 성립되어 있다. 본 예는 직접적 주어가 제3인칭 '자식들은' 정도이다. ᄀᆞᄂᆞᆫ ᄑᆞ리 기우시 안조매 마ᄌᆞ니 곳다온 수를 다시 사ᄆᆞᆯ 게을이 ᄒᆞ야리아(細草稱偏坐 香醪懶再沽).《두시-초 15:48》

8 믿불휘: 밑뿌리, '믿'은 '밑'의 옛말이다. 현대국어 '밑'은 15세기 문헌에서부터 나타나서 현재까지 쓰인다. 그러나 '밑'의 반침이 'ㅌ'인 관계로 근대국어 시기에

는 받침 표기법에 따라 '믿'으로 쓰이거나 '밋'으로 쓰였으며 중철 표기와 연철 표기가 복잡한 양상을 보이면서 '믿ㅅ, 믿ㅌ, 밋ㅌ, 밋ㅎ' 등 많은 이표기가 양산되었다. 이후 현대맞춤법이 확산되면서 원래의 모습을 정착되었다. 밑(15세기~현재). 이형태: 밑, 믿, 믿ㅅ, 믿ㅌ, 밋ㅌ, 밋ㅎ, 밋. 本은 미티오 枝는 가지오 末은 그티라.《1459 월석 2:21ㄱ》, 本 믿 본.《千字文송광사21a》, 만일 믿시 티븕고 귿티 두렫ᄒᆞ야 블어디고 믄지면.《1608 언두 상:15ㄱ》 '불휘'는 '뿌리'의 옛말이다. 불휘 기픈 남ᄀᆞᆫ ᄇᆞᄅᆞ매 아니 뮐ᄊᆡ 곶 됴코 여름 하ᄂᆞ니(根深之木風亦不扤 有灼其華 有蕡其實).《용가 2장》, 남기 높고도 불휘를 바히면 여름을 다 빠먹ᄂᆞ니.《월곡 상:36》

9 샹ᄒᆞ논 디오: 상하는 것이고. '샹ᄒᆞ(어간)+ᄂᆞ(현재 시제 선어말어미)+오(대상 표시법 선어말어미)+ㄴ(관형사형 어미)+ᄃᆞ(의존명사)+이(서술격 조사 '이다'의 어간)+고(연결어미)'이다. 의존명사 'ᄃᆞ'는 '것'의 의미를 가진 보편성 의존명사이다. 의존명사를 꾸며주는 관형사형에 들어있는 선어말어미 '-오$_2$-'도 대상 표시법 선어말어미에 해당한다. 연결어미 '-오'는 '-고'가 서술격 조사 '이' 뒤에서 성문 마찰 유성음 'ㅇ[ɦ]'으로 약화된 것이다. 이와 같은 모든 형태소 구성을 고려하면, '샹ᄒᆞ논 디오'처럼 띄어 쓰며, '-ㄴ 것이고'로 풀이할 수 있다. 그러나 'ㄴ+ᄃᆞ+이+오'는 '-ㄴ디오'의 형태로, 하나의 종결어미로 재구조화한 것으로 볼 수도 있다. 이때에는 해라할 자리에 쓰여, '샹ᄒᆞ논디오'처럼 붙여 쓰며 '-ㄴ지요'로 풀이할 수도 있다. 舍利弗아 이러호미 諸佛이 ᄒᆞᆫ 큰 잀 因緣으로 世間애 나시논 디라.《석상 13:49》

10 업스리라: 없으리라. '없(어간)+으리(추측법 선어말어미)+라(평서형 종결어미)'이다. '-으리라'는 'ㄹ'을 제외한 받침 있는 용언의 어간 뒤에 붙어, 해라할 자리에 쓰여, 마음속으로 다짐하는 뜻을 나타내는 종결어미이다. 모든 고통을 달게 받으리라.

11 울얼며: 우러르며. '울얼(어간)+며(연결어미)'이다. 현대국어 '우러르다'의 옛말은 '울월다'로, 15세기 문헌에서부터 나타난다. 16세기에는 제1음절과 제2음절에 동일한 'ㅜ' 모음이 등장하는 것을 회피하는 이화현상에 따라 제2음절의 이중모음 'ㅝ'에서 'ㅜ'가 탈락하여 '울얼다' 형태가 등장하게 되었다. 16세기에 '울월다>울얼다'의 제2음절 초성인 성문 마찰 유성음 'ㅇ[ɦ]'이 사라지면서 17세기에는 연철 표기된 '우럴다'로 나타나게 되었다. 19세기에는 '우러르니'의 예를 통해 알 수 있듯이, 어간이 '우럴-'에서 '우러르-'로 바뀌었다. 이는 '우럴-'이

모음 어미 '-어'와 결합하여 '우러러'로 나타난 것을 '크다', '커'와 같이 어간말 모음 'ㅡ'를 지닌 용언이 어미 '-어'와 결합할 때 'ㅡ'가 탈락하는 것과 같은 활용으로 잘못 분석한 결과이다. 울월다(15세기~18세기)〉울얼다(16세기~19세기)〉우럴다(17세기~19세기)〉우러르다(19세기~현재). 이형태: 울월다, 울얼다, 우럴다, 우러르다. 眞觀과 淸淨觀과 넙고 큰 智慧觀과 慈觀ᄋᆞᆯ 샹녜 울월오져 願ᄒᆞᇙ 디니.《1447 석상 21:14ㄴ》, 셩신ᄋᆡ ᄒᆞ시던 이를 울얼며 현신의 법을 조차 이 편을 ᄆᆡᆼᄀᆞ라 ᄡᅥ.《1518 번소 4:1ㄴ-2ㄱ》

12 ᄀᆞᄅᆞ치노라: 가르치노라. 'ᄀᆞᄅᆞ치(어간)+ᄂᆞ(현재 시제 선어말어미)+오(화자 표시법 선어말어미)+라(종결어미)'이다. 종결형과 연결형의 선어말어미 '-오$_1$-'은 일반적으로 주어 명사구가 제1인칭 대명사 '나, 우리' 등 화자일 때 나타난다. 따라서 이를 화자 표시법 선어말어미(고영근, 2020: 363) 또는 1인칭법 선어말어미(허웅, 1958: 124-197)라고 부른다. 그러나 '-오$_1$-'은 주어 명사구가 제3인칭이라고 하더라도 그것이 화자 자신을 가리키는 경우에는 쓰일 수 있다. 이런 점에서 1인칭법 선어말어미보다는 화자 표시법 선어말어미라는 용어가 나아 보인다. 누른 새ᄂᆞᆫ 져기 ᄂᆞ로ᄆᆞᆯ 任意로 ᄒᆞ노라.《두시언해 20:10》 여기서 '누른 새'는 두보 자신을 가리킨다고 주(註)에서 말하고 있으므로 화자가 주어로 되어 있는 것이다. 妾은 王ㅅ 義예 죽고 王ㅅ 즐교매 죽디 아니ᄒᆞ노이다.《내훈 2상:324》. 월희(越嬉)가 왕에게 하는 말인데, 역시 화자 자신을 가리킨다. 화자 표시법 선어말어미 '-오$_1$-'가 쓰일 때에는 존경법의 '-시-'가 원칙적으로 나타나지 못하는데, 이는 화자가 자기 자신을 높일 수 없다는 공대법의 규칙 때문이다. 물론 2인칭과 3인칭 주어와도 함께 쓰일 수 없다.

소언 孔공子ᄌᆞㅣ ᄀᆞᆯᄋᆞ샤ᄃᆡ 君군子ᄌᆞㅣ 공경티 아니홈이 업스나 몸 공경홈이 큰 이라 몸ᄋᆞᆫ 어버의 가지니 敢감히 공경티 아닐 것가 能능히 그 몸ᄋᆞᆯ 공경티 아니ᄒᆞ면 이ᄂᆞᆫ 그 어버이ᄅᆞᆯ 傷샹홈이오 그 어버이ᄅᆞᆯ 傷샹ᄒᆞ면 이ᄂᆞᆫ 그 근본을 傷샹홈이니 그 근본을 傷샹ᄒᆞ면 가지조차 업ᄂᆞ니라 ᄒᆞ시니 셩인의 규모ᄅᆞᆯ 울얼며 현인의 법을 의방ᄒᆞ야 이 篇편을 ᄆᆡᆼᄀᆞ라 ᄡᅥ 어린 션ᄇᆡᄅᆞᆯ ᄀᆞᄅᆞ치노라

현대역 공자가 말씀하시되, "군자가 공경하지 아니함이 없으나, 몸 공경함이

큰 이[것]라. 몸은 어버이의 가지이니, 감히 공경하지 않을 것인가? 능히 그 몸을 공경하지 아니하면 이는 그 어버이를 상함이요, 그 어버이를 상하면 이는 그 근본을 상함이니, 그 근본을 상하면 가지조차 없다." 하시니, 성인의 규모를 우러르며 현인의 법을 依倣하여, 이 편을 만들어 써 어린 선비를 가르치노라.

1 것가: 것인가. '것(의존명사)+가(의문 보조사)'이다. ᄒᆞ라체 제1·3인칭 판정의문문으로, 체언에 의문 보조사 '가'를 붙이는 의문문이다. 의문사 없이 쓰이는 판정의문문은 설명의문문과 달리 정보 요구가 아닌, 가부(可否) 대답을 요구한다. 現前엣 六根ᄋᆞᆫ ᄒᆞ나카 여슷가(現前六根 爲一爲六).《능엄 4:104》, 이ᄂᆞᆫ 賞가 罰아(是賞耶 罰耶).《몽법 53》, 나랏 글이 다 浩의 ᄒᆡ온 바가(國書 皆浩所爲乎).《소언 6:41》

2 의방ᄒᆞ야: 의방(依倣)하여. '의방ᄒᆞ(어간)+야(연결어미)'이다. '의방ᄒᆞ다'는 '의방하다'의 옛말로, '남의 것을 모방하여 본받다.'를 뜻한다. 우선은 동남(童南)을 시켜서 기녀의 춤을 의방하게 하여 대응하는 것이 어떨까.《번역 세종실록》

【集說】**方氏曰身之於親**에**猶木之有枝**하고**親之於身**에**猶木之有本**하여**相須而共體**하니**此所以不敢不敬也**라**陳氏曰仰**은**猶慕也**요**景**은**猶向也**라**聖賢之言**이**爲天下後世法**이라**故**로**曰模範**이라

방 씨가 말하였다. "몸은 어버이에게 있어 나무에 가지가 있음과 같고, 어버이는 몸에 있어 나무에 뿌리가 있음과 같아, [몸(가지)과 어버이(뿌리)가] 서로 바라고 그 바탕을 함께 하니, 이것이 감히 공경하지 않을 수 없는 까닭이다." 진 씨가 말하였다. "仰은 사모함과 같고, 景은 향함과 같다. 聖賢의 말씀이 천하와 후세의 법이 되므로 모범이라 말한 것이다."

漢字 須(바랄 수, 모름지기 수, 기다릴 수, 수염 수)

성현(聖賢): 성인과 현인.

【一章】

丹書예曰敬勝怠者ᄂᆞᆫ吉ᄒᆞ고怠勝敬者ᄂᆞᆫ滅ᄒᆞ며義勝欲者ᄂᆞᆫ從ᄒᆞ고欲勝義者ᄂᆞᆫ凶ᄒᆞ니라 《大戴禮 武王踐阼》

● 〈단서〉에 말하였다. "공경이 태만함을 이기는 자는 길하고, 태만함이 공경을 이기는 자는 멸하며, 의리가 욕심을 이기는 자는 순하고, 욕심이 의리를 이기는 자는 흉하다."

단서(丹書): 주(周) 무왕(武王)이 즉위할 때, 사부(師傅) 강태공(姜太公) 여상(呂尙)이 올린 경계의 말씀이다.

번소 丹단書셔에 ᄀᆞ로ᄃᆡ 공경ᄒᆞᄂᆞᆫ ᄆᆞᅀᆞ미 게을은 ᄆᆞᅀᆞᄆᆞᆯ 이긔ᄂᆞ니ᄂᆞᆫ 길ᄒᆞ고 게을오미 공경을 이긔ᄂᆞ닌 망멸ᄒᆞ고 올ᄒᆞᆫ 이리 욕심을 이긔ᄂᆞ니ᄂᆞᆫ 슌ᄒᆞ고 욕심이 올ᄒᆞᆫ 이를 이긔ᄂᆞ니ᄂᆞᆫ 흉ᄒᆞᄂᆞ니라

현대역 〈단서〉에 가로되, "공경하는 마음이 게으른 마음을 이기는 이는 길하고, 게으름이 공경을 이기는 이는 亡滅하고, 옳은 일이 욕심을 이기는 이는 順하고, 욕심이 옳은 일을 이기는 이는 흉하다."

1 이긔ᄂᆞ닌: 이기는 이는. '이긔[勝]+ᄂᆞ(현재 시제 선어말어미)+ㄴ(관형사형 어미)+이(의존명사)+ㄴ(보조사)'이다.

2 망멸ᄒᆞ고: 망멸(亡滅)하고. '망멸ᄒᆞ(어간)+고(연결어미)'이다. '망멸ᄒᆞ다'는 '망멸하다'의 옛말이다. 망하여 없어지다.

3 올ᄒᆞᆫ: 옳은. '올ᄒᆞ(어간)+ㄴ(관형사형 어미)'이다. '옳다'의 옛말인 '올ᄒᆞ다'는 15세기 문헌에서부터 나타난다. '올ᄒᆞ다'에서 'ㆍ'가 탈락하면서 어간이 '옳-'로 재구조화 되어 현재의 '옳다'로 이어진다. 올ᄒᆞ다(15세기~18세기)〉올흐다(16세기~19세기)〉옳다(20세기~현재). 이형태: 올ᄒᆞ다, 올흐다. 眞實로 올ᄒᆞ니이다.《1459 월석 8:95ㄱ》, 兄弟 효도로오며 올흐며 ᄌᆞ샹ᄒᆞ며.《1588 소언 6:86ㄴ》

소언 丹단書셔[녯 글월이니 太태公공이 武무王왕ᄭᅴ 드리니라]에 ᄀᆞᆯ

오ᄃᆡ 공경이 게을옴ᄋᆞᆯ 이긔ᄂᆞᆫ 이ᄂᆞᆫ 吉길ᄒᆞ고 게을옴이 공경을 이긔ᄂᆞᆫ 이ᄂᆞᆫ 망멸ᄒᆞ며 올ᄒᆞᆫ 일이 욕심을 이긔ᄂᆞᆫ 이ᄂᆞᆫ 슌ᄒᆞ고 욕심이 올ᄒᆞᆫ 일ᄋᆞᆯ 이긔ᄂᆞᆫ 이ᄂᆞᆫ 凶흉ᄒᆞ니라

현대역 〈단서〉[옛 글월이니, 太公이 武王께 드리느니라.]에 가로되, "공경이 게으름을 이기는 이는 길하고, 게으름이 공경을 이기는 이는 亡滅하며, 옳은 일이 욕심을 이기는 이는 순하고, 욕심이 옳은 일을 이기는 이는 흉하니라."

【集解】丹書는見大戴禮하니라敬者는主一無適之謂요怠는惰慢이라滅은亡也라義者는天理之公이요欲者는人欲之私라從은順也라眞氏曰師尙父之告武王에不出敬與義之二言하니蓋敬則萬善俱立하고怠則萬善俱廢하며義則理爲之主하고欲則物爲之主하니吉凶存亡之所由分也니라

〈단서〉는 《大戴禮》에 보인다. 敬은 하나를 주장하고 (다른 데로) 감이 없음을 이르고, 怠는 게으르고 오만함이요, 滅은 망함이다. 義는 하늘 이치의 공정함이요, 欲은 사람 욕심의 사사로움이다. 從은 순함이다. 진 씨가 말하였다. "太師인 尙父가 무왕에게 아룀에 敬과 義의 두 말씀에서 벗어나지 않았으니, 대개 敬하면 모든 선이 다 세워지고, 게으르면 모든 선이 다 폐해지며, 의로우면 이치가 주장이 되고, 욕심을 부리면 물건이 주장이 되니, 吉凶存亡의 바가 (이로) 말미암아 나누어진다."

漢字 戴(일 대), 適(갈 적), 慢(오만할 만, 게으를 만), 俱(함께 구)

사상보[師尙父, 기원전 1211년경(또는 기원전 1140년경)~기원전 1072년경]: 주무왕(周武王)의 사부(師傅)인 강상(姜尙)으로, 상보(尙父)는 그의 존칭이다. 강상에 대한 자세한 설명은 〈어제소학서(御製小學序)〉를 참조하라.

〖二章〗

○曲禮예曰毋不敬ᄒᆞ야儼若思ᄒᆞ며安定辭ᄒᆞ면安民哉ㄴ뎌 《禮記 曲禮》

●〈곡례〉에 말하였다. "敬하지 않음이 없어, (용모를) 엄숙히 하여 생각하는 듯이 하며 말을 안정되게 하면, 백성을 편안하게 할 것이다.

번소 曲곡禮례예 ᄀᆞ로ᄃᆡ 공경 아니 ᄒᆞ욜 일 업시ᄒᆞ야 싁싁히 ᄒᆞ야 ᄉᆡᇰ각ᄒᆞᄂᆞᆫ ᄃᆞᆺᄒᆞ며 말ᄉᆞᄆᆞᆯ 안셔히 ᄒᆞ야 일뎡히 ᄒᆞ면 ᄇᆡᆨ셩을 편안케 ᄒᆞ린뎌

현대역 〈곡례〉에 가로되, "공경 아니 할 일 없이하여, 엄숙히 하여 생각하는 듯하며, 말씀을 安舒하게 하여 일정하게 하면, 백성을 편안하게 하는구나.

1 ᄒᆞ욜: 할. 'ᄒᆞ(어간)+요(대상 표시법 선어말어미)+ㄹ(관형사형 어미)'이다. '-요-'는 '-오-'에 모음 충돌을 회피하기 위해 반모음 j를 삽입시킨 것이다. 관형사형에 나타나는 선어말어미 '-오$_2$-'는 존경의 선어말어미와 결합될 수 있다는 점과 제1인칭은 물론 제2·3인칭도 주어가 될 수 있다는 점에서 종결형과 연결형에 나타나는 '-오$_1$-'과 문법 범주를 달리한다. 피한정 명사는 관형사형에 대하여 주어도 될 수 있고, 목적어와 부사어도 될 수 있다. 이때 관형사형을 평서형으로 전개할 때 피한정 명사가 목적어나 부사어의 기능을 띠면 선어말어미 '-오$_2$-'가 나타난다. 따라서 이를 대상 표시법 선어말어미로 부른다(고영근, 2020, 372). 須達이 지순 亭舍마다 드르시며.《석상 6:38》. 얻논 藥이 므스것고.《월석 21:215》. 이들은 피한정 명사가 관형사형의 목적어가 되는 예이다. 그림 그륜 ᄇᆞᄅᆞᄆᆞᆯ….《두시언해 6:34》. 옷 ᄲᆡᆯ론 므를 먹고.《석상 11:25》. 이들은 피한정 명사가 관형사형의 부사어가 되는 예이다.

2 싁싁히: 엄숙하게, 장엄하게. 容貌ᄅᆞᆯ 모로매 端正ᄒᆞ고 싁싁히 ᄒᆞ며(容貌必端莊).《내훈 1:24》, 얼굴 모양을 반ᄃᆞ시 단정ᄒᆞ고 싁싁히 ᄒᆞ며(容貌 必端莊).《소언 5:96》

3 안셔히: 안서(安舒)하게. '안셔ᄒᆞ(어간)+이(보조적 연결어미)'이다. 마음이 편안

하고 조용하게. 거름거리며 볿드듸기를 모로매 안셔히 샹심ᄒᆞ야 ᄒᆞ며(步履必安詳).《번소 8:16》

4 일뎡히: 일정(一定)히. '일뎡ᄒᆞ+이(보조적 연결어미)'이다. 어떤 것의 양, 성질, 상태, 계획 따위가 달라지지 아니하고 한결같게.

5 ᄒᆞ린뎌: 하는구나. 하는구려. 'ᄒᆞ(어간)+리(추측 선어말어미)+ㄴ(관형사형 어미)+ᄃᆞ(의존명사)+여(감탄 보조사)'이다. '-ㄴ뎌'는 공시적으로는 어미로 재구조화하여, '-구나'를 뜻한다. 슬프다 녯 사ᄅᆞᄆᆡ 마ᄅᆞᆯ 아디 몯ᄒᆞ논뎌(悲哉, 不悟昔人言).《남명 하:30》, ᄒᆞ나 아닌 다ᄅᆞᆫ 敎ᄅᆞᆯ 내시ᄂᆞ니 어긔요ᄃᆡ 다ᄅᆞ디 아니ᄒᆞ닌 오직 聖人ㅅ 마리신뎌(吐不一之殊教 乖而不可異者 其惟聖言乎).《영가 하:36》

소언 曲곡禮례예 ᄀᆞᆯ오ᄃᆡ 공경티 아니티 말아 엄연히 ᄉᆡᇰ각ᄒᆞᄂᆞᆫ ᄃᆞᆺᄒᆞ며 말ᄉᆞᆷ이 편안ᄒᆞ고 일뎡ᄒᆞ면 ᄇᆡᆨ셩을 편안케 ᄒᆞᆯ인뎌

현대역 〈곡례〉에 가로되, "공경하지 아니하지 않아, 儼然히 생각하는 듯하며 말씀이 편안하고 일정하면, 백성을 편안하게 하도다.

엄연히: 엄연(儼然)히. 사람의 겉모양이나 언행이 의젓하고 점잖게.

【集解】毋는禁止辭라眞氏曰毋不敬者는謂身心內外不可使有一毫之不敬也라其容貌를必端儼而若思하고其言辭를必安定而不遽하여以此臨民이면民有不安者乎아此雖四言이나而修身治國之道略備하니其必聖賢之遺言歟인저

毋는 금지하는 말이다. 진 씨가 말하였다. "毋不敬[敬하지 않음이 없다]이란 것은 몸과 마음, 안과 밖이 가히 하여금 한 털끝[극히 작은 정도]이라도 공경하지 않음이 있지 않음을 이른다. 그 용모를 반드시 단정하고 엄숙히 하여 생각하는 듯이 하고, 그 말을 반드시 안정되게 하여 급박하지 않게 하여 이로써 백성에게 임한다면 백성이 편안하지 않을 자가 있겠는가? 이[毋不敬 儼若思 安定辭 安民哉]는 비록 네 마디 말이나, 몸을 닦고 나라를 다스리는 道가 대략 갖추어졌으니, 그 반드시 성현이 남기신 말씀일 것이다."

漢字 遽(급박할 거, 갑자기 거), 歟(어조사 여)

敖傲不可長이며欲不可從縱이며志不可滿이며樂洛不可極이니라

● 오만함을 가히 키워서는 안 되며, 욕심을 가히 放縱하게 해서는 안 되며, 뜻을 가히 자만하게 해서는 안 되며, 즐거움을 가히 극도로 해서는 안 된다.

漢字 敖(=傲 오만할 오), 從(=縱 방종할 종)

번소 오만ᄒᆞᆫ ᄆᆞᅀᆞᄆᆞᆯ 길우미 몯ᄒᆞᆯ 거시며 욕심을 방죵히 호미 몯ᄒᆞᆯ 거시며 ᄠᅳ들 ᄎᆞ게 ᄒᆞ디 몯ᄒᆞᆯ 거시며 즐기ᄂᆞᆫ ᄆᆞᅀᆞᄆᆞᆯ ᄀᆞ장 호미 몯ᄒᆞᆯ 거시니라

현대역 오만한 마음을 기름이[기르지] 못할 것이며, 욕심을 放縱하게 함이 못할 것이며, 뜻을 차게 하지 못할 것이며[만족시켜서는 안 되며], 즐기는 마음을 가장 함이 못할 것이니라.

1 길우미: 길음이. '길우(어간)+ㅁ(명사형 어미)+이(주격 조사)'이다. '길우다'는 '기르다'의 옛말이다. 種種앳 모딘 罪業을 길워 샹녜 有益디 아니ᄒᆞᆫ 이ᄅᆞᆯ ᄒᆞ고《석상 9:17》, 類ᄅᆞᆯ 觸ᄒᆞ야 길우며 機ᄅᆞᆯ 조차 應ᄒᆞ야 利行이 다ᄋᆞᆷ 업슬씨라(觸類而長 隨機而應 利行無盡).《능엄 8:30》. 위 '길우미'는 '길우디'의 오자인 듯하다. 문맥상 아래 《소학언해》처럼 '길우디'가 맞는 듯하다.

2 방죵히: 방종(放縱)히. 제멋대로 행동하여 거리낌이 없이. '방죵ᄒᆞ다'의 부사형이다. 자세한 설명은 〈명륜(明倫) 제2〉 제37장을 참조하라.

3 ᄎᆞ게: 차게. 감정이나 기운 따위가 가득하게. 'ᄎᆞ(어간)+게(보조적 연결어미)'이다. 'ᄎᆞ다'는 15세기 문헌에서부터 나타난다. 18세기에 제1음절의 모음 'ㆍ'가 'ㅏ'로 변화함에 따라 현대국어와 같은 '차다' 형태가 등장하게 되었다. 날ᄃᆞᆯ이 ᄎᆞ거늘 어마님이 毗藍園을 보라 가시니 祥瑞 하거늘 아바님이 無憂樹에 ᄯᅩ 가시니.《1447 월곡 7ㄱ》, ᄃᆞᆯ ᄎᆞᆫ 잔치 ᄒᆞᆯ 저긔 아기 나히던 어믜게 은과 비단ᄃᆞᆯ 샹급ᄒᆞ고 첫 돌시어든 ᄯᅩ 이바디ᄒᆞᆯ 제 아ᅀᆞᆷᄃᆞᆯ히 다 와 경하ᄒᆞ며.《1510년대 번박 57ㄱ》, 이제 일만 가지를 허ᄒᆞ엿ᄂᆞᆫ듸 아즘에 가히 힝ᄒᆞᆯ 일이 업스니 어ᄂᆡ ᄣᅢ에 차믈 어들이오 ᄒᆞ더니.《1796 경신 31ㄴ》

4 ᄀᆞ장호미: 가장 함이. 극단적으로 누림이. 'ᄀᆞ장ᄒᆞ(어간)+옴(명사형 어미)+이(주격 조사)'이다.

소언 오만홈ᄋᆞᆯ 可가히 길우디 몯홀 거시며 욕심을 可가히 방죵히 몯홀 거시며 ᄠᅳ들 可가히 ᄎᆞ게 몯홀 거시며 즐김을 可가히 極극히 몯홀 거시니라

현대역 오만함을 가히 기르지 못할 것이며, 욕심을 가히 방종하게 못할 것이며, 뜻을 가히 차게 못할 것이며, 즐김을 가히 極히 못할 것이니라.

극(極)히: 더할 수 없는 정도로. 행정용어 순화편람에서는, '극히' 대신 될 수 있으면 순화한 용어 '매우', '몹시'를 쓰라고 되어 있다.

【集解】應氏曰敬之反爲傲요情之動爲欲이라志滿則溢하고樂極則反이라馬氏曰傲不可長者는欲消而絶之也요欲不可縱者는欲克而止之也요志不可滿者는欲損而抑之也요樂不可極者는欲約而歸於禮也하나니라

응 씨가 말하였다. "敬의 반대가 傲이고, 情의 움직임이 欲이다. 뜻은 자만하면 넘치고, 즐거움은 극도로 하면 뒤집힌다." 마 씨가 말하였다. "오만함을 가히 키워서는 안 된다는 것은 사라지게 하여 그것[傲]을 끊고자 함이요, 욕심을 방종해서는 안 된다는 것은 이겨 그것[欲]을 그치고자 함이요, 뜻을 자만하게 해서는 안 된다는 것은 덜어서 그것[志]을 억제하고자 함이요, 즐거움을 극도로 해서는 안 된다는 것은 묶어서 禮로 돌아가고자 함이다."

漢字 溢(넘칠 일), 反(뒤집힐 반), 消(사라질 소), 克(이길 극), 損(덜 손), 抑(억제할 억), 約(묶을 약)

賢者ᄂᆞᆫ狎而敬之ᄒᆞ고畏而愛之ᄒᆞ며愛而知其惡ᄒᆞ고憎而知其

善ᄒᆞ며積而能散ᄒᆞ며安安而能遷ᄒᆞᄂᆞ니라

● 현자는 친하면서도 그것[狎]을 공경하고, 두려워하면서도 그것[畏]을 사랑하며, 사랑하면서도 그 악함을 알고, 미워하면서도 그 선함을 알며, (재물을) 쌓으면서도 능히 흩으며, 편안함을 편안히 여기면서도 능히 (의에) 옮긴다.

漢字 狎(친할 압, 익숙할 압, 편안할 압)

번소 어딘 사ᄅᆞᄆᆞᆫ 조라이 홀 ᄃᆡ도 공경ᄒᆞ며 저픈 ᄃᆡ도 ᄉᆞ랑ᄒᆞ며 ᄉᆞ랑ᄒᆞ오니도 왼 이를 알며 믜우니도 어딘 이를 알며 자븐 거슬 사하두ᄃᆡ 능히 흐터 주며 편안ᄒᆞᆫ 이ᄅᆞᆯ 편안히 너교ᄃᆡ 외어든 능히 옮ᄂᆞ니라

현대역 어진 사람은 친근히 할 데에도 공경하며, 두려운 데에도 사랑하며, 사랑하는 이라도 그른 일을 알아차리며, 미운이라도 어진 일을 알아차리며, 잡은 것[재물]을 쌓아 두되 능히 흩어 주며, 편안한 일을 편안히 여기되 그르거든 능히 (의에) 옮기느니라.

1 조라이: 친근히. '조랍(어간)+이(보조적 연결어미)'이다. '조랍-'은 '친근하다'의 옛말인 '조랍다'의 어간으로, 어미 '-이' 앞에서 어간 말 자음 'ㅂ'이 탈락하였다.

2 홀: 할. 'ᄒᆞ(어간)+오(대상 표시법 선어말어미)+ㄹ(관형사형 어미)'이다. 관형사형에 나타나는 선어말어미 '-오$_2$-'는 존경의 선어말어미와 결합될 수 있다는 점과 제1인칭은 물론 제2·3인칭도 주어가 될 수 있다는 점에서 종결형과 연결형에 나타나는 '-오$_1$-'과 문법 범주를 달리한다. 피한정 명사는 관형사형에 대하여 주어도 될 수 있고, 목적어와 부사어도 될 수 있다. 이때 관형사형을 평서형으로 전개할 때 피한정 명사가 목적어나 부사어의 기능을 띠면 선어말어미 '-오$_2$-'가 나타난다. 따라서 이를 대상 표시법 선어말어미로 부른다(고영근, 2020, 372). 須達이 지순 亭舍마다 드르시며.《석상 6:38》. 얻논 藥이 므스것고.《월석 21:215》. 이들은 피한정 명사가 관형사형의 목적어가 되는 예이다. 그림 그륜 ᄇᆞᄅᆞᆷ…《두시언해 6:34》. 옷 색론 므를 먹고.《석상 11:25》. 이들은 피한정 명사가 관형사형의 부사어가 되는 예이다.

3 듸도: 데에도. '듸(의존명사)+ø(부사격 조사 '에' 생략)+도(보조사)'이다. '듸'는 의존명사 'ᄃᆡ'의 이형태이다.

4 저픈: 두려운. '젛(동사 어간)+브(형용사 파생접사)+ㄴ(관형사형 어미)'이다. '젛다'는 동사 '두려워하다'의 옛말이고, '브'는 형용사 파생접사이다. 따라서 '저프다'는 형용사 '두렵다'의 뜻이다. 죽사릿 큰 저푸믈 이제 다 버서나이다.《석상 24:16》, 深谷深山애 언마 저프거시뇨 주굼 사로ᄆᆞᆯ 더라 시름이 업거니 저픈 ᄠᅳ디 어느 이시리잇고.《월곡 상:44》

5 ᄉᆞ랑ᄒᆞ오니도: 사랑스러운 이도. 'ᄉᆞ랑ᄒᆞ(어간)+오(형용사 파생접사)+ㄴ(관형사형 어미)+이(의존명사)+도(보조사)'이다. '오'는 형용사 파생접사 'ㅂ'의 교체형이다.

6 왼: 그른. '외(어간)+ㄴ(관형사형 어미)'이다. '외다'는 '그르다'의 옛말이다. ᄆᆞᅀᆞᆷ 조ᄒᆞᆯᄊᆡ 信이오 왼 일 마로미 戒오.《석상-중 11:43》, 왼 法이 어즈러ᄫᅵ ᄃᆞᆫ녀 百姓ᄃᆞᆯ히 두리여ᄒᆞ며.《월석 10:84》

7 믜우니도: 미운 이도. '믭(형용사 어간)+은(관형사형 어미)+이(의존명사)+도(보조사)'이다. 현대국어 '밉다'의 옛말인 '믭다'는 15세기 문헌에서부터 나타난다. '믭다'는 '미워하다'의 의미를 지닌 동사 '믜-'에 형용사 파생접사 '-ㅂ-'이 결합한 것이다. 15세기에 '믭다'는 모음이나 매개모음으로 시작하는 어미 앞에서는 '믜ᇦ-'으로 나타났는데, 15세기 중엽 이후에 'ㅸ'이 반모음 'w'로 변화하면서 '믜ᇦ-'은 '믜우-'로 변화하여, '믭-/믜우-'의 이형태 교체를 보이는 ㅂ불규칙용언이 되었다(15~16세기 문헌에는 자음으로 시작하는 어미 앞에서 '믭-'이 쓰인 예가 보이지 않는다). 19세기에는 자음 뒤에서 이중모음 'ㅢ'가 'ㅣ'로 바뀌는 경향에 따라 현대국어와 같은 '밉다' 형태가 나타나 오늘날에 이른다. 한편 18~19세기 문헌에는 '뮙다'의 예도 나타나는데, 이는 양순음 'ㅁ' 아래에서 모음 'ㅡ'가 'ㅜ'로 바뀌는 원순모음화를 겪은 형태이다. 믭다(15세기~19세기)〉밉다(19세기~현재). 이형태: 믭-, 믜ᇦ-, 믜우-, 뮙-, 뮈우-, 밉-, 미우-. 즁ᄉᆡᆼ 주겨 夜叉羅刹 等을 이바ᄃᆞ며 믜ᄫᅳᆫ 사ᄅᆞᄆᆡ 일훔 쓰며 얼구를 ᄆᆡᇰᄀᆞ라 모딘 呪術로 빌며.《1447 석상 9:17ㄱ》, 寃讎 믜우니 몯ᄂᆞᆫ 苦와 ᄉᆞ랑ᄒᆞ오니 여희ᄂᆞᆫ 苦와 求ᄒᆞᆯ 得디 몯ᄒᆞᄂᆞᆫ 苦와.《1461 능엄 7:43ㄱ》

8 사하: 쌓아. '샇(어간)+아(보조적 연결어미)'이다. '샇다'는 '쌓다'의 옛말이다. 西天ㄷ字앳 經이 노피 사햇거든 봃 사ᄅᆞ미 오히려 讀誦ᄋᆞᆯ 어려ᄫᅵ 너기거니와 우리나랏 말로 옮겨 써 펴면 드릃 사ᄅᆞ미 다 시러 키 울월리니.《월석 서:23》,

프른 시내헤 몬져 蛟龍ᄋᆡ 굼기 잇ᄂᆞ니 돌콰 나모왜 뫼ᄀᆞ티 사하도 구틔여 便安티 몯ᄒᆞ리로다(青溪先有蛟龍窟 木石如山不敢安).《두시-초 25:20》

9 외어든: 그르거든. '외(어간)+어든(연결어미)'이다. '-어든'은 '-거든'이 반모음 j 아래에서 성문 마찰 유성음 'ㅇ[ɦ]'으로 약화된 것이다. 여기서 주의할 점은 '거'는 대부분 교착적 선어말어미 중 확인법의 선어말어미로 분류하는데, '-거든', '-거늘'의 경우에는 전체가 하나의 종속적 연결어미라는 점이다. 왜냐하면, '-거든'이나 '-거늘'은 '거'가 빠진 '*늘', '*든'도 없고, '거' 자리에 다른 형태소가 대치된 '*ᄂᆞ든', '*더늘' 등도 없기 때문이다(고영근, 2020: 148~149). '-거든'은 '어떤 일이 사실이면', '어떤 일이 사실로 실현되면'의 뜻을 나타내는 연결어미이다.

10 옯ᄂᆞ니라: 옮긴다. '옯(어간)+ᄂᆞ(현재 시제 선어말어미)+니라(평서형 종결어미))'이다. '옯-'은 '옮-'의 오자이다. 현대국어의 '옮다'는 《용비어천가》에서부터 '옮다'로 보인다. 聖孫이 一怒ᄒᆞ시니 六百年 天下ㅣ 洛陽에 올ᄆᆞ니이다.《용가 14》

소언 어딘 이ᄂᆞᆫ 조라온 ᄃᆡ 공경ᄒᆞ고 저픈 ᄃᆡ ᄉᆞ랑ᄒᆞ며 ᄉᆞ랑호온 ᄃᆡ 그 사오나옴을 알고 믜여ᄒᆞᄂᆞᆫ ᄃᆡ 그 어디롬을 알며 싸하두ᄃᆡ 能능히 흐트며 편안ᄒᆞᆫ ᄃᆡᄅᆞᆯ 편안히 너교ᄃᆡ 能능히 옯ᄂᆞ니라

현대역 어진 이는 친근한 데[사람]에 공경하고, 두려운 데에 사랑하며, 사랑하는 데에 그 나쁨을 알고, 미워하는 데에 그 어짊을 알며, 쌓아두되 능히 흩으며[베풀며], 편안한 데를 편안히 여기되 능히 (의에) 옮긴다.

1 조라온 ᄃᆡ: 친근한 데. '-ㄴ ᄃᆡ'는 관형사형 어미 '-ㄴ'과 명사 'ᄃᆡ'의 통합형으로 보아 '-ㄴ 데'로 볼 수도 있고, 전체를 어미로 보아 '-ㄴ데'로 볼 수도 있다. 여기서는 아래 【集解】의 '賢者於其所狎能敬之'와 이하에서 '所'가 쓰인 점을 참고하여 전자로 풀이하였다.

2 사오나옴: 나쁨. '사오나오(어간)+ㅁ(명사형 어미)'이다. '사오납다'는 '나쁘다', '열등하다'의 옛말로, 모음으로 시작하는 어미나 명사형 어미 '-ㅁ' 앞에서는 '사오낳-'이나 '사오나오-'가 된다. 鼓摩王ㄱ 위두ᄒᆞᆫ 夫人ㅅ 아ᄃᆞᆯ 長生이 사오납고 녀느 夫人냇 아ᄃᆞᆯ 네히 照目과 聰目과 調伏象과 尼樓왜 다 어디더니.《월석 2:4》, 내 來世예 菩提 得ᄒᆞᆫ 時節에 ᄒᆞ다가 믈읫 有情이 모미 사오나ᄫᅡ 諸根이

ᄀᆞᆽ디 몯ᄒᆞ야 미혹ᄒᆞ고.《석상 9:6》, 잇논 ᄣᅡ히 ᄉᆞᆫ지 믿 고대 이셔 사오나ᄫᆞᆫ ᄆᆞᅀᆞ물 ᄯᅩ ᄇᆞ리디 몯더니.《월석 13:28》, 나리 ᄆᆞᆺᄃᆞ록 머므러 아ᄅᆞᆷ다온 소니 안잿ᄂᆞ니 百年에 사오나온 바ᄇᆞᆫ 서근 션ᄇᆡ 먹논 거시라(竟日淹留佳客坐 百年麤糲腐儒餐).《두시-초 22:5》

3 믜여ᄒᆞᄂᆞᆫ: 미워하는. '믜여ᄒᆞ(어간)+ᄂᆞ(현재 시제 선어말어미)+ㄴ(관형사형 어미)'이다. '믜여ᄒᆞ다'는 '미워하다'의 옛말이다. 현대국어 '미워하다'의 옛말은 '믜다'에 '-어ᄒᆞ다'가 붙은 '믜여ᄒᆞ다'가 직접적인 소급형이며, '믜여ᄒᆞ다'는 '미워하다'의 뜻은 '믜다'와 관련이 있다. 즉 현대국어 '미워하다'는 15세기에는 같은 뜻의 '믜다'가 있었지만 동시에 '믜다'에 '-어ᄒᆞ다'가 연결된 '믜여ᄒᆞ다'도 있었다. 파생동사인 '믜여ᄒᆞ다'는 계속 쓰였으나 파생의 출발이 된 '믜다'는 쓰이지 않게 되었다. '믜여ᄒᆞ다'는 18세기까지 쓰이다가, 17세기부터 등장한 '믜워ᄒᆞ다'에 밀리게 되었고, 19세기에 단모음화를 경험하면서 '미워ᄒᆞ다'로, 다시 맞춤법에 의해서 '미워하다'로 정착되어 현재까지 쓰인다. '믜다'와 같이 '-어ᄒᆞ다'에 의해 파생되는 동사들이 점차 쓰이지 않게 되는 현상은 '둏다~됴하ᄒᆞ다', '슳다~슬허ᄒᆞ다' 등에서도 보인다. 믜다(15세기~18세기)>믜여ᄒᆞ다(15세기~18세기)>믜워ᄒᆞ다(19세기)>믜다(20세기~현재). 이형태: 믜다, 믜여ᄒᆞ다, 므여ᄒᆞ다, 믜워ᄒᆞ다, 미여ᄒᆞ다, 미워하다, 미워ᄒᆞ다, 뮈다, 미우다. 衆生ᄋᆞᆯ 念호디 믜디 아니ᄒᆞ며 ᄃᆞᆺ디 아니ᄒᆞ야 平等ᄒᆞᆫ ᄆᆞᅀᆞ미라.《1459 월석 9:42ㄱ》, ᄠᅳᆯ 알ᄑᆡ 자뱃ᄂᆞᆫ 燭ᄋᆞᆯ 두 브를 믜여ᄒᆞ노니.《1481 두시-초 11:41ㄱ》, ᄆᆞᅀᆞ매 믜우며 ᄃᆞᆺ오ᄆᆞᆯ 내면 正을 일허 미쵸미 도위리라.《1517 몽산-고 법:11ㄴ》

4 옯ᄂᆞ니라: 옮긴다. '옮(어간)+ᄂᆞ(현재 시제 선어말어미)+니라(평서형 종결어미)'의 오자로 보인다.

【集解】**朱子曰此**는**言賢者**는**於其所狎**에**能敬之**하고**於其所畏**에**能愛之**하고**於其所愛**에**能知其惡**하며**於其所憎**에**能知其善**하며**雖積財而能散施**하고**雖安安而能徙義**하여**可以爲法**이니**與上下文禁戒之辭**로**不同**이니라**應氏曰安安者**는**隨所安而安也**니**安者**는**仁之順**이요**遷者**는**義之決**이니라

주자가 말하였다. "이는 현자는 그 친한 바에도 능히 그것을 공경하고,

그 두려워하는 바에도 능히 그것을 사랑하며, 그 사랑하는 바에도 능히 그 악함을 알고, 그 미워하는 바에도 그 착함을 알며, 비록 재물을 쌓으면서도 그것을 흩어 베풀고, 비록 편안함을 편안히 여기면서도 의에 옮겨, 가히 법이 될 수 있음을 말하였으니, 위아래 글의 금지하고 경계하는 말과는 같지 않다." 응 씨가 말하였다. "安安은 편안한 바에 따라 편안히 여김이니, 편안히 여김은 仁의 순함이요, 옮김은 義의 결단이다."

漢字 徙(옮길 사)

臨財毋苟得ᄒᆞ며**臨難毋苟免**ᄒᆞ며**狠毋求勝**ᄒᆞ며**分毋求多**ㅣ니라

● 재물에 임하여 구차히 얻지 말며, 환난에 임하여 구차히 면하지 말며, 싸움에 이김을 구하지 말며, 나눔에 많음을 구하지 말라.

漢字 苟(구차할 구, 진실로 구), 狠(다툴 한, 개 싸우는 소리 한)

번소 보화의 다ᄃᆞ라셔 비변도이 가쥬려 말며 환란의 다ᄃᆞ라셔 구챠히 버서나려 말며 ᄃᆞ토와 사호매 이긔요ᄆᆞᆯ 구티 말며 제 가질 모긔셔 해 가죠ᄆᆞᆯ 구티 마롤 디니라

현대역 보화에 다다라서 구차히 가지려 말며, 환란에 다다라서 구차하게 벗어나려 말며, 다투어 싸우매 이김을 구하지 말며, 자기가 가질 몫에서 많이 가짐을 구하지 말 것이니라.

1 다ᄃᆞ라셔: 다다라서. '다ᄃᆞᆮ(어간)+아(연결어미)+시('시다[在]'의 어간)+어(연결어미)'이다. '아+시+어'가 하나의 연결어미 '-아셔'로 재구조화되었다. '-아셔'는 끝음절의 모음이 'ㆍ, ㅏ, ㅗ'인 동사, 형용사 어간 뒤에 붙어, '-아서'를 뜻하는 어미이다. 시름 오매 프를 지즐안자셔 훤히 놀애 블로니 눉므리 소내 ᄀᆞ득ᄒᆞ도다(憂來藉草坐 浩歌淚盈把).《두시-초 6:1》, 戶外예 昭容이 블근 ᄉᆞ매 드리오고 둘히 御座ᄅᆞᆯ 보아셔 朝儀ᄅᆞᆯ 引進ᄒᆞᄂᆞᆺ다(戶外昭容紫袖垂 雙瞻御座引朝儀).《두시-초 6:7》. 현대국어 '다다르다'의 옛말인 '다ᄃᆞᆮ다'는 15세기 문헌에서부터 확인된다. '다ᄃᆞᆮ다'는 자음으로 시작하는 어미와 결합할 때 '다ᄃᆞᆮ-'으로, 모음으로

시작하는 어미와 결합할 때 '다돌-'로 나타나던 ㄷ불규칙 용언이다. 16세기 후반에 제2음절 이하의 '·'가 다른 모음으로 변화하는 경향에 따라 19세기에는 '다닷다'로 나타난다. '다닷다'는 근대국어 시기에 종성 'ㄷ'을 'ㅅ'으로 표기하던 경향에 따라 나타난 '다돗다'에서 변화한 것이다. 20세기 이후 모음으로 시작하는 어미와 결합할 때 나타나는 형태로 고정됨에 따라 '다다르다'로 나타나서 현재에 이르렀다. 16세기의 'ᄃᆞ돌-'은 '다돋-'의 제1음절 모음 'ㅏ'가 '·'로 나타난 것이며, '다듣다'는 '다돋다'의 제2음절 모음 '·'가 'ㅡ'로 변화한 것이다. 17세기의 '다돗다'는 근대국어 시기에 종성 'ㄷ'을 'ㅅ'으로 표기하던 경향에 따라 나타난 것이다. 다돋다(15세기～18세기)〉다닷다(19세기)〉다다르다(20세기～현재). 이형태: 다돋-/다돌-, ᄃᆞ돌-, 다듣다, 다돗다, 다닷-/다달-. 太子ㅣ 出家ᄒᆞ싏 時節이 다돋고.《석상 3:24ㄴ-25ㄱ》, 蔡暗돌히 天竺國 이웃나라 月支國에 다ᄃᆞ라.《월석 2:66ㄱ》

2 비변도이: 구차하게. '비변(어근)+되(형용사 파생접사)+이(보조적 연결어미)'이다. '-이'가 보조적 연결어미라고 해서 본용언과 보조용언을 접속하는 역할을 하지는 않는다. 즉 '비변도이'가 '가쥬려'를 꾸미는 성분부사의 역할을 하고 있다. 그러나 그 기능이 단일하지 않다 해서 같은 형태에 대하여 다른 이름을 주기보다는 보조적 연결어미라는 하나의 이름만 주고 환경에 따라 기능을 달리 인정하는 방향의 서술법을 취함이 옳다 하겠다. '되이'가 '도이'로 변한 것은 중세국어 단계에서는 '되'가 이중모음 [toj]로 발음되었기 때문이다. '비변'은 대문의 '구(苟)'와 대응하고, 《소학언해》에서도 '구챠히'로 번역했음을 참고한 것이다.

3 가쥬려: 가지려. '가지(어간)+우(화자 표시법 선어말어미)+려(연결어미)'이다. '-우-'는 선어말어미 '-오-'의 이형태로, 끝음절의 모음이 '·, ㅏ, ㅗ'가 아닌 동사 어간 뒤에 붙는 화자 표시법 선어말어미이다. ᄂᆞᄆᆞᆫ 주규려 커늘 天地之量이 실씨 다시 사ᄅᆞ샤 爵祿ᄋᆞᆯ 주시니(人欲誅矣 天地量廓 迺復生之 爵祿是錫).《용가 77장》, 이제 이 모ᄆᆞ로 아바님 위ᄒᆞ야 病엣 藥ᄋᆞᆯ 지수려 ᄒᆞ노니 목수미 몯 이실까 너겨 여희ᅀᆞᄫᆞ라 오니.《석상 11:20》. 종결형과 연결형의 선어말어미 '-오$_1$-'은 일반적으로 주어 명사구가 제1인칭 대명사 '나, 우리' 등 화자일 때 나타난다. 따라서 이를 화자 표시법 선어말어미(고영근, 2020: 363) 또는 1인칭법 선어말어미(허웅, 1958: 124-197)라고 부른다. 그러나 '-오$_1$-'은 주어 명사구가 제3인칭이라고 하더라도 그것이 화자 자신을 가리키는 경우에는 쓰일 수

있다. 이런 점에서 1인칭법 선어말어미보다는 화자 표시법 선어말어미라는 용어가 나아 보인다. 누른 새는 져기 ᄂᆞ로ᄆᆞᆯ 任意로 ᄒᆞ노라.《두시언해 20:10》 여기서 '누른 새'는 두보 자신을 가리킨다고 주(註)에서 말하고 있으므로 화자가 주어로 되어 있는 것이다. 妾은 王ㅅ 義예 죽고 王ㅅ 즐교매 죽디 아니ᄒᆞ노이다.《내훈 2 상:324》. 월희(越嬉)가 왕에게 하는 말인데, 역시 화자 자신을 가리킨다. 화자 표시법 선어말어미 '-오$_1$-'가 쓰일 때에는 존경법의 '-시-'가 원칙적으로 나타나지 못하는데, 이는 화자가 자기 자신을 높일 수 없다는 공대법의 규칙 때문이다. 물론 2인칭과 3인칭 주어와도 함께 쓰일 수 없다.

4 사호매: 싸우매. '사호(어간)+매(연결어미)'이다. '-매'는 '이다'의 어간, 받침 없는 용언의 어간, 'ㄹ' 받침인 용언의 어간 또는 어미 '-으시-' 뒤에 붙어, 어떤 일에 대한 원인이나 근거를 나타내는 연결어미이다. '사호다'는 '싸우다'의 옛말이다. 阿難아 苦樂이 둘히 滅ᄒᆞ야 사호ᄂᆞᆫ ᄆᆞᅀᆞ미 섯디 아니ᄒᆞ닌 이 ᄀᆞᆮᄒᆞᆫ ᄒᆞᆫ 類ᄂᆞᆫ 일후미 無煩天이라(阿難 苦樂兩滅 鬪心不交 如是一類 名無煩天).《능엄 9:19》, ᄀᆞ장 아ᄉᆞᆯ ᄉᆞ랑티 아니ᄒᆞᆫ다 ᄒᆞ니 지여ᄒᆞᆫ 집븨셔 칼 가지고 사화 골육글 소박ᄒᆞᄂᆞ니.《정속-이 4》.

5 모긔셔: 몫에서. '목(명사)+의셔(부사격 조사)'이다. '의셔'는 부사격 조사로서, '의(특수 처소격조사)+시(在, 동사어간)+어(연결어미)'가 조사로 굳어진 것이다. '목'은 '몫'의 옛말이다. ᄡᅡᄒᆞᆫ 그듸 모ᄀᆡ 두고 남ᄀᆞ란 내 모ᄀᆡ 두어 둘히 어우러 精舍 ᄆᆡᆼᄀᆞ라 부텻긔 받ᄌᆞᄫᅳ리라.《석상 6:26》, 이 심을 다ᄉᆞᆺ 모긔 ᄂᆞᆫ호와 ᄒᆞ나히 스므 근식 ᄒᆞ야(這蔘做了五分兒分了 一箇人二十斤家).《번노 하:58》.

6 해: 많이. '하(어근)+이(부사 파생접사)'이다.

7 가죠ᄆᆞᆯ: 가짐을. '가지+옴(명사형 어미)+ᄋᆞᆯ(목적격 조사)'이다.

8 마롤 디니라: 말 것이니라. 말지니라. '말(어간)+오(대상 표시법 선어말어미)+ㄹ(관형사형 어미)+ᄃᆞ(의존명사)+이(서술격조사 '이다'의 어간)+니라(평서형 종결어미)'이다. 의존명사 'ᄃᆞ'는 '것'의 의미를 가진 보편성 의존명사이다. 의존명사를 꾸며주는 관형사형에 들어있는 선어말어미 '-오$_2$-'도 대상 표시법 선어말어미에 해당한다. 이런 형태소 구성을 고려하면, '마롤 디니라'처럼 띄어 쓰며, '-ㄹ 것이니라'로 풀이할 수 있다. 이때 의무와 당연의 의미가 포함되어 있으며, 장엄한 어감을 띤다. 그러나 'ㄹ+ᄃᆞ+이+니라'는 '-ㄹ디니라'의 형태로, 하나의 종결어미로 재구조화한 것으로 볼 수도 있다. 이때에는 해라할 자리에 쓰여, '마롤디니라'처럼 붙여 쓰며 '-ㄹ지니라'로 풀이할 수도 있다. 알 리는 仔細히

ᄒᆞ야 ᄀᆞ초 버류믈 疑心 마롤 디니라(達者審之 勿嫌具列).《원각 상2-1:32》, 願ᄒᆞᆫᄃᆞᆫ 모ᄃᆞᆫ 道 닷ᄀᆞᆯ 사ᄅᆞ미 모ᄃᆡ 밧ᄀᆡ 求티 마롤 디니라(願諸修道之人 切莫外求).《목우 3》

소언 지믈에 다ᄃᆞ라셔 구챠히 얻디 말며 환란의 다ᄃᆞ라셔 구챠히 免면티 말며 싸홈애 이긔욤올 求구티 말며 ᄂᆞᆫ홈애 함을 求구티 말올 디니라

현대역 재물에 다다라서 구차히 얻지 말며, 患難에 다다라서 구차히 면하지 말며, 싸움에 이김을 구하지 말며, 나눔에 많음을 구하지 말 것이니라.

ᄂᆞᆫ홈애: 나눔에. 'ᄂᆞᆫ호(어간)+ㅁ(명사형 어미)+애(부사격 조사)'이다. 현대국어 '나누다'의 옛말인 'ᄂᆞᆫ호다'는 15세기 문헌에서부터 나타난다. 근대국어 후기에 모음 'ㆍ'가 본래의 소리를 잃고 'ㅏ'로 변하면서 18세기 이후 '난호다'의 형태가 나타나게 되었다. 19세기 후반 이후 'ㄴ'과 모음 사이에서 'ㅎ'이 탈락하고 제2음절의 모음 'ㅗ'가 'ㅜ'로 바뀌어 '나누다'가 되면서 현재에 이르렀다. ᄂᆞᆫ호다(15세기~19세기)〉난호다(18세기~19세기)〉나누다(19세기~현재). 이형태: ᄂᆞᆫ호다, ᄂᆞᆫ흐다, ᄂᆞᆫᄒᆞ다, 난호다, 난흐다, 나느다, 나누다. ᄅᆞᄆᆡ ᄠᅳ디 漸漸 거츠러 제여곰 바톨 ᄂᆞᆫ홀ᄊᆡ 有德ᄒᆞᆫ 사ᄅᆞᄆᆞᆯ 셰여 받 ᄂᆞᆫ호기를 決게 ᄒᆞ니 이 王 始作이라.《1447 석상 9:19ㄴ》

【集說】陳氏曰苟는苟且요狠은鬪狠이요分은分財라陳氏澔曰毋苟得은見利思義也요毋苟免은守死善道也요狠毋求勝은忿思難也요分毋求多는不患寡而患不均也니라

진 씨가 말하였다. "苟는 苟且함이요, 狠은 싸움이요, 分은 재물을 나눔이다." 陳氏[陳澔]가 말하였다. "毋求得[구차히 얻지 말]은 이익을 보면 의를 생각함이요, 毋求免[구차히 면하지 말]은 죽음으로 선한 도를 지킴이요, 狠毋求勝[싸움에 이김을 구하지 말]은 忿할 때에 환난을 생각함이요, 分毋求多[나눔에 많음을 구하지 말]는 적음을 걱정하지 말고 고르지 못함을

걱정함이다."

[漢字] 忿(분할 분, 성낼 분)

疑事를毋質ᄒᆞ야直而勿有ㅣ니라

● 의심스러운 일을 質正하지 말아, (의견 개진만) 곧게 하고 (선입견을) 가지지 말라."

[漢字] 質(질정할 질), 有(가질 유, 있을 유)

질정(質正): 질문하여 규명함.

[번소] 의심ᄃᆞ왼 이롤 마ᄀᆡ오디 마라 내 마리 올ᄒᆞ여도 구틔여 올ᄒᆞᆫ 디레 두디 마롤 디니라

[현대역] 의심된 일을 따지지 말 것이니, 내 말이 옳아도 구태여 옳은 지레짐작을 두지 말 것이니라."

1 의심ᄃᆞ왼: 의심스러운, '의심+ᄃᆞ외(형용사 파생접사)+ㄴ(관형사형 어미)'이다. 현대국어 '되다'의 옛말인 'ᄃᆞᄫᆡ다'는 15세기 문헌에서부터 나타난다. 15세기 중엽 이후 'ㅸ'이 반모음 w로 변화하여 'ᄫᆡ'가 '외'로 변한 'ᄃᆞ외다'가 나타났다. 또한 15세기에는 'ᄃᆞ외다'에서 제1음절 모음 'ㆍ'가 제2음절의 원순모음 'ㅗ'의 영향으로 'ㅗ'로 바뀐 '도외다' 형태가 등장하였다. 16세기에는 '도외다'의 제1음절과 제2음절이 축약된 '되다' 형태가 등장하여 현재에 이르렀다. ᄃᆞᄫᆡ다(15세기)〉ᄃᆞ외다(15세기~17세기)〉도외다(15세기~17세기)〉되다(16세기~현재). 이형태: ᄃᆞᄫᆡ다, ᄃᆞ외다, 도외다, 되다. 臣下ㅣ 말 아니 드러 正統애 有心ᄒᆞᆯᄊᆡ 山ᄋᆡ 草木이 軍馬ㅣ ᄃᆞᄫᆡ니이다.《1447 용가 98》, ㅇ롤 입시울쏘리 아래 니ᅀᅥ 쓰면 입시울 가ᄇᆡ야ᄫᆞᆫ 소리 ᄃᆞ외ᄂᆞ니라.《1446 훈언 12ㄱ》, ᄯᅩ 勝福ᄋᆞᆯ 어드릴ᄊᆡ 暫持 功德이 도외니.《1463 법화 6:3ㄱ》, 孝誠이 지극더니 어미 나히 닐흔아홉인 제 病이 되야 氣絶ᄒᆞ거ᄂᆞᆯ.《1514 속삼 효:12ㄱ》

2 마ᄀᆡ오디: 따지지. 밝히지. '마ᄀᆡ오(어간)+디(보조적 연결어미)'이다. '마ᄀᆡ오다'는 '따지다', '밝히다'의 옛말이다. 本來ㅅ 일후미 아뫼라 홈ᄃᆞᆯᄒᆞᆫ 本來ㅅ 일후믈

ᄀᆞᄅᆞ쳐 父子ᄋᆡ 明白호ᄆᆞᆯ 마ᄀᆡ오니라.《월석 13:31》, 末學이 그르 앓가 저흔 젼ᄎᆞ로 特別히 마ᄀᆡ와 묻ᄌᆞ오니라(恐末學 濫解故 特與質問).《능엄 2:65》, 疑心ᄃᆞ왼 이ᄅᆞᆯ 마ᄀᆡ오디 마라 올ᄒᆞ야도 두 ᄆᆞᆯ 마롤 디니라(疑事毋質 直而勿有).《내훈 1:7》

3 마라: 말 것이니, 말지니. 말(어간)+아(연결어미)'이다. 연결어미 '-아'는 문맥상 계기의 의미가 아닌, '-ㄹ 것이니'의 의미로 쓰였다.

4 올ᄒᆞ여도: 옳아도. '올ᄒᆞ(어간)+여(연결어미)+도(보조사)'이다. '-여'는 '-아'의 이형태이다. '옳다'의 옛말인 '올ᄒᆞ다'는 15세기 문헌에서부터 나타난다. '올ᄒᆞ다'에서 'ㆍ'가 탈락하면서 어간이 '옳-'로 재구조화 되어 현재의 '옳다'로 이어진다. 올ᄒᆞ다(15세기~18세기)〉올흐다(16세기~19세기)〉옳다(20세기~현재). 이형태: 올ᄒᆞ다, 올흐다. 眞實로 올ᄒᆞ니이다.《1459 월석 8:95ㄱ》, 兄弟 효도로오며 올흐며 ᄌᆞ샹ᄒᆞ며.《1588 소언 6:86ㄴ》

5 올ᄒᆞᆫ: 옳은. '올ᄒᆞ(어간)+ㄴ(관형사형 어미)'이다.

6 디레: 지레짐작. 어떤 일이 일어나기 전 또는 어떤 기회나 때가 무르익기 전에 확실하지 않은 것을 성급하게 미리 하는 짐작. 후기중세국어 문헌에 '디레'의 출현 예가 거의 없다. 따라서 정확한 해독이 어려운 바, 아래 【集解】의 설명을 참조하여 풀이하였다.

소언 의심된 일올 마ᄀᆡ오디 마라 바ᄅᆞ 니를 만ᄒᆞ고 올ᄒᆞᆫ 디레 두디 말올 디니라

현대역 의심된 일을 따지지 말 것이니, 바로 말할 만하고 옳은 지레짐작을 두지 말 것이니라."

바ᄅᆞ: 바로. 實相妙法을 蓮華애 工巧히 가ᄌᆞᆯ비니 안ᄒᆞ론 一心을 바ᄅᆞ ᄀᆞᄅᆞ치고 밧ᄀᆞ론 萬境에 너비 ᄉᆞᄆᆞᄎᆞ니.《월석 11:11》, 言語ᄂᆞᆫ 바ᄅᆞ 닐오ᄆᆞᆯ 닐오ᄃᆡ 言이오 힐훠 議論호ᄆᆞᆯ 닐온 語ㅣ니(言語者 直言曰言 難論曰語).《영가 상:51》

【集解】朱子曰兩句連說이爲是하니疑事毋質은卽少儀所謂毋身質言語也이요直而勿有는謂陳我所見하여聽彼決擇이요不

可據而有之하여專務强辨이라

주자가 말하였다. "두 구를 이어서 설명함이 옳으니, 疑事毋質[의심스러운 일을 質正하지 말라.]은 곧 〈少儀〉에 몸소 언어를 質正하지 말라'고 이르는 것이요, 直而勿有[의견 개진만 곧게 하고 선입견을 가지지 말라.]는 '나의 소견을 진술하여 상대방이 결단하여 가리도록 기다리고, 억누르고 (선입견을) 가져 强辯을 오로지 힘써서는 안 됨'을 이른다."

漢字 是(옳을 시), 陳(베풀 진), 聽(기다려 줄 청), 擇(가릴 택), 據(억누를 거)

1 兩句連說爲是: 疑事毋質과 直而勿有를 연결하여 설명함이 옳다는 뜻으로, '疑事毋質하여'로 해석하여야 함을 말한 것이다.

2 강변(强辯): 강제로 주장하는 말.

〖三章〗

○孔子ㅣ曰非禮勿視ᄒᆞ며非禮勿聽ᄒᆞ며非禮勿言ᄒᆞ며非禮勿動이니라 《論語 顔淵》

● 공자가 말씀하셨다. "禮가 아니면 보지 말며, 禮가 아니면 듣지 말며, 禮가 아니면 말하지 말며, 禮가 아니면 움직이지 말라."

사물(四勿): 유교(儒教)에서 금하는 네 가지. 곧 '非禮勿視 非禮勿聽 非禮勿言 非禮勿動 (예가 아니면 보지 말고 듣지 말고, 말하지 말고, 움직이지 말라.)'이다. 《論語》〈顔淵〉 제1장에 소개되어 있다. "顔淵 問仁 子曰 克己復禮 爲仁 一日克己復禮 天下歸仁焉 爲仁由己 而由人乎哉 顔淵曰 請問其目 子曰 非禮勿視 非禮勿聽 非禮勿言 非禮勿動 顔淵曰 回雖不敏 請事斯語矣(안연이 仁을 묻자, 공자께서 말씀하셨다. '자기의 사욕을 이겨 禮에 돌아감이 仁을 하는 것이니, 하루라도 私慾을 이겨 禮에 돌아가면 천하가 仁을 허여한다. 仁을 하는 것은 자신에게 달려 있으니, 남에게 달려 있겠는가.' 안연이 '그 조목을 묻습니다.' 하자, 공자께서 말씀하셨다. '禮가 아니면 보지 말며, 禮가 아니면 듣지 말며, 禮가 아니면 말하지 말며, 禮가 아니면 動하지 말아야 한다.' 안연이 말하였다. '제(回)가 비록 불민하나 청컨대 이 말씀에 종사하겠습니다.')"

번소 孔공子ᄌᆞㅣ ᄀᆞᄅᆞ샤ᄃᆡ 올ᄒᆞᆫ 이리 아니어든 보디 말며 올ᄒᆞᆫ 이리 아니어든 듣디 말며 올ᄒᆞᆫ 이리 아니어든 니ᄅᆞ디 말며 올ᄒᆞᆫ 이리 아니어든 ᄒᆞ디 마롤 디니라

현대역 공자가 말씀하시되, "옳은 일이 아니거든 보지 말며, 옳은 일이 아니거든 듣지 말며, 옳은 일이 아니거든 말하지 말며, 옳은 일이 아니거든 하지 말 것이니라."

1 아니어든: 아니거든. '아니(어간)+어든(연결어미)'이다. '-어든'은 '-거든'의 이형태이다.

2 니ᄅᆞ디: 이르지[謂]. '니ᄅᆞ(어간)+디(보조적 연결어미)'이다. 중세국어에서 '니ᄅᆞ다'와 '니르다'는 같이 '말하다'의 뜻을 가졌다. 즉 '니르다'는 '이르다[謂]'의 옛말로. 모음으로 시작하는 어미 앞에서는 '닐-'로 나타난다. 이런 젼ᄎᆞ로 어린 百姓이 니르고져 홇 배 이셔도.《훈언 2》, 世間 다 ᄉᆞ룔 마리며 ᄉᆡᆼ계 사롤 일ᄃᆞᆯᄒᆞᆯ 닐어도 다 正ᄒᆞᆫ 法에 順ᄒᆞ며.《석상 19:24》. 물론 '니르다'는 '이르다[至]'의 뜻으로도 쓰였다. 뫼히며 수프리며 ᄀᆞᄅᆞ미며 바ᄅᆞ리며 아래로 阿鼻地獄애 니르며 우흐로 有頂에 니르리 보며.《석상 19:13》, 그러나 ᄒᆞ마 頂地예 니르니 져기 소사나소ᄆᆞᆯ 求ᄒᆞ면 져근 ᄀᆞ료미 덜리라(然已到頂地 少需攫進 則微礙除矣).《능엄 8:42》

소언 孔공子ᄌᆞㅣ 골ᄋᆞ샤ᄃᆡ 禮례 아니어든 보디 말며 禮례 아니어든 듣디 말며 禮례 아니어든 닐ᄋᆞ디 말며 禮례 아니어든 뮈디 말올 디니라

현대역 공자가 말씀하시되, "예 아니거든 보지 말며, 예 아니거든 듣지 말며, 예 아니거든 이르지 말며, 예 아니거든 움직이지 말 것이니라."

뮈디: 움직이지. '뮈(어간)+디(보조적 연결어미)'이다. '뮈다'는 '움직이다'의 옛말이다. 불휘 기픈 남ᄀᆞᆫ ᄇᆞᄅᆞ매 아니 뮐ᄊᆡ 곶 됴코 여름 하ᄂᆞ니(根深之木 風亦不抓

有灼其華 有蕡其實).《용가 2장》, 大地 뮈여 ᄠᅥ디며 믈와 뭍과 ᄂᆞᄂᆞᆫ 거시 놀라 저티 아니ᄒᆞ리 업거든(大地振坼 水陸飛騰 無不驚慴).《능엄 9:47》

【集解】**朱子曰非禮者**는**己之私也**라**勿者**는**禁止之辭**니**是**는**人心之所以爲主而勝私復禮之機也**라**私勝則動容周旋**이**無不中禮**하여**而日用之間莫非天理之流行矣**리라

주자가 말하였다. "非禮는 자신의 사욕이다. 勿은 금지하는 말이니, 이는 사람의 마음이 주장이 되어 사욕을 이기고 예로 돌아가는 틀인 것이다. 사욕을 이기면 행동과 차림새와 일이 잘 되도록 두루 힘씀이 예에 맞지 않음이 없어, 날마다 쓰는 사이에 하늘 이치의 흐름이 아님이 없을 것이다."

[漢字] 機(틀 기)

1 동용(動容): 행동과 차림새.
2 주선(周旋): 일이 잘 되도록 두루 힘씀.

〖四章〗

○ **出門如見大賓**ᄒᆞ며**使民如承大祭**ᄒᆞ고**己所不欲**을**勿施於人**이니라 《論語 顔淵》

● 문을 나감에는 큰 손님을 뵙는 듯이 하고, 백성을 부림에는 큰 제사를 받들 듯이 하며, 자기가 하고자 않는 바를 남에게 베풀지 말아야 한다.

[번소] 무늬 날 저긔 큰 소ᄂᆞᆯ 본 ᄃᆞ시 ᄒᆞ며 ᄇᆡᆨ셩을 브료ᄃᆡ 큰 졔 ᄒᆞ욤ᄀᆞ티 ᄒᆞ며 내 ᄒᆞ고져 아니ᄒᆞᄂᆞᆫ 이를 ᄂᆞᄆᆡ게 벱디 마롤 디니라

[현대역] 문에 나갈 때에 큰 손님을 본 듯이 하며, 백성을 부리되 큰 제사를 함같이 하며, 내가 하고자 아니하는 일을 남에게 베풀지 말 것이니라.

1 무늬: 문에. '문(명사)+의(부사격 조사)'이다. '의'는 특수처소 부사격 조사이다.

2 날: 나갈. '나(어간)+ㄹ(관형사형 어미)'이다.

3 ᄃᆞ시: 듯. 듯이. 'ᄃᆞ시'는 '듯'의 옛말로, 관형어의 수식을 받는 바, 부사성 의존명사이다. 빌리 잇거든 ᄎᆞ기 너겨 모지마라 ᄒᆞᇙ 디라도 제 모맷 고기를 바혀 내는 ᄃᆞ시 너겨 ᄒᆞ며.《석상 9:12》, 듣고도 몯 드른ᄃᆞ시 ᄒᆞ며 보고도 몯 본 ᄃᆞ시 ᄒᆞᆯ씨오.《월석 10:20》. 그러나 다음 예는 동사나 형용사 어간 뒤에 붙어 어미로 쓰였다. 죽사리를 니즐씨 일허도 ᄒᆞᆰ무적 ᄇᆞ리ᄃᆞ시 ᄒᆞ며 즐규믈 혹 바혀 ᄇᆞ리ᄃᆞ시 ᄒᆞᄂᆞ니.《석상 20:12》, 祭 믈론 거슬 주어 머교ᄃᆡ 진즘싱 치ᄃᆞ시 ᄒᆞ더라.《속삼효:10》

4 브료ᄃᆡ: 부리되, '브리(어간)+오ᄃᆡ(연결어미)'이다. 현대국어 '부리다'의 옛말인 '브리다'는 15세기 문헌에서부터 나타난다. '브리다'가 '부리다'로 변화한 것은 '브리다'의 '브'가 'ㅂ'의 영향으로 'ㅡ'가 'ㅜ'로 바뀌는 원순모음화 된 결과이다. 원순모음화 현상은 18세기에 일반화되는데, '브리다'와 '부리다'도 18세기에 공존하였다. 19세기에는 '브리다'는 쓰이지 않고 '부리다'가 쓰이기 시작하면서 현재에까지 이어져 쓰이고 있다. 브리다(15세기~18세기)>부리다(19세기~현재). 이형태: 브리다, 브리우다, 부리오다, 블이다, 부리다. 王이 左右 梵志를 브리샤.《1447 석상 3:11ㄱ》, 이 활 브리우라 오ᄂᆡ 쟉고 고재 뎌ᄅᆞ다.《1510년대 번노 상:67ㄴ》

5 ᄒᆞ욤: 함. 'ᄒᆞ(어간)+욤(명사형 어미)'이다. 명사형 어미 '옴'이 모음 충돌을 회피하기 위해 반모음 j를 삽입하여 '욤'이 된 것이다.

6 벱디: 베풀지. '벱(어간)+디(보조적 연결어미)'이다. '벱다'는 '베풀다'의 옛말 중 하나이다. 현대국어 '베풀다'의 옛말인 '베프다'는 15세기 문헌에서부터 나타난다. 이 단어는 형태 변화 없이 19세기까지 계속 쓰였다. 현대국어 '베풀다'는 '베프다'의 제2음절 '프'가 'ㅍ' 아래에서 ㅡ가 ㅜ로 바뀌는 원순모음화를 겪어 '베푸다'가 된 것으로 보이며, '푸'에 다시 'ㄹ'이 첨가된 것으로 보이는데 'ㄹ'이 첨가된 이유를 알 수는 없다. 베프다(15세기~19세기)>베풀다(20세기~현재). 이형태: 베프다, 베푸다, 베풀다, 베프다. 時世 거리칠 ᄭᅬ를 베프고져 ᄒᆞ나 尙書郎이 블셔 늘고라.《1481 두시-초 7:15ㄴ》, 나그내 모미 녯 버들 맛보니 興心 베푸믄 林泉으로브테로다.《1481 두시-초 9:22ㄴ》, 이리 이셔도 베플ᄃᆡ 업슬 주를 ᄌᆞ모 모ᄅᆞ놋다.《1518 번소 7:22ㄴ》

소언 門문의 날 제 큰 손올 보ᄃᆞ시 ᄒᆞ며 ᄇᆡᆨ셩을 블요ᄃᆡ 큰 祭졔ᄅᆞᆯ ᄒᆞ옵곧티 ᄒᆞ고 내 ᄒᆞ고져 아니ᄒᆞᄂᆞᆫ 바ᄅᆞᆯ 사ᄅᆞᆷᄋᆡ게 베프디 말올 디니라

현대역 문에 날 때 큰 손님을 보듯이 하며, 백성을 부리되 큰 제사를 함같이 하고, 내 하고자 아니하는 바를 사람에게 베풀지 말 것이니라.

【集說】朱子曰敬以持己하고恕以及物이면則私意無所容而心德全矣니라陳氏曰出門如見大賓하고使民如承大祭는敬以持己也요己所不欲을勿施於人은恕以及物也니라

주자가 말하였다. "공경하여 자기[자기 몸]를 가지며, 용서하여 만물에 미치면, 사욕이 용납될 곳이 없어 마음의 덕이 온전해진다." 진 씨가 말하였다. "문을 나감에 큰 손님 뵙는 듯이 하고, 백성을 부림에 큰 제사 받들 듯이 함은 공경하여 자기[자기 몸]를 갖는 것이요, 자기가 하고자 않는 바를 남에게 베풀지 말라는 것은 용서하여 만물에 미치는 것이다."

漢字 持(가질 지), 恕(용서할 서), 物(만물 물, 물건 물)

【五章】

○居處恭ᄒᆞ며執事敬ᄒᆞ며與人忠을雖之夷狄이라두不可棄也ㅣ니라 《論語 子路》

● 거처함에 공손히 하며, 일을 잡음에 공경히 하며, 남과 함께함에 충성함을 비록 夷狄에 가더라도 가히 버리지 않아야 한다.

번소 샹해 이쇼매 온공ᄒᆞ며 일호매 공경ᄒᆞ며 사ᄅᆞᆷ ᄃᆡ졉호매 졍셩도이 호몰 비록 뒷 다ᄒᆡ 가도 ᄇᆞ리디 몯홀 거시니라

현대역 항상 있음에 온공하며, 일함에 공경하며, 사람을 대접함에 정성스럽게 함을 비록 오랑캐 땅에 가도 버리지 못할 것이니라.

1 샹해: 항상. 평소에. 사오나이 믈 들 깁으로 결속ᄒᆞ더니 샹해 닐오ᄃᆡ(纈文絹爲資裝 常言必待資裝豐備).《번소 9:104》, 샹해 사ᄅᆞᆷ ᄃᆞ려 닐오ᄃᆡ(常語人曰).《번소 10:9》

2 이쇼매: 있음에. '이시(어간)+옴(명사형 어미)+애(부사격 조사)'이다. '이시다'는 '있다'의 옛말로, 자음으로 시작하는 어미 앞에서는 '잇-'으로 바뀐다. 世尊ㅅ 말 ᄉᆞᆯ보리니 千載上ㅅ 말 이시나 귀예 듣논가 너기ᅀᆞᄫᆞ쇼셔.《월곡 상:1》, 이 轉相이 비록 能緣이 이시나 境界微細ᄒᆞᆯᄊᆡ 오히려 ᄀᆞᆯᄒᆡ디 몯ᄒᆞ리니.《월석 11:79》

3 온공ᄒᆞ며: 온공(溫恭)하며. '온공ᄒᆞ(어간)+며(연결어미)'이다. 성격, 태도 따위가 온화하고 공손하며.

4 됫: 오랑캐의. '되(명사)+ㅅ(관형격 조사)'이다. '되'는 '예전 두만강 근방에 살던 미개 민족'을 이르던 말이다. 유의어: 외이(外夷).

5 다ᄒᆡ: 땅에. 'ᄯᅡᇂ(명사)+ᄋᆡ(특수 처소 부사격 조사)'이다. 'ᄯᅡᇂ'가 '닿'으로 표기됨은 '됫'의 'ㅅ'과 겹치기 때문이다.

소언 居거處쳐[居거ᄂᆞᆫ 뎡ᄒᆞ여 이심이오 處쳐ᄂᆞᆫ 잠싼 이심이라]홈애 엄공ᄒᆞ며 일 잡음에 조심ᄒᆞ며 사ᄅᆞᆷ 덥을어 ᄆᆞᄋᆞᆷᄭᆞ지 홈ᄋᆞᆯ 비록 되게 가도 可가히 ᄇᆞ리디 아닐 디니라

현대역 거처[居는 정하여 있음이요, 處는 잠깐 있음이라.]함에 嚴恭하며, 일 잡음에 조심하며, 사람(과) 더불어 마음까지 함을 비록 오랑캐에게 가도 가히 버리지 아니할 것이니라.

엄공ᄒᆞ며: 엄공(嚴恭)하며. '엄공ᄒᆞ(어간)+며(연결어미)'이다. 엄하고 공손하며.

【集解】之는往也라夷는東夷요狄은北狄이라朱子曰恭主容하고敬主事하니恭見於外하고敬主乎中이라之夷狄不可棄는勉其固守而勿失也라

之는 감이다. 夷는 東夷요, 狄은 北狄이다. 주자가 말하였다. "恭은 용모를 주장하고 敬은 일을 주장하니, 恭은 외모에 나타나고 敬은 心中에 주장

한다. 之夷狄不可棄[夷狄에 가더라도 버리지 않는다는 것]는 그 굳게 지켜 잃지 말 것을 힘쓰게 함이다."

漢字 勉(힘쓸 면)

1 동이(東夷): 동쪽 오랑캐. 예전에, 중국에서 동쪽의 오랑캐라는 뜻으로 동쪽에 사는 민족을 낮잡아 이르던 말. 한국·일본·만주 등의 민족을 가리키는 말이다.

2 북적(北狄): 북쪽 오랑캐. 예전에, 중국에서 북쪽의 오랑캐라는 뜻으로 북쪽 지방에 사는 민족을 낮잡아 이르던 말. 흉노, 선비(鮮卑), 유연(柔然), 돌궐, 거란, 위구르, 몽골 등의 유목 민족을 가리킨다.

〖六章〗

○言忠信ᄒᆞ며行篤敬이면雖蠻貊之邦이라두行矣어니와言不忠信ᄒᆞ며行不篤敬이면雖州里나行乎哉아 《論語 衛靈公》

● 말이 충성스럽고 믿음직하며 행실이 두텁고 공경스러우면, 비록 蠻貊의 나라라도 행해질 수 있거니와, 말이 충성스럽고 믿음직하지 못하며 행실이 두텁고 공경스럽지 못하면, 비록 주와 마을이라도 행해질 수 있겠는가?

漢字 蠻(남방종족 만, 오랑캐 만), 貊(북방종족 맥, 오랑캐 맥)

번소 말ᄉᆞᄆᆞᆯ 졍셩ᄃᆞ외오 믿비 ᄒᆞ며 힝뎍을 두터이 ᄒᆞ고 공경ᄒᆞ면 비록 되 나히라도 ᄃᆞᆫ니려니와 말ᄉᆞᄆᆞᆯ 졍셩도ᄋᆡ며 믿비 아니ᄒᆞ고 힝뎍을 듣거이 ᄒᆞ며 공경히 아니ᄒᆞ면 비록 내 ᄀᆞ올와 ᄆᆞᅀᆞᆯ힌ᄃᆞᆯ ᄃᆞᆫ니리아

현대역 말씀을 정성스럽고 미쁘게 하며 행적을 두터이 하고 공경하면, 비록 오랑캐 나라라도 다니려니와, 말씀을 정성스러우며 미쁘게 아니하고 행적을 두껍게 하며 공경하게 아니하면, 비록 내 고을과 마을인들 다니랴.

1 졍셩ᄃᆞ외오: 정성스럽고. '졍셩(어근)+ᄃᆞ외(형용사 파생접사)+고(연결어미)'이다. '-고'가 '-오'로 바뀐 것은 16세기에는 'ᄃᆞ외'의 '외'가 이중모음 [oj]로 발음되었

기 때문이다.

2 믿비: 미쁘게. '믿(어근)+브(형용사 파생접사)+이(보조적 연결어미)'이다. 믿음성이 있게. 사름드려 그리 호마 ᄒᆞ고 믿비 아니ᄒᆞ면 엇디 셰샹의 사라 이시료 ᄒᆞ고 제 손으로 주구려 ᄒᆞ여늘(許人以諾而不能信 將何以立於世 欲自殺).《번소 9:57》

3 듣거이: 두껍게. '둗거이'의 오자이다. '둗거이'는 '둗겁(어간)+이(보조적 연결어미)'의 변화형이다. 현대국어 '두껍다'의 옛말인 '둗겁다'는 15세기 문헌에서부터 나타난다. 15세기의 '둗겁다'는 자음으로 시작하는 어미 앞에서는 '둗겁고'와 같이 '둗겁-'으로, 모음이나 매개모음으로 시작하는 어미 앞에서는 '둗거ᄫᅳ'와 같이 '둗겋-'로 교체되었다. 15세기 중엽 이후에 'ㅸ'이 모음이나 매개모음으로 시작하는 어미 앞에서 'ㅜ'로 변화하면서 '둗겋-'은 '둗거우-'로 변화하였다. 16세기 이후 음절말의 'ㄷ'과 'ㅅ'의 소리가 같아지면서 혼기되는데, 17세기에 오면서 음절말의 'ㄷ'이 'ㅅ'으로 표기되는 경향이 강하였다. 17세기의 '둣겁다'는 이와 같은 근대국어의 표기 경향에 의해 나타난 것이다. 19세기에는 제2음절의 첫소리 'ㄱ'의 영향으로 제1음절의 끝소리가 동화되어 '둑겁다'로 바뀌었고, 이것이 20세기 이후 '두껍다'로 굳어져 오늘날에 이른다. 한편 모음으로 시작하는 어미와 결합할 때의 이형태를 '둗거오-', '둣거오-' 등과 같이 적은 형태도 드물지만 발견된다. 둗겁다(15세기~18세기)>둣겁다(17세기~19세기)>둑겁다(19세기)>두껍다(20세기~현재). 이형태: 둗겁-, 둗겋-, 둗거우-, 둗거오-, 둣겁-, 둣거우-, 둣겁-, 둣거오-, 둑겁-. 우리돌히 아랫 福이 깁고 둗거ᄫᅥ 佛法을 맛나ᅀᆞᄫᆞᄂᆞ니.《1447 석상 21:39ㄴ》, 마순여슷차힌 빗보기 깁고 둗겁고 ᄇᆞ얌 서린 ᄃᆞᆺᄒᆞ야 두려ᄫᅥ 올히 도ᄅᆞ시며.《1459 월석 2:58ㄱ》, 귀 둗거우시고 너브시고 크시고 기르시고 바회 드리디샤미 이르샤미 四十二시고.《1463 법화 2:17ㄱ》

4 ᄃᆞ니리아: 다니랴. 'ᄃᆞ니(어간)+리(추측법 선어말어미)+아(의문형 종결어미)'이다. '-아'는 의문사 없이 쓰이면서, 가부(可否) 대답을 요구하는 하라체 제1·3인칭 판정 의문문이다. 의문형 종결어미의 어미 모음이 '아'로 성립되어 있다. 본 예는 직접적 주어가 제3인칭 '사람들은' 정도이다. 土木ᄋᆡ 빗나ᄆᆞᆯ 구틔여 ᄭᅬᄒᆞ리아 스싀로 面勢의 구두믈 아노라(敢謀土木麗 自覺面勢堅).《두시-초 6:36》, 足히 힌 머리 드롓ᄂᆞᆫ 나홀 ᄆᆞᄎᆞ리어니와 구틔여 노픈 士ᄋᆡ 무레 居ᄒᆞ야리아(足了垂白年 敢居高士差).《두시-초 6:48》. 현대국어 '다니다'의 옛말인 'ᄃᆞ니다'는 15세기 문헌에서부터 나타난다. 'ᄃᆞ니다'는 '달리다'의 의미인 'ᄃᆞᆮ-'과 '가다'의

의미인 '니-'가 결합한 합성어이다. 15세기부터 'ᄃᆞᆮ니다'와 함께 'ᄃᆞᆮ-'의 종성 'ㄷ'이 후행하는 '니-'의 초성 'ㄴ'에 동화되어 'ᄃᆞᆫ니다'가 나타난다. 16세기 이후 'ᄃᆞᆫ니다'에서 제1음절 종성 'ㄴ'이 탈락한 'ᄃᆞ니다'로 나타난다. 18세기 이후 제1음절의 '·'가 'ㅏ'로 변화됨에 따라 19세기 이후 '다니다'로 나타나 현재에 이르렀다. 15세기의 'ᄃᆞᆫ이다'는 'ᄃᆞ니다'를 분철 표기한 것이다. 17세기의 'ᄃᆞᆺ니다'는 종성 'ㄷ'을 'ㅅ'으로 표기하던 당시의 경향에 따라 나타난 표기이다. 19세기의 '단니다'는 'ᄃᆞᆫ니다'의 제1음절 모음 '·'가 'ㅏ'로 변화한 것이며, 'ᄃᆡᆫ니다'는 'ᄃᆞᆫ니다'의 제1음절 모음 '·'가 후행하는 'ㅣ'의 영향으로 'ᆡ'로 나타난 것이다. ᄃᆞᆮ니다(15세기~17세기)〉ᄃᆞᆫ니다(15세기~19세기)〉ᄃᆞ니다(16세기~18세기)〉다니다(19세기~현재). 이형태: ᄃᆞᆮ니다, ᄃᆞᆫ니다, ᄃᆞᆫ이다, ᄃᆞ니다, ᄃᆞᆺ니다, ᄃᆡᆫ니다, 단니다, 다니다. 五百 靑衣ᄅᆞᆯ ᄀᆞᆯ히야 졋어미 조차 ᄃᆞᆮ니며.《1447 석상 3:4ㄴ》, 주그락 살막 ᄒᆞ야 다ᄉᆞᆺ 길헤 ᄃᆞᆮ녀.《1447 석상 3:19ㄱ》, 賤隷ᄂᆞᆫ 任昉이 ᄃᆞᆫ이ᄂᆞᆫ ᄃᆞᆺᄒᆞ도다 《1481 두시-초 24:43ㄱ》, 率 ᄃᆞ닐 졸.《1575 천자-광 6ㄱ》

소언 말ᄉᆞᆷ이 듕후코 믿브며 힝실이 두텁고 공경ᄒᆞ면 비록 되나라히라도 ᄃᆞᆫ니려니와 말ᄉᆞᆷ이 듕후코 믿브디 아니ᄒᆞ며 힝실이 두텁고 공경티 아니ᄒᆞ면 비록 ᄆᆞ올히나 ᄃᆞᆫ니랴

현대역 말씀이 忠厚하고 미쁘며 행실이 두텁고 공경하면, 비록 오랑캐 나라라도 다니려니와, 말씀이 충후하고 미쁘지 아니하며 행실이 두텁고 공경하지 아니하면 비록 마을이나 다니랴?

듕후코: 충후(忠厚)하고, 충직하고 온순하며 인정이 두텁고. '듕후ᄒᆞ(어간)+고(연결어미)'에서 'ᄒᆞ'의 '·'가 탈락한 후 'ㅎ'과 'ㄱ'이 축약하여 '코'가 되었다. 경계ᄒᆞᆫ 그를 서 닐오ᄃᆡ 믈읫 말ᄉᆞ믈 모로매 듕후코 믿비 ᄒᆞ며(座右銘曰 凡語必忠信).《번소 8:16》, 말ᄉᆞᆷ이 듕후코 믿브며 힝실이 두텁고(言忠信 行篤敬).《소언 3:5》

【集說】陳氏曰盡己之謂忠이요以實之謂信이라篤은厚也라蠻은南蠻이요貊은北狄이라二十五家爲里라

진 씨가 말하였다. "자신을 다함을 忠이라 이르고, 성실로써 함을 信이라

이른다. 篤은 두터움이다. 蠻은 南蠻이요, 貊은 北狄이다. 25家를 里라 한다."

남만(南蠻): 예전에, 중국에서 남쪽의 오랑캐라는 뜻으로 남쪽 지방에 사는 민족을 낮잡아 이르던 말.

〖七章〗

○君子ㅣ有九思ᄒᆞ니視思明ᄒᆞ며聽思聰ᄒᆞ며色思溫ᄒᆞ며貌思恭ᄒᆞ며言思忠ᄒᆞ며事思敬ᄒᆞ며疑思問ᄒᆞ며忿思難ᄒᆞ며見得思義니라 《論語 季氏》

● 군자가 아홉 가지 생각함이 있으니, 봄에는 밝음을 생각하며, 들음에는 귀 밝음을 생각하며, 얼굴빛은 온화함을 생각하며, 용모는 공손함을 생각하며, 말은 충성을 생각하며, 일은 공경함을 생각하며, 의심스러움에는 물음을 생각하며, 분함에는 환난을 생각하며, 얻음을 봄에는 義를 생각한다.

漢字 聰(귀 밝을 총)

구사(九思): 《논어》 〈계씨(季氏)〉에 나오는 내용으로, 유학에서 말하는 군자로서 가지고 있어야 할 아홉 가지 생각을 말한다. '볼 때에는 밝게 볼 것을 생각하고[視思明], 말을 들을 때에는 총명할 것을 생각하고[聽思聰], 안색은 온순하게 할 것을 생각하고[色思溫], 모양은 공손히 할 것을 생각하고[貌思恭], 말할 때에는 정성껏 할 것을 생각하고[言思忠], 일할 때에는 경건하게 할 것을 생각하고[事思敬], 의심날 때에는 질문할 것을 생각하고[疑思問], 화를 내면 하는 일이 어려워지므로 이성으로 억제할 것을 생각하고[忿思難], 재물을 얻을 때에는 의리에 합당한가를 생각할 것[見得思義]' 등이다. 이들 아홉 가지 생각 중에서 앞의 네 개는 일신의 측면에서 말한 것이고, 뒤의 다섯 개는 사물의 측면에서 말한 것이다. 이들 가운데 가장 핵심이 되는 것은 시사명[視思明]과 청사총[聽思聰]이다. 보는 것이 밝지 않고 듣는 것이 총명하지 못하면, 옳고 그른 것을 분별할 수 없어서 나머지 일곱 가지의 생각을 객관적으로 생각할 수 없는 것이다. 객관적

사고의 장애물은 기질에 의해 구애되고, 사욕에 의해 구속되고, 참소와 사특함에 의해 가려지는 것이니, 보는 것이 밝고 듣는 것이 총명하려면 반드시 이들 사고의 장애물을 먼저 제거하여야 한다. 이이(李珥)는 몸과 마음을 가지는 데는 구용(九容)보다 더 진실한 것이 없고, 학문을 진취시키고 뜻을 더하는 데는 구사보다 더 절실한 것이 없다고 하였다(한국민족문화대백과).

번소 君군子ᄌᆞㅣ 아홉 가짓 ᄉᆡᆼ각호미 잇ᄂᆞ니 보ᄆᆞ란 ᄇᆞᆰ기 호ᄆᆞᆯ ᄉᆡᆼ각ᄒᆞ며 드로ᄆᆞ란 ᄌᆞ셰히 호ᄆᆞᆯ ᄉᆡᆼ각ᄒᆞ며 ᄂᆞᆾ빗ᄎᆞ란 온화히 호ᄆᆞᆯ ᄉᆡᆼ각ᄒᆞ며 양ᄌᆞ란 온공히 호ᄆᆞᆯ ᄉᆡᆼ각ᄒᆞ며 말ᄉᆞᄆᆞ란 졍셩도이 호ᄆᆞᆯ ᄉᆡᆼ각ᄒᆞ며 일란 공경호ᄆᆞᆯ ᄉᆡᆼ각ᄒᆞ며 의심도윈 일란 무로ᄆᆞᆯ ᄉᆡᆼ각ᄒᆞ며 로호온 일란 어즈러운 일 ᄂᆞᄆᆞᆯ ᄉᆡᆼ각ᄒᆞ며 가쥴 거슬 보아ᄃᆞᆫ 맛당ᄒᆞᆫ가 ᄉᆡᆼ각홀 디니라

현대역 군자는 아홉 가지의 생각함이 있으니, 봄은 밝게 함을 생각하며, 들음은 자세히 함을 생각하며, 낯빛은 온화하게 함을 생각하며, 얼굴모양은 온공히 함을 생각하며, 말씀은 정성스럽게 함을 생각하며, 일은 공경함을 생각하며, 의심스러운 일은 물음을 생각하며, 화난 일은 어지러운 일 일어남을 생각하며, 가질 것을 보거든 마땅한가 생각할 것이니라.

1 보ᄆᆞ란: 봄은. '보(어간)+옴(명사형 어미)+ᄋᆞ란(보조사)'이다. '란'과 'ᄋᆞ란/으란'은 체언의 끝소리의 종류에 따라 구별되고, 'ᄋᆞ란'과 '으란'은 체언의 모음에 따라 바뀐다. 즉 '란'은 받침 없는 체언류나 'ㄹ' 받침으로 끝나는 체언류 뒤에 붙어, '는'을 뜻하는 보조사이다. 닐굽 아ᄃᆞ리러니 여슷 아ᄃᆞᆯ란 ᄒᆞ마 갓얼이고 아기아ᄃᆞ리 양ᄌᆡ 곱거늘 各別히 ᄉᆞ랑ᄒᆞ야.《석상 6:13》, 두 부톄 ᄉᆞᄌᆡ ᄒᆞᆫᄃᆡ 안자 겨샤ᄃᆡ 妙音이 釋迦란 보ᅀᆞᄫᆞ시고 多寶ᄅᆞᆯ 몯 보ᅀᆞᄫᆞ시다 ᄒᆞ니.《석상 20:44》. 'ᄋᆞ란'은 'ㄹ' 이외의 받침으로 끝나는 체언 뒤에 붙어, 끝음절의 모음이 'ᄋᆞ, 아, 오'인 체언류 뒤에 붙어, '는'을 뜻하는 보조사이다. ᄆᆞᅀᆞᄆᆞ란 아니 닷고 오ᄉᆞ로 빗오ᄆᆞᆯ 이ᄅᆞᆯ사 붓그리다니.《월곡 상:44》, ᄡᅡᄒᆞᆫ 그딋 모ᄀᆡ 두고 남ᄀᆞ란 내 모ᄀᆡ 두어 둘히 어우러 精舍 ᄆᆡᆼᄀᆞ라.《석상 6:26》. '으란'은 'ㄹ' 이외의 받침으로 끝나는 체언 뒤에 붙어, 끝음절의 모음이 '으, 어, 우'인 체언 뒤에

붙어, '는'을 뜻하는 보조사이다. 두 分에 논호아 훈 分으란 釋迦牟尼佛의 받ᄌᆞᄫᆞ시고 훈 分으란 多寶佛塔애 받ᄌᆞᄫᆞ시니라.《석상 21:18》, 尊者 올여 안치고 조촌 즁으란 雞雀精舍로 보내오.《석상 24:34》

2 ᄇᆞᆰ기: 밝게. 'ᄇᆞᆰ(어간)+이(보조적 연결어미)'이다. 'ᄇᆞᆰ다'는 형용사 '밝다'의 옛말이다.

3 드로ᄆᆞ란: 들음은. '듣(어간)+옴(명사형 어미)+ᄋᆞ란(보조사)'이다. 어간 '듣-'이 '들-'로 교체되었다.

4 ᄂᆞᆺ빗ᄎᆞ란: 낯빛은. 'ᄂᆞᆺ빗ㅊ(명사)+ᄋᆞ란(보조사)'이다. 'ᄂᆞᆺ빗ㅊ'은 'ᄂᆞᆺ빛'의 중철 표기이다. 현대국어 '낯빛'의 옛말인 'ᄂᆞᆺ빛'은 15세기 문헌에서부터 나타난다. 'ᄂᆞᆺ빛'은 '얼굴'의 의미인 'ᄂᆞᆾ'과 '빛'의 합성어인데, 팔종성법에 따라 'ᄂᆞᆾ'을 'ᄂᆞᆺ'으로 표기하였다. 18세기 이후 제1음절의 'ㆍ'가 'ㅏ'로 변화됨에 따라 19세기에는 '낫빛'으로 나타난다. 19세기의 문헌에서 확인되는 것은 '낫빛'이 아니라 '낫빗ㅊ'과 같은 '낫빛'의 중철 표기이지만, 이것으로부터 이 시기에 '낫빛'이 존재했음을 추정할 수 있다. 20세기 이후 원래의 형태를 밝혀 적는 표기 원칙에 따라 '낯빛'으로 나타나서 현재에 이르렀다. 'ᄂᆞᆺ빛'은 제1음절 종성 'ㅅ'의 경우 팔종성법에 따라 19세기까지는 일관되게 'ㅅ'으로 표기가 고정되는 모습을 보이지만, 제2음절 종성 'ㅊ'의 경우 다양하게 표기된다. 16세기의 'ᄂᆞᆺ빗ㅊ'은 ᄂᆞᆺ빛'의 중철 표기이며, 19세기의 '낫빗ㅊ'은 낫빛'의 중철 표기이다. 17세기의 'ᄂᆞᆺ빗'은 'ᄂᆞᆺ빛'의 제2음절 종성 'ㅊ'이 팔종성법에 따라 'ㅅ'으로 표기된 것이다. 19세기의 '낫빗ㅅ'은 'ᄂᆞᆺ빗'에서 변화한 '낫빗'의 중철 표기이다. 17세기의 'ᄂᆞᆺ빚'은 'ᄂᆞᆺ빛'의 제2음절 종성 'ㅊ'을 'ㅈ'으로 표기한 것이다. 17세기의 'ᄂᆞᆺ빝'은 'ᄂᆞᆺ빛'의 제2음절 종성 'ㅊ'을 'ㅌ'으로 표기한 것인데, 이는 근대국어 시기에 'ㄷ, ㅌ'이 'ㅣ'나 'ㅣ' 반모음 앞에서 'ㅈ, ㅊ,'으로 변화하는 구개음화로 인해 'ㅊ'과 'ㅌ'을 혼동한 표기로 추정된다. 18세기의 'ᄂᆞᆺ빗ㅌ'은 'ᄂᆞᆺ빝'의 중철 표기이다. ᄂᆞᆺ빛(15세기~19세기)〉낫빛(19세기)〉낯빛(20세기~현재). 이형태: ᄂᆞᆺ빛, ᄂᆞᆺ빗ㅊ, ᄂᆞᆺ빗, ᄂᆞᆺ빝, ᄂᆞᆺ빗, ᄂᆞᆺ빗ㅌ, ᄂᆞᆺ빗ㅊ, 낫빗ㅊ, 낫빗ㅅ. 고ᄫᆞ며 뷔트디 아니ᄒᆞ며 ᄂᆞᆺ비치 검디 아니ᄒᆞ며.《1459 월석 17:53ㄱ》, 先生이 그제ᅀᅡ 말ᄉᆞᆷ미며 ᄂᆞᆺ빗출 잠깐 ᄂᆞᄌᆞ기 ᄒᆞ더시다.《1518 번소 9:4ㄴ》

5 보아둔: 보거든. '보(어간)+아둔(연결어미)'이다. '-아둔'은 끝음절의 모음이 'ㅏ, ㅗ'인 어간 뒤에 붙어, 주로 타동사 어간이나 어미 뒤에 붙어, '-거든'을 뜻하는 연결어미이다. 王舍城으로 가며 길헤 艱難ᄒᆞᆫ 사ᄅᆞᆷ 보아둔 다 布施ᄒᆞ더라.《석상

6:15》, 네 이 經 受持홇 사룸 보아둔 靑蓮花애 末香올 ᄀᆞᄃᆞ기 다마 그 우희 비허 供養ᄒᆞ고.《석상 20:31》

소언 君군子ᄌᆞㅣ 아홉 ᄉᆡᆼ각홈이 이시니 봄애 ᄇᆞᆰ음을 ᄉᆡᆼ각ᄒᆞ며 드롬애 총홈을 ᄉᆡᆼ각ᄒᆞ며 낫빗체 온화홈을 ᄉᆡᆼ각ᄒᆞ며 모양애 엄공홈을 ᄉᆡᆼ각하며 말솜애 듕후홈을 ᄉᆡᆼ각ᄒᆞ며 일에 조심홈을 ᄉᆡᆼ각ᄒᆞ며 의심된 ᄃᆡ 무름을 ᄉᆡᆼ각ᄒᆞ며 로호옴애 환란을 ᄉᆡᆼ각ᄒᆞ며 어듬을 보매 맛당홈을 ᄉᆡᆼ각홀 디니라

현대역 군자가 아홉 생각함이 있으니, 봄에 눈 밝음을 생각하며, 들음에 귀 밝음을 생각하며, 낯빛에 온화함을 생각하며, 모양에 嚴恭함을 생각하며, 말씀에 중후함을 생각하며, 일에 조심함을 생각하며, 의심된 데 물음을 생각하며, 怒함에 患難을 생각하며, 얻음을 보매 마땅함을 생각할 것이니라.

1 봄애: 봄에. '봄(명사 상당어)+애(부사격 조사)'이다. '애'는 '에'에 해당하며, 체언 뒤에 붙어, 앞말이 목표나 목적의 대상이 되는 부사어임을 나타내는 부사격 조사이다. 따라서 앞의 '봄'은 명사 상당어이다. 한자도 視를 써서 나타냈다.

2 보매: 보매. '보(어간)+매(연결어미)'이다. '-매'는 '이다'의 어간, 받침 없는 용언의 어간, 'ㄹ' 받침인 용언의 어간 또는 어미 '-으시-' 뒤에 붙어, 어떤 일에 대한 원인이나 근거를 나타내는 연결어미이다. 따라서 앞의 '보-'는 동사의 어간이다. 한자도 見을 써서 나타낸다. 부왕의 환후가 차차 중하여 가매 본시 효성 많은 왕은 침식을 잊고 부왕의 간호를 하였다.《김동인, 대수양》, 어둑한 비탈길을 말을 채 쳐 달리매 주만은 훨훨 날 듯이 몸이 가뜬해짐을 느끼었다.《현진건, 무영탑》

【集說】朱子曰視無所蔽則明無不見하고聽無所壅則聰無不聞이라色은見於面者요貌는擧身而言이라思問則疑不蓄하고思難則忿必懲하고思義則得不苟니라

주자가 말하였다. "봄에 가리는 것이 없으면 밝아서 보지 못함이 없고,

들음에 막는 것이 없으면 귀 밝아서 듣지 못함이 없다. 色은 얼굴에 나타나는 것이요, 貌는 몸을 들어 말함이다. 물음을 생각하면 의심이 쌓이지 않고, 환난을 생각하면 분함이 반드시 징계되고[삼가게 되고], 義를 생각하면 얻음을 구차히 하지 않는다."

〖八章〗

○曾子ㅣ曰君子ㅣ所貴乎道者ㅣ三이니動容貌애斯遠暴慢矣며正顏色애斯近信矣며出辭氣예斯遠鄙倍佩矣니라 《論語 泰伯》

● 증자가 말하였다. "군자가 도를 귀하게 여기는 것이 세 가지이니, 용모를 움직임에 이에 포악하고 오만함을 멀리 하며, 얼굴빛을 바로 함에 이에 성실함을 가깝게 하며, 말과 목소리의 기운을 냄에 이에 더러움과 배반함을 멀리 한다."

漢字 暴(사나울 포, 쬘 폭), 倍(배반할 배, 갑절 배)

번소 曾증子ᄌᆞㅣ ᄀᆞᄅᆞ샤ᄃᆡ 君군子ᄌᆞㅣ 道도理리애 귀히 너기논 거시 세히니 얼굴 가죠매 아니 완츌ᄒᆞ며 헤펄러호ᄆᆞᆯ 머리 ᄒᆞ며 ᄂᆞᆾ비ᄎᆞᆯ 단졍히 호매 믿부메 갓가이 ᄒᆞ며 말ᄉᆞᆷ과 긔운 내요매 야쇽ᄒᆞ며 거ᄉᆞᆲ주ᄆᆞᆯ 업게 홀 디니라

현대역 증자가 말씀하시되, "군자가 도리에서 귀하게 여기는 것이 셋이니, 몸짓 가짐에 아니 포악하며 거만함을 멀리하며, 낯빛을 단정히 함에 미쁨에 가까이하며, 말씀과 기운 냄에 野俗하며 거스름을 없게 할 것이니라."

1 너기논: 여기는. '너기(어간)+ᄂᆞ(현재 시제 선어말어미)+오(대상 표시법 선어말어미)+ㄴ(관형사형 어미)'이다. 관형사형에 나타나는 선어말어미 '-오$_2$-'는 존경의 선어말어미와 결합될 수 있다는 점과 제1인칭은 물론 제2·3인칭도 주어가 될 수 있다는 점에서 종결형과 연결형에 나타나는 '-오$_1$-'과 문법 범주를 달리한

다. 피한정 명사는 관형사형에 대하여 주어도 될 수 있고, 목적어와 부사어도 될 수 있다. 이때 관형사형을 평서형으로 전개할 때 피한정 명사가 목적어나 부사어의 기능을 띠면 선어말어미 '-오$_2$-'가 나타난다. 따라서 이를 대상 표시법 선어말어미로 부른다(고영근, 2020, 372). 須達이 지순 亭舍마다 드르시며.《석상 6:38》. 얻논 藥이 므스것고.《월석 21:215》. 이들은 피한정 명사가 관형사형의 목적어가 되는 예이다. 그림 그륜 ᄇᆞᄅᆞᄆᆞᆯ….《두시언해 6:34》. 옷 색론 므를 먹고.《석상 11:25》. 이들은 피한정 명사가 관형사형의 부사어가 되는 예이다.

2 가죠매: 가짐에. '가지(어간)+옴(명사형 어미)+애(부사격 조사)'이다.

3 완출ᄒᆞ며: 포악하며. '완출ᄒᆞ(어간)+며(연결어미)'이다. '완출ᄒᆞ다'는 '포악하다'의 옛말이다. 사납고 악하다.

4 헤펄러호ᄆᆞᆯ: 거만함. '헤펄러ᄒᆞ(어간)+옴(명사형 어미)+ᄋᆞᆯ(목적격 조사)'이다. '헤펄러ᄒᆞ다'는 '헤퍼르다'와 함께, '거만하다'의 옛말이다. 君子ㅣ 道애 貴히 너기논 배 세히니 얼굴 가쥼애 이예 아니 완출ᄒᆞ며 헤펄러홈ᄋᆞᆯ 멀이ᄒᆞ며(君子所貴乎道者三, 動容貌, 斯遠暴慢矣.).《소언 3:6》(현대역: 군자가 도에 귀하게 여기는 것이 셋이니 몸가짐에 이에 포악하지 않고, 거만하지 않고.)

5 머리: '멀리'의 옛말이다. '머리'는 15세기 문헌에서부터 나타난다. '머리'는 '멀다'에 부사 파생접사 '-이'가 결합한 형태를 연철 표기한 것이다. 16세기 이후 종성 'ㄹ'이 추가된 '멀리'로 나타나서 현재에 이르렀다. 16세기의 '멀니'는 '멀리'의 어중 'ㄹㄹ'을 'ㄹㄴ'으로 표기한 것이다. 16, 17세기의 '멀이'는 '머리'를 분철 표기한 것이다. 머리(15세기~17세기)〉멀리(16세기~현재). 이형태: 머리, 멀니, 멀이, 멀리. 사ᄅᆞ미 막다히며 디새며 돌ᄒᆞ로 텨든 조치여 ᄃᆞ라 머리 가셔.《1447 석상 19:31ㄱ》, 말솜과 긔운 내욤애 이예 야쇽ᄒᆞ며 거슯즘을 멀이 홀 디니라.《1588 소언 본 장》, 내 멀니 귀향 갈 거시니.《1581 속삼-중 열:13ㄱ》, 父母ㅣ 겨시거든 멀리 노디 아니ᄒᆞ며 놀옴애 반ᄃᆞ시 방소를 둘 디니라.《1588 소언 2:11ㄱ》

6 믿부메: 미쁨에. 믿음성이 있음에. '믿브(어간)+움(명사형 어미)+에(부사격 조사)'이다. '미쁘다'의 옛말인 '믿브다'는 16세기 문헌에서부터 나타난다. 이 단어는 '믿다'에 형용사를 만드는 접사 '브'가 결합하여 이루어진 단어이다. '믿'은 받침 규정에 따라 17세기에는 '밋브다'로 쓰였으며, 18세기에는 'ㅂ' 아래의 'ㅡ'가 'ㅜ'로 바뀌는 원순모음화의 영향에 따라 '밋부다'로 바뀌었다. 믿브다(16세기)〉미쁘다(20세기~현재). 이형태: 믿브다, 믿부다. 밋브다, 밋부다. 즁의 마리 믿브

디 아니호미 명빅ᄒᆞ니라.《1518 번소 7:22ㄴ》, ᄂᆞᆾ비ᄎᆞᆯ 단졍히 호매 믿부메 갓가이 ᄒᆞ며.《1518 반소 본 장》

7 야쇽ᄒᆞ며: 야속(野俗)하며. '야쇽ᄒᆞ(어간)+며(연결어미)'이다. '야쇽ᄒᆞ다'는 '야속하다'의 옛말이다. 무정한 행동이나 그런 행동을 한 사람이 섭섭하게 여겨져 언짢다. '야쇽ᄒᆞ다'는 16세기 문헌에서부터 나타난다. '야쇽ᄒᆞ다'는 한자어 '야속(野俗)'에 형용사 파생접사 '-ᄒᆞ-'가 결합된 것이다. '야쇽ᄒᆞ다'는 근대국어 후기에 'ㅅ' 뒤에서 이중모음 'ㅑ, ㅕ, ㅛ, ㅠ' 등이 반모음 탈락으로 단모음화하는 현상에 따라서 제2음절의 '쇽'이 '속'으로 바뀌고 'ㆍ'가 'ㅏ'로 변하면서 제3음절의 'ᄒᆞ'가 '하'로 바뀌는 변화를 겪어 '야속하다'로 나타나서 현재까지 이어진다. 야쇽ᄒᆞ다(16세기~19세기)〉야속하다(19세기~현재). 이형태: 야쇽ᄒᆞ다, 야슉ᄒᆞ다, 야속하다. 야쇽ᄒᆞᆫ 말ᄉᆞ믈 입 밧긔 내디 아니ᄒᆞ며.《1518 번소 10:23ㄱ》, 親舊 ᄉᆞ이예 갑술 ᄃᆞ토ᄂᆞᆫ 거ᄉᆞᆫ 야쇽ᄒᆞ오니.《1790 인어 9:18ㄴ》

8 거슯주믈: 거스름을. '거슯즈(어간)+움(명사형 어미)+ᄋᆞᆯ(목적격 조사)'이다. '거슯ᄧᅳ다'나 '거슬ᄧᅳ다'는 '거스르다'의 옛말이다. 자세한 설명은 〈소학서제〉의 '거슯ᄧᅳ다'를 참조하라.

소언 曾증子ᄌᆞㅣ ᄀᆞᆯᄋᆞ샤ᄃᆡ 君군子ᄌᆞㅣ 道도애 貴귀히 너기ᄂᆞᆫ 배 세히니 얼굴 가ᄌᆞᆷ애 이예 아니 완ᄎᆞᆯᄒᆞ며 헤펄러홈ᄋᆞᆯ 멀이ᄒᆞ며 ᄂᆞᆾ빗ᄎᆞᆯ 正졍히 홈애 이예 믿븜애 갓가이ᄒᆞ며 말ᄉᆞᆷ과 긔운 내욤애 이예 야쇽ᄒᆞ며 거슯즘을 멀이 홀 디니라

현대역 증자가 말씀하시되, "군자가 도에 귀히 여기는 바가 셋이니, 몸짓 가짐에 이에 아니 포악하며 거만함을 멀리하며, 낯빛을 바르게 함에 이에 미쁨에 가까이하며, 말씀과 기운 냄에 이에 야속하며 거스름을 멀리 할 것이니라."

【集說】朱子曰貴는猶重也라容貌는擧一身而言이라暴는粗厲也요慢은放肆也라信은實也니正顏色而近信이면則非色莊也라辭는言語요氣는聲氣也라鄙는凡陋也요倍는與背同하니謂背理也라言道雖無所不在나然君子所重者는在此三事而已라

是皆修身之要요爲政之本이니學者所當操存省察而不可有造次顚沛之違者也라

주자가 말하였다. "貴는 중함과 같다. 용모는 한 몸을 들어 말한 것이다. 포(暴)는 거칠고 사나움이요, 慢은 방자함이다. 信은 성실함이니, 얼굴빛을 바로 함에 성실함을 가깝게 하면 얼굴빛이 장엄하지 않다. 辭는 말이요, 氣는 목소리의 기운이다. 鄙는 凡常하며 좁음이요, 倍는 背와 더불어 같으니, 도리에 위배됨을 이른다. 道는 비록 있지 않은 곳이 없다고 말하나, 그러나 군자가 중하게 여기는 것은 이 세 가지 일에 있을 뿐이다. 이[제8장의 세 가지]는 모두 몸을 닦는 요점이요 정치를 하는 근본이니, 배우는 자가 마땅히 잡고 보존하며 성찰하는 것이요, 급한 때나 뒤집어지고 넘어질 때라도 어김이 있어서는 안 되는 것이다."

漢字 粗(거칠 조), 厲(사나울 려, 엄숙할 려, 갈 려, 숫돌 려), 放(방자할 방), 肆(방자할 사, 놓을 방), 莊(장엄할 장), 鄙(더러울 비), 陋(좁을 루, 못생길 루), 顚(뒤집힐 전, 넘어질 전, 머리 전, 꼭대기 전), 沛(넘어질 패, 늪 패), 違(어길 위, 떠날 위)

1 방사(放肆): 꺼리는 것 없이 멋대로 굶. 유의어: 방자(放恣).
2 조차(造次): 급한 때. 유의어: 조차간(造次間).
3 전패(顚沛): 엎어지고 자빠짐.

【正誤】人之容貌는鮮得和平이니稟氣之剛者는多失之粗厲하고稟氣之柔者는多失之放肆라故로於動容貌之時에卽當遠夫粗厲放肆而必致身於和平이요人之顔色은鮮得表裏如一이니務於外飾者는色雖厲而內則荏이라故로於正顔色之時에卽當近乎信實而不可務乎色莊이요人之辭氣는鮮得適中이니言之甚近者는凡陋不足聽이요論之甚高者는荒誕不可詰이라故로於出辭氣之時에卽當遠乎凡陋背理而必發言

之無弊니此朱子改先註修身之驗하여爲修身之要之意니深得曾子切己用功之旨시니라

사람의 용모는 和平을 얻음[화평한 재]이 드무니, 氣의 강함을 받은 자는 거칠고 사나움에 잃음이 많고, 氣의 부드러움을 받은 자는 방자함에 잃음이 많다. 그러므로 용모를 움직일 때에 곧 마땅히 저 거칠고 사나움과 방자함을 멀리하여 반드시 몸을 화평함에 이르게 해야 한다. 사람의 얼굴빛은 表裏가 같음을 얻음[같은 재]이 드무니, 외모를 꾸미기에 힘쓰는 자는 얼굴빛은 비록 엄숙하나 마음은 부드럽다. 그러므로 얼굴빛을 바로 하는 때에 곧 마땅히 信實함에 가깝게 해야지 얼굴빛만 엄숙히 함에 힘써서는 안 된다. 사람의 辭氣는 들어맞음을 얻음[적중한 재]이 드무니, 말이 심히 얕고 속된 자는 예사롭고 좁아 듣기에 만족하지 않고, 의논이 심히 높은 자는 허황하고 거짓되어 따질 수가 없다. 그러므로 辭氣를 낼 때에 곧 마땅히 예사롭고 좁음과 사리에 맞지 않음을 멀리 하여 반드시 발언함에 폐단이 없게 해야 할 것이다. 이는 朱子께서 옛 註에 '몸을 닦는 효험'을 고쳐서, '몸을 닦는 요점'으로 만든 뜻이니, 曾子가 자신에게 간절히 하여 공부하는 뜻을 깊이 얻으신 것이다.

漢字 荏(부드러울 임, 들깨 임), 適(맞을 적), 荒(거칠 황), 誕(거짓 탄, 날 탄), 詰(따질 힐, 물을 힐, 꾸짖을 힐)

朱子改先註修身之驗 爲修身之要: 주자(朱子)가 원래 《논어집주(論語集註)》에서 "是皆修身之驗"이라고 하였다가, 뒤에 "是皆修身之要"로 고쳤으므로 말한 것이다(성백효, 1997: 176).

〖九章〗

○曲禮에曰禮는不踰節ᄒᆞ며不侵侮ᄒᆞ며不好狎이니修身踐言을謂之善行이니라 《禮記 曲禮》

● 〈곡례〉에 말하였다. "禮는 절도를 넘지 않으며, 침해하고 업신여기지 않으며, 허물없이 가까이 함을 좋아하지 않으니, 몸을 닦고 말을 실천함을 그것을 선행이라 이른다."

漢字 踰(넘을 유), 侮(업신여길 모), 狎(친압할 압, 익을 압)

친압(親狎): 허물없이 가까이 함.

번소 曲곡禮례에 ᄀᆞ로ᄃᆡ 禮례度도ᄂᆞᆫ 제여곰 ᄒᆞ욜 ᄆᆞᄃᆡ롤 넘디 아니ᄒᆞ며 ᄂᆞᄆᆞᆯ 침로ᄒᆞ야 긔롱ᄋᆞᆯ 아니ᄒᆞ며 조라이호ᄆᆞᆯ 즐기디 아니ᄒᆞᄂᆞ니 몸 닷ᄀᆞ며 말다이 일호ᄆᆞᆯ 닐오ᄃᆡ 어딘 힝뎍이라 ᄒᆞ니라

현대역 〈곡례〉에 가로되, "예도는 제가끔 할[지킬] 경우를 넘지 아니하며, 남을 침노(侵擄)하여 기롱을 아니 하며, 친압(親狎)함을 즐기지 아니하니, 몸 닦으며 말대로 이룸[실천함]을 이르되 어진 행적이라 하니라."

1 제여곰: 제가끔. 저마다 따로따로. 舍利弗이 그제ᅀᅡ 說法ᄒᆞ니 제여곰 前生애 닷곤 因緣으로 須陁洹ᄋᆞᆯ 得ᄒᆞ리도 이시며.《석상 6:34》, 몸이 어울오도 머리 제여고밀ᄊᆡ ᄆᆞᅀᆞᆷ 머굼도 제여고미러니 머리 둘히라도 몸이 ᄒᆞ나힐ᄊᆡ ᄇᆡᆺ블옴도 ᄒᆞᆫ가지러니.《월곡 상:49》

2 ᄒᆞ욜: 할. 'ᄒᆞ(어간)+요(대상 표시법 선어말어미)+ㄹ(관형사형 어미)'이다. 선어말어미 '-요-'는 '-오-'가 어간 모음과 모음 충돌을 하고 있어, 이를 회피하기 위해 반모음 j를 삽입한 결과이다. 관형사형에 나타나는 선어말어미 '-오$_2$-'는 존경의 선어말어미와 결합될 수 있다는 점과 제1인칭은 물론 제2·3인칭도 주어가 될 수 있다는 점에서 종결형과 연결형에 나타나는 '-오$_1$-'과 문법 범주를 달리한다. 피한정 명사는 관형사형에 대하여 주어도 될 수 있고, 목적어와 부사어도 될 수 있다. 이때 관형사형을 평서형으로 전개할 때 피한정 명사가 목적어나 부사어의 기능을 띠면 선어말어미 '-오$_2$-'가 나타난다. 따라서 이를 대상 표시법 선어말어미로 부른다(고영근, 2020, 372). 須達이 지ᅀᅮᆫ 亭舍마다 드르시며.《석상 6:38》. 얻논 藥이 므스것고.《월석 21:215》. 이들은 피한정 명사가 관형사형의 목적어가 되는 예이다. 그림 그륜 ᄇᆞᄅᆞᄆᆞᆯ….《두시언해 6:34》. 옷 ᄉᆡᆨ론 므를 먹고.《석상 11:25》. 이들은 피한정 명사가 관형사형의 부사어가

되는 예이다.

3 ᄆᆞᄃᆡ: 경우. ᄒᆞ다가 有情이 나랏 法에 자피여 ᄆᆡ여 매 마자 獄애 가도아 罪니블 ᄆᆞᄃᆡ며.《석상 9:8》, 羅睺羅ㅣ 月食ᄒᆞᆯ ᄆᆞᄃᆡ예 이 아ᄃᆞ리 나니라 ᄒᆞ야 그럴ᄊᆡ 일후믈 羅睺羅ㅣ라 지ᄒᆞ니라.《월석 2:2》

4 침로ᄒᆞ야: 침노(侵擄)하여. '침로ᄒᆞ(어간)+야(연결어미)'이다. '침로ᄒᆞ다'는 '침로하다'의 옛말이다. 성가시게 달라붙어 손해를 끼치거나 해치다. 어머니의 무덤 속을 침노한 여우를 생각했다.《한승원, 해일》

5 긔롱: 기롱(譏弄). 실없는 말로 놀림. 우흐론 陛下로 아ᄅᆞᆷ뎌 어엿비 너기시논 긔롱 잇고(上令陛下有幸私之譏).《내훈 2:64》, 믈읫 내게 오ᄃᆡ 信ᄋᆞ로 ᄒᆞ면 내 接待호ᄃᆡ 誠으로 ᄒᆞ야 져근 機ᄅᆞᆯ 긔롱 아니ᄒᆞ며(故凡歸我以信 則我待之以誠 不欺小機 不誑未學 不貪法利).《법화 1:206》

6 조라이호ᄆᆞᆯ: 친압(親狎)함을. 버릇없이 너무 지나치게 친함을. '조라이ᄒᆞ(어간)+옴(명사형 어미)+ᄋᆞᆯ(목적격 조사)'이다

7 말다이: 말대로. '말(어근)+다이(부사 파생접사)'이다. '-다이'는 일부 명사 뒤에 붙어, '대로'의 뜻을 더하고 부사를 만드는 접사이다. 後에 니ᄅᆞ샤ᄃᆡ 法다이 持戒ᄒᆞ면 반ᄃᆞ기 ᄆᆞᅀᆞ미 通호ᄆᆞᆯ 得ᄒᆞ리라 ᄒᆞ시니(後言 如法持戒 必得心通).《능엄 7:52》, 네 句ᄅᆞᆯ 次第다이 마초건댄 苦ᄅᆞᆯ 보아 集을 그ᄎᆞ며 道 닷가 滅 證ᄒᆞᆯ 씨라(四句如次配 見苦斷 集修道證滅也).《법화 1:73》

8 일호ᄆᆞᆯ: '일오ᄆᆞᆯ'의 오자인 듯하다. 즉 '일오(어간)+ㅁ(명사형 어미)+ᄋᆞᆯ(목적격 조사)'로 보아, '이룸을'로 풀어야 뜻이 통한다. 글자대로 '일홈'으로 보면 '이름[名]'이 되어 해석이 어렵다. 현대국어 '이루다'의 옛말인 '일우다'는 15세기 문헌에서부터 나타난다. '일우다'는 '이루어지다'의 의미를 갖는 동사 '일-'과 사동접사 '-우-'가 결합한 것이다. '일-'의 종성 'ㄹ'이 연철되지 않은 것으로 보아 '일우다'에서 '우'의 초성 'ㅇ'은 성문 마찰 유성음 [ɦ]임을 알 수 있다. 16세기 이후 성문 마찰 유성음 'ㅇ[ɦ]'이 사라지면서 제1음절 종성 'ㄹ'이 연철 표기되어 '이루다'가 되었는데, 문헌상으로는 18세기에 비로소 '이루다'의 예가 나타난다. 한편 동사 '일-'에 사동접사 '-오-'가 결합한 '일오다' 형태도 15세기부터 '일우다'와 공존하였는데, 19세기 이후로는 사라졌다. 일우다(15세기~19세기)〉이루다(18세기~현재). 이형태: 일우다, 일오다, 이루다. 成佛은 부텨 道理ᄅᆞᆯ 일우실 씨라.《1447 석상 3:1ㄱ》, 五白ᄋᆞᆯ 블로니 옷 메와ᄉᆞ며 발 바사도 이긔유믈 일오디 몯ᄒᆞ리로다.《1481 두시-초 11:40ㄱ》

소언 曲곡禮례예 ᄀᆞᆯ오ᄃᆡ 禮례ᄂᆞᆫ 졀ᄎᆞᄅᆞᆯ 넘구디 아니ᄒᆞ며 침노ᄒᆞ며 업슈이 녀기기를 아니ᄒᆞ며 압닐히 홈을 즐기디 아니ᄒᆞᄂᆞ니 몸 닷ᄀᆞ며 말 ᄇᆞᆯ옴을 닐온 어딘 ᄒᆡᆼ실이니라

현대역 〈곡례〉에 가로되, "예는 절차를 넘기지 아니하며, 침노(侵擄)하며 업신여기기를 아니하며, 압닐히 함을 즐기지 아니하니, 몸 닦으며 말 밟음[실천함]이 이른바 어진 행실이니라."

1 넘구디: 넘기지. '넘구(어간)+디(보조적 연결어미)'이다. '넘구다'는 '넘기다'의 옛말이다.

2 압닐히: 압닐(狎昵/狎暱)히. 매우 친하고 가깝게.

3 ᄇᆞᆯ옴: 밟음. 'ᄇᆞᆯ오(어간)+ㅁ(명사형 어미)'이다. '밟다'의 옛말인 'ᄇᆞᆲ다'에서 어간 'ᄇᆞᆲ-'의 'ㅂ'이 명사형 어미 앞에서 반모음 '오[w]'로 변한 것이다(ᄇᆞᆲ→ᄇᆞᆯ오). 'ᄇᆞᆲ다'는 15세기 문헌에서부터 나타난다. 18세기에 제1음절의 '·'가 'ㅏ'로 변함에 따라 'ᄇᆞᆲ다'도 '밟다'가 되었다. 18세기 '밟다'가 나타나기 시작한 이후 19세기까지 'ᄇᆞᆲ다'와 '밟다'가 공존하였으나, 둘의 소리는 동일하였을 것으로 추정된다. 이후 '밟다'로 정착하면서 현재에 이르렀다. ᄇᆞᆲ다(15세기~19세기)〉밟다(18세기~현재). 이형태: ᄇᆞᆲ다, 밟다. 또 虛空애 ᄯᅡ히 ᄃᆞ외야 ᄯᅡ홀 ᄇᆞᆯ보ᄃᆡ 믈 ᄇᆞᆲ듯 ᄒᆞ고 므를 ᄇᆞᆯ보ᄃᆡ ᄯᅡ ᄇᆞᆲ듯 ᄒᆞ더니.《1447 석상 6:34ㄱ》, ᄂᆞᄆᆡ 시ᄂᆞᆯ ᄇᆞᆲ디 말며 돗긔 넘ᄯᅥ러 안ᄶᅵ 말며.《1518 번소 4:12ㄴ》

[集說] 陳氏曰踰節則招辱하고侵侮則忘讓하고好狎則忘敬이니三者는皆叛禮之事라不如是면則有以持其莊敬純實之誠하여而遠於恥辱矣리라吳氏曰三者는皆非禮니惟能修治其身하여以踐行其言이是爲善行也니라

진 씨가 말하였다. "절도를 넘으면 욕됨을 부르고, 침해하고 업신여기면 겸양을 잊으며, 親狎함을 좋아하면 공경함을 잊으니, 세 가지[踰節, 侵侮, 好狎]는 모두 예를 위반하는 일이다. 이와 같이 하지 않으면 그 엄숙하고 공경하며 순수하고 참된 精誠을 잡음이 있어서 치욕에서 멀어질 것이다."

오 씨가 말하였다. “세 가지는 모두 예가 아니니, 오직 그 몸을 능히 닦고 다스려 그 말을 행동으로 실천함이 이것이 선한 행실이다.”

漢字 招(부를 초), 背(등 배), 叛(배반할 반)

【十章】

○樂記예曰君子ㅣ姦聲亂色을不留聰明ᄒᆞ며淫樂慝忒禮를不接心術ᄒᆞ며惰慢邪辟僻之氣를不設於身體ᄒᆞ야使耳目鼻口와心知百體로皆由順正ᄒᆞ야以行其義니라 《禮記 樂記》

●〈악기〉에 말하였다. “군자는 간사한 소리와 어지러운 색을 귀와 눈에 머물지 않으며, 음란한 음악과 사특한 禮를 心術에 접하지 않으며, 게으르고 오만하고 간사하고 치우친 氣를 신체에 베풀지 아니하여, 귀와 눈과 입과 코와 마음의 지각과 온갖 몸으로 하여금 모두 순하고 바름을 말미암아[따라서], 그 義를 행해야 한다.”

漢字 姦(간사할 간), 留(머무를 유), 邪(간사할 사), 慝(사특할 특, 간사할 특), 辟(치우칠 벽)

번소 樂악記긔예 ᄀᆞ로ᄃᆡ 君군子ᄌᆞᄂᆞᆫ 간샤ᄒᆞᆫ 소리와 雜잡亂란ᄒᆞᆫ ᄇᆡᄎᆞᆯ 드르며 보ᄆᆞᆯ ᄆᆞᅀᆞ매 두디 말며 음란ᄒᆞᆫ 풍류와 샤특ᄒᆞᆫ 례도ᄅᆞᆯ ᄆᆞᅀᆞ매 브티디 아니ᄒᆞ며 게으르며 브졍ᄒᆞᆫ 긔운을 모매 두디 아니ᄒᆞ야 귀와 눈과 고콰 입과 ᄆᆞᅀᆞ매 헤아룜과 온가짓 얼굴로 ᄒᆡ여곰 다 슌코 졍호ᄆᆞᆯ 조차 그 올ᄒᆞᆫ 이ᄅᆞᆯ ᄒᆡ욜 디니라

현대역 〈악기〉에 가로되, “군자는 간사한 소리와 雜亂한 빛을 들으며 봄을 마음에 두지 말며, 음란한 풍류와 사특(邪慝)한 예도를 마음에 붙이지 아니하며, 게으르고 부정한 기운을 몸에 두지 아니하여, 귀와 눈과 코와 입과 마음의 헤아림과 온갖 종류의 형체로 하여금 다 순하고 바르게 함을 좇아,

그 옳은 일을 하게 할 것이니라.”

1 잡란ᄒᆞᆫ: 잡란(雜亂)한. 뒤섞여 어지러운. ‘잡란ᄒᆞ(어간)+ㄴ(관형사형 어미)’이다.

2 샤특ᄒᆞᆫ: 사특(邪慝)한. 요사스럽고 간특한. ‘사특ᄒᆞ(어간)+ㄴ(관형사형 어미)’이다. 만약 오늘 저자를 목 베어 그 죄를 천하에 밝히지 않으면 뒷날 저와 같은 사특한 무리가 줄을 이을 것이다.《이문열, 황제를 위하여》

3 브티디: 붙이지. ‘븥이(어간)+디(보조적 연결어미)’이다. ‘븥이다’는 ‘붙이다’의 옛말이다. 엇게를 조차 漏刻ㅅ 소리예 ᄃᆞ니고 뎌른 머리를 簪纓에 브툐라(隨肩趨漏刻 短髮寄簪纓).《두시-초 23:4》, 브를 브티니 道士ᄋᆡ 經은 다 ᄉᆞ라 ᄌᆡ ᄃᆞ외오 부텻 經은 그저 겨시고.《월석 2:74-75》

4 혜아룜: 헤아림. ‘혜아리(어간)+옴(명사형 어미)’이다. ‘혜아리다’는 짐작하여 가늠하거나 미루어 생각하다. 사람들도 그 심정을 헤아려서 행여 마음을 다칠세라 더욱 조심하였다.《최명희, 혼불》

5 온가짓: 온가지의. ‘온가지(명사)+ㅅ(관형격 조사)’이다. ‘온가지’는 ‘온갖 종류’의 옛말이다. 相對ᄒᆞ야셔 紅粧ᄋᆞᆯ 시서 ᄇᆞ리노라 울워러 온가짓 새 ᄂᆞ로ᄆᆞᆯ 보니(對君洗紅粧).《두시-초 8:68》, 九農이 德業을 일우니 온가짓 이바도매 비치 나도다(九農成德業, 百祀發光輝).《두시-초 11:9》

6 ᄒᆡ욜 디니라: 하게할 것이니라. 하게할지니라. ‘ᄒᆡ이(어간)+요(대상 표시법 선어말어미)+ㄹ(관형사형 어미)+ᄃᆞ(의존명사)+이(서술격조사 ‘이다’의 어간)+니라(평서형 종결어미)’이다. ‘-요-’는 ‘-오-’의 이형태이다. 의존명사 ‘ᄃᆞ’는 ‘것’의 의미를 가진 보편성 의존명사이다. 의존명사를 꾸며주는 관형사형에 들어있는 선어말어미 ‘-오$_2$-’도 대상 표시법 선어말어미에 해당한다. ‘ᄒᆡ이다’는 ‘하게 하다’, ‘시키다’의 옛말이다. 질박ᄒᆞ니런 녀름지이고 혬 잘ᄒᆞ리런 흥졍 ᄒᆡ이고 교셩 잇ᄂᆞ니런 공쟝을 ᄒᆡ욜 디니.《정속-이 8》, 모든 며ᄂᆞ리들흘 겨집븨 일만 ᄒᆡ이고 집븻 공ᄉᆞ 참예 아니케터라.《이륜-옥 31》.

소언 樂악記긔예 ᄀᆞᆯ오ᄃᆡ 君군子ᄌᆞㅣ 간샤ᄒᆞᆫ 소ᄅᆡ와 어즈러운 빗출 聰총明명에 머믈우디 아니ᄒᆞ며 음란ᄒᆞᆫ 풍류와 샤특ᄒᆞᆫ 례도를 心심術술에 브티디 아니ᄒᆞ며 게으르고 플어디며 샤곡ᄒᆞ고 괴벽ᄒᆞᆫ 긔운을 몸이며 얼굴에 베프디 아니ᄒᆞ야 귀와 눈과 코와 입과 ᄆᆞ음의 알옴과

온갓 얼굴로 ᄒᆡ여곰 다 順슌코 正졍홈을 말믜암아 ᄡᅥ 그 맛당ᄒᆞᆫ 일을 行ᄒᆡᆼ홀 디니라

[현대역] 〈악기〉에 가로되, "군자가 간사한 소리와 어지러운 빛을 총명에 머물게 하지 아니하며, 음란한 풍류와 사특한 예도를 마음에 붙이지 아니하며, 게으르고 풀어지며 사곡(邪曲)하고 괴벽(乖僻)한 기운을 몸이며 형체에 베풀지 아니하여, 귀와 눈과 코와 입과 마음의 앎과 온갖 형체로 하여금 다 순하고 바르게 함을 말미암아, 써 그 마땅한 일을 행할 것이니라."

1 간샤ᄒᆞᆫ: 간사한. '간샤ᄒᆞ(어간)+ㄴ(관형사형 어미)'이다. '간샤ᄒᆞ다'는 '간사(奸邪)하다'의 옛말이다. 자기의 이익을 위하여 나쁜 꾀를 부리는 등 마음이 바르지 않다. 황진은 결연히 적의 간사한 계교를 물리쳐 버린다.《박종화, 임진왜란》

2 머믈우디: 머물게 하지. '머믈(어근)+우(사동접사)+디(보조적 연결어미)'이다. '머물우다'는 자동사 '머믈다'에 사동접사 '우'가 삽입되어 만들어진 사동사이다. 15세기부터 자동사는 '머믈다'였고, 사동사는 '머믈우다'였다. 그리고 18세기에 이르러 자동사 '머믈다'가 3음절로 형태가 변화하는 과정에서 '머므르다'와 공존하게 되었다. 天尊ᄋᆞ로 겨샤 侍病ᄒᆞ샤 소ᄂᆞᆯ 가ᄉᆞ매 다혀 겨샤ᄃᆡ 목수믈 머믈우들 몯ᄒᆞ시니.《월석 10:15》, 나조ᄒᆡ 醉코 소ᄂᆞᆯ 머믈워셔 춤츠니 鳧鷖이 다ᄆᆞᆺ ᄀᆞ죽디 아니ᄒᆞ도다(晩酣留客舞 鳧鷖共差池).《두시-초 11:27》

3 심슐: 심술(心術). 마음.

4 프러디며: 풀어지며. '플어디(어간)+며(연결어미)'이다. 四衆이 ᄀᆞᄌᆞ기 아라 뭀 疑心이 모로기 프러디도다(四衆齊悟 群疑頓釋).《금삼 5:43》, 법을 엄졍히 셰오 ᄒᆞᄅᆞ도 ᄆᆞᅀᆞᆷ 노하 프러디게 호미 올티 아니ᄒᆞ니(學業則須是嚴立課程 不可一日放慢).《번소 8:34》

5 샤곡ᄒᆞ고: 사곡(邪曲)하고. 요사스러우며 교활하고. '샤곡ᄒᆞ(어간)+고(연결어미)'이다. 한편으로 호방한 남자가 아닌 것은 아니나, 그 성격의 대부분이 진지하고 정직하여서 조금이라도 난잡하고 사곡한 것을 발견할 수가 없는데….《한용운, 흑풍》

6 괴벽ᄒᆞᆫ: 괴벽(乖僻)한. 성격 따위가 이상야릇하고 까다로운. '괴벽ᄒᆞ(어간)+ㄴ(관형사형 어미)'이다. 차차 눈에 보이게 더욱더 동생을 미워하고 의심하는 동궁의 괴벽한 심사를 어찌하나.《김동인, 대수양》

7 맛당흔: 마땅한. '맛당ᄒᆞ(어간)+ㄴ(관형사형 어미)'이다. '마땅하다'의 옛말인 '맛당ᄒᆞ다'는 15세기 문헌에서부터 나타난다. '맛당ᄒᆞ다'는 명사 '맛당'에 동사 'ᄒᆞ다'가 결합한 합성어이다. 중세국어 시기에는 '諸佛法이 이 곧ᄒᆞ야 萬億 方便으로 맛당올 조차 說法ᄒᆞᄂᆞ니.《1463 법화 1:248ㄴ》' 등의 예에서 보이듯이, '맛당'이 명사의 기능을 지니고 있었다. 기원적으로 '맛당'은 '옳다', '일치하다', '적당하다'의 의미를 지닌 동사 어간 '맞-'에 한자 '당(當)'의 한글 표기인 '당'이 결합한 것으로 추정된다. 17세기에는 '맛당ᄒᆞ다'에서 제2음절의 초성이 된소리화한 '맛땅ᄒᆞ다' 형태가 등장하였다. 이러한 된소리화와 함께 근대국어 후기에 제1음절의 모음 'ㆍ'가 'ㅏ'로 변하여 소리의 구별이 사라지면서 현대국어의 '마땅하다'가 등장하게 되었다. 맛당ᄒᆞ다(15세기~19세기)〉맛땅ᄒᆞ다(17세기)〉마땅하다(20세기~현재). 이형태: 맛당ᄒᆞ다, 맛당ᄒᆞ다, 맛짱ᄒᆞ다, 맏짱ᄒᆞ다. 舍衛國애 도라와 精舍 지슳 터흘 어드니 맛당흔 ᄃᆡ 업고.《1447 석상 6:23ㄴ》, 경히 거즛 거슨 맛당ᄒᆞ고 진짓 거슨 맛당티 아니ᄒᆞ니라.《飜老下66ㄴ-67ㄱ》

【集解】眞氏曰君子之所以自養者는無他라內外交致其功而已라故로姦聲亂色을不留聰明者는所以養其外也요淫樂慝禮를不接心術者는所以養其內也라外無聲色之誘면則內亦正矣요內無淫慝之惑이면則外亦正矣라惰嫚之氣는自內出者也요邪僻之氣는自外入者也니二者를不得設於身體하면則外而耳目鼻口四肢百體와內而心知가皆由順正하여以行其義니顔子四勿之功을可庶幾也리라

진 씨가 말하였다. "군자가 스스로 기르는 바는 다른 데 있지 않고 안팎으로 번갈아 그 공부를 지극히 할 뿐이다. 그러므로 간사한 소리와 어지러운 색을 聰明에 머물지 않음은 그 밖을 기르는 것이요, 음란한 음악과 사특한 禮를 心術에 접하지 않음은 그 안을 기르는 것이다. 밖으로 聲色의 유혹이 없으면 안이 또한 바르게 되고, 안으로 음란한 음악과 사특한 禮의 미혹함이 없으면 밖도 또한 바르게 된다. 게으르고 오만한 기운은 안으로부터

나오는 것이요, 간사하고 치우쳐 있는 기운은 밖으로부터 들어오는 것이니, 두 가지를 신체에 베풀지 않으면 밖으로는 耳目口鼻와 四肢와 百體와 안으로는 마음의 지각이 모두 순하고 바름을 말미암아[따라서] 그 義를 행하게 되니, 顔子의 四勿 공부를 거의 할 수 있을 것이다."

漢字 誘(꾈 유), 惑(미혹할 혹), 肢(팔다리 지), 庶(거의 서, 가까울 서), 幾(거의 기, 가까울 기)

서기(庶幾): 거의. 거의 할 수 있음.

【十一章】

○孔子ㅣ曰君子ㅣ食無求飽ᄒᆞ며居無求安ᄒᆞ며敏於事而愼於言이오就有道而正焉이면可謂好學也已니라 《論語 學而》

● 공자가 말씀하셨다. "군자는 먹음에 배부름을 구하지 않으며, 거처함에 편안함을 구하지 않으며, 일에는 민첩하되 말에는 삼가고, 도가 있는 사람에게 나아가 바로 잡으면 가히 배움을 좋아한다고 이를 만하다."

漢字 飽(배부를 포)

번소 孔공子ᄌᆞㅣ ᄀᆞᄅᆞ샤ᄃᆡ 君군子ᄌᆞᄂᆞᆫ 밥 머고매 ᄇᆡ블오ᄆᆞᆯ 구티 말며 사로매 편안호ᄆᆞᆯ 구티 말며 일란 ᄲᆞᆯ리 ᄒᆞ고 말ᄉᆞᄆᆞ란 삼가ᄒᆞ야 어딘 사ᄅᆞᄆᆡ게 나ᅀᅡ가 왼 올ᄒᆞᆫ ᄯᅡ홀 질졍ᄒᆞ면 가히 ᄇᆡ호기ᄅᆞᆯ 즐긴다 ᄒᆞᆯ 디니라

현대역 공자가 말씀하시되, "군자는 밥 먹음에 배부름을 구하지 말며, 삶에 편안함을 구하지 말며, 일은 빨리 하고 말씀은 삼가, 어진 사람에게 나아가 그르고 옳은 자리를 질정(質正)하면, 가히 '배우기를 즐긴다.' 할 것이니라."

1 ᄇᆡ블오ᄆᆞᆯ: 배부름을. 'ᄇᆡ브르(어간)+옴(명사형 어미)+ᄋᆞᆯ(목적격 조사)'이다. '브

르다'는 르불규칙용언인데, 모음으로 시작하는 어미 앞에서는 'ㄹㅇ' 형의 모습을 보인다.

2 일란: 일은. '일(명사)+란(보조사)'이다. '란'과 'ᄋᆞ란/으란'은 체언의 끝소리의 종류에 따라 구별되고, 'ᄋᆞ란'과 '으란'은 체언의 모음에 따라 바뀐다. 즉 '란'은 받침 없는 체언류나 'ㄹ' 받침으로 끝나는 체언류 뒤에 붙어, '는'을 뜻하는 보조사이다. 닐굽 아ᄃᆞ리러니 여슷 아ᄃᆞᆯ란 ᄒᆞ마 갓얼이고 아기아ᄃᆞ리 양ᄌᆡ 곱거늘 各別히 ᄉᆞ랑ᄒᆞ야.《석상 6:13》, 두 부톄 손ᄌᆡ 훈ᄃᆡ 안자 겨샤ᄃᆡ 妙音이 釋迦란 보ᄉᆞᄫᆞ시고 多寶ᄅᆞᆯ 몯 보ᄉᆞᄫᆞ시다 ᄒᆞ니.《석상 20:44》

3 말ᄉᆞᄆᆞ란: 말씀은. '말ᄉᆞᆷ(명사)+ᄋᆞ란(보조사)'이다. '란'과 'ᄋᆞ란/으란'은 체언의 끝소리의 종류에 따라 구별되고, 'ᄋᆞ란'과 '으란'은 체언의 모음에 따라 바뀐다. 'ᄋᆞ란'은 'ㄹ' 이외의 받침으로 끝나는 체언 뒤에 붙어, 끝음절의 모음이 'ᄋᆞ, 아, 오'인 체언류 뒤에 붙어, '는'을 뜻하는 보조사이다. ᄆᆞᅀᆞᄆᆞ란 아니 닷고 오ᄉᆞ로 빙오ᄆᆞᆯ 이ᄅᆞᆯ사 붓그리다니.《월곡 상:44》, ᄯᅡ훈 그ᄃᆡᆺ 모ᄀᆡ 두고 남ᄀᆞ란 내 모ᄀᆡ 두어 둘히 어우러 精舍 ᄆᆡᆼᄀᆞ라.《석상 6:26》.

4 ᄯᅡᇂ: '땅' 또는 '자리'의 옛말이다. ᄯᅡ훈 그ᄃᆡᆺ 모ᄀᆡ 두고 남ᄀᆞ란 내 모ᄀᆡ 두어 둘히 어우러 精舍 ᄆᆡᆼᄀᆞ라.《석상 6:26》(현대역: 땅은 그대의 몫에 두고 나무는 나의 몫에 두어 둘이 합쳐서 정사를 만들어.), 하늘토 뮈며 ᄯᅡ토 뮈더니.《월곡 상:63》(현대역: 하늘도 움직이며 땅도 움직이더니.), 갈해 헌 ᄯᅡ홀 旃檀香 ᄇᆞᄅᆞ면 즉자히 암ᄀᆞᄂᆞ니라.《월석 1:26》(현대역: 칼에 난 상처 자리에 전단향을 바르면 즉시 아문다.), ᄯᅩ 돋 믄 ᄯᅡ홀 고툐ᄃᆡ.《구방 하:63》(현대역: 또 돼지가 문 자리를 고치되.)

5 질졍ᄒᆞ면: 질정(質正)하면. 묻거나 따져서 바로잡으면. '질정ᄒᆞ(어간)+면(연결어미)'이다.

소언 孔공子ᄌᆞㅣ ᄀᆞᆯᄋᆞ샤ᄃᆡ 君군子ᄌᆞㅣ 먹음애 ᄇᆡ블옴ᄋᆞᆯ 求구티 아니ᄒᆞ며 居거홈애 편안홈ᄋᆞᆯ 求구티 아니ᄒᆞ며 일에 ᄲᆞᆯ리 ᄒᆞ며 말ᄉᆞᆷ애 삼가ᄒᆞ고 道도 인ᄂᆞᆫ ᄃᆡ 나아가 질졍ᄒᆞ면 可가히 ᄇᆡ호기ᄅᆞᆯ 즐긴다 닐올 디니라

현대역 공자가 말씀하시되, "군자가 먹음에 배부름을 구하지 아니하며, 거함에 편안함을 구하지 아니하며, 일에 빨리 하며 말씀에 삼가고, 도 있는 데

나아가 질정(質正)하면, 가히 '배우기를 즐긴다.' 이를 것이니라."

【集說】朱子曰不求安飽者는志有在而不暇及也라敏於事者는勉其所不足이요謹於言者는不敢盡其所有餘也라然猶不敢自是而必就有道之人하여以正其是非하면則可謂好學矣니라

주자가 말하였다. "편안함과 배부름을 구하지 않는 것은 뜻이 있는 데가 (따로) 있어 (여기에) 겨를이 미치지 않음이다. 일에 민첩히 한다는 것은 그 부족한 바를 힘씀이요, 말에 삼간다는 것은 감히 그 남음이 있는 바를 다하지 않음이다. 그러나 오히려 감히 스스로 옳다고 하지 않고 반드시 도가 있는 사람에게 나아가 그 옳고 그름을 바로 잡는다면, 가히 배움을 좋아한다고 이를 만하다."

漢字 暇(겨를 가)

勉其所不足 謹於言者 不敢盡其所有餘也: 부족(不足)은 행(行)을 가리키며 유여(有餘)는 언(言)을 가리킨 것으로, 《중용(中庸)》 제13장 다음 구절에서 원용하였다. "庸德之行 庸言之謹 有所不足 不敢不勉 有餘 不敢盡 言顧行 行顧言 君子胡不慥慥爾(일상적인 덕을 행하고, 일상적인 말을 조심하며, (덕을 행함에) 부족한 바가 있으면 감히 힘쓰지 아니할 수 없고, (말이 행동에 앞서) 남아돈다면 감히 다하지 않는다. 말은 행동을 돌아보고 행동은 말을 돌아본다. (그러니) 군자가 어찌 부지런히 힘쓰지 않겠는가.)"

【十二章】

○管敬仲이曰畏威如疾은民之上也ㅣ오從懷如流는民之下也ㅣ오見懷思威는民之中也ㅣ니라 《國語 晉語》

●管敬仲이 말하였다. "(하늘의) 위엄을 두려워함을 질병처럼 여기는 것[사

람]은 사람 중의 상등이요, 懷柔함을 따르기를 물 흐름처럼 여기는 것[사람]은 사람 중에 하등이요, 회유함을 보고 위엄을 생각하는 것[사람]은 사람 중의 중등이다."

漢字 懷(회유할 회, 품을 회)

1 관경중(管敬仲, 기원전 723년, 혹은 기원전 716년~기원전 645년경): 영상(潁上, 지금의 안후이성 영현) 사람으로, 희(姬) 씨 성의 후손이다. 이름은 이오(夷吾)고, 자는 중(仲)이다. 대개 자를 따서 관중이라 부르는데, 관이오(管夷吾) 혹은 시호까지 감안해서 관경중(管敬仲)이라는 이름으로도 불린다. 춘추시대 법가(法家)의 대표적인 인물이자 주(周)나라 목왕의 후예로 알려져 있는 관중은, 비록 제나라의 하경(下卿, 경 중에서 낮은 벼슬)이었지만 중국 역사상 재상의 본보기로 삼는다. 그는 젊어서는 상업에 종사하다가 정치 활동에 종사했다고 한다. 제나라 공자 소백(小白, 훗날의 齊桓公)과 공자 규(糾)가 군주 자리를 쟁탈하는 다툼에서 공자 규를 지지했지만, 소백은 왕이 된 후 포숙의 추천을 받아 지난날의 허물을 따지지 않고 관중을 중용했고, 관중 또한 환공을 잘 보좌하여 개혁 정치를 실행했다. 이것이 '관포지교(管鮑之交)'라는 고사성어로 남아 지금까지 전해 오고 있는데, 형편이나 이해관계에 상관없이 친구를 위하는 두터운 우정을 말한다. 정치면에서 그는 전국을 국(國)·야(野)로 나누어 다스리는 삼국오비(參國伍鄙) 제도, 즉 군주와 두 세경[世卿, 대대로 경(卿)의 지위를 계승한 가문]이 나누어 제나라를 관할하게 하고, 나라에 각급 군사조직을 설립하고 사·농·공·상의 각종 직업을 규정했다. 경제면에서는 조세개혁을 실행하여 정전(井田)제도 대신 토지를 한껏 활용하되 세금을 줄이는 정책을 실행하고, 농업과 수공업 발전에 유리한 정책을 함께 실시했다. 또한 제나라의 지리적 위치와 산업을 고려하여 중상주의 경제 정책을 과감하게 도입하여 제나라의 부를 크게 신장시켰다. 중국 역사상 실용주의 경제학을 가장 먼저 설파한 사람은 관중일 것이다. 그가 남긴 《관자(管子)》는 관중 이후 춘추전국시대 제자백가로 대변되는 사상가들은 물론 정치가, 학자, 경제 전문가 등에 큰 영향을 미쳤는데, 특히 그의 경제 사상과 경제관은 영국의 경제학자 존 케인스(John Maynard Keynes, 1883년~1946년)와 상당히 닮아 있다고 보는 전문가가 있을 정도이다. 케인스가 19세기 사람이니 관중은 그보다 2,500년 이상이나 앞서 살았다. 관중의

경제사상에서 가장 눈에 띄는 대목은 그가 경제와 인간의 도리를 연계시키고 있다는 점이다. "倉廩實而知禮節 衣食足而知榮辱(창고가 가득 차야 예절을 알고, 입고 먹는 것이 넉넉해야 영예와 치욕을 알게 된다.)" 이 말의 이면에는 '가난한 백성을 국가가 통치할 수 없다.'는 뜻이 함축되어 있다. 왜냐하면 백성을 못 살게 해놓고 나라에 충성하길 바랄 수 없기 때문이다. 이와 관련하여 관중은 다음과 같이 말한다. "백성이 가난하면 마을과 집을 쉬 떠나기 마련이다. 마을과 집을 쉬 떠나면 통치자를 능멸하고 법을 어기게 되니 다스리기 어렵다." 관중은 나라가 백성들의 의식주와 문화 수준을 어느 정도까지 끌어 올리는 정책을 실행할 수 있어야만 정신적으로 성숙하고 통치를 따른다고 본 것이다. 그 이유에 대해 관중은 '사순(四順)'을 들고 있다. "백성은 근심과 고생을 싫어하니 통치자는 그들을 즐겁게 해줘야 한다." "백성은 가난과 천함을 싫어하니 통치자는 그들을 부유하고 귀하게 해줘야 한다." "백성은 위험에 빠지는 것을 싫어하니 통치자는 그들을 안전하게 만들어 줘야 한다." "백성은 자신이 죽고 후손이 끊어지는 것을 싫어하니 통치자는 그들이 수명을 누리고 후대를 잇도록 해줘야 한다." 관중이 말한 '사순'이란 이처럼 백성의 마음을 가리키며, 통치자는 이 욕구들을 채워주어야 한다는 지적이다. 무엇으로 채워주는가? 바른 정치와 신뢰받는 정책을 통해서 채워주어야 한다. 관중은 나아가 이 '사순'이 충족되면 나라를 떠받치는 네 기둥, 즉 '사유(四維)'가 세워진다고 했다. 이것이 바로 예(禮), 의(義), 염(廉), 치(恥)다. 그럼 '예'란 무엇인가? 도를 넘지 않는 자세와 태도를 가리킨다. 넉넉해야 도를 넘지 않는다. '의'란 스스로 잘난 척하지 않는 것이다. 이치에 맞게 행동한다는 뜻이다. '염'이란 자신의 잘못된 점을 숨기지 않는 깨끗함이고, '치'는 남의 잘못된 언행을 따르지 않는, 즉 부끄러워 할 줄 아는 것이다. 이 사유가 바로 서면 통치자의 지위가 안정되고, 백성들이 서로를 교묘히 속이려 하지 않으며, 행동이 반듯해지고, 부정한 일이 생기지 않게 되는 것이라고 보았다. 관중은 임금보다 잘 살았다고 한다. 공자조차 관중을 사치스럽다고 비판한 바 있을 정도이다. 하지만 관중의 제나라 백성들은 누구도 관중을 욕하거나 비판하지 않았다. 자신들을 잘 살게 만들어 준 주인공이고, 그런 만큼 그만한 부를 충분히 누릴 자격이 있다고 여겼기 때문이다. 관중은 춘추시대 초기 산둥성 동쪽 바닷가에 있던 제나라를 일약 초강대국으로 성장시켰다. 관중이 보필했던 제나라 통치자 환공은 국제무대에서 늘 주역을 맡았다. 아홉 번 제후들을 불러 모아 국제회의를 주도했고, 그 때마다 맹주로 추대되었다.

노나라 통치자와의 정상회담을 끝낸 뒤 노나라 장공이 국경을 넘어 제나라 땅까지 밟으면서 환공을 배웅하자, 환공은 같은 제후끼리는 국경을 넘으면서까지 배웅하는 게 아니라면서 장공이 밟은 제나라 땅을 전부 노나라에 주었다. 당시 제나라의 위세와 통치자의 격이 어느 정도였는지를 잘 보여주는 일화다. 그리고 이 모든 사실의 뒤에는 먹고 입는 것이 넉넉했던 백성들이 있었다. 관중은 부민(富民)을 전제로 한 부국강병을 설파했고, 그것을 정책으로 실천한 결과 제나라를 진정한 강대국의 반열에 올려놓았다(중국인물사전).

2 회유(懷柔): 어루만지어 달램.

번소 管관敬경仲듕이 ᄀᆞ로ᄃᆡ 하ᄂᆞᆳ 위엄을 저호ᄃᆡ 병ᄀᆞ티 ᄒᆞᄂᆞ닌 샹둥엣 사ᄅᆞᆷ이오 은혜ᄅᆞᆯ 조초ᄃᆡ 호르드시 호ᄆᆞᆫ 하둥엣 사ᄅᆞᆷ이오 은혜ᄅᆞᆯ 보고 하ᄂᆞᆯ 위엄을 ᄉᆡᇰ각ᄒᆞᄂᆞ닌 듕둥엣 사ᄅᆞᆷ이라

현대역 관경중이 가로되, "하늘의 위엄을 두려워하되 병같이 하는 이는 上等의 사람이고, 은혜를 쫓되 흐르듯이 함은 下等의 사람이고, 은혜를 보고 하늘 위엄을 생각하는 이는 中等의 사람이라."

1 저호ᄃᆡ: 두려워하되. '젛(어간)+오ᄃᆡ(연결어미)'이다. '-오ᄃᆡ'는 선행 음절의 모음이 'ㆍ, ㅏ, ㅗ, ㅣ, 반모음 ㅣ'인 경우에 붙어, '-(으)되'를 뜻하는 어미이다. 置陣이 ᄂᆞᆷ과 다ᄅᆞ샤 아ᅀᆞ보ᄃᆡ 나ᅀᅡ오니 믈러가던덴 목숨 ᄆᆞᄎᆞ리잇가(置陣異他 知亦進當 如其退避 性命奚戕).《용가 51장》, 淨飯이 무러시ᄂᆞᆯ 占者ㅣ 判ᄒᆞᅀᆞ보ᄃᆡ 聖子ㅣ 나샤 正覺 일우시리.《월곡 상:6》. '젛다'는 '두려워하다'의 옛말이다. 龍王이 金剛杵 저혀 모딘 ᄆᆞᅀᆞᆷ 고티니 羅刹도 ᄯᅩ 고티니이다.《월곡 상:71》, 우리도 兵馬 뒷노소니 저티 아니호리이다.《석상 23:54》

2 ᄒᆞᄂᆞ닌: 하는 이는. 'ᄒᆞ(어간)+ᄂᆞ(현재 시제 선어말어미)+ㄴ(관형사형 어미)+이(의존명사)+ㄴ(보조사)'이다. 마지막 'ㄴ'은 받침 없는 체언 뒤에 붙어, 문장 속에서 어떤 대상이 화제임을 나타내는 보조사이다. '는'보다 더 구어적이다.

3 샹둥엣: 상등의. '샹둥+에(부사격 조사)+ㅅ(관형격 조사)'이다.

4 조초ᄃᆡ: 쫓되. '좇(어간)+오ᄃᆡ(연결어미)'이다. '좇다'는 '쫓다'의 옛말이다. 兄이 디여 뵈니 衆賊이 좇거늘 재 ᄂᆞ려 티샤 두 갈히 것그니(兄墜而示 衆賊薄之 下阪而擊 兩刀皆缺).《용가 36장》, 逐 조ᄎᆞᆯ 튝.《훈몽 하:13》. '-오ᄃᆡ'는 선행

음절의 모음이 'ㆍ, ㅏ, ㅗ, ㅣ, 반모음 ㅣ'인 경우에 붙어, '-(으)되'를 뜻하는 연결어미이다. 置陣이 놈과 다ᄅᆞ샤 아ᅀᆞᄫᆞᄃᆡ 나ᅀᅡ오니 믈러가던덴 목숨 ᄆᆞᄎᆞ리 잇가(置陣異他 知亦進當 如其退避 性命奚戕).《용가 51장》, 淨飯이 무러시늘 占者ㅣ 判ᄒᆞᅀᆞᄫᆞᄃᆡ 聖子ㅣ 나샤 正覺 일우시리.《월곡 상:6》

소언 管관敬경仲듕[일홈은 夷이吾오ㅣ니 齊졔ㅅ나랏 사ᄅᆞᆷ이라]이 ᄀᆞᆯ오ᄃᆡ 하ᄂᆞᆯ 위엄을 저호ᄃᆡ 병ᄀᆞ티 ᄒᆞᄂᆞᆫ 이ᄂᆞᆫ 사ᄅᆞᆷ애 샹층이오 은혜ᄅᆞᆯ 조초ᄃᆡ 흐르ᄃᆞᆺ 홈ᄋᆞᆫ 사ᄅᆞᆷ애 하층이오 은혜ᄅᆞᆯ 보고 하ᄂᆞᆯ 위엄을 ᄉᆡᆼ각ᄒᆞᄂᆞᆫ 이ᄂᆞᆫ 사ᄅᆞᆷ애 듕층이니라

현대역 관경중[이름은 夷吾이니, 齊나라의 사람이라.]이 가로되, "하늘 위엄을 두려워하되 병같이 하는 이는 사람에 上層이고, 은혜를 좇되 흐르는 듯함은 사람에 下層이고, 은혜를 보고 하늘 위엄을 생각하는 이는 사람에 中層이니라."

【集說】吳氏曰管敬仲은齊大夫니名夷吾라威者는謂天之威也라言民能畏天之威를如畏疾病이면自然不敢爲惡이니此는民之上者也라懷者는謂人以恩惠懷之也니因人懷己하여而不顧禮義之是非하고從之를如水流下하면此는民之下者也라若見人懷己而能思畏天威하여不敢輕易從之면此는民之中者也라

오 씨가 말하였다. "管敬仲은 齊나라 대부이니, 이름은 夷吾이다. 威는 하늘의 위엄을 이른다. 사람이 하늘의 위엄을 능히 두려워하기를 마치 질병 두려워하듯이 한다고 말하면, 자연히 감히 악한 짓을 하지 않을 것이니, 이는 사람 중 상등인 자이다. 懷는 남이 은혜로 그를 懷柔함을 이르니, 남이 자기를 회유함으로 인하여 예의의 옳고 그름을 돌아보지 않고, 그를 따르기를 마치 물이 아래로 흐르듯이 하면, 이는 사람 중의 하등인 자이다.

만일 남이 자기를 회유함을 보고 하늘의 위엄이 두려움을 생각하여 감히 가볍고 쉬이 그것을 따르지 않으면, 이는 사람 중의 중등인 자이다."

右는**明心術之要**ᄒᆞ니라

●이상은 心術의 요점을 밝혔다.

번소 이 우흔 ᄆᆞᅀᆞᆷ자ᄇᆞᆯ 종요ᄅᆞᆯ ᄇᆞᆯ기니라

현대역 이 위는 마음잡을 宗要를 밝히느니라.

종요: '종요(宗要)'의 옛말이다. 종지(宗旨)의 요긴한 뜻.

소언 이 우흔 心심術슐의 종요ᄅᆞᆯ ᄇᆞᆯ키니라

현대역 이 위는 마음의 宗要를 밝히느니라.

〖十三章〗

○**冠義**예**曰凡人之所以爲人者**는**禮義也**ㅣ니**禮義之始**는**在於正容體**ᄒᆞ며**齊顔色**ᄒᆞ며**順辭令**이니**容體正**ᄒᆞ며**顔色齊**ᄒᆞ며**辭令順而後**에**禮義備**ᄒᆞᄂᆞ니**以正君臣**ᄒᆞ며**親父子**ᄒᆞ며**和長幼**ㅣ니**君臣正**ᄒᆞ며**父子親**ᄒᆞ며**長幼和而後**에**禮義立**이니라 《禮記 冠義》

●〈관의〉에 말하였다. "무릇 사람이 사람이 되는 바는 예의이니, 예의의 시작은 얼굴과 몸을 바르게 하며, 얼굴빛을 가지런히 하며, 말과 명령을 순히 함에 있으니, 容體가 바르며 顔色이 가지런하며 辭令이 순한 뒤에 예의가 갖추어지니, 써[예의가 갖추어짐으로써] 군신을 바르게 하며, 부자를 친하게 하며, 장유를 화하게 하니, 군신이 바르며 부자가 친하며 장유가 화한 뒤에, 예의가 선다."

번소 冠관義의예 ᄀᆞ로ᄃᆡ 믈읫 사ᄅᆞ미 사ᄅᆞᆷᄃᆞ외옛논 아ᄎᆞᆫ 禮례와 義의 이실ᄉᆡ니 禮례義의 비로소ᄆᆞᆫ 모ᄆᆞᆯ 졍히 ᄒᆞ며 ᄂᆞᆺ빗ᄎᆞᆯ ᄀᆞᄌᆞ기 ᄒᆞ며 말ᄉᆞᆷ 슌히 호매 잇ᄂᆞ니 모미 졍ᄒᆞ며 ᄂᆞᆺ비치 ᄀᆞᄌᆞᆨᄒᆞ며 말ᄉᆞ미 슌ᄒᆞᆫ 후에ᅀᅡ 禮례와 義의왜 ᄀᆞᄌᆞ리라 일로ᄡᅥ 님금과 臣신下하ᄅᆞᆯ 졍케 ᄒᆞ며 아비와 아ᄃᆞᄅᆞᆯ 친케 ᄒᆞ며 얼운과 아ᄒᆡᄅᆞᆯ 화케 호미니 님금과 臣신下하왜 졍ᄒᆞ며 아비와 아ᄃᆞᆯ왜 친ᄒᆞ며 얼운과 아ᄒᆡ왜 화ᄒᆞᆫ 후에ᅀᅡ 禮례와 義의왜 셔리라

현대역 〈관의〉에 가로되, "무릇 사람이 사람 되어 있는 까닭은 예와 의가 있기 때문이니, 예의가 비롯함은 몸을 바르게 하며, 낯빛을 가지런히 하며, 말씀을 순하게 함에 있으니, 몸이 바르며 낯빛이 가지런하며 말씀이 순한 후에야 예와 의가 갖추어지리라. 이로써 임금과 신하를 바르게 하며, 아버지와 아들을 친하게 하며, 어른과 아이를 화하게 함이니, 임금과 신하가 바르며 아비와 아들이 친하며 어른과 아이가 화한 후에야, 예와 의가 서리라."

1 ᄃᆞ외옛논: 되어 있는. ᄃᆞ외(어간)+여(보조적 연결어미)+잇(在, '잇다'의 어간)+ᄂᆞ(현재 시제 선어말어미)+오(대상 표시법 선어말어미)+ㄴ(관형사형 어미)'이다. 완료상은 보조적 연결어미 '-아/어'와 보조형용사 '잇다[在]'의 결합으로 표현된다. 즉 '여+잇'이 '-옛-'으로 나타난다. 본 예는 어간의 이중모음 '외[oj]'로 인해 '-옛-'으로 나타났다. 아래 《소학언해》에서는 '되연ᄂᆞᆫ'으로 나타난다. ᄒᆞ다가 種種 머즌 보매 ᄠᅥ디옛거든 다 引導ᄒᆞ야.《석상 9:8》, 太子ㅣ 듣고 안닰겨 ᄡᅡ해 그우러디옛더라.《석상 11:18》. 관형사형에 나타나는 선어말어미 '-오$_2$-'는 존경의 선어말어미와 결합될 수 있다는 점과 제1인칭은 물론 제2·3인칭도 주어가 될 수 있다는 점에서 종결형과 연결형에 나타나는 '-오$_1$-'과 문법 범주를 달리한다. 피한정 명사는 관형사형에 대하여 주어도 될 수 있고, 목적어와 부사어도 될 수 있다. 이때 관형사형을 평서형으로 전개할 때 피한정 명사가 목적어나 부사어의 기능을 띠면 선어말어미 '-오$_2$-'가 나타난다. 따라서 이를 대상 표시법 선어말어미로 부른다(고영근, 2020, 372). 須達이 지순 亭舍마다 드르시며.《석상 6:38》. 얻논 藥이 므스것고.《월석 21:215》. 이들은 피한정 명사가 관형사형의 목적어가 되는 예이다. 그림 그륜 ᄇᆞᄅᆞᄆᆞᆯ….《두시언해 6:34》. 옷 섀론 므를

먹고.《석상 11:25》. 이들은 피한정 명사가 관형사형의 부사어가 되는 예이다. 'ᄃᆞ외다'는 '되다'의 옛말이다. 현대국어 '되다'의 옛말인 'ᄃᆞᄫᅵ다'는 15세기 문헌에서부터 나타난다. 15세기 중엽 이후 'ㅸ'이 반모음 '오[w]'로 변하여 'ᄫᅵ'가 '외'로 변한 'ᄃᆞ외다'가 나타났다. 또한 15세기에는 'ᄃᆞ외다'에서 제1음절 모음 'ㆍ'가 제2음절의 원순모음 'ㅗ'의 영향으로 'ㅗ'로 바뀐 '도외다' 형태가 등장하였다. 16세기에는 '도외다'의 제1음절과 제2음절이 축약된 '되다' 형태가 등장하여 현재에 이르렀다. ᄃᆞᄫᅵ다(15세기)〉ᄃᆞ외다(15세기~17세기)〉도외다(15세기~17세기)〉되다(16세기~현재). 이형태: ᄃᆞᄫᅵ다, ᄃᆞ외다, 도외다, 되다. 臣下ㅣ 말 아니 드러 正統애 有心홀ᄊᆡ 山ᄋᆡ 草木이 軍馬ㅣ ᄃᆞᄫᅵ니이다.《1447 용가 98》, ㅇ를 입시울쏘리 아래 니ᅀᅥ 쓰면 입시울 가ᄇᆡ야ᄫᆞᆫ 소리 ᄃᆞ외ᄂᆞ니라.《1446 훈언 12ㄱ》, 또 勝福ᄋᆞᆯ 어드릴ᄊᆡ 暫持 功德이 도외니.《1463 법화 6:3ㄱ》, 夫人이 呂氏ᄋᆡ 집의 며느리 되여 오니.《1518 번소 9:7ㄱ》

2 아ᄎᆞᆫ: 까닭은. '앛(명사)+ᄋᆞᆫ(보조사)'이다. '앛'은 '까닭'의 옛말이다. 慈尊이 希有ᄒᆞ샨 아ᄎᆞᆫ 그 聲敎를 나토디 아니ᄒᆞ샤 人天ᄋᆞᆯ 여러 알외샤ᄆᆞᆯ ᄢᅦ니라(慈尊之所以希有者 以其不現聲敎而開覺人天也).《금삼 2:8》, 말ᄉᆞᆷ 바다 ᄠᅳᆮ 아로ᄆᆞᆫ 恩ᄋᆞᆯ 아논 아치오 말ᄉᆞᆷ 조차 아ᄅᆞᆷ 내요ᄆᆞᆫ 恩ᄋᆞᆯ 지여 ᄇᆞ리논 아치라(承言會旨 所以知恩 隨語生解 所以負恩).《금삼 3:38》

3 이실ᄊᆡ니: 있기 때문이니. '이시[在]+ㄹᄊᆡ(연결어미)+ø(서술격 조사 어간)+니(연결어미)'이다. 연결형인 '-이실ᄊᆡ'에 서술격 조사가 결합되었다. 따라서 '이실ᄊᆡ니'는 '있기 때문이니'를 뜻한다. 圓覺이 ᄒᆞᆫ 法이로ᄃᆡ 萬行ᄋᆞᆯ 펴 求ᄒᆞ샤ᄆᆞᆫ 엇뎨오 衆生ᄋᆡ 根器 다ᄅᆞᆯᄊᆡ니라(圓覺一法也 張萬行而求之者何 衆生之根器異也).《원각 서:12》, 一切 衆生이 다ᄉᆞᆺ 가지 性이 ᄀᆞ졸ᄊᆡ 모로매 三乘이 이셔ᅀᅡ 機를 니피샤미 비르서 足홀ᄊᆡ니라(一切衆生 具五種性 須有三乘 被機方足).《원각 상1-1:38~39》

4 비로소ᄆᆞᆫ: 비롯함은. '비롯(始, 어간)+옴(명사형 어미)+ᄋᆞᆫ(보조사)'이다. 현대국어 '비롯하다'의 옛말인 '비릇다/비릇다'는 15세기 문헌에서부터 나타난다. 이 단어는 이후에 'ᄒᆞ-'가 결합하여 '비릇ᄒᆞ다', '비롯ᄒᆞ다'로 되면서, 근대국어 후기에 둘째음절 '릇/릇'이 '롯'으로 바뀌고, 문헌에 나타나지는 않지만 '비롯ᄒᆞ다'가 쓰였을 가능성이 있으며, '비롯ᄒᆞ다'의 'ᄒᆞ-'가 '하-'로 바뀌면서 현재의 '비롯하다'가 형성되었다고 볼 수 있다. 17세기에는 '비른다'가 쓰이는데 이것은 이 시기에 'ㅅ'과 'ㄷ'의 받침 표기가 문란해졌기 때문이다. 비릇다/비릇다(15세기~18세

기)))>비롯다/비릇ᄒᆞ다(19세기))>비롯하다(20세기~현재). 이형태: 비릇다, 비릇다, 비른다, 비롯다, 비릇ᄒᆞ다, 비롯하다. (비릇다, 비롯다) 처섬 비릇ᄂᆞᆫ 거시 因이오.《1447 석상 13:41ㄱ》, 이 虛妄ᄋᆞᆯ 因ᄒᆞ야 믓고 ᄯᅩ 비릇ᄂᆞ니라.《1461 능엄 4:32ㄴ》, 孝ᄂᆞᆫ 어버이 셤기애 비릇고 님금 셤김애 가온대오 몸 셰옴애 ᄆᆞᆺᄂᆞ니라.《1590 효언 2ㄴ》

5 ᄀᆞᄌᆞ기: 가지런히. 'ᄀᆞ죽(어근)+이(부사 파생접사)'이다. 바로 아래에서 설명한 'ᄀᆞ죽ᄒᆞ다'에서 파생된 부사가 'ᄀᆞ죽이' 또는 'ᄀᆞᄌᆞ기'이다. 눈 드로매 千聖이 ᄀᆞᄌᆞ기 나ᄐᆞ시며 觸혼 고대 萬象이 볼가(擧目 千聖齊現 觸處 萬象昭然 一花一香 徧供塵剎).《능엄 7:22》, 禮義의 비르소ᄆᆞᆫ 모ᄆᆞᆯ 正히 ᄒᆞ며 ᄂᆞᆾ비ᄎᆞᆯ ᄀᆞᄌᆞ기 ᄒᆞ며 말숨 順히 호매 잇ᄂᆞ니(禮義之始 在於正容體 齊顏色 順辭令).《내훈 1:18》

6 ᄀᆞ죽ᄒᆞ며: 가지런하며. 'ᄀᆞ죽ᄒᆞ(어간)+며(연결어미)'이다. 仙鶴이 人間애 ᄂᆞ려와 ᄒᆞ오ᅀᅡ 셔니 서리 ᄀᆞᆮᄒᆞᆫ 터리 ᄀᆞ죽ᄒᆞᆫ ᄃᆞᆺ도다(仙鶴下人間 獨立霜毛整).《두시-초 24:40》, 아릐 비록 覺이 佛覺애 ᄀᆞ죽ᄒᆞ나 부텻 菩提 境界ᄅᆞᆯ 能히 다 몯ᄒᆞ야니와(向雖覺齊佛覺 未能盡佛菩提境界).《능엄 8:45》.

7 의왜: 의(義)가. '의+와(접속조사)+ㅣ(주격 조사)'이다. 마지막 접속항에도 접속조사 '와/과'가 쓰이는 중세국어의 집단곡용의 특징을 보여준다. 본 장에는 이런 집단곡용의 예가 몇 개 더 있다.

8 ᄀᆞᄌᆞ리라: 갖추어지리라. 'ᄀᆞᆽ(具, 어간)+ᄋᆞ리(추측법 선어말어미)+라(평서형 종결어미)'이다. '-리라'는 해라할 자리에 쓰여, 상황에 대한 화자의 추측을 나타낸다. 'ᄀᆞᆽ다'는 '갖추어져 있다', '구비하다'의 옛말이다. ᄯᅩ 佛子ㅣ 定과 慧왜 ᄀᆞ자 그지업슨 알외요ᄆᆞ로 한 사ᄅᆞᆷ 위ᄒᆞ야 法 講論ᄒᆞ며.《석상 13:21》, 뎌 부텻 妙智眞明이 세 德이 ᄀᆞᄌᆞ실ᄊᆡ 日月燈이시다 ᄒᆞ니라.《월석 11:42》

소언 冠관義의[禮례記긔 篇편 일훔이라]예 ᄀᆞᆯ오ᄃᆡ 믈읫 사ᄅᆞᆷ의 ᄡᅧ 사ᄅᆞᆷ 되연ᄂᆞᆫ 바ᄂᆞᆫ 禮례와 義의니 禮례義의의 비로솜은 몸ᄋᆞᆯ 正졍히 ᄒᆞ며 ᄂᆞᆾ빗ᄎᆞᆯ ᄀᆞ족이 ᄒᆞ며 말ᄉᆞᆷ을 順슌히 홈애 인ᄂᆞ니 몸이 正졍ᄒᆞ며 ᄂᆞᆾ빗치 ᄀᆞ족ᄒᆞ며 말ᄉᆞᆷ이 順슌ᄒᆞᆫ 후에 禮례와 義의ㅣ ᄀᆞᆺᄂᆞ니 ᄡᅧ 님금과 신하ᄅᆞᆯ 正졍케 ᄒᆞ며 아비와 아ᄃᆞᆯ올 親친케 ᄒᆞ며 얼운과 아ᄒᆡᄅᆞᆯ 和화케 ᄒᆞᄂᆞ니 님금과 신해 正졍ᄒᆞ며 아비와 아ᄃᆞᆯ이 親친ᄒᆞ며 얼운

과 아ᄒᆡ 和화ᄒᆞᆫ 후에 禮례와 義의ㅣ 셔ᄂᆞ니라

현대역 〈관의〉[《예기》 편 이름이라.]에 가로되, "무릇 사람이 써 사람 되어 있는 바는 예와 의이니, 예의의 비롯함은 몸을 바르게 하며, 낯빛을 가지런히 하며, 말씀을 순하게 함에 있으니, 몸이 바르며 낯빛이 가지런하며 말씀이 순한 후에 예와 의가 갖추어지느니, 써 임금과 신하를 바르게 하며, 아버지와 아들을 친하게 하며, 어른과 아이를 화하게 하니, 임금과 신하가 바르며 아비와 아들이 친하며 어른과 아이 화한 후에, 예와 의가 서느니라."

1 되연ᄂᆞᆫ: 되어 있는. 되(어간)+여(보조적 연결어미)+잇(在, '잇다'의 어간)+ᄂᆞ(현재 시제 선어말어미)+ㄴ(관형사형 어미)'이다. 완료상은 보조적 연결어미 '-아/어/여'와 보조형용사 '잇다[在]'의 결합으로 표현된다. 그런데 '잇-'이 본동사와 한 음절을 이룰 때 이미 15세기에 'ㅣ'가 탈락되어 '여+ㅅ→엿'으로 나타나는 일이 많았다. 다만 '되연ᄂᆞᆫ'은 '되엿ᄂᆞᆫ'에서 어간 말 자음의 비음화 현상을 반영한 표기이다. 이 法이 法位예 住호ᄆᆞᆫ 버럿ᄂᆞᆫ 萬像이 다 곧 實相이오(是法住法位者森羅萬像 皆卽實相也).《법화 1:227》.

2 ᄀᆞᆫᄂᆞ니: 갖추어지느니. 구비하느니. 'ᄀᆞᆽ(어간)+ᄂᆞ(현재 시제 선어말어미)+니(연결어미)'이다. 어간 'ᄀᆞᆽ-'이 어미 '-ᄂᆞ니' 앞에서 비음화를 겪은 단어이다. '-ᄂᆞ니'는 동사, 형용사 어간 뒤에 붙어, '-느니'를 뜻하는 어미이다. 'ᄀᆞᆽ-'은 '갖추어져 있다', '구비하다'의 의미를 지닌 동사 'ᄀᆞᆽ다'의 어간이다.

【集說】吳氏曰冠義는禮記篇名이라此는言人之所以爲人而異於禽獸者는以其有禮義也니禮以飾身하고義以制事는人之道也라其始則在乎正容體齊顏色順辭令而已니及夫容體正而遠暴慢하고顏色齊而近信하고辭令順而遠鄙倍면則人道全而禮義備矣라禮義旣備에由是以正君臣親父子和長幼니及夫君臣正而上下之分定하고父子親而慈孝之道隆하고長幼和而遜順之意洽이면則人道正而禮義立矣니라

오 씨가 말하였다. "〈관의〉는 《예기》의 편명이다. 이는 사람이 사람이 되어 금수와 다른 바는 써 그 예의가 있기 때문임을 말하였으니, 예로써 몸을 꾸미고, 의로써 일을 제재함은 사람의 도리이다. 그[예의] 시작인 즉 얼굴과 몸을 바르게 하며, 얼굴빛을 가지런히 하며, 말과 명령을 순히 함에 있을 뿐이니, 容體가 발라 사나움과 오만함을 멀리 하고, 顔色이 가지런하여 믿음을 가까이 하고, 辭令이 순하여 더러움과 도리에 어긋남을 멀리함에 이르면, 사람의 도리가 온전해져 예의가 갖추어진다. 예의가 이미 갖추어짐에, 이로 말미암아 써 군신을 바르게 하며, 부자를 친하게 하며, 장유를 화하게 하니, 군신이 발라 상하의 분수가 정해지고, 부자가 친하여 사랑하고 효도하는 도가 높아지고, 장유가 화하여 겸손하고 순함의 뜻이 화목함에 이르면, 사람의 도리가 발라 예의가 선다."

漢字 夫[어조사 부(~에)], 暴(사나울 포, 쬘 폭), 隆(높일 륭, 성할 륭), 遜(겸손할 손), 洽(화목할 흡, 두루 미칠 흡)

【十四章】

○曲禮예曰毋側聽ᄒᆞ며毋噭ᅅᅣ應ᄒᆞ며毋淫視ᄒᆞ며毋怠荒ᄒᆞ며遊毋倨ᄒᆞ며立毋跛ᄒᆞ며坐毋箕ᄒᆞ며寢毋伏ᄒᆞ며斂髮毋髢替ᄒᆞ며冠毋免ᄒᆞ며勞毋袒但ᄒᆞ며暑毋褰裳이니라 《禮記 曲禮》

●〈곡례〉에 말하였다. "기울여 듣지 말며, 부르짖어[고함쳐] 응답하지 말며, 곁눈질하지 말며, 게으르고 방종하지 말며, 다님에 거만하지 말며, 섬에 기우듬히 서지 말며, 앉음에 다리 뻗고 앉지 말며, 잠에 엎드리지 말며, 머리를 거둠에 다리를 하지 말며, 관을 벗지 말며, 수고로워도 웃통을 벗지 말며, 더워도 아랫도리를 걷지 말아야 한다."

漢字 側(기울 측, 곁 측), 噭(부르짖을 교), 淫(음란할 음), 荒(거칠 황, 탐닉할 황), 倨(거만할 거), 跛(기우듬히 설 피, 절뚝발이 파), 箕(다리 뻗고 앉을 기, 키 기, 쓰레받기 기, 삼태기 기), 斂(거둘 렴), 髢[다리 체=髲(다리 피)], 免(벗을 면, 면할

면), 袒(웃통 벗을 단, 소매 걷어 올릴 단), 褰(옷 추워 올릴 건), 裳(아랫도리 상, 치마 상)

1 음시(淫視): 곁눈으로 봄.
2 태황(怠荒): 게을러 일을 버려둠.

번소 曲곡禮례예 ᄀᆞ로ᄃᆡ 기우려 듣디 말며 워겨 ᄃᆡ답디 말며 淫음邪샤히 보디 말며 게을이 프러 ᄇᆞ리디 말며 ᄃᆞᆫ뇨ᄆᆞᆯ 거만히 말며 셔ᄆᆞᆯ ᄒᆞᆫ 바리 전ᄃᆞ시 말며 안조ᄆᆞᆯ 발 버더 키ᄀᆞ티 말며 자ᄆᆞᆯ 굿브러 말며 마리ᄅᆞᆯ 거두오ᄃᆡ ᄃᆞ외 드리딘 ᄃᆞᆺ게 밀며 곳갈을 밧디 말며 ᄀᆞᆺ바도 메왯디 말며 더워도 아랫 오ᄉᆞᆯ 거두드디 마롤 디니라

현대역 〈곡례〉에 가로되, "기울여 듣지 말며, 외치어 대답하지 말며, 淫邪하게 보지 말며, 게을리 풀어 버리지 말며, 다님을 거만히 말며, 섬을 한 발이 절듯이 말며, 앉음을 발 뻗어 키와 같이 말며, 잠을 엎드려 말며, 머리털을 거두되 다리가 드리워진 듯하게 말며, 고깔을 벗지 말며, 숨 가빠도 어깨를 벗어 메지 말며, 더워도 아래의 옷을 걷어들지 말 것이니라."

1 워겨: 외치어. '워기(어간)+어(연결어미)'이다. '워기다'는 '외치다'의 옛말이다. '워기다>워이다>웨다'로 변화하였다. 아래 《소학언해》에서는 '웨다'의 이형태 '워다'가 보인다. 目連이 된 모ᄀᆞ로 ᄀᆞ장 워겨 어미ᄅᆞᆯ 브르며 닐오ᄃᆡ.《월석-중 23:81》, 目連이 즈믄 디위ᄅᆞᆯ 워겨 블로ᄃᆡ 對答ᄒᆞ리 업거늘.《월석-중 23:83》
2 음샤히: 음사(淫邪)하게. 성격이 음흉하고 사악하게.
3 게을이: 게을리. '게을이'는 15세기 문헌에서부터 나타난다. '게을이'는 형용사 어간 '게으르-'에 부사 파생접사 '-이'가 결합한 것으로 제3음절의 모음 'ㅡ'가 탈락하면서 '게을이'로 실현된 것이다. 제3음절의 초성 성문 마찰 유성음 'ㅇ[ɦ]'이 소멸하면서 16세기에 'ㄹ'이 덧붙은 '게을리'로 나타나면서 현재에 이르렀다. 17세기의 '게으리'는 'ㄹ'이 덧붙기 전 제2음절의 말음 'ㄹ'이 연철 표기된 것이다. 게을이(15세기~16세기)>게을리(16세기~현재). 이형태: 게을이, 게으리, 게을리. 뫗 우흿 두 하ᄂᆞᄅᆞᆫ 너무 게을이 便安ᄒᆞ고.《1447 석상 6:36ㄱ》, 싀부모ㅣ 믿며느리ᄅᆞᆯ 브리거시든 게을리 말며.《1588 소언 2:19ㄴ》

4 프러: 풀어. '풀(어간)+어(연결어미)'이다. 현대국어 '풀다'의 옛말인 '플다'는 15세기 문헌에서부터 나타난다. 근대국어 시기 양순음 'ㅁ, ㅂ, ㅍ, ㅃ' 아래에서 모음 'ㅡ'가 'ㅜ'로 변화하는 원순모음화가 일어나 18세기에는 '풀다' 형태가 등장하게 되었다. 플다(15세기~19세기)〉풀다(18세기~현재). 이형태: 플다, 풀다. 王이 블러다가 太子ㅅ 버들 사ᄆᆞ샤 時常 겨틔 이셔 시르믈 플에 ᄒᆞ시니라.《1447 석상 3:18ㄴ》, 오직 父母ㅅ긔 順ᄒᆞ야ᅀᅡ 可히 ᄡᅧ 근심을 플리러시다.《1588 소언 4:9ㄴ》

5 ᄇᆞ리디: 버리지. 'ᄇᆞ리(어간)+디(보조적 연결어미)'이다. 현대국어 '버리다'의 옛말인 'ᄇᆞ리다'는 15세기 문헌에서부터 나타난다. 이 단어는 15세기부터 19세기까지 꾸준히 쓰였다. 그러다가 19세기에 '버리다'가 등장하여 'ᄇᆞ리다'와 '버리다'가 서로 경쟁하며 쓰이다가, 'ㆍ'의 음가 소실, 'ㆍ' 표기의 폐지 등의 영향으로 '버리다'가 쓰이게 되었다. ᄇᆞ리다(15세기~19세기)〉버리다(19세기~현재). 이형태: ᄇᆞ리다, ᄇᆞᆯ이다, 바리다, 버리다. 世間 ᄇᆞ리시고 城 나마 逃亡ᄒᆞ샤 車匿이 돌아 보내샤 盟誓ᄒᆞ샤ᄃᆡ 道理 일워ᅀᅡ 도라오리라 ᄒᆞ시고.《1447 석상 6:4ㄴ》, 아ᄆᆞ란 일 인ᄒᆞ야 우리 뎌긔 오나든 小人을 ᄇᆞ리디 아니커시든 모로매 지부로 오고라.《1510년대 번노 상:44ㄴ》

6 ᄃᆞᆫ뇨ᄆᆞᆯ: 다님을. 'ᄃᆞᆮ니(어간)+옴(명사형 어미)+ᄋᆞᆯ(목적격 조사)'이다. 'ᄃᆞᆮ니다'는 '다니다'의 옛말이다. 'ᄃᆞᆮ니다'는 15세기 문헌에서부터 나타난다. 'ᄃᆞᆮ니다'는 '달리다'의 의미인 'ᄃᆞᆮ-'과 '가다'의 의미인 '니-'가 결합한 합성어이다. 15세기부터 'ᄃᆞᆮ니다'와 함께 'ᄃᆞᆮ-'의 종성 'ㄷ'이 후행하는 '니-'의 초성 'ㄴ'에 동화되어 'ᄃᆞᆫ니다'가 나타난다. 16세기 이후 'ᄃᆞᆫ니다'에서 제1음절 종성 'ㄴ'이 탈락한 'ᄃᆞ니다'로 나타난다. 18세기 이후 제1음절의 'ㆍ'가 'ㅏ'로 변화됨에 따라 19세기 이후 '다니다'로 나타나 현재에 이르렀다. 15세기의 'ᄃᆞᆫ이다'는 'ᄃᆞ니다'를 분철 표기한 것이다. 17세기의 'ᄃᆞᆺ니다'는 종성 'ㄷ'을 'ㅅ'으로 표기하던 당시의 경향에 따라 나타난 표기이다. 19세기의 '단니다'는 'ᄃᆞᆫ니다'의 제1음절 모음 'ㆍ'가 'ㅏ'로 변화한 것이며, 'ᄃᆡᆫ니다'는 'ᄃᆞᆫ니다'의 제1음절 모음 'ㆍ'가 후행하는 'ㅣ'의 영향으로 'ㆎ'로 나타난 것이다. ᄃᆞᆮ니다(15세기~17세기)〉ᄃᆞᆫ니다(15세기~19세기)〉ᄃᆞ니다(16세기~18세기)〉다니다(19세기~현재). 이형태: ᄃᆞᆮ니다, ᄃᆞᆫ니다, ᄃᆞᆫ이다, ᄃᆞ니다, ᄃᆞᆺ니다, ᄃᆡᆫ니다, 단니다, 다니다. 五百 靑衣를 골ᄒᆡ야 졋어미 조차 ᄃᆞᆮ니며《1447 석상 3:4ㄴ》, 商ᄋᆞᆫ 두루 ᄃᆞᆫ녀 흥졍ᄒᆞᆯ 씨오.《1447 석상 20:25ㄱ》, 賤諜ᄂᆞᆫ 任昉이 ᄃᆞᆫ이ᄂᆞᆫ ᄃᆞᆺᄒᆞ도다.《1481 두시-초 24:43ㄱ》, 巡 ᄆᆞ르거를 ᄉᆞᆫ 두루 ᄃᆞ닐

숟.《1576 신합 하:37ㄱ》

7 젼: 전. 한쪽 다리가 짧거나 다쳐서 걸을 때에 몸을 한쪽으로 기우뚱거리는. '절(어간)+ㄴ(관형사형 어미)'이다. 현대국어 '절다'는 15세기 문헌에서부터 '절다'로 나타나 현재까지 이어진다. 절다(15세기~현재). 이형태: 절다. 바른 브터 나사 가ᄂᆞ니 ᄒᆞ다가 절오 눈 이시면 비록 보아도 나사가미 어려우며.《1465 원각 하2-1:15ㄱ》, ᄒᆞ나흔 눈멀오 ᄒᆞ나흔 ᄒᆞᆫ 발 절오 ᄒᆞ나흔 곱 기울오.《1510년대 번노 하:8ㄴ-10ㄱ》

8 ᄃᆞ시: 듯이. 'ᄃᆞ시'는 동사나 형용사 어간 뒤에 붙어, '-듯이'를 뜻하는 어미이다. 죽사리를 니즐씨 일허도 흙무적 ᄇᆞ리ᄃᆞ시 ᄒᆞ며 즐규믈 혹 바혀 ᄇᆞ리ᄃᆞ시 ᄒᆞᄂᆞ니.《석상 20:12》, 祭 믈론 거슬 주어 머교ᄃᆡ 짇즘싱 치ᄃᆞ시 ᄒᆞ더라.《속삼 효:10》

9 굿브러: 엎드려. '굿블(어간)+어(보조적 연결어미)'이다. '굿블다'는 엎드리다'의 옛말이다. 이 일후미 부텻 恩을 갑ᄉᆞ오미이다 굿브러셔 請ᄒᆞᅀᆞᆸ노니 世尊이 證明이 ᄃᆞ외쇼셔(是則名爲報佛恩 伏請世尊爲證明).《능엄 3:112》, 그 王을 브르면 妖怪옛 귓거시 헤ᄃᆞ라 굿블리도 잇ᄂᆞ니.《석상 21:22》

10 마리: 머리에 난 털. '마리'는 '머리'의 옛말이다. 마리를 갓ᄀᆞ시고 누비옷 니브샤 붓그료미 엇뎨 업스신가.《월곡 상:44》, 부톄 마리와 손톱과를 바혀 주신대.《석상 6:44》

11 ᄃᆞᆯ외: 다리가. 'ᄃᆞᆯ외+ø'이다. 'ᄃᆞᆯ외'는 '다리'의 옛말이다. 예전에, 여자들의 머리숱이 많아 보이라고 덧넣었던 딴머리. 'ᄃᆞᆯ외'는 16세기 문헌에서부터 나타난다. 'ᄃᆞᆯ외'는 18세기에 'ᄃᆞ릐'로 나타나는데, 이는 'ᄃᆞᆯ외'를 연철한 *'ᄃᆞ뢰'에서 제2음절 모음 'ㅚ'가 'ㆎ'로 변화한 것으로 추정된다. 이러한 모음 변화는 16세기 이후 제2음절 모음 'ㆍ'가 소실되면서 'ㆍ'가 다른 모음으로 변화하는 경향에 유추된 것으로 보인다. 'ᄃᆞ릐'의 제2음절 모음 'ㆎ'가 'ㅣ'가 되고, 18세기 이후 제1음절의 'ㆍ'가 'ㅏ'로 변화되는 경향에 따라 19세기에는 '다리'로 나타나 현재에 이르렀다. 19세기의 '달이'는 '다리'를 분철 표기한 것이다. ᄃᆞᆯ외(16세기~17세기)〉ᄃᆞ릐(18세기)〉다리(19세기~현재). 이형태: ᄃᆞᆯ외, ᄃᆞ릐, 달이, 다리. 髲 ᄃᆞᆯ외 피 髢 ᄃᆞᆯ외 톄.《1527 훈몽 중:12ㄴ》, 髮髲 버혀 ᄃᆞᆯ외 ᄆᆡᆫ 털.《1613 동의 1:30ㄴ》, 假髲 ᄃᆞ릐.《1775 역보 29ㄴ》

12 드리딘: 드리워진. '드리디(어간)+ㄴ(관형사형 어미)'이다. '드리디다'는 '드리워지다'의 옛말이다. 한쪽이 위에 고정된 천이나 줄 따위가 아래로 늘어지다. 주근 ᄉᆞᄅᆞ믈 시르 우희 업데요ᄃᆡ 머리를 져기 드리디게 ᄒᆞ고 소곰 두 술만

써 대롱애 녀허 항문에 녀코 불면(令死者 伏於甑上 使頭少垂下 抄鹽二方寸匕納竹管中 吹下孔中).《구간 1:72》

13 돗게: 듯하게. '돗(의존명사)+ᄒᆞ(형용사 파생접사)+게(보조적 연결어미)'에서 'ᄒᆞ'가 탈락하였다.

14 밀며: '말며'의 오자이다.

15 ᄀᆞᆺ바도: 가빠도. 숨이 몹시 차도. 'ᄀᆞᆺᄇᆞ(어간)+아도(연결어미)'이다. 현대국어 '가쁘다'의 옛말인 'ᄀᆞᆺᄇᆞ다'는 15세기 문헌에서부터 나타난다. 'ᄀᆞᆺᄇᆞ다'는 '애쓰다', '힘들이다'의 의미를 갖는 동사 'ᄀᆞᆳ다'에 형용사 파생접사 '-ᄇᆞ-'가 결합하여 파생된 것으로 보인다. 16세기 이후 제2음절 이하의 'ㆍ'는 'ㅡ'로 변하는데, 'ᄀᆞᆺᄇᆞ다'의 경우는 15세기에서부터 'ᄀᆞᆺ브다'와 같이 'ㅡ'로 변한 어형이 나타난다. 17세기 이후에는 'ㅂ' 아래에서 'ㅡ'가 'ㅜ'로 변하는 원순모음화에 의하여 'ᄀᆞᆺ부다'와 같은 어형이 나타난다. 근대국어 시기에는 제1음절에서 모음 'ㆍ'가 음가를 잃고 'ㅏ'로 바뀌는 경향에 따라 19세기에 '갓부다'가 등장하였고, 20세기 이후 '가쁘다'와 같이 표기되어 오늘날에 이른다. ᄀᆞᆺᄇᆞ다(15세기~18세기)〉ᄀᆞᆺ브다(15세기~18세기)〉ᄀᆞᆺ부다(17세기~18세기)갓부다(19세기)〉가쁘다(20세기~현재). 이형태: ᄀᆞᆺᄇᆞ다, ᄀᆞᆺ브다, ᄀᆞᆺ부다, 갓부다. 耶輸는 前生애 어마님과 ᄒᆞᆫᄃᆡ 가시다가 길 머러 ᄀᆞᆺᄇᆞ실씨 물보기 틀ᄒᆞ야 자내 지믈 어마님 맛디시고 부러 뻐디여 여슷 里ᄅᆞᆯ 가시니.《1447 석상 3:37ㄴ》, 四十里예 더 叢林에 다ᄃᆞ라 모미 져기 ᄀᆞᆺ브거늘 쉬다니 樹神이 모ᄆᆞᆯ 現ᄒᆞ야 내게 닐오ᄃᆡ.《1459 월석 25:41ㄴ》

16 메왯디: 팔뚝을 드러내지. '메왯(어간)+디(보조적 연결어미)'이다. '메밧다'에서 ㅸ이 모음 간에서 약화되어 '메왓다', '메앗다', '메왯다' 등으로 나타난다. 이들은 '(공경의 뜻으로) 한쪽 어깨를 벗어 메다.'를 뜻한다. 그ᄢᅴ 藥王菩薩이 座로셔 니르샤 올ᄒᆞᆫ 엇게 메밧ᄋᆞ시고 合掌ᄒᆞ야 부텨 向ᄒᆞᅀᆞᄫᅡ ᄉᆞᆲᄫᆞ샤ᄃᆡ.《석상 21:21》, 그저긔 一切 龍王ᄃᆞᆯ히 坐로셔 니러 各各 옷 고티고 올ᄒᆞᆫ녁 메밧고 올ᄒᆞᆫ 무룹 ᄭᅮ러 合掌ᄒᆞ야.《월석 10:44》

17 거두드디: 걷어들지. '거두들(어간)+디(보조적 연결어미)'이다. 거두어서 손에 들다. 어간 '거두들-'이 '거두드-'가 된 것은 어미 초 자음이 치조음 'ㄷ'이라서 어간 말 자음 치조음 'ㄹ'이 탈락한 것이다. 오술 거두드러 믈로 건나디 아니ᄒᆞ야 가며 오미 通ᄒᆞ도다(褰裳不涉往來通).《두시-초 15:35》, 믈 건나디 아니커든 거두드디 말며(不涉不撅).《내훈 1:45》

소언 曲곡禮례예 골오ᄃᆡ 기우려 듣디 말며 워여 ᄃᆡ답디 말며 음샤히 보디 말며 게을어 프러 ᄇᆞ리디 말며 ᄃᆞᆫ놈올 거만히 말며 셤을 칰 드듸디 말며 안즘을 키톄로 말며 잠을 굿브러 말며 머리털 거두기를 드리디우게 말며 곳갈을 밧디 말며 ᄀᆞᆺ바도 메왓디 말며 더워도 치마 거두드디 말올 디니라

현대역 〈곡례〉에 가로되, "기울여 듣지 말며, 외치어 대답하지 말며, 음사(淫邪)하게 보지 말며, 게을러 풀어 버리지 말며, 다님을 거만히 말며, 섬을 한쪽으로 치우치게 디디지 말며, 앉음을 키처럼 말며, 잠을 엎드려 말며, 머리털 거두기를 드리우게 말며, 고깔을 벗지 말며, 숨 가빠도 어깨를 벗어 메지 말며, 더워도 치마 걷어들지 말 것이니라."

1 워여: 외치어. '워(어간)+여(연결어미)'이다. 현대국어 '외치다'의 옛말인 '웨다' 또는 '워다'는 16세기 문헌에서부터 나타난다. 19세기 문헌에 보이는 '웨치다'는 '웨-'에 '강조'의 뜻을 더하는 접미사 '-치-'가 결합된 것이다. '워기다〉워이다〉웨다'로 변화하였는데, 위 《번역소학》에서는 '워기다'가 보인다. 웨다(16세기~19세기)〉웨치다(19세기)〉외치다(20세기~현재). 이형태: 웨다, 워다, 웨치다. 블혀 오라 웨거놀.《1579 선가 18ㄴ》, 기우려 듣디 말며 워여 ᄃᆡ답디 말며.《1588 소언 본 장》, 크게 웨여 도적을 ᄭᅮ짓고.《1617 동신속 열7:45ㄴ》

2 칰: 한쪽으로 치우치게(부사). ᄃᆞᆫ놈올 거만히 말며 셤을 칰 드듸디 말며(遊毋倨立毋跛).《소언 3:9》, ᄒᆞᆫ 발 칰 드듸며 지혀며(不敢噦噫嚏咳欠伸跛倚睇視.).《소언 2:7》, 僻 칰 ᄃᆞ롤 벽.《신합 하:54》

3 키톄로: 키처럼. '키(명사)+톄로(조사)'이다. '톄로'는 '처럼'의 옛말이다. 셤을 칰드듸디 말며 안즘을 키톄로 말며 잠을 굿브러 말며(立毋跛 坐毋箕 寢毋伏).《소언 3:9》, 황밤 대쵸 호도 곳감 네 실과롤 ᄢᅵ 겁질 ᄇᆞ리고 ᄒᆞᆫᄃᆡ 믹오 즛ᄶᅵ허 고로로 니겨 뭉쳐 썩을 믠돌거나 다식톄로 바가 내어 믈뢰어 두고 머그면.《신구-가 20》

4 드리디우게: 드리우게. '드리디우(어간)+게(보조적 연결어미)'이다. '드리디우다'는 '드리우다'의 옛말이다. 《번역소학》의 '드리디다'와 같은 뜻이다. 한쪽이 위에 고정된 천이나 줄 따위가 아래로 늘어지다. 또는 그렇게 되게 하다. 머리털

거두기를 드리디우게 말며 곳갈을 밧디 말며(斂髮毋髢 冠毋免).《소언 3:10》

【集說】陳氏曰聽必恭이니側耳以聽은非恭也요應答之聲은宜和平이니告急者는悖戾之所發也라淫視는流動邪眄也요怠荒은謂容止縱慢也라遊는行也요倨는傲慢也라立當兩足整齊니不可偏任一足也라箕는謂兩展其足하여狀如箕舌也라伏은覆也라髢는孔氏謂髲也니垂如髲也라

진 씨가 말하였다. "들을 때에는 반드시 공손해야 하니, 귀를 기울여 들음은 공손함이 아니다. 응답하는 소리는 마땅히 화평해야 하니, 높고 급한 것은 어그러짐[悖戾]에서 나오는 것이다. 淫視는 흘러 움직이고 곁눈질함이요, 怠荒은 행동거지가 방종하고 게으름을 이른다. 遊는 다님이요, 倨는 오만함이다. 설 때에는 마땅히 두 발을 가지런히 해야 하니, 한쪽 발에 치우쳐 맡겨서는 안 된다. 箕는 양쪽으로 그 발을 펴서[뻗어서] 모양이 키의 혓바닥 같음을 이른다. 伏은 엎어짐이다. 髢는 공 씨가 다리라 이른 것이니, 늘어뜨림을 다리와 같게 함이다."

漢字 悖(어그러질 패), 戾(어그러질 려), 眄(곁눈질할 면, 애꾸눈 면), 縱(방종할 종, 늘어질 종, 놓아둘 종), 覆(엎어질 복, 뒤집힐 복, 넘어질 복), 髲(다리 피), 垂(드리울 수)

【集解】免은去冠也요袒은露臂也라褰은揭也니以暑熱褰裳은亦爲不敬也라

免은 관을 벗음이요, 袒은 팔뚝을 드러냄이다. 褰은 걷음이니, 덥다고 아랫도리를 걷음은 또한 不敬이 된다.

漢字 露(드러낼 로, 이슬 로), 臂(팔뚝 비, 팔 비), 揭(걷을 게, 들 게)

〖十五章〗

○登城不指ᄒᆞ며城上不呼ᄒᆞ며 《禮記 曲禮》

●성에 올라가 가리키지 않으며, 성 위에서 부르짖지 않으며,

漢字 呼(부르짖을 호, 부를 호)

번소 셩의 올아셔 소노로 두루 ᄀᆞᄅᆞ치디 말며 셩 우희셔 브르지지디 말며

현대역 성에 올라서 손으로 두루 가리키지 말며, 성 위에서 부르짖지 말며,

1 올아셔: 올라서. '올ㅇ(어간)+아(연결어미)+시('시다[在]'의 어간)+어(연결어미)'이다. '아+시+어'가 하나의 연결어미 '-아셔'로 재구조화되었다. '-아셔'는 끝음절의 모음이 'ㆍ, ㅏ, ㅗ'인 동사, 형용사 어간 뒤에 붙어, '-아서'를 뜻하는 어미이다. 시름 오매 프를 지즐안자셔 훤히 놀애 블로니 눉므리 소내 ᄀᆞ득ᄒᆞ도다(憂來藉草坐 浩歌淚盈把).《두시-초 6:1》, 戶外예 昭容이 블근 ᄉᆞ매 드리오고 둘히 御座를 보아셔 朝儀를 引進ᄒᆞᄂᆞ다(戶外昭容紫袖垂 雙瞻御座引朝儀).《두시-초 6:7》. '오르다'의 옛말인 '오ᄅᆞ다'는 15세기 문헌에서부터 나타난다. '오ᄅᆞ다'는 자음이나 매개모음으로 시작하는 어미가 결합할 때에는 '오ᄅᆞ거늘', 'オᄅᆞ시고'와 같이 '오ᄅᆞ-'로, 모음으로 시작하는 어미가 결합할 때에는 '올아'와 같이 '올ㅇ-'으로 실현되어 '오ᄅᆞ-/올ㅇ-'의 교체를 보였다. 16세기에 제2음절 이하의 'ㆍ'가 'ㅡ'로 변하였는데, '오ᄅᆞ다'도 이러한 변화를 겪어 '오르다'가 되었다. 16세기에는 '오ᄅᆞ다'가 '오르다'로 변한 것뿐 아니라, 모음으로 시작하는 어미가 결합할 때 '올ㅇ-'으로 실현되던 활용형에도 변화가 생겼다. 16세기에 'ㄹ' 뒤에 오던 성문 마찰 유성음 'ㅇ[ɦ]'이 탈락하면서 'ㄹ'이 첨가되어 모음으로 시작하는 어미가 결합할 때에도 '올라'와 같이 '올ㄹ-'로 나타나기 시작한 것이다. 17세기까지 '올ㅇ-'과 '올ㄹ-'이 공존하다가 18세기부터 '올ㄹ-'로 통일되어 자음이나 매개모음으로 시작하는 어미가 결합할 때에는 '오르-', 모음으로 시작하는 어미가 결합할 때에는 '올ㄹ-'이 일반화되었다. 이로써 '오르-/올ㄹ-'의 교체를 갖게 되면서 현재에 이르렀다. 16세기에 나타나는 '올ᄋᆞ-'와 18, 19세기에 나타나는

'올으-'는 '오ᄅᆞ-', '오르-'의 과잉 분철 표기이다. 오ᄅᆞ다(15세기~19세기)〉오르다(16세기~현재). 이형태: 오ᄅᆞ-, 올ㅇ-, 올ㄹ-, 오르-, 올으-, 올ᄋᆞ-. 리 病이 기퍼 山脊에 몯 오ᄅᆞ거늘 君子ᄅᆞᆯ 그리샤 金뢰ㄹ 브수려 ᄒᆞ시니.《1447 용가 109》, 즉자히 神通力으로 樓 우희 ᄂᆞ라 올아 耶輸ㅅ 알ᄑᆡ 가 셔니.《1447 석상 6:3ㄱ》, 만난 거슬 ᄀᆞ초고 텽의 올라 안부를 묻ᄌᆞ오니.《1588 소언 6:92ㄱ》, 진지 오를 제 반ᄃᆞ시 시그며 더운 졀ᄎᆞᄅᆞᆯ 술펴 보시며.《1588 소언 4:12ㄱ》, 主人이 손과 더블어 올ᄋᆞ기를 ᄉᆞ양ᄒᆞ야 主人이 몬져 올ᄋᆞ거든.《1588 소언 2:69ㄱ》

2 ᄀᆞᄅᆞ치디: 가리키지. 'ᄀᆞᄅᆞ치(어간)+디(보조적 연결어미)'이다. 현대국어 '가리키다'의 옛말인 'ᄀᆞᄅᆞ치다'는 15세기 문헌에서부터 나타난다. 16세기 후반에 제2음절 이하의 'ㆍ'는 'ㅡ'로 변하고, 18세기에는 제1음절의 'ㆍ'가 'ㅏ'로 변하여 18세기에 '가르치-'로 나타나게 되었다. 근대국어 시기에 'ㄱ, ㅋ'이 'ㅣ'나 'ㅣ'계 반모음 앞에서 'ㅈ, ㅊ'으로 변한 구개음화가 일어났는데 이러한 변화를 의식하여 '가르치-'의 제3음절의 첫소리 'ㅊ'을 'ㅋ'이 구개음화를 겪은 것으로 잘못 이해하여 과도 교정하여 '가리키-'로 나타나면서 현재에 이르렀다. ᄀᆞᄅᆞ치다(15세기~19세기)〉가르치다(18세기~19세기)〉가리키다(20세기~현재). 이형태: ᄀᆞᄅᆞ치다, 가르치다, 갈아치다, 가라치다. 太子ㅣ 妃子ㅅ 비ᄅᆞᆯ ᄀᆞᄅᆞ치시며 니ᄅᆞ샤ᄃᆡ 이 後 여슷 ᄒᆡ예 아ᄃᆞᆯ 나ᄒᆞ리라.《1447 석상 3:22ㄱ》, 도적이 일로ᄡᅥ 춤아 犯티 몯ᄒᆞ며 或 병난 避ᄒᆞᆯ ᄯᅡᄒᆞᆯ ᄀᆞᄅᆞ치니 드ᄃᆡ여 시러곰 다 환난에 보젼ᄒᆞ니라.《1588 소언 6:18ㄴ》

3 브르지지디: 부르짖지. '브르지지(어간)+디(보조적 연결어미)'이다. '브르지지'는 '부르짖다'의 옛말인 '브르지지다'의 어간이다. 현대국어 '부르짖다'의 옛말인 '브르짖다'는 15세기 문헌에서부터 나타난다. '부르짖다'는 '브르짖다'의 '브'가 'ㅂ' 아래의 'ㅡ'가 'ㅜ'로 바뀌는 원순모음화 형태이다. 이 단어는 16세기에서 19세기에 이르는 동안 '부르짖다'의 '부르'가 분철 표기된 '블으' 또는 '불우'로도 나타나고, '짖다'도 '지지다'로 나타나며, '부르'의 '르'가 'ᄅᆞ'로 나타나는 등 다양한 표기 형태를 보인다. 브르짖다(15세기)〉부르짖다(20세기~현재). 이형태: 브르짖다, 블으짖다, 브ᄅᆞ짖다, 브ᄅᆞ지지다, 부르짖다, 부르지지다, 부르치다, 브ᄅᆞ딛다, 브ᄅᆞ딪다, 부르짖다, 브ᄅᆞ짖다. 즐거우믈 取ᄒᆞ야 브르지져셔 빅 므거우믈 아놋다.《1381두시언해》, ᄒᆞᆫ손으로 홈믜을 잡아 범을 티여 ᄀᆞ장 블으지지고 빅보 나가니.《1581 속삼-중 효:15ㄱ》

소언 城셩의 올라 ᄀᆞᄅᆞ치디 아니ᄒᆞ며 城셩 우희셔 블으지지디 아니ᄒᆞ며

현대역 성에 올라 가리키지 아니하며, 성 위에서 부르짖지 아니하며,

【集說】陳氏曰有所指면則惑見者하고有所呼면則駭聞者니라

진 씨가 말하였다. "가리키는 바가 있으면 보는 사람을 미혹하게 하고, 부르짖는 바가 있으면 듣는 사람을 놀라게 한다."

漢字 惑(미혹할 혹), 駭(놀랄 해)

將適舍ᄒᆞᆯ시求毋固ᄒᆞ며

● 장차 주인집에 갈 때에 요구함을 고집하지 말며,

漢字 固(고집할 고, 굳을 고)

번소 쟝ᄎᆞᆺ ᄂᆞᄆᆡ 지븨 쥬연ᄒᆞ야 갈 저긔 자본 것 求구호ᄆᆞᆯ ᄀᆞᆺ 구틔여 말며

현대역 장차 남의 집에 주인하여 갈 때 잡은 것 구함을 굳이 구태여 말며,

1 ᄀᆞᆺ: 굳이. 억지로. 구태여. 구틔여 아로ᄆᆞᆯ ᄂᆡᆼ ᄉᆞᆯ 닐오ᄃᆡ ᄀᆞᆺ ᄇᆞᆰ고미니 微妙히 ᄇᆞᆰ고ᄆᆞᆫ 眞이오 ᄀᆞᆺ ᄇᆞᆰ고ᄆᆞᆫ 妄이니(強生了知 曰必明 妙明則眞 必明則妄).《능엄 4:13》, 使者ㅣ 자보ᄃᆡ 더 急히 ᄒᆞ야 ᄀᆞᆺ 긋어 ᄃᆞ려 도라오거늘(使者執之逾急 強牽將還).《법화 2:200》

2 구틔여: 구태여. '구틔(어간)+어(연결어미)'이다. 동사의 활용형 '구틔여'가 부사로 굳어진 것이다. 부정하는 말과 어울려 쓰이거나 반문하는 문장에 쓰여, '일부러', '애써'를 뜻한다. 王ㅅ 夫人 ᄒᆞ나히 그 太子ᄅᆞᆯ ᄉᆞ랑ᄒᆞ야 더러ᄫᅳᆫ ᄠᅳ들 ᄒᆞ거늘 太子ㅣ 구틔여 從티 아니ᄒᆞᆫ대.《석상 24:49》, 쟝ᄎᆞᆺ ᄂᆞᄆᆡ 지븨 갈 제 求호ᄆᆞᆯ 구틔여 말며(將適舍 求毋固).《내훈 1:5》. '구틔다'는 '굳이 하게 하거나 강요하다'를 뜻한다. 袞이 ᄒᆞ오ᅀᅡ 이셔 나가디 아니ᄒᆞ더니 모ᄃᆞᆫ 父兄ᄃᆞᆯ히 구틘대 닐오ᄃᆡ 袞ᄋᆞᆫ 性이 病을 저티 아니ᄒᆞ노이다ᄒᆞ고(袞獨留不去 諸父兄強之 乃曰

衰性不畏病).《내훈 3:43》, 보단 우희 주거 안조ᄅᆞᆯ 구틔디 마롤디니(又不可執在蒲團上死坐).《법어 5》

소언 쟝ᄎᆞᆺ 쥬인ᄒᆞᆫ 집의 갈ᄉᆡ 求구홈을 구틔여 말며

현대역 장차 주인한 집에 가므로 구함을 구태여 말며,

【集解】**戴氏曰就館者誠不能無求於主人**이나**然**이나**執平日之所欲**하여**而必求於人**이면**則非爲客之義**니라

대 씨가 말하였다. "주인집에 나아가는 자는 진실로 주인에게 요구함이 없을 수 없으나, 그러나 평일에 하고자 하던 바를 고집하여 반드시 남에게 구하면 손님이 된 의가 아니다."

將上堂ᄒᆞᆯᄉᆡ**聲必揚**ᄒᆞ며**戶外**예**有二屨**ㅣ어든**言聞則入**ᄒᆞ고**言不聞則不入**ᄒᆞ며

● 장차 당에 오를 때에 소리를 반드시 높이며, 문밖에 두 켤레의 신이 있거든, 말소리가 들리면 들어가고, 말소리가 들리지 않으면 들어가지 않으며,

번소 쟝ᄎᆞᆺ ᄂᆞᄆᆡ 집 堂당의 오ᄅᆞᆯ 저긔 모로매 소리ᄅᆞᆯ 내여 알에 홀디니 방문 밧긔 둘희 시니 바삿거든 말ᄉᆞᆷ 소리 들이거든 드러가고 말ᄉᆞ미 들이디 아니커든 드디 말며

현대역 장차 남의 집 큰 마루에 오를 때에 모름지기 소리를 내어 알게 할 것이니, 방문 밖에 둘의 신이 벗었거든 말씀 소리가 들리거든 들어가고, 말씀이 들리지 아니하거든 들지 말며,

1 알에: 알게. '알(어간)+게(보조적 연결어미)'이다. '-게'가 'ㄹ' 뒤에서 성문 마찰 유성음 'ㅇ[ɦ]'으로 약화된 것이다.

2 바삿거든: 벗어 있거든. 밧(어간)+아(보조적 연결어미)+잇(在, '잇다'의 어간)+거

든(연결어미)'이다. 완료상은 보조적 연결어미 '-아/어/'와 보조형용사 '잇다[在]'의 결합으로 표현된다. 그런데 '잇-'이 본동사와 한 음절을 이룰 때 이미 15세기에 'ㅣ'가 탈락되어 '아+ㅅ→앗'으로 나타나는 일이 많았다. ᄌᆞ로ᄂᆞᆫ 사랏거든 힘ᄀᆞ장 효도ᄒᆞ고 죽거든 못내 그리ᄂᆞ다 ᄒᆞ리로다(由也 可謂生事盡力死事盡思者也).《삼강 효:2》, 사랏거든 이밧고 죽거든 디킈ᄂᆞ니(生則養 死則守).《삼강 효:32》. '밧다'는 '벗다'의 옛말이다. '밧다'는 15세기에서 17세기까지 용례가 확인되며, 현대국어의 형태인 '벗다'도 15세기부터 용례가 보이며 현재까지 이어진다. 그런데 15세기에는 '밧다'는 '옷'과 같이 구체 명사에 쓰였으며 '벗다'는 '시름', '수고(受苦)', '속(俗)' 등 추상명사에 쓰이는 구분이 확연했으나, 이러한 구분은 16세기까지만 유지되었으며, 17세기부터는 '밧다'와 '벗다'가 모두 구체명사인 '옷'을 목적어로 취하는 용례가 확인된다. 이후 '밧다'는 '벗다'에 자리를 내어주고 사라지게 되었으며, 17세기 이후로는 '벗다'가 계속 쓰여서 현재에 이르고 있다. 밧다(15세기~17세기)/벗다(15세기~현재). 이형태: 벗다, 밧다. 太子ㅣ 鹿皮 옷 바ᄉᆞ샤 머리예 가ᄆᆞ시고.《1459 월석 11:8ㄴ》, 드틀와 ᄣᅵ왓 시르믈 벗고져 ᄒᆞ시논 젼ᄎᆞ라.《1447 석상 20:12ㄱ》

3 들이거든: 들리거든. '듣(聞, 어근)+이(피동접사)+거든(연결어미)'이다. 현대국어 '듣다'는 15세기 문헌에서부터 나타나 현재까지 이어진다. '듣다'는 자음으로 시작하는 어미와 결합할 때는 '듣-', 모음으로 시작하는 어미와 결합할 때는 '들-'로 나타나는 ㄷ불규칙 용언이다. '듣-'은 'ㄴ'으로 시작하는 어미와 결합할 경우 'ㄴ'에 동화되어 '든-'으로 나타나기도 한다. 16세기 이후 보이는 '듯-'은 종성 'ㄷ'이 'ㅅ'으로도 표기되었던 경향에 따라 나타난 것이다. 듣다(15세기~현재). 이형태: 듣-, 들-, 든-, 듯-. 東海옛 도ᄌᆞ기 智勇ᄋᆞᆯ 니기 아ᅀᆞᄫᅡ 一聲白螺ᄅᆞᆯ 듣ᄌᆞᆸ고 놀라니.《1447 용가 59》, ᄯᅩ 시러 法 드러 ᄒᆞ마 法 듣고,《1463 법화 3:20ㄴ》, 五月에 엇브시 츤 ᄆᆡ야ᄆᆡ 소릴 든논 ᄃᆞᆺᄒᆞ다라.《1481 두시-초 6:40ㄴ》, 혹 글 의론ᄒᆞ며 혹 거믄고 듣다가.《1518 번소 9:102ㄴ》

4 드디: 듣지. '들(어간)+디(보조적 연결어미)'이다. 어간 '들-'의 치조음 'ㄹ'이 어미의 치조음 'ㄷ' 앞에서 탈락한 것이다.

소언 쟝ᄎᆞᆺ 堂당의 오ᄅᆞᆯᄉᆡ 소ᄅᆡᄅᆞᆯ 반ᄃᆞ시 들며 지게 밧긔 둘희 신이 잇거든 말ᄉᆞᆷ이 들리거든 들고 말ᄉᆞᆷ이 들리디 아니커든 드디 아니ᄒᆞ며

현대역 장차 큰 마루에 오르므로 소리를 반드시 들며[올리며], 지게문 밖에 둘의 신이 있거든 말씀이 들리거든 들고, 말씀이 들리지 아니하거든 들지 아니하며,

들며: 들며. 아래에 있는 것을 위로 올리며. '들(어간)+며(연결어미)'이다. 현대국어 '들다'는 15세기 문헌에서부터 나타나 현재까지 이어진다. '들다'는 'ㄴ'으로 시작하는 어미와 결합할 때 '드-'로 나타나며, 그 외의 어미와 결합할 때는 '들-'로 나타난다. 19세기부터 'ㄴ'으로 시작하는 어미 외에도 선어말어미 '-시-'와 결합할 때 '드-'로 나타나게 된다. 들다(15세기~현재). 이형태: 들-, 드-. ᄯᅩ ᄒᆞᆫ 臣下ᄅᆞᆯ ᄀᆡ걸ᄒᆞ야 甲 닙고 갈 ᄲᅡᅘᅧ 들오.《1447 석상 24:28ㄱ》, 그제 王子ㅣ ᄯᅩ 네 가라ᄀᆞᆯ 드니 四倍코져 ᄠᅳ디러니.《1459 월석 25:125ㄴ》

【集解】陳氏曰揚其聲者는使內人知之也라

진 씨가 말하였다. "그 소리를 높인다는 것은 안에 있는 사람으로 하여금 그것을 알게 함이다."

【集成】饒氏曰二屨在戶外면知有客이니言不聞이면恐有私議하니須迴避不入이니라

요 씨가 말하였다. "두 켤레의 신이 문밖에 있으면 손님이 있음을 아니, 말소리가 들리지 않으면 사사로운 논의가 있을까 두려우니, 모름지기 회피하여 들어가지 않는다."

將入戶홀ᄉᆡ視必下ᄒᆞ며入戶奉扃ᄒᆞ며視瞻毋回ᄒᆞ며戶開亦開ᄒᆞ며戶闔亦闔호ᄃᆡ有後入者ㅣ어든闔而勿遂ㅣ니라

● 장차 문에 들어가려 할 때 시선을 반드시 아래로 하며, 문에 들어갈 때에 빗장을 받들며, 보는 것을 돌리지 말며, 문이 열려 있었으면 또한 열어두며, 문이 닫혀 있었으면 또한 닫아두되, 뒤에 들어오는 자가 있으면 닫되 오로지 하지[완전히] 말라.

漢字 扃(빗장 경), 瞻(볼 첨), 闔(닫을 합, 문짝 합), 遂(오로지할 수, 이를 수, 마칠 수)

번소 쟝ᄎᆞᆺ 무늬 들 저긔 보ᄆᆞᆯ 모로매 ᄂᆞᄌᆞ기 ᄒᆞ며 무늬 드러 문허리예 ᄀᆞᄅᆞ디ᄅᆞᆫ 남ᄀᆞᆯ 받드드시 ᄒᆞ며 눈 둘어보디 말며 무니 여렛거든 ᄯᅩ 여러 두며 무니 다닷거든 ᄯᅩ 다도ᄃᆡ 후에 들 리 잇거든 다도ᄆᆞᆯ 다ᄒᆞ디 마롤 디니라

현대역 장차 문에 들 때에 봄을 모름지기 나직이 하며, 문에 들어 문 허리에 가로지른 나무를 받들듯이 하며, 눈을 둘러보지 말며, 문이 열려 있거든 또 열어 두며, 문이 닫혀 있거든 또 닫되, 후에 들 이 있거든 닫음을 다하지 말 것이니라.

1 ᄂᆞᄌᆞ기: 나직이. 'ᄂᆞᆽ(어근)+ᄋᆞᆨ(접사)+이(접사)'이다. 'ᄂᆞᄌᆞ기'는 15세기 문헌에서부터 나타난다. 'ᄂᆞᄌᆞ기'는 '낮다'를 의미하는 형용사 'ᄂᆞᆽ-'에 접사 '-ᄋᆞᆨ'과 '-이'가 결합한 것이다. 16세기 후반에 제2음절 이하의 'ㆍ'는 'ㅡ'로 변하였는데 'ᄂᆞᄌᆞ기'도 이 변화를 겪어 17세기에 'ᄂᆞ즈기'가 되었다. 이어서 18세기에는 제1음절의 'ㆍ'가 'ㅏ'로 변함에 따라 19세기에는 제1음절 'ᄂᆞ'가 '나'로 나타나게 된 것이다. 근대국어 후기에 'ㅈ' 아래에서 모음 'ㅡ'가 'ㅣ'로 바뀌는 전설모음화에 따라 'ᄂᆞ즈기'가 '나직이'로 나타나면서 현재에 이르렀다. ᄂᆞᄌᆞ기(15세기~19세기)〉ᄂᆞ즈기(17세기~18세기)/나ᄌᆞᆨ이(19세기)〉나직이(20세기~현재). 이형태: ᄂᆞᄌᆞ기, ᄂᆞ즈기, ᄂᆞᄌᆞᆨ이, 나ᄌᆞᆨ이. 이 大國王 等이 布施코져 ᄒᆞᇙ 제 能히 큰 慈悲ᄀᆞ자 ᄆᆞᅀᆞᄆᆞᆯ ᄂᆞᄌᆞ기 ᄒᆞ야 우숨 머거.《1459 월석 21:139ㄴ》, 본ᄃᆡ 모딜고 강한 이ᄂᆞᆫ 그 녯사ᄅᆞᆷ의 ᄆᆞᄋᆞᄆᆞᆯ 젹게 ᄒᆞ며 몸을 ᄂᆞᄌᆞᆨ이 ᄒᆞ며 니ᄂᆞᆫ 히여디고 혀ᄂᆞᆫ 이시며.《1588 소언 5:106ㄴ》

2 ᄀᆞᄅᆞ디ᄅᆞᆫ: 가로지른. 'ᄀᆞᄅᆞ디ᄅᆞ(어간)+ㄴ(관형사형 어미)'이다. 현대국어 '가로지르다'의 옛말인 'ᄀᆞᄅᆞ디ᄅᆞ다'는 15세기 문헌에서부터 나타난다. 'ᄀᆞᄅᆞ디ᄅᆞ다'는 '가로 놓여 있다'의 의미의 용언 'ᄀᆞᄅᆞ다'에서 파생된 부사 'ᄀᆞᄅᆞ'와 동사 '디ᄅᆞ다'의 합성어이다. 'ᄀᆞᄅᆞ'는 'ᄀᆞᄅᆞ〉ᄀᆞ르〉ᄀᆞ로〉가로'의 변화 과정을 거치고 '디ᄅᆞ다'의 경우는 '디ᄅᆞ다〉디르다〉지르다'의 변화 과정을 거치는데, 'ᄀᆞᄅᆞ디ᄅᆞ다'의 경우도 이와 동일하게 변하였다. 19세기에 'ᄀᆞ로지르다'를 거쳐 오늘날의 '가로지르다'에 이른다. ᄀᆞᄅᆞ디ᄅᆞ다(15세기~18세기)〉ᄀᆞ로지르다(19세기)〉가로지르다(20

세기~현재). 이형태: ᄀᆞᄅᆞ디ᄅᆞ다, ᄀᆞᄅᆞ디르다, ᄀᆞ로지르다. 關은 門의 ᄀᆞᄅᆞ디ᄅᆞᄂᆞᆫ 남기오 鑰은 엻쇠라.《1463 법화 4:130ㄴ》, 너를 依藉ᄒᆞ야 져근 울헤 ᄀᆞᄅᆞ디르고 속 뷘 대로 반ᄃᆞ개 지여 ᄆᆡ요리라.《1481 두시-초 25:2ㄴ》

3 남골: 나무를. '낡(명사)+ᄋᆞᆯ(목적격 조사)'이다. '낡'은 ㄱ곡용체언으로, '나무'의 옛말이다. 모음으로 시작하는 조사 가운데 '와'를 제외한 조사 앞에서 나타나며, 휴지(休止) 앞에서나 자음으로 시작하는 조사와 공동격 조사 '와' 앞에서는 '나모'로 나타난다. 사름 브려 더븐 져즐 브ᅀᅳ니 그 남기 즉자히 이울어늘.《석상 24:41》, ᄆᆡ양 ᄇᆞᄅᆞᆷ 비 틸 저긔 王祥이 믄득 남글 안고 우니.《번소 9:25》, ᄉᆞᄉᆞ로 수플 남긔 목 ᄆᆡ엿써늘.《동신 열3:1》, 솘바올 닐굽과 이븐 나모와 투구 세 사리 녜도 ᄯᅩ 잇더신가.《용가 89장》, ᄯᅡ토 平ᄒᆞ며 나모도 盛ᄒᆞ더니.《석상 6:23》, 善友ㅣ ᄒᆞᆫ 나모 아래 안자.《월석-중 22:54》

4 받ᄃᆞ드시: 받들 듯이. '받들(어간)+드시(연결어미)'이다. 어간 '받들-'에서 'ㄹ'이 탈락한 것은 같은 치조음인 어미 '-드시'의 'ㄷ' 때문이다.

5 둘어: 둘러. '두르(어간)+어(연결어미)'이다. 현대국어 '두르다'는 15세기 문헌에서부터 '두르다'로 나타나 현재까지 이어진다. '두르-'는 자음으로 시작하는 어미 앞에서는 '두르-'로 나타나지만, 모음으로 시작하는 어미 앞에서는 형태가 달라지는 르불규칙용언이다. 15세기에는 '둘ㅇ-'로 나타나지만, 16세기 이후 '둘ㅇ-, 둘ㄹ-'로 나타나고, 18세기 이후 '둘ㄹ-'로 나타나서 '두르-/둘ㄹ-'의 교체형이 현재까지 이어진다. 15세기부터 '두르-'의 표기는 다양하게 나타난다. 우선 '두르-'의 제1음절 모음 'ㅜ'가 'ㅗ'로 나타나거나 제2음절 모음 'ㅡ'가 'ㆍ', 'ㅜ'로 나타나는 경우가 있다. 15세기의 '두루-', '도ᄅᆞ-'나 16세기의 '두로-', '도로-', '두ᄅᆞ-'가 그 예이다. 또한 분철 표기도 다양하게 나타난다. 16세기에는 '두루-'의 분철 표기 '둘우-', '도로-'의 분철 표기 '돌오-'가 나타나며, 17세기에는 '두로-'의 분철 표기 '둘오-'가 나타나고, 18세기에는 '두르-'의 분철 표기 '둘으-'가 나타난다. 근대국어 시기에 어중의 'ㄹㄹ'을 'ㄹㄴ'으로 적는 표기 경향이 있었는데, 이에 따라 18세기에는 '둘ㄹ-'가 '둘ㄴ-'로 표기된 예들이 나타난다. 두르다(15세기~현재). 이형태: 두르-, 둘ㅇ-, 둘ㄹ-, 둘ㄴ-, 두루다, 도ᄅᆞ다, 두로다, 두ᄅᆞ다, 도로다, 둘우다, 돌오다, 둘오다, 둘으다. ᄌᆞ걋 座ᄅᆞᆯ ᄂᆞᆫ호아 迦葉이 안치시고 僧伽梨로 두르시고.《1447 석상 24:38ㄴ-39ㄱ》, 鐵圍山이 네 天下 밧긔 둘어 잇고.《1459 월석 1:28ㄱ-28ㄴ》, 邪兵ᄋᆞᆯ 向ᄒᆞ야 智刃ᄋᆞᆯ 두루디 아니ᄒᆞ면 髻珠ㅣ 허믈 업소ᄆᆞᆯ 뉘 알리오《1482 남명 下:39ㄴ》, 손발와

가ᄉᆞᆷ과애 다 吉祥엣 깃비 도ᄅᆞ신 德相이 겨샤 文이 비단 紋 ᄀᆞᆮᄒᆞ시고.《1463 법화 2:19ㄱ》, 창지게 닫고 風紙 두른 房 안해 이셔 ᄇᆞᄅᆞ미 업다 ᄒᆞᄂᆞ니.《1569 칠대 7ㄱ》, 무늬 드러 문 허리예 ᄀᆞᄅᆞ디른 남ᄀᆞᆯ 받드드시 ᄒᆞ며 눈 둘어 보디 말며.《1518 번소 4:12ㄱ》, 부모 위ᄒᆞ야 ᄇᆡᆨ쳔 갈로 모매 두로고자 ᄇᆡᆨ쳔 겹디내여도.《1563 은중 20ㄱ》, 칼로ᄡᅧ 머리 우홀 조차 ᄒᆞᆫ 번 두ᄅᆞ고.《1598 무예제보 19ㄱ-20ㄱ》, 君子ᄂᆞᆫ 紺 블근 거스로ᄡᅧ 옷깃 도로디 아니ᄒᆞ시며.《1588 소언 3:21ㄱ》, 프른 ᄆᆡ히 지븨 둘워시니 구로미 평상의셔 나고.《16세기 중엽 이후 백련-동 15ㄴ》, ᄑᆞᆫ류쳥 비단 쳥찟 돌온 훠의 ᄒᆡᆫ ᄀᆞᄂᆞᆫ 시욱 쳥에.《1510년대 번박 상:26ㄴ》, ᄒᆞᆫ 바롤 드러 바롤 둘러 칼홀 두ᄅᆞ고.《1598 무예제보 20ㄴ》

6 여렛거든: 열려 있거든. 열(어간)+어(보조적 연결어미)+잇(在, '잇다'의 어간)+거든(연결어미)'이다. 완료상은 보조적 연결어미 '-아/어/'와 보조형용사 '잇다[在]'의 결합으로 표현된다. 즉 '어+잇'이 '-엣-'으로 나타난다.

7 다닷거든: 닫혀 있거든. 닫(閉, 어간)+아(보조적 연결어미)+잇(在, '잇다'의 어간)+거든(연결어미)'이다. 완료상은 보조적 연결어미 '-아/어'와 보조형용사 '잇다[在]'의 결합으로 표현된다. 그런데 '잇-'이 본동사와 한 음절을 이룰 때 이미 15세기에 'ㅣ'가 탈락되어 '아+ㅅ→앗'으로 나타나는 일이 많았다.

8 다도ᄃᆡ: 닫되. '닫(어간)+오ᄃᆡ(연결어미)'이다. '-오ᄃᆡ'는 선행 음절의 모음이 'ㆍ, ㅏ, ㅗ, ㅣ, 반모음 ㅣ'인 경우에 붙어, '-으되'를 뜻하는 연결어미이다. 置陣이 ᄂᆞᆷ과 다ᄅᆞ샤 아ᅀᆞ보ᄃᆡ 나ᅀᅡ오니 믈러가던덴 목숨 ᄆᆞᄎᆞ리잇가(置陣異他 知亦進當 如其退避 性命奚戕).《용가 51장》, 나ᄂᆞᆫ 어버ᅀᅵ 여희오 ᄂᆞᄆᆡ그에 브터 사로ᄃᆡ 우리 어ᅀᅵ아ᄃᆞ리 외ᄅᆞᆸ고 입게 ᄃᆞ외야 人生 즐거븐 ᄠᅳ디 업고.《석상 6:5》

9 다ᄒᆞ디: 다하지. '다ᄒᆞ(어간)+디(보조적 연결어미)'이다. '다ᄒᆞ다'는 15세기 문헌에서부터 나타난다. '다ᄒᆞ다'는 부사 '다'와 동사 'ᄒᆞ다'가 결합한 합성어이다. 근대국어 후기에 제1음절의 모음 'ㆍ'가 'ㅏ'로 변하여 소리의 구별이 없어짐에 따라 'ᄒᆞ-'도 '하-'로 변화하면서 19세기에는 현대국어와 같은 '다하다' 형태가 등장하였다. 한편 중세국어에는 '다ᄒᆞ다'와 의미가 같은 동사 '다ᄋᆞ다'도 존재하였다. 다ᄒᆞ다(15세기~19세기)〉다하다(19세기~현재). 이형태: 다ᄒᆞ다, 다하다. 내 正히 그 하ᄂᆞ래 나리라 ᄀᆞᆺ 그 말 다ᄒᆞ니 녀느 하ᄂᆞ랫 지븐 업고 네찻 하ᄂᆞ랫 지비 잇더라.《1447 석상 6:36ㄴ》, ᄆᆞᅀᆞᄆᆞᆯ 다ᄒᆞ며 몸 가져 ᄒᆞ뇨매 조ᅀᆞ로온 이리 므스이리 죽도록 ᄒᆞ염즉 ᄒᆞ니오.《1518 번소 10:24ㄴ》

소언 쟝찻 지게예 들싀 봄을 반ᄃᆞ시 ᄂᆞᄌᆞ시 ᄒᆞ며 지게예 들 제 扃경[문허리예 ᄀᆞᄅᆞ디ᄅᆞᆫ 남기라]을 받드ᄃᆞ시 ᄒᆞ며 보기를 둘우 말며 지게 여럿거든 ᄯᅩ 열며 지게 다닷거든 ᄯᅩ 다도ᄃᆡ 후에 들 리 잇거든 다도ᄃᆡ 다ᄒᆞ디 말올 디니라

현대역 장차 지게문에 들므로 봄을 반드시 나직이 하며, 지게문에 들 때 경(扃)[문 허리에 가로지르는 나무라.]을 받들듯이 하며, 보기를 두루 말며, 지게문 열여 있거든 또 열며, 지게문 닫혀 있거든 또 닫되, 후에 들 이 있거든 닫되 다하지 말 것이니라.

1 ᄂᆞᄌᆞ시: 나직이. 위치가 꽤 낮게. 父母ㅣ 허믈이 잇거시든 긔운을 ᄂᆞᄌᆞ시 ᄒᆞ며 ᄂᆞᆺ빗출 화열히 ᄒᆞ며 소릐를 부들어이 ᄒᆞ야 ᄡᅧ 諫홀 디니(父母有過 下氣怡色柔聲以諫).《소언 2:21》, 쟝찻 지게예 들싀 봄을 반ᄃᆞ시 ᄂᆞᄌᆞ시 ᄒᆞ며(將入戶 視必下).《소언 3:10》

2 둘우: 두루. 빠짐없이 골고루. 현대국어 '두루'의 옛말인 '두루'와 '두로'는 15세기 문헌에서부터 나타난다. '두루'와 '두로'는 동사 '두르다'의 어간 '두르-'에서 부사 '*두르'로 직접 파생된 후 제2음절 모음 'ㅡ'가 제1음절 'ㅜ'의 영향으로 'ㅜ' 혹은 'ㅗ'로 변화되어 '두루' 혹은 '두로'로 나타난 것으로 볼 수도 있다. 일반적으로 접미사 '-오'나 '-우'가 결합되어 파생된 부사의 경우 거성으로 끝난다는 점을 고려할 때, '두루'와 '두로'의 성조가 '평평'이라는 점은 이를 뒷받침한다. '두루'와 '두로'는 19세기까지 함께 쓰이다가 20세기 이후 '두루'만이 표준어로 인정되어 현재에 이르렀다. 16세기의 '두ᄅᆞ'는 어간 '두르-'에서 직접 파생된 '*두르'의 제2음절 모음 'ㅡ'가 16세기 후반 이후 제2음절 이하의 'ㆍ'가 'ㅗ'나 'ㅜ'로 변화했던 경향 때문에 나타난 것으로 이해하여 'ㆍ'로 되돌려 표기했을 가능성이 있다. 16세기의 '둘우'는 '두루'를 분철 표기한 것이다. 두루/두로(15세기~19세기)>두루(20세기~현재). 이형태: 두루, 두로, 둘우, 두ᄅᆞ. 부톄 여러 나라해 두루 ᄃᆞᆫ니샤 舍衛國에 오래 아니 왯더시니.《1447 석상 6:44ㄱ》, 빅호ᇙ 병이 두로 ᄃᆞᆫ녀 알파 ᄒᆞᆫ 고디 아니어든.《1489 구간 1:90ㄱ》, 지게예 들 제 扃을 받드ᄃᆞ시 ᄒᆞ며 보기를 둘우 말며.《1588 소언 3:11ㄴ》, 周 두ᄅᆞ 쥬《1575 천자-광 5ㄱ》

【集解】視下者는不擧目也라扃은門關之木이니入戶之時에兩手로捧戶置扃之處요不敢放手排闥也라

視下者[시선을 아래로 한다는 것]는 눈을 들지 않음이다. 扃은 문을 잠그는 나무이니, 문에 들어갈 때에 두 손으로 문에 빗장을 설치한 곳을 받들 것이요, 감히 손을 멋대로 하여 문을 밀쳐서는 안 된다.

漢字 關(잠글 관, 빗장 관), 捧(받들 봉), 放(멋대로 할 방, 놓을 방), 排(밀칠 배), 闥(문 달)

【集說】陳氏曰視瞻을不爲回轉은嫌於干人之私也요開闔을皆如前은不違主人之意也라遂는闔之盡也니嫌於拒從來者라故로勿遂라

진 씨가 말하였다. "시선을 돌리지 아니함은 남의 사사로움에 干與을 싫어해서요, 열고 닫음을 모두 전과 같이 함은 주인의 뜻을 어기지 않음이다. 遂는 닫기를 다함[완전히 함]이니, 뒤따라오는 자를 막음을 싫어함으로 닫기를 다하지 않는다."

漢字 干(간여할 간. 방패 간)

毋踐屨ᄒᆞ며毋踖跡席ᄒᆞ며摳苦候切衣趨隅ᄒᆞ야必愼唯諾이니라

● 신을 밟지 말며, 자리를 밟지 말며, 옷을 걷어 올려 모퉁이로 나아가, 반드시 응답함을 삼가야 한다.

漢字 踐(밟을 천), 跡(밟을 적, 자취 적), 摳(걷어 올릴 구), 趨(나아갈 추, 달릴 추, 종종걸음으로 걸을 추), 隅(모퉁이 우)

번소 ᄂᆞ미 시ᄂᆞᆯ ᄇᆞᆲ디 말며 돗긔 념재러 안ᄶᅵ 말며 오ᄉᆞᆯ 들오 돗 모호로 낫ᄃᆞ라 안자 모로매 말ᄉᆞᆷ ᄃᆡ답호ᄆᆞᆯ 조심ᄒᆞ야 홀 디니라

현대역 남의 신을 밟지 말며, 자리를 넘어 디뎌 앉지 말며, 옷을 들고 자리 모퉁이로 내달아 앉아, 모름지기 말씀 대답함을 조심하여 할 것이니라.

1 넘쩌러: 넘어 디뎌, 넘어 걸어. '넘껄(어간)+어(연결어미)'이다. 어간 '넘껄-'은 '넘껃-'이 모음 어미 앞에서 ㄷ불규칙으로 활용한 결과이다. '넘껃다'는 아래 《소학언해》의 '넘걷다'와 같은 단어이다.

2 모호로: 모퉁이로. '모ㅎ(명사)+ᄋᆞ로(부사격 조사)'이다. '모ㅎ'은 '모'의 옛말이다. 공간의 구석이나 모퉁이. 현대국어 '모'의 옛말인 '모ㅎ'은 15세기 문헌에서부터 나타난다. '모ㅎ'은 모음이나 'ㄱ, ㄷ'으로 시작하는 조사가 결합할 때에는 끝소리 'ㅎ'이 나타나지만, 그 밖의 자음으로 시작하는 조사가 결합하거나 단독으로 쓰일 때에는 'ㅎ'이 탈락하는 ㅎ종성 체언으로 '모ㅎ/모'의 이형태 교체를 보였다. ㅎ종성체언은 이르면 15세기, 일반적으로는 근대국어 시기에 끝소리 'ㅎ'이 완전히 탈락한 형태가 등장하였는데, '모ㅎ/모'의 경우는 19세기까지도 '모'가 단독으로 쓰인 예만 나타나고, 그 밖의 조사와 결합한 예가 나타나지 않아 끝소리 'ㅎ'이 완전히 탈락하여 '모' 형태로 단일화한 시기가 정확히 언제인지 확인할 수 없다. 모ㅎ(15세기~19세기)〉모(20세기~현재). 이형태: 모ㅎ, 모. 太子를 ᄢᅳ려 안ᄉᆞᄫᅡ 夫人ᄭᅴ 뫼셔오니 ᄉᆞ믈여듧 大神이 네 모해 侍衛ᄒᆞᅀᆞᆸ더라.《1459 월석 2:43ㄴ》, 隅 모 우.《1576 신합 상:2ㄱ》

3 낫ᄃᆞ라: 내달아. '낫ᄃᆞᆮ(어간)+아(연결어미)'이다. '낫ᄃᆞᆮ다'는 '내닫다'의 옛말이다. 어마니미 드르시고 안답ᄭᅵ샤 낫ᄃᆞ라 아ᄂᆞ샤 것ᄆᆞᄅᆞ죽거시ᄂᆞᆯ 츤 믈 ᄲᅳ리여ᅀᅡ ᄭᅵ시니라.《석상-중 11:20》, 구윗 문을 ᄇᆞ라보고 걷거ᄂᆞᆯ 主簿ㅣ 낫ᄃᆞ라 닐오ᄃᆡ(望寺門而步 主簿進曰).《번소 10:4》

소언 신을 ᄇᆞᆲ디 말며 돗글 넘걷디 말며 옷ᄉᆞᆯ 거두잡아 모호로 낫ᄃᆞ라 반ᄃᆞ시 ᄃᆡ답홈ᄋᆞᆯ 삼가홀 디니라

현대역 신을 밟지 말며, 자리를 넘어 디디지 말며, 옷을 걷어잡아 모퉁이로 내달아, 반드시 대답함을 삼갈 것이니라.

1 넘걷디: 넘어 디디지, '넘걷(어간)+디(보조적 연결어미)'이다. '넘걷다'는 '넘어 걷다'의 옛말이다. 신을 ᄇᆞᆲ디 말며 돗글 넘걷디 말며(毋踐屨 毋踖席).《소언 3:11》

2 거두잡아: 걷어잡아. '거두잡(어간)+아(연결어미)'이다. 동사 '거두잡다'는 '걷어잡다', '다잡다'의 옛말이다. 얼굴와 ᄆᆞᅀᆞᆷ과를 거두자바 寂靜호미 安이오 期約ᄒᆞ고 이에 住호미 居ㅣ라.《월석 21:4》, 緣 업슨 慈로 衆生ᄋᆞᆯ 거두자ᄇᆞ시ᄂᆞ니.《월석 8:28》

【集解】踐履는謂踏他人之履也요踖席은謂躡他人之席也라摳衣는謂兩手提衣니與攝齊(자)同義라趨隅는由席角而升坐也라唯諾은應辭니言旣坐定이면又當謹於應對也라

踐履는 남의 신을 밟음을 이름이요, 踖席은 남의 자리를 밟음을 이른다. 摳衣는 두 손으로 옷을 걷어 올림을 이르니, 옷자락을 걷음과 더불어 뜻이 같다. 趨隅는 자리 모퉁이를 따라 자리로 올라감이다. 唯諾은 응답하는 말이니, 이미 앉으면 또 마땅히 응답함에 삼가야 함을 말한 것이다.

漢字 踏(밟을 답), 躡(밟을 섭), 提(끌어당길 제), 攝(걷을 섭, 당길 섭), 齊(옷자락 자, 가지런할 제), 角(모퉁이 각, 뿔 각, 구석 각)

【十六章】

○禮記예曰君子之容은舒遲니見所尊者ᄒᆞ고齊莊皆切遬速이니라 《禮記 玉藻》

●《예기》에 말하였다. "군자의 용모는 펴지고 느려야 하니, 존경할 바의 사람을 보고는 공경하고 삼가야 한다.

漢字 舒(펼 서), 遲(더딜 지), 齊(공경할 재), 遬(삼갈 속, 빠를 속)

서지(舒遲): 점잖고 조용함. 유의어: 한아(閑雅).

번소 禮례記긔예 ᄀᆞ로ᄃᆡ 어딘 사ᄅᆞᄆᆡ 거동은 ᄌᆞ녹ᄌᆞ녹ᄒᆞ니 고마온 사ᄅᆞᄆᆞᆯ 보고 공경ᄒᆞ야 조심ᄒᆞᄂᆞ니라

현대역 《예기》에 가로되, "어진 사람의 거동은 자늑자늑하니, 공경할 만한 사람을 보고 공경하여 조심한다.

1 ᄌᆞᄂᆞᆨᄌᆞᄂᆞᆨᄒᆞ니: 자늑자늑하니. 동작이 조용하며 가볍고 진득하게 부드러우니. 'ᄌᆞᄂᆞᆨᄌᆞᄂᆞᆨᄒᆞ다'는 15세기 문헌에서부터 나타난다. 'ᄌᆞᄂᆞᆨᄌᆞᄂᆞᆨᄒᆞ다'는 의태어인 어근 'ᄌᆞᄂᆞᆨ'이 중첩되고 여기에 접사 '-ᄒᆞ-'가 결합한 것이다. 17세기~19세기 문헌에는 이 단어의 예가 보이지 않는다. 그러나 16세기에 제2음절 이하에서 모음 'ㆍ'가 'ㅡ'로 바뀌는 변화가 일어남에 따라 'ᄌᆞᄂᆞᆨ'도 이러한 변화를 겪어 16세기 이후로 '*ᄌᆞ늑'으로 나타났을 것으로 추정된다. 이후 18세기에 와서는 제1음절의 모음 'ㆍ'가 'ㅏ'로 바뀌는 'ㆍ'의 두 번째 변화가 일어남에 따라 '*ᄌᆞ늑'이 '자늑'으로 변하였을 것으로 추정된다. 이와 같이 'ㆍ'의 변화를 겪은 후 'ᄌᆞᄂᆞᆨᄌᆞᄂᆞᆨᄒᆞ다'가 현대국어와 같은 '자늑자늑하다'에 이르게 된 것으로 보인다. ᄌᆞᄂᆞᆨᄌᆞᄂᆞᆨᄒᆞ다(15세기~16세기)〉자늑자늑하다(20세기~현재). 이형태: ᄌᆞᄂᆞᆨᄌᆞᄂᆞᆨᄒᆞ다. 거름거리 便安히 ᄌᆞᄂᆞᆨᄌᆞᄂᆞᆨᄒᆞ샤 넘디 아니ᄒᆞ시며 減티 아니ᄒᆞ샤 牛王 ᄀᆞᆮᄒᆞ샤미 第九ㅣ시고.《1463 법화 2:14ㄴ》, 禮記예 ᄀᆞ로ᄃᆡ 어딘 사ᄅᆞᄆᆡ 거동은 ᄌᆞᄂᆞᆨᄌᆞᄂᆞᆨᄒᆞ니 고마온 사ᄅᆞᄆᆞᆯ 보고 공경ᄒᆞ야 조심ᄒᆞᄂᆞ니.《1518 번소 4:12ㄴ》

2 고마온: 공경할 만한. '고맙다'는 모음으로 시작하는 어미 앞에서는 '고마오-'로 나타난다. 고마온 이리 잇디 아니커든 조널이 메왯디 말며(不有敬事 不敢袒裼).《내훈 1:45》(현대역: 공경할만한 일이 있지 않거든 함부로 어깨 벗지 말며.), 禮記예 ᄀᆞᆯ오ᄃᆡ 君子의 모양은 ᄌᆞᄂᆞᆨᄌᆞᄂᆞᆨᄒᆞ니 고마온 바를 보고 공경ᄒᆞ야 조심ᄒᆞᄂᆞ니라(禮記曰 君子之容舒遲 見所尊者齊遬).《소언 3:11》(현대역: 예기에 이르기를, 군자의 모습은 자늑자늑하니 공경할 만한 것을 보고 공경하여 조심한다.), 술위 앒ᄒᆡ ᄀᆞ른 남글 고마온 일 잇거든 굽어 딥픔이라.《소언 3:16》(현대역: 수레의 앞에 가로놓여 있는 나무를 공경할 만한 일이 있으면 구부려 짚고 인사한다.)

소언 禮례記긔예 ᄀᆞᆯ오ᄃᆡ 君군子ᄌᆞ의 모양은 ᄌᆞᄂᆞᆨᄌᆞᄂᆞᆨᄒᆞ니 고마온 바를 보고 공경ᄒᆞ야 조심ᄒᆞᄂᆞ니라

현대역 《예기》에 가로되, "군자의 모양은 자늑자늑하니, 공경할 만한 바를 보고 공경하여 조심한다.

【集解】陳氏曰舒遲는閑雅之貌라齊는如夔夔齊慄之齊요遬者는謹而不放之謂니見所尊者則加敬이라

진 씨가 말하였다. "舒遲는 한가하고 우아한 모양이다. 齊는 夔夔齊慄의 齊와 같고, 遬이라는 것은 삼가서 함부로 하지 않음을 이름이니, 존경할 바의 사람을 보면 공경을 더한다."

漢字 閑(한가할 한, 마구간 한, 막을 한), 雅(우아할 아, 바를 아), 夔(조심할 기), 慄(두려워할 률)

기기제율(夔夔齊栗): 조심하고 공경하고 두려워하는 모양. 이 말은 《서경》〈대우모(大禹謨)〉에 나오는 바, 맹자가 《맹자》〈만장상(萬章上)〉 제4장에서 다음과 같이 인용하였다. "書曰祗載見瞽瞍 夔夔齊栗 瞽瞍 亦允若 是爲父不得而子也(《서경》에 이르길, '(舜이 瞽瞍를) 공경히 섬겨 고수[순의 아버지]를 만나시면, 조심하고 공경하고 두려워하셨고, 고수 역시 믿고 따랐다. 이것이 아버지라도 자식으로만 여길 수 없다는 것이다.')" "(朱註)書 大禹謨篇也 祗 敬也 載 事也 夔夔齊栗 敬謹恐懼之貌 允 信也 若 順也 言舜 敬事瞽瞍 往而見之 敬謹如此 瞽瞍 亦信而順之也 孟子引此 而言瞽瞍 不能以不善及其子 而反見化於其子 則是謂謂父不得而子者 而非如咸丘蒙之說也(書는 大禹謨篇이다. 祗는 공경이요, 載는 섬김이다. 夔夔齊栗은 공경하고 삼가며 두려워하는 모양이다. 允은 믿음이요, 若은 따름이다. 순이 고수를 공경히 섬겨, 가서 뵘에, 공경하고 삼감이 이와 같으니, 고수 역시 그[순]를 믿고 따름을 말한 것이다. 맹자가 이것을 인용하고, 그리고 고수가 不善으로써 그 자식에게 미치지 못하고, 도리어 그 자식에게 교화를 당했으니, 이것이 이른바 아버지가 자식을 자식으로 여길 수 없는 것이지, 함구몽[咸丘蒙, 맹자의 제자]의 말과 같지 않다고 말한 것이다.)"

足容重하며手容恭하며目容端하며口容止하며聲容靜하며頭容直하며氣容肅하며立容德하며色容莊이니라

● 발 모양은 무겁게 하며, 손 모양은 공손히 하며, 눈 모양은 단정히 하며, 입 모양은 그치며, 소리 모양은 고요하게 하며, 머리 모양은 곧게 하며,

숨 쉬는 모양은 엄숙하게 하며, 서있는 모양은 덕스럽게 하며, 얼굴 모양은 장엄하게 해야 한다.”

漢字 肅(엄숙할 숙)

구용(九容): 군자는 아홉 가지 용모가 있다. 《예기(禮記)》 〈옥조(玉藻)〉에 나오는 내용이다. “발 모양을 무겁게 하고[족용중(足容重)], 손 모양을 공손히 하고[수용공(手容恭)], 눈 모양을 단정히 하고[목용단(目容端)], 입 모양을 그치고[구용지(口容止)], 목소리를 조용히 하고[성용정(聲容靜)], 머리 모양을 곧게 하고[두용직(頭容直)], 숨 쉬는 모양을 엄숙히 하고[기용숙(氣容肅)], 서 있는 모양을 덕스럽게 하고[입용덕(立容德)], 얼굴 모양을 장엄하게 한다[색용장(色容莊)].”

번소 바ᄅᆡ 양으란 므겁게 ᄒᆞ며 소ᄂᆡ 양으란 공경히 ᄒᆞ며 누ᄂᆡ 양으란 단졍히 ᄒᆞ며 이븨 양으란 ᄀᆞ마니 잇게 ᄒᆞ며 소ᄅᆡᄋᆡ 양으란 안졍케 ᄒᆞ며 머리의 양으란 곧게 ᄒᆞ며 긔우늬 양으란 嚴엄肅슉히 ᄒᆞ며 셧ᄂᆞᆫ 양으란 유덕히 ᄒᆞ며 ᄂᆞᆺ빗ᄎᆡ 양으란 싁싁기 ᄒᆞᆯ 디니라

현대역 발의 모양은 무겁게 하며, 손의 모양은 공경히 하며, 눈의 모양은 단정히 하며, 입의 모양은 가만히 있게 하며, 소리의 모양은 안정하게 하며, 머리의 모양은 곧게 하며, (숨쉬는) 기운의 모양은 엄숙히 하며, 서 있는 모양은 有德히 하며, 낯빛의 모양은 엄숙하게 할 것이니라.”

1 양으란: 모양은. ‘양(명사)+으란(보조사)’이다. ‘으란’은 대조와 차이의 보조사이다. ‘란’과 ‘ᄋᆞ란/으란’은 체언의 끝소리의 종류에 따라 구별되고, ‘ᄋᆞ란’과 ‘으란’은 체언의 모음에 따라 바뀐다. 즉 ‘으란’은 ‘ㄹ’ 이외의 받침으로 끝나는 체언 뒤에 붙어, 끝음절의 모음이 ‘으, 어, 우’인 체언 뒤에 붙어, ‘는’을 뜻한다. 두 分에 ᄂᆞᆫ호아 ᄒᆞᆫ 分으란 釋迦牟尼佛ᄭᅴ 받ᄌᆞᄫᆞ시고 ᄒᆞᆫ 分으란 多寶佛塔애 받ᄌᆞᄫᆞ시니라.《석상 21:18》, 尊者 올여 안치고 조ᄎᆞᆫ 즁으란 雞雀精舍로 보내오.《석상 24:34》

2 ᄀᆞ마니: 가만히. 현대국어 ‘가만히’의 옛말인 ‘ᄀᆞᄆᆞ니’와 ‘ᄀᆞ마니’는 15세기 문헌에서부터 나타난다. 15세기에 ‘ᄀᆞᄆᆞ니’와 ‘ᄀᆞ마니’가 공존하였지만, 15세기에는

'ᄀᆞᄆᆞ니'의 출현 비율이 높았다. 이후 'ᄀᆞ마니'가 더 많이 쓰이면서 일반적인 형태가 되었다. 'ᄀᆞᄆᆞ니'가 축소되고 'ᄀᆞ마니'가 확대된 것은 16세기 후반에 일어난 제2음절 이하의 'ㆍ'의 변화 때문으로 보인다. 16세기 후반에 제2음절 이하의 'ㆍ'는 일반적으로 'ㅡ'로 변하였는데 간혹 'ㅏ'나 'ㅗ'로 변하기도 하였다. 'ᄀᆞᄆᆞ니'의 경우는 제2음절의 'ㆍ'가 'ㅏ'로 변하여 'ᄀᆞ마니'가 되면서 기존의 'ᄀᆞ마니'와 형태가 동일해졌을 것으로 추정된다. 그리하여 16세기 이후 'ᄀᆞᄆᆞ니'는 흔적만 겨우 남기는 것으로 축소되고 'ᄀᆞ마니'가 확대된 것이다. 한편, 제1음절의 'ㆍ'는 18세기에 'ㅏ'로 변하였는데 'ᄀᆞ마니'의 제1음절 모음 'ㆍ'가 'ㅏ'로 변한 '가마니'가 나타난 것은 16세기이다. 따라서 16세기 이후 'ᄀᆞᄆᆞ니', 'ᄀᆞ마니', '가마니'가 공존하였다. 15세기의 'ᄀᆞᄆᆞ니', 'ᄀᆞ마니'는 부사 'ᄀᆞᄆᆞᆫ', 'ᄀᆞ만'에 각각 접사 '-이'가 결합한 것이다. 17세기에 들어와 '가마니'가 '가만히'로 나타나기 시작했는데, '가만히'는 '가만ᄒᆞ-'에 접사 '-이'가 결합한 것이다. 19세기까지 'ᄀᆞ만'에 접사 '-이'가 결합한 'ᄀᆞ마니' 형과 '가만ᄒᆞ-'에 접사 '-이'가 결합한 '가만히', 'ᄀᆞ만히'가 공존하다가 20세기 이후 가만히'로 정착하면서 현재에 이르렀다. ᄀᆞᄆᆞ니(15세기~18세기)/ᄀᆞ마니(15세기~19세기)〉가마니(16세기~19세기)〉가만히(17세기~현재). 이형태: ᄀᆞᄆᆞ니, ᄀᆞ마니, ᄀᆞ만이, 가마니, 가만이, ᄀᆞ만히, 가만히, 가만니. 居는 ᄀᆞᄆᆞ니 겨실씨라.《1447 석상 20:43ㄱ》, 모ᄃᆞᆫ 사ᄅᆞᆷ과 六師왜 보고 ᄀᆞ마니 몯 이셔 自然히 니러 禮數ᄒᆞ더라.《1447 석상 6:30ㄱ》, 親히 곈방의 들어가 뫼셧ᄂᆞᆫ 이ᄃᆞᆯ여 ᄀᆞ만이 무러 어버의 속우틔ᄅᆞᆯ 가져다가.《1588 소언 6:79ㄴ》, 겨집비 ᄀᆞ만니 니츄이ᄃᆞ려 닐우ᄃᆡ 가난히 사로미 이러ᄒᆞ니.《1518 이륜-옥 8ㄱ》, 송장ᄒᆞᆫ 후에 가마니 그 은ᄂᆞᆯ 곽 아래 녀코 가니.《1518 이륜-옥 38ㄱ》

3 셧ᄂᆞᆫ: 서 있는. 셔(立, 어간)+어(보조적 연결어미)+잇(在, '잇다'의 어간)+ᄂᆞ(현재 시제 선어말어미)+ㄴ(관형사형 어미)'이다. 완료상은 보조적 연결어미 '-아/어'와 보조형용사 '잇다[在]'의 결합으로 표현된다. 그런데 '잇-'이 본동사와 한 음절을 이룰 때 이미 15세기에 'ㅣ'가 탈락되어 '어+ㅅ→엇'으로 나타나는 일이 많았다. 본 예는 어미의 [ə]로 인해 어간의 '여[jə]'에서 동음 [ə]가 탈락되었다.

4 싁싀기: 엄숙히. '싁싁이'의 분철 표기로, '싁싁ᄒᆞ다'의 파생부사이다. '싁싁ᄒᆞ다'는 '엄숙하다'의 옛말이다. 그 남기 倍倍히 싁싁ᄒᆞ고 길어늘 王이며 臣下ㅣ 다 ᄀᆞ장 깃거ᄒᆞ더라.《석상 24:48》, 오시며 곳가ᄅᆞᆯ 모로매 싁싁ᄒᆞ고 整齊히 ᄒᆞ며 거름 거르며 ᄇᆞᆯ ᄠᅳ듸요ᄆᆞᆯ 모로매 ᄌᆞ녹ᄌᆞᄂᆞ기 ᄒᆞ며(衣冠必肅整 步履必安詳).

《내훈 1:24》

소언 발의 양은 므거우며 손의 양은 공슌ᄒᆞ며 눈의 양은 단졍ᄒᆞ며 입의 양은 ᄀᆞ마니 이시며 소릐의 양은 안졍ᄒᆞ며 머리의 양은 곧으며 긔운의 양은 엄슉히 ᄒᆞ며 셧ᄂᆞᆫ 양은 유덕ᄒᆞ며 ᄂᆞᆺ빗ᄎᆡ 양은 싁싁이 ᄒᆞᆯ 디니라

현대역 발의 모양은 무거우며, 손의 모양은 공순하며, 눈의 모양은 단정하며, 입의 모양은 가만히 있으며, 소리의 모양은 안정하며, 머리의 모양은 곧으며, 기운의 모양은 엄숙히 하며, 선 모양은 有德하며, 낯빛의 모양은 엄숙하게 할 것이니라."

【集解】陳氏曰重은不輕擧移也요恭은毋慢弛也요端은毋邪視也요止는不妄動也요靜은不噦咳也요直은不傾顧也요肅은似不息也요德은謂中立不倚하여儼然有德之氣象也요莊은矜持之貌也라朱子曰足容重以下는皆敬之目이니卽此是涵養本原也라

진 씨가 말하였다. "重은 가볍게 들어 옮기지 않음이요, 恭은 게으르거나 느슨하지 않음이요, 端은 곁눈질하지 않음이요, 止는 망령되이 움직이지 않음이요, 靜은 딸꾹질하거나 기침하지 않음이요, 直은 기울여 돌아보지 않음이요, 肅은 숨 쉬지 않는 듯이 함이요, 德은 한가운데 서고 기대지 아니하여 엄연히 덕이 있는 기상을 이름이요, 莊은 矜持가 있는 모양이다. 주자가 말하였다. "足容重 이하는 모두 敬의 조목이니, 곧 이는 근본을 함양하는 것이다."

漢字 **弛**(느슨할 이, 활 부릴 이, 늦출 이, 게으를 이), **噦**(딸꾹질할 얼), **咳**(기침 해), **傾**(기울 경), **倚**(기댈 의, 의지할 의), **矜**(자랑할 긍, 불쌍히 여길 긍), **持**(가질 지), **涵**(젖을 함, 담글 함, 넣을 함)

容重以下 皆敬之目: 《소학집주》에는 '敬重以下 皆容之目'이라 하여, 敬과 容이 바뀌어 있는 것을 바로잡았다.

【十七章】

○ 曲禮예曰坐如尸ᄒᆞ며立如齊(재)니라 《禮記 曲禮》

● 〈곡례〉에 말하였다. "앉을 때에는 시동같이 하며, 서 있을 때에는 재계하듯이 한다."

번소 曲곡禮례예 ᄀᆞ로ᄃᆡ 안조ᄆᆞᆯ 尸시童동ᄀᆞ티 ᄒᆞ며 셔믈 직계홀 제ᄀᆞ티 홀 디니라

현대역 〈곡례〉에 가로되, "앉음을 尸童같이 하며, 섬을 재계(齋戒)할 때같이 할 것이니라."

1 시동: 시동(尸童). 예전에, 제사를 지낼 때 신위(神位) 대신으로 앉히던 어린아이. 옛날에는 시동을 썼는데, 그 당시에는 목주(木主)가 없었는가? 목주로 행하기 시작한 것은 어느 시대인가?《번역 순조실록》, 외직에 보임하고서는 어리석음이 더욱 심하여 정사를 하리들에게 위임했기 때문에 하나의 시동과 같습니다.《번역 숙종실록》. 《번역 숙종실록》의 표현처럼, '사정도 모르고 자리만 지키고 있는 사람'을 비유하기도 했다.

2 직계홀: 재계(齋戒)할. '직계ᄒᆞ(어간)+ㄹ(관형사형 어미)'이다. '직계ᄒᆞ다'는 '종교적 의식 따위를 치르기 위하여 몸과 마음을 깨끗이 하고 부정(不淨)한 일을 멀리하다.'를 뜻한다. 유의어: 결재(潔齋)하다.

소언 曲곡禮례예 ᄀᆞᆯ오ᄃᆡ 안좀ᄋᆞᆯ 尸시ᄀᆞ티 ᄒᆞ며 셤을 직계홀 제ᄀᆞ티 홀 디니라

현대역 〈곡례〉에 가로되, "앉음을 尸童같이 하며, 섬을 齋戒할 때같이 할 것이니라."

【集說】孔氏曰尸居神位에坐必矜莊하니坐法을必當如尸之坐요人之倚立에多慢不恭하니雖不齊나亦當如祭前之齊니라

공 씨가 말하였다. "尸童은 신위에 있을 때에 앉음을 반드시 조심성 있고 엄숙하게 하니, 앉는 법을 반드시 마땅히 시동의 앉음과 같이 해야 하고, 사람이 기대어 서 있을 때에는 많이 거만하여 공손하지 못하니, 비록 재계하지 않더라도 또한 마땅히 제사 전에 재계함과 같이 해야 한다."

漢字 矜(삼갈 긍, 불쌍히 여길 긍), 莊(엄숙할 장)

【十八章】

○ 少儀예曰不窺密ᄒᆞ며不旁狎ᄒᆞ며不道舊故ᄒᆞ며不戲色ᄒᆞ며

《禮記 少儀》

● 〈소의〉에 말하였다. "은밀한 곳을 엿보지 아니하며, 두루 親狎하지 아니하며, 오랜 친구의 잘못을 말하지 아니하며, 희롱하는 기색을 하지 아니하며,

漢字 窺(엿볼 규), 旁(두루 방, 널리 방), 狎(친압할 압)

친압(親狎): 버릇없이 지나치게 친함. 유의어: 설압(褻狎). 압설(狎褻).

번소 少쇼義의예 ᄀᆞ로ᄃᆡ ᄂᆞᄆᆡ 그슥ᄒᆞᆫ 이ᄅᆞᆯ 엿보디 말며 ᄂᆞᆷ과 갓가이 ᄒᆞ야 서르 므더니 너기게 말며 녯 사괴던 사ᄅᆞᄆᆡ 왼 이ᄅᆞᆯ 니ᄅᆞ디 말며 희롱앳 ᄂᆞᆺ비ᄎᆞᆯ 마ᄅᆞᆯ 디니라

현대역 〈소의〉에 가로되, "남의 그윽한 일을 엿보지 말며, 남과 가까이 하여 서로 무던히 여기게 말며, 옛날의 사귀던 사람의 그른 일을 이르지 말며, 희롱의 낯빛을 말 것이니라.

1 그슥ᄒᆞᆫ: 그윽한. '그슥ᄒᆞ(어간)+ㄴ(관형사형 어미)'이다. '그슥ᄒᆞ다'는 '깊숙하여 아늑하고 고요하다.'를 뜻한다. 현대국어 '그윽하다'의 옛말인 '그슥ᄒᆞ다/그슥다'

는 15세기 문헌에서부터 나타난다. '그슥ᄒᆞ다'는 어근 '그슥'과 'ᄒᆞ다'가 결합한 것이다. '그슥ᄒᆞ다'와 같이 무성음으로 끝나는 어근과 'ᄒᆞ다'가 결합한 경우에는 '그슥ᄒᆞ다', '그슥다', '그슥ᄒᆞᆫ', '그ᅀᅳᆨ' 등과 같이 '-ᄒᆞ-'가 수의적으로 탈락하기도 하였다. 16세기 이후 'ᅀ'이 사라지면서 ' 그윽ᄒᆞ다' 형태가 나타나기 시작하였다. 이후 근대국어 후기에 'ㆍ'가 본래의 소리를 잃고 'ㅏ'와 같아지면서 19세기에는 '그윽하다'가 등장하여 오늘날에 이른다. 그슥ᄒᆞ다/그슥다(15세기~16세기)>그윽ᄒᆞ다/그윽다(16세기~19세기)>그윽하다(19세기~현재). 이형태: 그슥ᄒᆞ다, 그슥다, 그윽ᄒᆞ다, 그윽다, 그윽하다. 비록 根이 無量이 이시나 다 利益ᄒᆞ야 깃게 ᄒᆞ시니 이를 닐온 그슥ᄒᆞᆫ 敎化ㅣ라.《1459 월석 13:51ㄴ》, 凡夫는 날로 ᄡᅳ딕 아디 몯홀ᄉᆡ 닐오딕 ᄀᆞ만 ᄒᆞ면 그슥다 ᄒᆞ니라.《1465 원각 상1-2:15ㄱ》, 어미 닐오딕 그윽ᄒᆞᆫ 德은 하ᄂᆞᆯ히 福으로 갑ᄂᆞ니 네 아니 죽으리라 ᄒᆞ더니 후에 楚ㅅ직샹 되니라.《1588 소언 5:5ㄱ》

2 므더니: '므던이'의 분철 표기이다. '므던이'는 '므던ᄒᆞ다'의 파생부사이다. 성질이 너그럽고 수더분하다. 현대국어 '무던하다'의 옛말인 '므던ᄒᆞ다'는 15세기 문헌에서부터 나타난다. 17세기에 'ㅁ, ㅂ, ㅍ' 아래에 있는 'ㅡ'가 'ㅜ'로 변하는 원순모음화가 일어났는데 15세기의 '므던ᄒᆞ다'도 이러한 변화를 겪어 '무던ᄒᆞ다'가 되었다. 그러나 문헌상으로 확인되는 것은 17세기의 일이다. 한편 18세기에 제1음절의 모음 'ㆍ'가 'ㅏ'로 변함에 따라 '-ᄒᆞ-'도 '-하-'로 변하였다. 그리하여 19세기에 '무던하다'로 나타는 'ㆍ'의 제1차 소실이 일어나 '므던ᄒᆞ다'의 'ㆍ'도 'ㅏ'와 소리가 같아졌다. 그리하여 19세기에 '무던하다'로 나타나면서 현재에 이르렀다. 므던ᄒᆞ다(15세기~18세기)>무던ᄒᆞ다(17세기~19세기)>무던하다(19세기~현재). 이형태: 므던ᄒᆞ다, 무던ᄒᆞ다, 무던하다. 그러ᄒᆞ야도 므던ᄒᆞ니 이제 어듸 잇ᄂᆞ니잇고.《1447 석상 11:28ㄴ》, 대되 예슌 량이니 모도니 一百 兩이로소니 훙졍 ᄆᆞ차도 므던ᄒᆞ다.《1510년대 번노 하:12ㄱ》

3 녯: 옛날의. '녜(昔, 명사)+ㅅ(관형격 조사)'이다.

소언 少儀의예 ᄀᆞᆯ오딕 놈이 그윽ᄒᆞᆫ 딕를 엿보디 아니ᄒᆞ며 셜압ᄒᆞᆫ 딕 갓가이 아니ᄒᆞ며 녯 번의 녜 일을 닐ᄋᆞ디 아니ᄒᆞ며 희롱엣 빗츨 아니ᄒᆞ며

현대역 〈소의〉에 가로되, "남의 그윽한 데를 엿보지 아니하며, 설압(褻狎)한

데를 가까이 아니하며, 옛 벗의 옛적 일을 이르지 아니하며, 희롱의 빛을 아니하며,

셜압훈: 설압(褻狎)한. 버릇없이 너무 지나치게 친한. 예의가 없는. '셜압ᄒᆞ(어간)+ㄴ(관형사형 어미)'이다.

【集解】竊密은謂竊覘人隱密之處也라旁은泛及也니旁狎은謂泛與人褻狎也라道는言也니道舊故는謂言故舊之非也라戲는弄也니戲色은謂嬉笑侮慢之容也라

竊密은 남의 은밀한 곳을 엿봄을 이른다. 旁은 널리 미침이니, 旁狎은 널리 사람에게 버릇없이 굶을 이른다. 道는 말함이니, 道舊故[오랜 친구의 잘못을 말함]는 오랜 친구의 잘못을 말하는 것이다. 戲는 희롱함이니, 戲色은 장난하고 웃으며 업신여기고 함부로 하는 모양을 이른다.

漢字 覘(엿볼 점), 泛(넓을 범, 뜰 범), 褻[무람없을(예의를 지키지 않으며 삼가고 조심함이 없을) 설, 속옷 설, 더러울 설], 戲(희롱할 희), 弄(희롱할 롱), 嬉(장난할 희, 놀 희, 즐길 희)

毋拔蒲末切來ᄒᆞ며毋報赴往ᄒᆞ며

● 갑작스럽게 오지 말며, 갑작스럽게 가지 말며,

漢字 拔(갑작스러울 발, 뺄 발, 빠를 발), 報(갑작스러울 부, 갚을 보, 빠를 부)

번소 과ᄀᆞᆯ이 ᄃᆞ라오디 말며 과ᄀᆞᆯ이 도로가디 마롤 디니라

현대역 급하게 달려오지 말며, 급하게 돌아가지 말 것이니라,

1 과ᄀᆞᆯ이: 갑자기. 급하게. 과ᄀᆞᆯ이 주그니와 中惡ᄒᆞ니와 尸厥ᄒᆞ니ᄅᆞᆯ.《구방 상:25》, 즉재 그날 고올ᄒᆞᆯ ᄇᆞ리고 지븨 오니 집 사ᄅᆞ미 다 과ᄀᆞᆯ이 온 주를 놀라 ᄒᆞ더라(卽日棄官歸家 家人悉驚其忽至).《번소 9:31》

2 ᄃᆞ라오디: 달려오지. 'ᄃᆞ라오(어간)+디(보조적 연결어미)'이다. 'ᄃᆞ라오다'는 '달

려오다'의 옛말이다. 勞度差ㅣ ᄯᅩ ᄒᆞᆫ 쇼ᄅᆞᆯ 지ᅀᅥ 내니 모미 ᄀᆞ장 크고 다리 굵고 ᄲᅳᆯ리 ᄂᆞᆯ캅더니 ᄯᅡ 허위며 소리ᄒᆞ고 ᄃᆞ라오거늘.《석상 6:32》, 톱과 엄괘 ᄂᆞᆯ캅고 이베 블 吐ᄒᆞ며 ᄃᆞ라오거늘 舍利弗도 자내 毗沙門王이 ᄃᆞ외니.《석상 6:33》

소언 과ᄀᆞᆯ이 ᄃᆞ라오디 말며 과ᄀᆞᆯ이 도로가디 말며

현대역 급하게 달려오지 말며, 급하게 돌아가지 말며,

【集成】**拔報**는**皆疾也**니**人來往**은**當有宿漸**이요**不可猝也**니라

拔報는 모두 빠름이니, 사람의 오고 감은 마땅히 미리하고 점점함이 있어야 할 것이요, 갑작스럽게 해서는 안 된다.

漢字 疾(빠를 질, 병 질, 괴로울 질), 宿(미리 숙, 묵을 숙), 漸(점점 점), 猝(갑자기 졸)

점점(漸漸): 조금씩 더하거나 덜해지는 모양.

【集說】**朱子曰來往**은**只是向背之意**니**此兩句文義**는**猶云其就義若渴則其去義若熱**이니**言人見有箇好事**하고**火急歡喜去做**하면**這樣人**은**不耐久**라**少間**에**心懶意闌**이면**則速去之矣**니**所謂其進銳者**는**其退速也**니라

주자가 말하였다. "오고감은 (글자 그대로의 뜻이 아니라) 다만 향하고 등지는 뜻일 뿐이니, 이 두 구[毋拔來 毋報往]의 글 뜻은 '그 의에 나아가기를 목마르듯이 하면[목마를 때 물을 보고 달려가듯이 하면], 그 의에서 떠나기를 뜨거운 듯이 한다[뜨거운 것을 만지듯이 한다].'고 말함과 같으니, 사람이 좋은 일이 있음을 보고는 화급히 기뻐하여 쫓아 지으면, 이런 모양의 사람은 오래 견디지 못한다고 말한 것이다. 얼마 안 되어 마음이 게을러지고 뜻이 막히면 곧 그것을 빨리 떠나니, 그 나아감이 빠른 자는 그 물러감이 빠르다는 것을 말한 것이다."

漢字 渴(목마를 갈), 箇(어조사 개, 낱 개, 한낱 개), 去(쫓을 거), 做(지을 주), 這[이저=此(차)], 耐(견딜 내), 懶(게으를 라, 미워할 뢰), 闌(막을 란, 난간 란), 銳(빠를 예, 날카로울 예)

소간(少間): 얼마 안 되어. 잠시 후.

毋瀆神ᄒᆞ며毋循枉ᄒᆞ며毋測未至ᄒᆞ며

● 귀신을 모독하지 말며, 굽은 일을 좇지 말며, 이르지 않은 것을 헤아리지 말며,

漢字 瀆(업신여길 독, 도랑 독, 더럽힐 독), 循(좇을 순, 돌 순), 枉(굽을 왕), 測(헤아릴 측)

번소 귀신을 므던히 너기지 말며 그르혼 이룰 인ᄒᆞ야 졷디 말며 아니 왯ᄂᆞᆫ 이룰 미리 혜아리디 말며

현대역 귀신을 소홀하게 여기지 말며, 그릇한 일을 인하여 따르지 말며, 아니와 있는 일을 미리 헤아리지 말며,

1 므던히: 소홀하게. 人情은 ᄇᆞ튼 ᄃᆡᆯ 샹녜 므던히 너기고 니거든 ᄉᆞ랑호매 샹녜 感動ᄒᆞᄂᆞ니라(人情常忽於所賴 常感於去思).《법화 5:158》, 道心은 恭敬을 行ᄒᆞ야 구믈어리ᄂᆞᆫ 含靈에 니르리 너비 恭敬ᄒᆞ며 어엿비 너겨 므던히 너길 ᄆᆞᅀᆞᆷ 업슬씨 일후미 菩薩이라(普敬愛之 無輕慢心 故名菩薩).《금언 9》

2 그르혼: 그릇한. 어떤 일을 사리에 맞지 아니하게 하는. '그르ᄒᆞ(어간)+오(대상표시법 선어말어미)+ㄴ(관형사형 어미)'이다. 관형사형에 나타나는 선어말어미 '-오$_2$-'는 존경의 선어말어미와 결합될 수 있다는 점과 제1인칭은 물론 제2·3인칭도 주어가 될 수 있다는 점에서 종결형과 연결형에 나타나는 '-오$_1$-'과 문법범주를 달리한다. 피한정 명사는 관형사형에 대하여 주어도 될 수 있고, 목적어와 부사어도 될 수 있다. 이때 관형사형을 평서형으로 전개할 때 피한정 명사가 목적어나 부사어의 기능을 띠면 선어말어미 '-오$_2$-'가 나타난다. 따라서 이를 대상 표시법 선어말어미로 부른다(고영근, 2020, 372). 須達이 지순 亭舍마다 드르시며.《석상 6:38》. 얻논 藥이 ᄆᆞᄉᆞ것고.《월석 21:215》. 이들은 피한정

명사가 관형사형의 목적어가 되는 예이다. 그림 그륜 ᄇᆞᄅᆞ믈….《두시언해 6:34》. 옷 ᄲᅢᆨ론 므를 먹고.《석상 11:25》. 이들은 피한정 명사가 관형사형의 부사어가 되는 예이다. 현대국어 '그릇하다'의 옛말인 '그르ᄒᆞ다'는 15세기 문헌에서부터 나타난다. '그르ᄒᆞ-'는 동사 '그르-'와 '-ᄒᆞ-'가 결합한 것이다. 17세기에 들어와 명사 '그릇'과 'ᄒᆞ-'가 결합한 '그릇ᄒᆞ-'가 '그르ᄒᆞ-'를 대체하게 된 것으로 보인다. 이후 '-ᄒᆞ-'가 '-하-'로 바뀌어 '그릇하-'로 나타나면서 현재에 이르렀다. 그르ᄒᆞ다(15세기~17세기)〉그릇ᄒᆞ다(18세기~19세기)〉그릇하다(20세기~현재). 이형태: 그르ᄒᆞ다, 그릇ᄒᆞ다. ᄒᆞᆫ ᄆᆞᅀᆞ모로 佛法僧에 歸依ᄒᆞ야 警戒를 다 디니다가 그르ᄒᆞ야 지순 이리 이셔 惡趣에 ᄣᅥ러듀믈 두리여.《1447 석상 9:25ㄱ》, 내 굿거든 먹디 아니ᄒᆞ시며 글효믈 그르ᄒᆞ야ᄃᆞᆫ 먹디 아니ᄒᆞ시며 시졀 아닌 젯 거슬 먹디 아니ᄒᆞ시며.《1518 번소 4:28ㄱ》

3 왯ᄂᆞᆫ: 와 있는. 오(來, 어간)+아(보조적 연결어미)+잇(在, '잇다'의 어간)+ᄂᆞ(현재 시제 선어말어미)+ㄴ(관형사형 어미)'이다. 완료상은 보조적 연결어미 '-아/어'와 보조형용사 '잇다[在]'의 결합으로 표현된다. 즉 '아+잇'이 '-앳-'으로 나타난다.

소언 귀신을 셜만티 말며 굽은 일올 인슌티 말며 니르디 몯ᄒᆞᆫ 것슬 혜아리디 말며

현대역 귀신을 설만(褻慢)하지 말며, 잘못된 일을 따르지 말며, 이르지 못한 것을 헤아리지 말며,

1 셜만티: 설만(褻慢)하지. '셜만ᄒᆞ(어간)+디(보조적 연결어미)'에서 'ㆍ'가 탈락하면서 자음축약이 일어났다. '셜만ᄒᆞ다'는 '하는 짓이 무례하고 거만하다', '모독하다'의 뜻이다. 褻 셜만ᄒᆞᆯ 셜.《신합 하:27》

2 인슌티: 인순(因循)하지. '인슌ᄒᆞ(어간)+디(보조적 연결어미)'에서 'ㆍ'가 탈락하면서 자음축약이 일어났다. '인슌ᄒᆞ다'는 '낡은 인습을 버리지 아니하고 지키다.'. '따르다'의 뜻이다.

【集說】陳氏曰神不可瀆이니必敬而遠之라言行過而邪枉이면當改以從直이니後復循襲이면是는二[貳]過矣라君子以誠

自處하며亦以誠待人이요不逆料其將然也니未至而測之면雖中이나亦僞니라

진 씨가 말하였다. "귀신은 모독해서는 안 되니, 반드시 공경하고 그를 멀리해야 한다. 말과 행실이 지나치며 간사하고 굽었으면 마땅히 고쳐서 바름을 따라야 하니, 뒤에 다시 좇아 물려받으면 이는 허물을 거듭하는 것이다. 군자는 精誠으로써 스스로 처하며, 또한 정성으로써 남을 기다리고, 그 장차 그렇게 되리라고 미리 헤아리지 않으니, 이르지 않았는데 그것을 헤아리면 비록 맞더라도 또한 거짓이다."

漢字 襲(물려받을 습, 엄습할 습), 二(두 이, 버금 이, 두 가지로 할 이), 貳(거듭할 이, 두 이), 待(기다릴 대, 대접할 대), 逆(미리 역, 거슬릴 역), 料(헤아릴 료)

이과(貳過): '허물을 거듭하다'의 뜻이므로, '이과(二過)'는 '이과(貳過)'로 바꿔야 한다. 따라서 고정(考攷)에 의해 '이과(貳過)'로 바로잡았다.

毋訾咨衣服成器ᄒᆞ며毋身質言語ㅣ니라

● 의복과 만들어진 기물을 헐뜯지 말며, 몸소 말을 質正하지 마라."

漢字 訾(헐뜯을 자)

번소 ᄂᆞᄆᆡ 옷과 인 그르셋 거슬 나ᄆᆞ라디 말며 제 말ᄉᆞᄆᆞᆯ 올타 ᄒᆞ야 마긔오디 마롤 디니라

현대역 남의 옷과 만들어진 그릇의 것을 나무라지 말며, 제 말씀을 옳다 하여 증명하지 말 것이니라."

1 인: 만들어진. '일(어간)+ㄴ(관형사형 어미)'이다. '일다'는 '이루다'를 뜻한다.
2 나ᄆᆞ라디: 나무라지. '나ᄆᆞ라(어간)+디(보조적 연결어미)'이다. '나ᄆᆞ라다'는 15세기 문헌에서부터 나타난다. 16세기 후반에 제2음절 이하의 'ㆍ'는 'ㅡ'로 변하였는데, '나ᄆᆞ라다'도 이러한 변화를 겪어 16세기에 '나므라다'로 나타나게 되었다. 근대국어 시기에 'ㅁ' 뒤에서 모음 'ㅡ'가 'ㅜ'로 원순모음화 됨에 따라 18세기부터

현대국어와 같은 '나무라다'가 등장하게 되었다. 나ᄆᆞ라다(15세기~18세기)>나므라다(16세기~19세기)>나무라다(18세기~현재). 이형태: 나ᄆᆞ라다, 나므라다, 남으라다, 나무라다. ᄒᆞ다가 衆生이 佛身血을 내어나 三寶ᄅᆞᆯ 허러 나ᄆᆞ라거나 尊經을 恭敬 아니ᄒᆞ면 ᄯᅩ 반ᄃᆞ기 無間地獄애 ᄢᅥ러디여.《1459 월석 21:39ㄱ》, 이 화를 네 ᄯᅩ 간대로 ᄒᆞ나므라ᄂᆞ다 이런 화를 네 다하 므스글 나므라ᄂᆞᆫ다.《1510년대 번노 하:31ㄱ》

3 마긔오디: 증명하지. '마긔오(어간)+디(보조적 연결어미)'이다. '마긔오다'는 '옳음을 우겨서 증명하다.'를 뜻한다.

소언 衣의服복과 인 그릇슬 나ᄆᆞ라디 말며 말숨을 몸소 질졍티 말올디니라

현대역 의복과 만들어진 그릇을 나무라지 말며, 말씀을 몸소 質正하지 말 것이니라."

【集說】陳氏曰呰는毁其不善也라曲禮의疑事毋質이與此質字義同하니謂言語之際에疑則闕之요不可自我質正이니恐有失誤也라

진 씨가 말하였다. "呰는 그 착하지 않음을 헐뜯음이다. 〈곡례〉의 疑事無質이 이 質자와 더불어 뜻이 같으니, 말하는 즈음에 의심스러우면 그것을 빼놓을 것이요, 자기가 質正해서는 안 됨을 이르니, 잃음과 잘못이 있을까 두려워해서이다."

漢字 毁(헐 훼, 무너질 훼, 상할 훼, 멸할 훼), 闕(빠뜨릴 궐, 이지러질 궐, 대궐 궐, 흠 궐), 失(잃을 실, 허물 실), 誤(잘못 오, 그릇할 오)

의사무질(疑事毋質): 의심스러운 일을 자신이 바로잡아 결정을 내리려고 하지 말아야 한다. 《예기》 〈곡례〉 제4장에 나오는 말이다.

〖十九章〗

○論語에曰車中에不內顧ᄒᆞ며不疾言ᄒᆞ며不親指러시다《論語 鄕黨》

●《논어》에 말하였다. "수레 가운데에서 안을 돌아보지 않으셨으며, 빨리 말하지 않으셨으며, 친히 가리키지 않으셨다."

번소 論론語어에 ᄀᆞ로ᄃᆡ 술읫 가온ᄃᆡ셔 돌보디 말며 말ᄉᆞᄆᆞᆯ ᄲᆞᆯ리 말며 손소 ᄀᆞᄅᆞ치디 마롤 디니라

현대역 《논어》에 가로되, "수레의 가운데에서 돌아보지 말며, 말씀을 빨리 말며, 손수 가리키지 말 것이니라."

1 가온ᄃᆡ셔: 가운데에서. '가온ᄃᆡ(명사)+셔(부사격 조사)'이다. '셔'는 받침 없는 체언류나 'ㄹ' 받침으로 끝나는 체언류, 받침 없는 부사, 부사어 뒤에 붙어, '에서'를 뜻하는 조사이다. 제 모미 누ᄫᅳᆫ 자히셔 보ᄃᆡ 琰魔王ㄱ 使者ㅣ 넉슬 ᄃᆞ려 琰魔法王 알ᄑᆡ 니거든.《석상 9:30》, 虛空애 올아 거르믈 거르시니 발 아래셔 곳비 오며 放光 니르리 ᄒᆞ시더라.《석상 11:13》. '가온ᄃᆡ'는 '가운데'의 옛말이다. 현대국어 '가운데'의 옛말인 '가ᄫᆞᆫᄃᆡ'는 15세기 문헌에서부터 나타난다. 15세기 중엽부터 'ᄫ'이 모음 앞에서 반모음 [w]로 변하면서 'ᄫ'가 '오'나 '우'로 바뀌어 '가운ᄃᆡ'로 나타나게 되었다. 15세기에 나타나는 '가온ᄃᆡ'는 'ᄫ'가 '오'로 결합한 예를 보여준다. 이후 근대국어 시기에 제1음절의 'ㆍ'가 'ㅏ'로 변함에 따라 이중모음 'ㆎ'도 이중모음 'ㅐ'로 변하게 되어 '가운ᄃᆡ'가 '가운대'가 되었다. 18세기 후반부터는 'ㅐ'가 이중모음에서 단모음으로 변한 후 단모음 'ㅐ'가 'ㅔ'로 변하여 '가운데'로 나타나면서 현재에 이르렀다. 가ᄫᆞᆫᄃᆡ(15세기)>가운ᄃᆡ(15세기~18세기)>가운대(17세기~19세기)/가온데(18세기~19세기)>가운데(19세기~현재). 이형태: 가ᄫᆞᆫᄃᆡ, 가온ᄃᆡ, 가은ᄃᆡ, 가은대, 가운대, 가운ᄃᆡ, 가운데, 가온대, 가온데, 가온듸. 부톄 이 ᄆᆞᅀᆞ미 怯고 사오나ᄫᆞᆫ ᄃᆞᆯ 아라 方便力으로 긼 가ᄫᆞᆫᄃᆡ 쉬우믈 爲ᄒᆞ야 두 涅槃ᄋᆞᆯ 니ᄅᆞᄂᆞ니라.《1459 월석 14:80ㄱ》, 가온ᄃᆡ 種種 고지 ᄢᅦ더니 舍利弗이 큰 六牙白象ᄋᆞᆯ 지ᅀᅥ내니.《1447 석상 6:31

ㄱ》, 노홀브터 둥 ᄆᆞᄅᆞᆺ 쎼를 ᄢᅧ 가운ᄃᆡ 뷔우고 둥믈ᄅᆞ로셔 各 ᄒᆞᆫ 寸올 百壯올 ᄯᅳᄃᆡ 됴티 아니ᄂᆞ니란.《1466 구방 상:36ㄴ》, ᄇᆞ라ᄂᆞᆫ 가온대 ᄆᆡ해 잇ᄂᆞᆫ가 疑心ᄒᆞ노니.《1481 두시-초 13:5ㄴ》

2 돌보디: 돌아보지. '돌보(어간)+디(보조적 연결어미)'이다. '돌보다'와 '돌봏다'는 '돌아보다'의 옛말이다. 太子ㅣ…學堂애 오ᄅᆞ싫 저긔 密多羅ㅣ ᄇᆞ라ᅀᆞᆸ고 ᄀᆞ마니 몯 안자 ᄒᆞ가라 업시 니러나 太子ᄭᅴ 절ᄒᆞᅀᆞᆸ고 두루 돌보며 붓그려ᄒᆞ더라.《석상 3:7~8》

소언 論론語어에 ᄀᆞᆯ오ᄃᆡ 술윗 가온ᄃᆡ셔 돌보디 아니ᄒᆞ며 ᄲᆞᆯ온 말솜을 아니 ᄒᆞ며 親친히 ᄀᆞᄅᆞ치디 아니 ᄒᆞ더시다

현대역 《논어》에 가로되, "수레의 가운데에서 돌아보지 아니하며, 빠른 말씀을 아니 하며, 친히 가리키지 아니 하시더라."

ᄲᆞᆯ온: 빠른. 'ᄲᆞᆯᄋᆞ(어간)+ㄴ(관형사형 어미)'이다. 'ᄲᆞᆯᄋᆞ-'는 '빠르다'의 옛말인 'ᄲᆞᆯᄋᆞ다'의 어간이다. 현대국어 '빠르다'의 옛말인 'ᄲᆞᄅᆞ다'는 15세기 문헌에서부터 나타난다. 'ᄲᆞᄅᆞ다'는 모음으로 시작하는 어미와 결합할 때에는 'ᄲᆞᆯㄹ-'로 이형태 교체를 보이는 ᄅᆞ/르불규칙용언이었다. 16세기 이래로 제2음절 이하의 모음 'ㆍ'가 'ㅡ'로 변화하였는데, 'ᄲᆞᄅᆞ다'의 경우는 'ᄲᆞ르다'로 바뀐 형태가 18세기 문헌에서부터 나타난다. 18세기에 제1음절의 모음 'ㆍ'가 'ㅏ'로 바뀌면서 19세기에는 '싸르다' 형태가 등장하였다. 현대국어에서는 'ㅂ'의 된소리를 'ㅃ'으로 표기하는 원칙에 따라 '빠르다'로 표기하게 되었다. 한편 16~18세기에는 'ᄲᆞᆯᄋᆞ다', 'ᄲᆞᆯ으다'와 같은 과잉 분철 표기도 나타나며, 'ᄲᆞᆯ르다', '빨르다'의 예도 보인다. ᄲᆞᄅᆞ다(15세기~19세기)〉ᄲᆞ르다(18세기~19세기)〉싸르다(19세기)〉빠르다(20세기~현재). 이형태: ᄲᆞᄅᆞ다, ᄲᆞᆯᄋᆞ다, ᄲᆞ르다, ᄲᆞᆯ으다, ᄲᆞᆯ르다, 싸ᄅᆞ다, 싸르다, ᄈᆞᄅᆞ다, ᄈᆞ르다. 入聲은 ᄲᆞᆯ리 긋돋ᄂᆞᆫ 소리라 促急은 ᄲᆞᄅᆞᆯ 씨라.《1446 훈언 14ㄱ》. ᄀᆞ롬도 ᄯᅩ ᄲᆞᆯ리 닐며 ᄲᆞᆯ라 긋ᄂᆞ니라《1465 원각 상 2-3:28ㄱ》, 論語에 ᄀᆞᆯ오ᄃᆡ 술윗 가온ᄃᆡ셔 돌보디 아니ᄒᆞ며 ᄲᆞᆯ온 말솜을 아니ᄒᆞ며 親히 ᄀᆞᄅᆞ치디 아니ᄒᆞ더시다.《1588 소언 3:13ㄱ》

【集說】朱子曰內顧는回視也니禮曰顧不過轂이라하니라三者는

皆失容이요**且惑人**이니라

주자가 말하였다. "內顧는 돌아봄이니, 《예기》에 이르기를, '돌아봄은 수레바퀴통을 지나지 않는다[수레바퀴통만 본다].' 하였으니, 세 가지는 모두 容儀를 잃게 하고, 또 남을 迷惑하게 한다."

漢字 **轂**(수레바퀴통 곡)

미혹(迷惑)하다: 정신이 헷갈려 갈팡질팡 헤매다.

【二十章】

○**曲禮**예**曰凡視**ㅣ**上於面則敖**傲ㅣ오**下於帶則憂**ㅣ오**傾則姦**이니라 《禮記 曲禮》

●〈곡례〉에 말하였다. "무릇 봄이 (상대방의) 얼굴에 올라가면 오만하고, 띠에 내려오면 근심스럽고, 기울이면[곁눈질하면] 간사하다."

漢字 **敖**(=**傲** 오만할 오)

번소 曲곡禮례예 ᄀᆞ로ᄃᆡ 믈읫 보ᄆᆞᆯ ᄂᆞᄆᆡ ᄂᆞᆾ 우희 오ᄅᆞ면 조너ᄅᆞ고 ᄯᅴ 아래 ᄂᆞ리오면 시르믈 뒷ᄂᆞᆫ 거시오 기우리면 간샤ᄒᆞᆫ ᄆᆞᅀᆞᄆᆞᆯ 뒷ᄂᆞᆫ 거시라

현대역 〈곡례〉에 가로되, "무릇 봄을 남의 낯 위에 오르면 오만하고, 띠 아래 내려오면 시름을 둔 것이요, 기울이면 奸邪한 마음을 두어 있는 것이라."

1 오ᄅᆞ면: 오르면. '오ᄅᆞ(어간)+면(연결어미)'이다. '오ᄅᆞ다'는 15세기 문헌에서부터 나타난다. '오ᄅᆞ다'는 자음이나 매개모음으로 시작하는 어미가 결합할 때에는 '오ᄅᆞ거늘', 'ᄋᆞᄅᆞ시고'와 같이 '오ᄅᆞ-'로, 모음으로 시작하는 어미가 결합할 때에는 '올아'와 같이 '올ㅇ-'으로 실현되어 '오ᄅᆞ-/올ㅇ-'의 교체를 보였다. 16세기에 제2음절 이하의 'ㆍ'가 'ㅡ'로 변하였는데, '오ᄅᆞ다'도 이러한 변화를 겪어 '오르다'

가 되었다. 16세기에는 '오ᄅᆞ다'가 '오르다'로 변한 것뿐 아니라 모음으로 시작하는 어미가 결합할 때 '올ㅇ-'으로 실현되던 활용형에도 변화가 생겼다. 16세기에 'ㄹ' 뒤에 오던 성문 마찰 유성음 'ㅇ'[ɦ]이 탈락하면서 'ㄹ'이 첨가되어 모음으로 시작하는 어미가 결합할 때에도 '올라'와 같이 '올ㄹ-'로 나타나기 시작한 것이다. 17세기까지 '올ㅇ-'과 '올ㄹ-'이 공존하다가 18세기부터 '올ㄹ-'로 통일되어 자음이나 매개모음으로 시작하는 어미가 결합할 때에는 '오르-', 모음으로 시작하는 어미가 결합할 때에는 '올ㄹ-'이 일반화되었다. 이로써 '오르-/올ㄹ-'의 교체를 갖게 되면서 현재에 이르렀다. 16세기에 나타나는 '올ᄋᆞ-'와 18, 19세기에 나타나는 '올으-'는 '오ᄅᆞ-, 오르-'의 과잉 분철 표기이다. 오ᄅᆞ다(15세기~19세기)〉오르다(16세기~현재). 이형태: 오ᄅᆞ-, 올ㅇ-, 올ㄹ-, 오르-, 올으-, 올ᄋᆞ-. 羅睺羅 더브러 노ᄑᆞᆫ 樓 우희 오ᄅᆞ시고.《1447 석상 6:2ㄴ》, 즉자히 神通力으로 樓 우희 ᄂᆞ라 올아 耶輸ㅅ 알ᄑᆡ 가 셔니.《1447 석상 6:3ㄱ》, 진지 오를 제 반ᄃᆞ시 시그며 더운 졀ᄎᆞᄅᆞᆯ 술펴 보시며.《1588 소언 4:12ㄱ》, 만난 거슬 ᄀᆞ초고 텽의 올라 안부를 묻ᄌᆞ오니.《1588 소언 6:92ㄱ》, 主人이 손과 더블어 올ᄋᆞ기를 ᄉᆞ양ᄒᆞ야 主人이 몬져 올ᄋᆞ거든.《1588 소언 2:69ㄱ》

2 조너ᄅᆞ고: 오만하고. '조너ᄅᆞ(어간)+고(연결어미)'이다. 대문(大文)의 '오(傲)'에 대한 해석이다. 부사형 '조널이'가 《내훈》에 보인다. 치워도 조널이 덥닙디 말며 ᄇᆞ라와도 조널이 긁디 말며 고마온 이리 잇디 아니커든 조널이 메왯디 말며(寒不敢襲 癢不敢搔 不有敬事 不敢袒裼).《내훈 1:49~50》(현대역: 추워도 함부로 덧입지 말며 가려워도 함부로 긁지 말며 고마운 일이 있지 않거든 함부로 어깨 벗어 메지 말며.)

3 뒷ᄂᆞᆫ: 두어 있는. 두(置, 어간)+어(보조적 연결어미)+잇(在, '잇다'의 어간)+ᄂᆞ(현재시제 선어말어미)+ㄴ(관형사형 어미)이다. 완료상은 보조적 연결어미 '-아/어'와 보조형용사 '잇다[在]'의 결합으로 표현된다. 즉 '어+잇'이 '-엣-'으로 나타난다. 그러나 동사 '두-(置)' 아래에서는 '-엣-' 대신 보조적 연결어미 '-어'가 탈락된 '-잇-'이나, 여기서 'ㅣ'가 떨어진 '-ㅅ-'으로 나타난다. 같은 '우'로 끝난 '드리우-'는 '-엣-'이 붙어 '드리웻-'으로 나타나는 것과는 대조적이다. '뒷더시니', '뒷ᄂᆞᆫ'과 '둣더시니', '둣논'이 그 예이다. '뒷ᄂᆞᆫ'은 '-잇'으로 나타난 것이다.

4 기우리면: 기울이면. '기우리(어간)+면(연결어미)'이다. '기우리다'는 '기울다'의 사동사이다. 이숌과 업숨과 둘히 업수믄 서르 기우리ᄂᆞᆫ 業이 그초ᄆᆞᆯ 니ᄅᆞ시니라(有無二無 言相傾業 斷也).《능엄 9:37》, 筐을 기우리니 蒲鴿이 펴러ᄒᆞ니 누네

ᄀᆞᄃᆞ기 비치 됴토다(傾筐蒲鴿青 滿眼顔色好).《두시-초 15:18》

5 간샤ᄒᆞᆫ: 간사(奸邪)한. '간샤ᄒᆞ(어간)+ㄴ(관형사형 어미)'이다. 자기의 이익을 위하여 나쁜 꾀를 부리는 등 마음이 바르지 않다.

소언 曲곡禮례예 ᄀᆞᆯ오ᄃᆡ 믈읫 봄이 ᄂᆞᆺᄎᆡ 올이면 오만이오 ᄯᅴ예 ᄂᆞ리오면 근심ᄒᆞᆷ이오 기우리면 간샤ᄒᆞ니라

현대역 〈곡례〉에 가로되, "무릇 봄이 낯에 올리면 오만이요, 띠에 내려오면 근심함이요, 기울이면 奸邪하니라."

올이면: 올리면. '올이(어간)+면(연결어미)'이다. '올이다'는 15세기 문헌에서부터 나타난다. 제2음절의 첫소리인 성문 마찰 유성음 'ㅇ[ɦ]'이 16세기에 탈락하면서 'ㄹ'이 첨가되어 16세기에 '올리다'가 되었다. 19세기까지 '올이다'와 '올리다'가 공존하다가 '올리다'로 정착하면서 현재에 이르렀다. 15세기 '올이다'는 동사 '오ᄅᆞ-'에 사동접사 '-ㅣ-'가 결합한 것이다. '오ᄅᆞ-'는 모음으로 시작하는 어미가 결합할 때에는 '올ㅇ-'으로 실현되었기 때문에 사동접사 '-ㅣ-'가 결합한 형태도 '올이-'로 나타난 것이다. 올이다(15세기~19세기)〉올리다(16세기~현재). 이형태: 올이다, 올리다. 石壁에 ᄆᆞᄅᆞᆯ 올이샤 도ᄌᆞᄀᆞᆯ 다 자ᄇᆞ시니 현 번 ᄠᅱ운ᄃᆞᆯ ᄂᆞ미 오ᄅᆞ리잇가.《1447 용가 48》, 만일 아비ᄭᅴ어든 눈을 둘오ᄃᆡ ᄂᆞᆺᄎᆡ 올리디 말며 ᄯᅴ예 ᄂᆞ리오디 말올 디니라.《1588 소언 2:15ㄱ》

【集說】**呂氏曰上於面者**는**其氣驕**하니**知其不能以下人矣**요**下於帶者**는**其神奪**이니**知其憂在乎心矣**요**視流則容側**이니**必有不正之心**이**存乎胸中矣**니**此**는**君子之所以愼也**니라

여 씨가 말하였다. "(봄이) 얼굴에 올라가는 자는 그 기운이 교만하니 그 남에게 낮추지 못함을 알 수 있고, (봄이) 띠에 내려가는 자는 그 정신이 빼앗겨지니 그 근심이 마음에 있음을 알 수 있고, 봄이 흐르면[곁눈질하면] 모양이 기우니 반드시 부정한 마음이 가슴 속에 존재함이 있는 것이니, 이것[위 세 가지]들은 군자가 삼가는 바이다."

漢字 **奪**(빼앗을 탈), **胸**(가슴 흉)

【二十一章】

○論語에曰孔子ㅣ於鄉黨애恂恂相倫反如也ᄒᆞ샤似不能言者ㅣ러시다 《論語 鄕黨》

●《논어》에 말하였다. "공자가 鄕黨에서 信實한 듯하시어, 말씀을 (잘) 못하는 이 같으셨다.

漢字 恂(신실할 순, 미쁠 순, 두려워할 순, 정성 순, 갑자기 준)

번소 論론語어에 ᄀᆞ로ᄃᆡ 孔공子ᄌᆞㅣ ᄆᆞ올ᄒᆡ 겨샤ᄂᆞᆫ 졍셩되오 공슌ᄒᆞ샤 말ᄉᆞᆷ을 잘 몯ᄒᆞᄂᆞᆫ ᄃᆞᆺᄒᆞ더시다

현대역 《논어》에 가로되, "공자가 마을에 계셔서는 정성스럽고 공순하시어 말씀을 잘 못하는 듯하시더라.

1 겨샤ᄂᆞᆫ: 계셔서는. '겨시(어간)+아(연결어미)+ᄂᆞᆫ(보조사)'이다. '겨시-'는 '계시다'의 옛말인 '겨시다'의 어간이다. '-아ᄂᆞᆫ'은 연결어미 '-아'와 보조사 'ᄂᆞᆫ'의 결합형으로, 끝음절의 모음이 'ㆍ, ㅏ, ㅗ'인 동사, 형용사 어간 뒤에 붙어, '-아서는'을 뜻하는 어미이다. 늘거 그텟 사괴요ᄆᆞᆯ 가져 나져믄 사ᄅᆞᄆᆡ게 브토니 ᄂᆞᆺ출 當ᄒᆞ얀 ᄆᆞᅀᆞᄆᆞᆯ 보내요ᄃᆡ ᄂᆞᆺ출 도라ᄂᆞᆫ 웃ᄂᆞ다(晩將末契托年少 當面輸心背面笑). 《두시-초 25:52》, 지븨 이셔ᄂᆞᆫ 아비를 좃고 사ᄅᆞᄆᆡ게 가ᄂᆞᆫ 남진ᄋᆞᆯ 좃고 남진 죽거든 아ᄃᆞᆯ 조차(在家從父 適人從夫 夫死從子).《내훈 1:85》

2 졍셩되오: 정성스럽고. '졍셩(어근)+되(형용사 파생접사)+고(연결어미)'에서, '되'가 이중모음 [toj]로 발음되기 때문에 '-고'의 'ㄱ'이 성문 마찰 유성음 'ㅇ[ɦ]'으로 약화된 것이다.

3 공슌ᄒᆞ샤: 공순(恭順)하시어. '공슌ᄒᆞ(어간)+샤(주체 높임 선어말어미)+ø(연결어미 '아' 탈락)'이다. 주체 높임[존경법] 선어말어미에는 '-시-' 이외에 '-샤-'도 있다. '-시-'와 '-샤-'는 음운론적으로 조건 지어져 있다. 즉 '-시-'는 자음 어미 앞에서 실현되고, '-샤-'는 모음 어미 앞에서 실현된다. 본 예의 '-샤-'는 '-시-'가 모음 어미 '-아' 앞에서 실현되고, 모음 어미 '-아'는 탈락한 것이다. 종전에는

'-샤-'를 '-시-'와 '-아, -오'의 결합으로 해석하였고, '-오'의 이형태로서 '-아'를 세워 '-샤-'를 설명하기도 했다. 그러나 이 해석은 중세국어의 일반적인 '-시-'의 음운 현상에 어긋난다. 이른바 존재사 '이시-'가 어미 '-아, -옴, -오ᄃᆡ, -오라'와 결합하면 '*이샤, *이샴, *이샤ᄃᆡ, *이사라'가 되지 않고 '이셔, 이숌, 이쇼ᄃᆡ'로 바뀌는 것을 보면, '시+아, 오→샤'의 방식의 설명에 무리가 있음이 드러난다. '홈, 호ᄃᆡ, 혼'의 존경 형태가 'ᄒᆞ샴, ᄒᆞ샤ᄃᆡ, ᄒᆞ샨'이고, 이의 낮춤 형태가 '홈, 호ᄃᆡ, 혼'이라는 사실을 목도하면 '-샤-'는 '-시-'가 모음 어미 앞에서 교체된 형태라는 것이 분명해진다(고영근, 2020: 145). 결론적으로, '-샤-'는 '-시-'가 '-아, -오'로 된 어미나 선어말어미 '-오-' 등의 모음 어미 앞에서 실현된다고 말할 수 있다. 唱義班師ㅣ 실씨 千里 人民이 몯더니 聖化ㅣ 기프샤 北狄이 ᄯᅩ 모ᄃᆞ니(唱義班師 遠人競合 聖化旣深 北狄亦集).《용가 9장》, 盟誓ᄒᆞ샤ᄃᆡ 道理 일워ᅀᅡ 도라오리라 ᄒᆞ시고 鹿皮옷 니브샤 미친 사ᄅᆞᆷᄀᆞ티 묏고래 수머 겨샤 여슷 ᄒᆡᄅᆞᆯ 苦行ᄒᆞ샤.《석상 6:4》.

소언 論론語어에 ᄀᆞᆯ오ᄃᆡ 孔공子ᄌᆞㅣ 鄕향黨당애 恂슌恂슌[믿브고 실ᄒᆞᆫ 양이라] ᄐᆞᆺᄒᆞ샤 말ᄉᆞᆷ을 잘 몯ᄒᆞᄂᆞᆫ 이 ᄀᆞᆮ더시다

현대역 《논어》에 가로되, "공자가 향당에 순순(恂恂)[미쁘고 實한 모양이라.] 한 듯하시어 말씀을 잘 못하는 이 같으시더라.

1 슌슌ᄒᆞᆫ: 순순(恂恂)한. '슌슌ᄒᆞ(어간)+ㄴ(관형사형 어미)'이다. '슌슌ᄒᆞ다'는 '믿음직하고 거짓이 없다.'를 뜻한다. 유의어: 신실(信實)하다

2 믿브고: 미쁘고. '믿브(어간)+고(연결어미)'이다. '미쁘다'의 옛말인 '믿브다'는 16세기 문헌에서부터 나타난다. 이 단어는 '믿다'에 형용사를 만드는 접미사 '브'가 결합하여 이루어진 단어이다. '믿'은 받침 규정에 따라 17세기에는 '밋브다'로 쓰였으며 18세기에는 'ㅂ' 아래의 'ㅡ'가 'ㅜ'로 바뀌는 원순모음화의 영향에 따라 '밋부다'로 바뀌었다. 믿브다(16세기)>미쁘다(20세기~현재). 이형태: 믿브다, 밋브다, 밋부다, 즁의 마리 믿브디 아니호미 명빅ᄒᆞ니라.《1518 번소 7:22ㄴ》, 경등의게 밋브믈 못 뵌 타시라 ᄒᆞ시더라.《선조행장019》

3 실ᄒᆞᆫ: 실(實)한. 허실 없이 옹골찬. '실ᄒᆞ(어간)+ㄴ(관형사형 어미)'이다. 읍내까지 10리는 실하게 걸어야 한다.

【集說】朱子曰恂恂은信實之貌라似不能言者는謙卑遜順하여不以賢知先人也라鄕黨은父兄宗族之所在라故로孔子居之에其容貌辭氣如此하시니라

주자가 말하였다. "恂恂은 신실한 모양이다. 似不能言者[말씀을 잘 못하는 이 같음]는 겸손하고 낮추며 사양하고 좇아, 어짊과 지혜를 가지고 남에게 앞서지 않음이다. 鄕黨은 부형과 종족이 계신 곳이므로, 공자께서 그곳에 거처할 때에 그 용모와 말씀과 기운이 이와 같으셨다."

其在宗廟朝廷ᄒᆞ샤ᄂᆞᆫ便便言ᄒᆞ샤ᄃᆡ唯謹爾러시다

●그 종묘와 조정에 계셔서는 말씀을 잘 하시되, 오직 삼갈 뿐이셨다.

漢字 便(말 잘할 변, 편할 편), 爾(뿐 이, 너 이)

번소 宗종廟묘ㅣ며 朝됴廷뎡에 겨샤ᄂᆞᆫ 말ᄊᆞᄆᆞᆯ ᄀᆞᆯᄒᆡ내 ᄒᆞ샤ᄃᆡ 오직 조심ᄒᆞ야 ᄒᆞ더시다

현대역 종묘며 조정에 계셔서는 말씀을 가려내어 하시되, 오직 조심하여 하시더라.

1 ㅣ며: 이며. 본래는 서술격 조사의 활용형이었으나, 여기서는 서술 기능은 사라지고, 접속조사로 사용되었다.

2 겨샤ᄂᆞᆫ: 계셔서는, '겨시(在, 어간)+아(연결어미)+ᄂᆞᆫ(보조사)'이다.

3 ᄒᆞ샤ᄃᆡ: 하시되. 'ᄒᆞ(어간)+샤(주체 높임 선어말어미)+ᄃᆡ(연결어미 '오ᄃᆡ'에서 '오' 탈락)'이다. '-샤-'는 '-시-'가 모음 어미 '-오ᄃᆡ' 앞에서 실현된 것이다. 종전에는 '-샤-'를 '-시-'와 '-아, -오'의 결합으로 해석하였고, '-오'의 이형태로서 '-아'를 세워 '-샤-'를 설명하기도 했다. 그러나 이 해석은 중세국어의 일반적인 '-시-'의 음운 현상에 어긋난다. 이에 대한 자세한 설명은 위 제21장 '공슌ᄒᆞ샤'나 본서 1권 〈소학제사(小學題辭)〉의 '슬허ᄒᆞ샤'를 참조하기 바란다. '-오ᄃᆡ'는 '-샤-' 뒤에서 '오'가 탈락되었는데, 선행 음절의 모음이 'ㆍ, ㅏ, ㅗ, ㅣ, 반모음 ㅣ'인 경우에 붙어, '-(으)되'를 뜻하는 연결어미이다. 置陣이 ᄂᆞᆷ과 다ᄅᆞ샤 아ᅀᆞᄫᅩᄃᆡ

나ᅀᅡ오니 믈러가던덴 목숨 ᄆᆞᄎᆞ리잇가(置陣異他 知亦進當 如其退避 性命奚戕). 《용가 51장》, 淨飯이 무러시늘 占者ㅣ 判ᄒᆞᅀᆞᄫᅩᄃᆡ 聖子ㅣ 나샤 正覺 일우시리. 《월곡 상:6》

소언 그 宗종廟묘ㅣ며 朝됴廷뎡에 겨샤ᄂᆞᆫ 말ᄉᆞᆷ을 ᄀᆞᆯᄒᆡ내 ᄒᆞ샤ᄃᆡ 오직 삼가ᄒᆞ더시다

현대역 그 종묘며 조정에 계셔서는 말씀을 가려내어 하시되, 오직 삼가시더라.

【集說】朱子曰便便은辯也라宗廟는禮法之所在요朝廷은政事之所出이니言不可以不明辯이라故로必詳問而極言之하시되但謹而不放爾시니라

주자가 말하였다. "便便은 말 잘함이다. 종묘는 예법이 있는 곳이요, 조정은 정사가 나오는 곳이니, 말이 명백히 말해지지 않으면 안 된다. 그러므로 반드시 자세히 묻고 그것을 극진히 말씀하시되, 단지 삼가서 함부로 하시지 않을 뿐이다."

漢字 辨(=辯 말 잘할 변, 바로잡을 변), 放(함부로 할 방, 놓을 방, 멋대로 할 방)

朝애與下大夫言에侃侃如也ᄒᆞ시며與上大夫言에誾銀誾如也ㅣ러시다

● 조정에서 下大夫와 더불어 말씀함에는 강직한 듯하시며, 上大夫와 더불어 말씀함에는 화기애애한 듯하셨다."

漢字 侃(강직할 간), 誾(화기애애할 은)

번소 朝됴廷뎡에 아랫태우 벼슬ᄒᆞᆫ 사ᄅᆞᆷᄃᆞ려 말ᄉᆞᆷᄒᆞ샤ᄃᆡ 강덕히 ᄒᆞ시며 웃태우 벼슬ᄒᆞᆫ 사ᄅᆞᆷᄃᆞ려 말ᄉᆞᆷᄒᆞ샤ᄃᆡ 온화코 경다이 ᄒᆞ더시다

현대역 조정에서 아랫대부의 벼슬한 사람더러 말씀하시되 강직히 하시며,

윗대부의 벼슬한 사람더러 말씀하시되 온화하고 정답게 하시더라."

ᄃᆞ려: 에게. 더러. 주로 유정 체언류 뒤에 붙어, '더러'를 뜻하는 부사격 조사이다. 부톄 目連이ᄃᆞ려 니ᄅᆞ샤ᄃᆡ 네 迦毗羅國에 가아 아바ᇝ긔와 아ᄌᆞ마ᇝ긔와 아자바님내ᄭᅴ 다 安否ᄒᆞᅀᆞᆸ고.《석상 6:1》, 婆羅門이 보고 깃거 이 각시ᅀᅡ 내 얻니논 ᄆᆞᅀᆞ매 맛도다 ᄒᆞ야 그 ᄯᆞᆯᄃᆞ려 무로ᄃᆡ 그ᄃᆡᆺ 아바니미 잇ᄂᆞ닛가.《석상 6:14》

소언 됴회예 아랫태우로 더블어 말솜ᄒᆞ심애 侃간侃간[강딕홈이라]ᄐᆞᆺᄒᆞ시며 웃태우로 더블어 말솜ᄒᆞ심애 誾은誾은[화열호ᄃᆡ 변징홈이라]ᄐᆞᆺ ᄒᆞ더시다

현대역 조회에 아랫대부로 더불어 말씀하심에 간간(侃侃)[강직함이라.]하듯 하시며, 윗대부로 더불어 말씀하심에 은은(誾誾)[和悅하되, 변쟁(辯爭, 諫諍)함이라.]하듯 하시더라."

1 간간ᄒᆞ시며: 간간(侃侃)하시며. 성품이나 행실 따위가 꼿꼿하고 굳세며.

2 화열호되: 화열(和悅)하되. 마음이 화평하여 기쁘되. '화열ᄒᆞ(어간)+오ᄃᆡ(연결어미)'이다. '-오ᄃᆡ'는 선행 음절의 모음이 'ㆍ, ㅏ, ㅗ, ㅣ, 반모음 ㅣ'인 경우에 붙어, '-(으)되'를 뜻하는 어미이다. 置陣이 ᄂᆞᆷ과 다ᄅᆞ샤 아ᅀᆞ보ᄃᆡ 나ᅀᅡ오니 믈러가던덴 목숨 ᄆᆞᄎᆞ리잇가(置陣異他 知亦進當 如其退避 性命奚戕).《용가 51장》, 淨飯이 무러시ᄂᆞᆯ 占者ㅣ 判ᄒᆞᅀᆞ보ᄃᆡ 聖子ㅣ 나샤 正覺 일우시리.《월곡 상:6》

3 변징홈: 변쟁(辯爭)함. '변징ᄒᆞ(어간)+옴(명사형 어미)'이다. '변쟁하다'는 '어른이나 임금에게 옳지 못하거나 잘못된 일을 고치도록 간절히 말하다.'를 뜻한다. 유의어: 간쟁(諫爭/諫諍)하다.

【集說】**朱子曰此**는**君未視朝時也**라**王制**에**諸侯上大夫卿**이요**下大夫五人**이라**許氏說文**에**侃侃**은**剛直也**요**誾誾**은**和悅而諍也**라

주자가 말하였다. "이는 임금이 아직 조회를 보지 않을 때이다. 〈王制〉에

'제후의 상대부는 卿이요, 하대부는 다섯 사람이다.'라고 하였다. 許氏[許愼]의 《說文解字》에 '侃侃은 강직함이요, 誾誾은 화하고 기뻐하면서도 간쟁함이다.'라고 하였다."

漢字 諍(간할 쟁, 다툴 쟁)

1 諸侯上大夫卿 下大夫五人: 원래 《예기(禮記)》 〈왕제(王制)〉에는 "諸侯上大夫卿 下大夫上士中士下士凡五等"이라 하였고, 그 뒤에 "天子三公 九卿 二十七大夫 八十一元士 大國三卿 皆命於天子 下大夫五人"이라 하였는데, 이것을 축약하여 쓴 것이다(성백효, 1997:187~188).

2 허신(許愼, 30년~124년): 중국 후한(後漢)의 경학자(經學者)이다. 자는 숙중(叔重)이고, 여남군 소릉(汝南郡召陵: 河南省) 출생이다. 고전학자 가규(賈逵)에 사사하여 널리 유가(儒家)의 고전에 정통하였으며, '오경무쌍(五經無雙)의 허숙중'으로 세간에 이름이 났다. 학파로는 선진(先秦)의 고서체(古書體)에 의한 원전(原典)을 중시하는 고문가(古文家)에 속한다. 상세하고 정치한 학풍은 특히 문자학에 대한 깊은 조예에서 특색을 발휘하였으며, 《설문해자(說文解字)》(30권)는 한자의 형(形)·의(義)·음(音)을 체계적으로 해설한 최초의 자서(字書)로서 불후의 가치를 지니고 있다. 오경의 해석에 관한 이설(異說)을 집성한 《오경이의(五經異義)》(10권)도 있었으나 산일(散逸)되어 전하지 않는다(두산백과).

〖二十二章〗

○孔子ㅣ 食不語ᄒᆞ시며 寢不言이러시다 《論語 鄕黨》

●공자는 음식을 먹을 때에 말씀하지 않았으며, 잠잘 때에 말씀하지 않으셨다.

번소 孔공子ᄌᆞㅣ 반 좌실 제 말ᄉᆞᆷ 아니 ᄒᆞ시며 자실 제 말ᄉᆞᆷ 아니 ᄒᆞ더시다

현대역 공자는 밥 자실 때에 말씀 아니 하시며, 주무실 때에 말씀 아니 하시더라.

1 좌실: 자실. '좌시(어간)+ㄹ(관형사형 어미)'이다. '좌시다'는 '먹다'의 높임말이다.

'들다'보다 존대의 정도가 높다. '좌시다'는 15세기 문헌에서부터 나타난다. 16세기에 제1음절의 이중모음 'ㅘ'에서 'ㅗ'가 탈락한 '자시다' 형태가 등장하여 현재에 이르렀다. '좌시다'는 선어말어미 '-더-'와 결합할 때 '좌터시다'로 나타나기도 한 것으로 보아 기원적으로 동사 '*좌-'와 주체 높임 선어말어미 '-시-'가 결합한 것으로 추정된다. 그러나 동사 '*좌-'가 '-시-' 없이 쓰인 예는 나타나지 않으므로 '좌시다'를 하나의 동사로 본다. 좌시다(15세기~16세기)〉자시다(16세기~현재). 이형태: 좌시다, 자시다. 太子ㅣ ᄒᆞᄅᆞ ᄒᆞᆫ낟곰 닐웨예 ᄒᆞᆫ낟곰 좌시고 여슷 ᄒᆡ를 히즛도 아니ᄒᆞ샤.《1447 석상 3:38ㄴ》, 옷 더우신가 치우신가 묻ᄌᆞ오며 므스거슬 자실고 묻ᄌᆞ오며.《1518 정속-이 2ㄱ》

2 자실: 주무실. '자(어간)+시(주체 높임 선어말어미) +ㄹ(관형사형 어미)'이다.

소언 孔공子ᄌᆞᄂᆞᆫ 음식ᄒᆞ실 제 말ᄉᆞᆷ 아니 ᄒᆞ시며 자실 제 말ᄉᆞᆷ 아니ᄒᆞ더시다

현대역 공자는 음식 먹을 때 말씀 아니 하시며, 주무실 때 말씀 아니 하시더라.

【集說】**朱子曰答述曰語**요**自言曰言**이라**范氏曰聖人**은**存心不他**하여**當食而食**하고**當寢而寢**하니**言語**는**非其時也**니라

주자가 말하였다. "答述함을 語라 이르고, 스스로 말함을 言이라 이른다." 범 씨가 말하였다. "聖人은 마음 둠에 다른 것을 하지 않아, 먹음을 당해서는 먹고, 잠잠을 당해서는 자니, 언어는 그 때가 아니다."

〖二十三章〗

○**士相見禮**예**曰與君言**엔**言使臣**ᄒᆞ며**與大人言**엔**言事君**ᄒᆞ며**與老者言**엔**言使弟子**ᄒᆞ며**與幼者言**엔**言孝悌于父兄**ᄒᆞ며**與衆言**엔**言忠信慈祥**ᄒᆞ며**與居官者言**엔**言忠信**이니라 《儀禮 士相見禮》

● 〈사상견례〉에 말하였다. "임금과 더불어 말할 때엔 신하 부림을 말하며, 大人과 더불어 말할 때엔 임금 섬김을 말하며, 노인과 더불어 말할 때엔 子弟 부림을 말하며, 어린 자와 더불어 말할 때엔 父兄에게 효도하고 공경함을 말하며, 일반인들과 더불어 말할 때엔 충성과 신의, 자애와 상서로움을 말하며, 벼슬자리에 있는 자와 더불어 말할 때엔 충성과 신의를 말한다."

漢字 祥(상서로울 상)

번소 士ᄉᆞ相샹見견禮례예 ᄀᆞ로ᄃᆡ 님금 모셔 말ᄉᆞᆷᄒᆞᆯ 제ᄂᆞᆫ 신하 브룔 이ᄅᆞᆯ 니ᄅᆞ며 벼슬 노ᄑᆞᆫ 사ᄅᆞᆷᄃᆞ려 말ᄉᆞᆷᄒᆞᆯ 저긔ᄂᆞᆫ 님금 셤굘 이ᄅᆞᆯ 니ᄅᆞ며 늘그니ᄃᆞ려 말ᄉᆞᆷᄒᆞᆯ 젠 ᄌᆞ뎨 브룔 이ᄅᆞᆯ 니ᄅᆞ며 아ᄒᆡᄃᆞ려 말ᄉᆞᆷᄒᆞᆯ 젠 부형씌 효도ᄒᆞ며 공슌호ᄆᆞᆯ 니ᄅᆞ며 모ᄃᆞᆫ 사ᄅᆞᆷᄃᆞ려 말ᄉᆞᆷᄒᆞᆯ 젠 졍셩되며 어엿비 너굘 이ᄅᆞᆯ 니ᄅᆞ며 벼슬 ᄒᆞ얏ᄂᆞᆫ 사ᄅᆞᆷᄃᆞ려 니를 제ᄂᆞᆫ 졍셩되며 ᄋᆞᆯ히 ᄒᆞᆯ 주ᄅᆞᆯ 닐ᄋᆞᆯ 디니라

현대역 〈사상견례〉에 가로되, "임금을 모셔 말씀할 때는 신하 부릴 일을 이르며, 벼슬 높은 사람더러 말씀할 때는 임금 섬길 일을 이르며, 늙은이더러 말씀할 때는 자제 부릴 일을 이르며, 아이더러 말씀할 때는 부형께 효도하며 공순함을 이르며, 모든 사람더러 말씀할 때는 정성되며 불쌍히 여길 일을 이르며, 벼슬을 하여 있는 사람더러 이를 때는 정성되며 옳게 할 줄을 이를 것이니라."

1 브룔: 부릴. '브리(使, 어간)+오(대상 표시법 선어말어미)+ㄹ(관형사형 어미)'이다. 관형사형에 나타나는 선어말어미 '-오$_2$-'는 존경의 선어말어미와 결합될 수 있다는 점과 제1인칭은 물론 제2·3인칭도 주어가 될 수 있다는 점에서 종결형과 연결형에 나타나는 '-오$_1$-'과 문법 범주를 달리한다. 피한정 명사는 관형사형에 대하여 주어도 될 수 있고, 목적어와 부사어도 될 수 있다. 이때 관형사형을 평서형으로 전개할 때 피한정 명사가 목적어나 부사어의 기능을 띠면 선어말어미 '-오$_2$-'가 나타난다. 따라서 이를 대상 표시법 선어말어미로 부른다(고영근, 2020, 372). 須達이 지ᅀᅮᆫ 亭舍마다 드르시며.《석상 6:38》. 얻논

藥이 므스것고.《월석 21:215》. 이들은 피한정 명사가 관형사형의 목적어가 되는 예이다. 그림 그륜 ᄇᆞᄅᆞᆷ로….《두시언해 6:34》. 옷 색론 므를 먹고.《석상 11:25》. 이들은 피한정 명사가 관형사형의 부사어가 되는 예이다.

2 섬꼴: 섬길. '섬기(事, 어간)+오(대상 표시법 선어말어미)+ㄹ(관형사형 어미)'이다.

3 너귤: 여길. '너기(想, 어간)+우(대상 표시법 선어말어미)+ㄹ(관형사형 어미)'이다. 현대국어 '여기다'의 옛말인 '너기다'는 15세기 문헌에서부터 나타난다. 16세기에는 제1음절에 반모음 'ㅣ[j]'가 첨가되어 모음 'ㅓ'가 'ㅕ'로 바뀐 '녀기다' 형태가 등장하였다. 근대국어 후기에 'ㄴ'의 구개음화로 인해 'ㅣ, ㅑ, ㅕ, ㅛ, ㅠ' 등의 모음 앞에서 'ㄴ'이 탈락하는 현상이 일어났는데, 이에 따라 18세기에는 '녀기다'에서 'ㄴ'이 탈락하여 현대국어와 같은 '여기다'가 나타나게 되었다. 한편 근대국어 문헌에는 '넉이다', '녁이다', '역이다'와 같은 과도한 분철 표기도 등장하고 있다. 너기다(15세기~19세기)>녀기다(16세기~19세기)>여기다(18세기~현재). 이형태: 너기다, 넉이다, 녀기다, 녁이다, 여기다, 역이다. 내 이룰 爲ᄒᆞ야 어엿비 너겨.《1446 훈언 2ㄴ》, 제 아비 죄 아닌 이레 주근 주를 셜이 녀겨 벼슬 아니코 살며셔.《1518 번소 9:26ㄴ-27ㄱ》

4 어엿비: 불쌍히. 내 百姓 어엿비 너기샤 長湍ᄋᆞᆯ 건너싫 제 힌 므지게 ᄒᆡ예 뻬니이다(我愛我民 長湍是涉 維時白虹 橫貫于日).《용가 50장》, 衆生ᄋᆞᆯ 어엿비 너기시논 젼ᄎᆞ로 이 法華經을 니르시더니.《석상 21:35》

5 ᄒᆞ얏ᄂᆞᆫ: 하여 있는. 'ᄒᆞ(어간)+야(연결어미)+잇(在, '잇다'의 어간)+ᄂᆞ(현재 시제 선어말어미)+ㄴ(관형사형 어미)'이다. 완료상은 보조적 연결어미 '-아/어/야'와 보조동사 '잇다[在]'의 결합으로 표현된다. 그런데 '잇-'이 본동사와 한 음절을 이룰 때 이미 15세기에 'ㅣ'가 탈락되어 '야+ㅅ→얏'으로 나타나는 일이 많았다.

6 올히: 옳게(부사). '옳(어근)+이(부사 파생접사)'이다. 말ᄋᆞᆯ 올히 너기샤 터리 ᄢᅢ혀 주시고 손토ᄇᆞᆯ 또 주시니.《월곡 상:33》, ᄠᅳ들 올히 너기샤 佛法僧 니ᄅᆞ시고 偈 지ᅀᅥ 또 니ᄅᆞ시니 말ᄋᆞᆯ 올히 너기샤.《월곡 상:33》

소언 士ᄉᆞ相샹見견禮례에 ᄀᆞᆯ오ᄃᆡ 님금 더블어 말ᄉᆞᆷᄒᆞᆯ 제ᄂᆞᆫ 신하 ᄇᆞ림을 닐ᄋᆞ며 大대人인[벼슬 노푼 사ᄅᆞᆷ이라]ᄃᆞ려 말ᄉᆞᆷᄒᆞᆯ 제ᄂᆞᆫ 님금 셤굠ᄋᆞᆯ 닐ᄋᆞ며 늘그니ᄃᆞ려 말ᄉᆞᆷᄒᆞᆯ 제ᄂᆞᆫ 弟뎨子ᄌᆞ ᄇᆞ림을 닐ᄋᆞ며 졈은이ᄃᆞ려 말ᄉᆞᆷᄒᆞᆯ 제ᄂᆞᆫ 父부兄형씌 孝효弟뎨홈ᄋᆞᆯ 닐ᄋᆞ며 모ᄃᆞᆫ 이ᄃᆞ

려 말솜홀 제는 忠튱信신과 慈ᄌᆞ祥샹을 닐ᄋᆞ며 벼슬 ᄒᆞ연는 이ᄃᆞ려 말솜홀 제는 忠튱信신을 닐올 디니라

현대역 〈사상견례〉에 가로되, "임금과 더불어 말씀할 때는 신하 부림을 이르며, 大人[벼슬 높은 사람이라.]에게 말씀할 때는 임금 섬김을 이르며, 늙은이에게 말씀할 때는 제자 부림을 이르며, 젊은이에게 말씀할 때는 부형께 孝弟함을 이르며, 모든 이에게 말씀할 때는 忠信과 慈祥을 이르며, 벼슬을 하여 있는 이에게 말씀할 때는 忠信을 이를 것이니라."

자샹: '자상(慈祥)'의 옛말로, '자상(仔詳)'과 같은 말이다. 인정이 넘치고 정성이 지극함. 반ᄃᆞ시 그 어위크고 누그러오며 ᄌᆞ샹ᄒᆞ고 인혜로오며 온화ᄒᆞ고 어딜며 공슌ᄒᆞ고 조심ᄒᆞ며 삼가고 말솜 져그니를 구ᄒᆞ야(必求其寬裕慈惠溫良恭敬愼而寡言者).《소언 1:3》

【集說】陳氏曰大人은卿大夫也라老者는人之父兄이요幼者는人之子弟라衆은謂庶人이요居官者는謂上士至庶人在官者라言使臣則以禮하고言事君則以忠하고言使弟子則以慈愛라祥은猶善也라

진 씨가 말하였다. "大人은 卿大夫이다. 老者는 남의 父兄이요, 幼者는 남의 子弟이다. 衆은 일반인을 이르고, 居官者는 上士로부터 庶人에 이르는 벼슬에 있는 자를 이른다. 신하를 부릴 때는 예로써 함을 말하고, 임금을 섬길 때는 충으로써 함을 말하고, 자제를 부릴 때는 자애로써 함을 말한 것이다. 祥은 善과 같다."

거관자(居官者): 벼슬아치 중, 대인(大人)은 경대부(卿大夫)로, 이들과는 언사군(言事君)한다. 반면에 거관자(居官者)는 상사(上士)로부터 서인(庶人)에 이르는 미관(微官)으로, 이들과는 언충신(言忠信)한다.

〖二十四章〗

○論語에曰席不正이어든不坐ㅣ러시다 《論語 鄕黨》

●《논어》에 말하였다. "자리가 바르지 않으면, 앉지 않으셨다."

번소 論론語어에 ᄀᆞ로ᄃᆡ 돗기 바ᄅᆞ ᄭᆞ디 아니ᄒᆞ얏거든 안찌 아니ᄒᆞ더시다

현대역 《논어》에 가로되, "자리가 바르게 깔리지 아니하였거든 앉지 아니하시더라."

1 바ᄅᆞ: 바로(부사). 바르게(부사). '바ᄅᆞ+ø'이다. 형용사 어간 '바ᄅᆞ-'가 접사의 결합 없이 곧바로 부사로 파생되었다. '바르다'의 옛말 '바ᄅᆞ다'는 15세기 문헌에서부터 나타난다. 18세기에는 '바르다' 형태가 등장하였는데, 이는 근대국어 시기에 제1음절에서 모음 'ㆍ'가 'ㅏ'로 바뀌는 경향에 따른 것이다. 바ᄅᆞ다(15세기~19세기)〉바르다(18세기~현재). 이형태: 바ᄅᆞ다, 바르다. 直ᄋᆞᆫ 바ᄅᆞᆯ 씨라.《1459 월석 서:18ㄱ》, 論語에 ᄀᆞᆯ오ᄃᆡ 돗기 바ᄅᆞ디 아니커든 안찌 아니ᄒᆞ더시다.《1588 소언 3:15ㄴ》

2 ᄭᆞ디: 깔리지. 'ᄭᆞᆯ(어간)+디(보조적 연결어미)'이다. 어미 초 치조음 'ㄷ' 앞에서 어간 말 치조음 'ㄹ'이 탈락한 것이다. '깔다'의 옛말인 'ᄭᆞᆯ다'는 15세기 문헌에서부터 나타난다. 'ᄭᆞᆯ다'의 'ㅺ'의 음가에 대하여 15세기에는 'ㅅ', 'ㄱ'이 모두 발음되었다고 보는 견해도 있고, 'ㄱ'의 된소리라고 보는 견해도 있다. 그렇지만 16세기 이후의 'ㅺ'은 'ㄱ'의 된소리로 발음되었다고 볼 수 있다. 근대국어 후기에 'ㆍ'가 음가를 잃고 'ㅏ'와 같아져 혼동되면서 'ᄭᅡᆯ다'가 나타났고, 'ㄱ'의 된소리를 'ㄲ'으로 표기한 '깔다'가 19세기말부터 나타나 현재에 이르렀다. 19세기에는 'ㄱ'의 된소리를 'ㅲ'으로 표기한 'ᄢᅡᆯ다'와 같은 이형태도 나타난다. ᄭᆞᆯ다(15세기~19세기)〉ᄭᅡᆯ다(19세기)〉깔다(19세기~현재). 이형태: ᄭᆞᆯ다, ᄢᅡᆯ다, ᄭᅡᆯ다, 깔다. 플 ᄭᆞᆯ오 結加趺坐 ᄒᆞ샤 盟誓ᄒᆞ샤ᄃᆡ.《1447 석상 3:38ㄱ》, ᄆᆞᆫ아ᄌᆞ마 지즑과 돗 가져다가 나그내네 주워 ᄭᆞᆯ에.《1510년대 번노 상:25ㄴ》

소언 論론語어에 ᄀᆞᆯ오ᄃᆡ 돗기 바ᄅᆞ디 아니커든 안ᄶᅵ 아니ᄒᆞ더시다

현대역 《논어》에 가로되, "자리가 바르지 아니하거든 앉지 아니하시더라."

【集說】謝氏曰聖人은心安於正이라故로於位之不正者엔雖小나不處시니라

사 씨가 말하였다. "성인은 마음이 바름에 편안하다. 그러므로 자리가 바르지 않은 것에는 비록 작은 것이라도 처하지 않으셨다."

〖二十五章〗

○子ㅣ見齊咨衰催者ᄒᆞ시고雖狎이나必變ᄒᆞ시며見冕者與瞽古者ᄒᆞ시고雖褻屑이나必以貌ᄒᆞ시며 《論語 鄕黨》

● 공자는 상복 입은 자를 보시고는 비록 친하지만 반드시 (얼굴빛을) 변하시며, 면류관 쓴 자와 눈먼 자를 보시고는 비록 사사로이 만나더라도 반드시 예절에 맞는 몸가짐으로써 하시었다.

漢字 齊(상복 자), 衰(상복 최), 冕(면류관 면), 瞽(소경 고), 褻(무람없을 설, 속옷 설, 더러울 설)

자최(齊衰): 상례(喪禮)에서 규정한 오복제(五服制) 중의 하나. 거친 생마포로 아랫단을 접어서 지은 상복. 곧 자최복(齊衰服)

번소 孔공子ᄌᆞㅣ 거상 니브니를 보시고 비록 졸아와도 모로매 ᄂᆞᆺ비ᄎᆞᆯ 고티시며 벼슬 노ᄑᆞᆫ 관ᄃᆡᄒᆞ니와 눈머니를 보시고 비록 아ᄅᆞᆷ도이 겨신 ᄧᅡ히라도 례도ᄒᆞ시며

현대역 공자가 居喪 입은 이를 보시고 비록 친해도 모름지기 낯빛을 고치시며, 벼슬 높은 冠帶한 이와 눈먼 이를 보시고 비록 사사로이 계신 곳이라도 禮貌를 갖추시며,

1 거상: 거상(居喪). 상중(喪中)에 있음.

2 졸아와도: 친해도. '졸아오(어간)+아도(연결어미)'이다. 어간 '졸압-'이 모음 어미 앞에서 '졸아오-'로 약화된 것이다. '졸압다'는 '친하다'의 옛말이다. '즈올압다>졸압다'의 변화 과정을 보이는 단어이다. '즈올압다'는 형용사로, '친밀하거나 흉허물이 없다.'의 뜻이다. 모음으로 시작하는 어미 앞에서는 '즈올앟-'으로 나타난다. 親은 즈올아ᄫᆞᆯ씨오 近은 갓가ᄫᆞᆯ씨라.《석상 13:15》(현대역: 친은 친밀한 것이고 근은 가까운 것이다.)

3 아ᄅᆞᆷ도이: 사사로이. '아ᄅᆞᆷ(불규칙적 어근)+되(형용사 파생접사)+이(부사 파생접사)'이다. '되'가 '도이'로 적힌 것은 '되'가 이중모음 'toj'로 발음되었기 때문이다. 聖人ㅅ 마ᄅᆞᆯ 긔롱ᄒᆞ야 ᄆᆞᅀᆞ매 아ᄅᆞᆷ도이 고비 마초며(侮聖人之言 心思曲會).《영가 하:73》, 늘근 사ᄅᆞᆷ ᄃᆞᆯ히 아ᄅᆞᆷ도이 우니라.《두시-중 4:21》

4 례도ᄒᆞ시며: 예모를 갖추시며. 의미상 '례모ᄒᆞ시며'의 오자로 보인다. 《소학언해》에서도 '녜모ᄒᆞ시며'로 번역하였다. 예모(禮貌)는 '예절에 맞는 몸가짐'을 뜻한다. 더 다그쳐 확답을 얻어 내려 한다는 것도 예모가 안 서는 일이어서 이러지도 저러지도 못하고 있었다.《송기숙, 암태도》

소언 子ᄌᆞ[孔공子ᄌᆞㅣ라]ㅣ 상복ᄒᆞ니ᄅᆞᆯ 보시고 비록 졸아오나 반ᄃᆞ시 변ᄉᆡᆨᄒᆞ시며 冕면[벼슬 노ᄑᆞᆫ 사ᄅᆞᆷ의 쓰ᄂᆞᆫ 거시라]ᄒᆞ니와 다ᄆᆞᆺ 눈머니ᄅᆞᆯ 보시고 비록 ᄉᆞᄉᆞ로온 ᄃᆡ나 반ᄃᆞ시 ᄡᅧ 녜모ᄒᆞ시며

현대역 子[공자라.]가 喪服한 이를 보시고 비록 친하오나 반드시 變色하시며, 冕[벼슬 높은 사람이 쓰는 것이라.]한 이와 더불어 눈먼 이를 보시고 비록 사사로운 데[곳]나 반드시 써 禮貌를 갖추시며,

1 변ᄉᆡᆨᄒᆞ시며: 변색(變色)하시며. 얼굴빛이 달라지며. '변ᄉᆡᆨᄒᆞ(어간)+시(주체 높임 선어말어미)+며(연결어미)'이다. '변ᄉᆡᆨᄒᆞ다'는 16세기 문헌에서부터 나타난다. 이 단어는 한자어 '변ᄉᆡᆨ'과 'ᄒᆞ다'의 결합으로 이루어진 말인데, '변ᄉᆡᆨ'은 'ㆍ'의 음가 소멸과 20세기 초의 현대맞춤법으로 '변색'으로 표기되고, 'ᄒᆞ다'도 현대맞춤법이 확산됨에 따라 '하다'로 바뀌어 현재의 어형으로 정착되었다. 변ᄉᆡᆨᄒᆞ다(16세기~19세기)>변색하다(20세기~현재). 이형태: 변ᄉᆡᆨᄒᆞ다. 급ᄒᆞᆫ 울에와 심ᄒᆞᆫ 비 잇거든 곧 반ᄃᆞ시 변ᄉᆡᆨᄒᆞ야.《1588 소언 3:16ㄱ》, 만일의 내 어믜 ᄡᅧ 괴면

즉시 맛당히 변식ᄒᆞ리라.《1617 동신속 효3:41ㄴ》

2 면(冕): 제왕(帝王)의 정복에 갖추어 쓰던 관. 거죽은 검고 속은 붉으며, 위에는 긴 사각형의 판이 있고 판의 앞에는 오채(五彩)의 구슬꿰미를 늘어뜨린 것으로, 국가의 대제(大祭) 때나 왕의 즉위 때 썼다. 여기서는 '고관(高官)이 쓰던 관'을 뜻한다. 유의어: 면류관(冕旒冠)

3 네모ᄒᆞ시며: 예모를 갖추시며. '네모ᄒᆞ(어간)+시(주체 높임 선어말어미)+며(연결어미)'이다. '예모(禮貌)'는 '예절에 맞는 몸가짐'이다.

【集解】齊衰는喪服이라狎은謂素親狎이요變은謂變色이라冕은有爵者요瞽는無目者라褻은謂燕見이요貌는謂禮貌라范氏曰聖人之心은哀有喪하며尊有爵하며矜不成人이니라

자최(齊衰)는 상복이다. 狎은 평소 親狎함을 이르고, 變은 얼굴빛을 변함을 이른다. 冕은 官爵이 있는 자요, 瞽는 눈이 없는 자이다. 褻은 편안히 만나봄을 이르고, 貌는 예절에 맞는 몸가짐을 이른다. 범 씨가 말하였다. "성인의 마음은 喪이 있음을 슬퍼하고, 관작이 있음을 높이고, 불구자[不成人]를 불쌍히 여긴다."

漢字 燕(편안할 연, 제비 연, 잔치 연), 矜(불쌍히 여길 긍, 아낄 긍, 자랑할 긍)

연견(燕見): 편안히 만나봄.

凶服者를式之ᄒᆞ시며式負版者ㅣ러시다

●(수레를 타고 가다가) 喪服한 자를 (보시면) 그에게 式하시며, 지도와 호적을 가지고 있는 자를 (보시면) 式하셨다.

漢字 式(수레 앞에 가로지른 나무에 머리 숙여 절할 식, 법 식, 수레 앞에 가로지른 나무 식, 절할 식, 공경할 식)

1 흉복(凶服): 상중에 있는 상제나 복인이 입는 예복. 삼베로 만드는데, 바느질을 곱게 하지 않는다. 유의어: 복(服), 상복(喪服), 효복(孝服).

2 식(式, 軾): 수레앞턱가로나무. 또 그 나무를 짚고 굽히어 절함.

번소 거상 니븐 사ᄅᆞᄆᆞᆯ 맛나셔ᄂᆞᆫ 술윗 알ᄑᆡ ᄀᆞᄅᆞ디ᄅᆞᆫ 남ᄀᆞᆯ 비겨 구브시며 호젹진 사ᄅᆞᄆᆞᆯ 맛나셔도 그리 구브시더라

현대역 거상 입은 사람을 만나서는 수레의 앞에 가로지른 나무를 비겨 굽으시며[구부리시며], 호적진 사람을 만나서도 그쪽으로 굽으시더라[구부리시더라].

1 맛나셔ᄂᆞᆫ: 만나서는. '만나(어간)+아(연결어미)+시('시다[在]'의 어간)+어(연결어미)+ᄂᆞᆫ(보조사)'이다. '아+시+어'가 하나의 연결어미 '-아셔'로 재구조화되었다. '-아셔'는 끝음절의 모음이 'ㆍ, ㅏ, ㅗ'인 동사, 형용사 어간 뒤에 붙어, '-아서'를 뜻하는 어미이다. 시름 오매 프를 지즐안자셔 훤히 놀애 블로니 눖므리 소내 ᄀᆞ득ᄒᆞ도다(憂來藉草坐 浩歌淚盈把).《두시-초 6:1》, 뎌른 받이러미 프른 프를 帶ᄒᆞ얫ᄂᆞ니 슬허 ᄇᆞ라아셔 王孫ᄋᆞᆯ 思憶ᄒᆞ노라(短畦帶碧草 悵望思王孫).《두시-초 6:50》

2 비겨: 비기어. 비스듬하게 기대어. '비기(어간)+어(연결어미)'이다. 난간에 비기어 서서 하늘을 바라보다.

3 그리: 그곳으로. 또는 그쪽으로. 현대국어 '그리'는 16세기 문헌에서부터 '그리'로 나타나 현재까지 그대로 이어진다. '그리'는 지시대명사 '그'와 '-리'가 결합한 것으로 추정되는데, 이때 '-리'가 어떤 의미인지는 정확치 않다. '그리'의 의미로 추정해 볼 때 '-리'는 방향을 지시하는 접사로 파악하기도 한다. 그리(16세기~현재). 이형태: 그리. 호젹진 사ᄅᆞᄆᆞᆯ 맛나셔도 그리 구브시더라.《1588 소언 본장》, 나도 미처 그리 가오리.《1676 첩신-초 1:24ㄱ》

소언 상복ᄒᆞ니를 式식[술위 앏ᄒᆡ ᄀᆞᄅᆞᆫ 남글 고마온 일 잇거든 굽어 딥픔이라]ᄒᆞ시며 호젹진 이를 式식ᄒᆞ더시다

현대역 喪服한 이를 式[수레 앞에 가로지른 나무를, 고마운 일 있거든 굽어 짚음이라.]하시며, 호적진 이를 式하시더라.

딥픔: 짚음. '딥ᄑ(어간)+음(명사형 어미)'이다 '딥ᄑ'은 '짚다'의 옛말인 '딮다'의 어간 '딮-'을 팔종성 원칙에 따라 '딥-'으로 표기하고, 뒤에 'ㅍ'을 중철 표기한

방식이다. 현대국어 '짚다'의 옛말인 '딮다'는 15세기 문헌에서부터 나타나, 18세기까지 보인다. 근대국어 시기에 'ㅣ' 앞에서 'ㄷ'이 'ㅈ'으로 변화하는 구개음화 현상을 겪어 17세기부터 '짚다'도 나타나게 되어, 현재에 이어지게 된다. 그리고 '딮-'과 '짚-'은 각각 '딥ㅎ-', '집ㅎ-'과 같은 이형태도 나타난다. 딮다(15세기~18세기))짚(17세기~현재). 이형태: 딮다, 딥ㅎ다, 집ㅎ다, 짚다. 比丘ㅣ 누비 넙고 錫杖 디퍼 竹林國 디나아 沙羅樹王宮의 가.《1459 월석 8:92ㄱ》, 대렴ᄒᆞᆯ 제 후개 미처 와 손ᄂᆞ로 디프니 눈 ᄀᆞᄆᆞ니라 신안니 ᄌᆞ식 업서.《1518 이륜-옥 43ㄱ》

【集說】朱子曰式은車前橫木이니有所敬則俯而憑之라負版은持邦國圖籍者라式此二者는哀有喪하고重民數也라人惟萬物之靈而王者之所天也라故로周禮에獻民數於王이어든王拜受之라하니況其下者敢不敬乎아

주자가 말하였다. "式[軾]은 수레 앞에 가로지른 나무이니, 공경할 자가 있으면 숙여 그것[軾]에 기댄다. 負版은 나라의 圖籍을 가지고 있는 자이다. 이 두 사람[凶服者, 負版者]에게 式함은 喪이 있음을 슬퍼하고, 백성의 수를 중히 여김이다. 사람만이 오직 만물의 영장으로, 왕이 하늘로 삼는 바이다. 그러므로 《주례》에 '백성의 수를 (호적에 써서) 왕에게 바치면, 왕이 절하고 그것[백성의 수]을 받는다.'고 했으니, 하물며 그[王者] 아래인 자가 감히 (백성을) 공경하지 않겠는가?"

漢字 憑(기댈 빙, 의지할 빙)

1 도적(圖籍): 지도와 호적(戶籍)을 아울러 이르는 말.

2 헌민수(獻民數): 백성의 호구수(戶口數)를 조사하여 임금에게 아뢰는 일. 본래 《주례(周禮)》〈추관(秋官)〉 소사구(小司寇)에, "孟冬 祀司民 獻民數於王 王拜受之[맹동에 사민(司民)에게 제사지내고 백성의 수를 임금에게 드리면 임금은 절을 하면서 받는다.]"에서 유래되었다. [용례] 蓋君依於國 國依於民 民者國之本而 君之天 故周禮獻民數於王 王拜而受之 所以重其天也 爲人君者知此義 則其

所以愛民者 不可不至矣 故臣著版籍之篇而併論之(대개 임금은 나라에 의존하고 나라는 백성에 의존하는 것이니, 백성이란 나라의 근본이며 임금의 하늘인 것이다. 그러므로 《주례》에서는 백성의 수를 임금에게 바치면 임금은 절하면서 받았으니, 이것은 그 하늘을 존중하기 때문이었다. 인군이 된 사람이 이러한 뜻을 안다면 백성을 사랑함이 지극하지 아니할 수 없을 것이다. 그러므로, 신은 판적편을 지으면서 백성 사랑하는 것을 아울러 논합니다.)[조선경국전 부전 판적](한국고전용어사전).

〖二十六章〗

○禮記예曰若有疾風迅信雷甚雨ㅣ어든則必變ᄒᆞ야雖夜ㅣ나必興ᄒᆞ야衣服冠而坐ㅣ니라 《禮記 玉藻》

●《예기》에 말하였다. "만약에 빠른 바람과 빠른 우레와 심한 비가 있거든, 반드시 (얼굴빛을) 변하여, 비록 밤이라도 반드시 일어나 옷을 입고 관을 쓰고 앉았다."

漢字 迅(빠를 신), 雷(우레 뢰)

번소 禮례記긔예 ᄀᆞ로ᄃᆡ 만이레 ᄲᆞ룬 ᄇᆞᄅᆞᆷ과 시급ᄒᆞᆫ 울에와 심히 오ᄂᆞᆫ 비 잇거든 모로매 양ᄌᆞ를 고텨 비록 바미라두 모로매 니러 옷 닙고 곳갈 서 안졸 디니라

현대역 《예기》에 가로되, "만일에 빠른 바람과 시급한 우레와 심히 오는 비가 있거든, 모름지기 樣子를 고쳐, 비록 밤이라도 모름지기 일어나 옷을 입고 관을 써 앉을 것이니라."

1 양ᄌᆞ: 양자(樣子). 얼굴의 생긴 모양.

2 안졸 디니라: 앉을 것이니라. 앉을지니라. '앉(어간)+오(대상 표시법 선어말어미)+ㄹ(관형사형 어미)+ᄃᆞ(의존명사)+이(서술격조사 '이다'의 어간)+니라(평서형 종결어미)'이다. 의존명사 'ᄃᆞ'는 '것'의 의미를 가진 보편성 의존명사이다.

의존명사를 꾸며주는 관형사형에 들어있는 선어말어미 '-오$_2$-'도 대상 표시법 선어말어미에 해당한다.

소언 禮례記긔예 ᄀᆞᆯ오ᄃᆡ 만일 ᄲᆞᄅᆞᆫ ᄇᆞᄅᆞᆷ과 급ᄒᆞᆫ 울에와 심ᄒᆞᆫ 비 잇거든 곧 반ᄃᆞ시 변ᄉᆡᆨᄒᆞ야 비록 밤이나 반ᄃᆞ시 니러 옷 닙고 冠관ᄒᆞ고 안즐 디니라

현대역 《예기》에 가로되, "만일 빠른 바람과 급한 우레와 심한 비 있거든, 곧 반드시 變色하여, 비록 밤이나 반드시 일어나 옷 입고 관을 쓰고 앉을 것이니라."

안즐 디니라: 앉을 것이니라. 앉을지니라. '앉(어간)+으(매개모음)+ㄹ(관형사형 어미)+ᄃᆞ(의존명사)+이(서술격조사 '이다'의 어간)+니라(평서형 종결어미)'이다. 위 '안졸 디니라'와 비교할 때, 선어말어미 '오' 대신 매개모음 '으'가 삽입된 점이 다르다.

【集說】陳氏曰迅은疾也라變은謂變其容色이요興은起也니必變必興은皆所以敬天之怒라

진 씨가 말하였다. "迅은 빠름이다. 變은 그 얼굴빛을 변함을 이른다. 興은 일어남이니, 반드시 변하고 반드시 일어남은 모두 하늘의 노여움을 공경하는 바이다."

【二十七章】

○論語에曰寢不尸ᄒᆞ시며居不容이러시다 《論語 鄕黨》

●《논어》에 말하였다. "잠잘 때 죽은 사람처럼 하지 않으셨으며, 거할 때 몸을 꾸미지 않으셨다."

漢字 容(몸 꾸밀 용, 얼굴 용, 몸가짐 용)

불용(不容): 예모를 갖춘 엄숙한 얼굴을 하지 않다. 손님 노릇할 때처럼 행동하지 않다. 《당석경(唐石經)》에는 용(容)이 객(客)으로 되어 있고, 《경전석문(經典釋文)》에도 객(客)으로 쓰고, 용(容)으로 된 판본도 있다 하였다.

번소 論론語어에 ᄀᆞ로ᄃᆡ 자샤ᄃᆡ 누우믈 주검ᄀᆞᆮ티 아니ᄒᆞ시며 샹해 겨실 제ᄂᆞᆫ 양ᄌᆞᄅᆞᆯ 고티디 아니ᄒᆞ샤 평담히 ᄒᆞ시더라

현대역 《논어》에 가로되, "주무시되 누움을 주검같이 아니하시며, 항상 계실 때는 樣子를 고치지 아니하시어 평담(平澹)하게 하시더라."

1 자샤ᄃᆡ: 자시되. 주무시되. '자(어간)+샤(주체 높임 선어말어미)+ᄃᆡ(연결어미 '오ᄃᆡ'에서 '오' 탈락)'이다. 주체 높임 선어말어미 '샤'는 '시'가 모음 어미 '-오ᄃᆡ' 앞에서 실현된 것이다. 종전에는 '-샤-'를 '-시-'와 '-아, -오'의 결합으로 해석하였고, '-오'의 이형태로서 '-아'를 세워 '-샤-'를 설명하기도 했다. 그러나 이 해석은 중세국어의 일반적인 '-시-'의 음운 현상에 어긋난다. 이에 대한 자세한 설명은 본서 1권 중 〈소학제사(小學題辭)〉의 '슬허ᄒᆞ샤'를 참조하기 바란다. '-오ᄃᆡ'는 '-샤-' 뒤에서 '오'가 탈락되었는데, 선행 음절의 모음이 'ㆍ, ㅏ, ㅗ, ㅣ, 반모음 ㅣ'인 경우에 붙어, '-(으)되'를 뜻하는 연결어미이다. 置陣이 ᄂᆞᆷ과 다ᄅᆞ샤 아ᅀᆞ보ᄃᆡ 나ᅀᅡ오니 믈러가던덴 목숨 ᄆᆞᄎᆞ리잇가(置陣異他 知亦進當 如其退避 性命奚戕).《용가 51장》, 淨飯이 무러시ᄂᆞᆯ 占者ㅣ 判ᄒᆞᅀᆞ보ᄃᆡ 聖子ㅣ 나샤 正覺 일우시리.《월곡 상:6》

2 평담히: 평담(平澹)하게. 마음이 고요하고 욕심이 없게.

소언 論론語어에 골오ᄃᆡ 자심을 주검ᄀᆞᆮ티 아니ᄒᆞ시며 居거ᄒᆞ심애 지에ᄒᆞ디 아니ᄒᆞ더시다

현대역 《논어》에 가로되, "주무심을 주검같이 아니하시며, 居하심에 몸을 움직이지 아니하시더라."

지에ᄒᆞ디: 거동하지, 몸을 움직이지. '지에ᄒᆞ(어간)+디(보조적 연결어미)'이다. '지에ᄒᆞ다'는 '몸짓을 하다', '날뛰다', '뛰놀다'의 옛말이다. ᄃᆞᆫ놈애 지에ᄒᆞ디 아니ᄒᆞ며(行不翔).《소언 2:23》(현대역: 다님에 있어서 날뛰지 아니하며.), 居ᄒᆞ심애

지에ᄒᆞ디 아니ᄒᆞ더시다(居不容).《소언 3:16》(현대역: 거하심에 몸을 움직이지 아니하셨다.)

【集說】朱子曰尸는謂偃臥似死人也라居는居家요容은容儀라 范氏曰寢不尸는非惡其類於死也요惰慢之氣를不設於身體하여雖舒布其四體라도而亦未嘗肆耳니라居不容은非惰也요但不若奉祭祀見賓客而已니申申夭夭是也니라

주자가 말하였다. "尸는 쓰러져 누움이 죽은 사람과 같음을 이른다. 居는 집안에 거처함이요, 容은 거동을 꾸밈이다. 범 씨가 말하였다. "寢不尸[잠잘 때 죽은 사람처럼 하지 않음]는 그 죽음과 같음을 싫어해서가 아니요, 게으른 기운을 신체에 베풀지 아니하여, 비록 그 四體[四肢]를 펴더라도 또한 일찍이 함부로 하지 않을 뿐인 것이다. 居不容[거할 때 몸을 꾸미지 않음]은 게으름이 아니요, 다만 제사를 받들거나 빈객을 볼 때와 같이 하지 않을 뿐이니, 용모가 활짝 펴지고 그 얼굴빛이 화함이 이것이다.

漢字 偃(쓰러질 언, 쏠릴 언), 類(같을 류, 무리 류, 닮을 류, 비슷할 류), 舒(펼 서), 布(펼 포, 베 포), 肆(마음대로 할 사, 방자할 사), 申(펼 신), 夭(얼굴 화평할 요, 일찍 죽을 요, 굽을 요, 어릴 요, 예쁠 요)

1 용의(容儀): 예의에 맞는 차림새. 유의어: 의용(儀容).
2 신신(申申): 용모가 펴진 모양.
3 요요(夭夭): 생기가 있고 얼굴빛이 환하고 부드러운 모양.

〖二十八章〗

○子之燕居애申申如也ᄒᆞ시며夭夭如也ㅣ러시다 《論語 述而》

● 공자께서 한가히 계실 때에는, 용모가 활짝 편 듯하시며, 얼굴빛이 화한 듯하셨다.

漢字 燕(편안할 연, 제비 연, 잔치 연)

연거(燕居): 한가하게 집에 있음. 유의어: 한거(閑居).

번소 孔공子ᄌᆞ ㅣ 아롬도이 겨실 저긔ᄂᆞᆫ 몸 가져 겨샤ᄆᆞᆯ 안셔이 ᄒᆞ시며 ᄂᆞᆺ비ᄎᆞᆯ 유화히 ᄒᆞ더시다

현대역 공자가 사사로이 계실 때에는, 몸을 가져 계심[몸가짐]을 安舒히 하시며, 낯빛을 柔和히 하시더라.

1 안셔히: 안서(安舒)하게. 마음이 편안하고 조용하게.
2 유화히: 유화(柔和)하게. 성품이 부드럽고 온화하게.

소언 子ᄌᆞ ㅣ 샹해 겨실 제 申신申신[모양이 폄이라]ᄐᆞᆺ ᄒᆞ시며 夭요夭요[ᄂᆞᆺ빗치 화홈이라]ᄐᆞᆺ ᄒᆞ더시다

현대역 子가 늘 계실 때, 申申[모양이 폄이라.]하듯 하시며, 夭夭[낯빛이 和함이라.]하듯 하시더라.

【集說】朱子曰燕居는**閑暇無事之時**라**楊氏曰申申**은**其容舒也**요**夭夭**는**其色愉也**라**程子曰今人**은**燕居之時**에**不怠惰放肆**면**必太嚴厲**하나니**惟聖人**이라야**便**(변) **自有中和之氣**니라

주자가 말하였다. "燕居는 한가하여 일이 없는 때이다." 양 씨가 말하였다. "申申은 그 용모가 펴짐이요, 夭夭는 그 얼굴빛이 즐거운 것이다." 정자가 말하였다. "지금 사람들은 한가하여 일이 없는 때에, 게으르거나 放肆하지 않으면, 반드시 너무 엄격하니, 오직 성인이라야 곧 스스로 중화의 기운이 있는 것이다."

漢字 愉(즐거울 유, 기뻐할 유), 嚴(엄격할 엄), 厲(엄격할 려), 便(곧 변, 편할 편, 문득 변)

〖二十九章〗

○ 曲禮예曰並坐不橫肱ᄒᆞ며授立不跪ᄒᆞ며授坐不立이니라

《禮記 曲禮》

● 〈곡례〉에 말하였다. "나란히 앉음에 팔을 빗기지[옆으로 뻗지] 아니 하며, 서있는 사람에게 줌에 꿇어앉지 아니 하며, 앉아있는 사람에게 줌에 서지 않는다."

漢字 肱(팔뚝 굉), 跪(꿇어앉을 궤)

번소 曲곡禮례예 ᄀᆞ로ᄃᆡ ᄂᆞᆷ과 ᄀᆞᆯ와 안자셔 볼토ᄀᆞᆯ 겨토로 ᄀᆞᄅᆞ딥디 말며 셔니ᄅᆞᆯ 주ᄃᆡ ᄭᅮ러셔 말며 안잣ᄂᆞ니ᄅᆞᆯ 주ᄃᆡ 셔셔 마롤 디니라

현대역 〈곡례〉에 가로되, "남과 나란히 하여 앉아서 팔뚝을 옆으로 가로지르지 말며, 선 이를 주되 꿇어서 말며, 앉아 있는 이를 주되 서서 말 것이니라."

1 ᄀᆞᆯ와: 나란히 하여. 'ᄀᆞᆲ(並, 어간)+아(연결어미)'이다. 'ᄀᆞᆲ다'는 '가루다', '나란히 하다'의 옛말이다. 어간 'ᄀᆞᆲ-'이 모음 어미 앞에서는 'ᄀᆞᆯᄫ-', 'ᄀᆞᆯ오-'로 나타난다. 阿難이 空王佛ᄭᅴ 부텨와 ᄒᆞᆫᄢᅴ 發心ᄒᆞ야 功夫 힝뎌기 볼셔 부텨ᄭᅴ ᄀᆞᆲ건마ᄅᆞᆫ(阿難於空王佛所 同佛發心 功行固已侔佛).《능엄 1:37》, 並書ᄂᆞᆫ ᄀᆞᆯᄫᅡ 쓰ᇙ씨라.《훈언 3》

2 안자셔: 앉아서. '앉(坐, 어간)+아(연결어미)+시('시다[在]'의 어간)+어(연결어미)'이다. '아+시+어'가 하나의 연결어미 '-아셔'로 재구조화되었다. '-아셔'는 끝음절의 모음이 'ㆍ, ㅏ, ㅗ'인 동사, 형용사 어간 뒤에 붙어, '-아서'를 뜻하는 어미이다. 시름 오매 프를 지즐안자셔 훤히 놀애 블로니 눉므리 소내 ᄀᆞ득ᄒᆞ도다(憂來藉草坐 浩歌淚盈把).《두시-초 6:1》, 戶外예 昭容이 블근 ᄉᆞ매 드리오고 둘히 御座ᄅᆞᆯ 보아셔 朝儀ᄅᆞᆯ 引進ᄒᆞᄂᆞᆺ다(戶外昭容紫袖垂 雙瞻御座引朝儀).《두시-초 6:7》

3 볼토ᄀᆞᆯ: 팔뚝을. '볼톡(명사)+ᄋᆞᆯ(목적격 조사)'이다. '볼독'은 '팔뚝'의 옛말이다. '볼톡'은 15세기 문헌에서부터 나타난다. 15세기의 '볼톡'은 '팔'을 의미하는

'불ㅎ'과 '독'의 결합으로 볼 수 있는데 '독'이 무엇인지는 정확히 알 수 없다. 15세기에 '블톡'과 함께 '블독'이 공존하였는데 '블독'은 '블ㅎ'의 끝소리 'ㅎ'이 탈락한 것이다. 16세기에 'ㅎ' 종성을 가진 '블ㅎ'의 첫소리 'ㅂ'이 유기음 'ㅍ'으로 바뀌어 '폴독'으로 나타나다가 이후 '폴독'의 제2음절의 첫소리 'ㄷ'이 된소리로 바뀌어 '폴똑'이 되었다. 18세기에 제1음절의 'ㆍ'가 'ㅏ'로 변함에 따라 '폴똑'도 19세기에 '팔뚝'으로 나타나게 되었다. 19세기의 '팔뚝'은 'ㆍ'가 'ㅏ'로 변한 것과 함께 제2음절의 양성모음 'ㅗ'가 음성모음 'ㅜ'로 바뀐 것을 반영한 것이다. 20세기에 들어와서 된소리 'ㅼ'을 'ㄸ'으로 표기하면서 현대국어의 '팔뚝'이 되었다. 블톡(15세기)〉블독(15세기~17세기)〉폴독(16세기~18세기)〉폴똑(17세기~18세기)〉팔뚝(19세기)〉팔뚝(20세기~현재). 이형태: 블톡, 블독, 폴독, 폴똑, 팔뚝. 두 무룹과 두 블톡과 뎡바기 싸해 다드롤 씨라.《1459 월석 21:7ㄴ》, 두 블홀 길 조치로 펴 노코 노흐로 두 블독 뭇뒷 그틀 ᄀᆞᄅᆞ 견조고.《1489 구간 2:61ㄱ》

4 겨토로: 곁으로. '곁(명사)+오로(부사격 조사)'이다. '오로'는 'ᄋᆞ로'가 변한 것이다.

5 수러셔: 꿇어서. '숤(어간)+어(연결어미)+시('시다[在]'의 어간)+어(연결어미)'이다. '어+시+어'가 하나의 연결어미 '-어셔'로 재구조화되었다. '-어셔'는 끝음절의 모음이 'ㆍ, ㅏ, ㅗ'가 아닌 동사, 형용사 어간 뒤에 붙어, '-어서'를 뜻하는 어미이다. 衛護는 둘어 더브러셔 護持홀씨라.《석상 9:40》, 阿育王이 塔올 ᄒᆞ마 이르숩고 幡을 몬 ᄃᆞ라셔 病ᄒᆞ야 누버셔 虛空애 비로ᄃᆡ 부톄 靈ᄒᆞ거시든 애 情誠을 솔피쇼셔 ᄒᆞ니.《석상 24:32》. '숤다'는 '꿇다'의 옛말이다. '숤다'는 15세기 문헌에서부터 나타난다. 근대국어 후기에 'ㄱ'의 된소리 표기가 'ㅺ'에서 'ㄲ'으로 바뀜에 따라 19세기에 '꿀-'로 나타나게 되었다. 이후 종성에 'ㅎ'이 덧붙어 '꿇-'로 나타나면서 현재에 이른 것으로 보인다. 숤다(15세기~19세기)〉꿀다(19세기)〉꿇다(20세기~현재). 이형태: 숤다, 꿀다. 올흔 무룹 수러 몸 구펴 合掌ᄒᆞ야 부텨씌 솔ᄫᆞ샤ᄃᆡ.《1447 석상 9:29ㄴ》, 니츙이 모다 안즌 알픠 수러 어믜게 술오ᄃᆡ.《1518 이륜-옥 8ㄱ》

6 안잣ᄂᆞ니를: 앉아 있는 이를. '앉(坐, 어간)+아(보조적 연결어미)+잇(在, '잇다'의 어간)+ᄂᆞ(현재 시제 선어말어미)+ㄴ(관형사형 어미)+이(의존명사)+를(목적격 조사)'이다. 완료상은 보조적 연결어미 '-아/어'와 보조형용사 '잇다[在]'의 결합으로 표현된다. 그런데 '잇-'이 본동사와 한 음절을 이룰 때 이미 15세기에 'ㅣ'가 탈락되어 '아+ㅅ→앗'으로 나타나는 일이 많았다. 內豎는 뫼ᅀᆞ왓는 혀근

臣下ㅣ라.《내훈 1:39》, 내 바ᄅᆞ 닐오마 길 마갓ᄂᆞᆫ ᄒᆞᆫ 퍼깃 사미 비 오나든 곳 퓌오 ᄇᆞᄅᆞᆷ ᄀᆞᆯ겨든 여름 ᄆᆡᆺᄂᆞᆫ 거셔(我猜着 當路一科麻 下雨開花 刮風結子).《번박 상:40》

소언 曲곡禮례예 ᄀᆞᆯ오ᄃᆡ ᄀᆞᆯ와 안즘애 ᄑᆞᆯ을 빗기디 아니ᄒᆞ며 셔니를 주ᄃᆡ ᄭᅮ러 아니ᄒᆞ며 안ᄌᆞ니를 주ᄃᆡ 셔셔 아닐 디니라

[현대역] 〈곡례〉에 가로되, “나란히 하여 앉음에 팔을 가로지르지 아니하며, 선 이를 주되 꿇어 아니하며, 앉은 이를 주되 서서 아니할 것이니라.”

빗기디: 가로지르지. ‘빗기(어간)+디(보조적 연결어미)’이다. ‘빗기다’는 ‘가로지르다’의 옛말이다. 어떤 곳을 가로 등의 방향으로 질러서 지나다. 나조ᄒᆡ ᄃᆞᆯ여 幽州 幷州ㅅ 바ᄆᆡ셔 可히 빗기리로다(夕趨可刷幽幷夜).《두시-초 17:29》

【集說】陳氏曰橫肱則妨並坐者라不跪不立은皆謂不便於受者라

진 씨가 말하였다. “팔을 빗기면 나란히 앉은 사람에게 방해가 된다. 꿇어 앉지 않고 서지 않음은 모두 받는 사람에게 불편함[불편하기 때문임]을 이른다.”

[漢字] 妨(방해할 방)

【三十章】

○入國不馳ᄒᆞ며入里必式이니라 《禮記 曲禮》

● 나라에 들어가서는 (수레를) 달리지 않으며, 마을에 들어가서는 반드시 式한다.

[漢字] 馳(달릴 치)

번소 나라해 들어갈 제 ᄃᆞᆯ이디 말며 ᄆᆞᅀᆞᆯ히 드러갈 제 모로매 술위 알ᄑᆡ ᄀᆞᄅᆞ디른 남긔 구불 디니라

현대역 나라에 들어갈 때 달리지 말며, 마을에 들어갈 때 모름지기 수레 앞에 가로지른 나무에 굽을[구부릴] 것이니라.

1 ᄃᆞᆯ이디: 달리지. 'ᄃᆞᆯ이(어간)+디(보조적 연결어미)'이다. 'ᄃᆞᆯ이다'는 '달리다'의 옛말이다. 'ᄃᆞᆯ이다'는 15세기 문헌에서부터 나타난다. 'ᄃᆞᆯ이-'는 '달리다'의 의미인 'ᄃᆞᆮ-'에 접사 '-이-'가 결합한 것이다. 16세기에 'ㄹ'이 추가된 'ᄃᆞᆯ리-'로 나타난다. 18세기에 제1음절의 'ㆍ'가 'ㅏ'로 변화함에 따라 19세기부터 '달리다'로 나타나서 현재에 이르렀다. 17세기의 'ᄃᆞᆯ니다'는 'ᄃᆞᆯ리다'의 어중 'ㄹㄹ'이 'ㄹㄴ'으로 표기된 것이다. 19세기의 '달니다'는 '달리다'의 어중 'ㄹㄹ'이 'ㄹㄴ'으로 표기된 것이다. ᄃᆞᆯ이다(15세기~17세기)〉ᄃᆞᆯ리다(16세기~18세기)〉달리다(19세기~현재). 이형태: ᄃᆞᆯ이다, ᄃᆞᆯ리다, ᄃᆞᆯ니다, 달리다, 달니다. 背馳ᄂᆞᆫ 뒤도라 ᄃᆞᆯ일 씨라.《1463 법화 3:180ㄱ》, 淮水ㅣ 桐栢山의 나셔 동녁크로 ᄃᆞᆯ리기를 아ᄋᆞ라이 ᄒᆞ야.《1588 소언 6:91ㄱ》

2 ᄀᆞᄅᆞ디른: 가로지른. 'ᄀᆞᄅᆞ디ᄅᆞ(어간)+ㄴ(관형사형 어미)'이다. '가로지르다'의 옛말인 'ᄀᆞᄅᆞ디ᄅᆞ다'는 15세기 문헌에서부터 나타난다. 'ᄀᆞᄅᆞ디ᄅᆞ다'는 '가로 놓여 있다'의 의미의 용언 'ᄀᆞᄅᆞ다'에서 파생된 부사 'ᄀᆞᄅᆞ'와 동사 '디ᄅᆞ다'의 합성어이다. 'ᄀᆞᄅᆞ'는 'ᄀᆞᄅᆞ〉ᄀᆞ르〉ᄀᆞ로〉가로'의 변화 과정을 거치고 '디ᄅᆞ다'의 경우는 '디ᄅᆞ다〉디르다〉지르다'의 변화과정을 거치는데, 'ᄀᆞᄅᆞ디ᄅᆞ다'의 경우도 이와 동일하게 변하였다. 19세기에 'ᄀᆞ로지르다'를 거쳐 오늘날의 '가로지르다'에 이른다. ᄀᆞᄅᆞ디ᄅᆞ다(15세기~18세기)〉ᄀᆞ로지르다(19세기)〉가로지르다(20세기~현재). 이형태: ᄀᆞᄅᆞ디ᄅᆞ다, ᄀᆞᄅᆞ디르다, ᄀᆞ로지르다. 關은 門의 ᄀᆞᄅᆞ디ᄅᆞᄂᆞᆫ 남기오 鑰은 엸쇠라.《1463 법화 4:130ㄴ》, 너를 依藉ᄒᆞ야 져근 울헤 ᄀᆞᄅᆞ디르고 속 뷘 대로 반ᄃᆞ개 지여 ᄆᆡ요리라.《1481 두시-초 25:2ㄴ》, 挺 ᄀᆞᄅᆞ디ᄅᆞᆯ 뎡.《1576 신합 하:61ㄴ》

소언 나라해 들어 ᄃᆞᆯ이디 아니ᄒᆞ며 ᄆᆞ올히 들 제 반ᄃᆞ시 式식홀 디니라

현대역 나라에 들어 달리지 아니하며, 마을에 들 때 반드시 식(式)할 것이니라.

【集說】陳氏曰入國不馳는恐車馬躪吝躒人也라

진 씨가 말하였다. "入國不馳[나라에 들어가서는 달리지 아니함]은 수레와 말이 사람들을 짓밟고 칠까 두려워해서이다."

漢字 躪(짓밟을 린), 櫟(칠 력, 난간 력, 밟고 넘을 력)

【集成】馬氏曰石慶이入里門不下車한대而其父責之하고張湛이望里門則步에而君子多之하니則入里必式者는父母國之道也니라

마 씨가 말하였다. "石慶이 마을 문에 들어와 수레에서 내려오지 않았는데 그의 아버지가 그를 꾸짖었고, 장담(張湛)이 마을 문이 바라보이면 걸어갔는데 군자들이 그를 아름답게 여겼으니, 마을에 들어가서는 반드시 式함은 부모 나라에서의 도리이다."

漢字 湛[물 괼 담, 잠길 침, 맑을 잠, 담글 점, 장마 음], 多(아름답게 여길 다, 많을 다)

석경(石慶), 장담(張湛) 일화: 이들 일화가 뒤의 〈선행(善行) 제6〉 제43장과 제56장에 각각 보인다.

〖三十一章〗

○ 少儀예曰執虛호딕如執盈ㅎ며入虛호딕如有人이니라 《禮記 少儀》

● 〈소의〉에 말하였다. "빈 그릇을 잡되, 가득한 그릇을 잡듯이 하며, 빈 방에 들어가되, 사람 있는 방과 같게 해야 한다."

漢字 盈(찰 영)

번소 少쇼儀의예 ᄀᆞ로ᄃᆡ 뷘 그르슬 자보ᄃᆡ ᄀᆞ독ᄒᆞᆫ 것 자본 ᄃᆞ시 ᄒᆞ며

빈 지븨 드러가ᄃᆡ 사ᄅᆞᆷ잇ᄂᆞᆫ ᄃᆡᄀᆞ티 ᄒᆞᆯ 디니라

현대역 〈소의〉에 가로되. "빈 그릇을 잡되 가득한 것 잡은 듯이 하며, 빈 집에 들어가되 사람 있는 데같이 할 것이니라."

소언 少쇼儀의예 ᄀᆞᆯ오ᄃᆡ 빈 것 잡오ᄃᆡ ᄀᆞ득ᄒᆞᆫ 것 잡음ᄀᆞᆮ티 ᄒᆞ며 빈 ᄃᆡ 들오ᄃᆡ 사ᄅᆞᆷ인ᄂᆞᆫ ᄃᆡᄀᆞᆮ티 ᄒᆞᆯ 디니라

현대역 〈소의〉에 가로되. "빈 것 잡되 가득한 것 잡음같이 하며, 빈 데 들되 사람 있는 데같이 할 것이니라."

ᄀᆞᆯ오ᄃᆡ, 잡오ᄃᆡ, 들오ᄃᆡ: 말하되, 잡되, 들되. 'ᄀᆞᆯ+오ᄃᆡ', '잡+오ᄃᆡ', '들+오ᄃᆡ'이다. '-오ᄃᆡ'는 선행 음절의 모음이 'ㆍ, ㅏ, ㅗ, ㅣ, 반모음 ㅣ'인 경우에 붙어, '-(으)되'를 뜻하는 연결어미이다. 置陣이 ᄂᆞᆷ과 다ᄅᆞ샤 아ᅀᆞᄫᅩᄃᆡ 나ᅀᅡ오니 믈러가던뎬 목숨 ᄆᆞᄎᆞ리잇가(置陣異他 知亦進當 如其退避 性命奚戕).《용가 51장》, 나ᄂᆞᆫ 어버ᅀᅵ 여희오 ᄂᆞᄆᆡ그에 브터 사로ᄃᆡ 우리 어ᅀᅵ아ᄃᆞ리 외ᄅᆞᆸ고 입게 ᄃᆞ외야 人生 즐거ᄫᅳᆫ ᄠᅳ디 업고.《석상 6:5》

【集說】陳氏曰執虛器를如執盈滿之器하고入虛室을如入有人之室은敬心常存也라

진 씨가 말하였다. "빈 그릇 잡기를 가득 찬 그릇을 잡듯이 하고, 빈 방에 들어가기를 사람이 있는 방에 들어가듯이 함은 공경하는 마음이 항상 있어서이다."

漢字 盈(찰 영), 滿(찰 만)

〖三十二章〗

○禮記예曰古之君子ㅣ必佩玉ᄒᆞ니右徵角ᄒᆞ고左宮羽ᄒᆞ야

《禮記 玉藻》

●《예기》에 말하였다. "옛날 군자는 반드시 옥을 찼으니, 오른쪽에는 치(徵)와 角 소리의 옥을 찼고, 왼쪽에는 宮과 羽 소리의 옥을 차,

漢字 佩(찰 패)

번소 禮례記긔예 ᄀᆞ로ᄃᆡ 녯 군ᄌᆞᄂᆞᆫ 모로매 옥을 ᄎᆞ더니 올ᄒᆞᆫ녀긘 徵티ㅅ 소리와 角각 소리예 맛게 ᄒᆞ고 왼녀긘 宮궁 소리와 羽우ㅅ 소리예 맛게 ᄒᆞ야

현대역 《예기》에 가로되, "옛 군자는 모름지기 옥을 차더니, 오른쪽은 徵 소리와 角 소리에 맞게 하고, 왼쪽에는 宮 소리와 羽 소리에 맞게 하여,

1 올ᄒᆞᆫ녀긘: 오른쪽은. '올ᄒᆞᆫ녁+의(특수 처소 부사격조사)+ㄴ(보조사)'이다. '올ᄒᆞᆫ녁'은 '오른쪽'의 옛말이다. ᄎᆞ마 盃中엣 物을 그치고 오직 안잿ᄂᆞᆫ 올ᄒᆞᆫ녀긧 書銘을 보시놋다(忍斷盃中物, 秖看座右銘).《두시-초 8:13》, 마ᅀᆞᆫ아홉차힌 모맷 터리 올ᄒᆞᆫ녀그로 ᄡᅳ렛ᄒᆞ시며.《월석 2:58》

2 왼녀긘: 왼쪽은. '왼녁+의(특수 처소 부사격조사)+ㄴ(보조사)'이다. '왼녁'은 '왼쪽'의 옛말이다. 太子ㅣ 닐오ᄃᆡ 大王하 閻浮提옛 一切 衆生이 옷밥 爲ᄒᆞ야 그지업슨 受苦홀ᄊᆡ 이제 王ᄭᅴ 왼녁 귀옛 如意摩尼寶珠를 비ᅀᆞᆸ고져 ᄒᆞ노이다.《월석-중 22:46》, 노ᄑᆞᆫ 뫼ᄒᆞᆫ 알ᄑᆡ 嵂崒ᄒᆞ고 너븐 ᄀᆞᄅᆞᄆᆞᆫ 왼녀긔 흐르놋다.《두시-중 6:18》

소언 禮례記긔예 ᄀᆞᆯ오ᄃᆡ 녜 君군子ᄌᆞㅣ 반ᄃᆞ시 玉옥을 ᄎᆞ니 올ᄒᆞᆫ녁킈ᄂᆞᆫ 徵티와 角각을 ᄒᆞ고 왼녁킈ᄂᆞᆫ 宮궁과 羽우를 ᄒᆞ야[徵티角각宮궁羽우ᄂᆞᆫ 다 음악 소릐 일홈이라]

현대역 《예기》에 가로되, "옛 군자가 반드시 옥을 차니, 오른편은 徵와 角을 하고, 왼편에는 宮과 羽를 하여[徵·角·宮·羽는 다 음악 소리 이름이라.],

【集解】陳氏曰徵角宮羽는以玉聲所中言也라徵爲事하고角爲民이라故로在右하니右爲動作之方也라宮爲君하고羽爲物하니

君道는宜靜이요物道는宜積이라故로在左하니左乃無事之方也라不言商者는或以西方肅殺之音이라故로遺之歟아

진 씨가 말하였다. "徵角宮羽는 玉소리로써 알맞은 바를 말한 것이다. 徵[火, 南, 夏]는 일이 되고, 角[木, 東, 春]은 백성이 된다. 그러므로 오른쪽에 있으니, 오른쪽은 동작하는 곳이 된다. 宮[土, 中, 季夏]은 임금이 되고, 羽[水, 北, 冬]는 물건이 되니, 임금의 도는 마땅히 고요하고, 물건의 도는 마땅히 쌓임이다. 그러므로 왼쪽에 있으니, 왼쪽은 곧 일이 없는 곳이다. 商[金, 西, 秋]을 말하지 않은 것은 혹시 서쪽 방향의 肅殺 소리이기 때문이리라[以]. 그러므로 그것을 빠뜨린 것인가 한다.

漢字 遺(빠뜨릴 유, 끼칠 유)

1 숙살(肅殺): 가을 기운이 초목을 말라 죽게 함.

2 오행(五行)을 오방(五方), 오계(五季), 오성(五聲)과 연결하여 정리하면 다음과 같다.

木[東 春 角]	爲民	在右(動作之方)
火[南 夏 徵]	爲事	在右(動作之方)
土[中 季夏 宮]	爲君 宜靜	在左(無事之方)
水[北 冬 羽]	爲物 宜積	在左(無事之方)
金[西 秋 商]	肅殺	

趨以采齊慈ᄒᆞ고行以肆夏ᄒᆞ며周還旋下同中規ᄒᆞ고折還中矩ᄒᆞ며進則揖之ᄒᆞ고退則揚之ᄒᆞᄂᆞ니然後에玉鏘鳴也ㅣ니故로君子ㅣ在車則聞鸞和之聲ᄒᆞ고行則鳴佩玉ᄒᆞᄂᆞ니是以로非辟僻之心이無自入也ㅣ니라

● 빨리 걸어감에 〈채자(采齊)〉로써 하고, 걸어감에 〈사하(肆夏)〉로써 하며, 두루 돎은 規[그림쇠]에 맞게 하고, 꺾어 돎은 矩[곱자]에 맞게 하며, 나아감에는 揖하고 물러남에는 몸을 드니, 그런 뒤에 옥이 쟁쟁 울린다. 그러므로

군자는 수레에 있으면 鸞과 和의 소리를 듣고, 걸어가면 찬 옥을 울린다. 이렇게 함으로써 그릇되고 邪辟한 마음이 스스로 들어오지 않는다.”

漢字 趨(빨리 걸을 추), 規[그림쇠(원형을 그리는 도구) 규, 동그라미 규], 矩[곱자(방형을 그리는 도구) 구, 네모 구, 모서리 구), 鏘(금옥 소리 장), 鸞(말에 단 방울 란), 和[식(軾)에 단 방울 화]

1 채자(采齊)와 사하(肆夏): 현재 《시경》에 보이지 않아, 일시(逸詩)라 하며, 일설에 사하(肆夏)는 《시경》 〈주송(周頌)〉의 ‘시매(時邁)’라 한다.
2 鏘: 《번역소학》과 《소학언해》에는 ‘鏘(금옥 소리 장)’으로, 《소학집주》에는 ‘瑲(옥 소리 쟁)’으로 되어 있다.

번소 ᄌᆞ조 거러갈 제 采치齊ᄌᆞ 편으로 ᄒᆞ고 ᄃᆞ닐 저긔ᄂᆞᆫ 肆ᄉᆞ夏하 편으로ᄡᅥ ᄒᆞ며 두려디 도로ᄃᆡ 規규에 맛게 ᄒᆞ고 모 것거 도로ᄃᆡ 矩구에 맛게 ᄒᆞ며 나ᅀᅡ갈 저긘 구븓ᄒᆞ고 믈러갈 저긘 펴 그리ᄒᆞᆫ 후에ᅀᅡ 찻ᄂᆞᆫ 옥이 ᄌᆡᆼᄌᆡᆼ히 마초 우ᄂᆞ니라 이런ᄃᆞ로 君군子ᄌᆞᄂᆞᆫ 술위예 이시면 방올소ᄅᆡᄅᆞᆯ 듣고 거러 ᄃᆞᆫ니면 佩패玉옥ᄋᆞᆯ 울이ᄂᆞ니 이런ᄃᆞ로 왼 샤벽ᄒᆞᆫ ᄆᆞᅀᆞ미 브터 드롤 ᄃᆡ 업ᄉᆞ니라

현대역 종종걸음으로 걸어갈 때 〈채자(采齊)〉 편으로 하고, (걸어) 다닐 때는 〈사하(肆夏)〉 편으로써 하며, 둥글게 돌되 그림쇠에 맞게 하고, 모퉁이 꺾어 돌되 곱자에 맞게 하며, 나아갈 때는 구붓하고, 물러갈 때는 펴서, 그렇게 한 후에야 찬 옥이 쟁쟁히 맞추어 운다. 이런 까닭으로 군자는 수레에 있으면 방울소리를 듣고, 걸어 다니면 패옥을 울리니, 이런 까닭으로 그른 邪辟한 마음이 붙어서 들어올 데가 없느니라.

1 ᄌᆞ조: 자주. 문맥상 ‘빈번히’가 아닌, ‘종종걸음으로’의 뜻이다. ‘ᄌᆞ조’는 15세기 문헌에서부터 나타난다. ‘ᄌᆞ조’는 형용사 어간 ‘ᄌᆞᆽ-’에 부사 파생접사 ‘-오’가 결합한 것이다. 근대국어 시기에 제1음절에서 모음 ‘ㆍ’가 ‘ㅏ’로 바뀌는 경향에 따라 18세기에는 ‘자조’ 형태가 등장하였다. 근대국어 후기에는 제2음절의 모음 ‘ㅗ’가 ‘ㅜ’로 바뀌어 19세기에 ‘자주’ 형태가 나타나면서 현재에 이르렀다. ᄌᆞ조

(15세기~19세기))〉자조(18세기~19세기))〉자주(19세기~현재). 이형태: ᄌᆞ조, 자조, 자주. 太子ㅣ ᄌᆞ조 王ᄭᅴ 出家ᄒᆞ야지이다 ᄉᆞᆲ거시ᄂᆞᆯ.《1447 석상 3:23ㄱ》, 이제 누의 나히 늙고 나도 늙그니 비록 ᄌᆞ조 누의 위ᄒᆞ야 쥭을 글히고져 ᄒᆞᆫ들 다시 시러곰 ᄒᆞ려,《1517 번소 9:79ㄱ》

2 두려디: 둥글게. '두려디'는 '둥글게'의 옛말이다. 對答ᄒᆞᄉᆞ오며 나ᄉᆞ며 므르며 두려디 돌며 모 것거 도로매 삼가 조심ᄒᆞ며(應唯敬對 進退周旋愼齊).《내훈》(현대역: 대답하며 나아가며 물러나며 둥글게 돌며 모로 꺾어 도는 것에 삼가 조심하며.)

3 도로ᄃᆡ: 돌되, '돌+오ᄃᆡ'이다. '-오ᄃᆡ'는 선행음절의 모음이 'ㆍ, ㅏ, ㅗ, ㅣ, 반모음 ㅣ'인 경우에 붙어, '-(으)되'를 뜻하는 어미이다. 置陣이 ᄂᆞᆷ과 다ᄅᆞ샤 아ᄉᆞ보ᄃᆡ 나ᅀᅡ오니 믈러가던덴 목숨 ᄆᆞᄎᆞ리잇가(置陣異他 知亦進當 如其退避 性命奚戕).《용가 51장》, 淨飯이 무러시ᄂᆞᆯ 占者ㅣ 判ᄒᆞᄉᆞ보ᄃᆡ 聖子ㅣ 나샤 正覺 일우시리.《월곡 상:6》

4 규(規): 각도기, 컴퍼스 따위를 통틀어 이르는 말. 작도(作圖)에서 원을 그리거나 고치는 데 쓴다. 현대 고유어는 '그림쇠'이다.

5 모ㅎ: 모. 공간의 구석이나 모퉁이. 현대국어 '모'의 옛말인 '모ㅎ'은 15세기 문헌에서부터 나타난다. '모ㅎ'는 모음이나 'ㄱ, ㄷ'으로 시작하는 조사가 결합할 때에는 끝소리 'ㅎ'이 나타나지만, 그 밖의 자음으로 시작하는 조사가 결합하거나 단독으로 쓰일 때에는 'ㅎ'이 탈락하는 ㅎ종성체언으로 '모ㅎ/모'의 이형태 교체를 보였다. ㅎ종성체언은 이르면 15세기, 일반적으로는 근대국어 시기에 끝소리 'ㅎ'이 완전히 탈락한 형태가 등장하였는데, '모ㅎ/모'의 경우는 19세기까지도 '모'가 단독으로 쓰인 예만 나타나고 그 밖의 조사와 결합한 예가 나타나지 않아 끝소리 'ㅎ'이 완전히 탈락하여 '모' 형태로 단일화한 시기가 정확히 언제인지 확인할 수 없다. 모ㅎ(15세기~19세기))〉모(20세기~현재). 모ㅎ, 모. 太子를 ᄢᅳ려 안ᄉᆞ바 夫人ᄭᅴ 뫼셔오니 스믈여듧 大神이 네 모해 侍衛ᄒᆞᅀᆞᆸ더라.《1459 월석 2:43ㄴ》, 隅 모 우.《1576 신합 상:2ㄱ》

6 것거: 꺾어. '젉(어간)+어(연결어미)'이다. 현대국어 '꺾다'의 옛말인 '젉다'는 15세기 문헌에서부터 나타난다. '젉다'는 자음으로 시작하는 어미가 결합할 때에는 '것-'으로, 모음으로 시작하는 어미가 결합할 때에는 '젉-'으로 실현되었다. 18세기에 어두자음 'ㄱ'이 된소리로 바뀌어 '젉다'가 되었다. 같은 시기에 어간 말자음 'ㄳ'이 'ㄲ'으로 바뀌어 '썪다'와 공존하였다. 19세기에는 'ㄱ'의 된소리를

표기한 'ᄭ'이 'ㄲ'으로 표기되면서 현재의 '꺾다'가 되었다. 거ᇧ다(15세기~19세기)〉ᄭᅥᇧ다(18세기)〉ᄭᅥᆩ다(18세기~19세기)〉꺾다(19세기~현재). 이형태: 거ᇧ다, ᄭᅥᇧ다, ᄭᅥᆩ다, 꺾다. 조ᄒᆞᆫ 座 ᄉᆞᆯ오 고ᄫᆞᆫ 곳 것고 ᄌᆞ걋 밥 더러내야 比丘ᄭᅴ 주시니.《1447 석상 11:41ㄴ》, 夫人이 올ᄒᆞᆫ 소ᄂᆞ로 가질 자ᄇᆞ샤 곳 것고려 ᄒᆞ신대.《1459 월석 2:36ㄱ》, 셔울 죵뎐 셧 녁 샤텽의셔 황뎃 앏픠 버들 것거 곳고 활 ᄡᅩ리 만ᄒᆞ니.《1510년대 번박 59ㄴ》

7 구(矩): 현대 고유어는 '곱자'이고, 옛말은 '고ᄫᆞᆫ자'이다. '고ᄫᆞᆫ자'는 16세기 문헌에서부터 나타난다. '고ᄫᆞᆫ자'는 동사 '곱-'과 관형사형 어미 '-ㄴ', 명사 '자'가 결합한 것이다. 근대국어 시기를 거치면서 동사 '곱-'과 명사 '자'가 직접 결합하여 '곱자'로 나타나면서 현재에 이르렀다. 고ᄫᆞᆫ자(16세기)〉곱자(20세기~현재). 이형태: 고ᄫᆞᆫ자. 矩 고ᄫᆞᆫ자 구《1575 천자-광 41ㄴ》

8 저귄: 적에는. '적(의존명사)+의(특수 처소 부사격조사)+ㄴ(보조사)'이다.

9 구븓ᄒᆞ고: 구붓하고. 구부러지고. 약간 굽은 듯하고. '구븓ᄒᆞ(어간)+고(연결어미)'이다. '구븓ᄒᆞ다'는 15세기 문헌에서부터 나타난다. '구븓ᄒᆞ다'는 '굽-'에 접사 '-읃-'과 '-ᄒᆞ-'가 결합한 것이다. 근대국어 시기에 종성의 'ㄷ'이 'ㅅ'으로 표기되는 경향에 따라 19세기에 '구븟ᄒᆞ다'가 되었다. 또한 근대국어 시기에 'ㅂ' 뒤에서 모음 'ㅡ'가 'ㅜ'로 변하는 원순모음화를 겪고, '-ᄒᆞ-'가 '-하-'로 변하여 20세기 이후에 '구붓하다'가 되면서 현재에 이르렀다. 구븓ᄒᆞ다(15세기~16세기)〉구븟ᄒᆞ다(19세기)〉구붓하다(20세기~현재). 이형태: 구븓ᄒᆞ다, 구븟ᄒᆞ다. 角은 ᄲᅳ리어 貝ᄂᆞᆫ 골와래니 구븓호미 ᄡᆡᆯ ᄀᆞᆮ홀ᄊᆡ 角貝라 ᄒᆞ니라.《1447 석상 13:53ㄱ》, 矩구에 맛게 ᄒᆞ며 나ᅀᅡ갈 저귄 구븓ᄒᆞ고 믈러갈 저귄 펴 그리 ᄒᆞᆫ 후에ᅀᅡ 찻ᄂᆞᆫ 옥이 ᄶᅵᆼᄶᅵᆼ히 마초 우ᄂᆞ니라.《1518 번소 4:20ㄴ-21ㄱ》

10 ᄶᅵᆼᄶᅵᆼ히: 쟁쟁(琤琤)하게. 옥이 맞부딪쳐 울리는 소리가 맑음을 나타낸 것이다.

11 마초: 알맞게. 맞추어. ᄇᆞᄅᆞᆷ 비 時節에 마초 ᄒᆞ야 녀르미 ᄃᆞ외야 一切 有情이 無病歡樂ᄒᆞ며.《석상 9:34》, 이ᄅᆞᆯ ᄇᆞ터 바ᄅᆞ 닐어 ᄆᆡ며 ᄉᆞ랑호매 마초 아니홀ᄊᆡ라(據事直言 不叶憎愛).《영가 상:49》

12 이런ᄃᆞ로: 이러한 까닭으로. 뫼화 修行方便ᄋᆞᆯ 사ᄆᆞ실ᄊᆡ 이런ᄃᆞ로 일후믈 修道分이라 ᄒᆞ니라(摠爲修行方便 故名修道分).《능엄 1:21》, 우 업ᄉᆞᆫ 道 일우ᄆᆞᆯ 버려 뵈실ᄊᆡ 이런ᄃᆞ로 일후믈 證果分이라 ᄒᆞ니라(成無上道 故名證果分).《능엄 1:21》

13 거러ᄃᆞᆫ니면: 걸어다니면. 같은 장 앞부분 'ᄃᆞᆫ닐'이 자음동화를 표기에 반영한 것과는 대조적이다,

14 울이ᄂᆞ니: 울리나니. '울(어근)+이(사동접사)+ᄂᆞ(현재 시제 선어말어미)+니(연결어미)'이다.

15 왼: 그른. '외(非, 어간)+ㄴ(관형사형 어미)'이다. '외다'는 '그르다'의 옛말이다. 또 義로뻐 제 헐리 잇ᄂᆞ니 남진이 비록 ᄉᆞ랑ᄒᆞ나 舅姑ㅣ 외다 ᄒᆞ면 이 닐온 義로 제 허로미라(亦有以義自破者也 夫雖雲愛 舅姑雲非 此所謂以義自破者也).《내훈 2:12》, ᄆᆞᅀᆞᆷ 조ᄒᆞᆯ씨 信이오 왼 일 마로미 戒오.《석상-중 11:43》

16 샤벽ᄒᆞᆫ: 사벽(邪辟/邪僻)한. '샤벽ᄒᆞ(어간)+ㄴ(관형사형 어미)'이다. 마음이 간사하고 한쪽으로 치우치는 데가 있는. 언제나 정인군자가 좌우에 모시면 저절로 사벽한 일이 일어나지 않았습니다.《번역 중종실록》

17 브터: 붙어. 어떤 것이 더해지거나 생겨난. 현대국어 '붙다'의 옛말인 '븥다'는 15세기 문헌에서부터 나타난다. 이 단어는 'ㅂ' 뒤에서 모음 'ㅡ'가 'ㅜ'로 바뀌는 원순모음화에 따라 '븥'이 '붙'으로 바뀌었다. '븥다'는 받침 규칙에 따라 자음 어미가 오며 '븓고'와 같이 '븓-'의 형태로 쓰였고, 16세기 문헌에는 '븥다'의 분철 표기인 '븟트니', '븓트니' 등이 쓰이기 시작하였다. 근대국어 시기에 원순모음화를 경험하여 모음 'ㅡ'가 'ㅜ'로 바뀌었어도 받침의 표기는 여전히 다양하였는데, '붓다'의 형태로도 나타나기도 하며, '붙다'의 분철 표기인 '붓ㅌ-'도 나타나기도 한다. 븥다(15세기~18세기)>붙다(20세기~현재). 이형태: 븓다, 븟다, 브티ᄃᆞᆼ기다, 븟ㅌ다, 붓다, 붓ㅌ다. 어버ᅀᅵ 여희ᅀᆞᆸ고 ᄂᆞᆷ올 브터 이쇼ᄃᆡ 어ᅀᅵ 아ᄃᆞᆯ이 입게 사노이다.《1447 월곡 52ㄱ》, 머리 우희 블 븓고 누니 핏무적 ᄀᆞᆮ고.《1447 석상 6:33ㄱ》, 着ᄋᆞᆫ 브티ᄃᆞᆼ길 씨라.《1447 석상 13:23ㄴ》, 거말이 두어히 손ᄭᅡ락애 붓터 나거늘.《1581 속삼-중 효:5ㄱ》

17 드롤: 들어올. '들(入, 어간)+오(대상 표시법 선어말어미)+ㄹ(관형사형 어미)'이다.

소언 ᄌᆞ조 거를 제 采치齊ᄌᆞ로뻐 ᄒᆞ고 ᄃᆞᆫ닐 제ᄂᆞᆫ 肆ᄉᆞ夏하로뻐 ᄒᆞ며[采치齊ᄌᆞ肆ᄉᆞ夏하ᄂᆞᆫ 다 毛모詩시 篇편 일홈이니 읍퍼 節졀奏주를 삼ᄂᆞ니라] 두루 돌오매 規규[두렫ᄒᆞᆫ 것 ᄆᆡᆫᄃᆞᄂᆞᆫ 그릇시라]에 맛게 ᄒᆞ고 모 것거 돌오매 矩구[너모난 것 ᄆᆡᆫᄃᆞᄂᆞᆫ 그릇시라]에 맛게ᄒᆞ며 나ᅀᅡ갈 제ᄂᆞᆫ 굽읃ᄒᆞ고 믈러갈 제ᄂᆞᆫ 드ᄂᆞ니 그런 後후에 찻ᄂᆞᆫ 玉옥이 징징히 우ᄂᆞ니 그러모로 君군子ᄌᆞㅣ 술위예 이시면 방올소리를 듣

고 ᄃᆞ니면 찬ᄂᆞᆫ 玉옥ᄋᆞᆯ 울이ᄂᆞ니 이러모로 ᄡᅧ 외며 샤벽ᄒᆞᆫ ᄆᆞᄋᆞᆷ이 블터 들미 업ᄉᆞ니라

현대역 잦게 걸을 때 〈채자(采薺)〉로써 하고, (걸어) 다닐 때는 〈사하(肆夏)〉로써 하며[〈采薺〉 〈肆夏〉는 다 《毛詩》 편 이름이니, 읊어 節奏를 삼는다.], 두루 돎에 규(規)[둥근 것 만드는 그릇이라.]에 맞게 하고, 모퉁이 꺾어 돎에 구(矩)[네모난 것 만드는 그릇이라.]에 맞게 하며, 나아갈 때는 구붓하고, 물러갈 때는 드니, 그런 후에 찬 옥이 쟁쟁히 우니, 그러므로 군자가 수레에 있으면 방울소리를 듣고, 다니면 찬 옥을 울리니, 이러므로 써 그르며 邪辟한 마음이 붙어 듦이 없느니라.

1 읍퍼: 읊어. '읖(어간)+어(연결어미)'이다. '읖다'는 '읊다'의 옛말이다. 현대국어 '읊다'의 옛말인 '잎다'는 15세기 문헌에서부터 나타난다. 이 단어는 자음으로 시작하는 어미와 결합할 때에는 팔종성법에 따라 '입-'으로 나타났다. 16세기에는 모음 'ㅣ'가 'ㅡ'로 바뀐 '읖다' 형태가 등장하였고, 17세기에는 어간말 자음 'ㅍ' 앞에 'ㄹ'이 첨가된 '읊다' 형태가 등장하여 현재에 이르렀다. 한편 16세기 문헌에는 '읖-'을 중철 표기한 '읍ㅍ-'의 예가 나타나며, 17~18세기 문헌에는 '읊-'을 중철 표기한 '읇ㅍ-'의 예도 보인다. 18~19세기 문헌에 나타나는 '읇ㅎ-'은 '읊-'의 'ㅍ'을 'ㅂㅎ'으로 재음소화한 표기이다. 잎다(15세기~17세기)〉읖다(16세기~17세기)〉읊다(17세기~현재). 이형태: 잎-, 입-, 읖-, 읍-, 읍ㅍ-, 읊-, 읇-, 읇ㅍ-, 읇ㅎ-. 名花와 香果롤 벌와 새왜 므러 오며 나빅 프람 기리 이푸믈 遠近이 다 듣거든.《1464 영가 하:106ㄱ》, 기피 글 입고 西軒에 안자셔 밥 머구믈 어스름과 나줄 그르ᄒᆞ노라.《1481 두시-초 11:25ㄴ》, 行홈애 남은 히미 잇거든 모시 외오며 샹셔 닐그며 으프며 놀애 블으며 춤츠며 발 굴러 ᄉᆞ려를 或도 넘디 마롤 디니라.《1588 소언 사:3ㄱ》, 詠 읍플 영.《1576 신합 하:6ㄱ》

2 절주: 절주(節奏). 유의어: 리듬(rhythm). 음의 장단이나 강약 따위가 반복될 때의 그 규칙적인 음의 흐름. 활짝 열린 창에서 가득히 흘러내리는 피아노의 절주에도 어쩐지 친근하기 쉬운 애정이 팽창하여 있는 듯하다.《김진섭, 인생 예찬》

3 두루: 빠짐없이 골고루. 현대국어 '두루'의 옛말인 '두루'와 '두로'는 15세기 문헌에서부터 나타난다. '두루'와 '두로'는 어간 '두르-'에서 부사 '*두르'로 직접

파생된 후 제2음절 모음 'ㅡ'가 제1음절 'ㅜ'의 영향으로 'ㅜ' 혹은 'ㅗ'로 변화되어 '두루' 혹은 '두로'로 나타난 것으로 볼 수도 있다. 일반적으로 접사 '-오'나 '-우'가 결합되어 파생된 부사의 경우 거성으로 끝난다는 점을 고려할 때, '두루'와 '두로'의 성조가 '평평'이라는 점은 이를 뒷받침한다. '두루'와 '두로'는 19세기까지 함께 쓰이다가 20세기 이후 '두루'만이 표준어로 인정되어 현재에 이르렀다. 16세기의 '두ᄅᆞ'는 어간 '두르-'에서 직접 파생된 '*두르'의 제2음절 모음 'ㅡ'가 16세기 후반 이후 제2음절 이하의 'ㆍ'가 'ㅗ'나 'ㅜ'로 변화했던 경향 때문에 나타난 것으로 이해하여 'ㆍ'로 되돌려 표기했을 가능성이 있다. 16세기의 '둘우'는 '두루'를 분철 표기한 것이다. 두루/두로(15세기~19세기)>두루(20세기~현재). 이형태: 두루, 두로, 둘우, 두ᄅᆞ. 부톄 여러 나라해 두루 ᄃᆞ니샤 舍衛國에 오래 아니 왯더시니.《1447 석상 6:44ㄱ》, 빅호픐 병이 두로 ᄃᆞᆫ녀 알파 ᄒᆞᆫ 고디 아니어든.《1489 구간 1:90ㄱ》, 지게예 들 제 扃을 받드ᄃᆞ시 ᄒᆞ며 보기를 둘우 말며.《1588 소언 3:11ㄴ》, 周 두ᄅᆞ 쥬.《1575 천자-광 5ㄱ》

4 돌오매: 돎에. '돌(回, 어간)+옴(명사형 어미)+애(부사격 조사)'이다.

5 두렫ᄒᆞᆫ: 두렷한. 둥근. '두렫ᄒᆞ(어간)+ㄴ(관형사형 어미)'이다. '두렫ᄒᆞ다'는 15세기 문헌에서부터 나타난다. '두렫ᄒᆞ다'는 의태어 '두렫'과 접사 '-ᄒᆞ-'가 결합된 것으로 추정된다. '두렫'의 제1음절 모음 'ㅜ'가 'ㅗ'로 나타나는 '도렫'이 15세기부터 '두렫'과 음성상징의 짝을 이루고 있는데다가, '두렫두렫ᄒᆞ다'와 같이 반복합성어로 나타나기 때문이다. 17세기 이후 종성 'ㄷ'이 'ㅅ'으로 표기되는 경향에 따라 '두렷ᄒᆞ다'가 나타난다. 18세기 이후 제1음절의 'ㆍ'가 'ㅏ'로 변화됨에 따라 20세기 이후에는 'ᄒᆞ'의 표기를 '하'로 표기한 '두렷하다'가 나타나서 현재에 이르렀다. 15세기의 '도렫-'과 17세기의 '두렷-'은 종성 'ㄷ'과 종성 'ㅅ' 아래의 'ᄒᆞ'가 자음으로 시작하는 어미와 결합할 때 탈락하였던 경향에 따라 나타난 것이다. 17세기의 '둘엿ᄒᆞ-'는 '두렷ᄒᆞ-'를 분철 표기한 것이다. 15세기의 '두렫ᄒᆞ다'는 '둥글다'의 의미를 가지고 있었는데, 19세기 이후 현재의 의미와 같은 '뚜렷하다'의 의미를 가지게 되었다. 그러나 '두렫'에서 파생된 '두려디'가 17세기 문헌에서부터 '뚜렷이'의 의미로 나타나는 것으로 보아({두려디} 卓然.〈1632 가언 1:46ㄱ〉), 비슷한 시기에 '두렷ᄒᆞ다'도 '뚜렷하다'의 의미를 가졌을 것으로 추정해 볼 수 있다. 두렫ᄒᆞ다(15세기~17세기)>두렷ᄒᆞ다(17세기~19세기)>두렷하다(20세기~현재). 이형태: 두렫ᄒᆞ-, 두렫-, 두렷ᄒᆞ-, 두렷-. 寒山ㅅ 솑가락 그테 ᄃᆞ리 두렫ᄒᆞ거늘 몃맛 겨틔셔 보ᄂᆞ니.《1482 금삼 2:10ㄱ》, 두렫고 힌

두야머주저깃 불휘를 저즌 죠히예 빠 구으니와.《1489 구간 1:2ㄱ》

6 믿드는: 만드는. '믿들(어간)+는(관형사형 어미)'이다. 어간의 치조음 'ㄹ'이 어미의 치조음 'ㄴ' 앞에서 탈락되었다. '믿들다'는 '만들다'의 옛말인 '밍골다'와 '문돌다'의 혼효이다. 현대국어 '만들다'의 옛말인 '문돌다'는 15세기 문헌에서부터 나타났을 것으로 추정된다. 동사로 쓰인 '문돌다'의 예는 16세기 문헌에서부터 나타나지만, '문돌-'과 접사 '-이'가 결합한 '문드리'(그 각시 더른 {문드리} 호고.《1460년경 삼강-런던 열:9》)가 15세기 문헌에서부터 나타나기 때문이다. '문돌다'는 치조음 'ㄴ', 'ㅅ', 'ㄷ'으로 시작하는 어미 앞에서 '문드-'로, 그 외의 어미 앞에서는 '문돌-'로 나타난다. 16세기 후반에 2음절 이하의 'ㆍ'가 'ㅡ'로 변하였는데, 이에 따라 18세기에는 '문들다'로 나타난다. 18세기에 제1음절의 'ㆍ'가 'ㅏ'로 변화하였는데, 이에 따라 18세기에 '만들다'가 나타나서 현재에 이르렀다. 16세기 후반에 제2음절 이하의 'ㆍ'가 'ㅡ'로 변화하는 경향 외에도 'ㆍ'는 'ㅗ'로 변화하기도 하였는데, 이에 따라 16세기에 '문돌다'로 나타나기도 한다. 19세기의 '만돌다'는 18세기에 제1음절에서 일어났던 'ㆍ〉ㅏ'의 변화에 따라 '문돌다'에서 변화한 것이며, 'ㄴ', 'ㅅ', 'ㄷ'으로 시작하는 어미 앞에서 는 '만드-'로 나타났다. 19세기의 '만달다'는 '문돌다'의 'ㆍ'가 모두 'ㅏ'로 변화한 형태이다. 15세기에 '만들다'의 의미로 쓰였던 단어로는 '밍골다'가 있는데(홀ᄀ로 {밍골며}.《1482 금삼 4:58ㄴ》), 이 단어는 다양한 음운변화를 거쳐 19세기까지도 나타난다. 또한 '밍골다'와 '문돌다'의 혼효로 보이는 '믿돌다'(위ᄒ야 무덤을 {믿드라} 주니라.《1518 번소 9:33ㄴ》)와 '밍돌다'(보육 {밍돌라}.《1587 소언 6:72ㄱ》)도 16세기 이후에 나타난다. 문돌다(15세기~19세기)〉문들다(18세기~19세기)〉만들다(18세기~현재). 이형태: 문돌-, 문드-, 문들-, 문드-, 문돌-, 만들-, 만드-, 만돌-, 만드-, 만달-. 져믄 아히돌호로 아룸뎌 飮食을 문드라 먹게 ᄒ야.《1518 번소 9:7ㄱ》, 林宗이 저를 위ᄒ여 문드ᄂ니라 너겻더니.《1518 번소 10:6ㄴ》, ᄀᄅ 문도라 더온 믈의 타 머기며 더 됴ᄒ니라.《17세기 두경 62ㄴ》

7 너모난: 네모난. '너모나(어간)+ㄴ(관형사형 어미)'이다. '너모나다'는 '네모나다'의 옛말이다. 方器는 너모난 그르시라.《능엄 2:42》, 두 눉ᄌᄉ는 너모나도다(眼有紫焰雙瞳方).《두시-초 16:40》

【集解】采齊肆夏는皆詩篇名이라規者는爲圓之器也요矩者는

爲方之器也라朱子曰周旋은是直去卻回來니其回轉處에欲其圓如規也요折旋은是直去了復橫去니其橫轉處에欲其方如矩也라陳氏曰趨時에歌采齊之詩하여以爲節하고行時에歌肆夏之詩하여以爲節이라進而前이면則其身略俯如揖然하고退而後면則其身微仰이라故로曰揚之라進退俯仰이皆得其節이라故로佩玉之鳴이鏘然可聽也라鸞和는鈴也라[吳氏曰常所乘之車에鸞在衡하고和在軾이니若田獵之車則和在軾하고鸞在馬鑣也라] 方氏曰心은內也어늘而言入은何哉오蓋心雖在內나有物探之而出하나니及其久也엔則與物俱入이라故로以入言焉이니라

〈采齊〉와 〈肆夏〉는 모두 《시경》의 편명이다. 規[그림쇠]는 圓形을 만드는 기구이고, 矩[곱자]는 方形을 만드는 기구이다. 주자가 말하였다. "周旋은 이 곧바로 갔다가 물러나 돌아옴이니, 그 도는 곳에 그 둥긂이 規와 같고자 하고, 折旋은 이 곧바로 갔다가 마치고 다시 가로로[옆으로] 가는 것이니, 그 가로로[옆으로] 도는 곳에 그 모남이 矩와 같고자 한다. 진 씨가 말하였다. "빨리 걸을 때 〈采齊〉의 시를 노래하여 악절로 삼고, 걸어갈 때에 〈肆夏〉의 시를 노래하여 악절로 삼는다. 나아가 앞으로 감에는 그 몸을 약간 숙여 읍하듯이 하고, 물러나 뒤로 감에는 그 몸을 약간 우러른다. 그러므로 그것을 몸을 든다고 말한 것이다. 進退와 俯仰이 모두 그 악절을 얻은 것이다. 그러므로 찬 옥의 울림이 쟁쟁하여 가히 들을 만한 것이다. 鸞과 和는 방울이다. [오 씨가 말하였다. "항상 타는 바의 수레에는 鸞은 衡에 있고 和는 軾에 있으니, 만약 사냥하는 수레이면 和는 軾에 있고 鸞은 말의 재갈에 있다."] 방 씨가 말하였다. "마음은 안에 있는데, 들어온다고 말함은 어째서인가? 대개 마음은 비록 안에 있으나, 물건이 그것[마음]을 찾음이 있으면 나가니, 그 오램에 미쳐서는 물건과 함께 들어온다. 그러므로 들어온다고 말한 것이다."

漢字 郤(=却 물러날 각), 了(마칠 료), 俯(숙일 부, 구부릴 부), 仰(우러를 앙), 揚(들 양, 오를 양, 날릴 양), 瑲(옥 소리 쟁), 衡(수레채끝가로나무 형, 저울대 형), 田(사냥할 전), 獵(사냥할 렵), 鑣(재갈 표), 探(찾을 탐)

1 형(衡): 수레채끝가로나무.

2 식(式, 軾): 수레앞턱가로나무. 또 그 나무를 짚고 굽히어 절함.

〖三十三章〗

○射義예曰射者ᄂᆞᆫ進退周還旋을必中禮니內志正ᄒᆞ고外體直然後에持弓矢審固ᄒᆞ고持弓矢審固然後에可以言中이니此可以觀德行矣니라 《禮記 射義》

● 〈사의〉에 말하였다. "활 쏘는 자는 나아가고 물러나고, 두루 돎을 반드시 예에 맞게 해야 하니, 안의 뜻이 바르고 밖의 몸이 곧은 뒤에야 활과 화살을 잡음이 자세하고 견고하며, 활과 화살을 잡음이 자세하고 견고한 뒤에야 가히 과녁을 맞춘다고 말할 수 있으니, 이[활쏘기]에서 가히 덕행을 볼 수 있다."

漢字 審(자세할 심, 살필 심)

번소 射샤儀의예 ᄀᆞ로ᄃᆡ 활소기ᄂᆞᆫ 나ᅀᆞ며 므르며 곱 도로ᄆᆞᆯ 모로매 례예 맛게 ᄒᆞᆯ 디니 안햇 ᄆᆞᅀᆞ미 졍ᄒᆞ며 밧긔 얼구리 고ᄌᆞᆨᄒᆞᆫ 후에ᅀᅡ 화살 자보ᄆᆞᆯ ᄉᆞᆲ펴 구디 ᄒᆞ며 화살 자보ᄆᆞᆯ ᄉᆞᆲ펴 구디 ᄒᆞᆫ 후에ᅀᅡ 마ᄎᆞᆯ 이ᄅᆞᆯ 닐ᄋᆞᆯ 디니 이어긔 德덕行ᄒᆡᇰ을 보암직ᄒᆞ니라

현대역 〈사의〉에 가로되, "활쏘기는 나아가며 물러나며 두루 돎을 모름지기 예에 맞게 할 것이니, 안의 마음이 바르고 밖의 형체가 곧은 후에야 화살 잡음을 살펴 굳게 하며, 화살 잡음을 살펴 굳게 한 후에야 맞힐 일을 말할 것이니, 여기[활쏘기]에서 덕행을 봄 직하니라."

1 나ᅀᆞ며: 나아가며. '나ᇫ(進, 어간)+ᄋᆞ며(연결어미)'이다. '나ᇫ다'은 '나아가다'의 옛말이다. '나아가다'의 옛말은 낫다'인데, 어간 '낫-'은 모음으로 시작하는 어미 앞에서는 '나ᇫ-'이나 '나-'로 나타난다. 定光이 發明ᄒᆞ야 ᄇᆞᆯᄀᆞᆫ 性에 기피 드러 오직 낫고 믈룸 업수미 일후미 不退心이라(定光發明 明性深入 唯進無退 名不退心).《능엄 8:18》, 그ᄢᅴ 持地菩薩이 座로셔 니르샤 나ᅀᅡ 드러 부텨ᄭᅴ ᄉᆞᆯᄫᆞ샤ᄃᆡ.《석상 21:18》. '-ᄋᆞ며'는 끝음절의 모음이 'ㆍ, ㅏ, ㅗ'이고 받침 있는 동사, 형용사 어간이나 어미 뒤에 붙어, '-으며'를 뜻하는 어미이다. 三千大千이 ᄇᆞᆯᄀᆞ며 樓殿이 일어늘 안좀 걷뇨매 어마님 모ᄅᆞ시니.《월곡 상:6》, 諸王과 靑衣와 長者ㅣ 아ᄃᆞᆯ 나ᄒᆞ며 諸釋 아ᄃᆞᆯ도 ᄯᅩ 나니이다.《월곡 상:9》

2 므르며: 물러나며. '므르(退, 어간)+며(연결어미)'이다. '므르다'는 '무르다(退)'의 옛말이다. 五百 優婆塞 優婆夷 다 阿耨多羅 三藐三菩提예 므르디 아니ᄒᆞᄂᆞᆫ 사ᄅᆞ미 긔라.《석상 19:35》, 나ᅀᆞ며 므르며 두려디 돌며 모걋거 도로매 삼가 조심ᄒᆞ며(應唯敬對 進退周旋愼齊).《내훈 1:44》

3 곱도로ᄆᆞᆯ: 두루 돎을. '곱돌(周還, 어간)+옴(명사형 어미)+ᄋᆞᆯ(목적격 조사)'이다. 대문(大文)의 '주선(周還, 두루 돎)'에 대한 해석이다. 아래 《소학언해》 에도 '두루 돌오ᄆᆞᆯ'로 해석하였다.

4 얼구리: 몸이. '얼굴(명사)+이(주격 조사)'이다. 후기중세국어에서 '얼굴'은 '신체(身體)'를, 'ᄂᆞᆾ'은 '안(顔)'을, '낯'은 '개(箇)'를 뜻했다.

5 고ᄌᆞᆨᄒᆞᆫ: 곧은. '고ᄌᆞᆨᄒᆞ(어간)+ㄴ(관형사형 어미)'이다. 후기중세국어에서 '고ᄌᆞᆨᄒᆞ다'는 주개념이 '지극하다', '골똘하다'의 뜻이다. 그러나 대문(大文)과 【集說】의 '외체직연후(外體直然後)'나 《소학언해》의 '밧 얼굴이 고ᄃᆞᆫ 然연後후에'를 볼 때, '반듯한', '곧은'으로 해석함이 옳은 듯하다.

6 구디: 굳게. '구디'는 15세기 문헌에서부터 나타난다. '굳이'는 '굳-'에 부사 파생접사 '-ㅣ'가 결합한 것이다. 16, 17세기에 나타나는 '굳이'는 '구디'의 분철 표기인데, '굳이'가 남아 현재에 이르렀다. 그러나 16, 17세기의 '굳이'와 현대국어의 '굳이'는 서로 발음이 달랐을 것으로 추정된다. 18, 19세기 문헌에 나타나는 '구지'를 통해 알 수 있듯이 근대국어 시기에는 'ㄷ, ㅌ'이 'ㅣ' 모음 뒤에서 'ㅈ, ㅊ'으로 변하는 구개음화가 일어났고 15세기의 '구디' 또한 이러한 변화를 겪었다. 그리하여 18세기 이후에는 '구지'로 나타나게 된 것인데 형태를 밝혀 적는 현대국어의 표기 원칙에 따라 '굳이'로 표기하게 된 것이다. 구디(15세기~18세기)〉굳이(16세기~현재). 이형태: 구디, 구지, 굳이. 이틋나래 釋種ㅅ 中에 勇猛ᄒᆞ니 五百ᄋᆞᆯ

모도아 門 구디 자ᄫᆞ라 ᄒᆞ시니라.《1447 석상 3:21ㄴ》, 밧 얼굴이 고ᄃᆞᆫ 然後에 화살 잡오ᄆᆞᆯ ᄌᆞ셰히 ᄒᆞ며 굳이 ᄒᆞ고 화살 잡오ᄆᆞᆯ ᄌᆞ셰히 ᄒᆞ며.《1588 소언 3:19ㄱ》

7 마촐: 맞힐. 맞게 할. ‘마치(어간)+오(대상 표시법 선어말어미)+ㄹ(관형사형 어미)’이다. ‘마치다’는 ‘맞히다[맞게 하다]’의 옛말이고, ‘-오-’는 대상 표시법 선어말어미이다.

8 이어긔: 여기. 현대국어 ‘여기’의 옛말인 ‘이어긔’는 15세기 문헌에서부터 나타난다. 16세기에 ‘ㆁ’이 음절 첫소리에 나타나지 못하게 되어 탈락하면서 ‘이어긔’가 되었다. 같은 시기 제1음절과 제2음절이 축약되어 ‘여긔’가 된 후 19세기에 이중모음 ‘ㅢ’가 ‘ㅣ’로 바뀌어 현대국어의 ‘여기’가 되었다. 15세기의 ‘이어긔’는 지시관형사 ‘이’와 장소를 뜻하는 ‘*억’, 처격 조사 ‘의’가 결합한 합성어로 추정하기도 하고, 지시대명사 ‘잉’과 처격 조사 ‘어긔’가 결합한 것으로 보기도 한다. 이어긔(15세기)>이어긔(16세기~17세기)>여긔(16세기~19세기)>여기(20세기~현재). 이형태: 이어긔, 이어긔, 여긔. 塗香ᄋᆞᆯ 이 經 디닐 ᄊᆞᄅᆞ미 이어긔 이셔도 다 能히 ᄀᆞᆯ히며.《1447 석상 19:17ㄴ》, 화살 자보ᄆᆞᆯ ᄉᆞᆯ펴 구디 ᄒᆞᆫ 후에ᅀᅡ 마촐 이를 닐올 디니 이어긔 德덕行힝을 보암직 ᄒᆞ니라.《1518 번소 4:21ㄴ》, 우리 밥 머기 ᄆᆞ차든 여긔 둘흘 머믈워 짐ᄃᆞᆯ 보게 ᄒᆞ고.《1510년대 번노 상:56ㄴ-57ㄱ》

소언 射샤儀의[禮례記긔 篇편 일홈이라]예 ᄀᆞᆯ오ᄃᆡ 활ᄡᅩ기ᄂᆞᆫ 나ᅀᆞ며 믈으며 두루 돌오ᄆᆞᆯ 반ᄃᆞ시 禮례예 맛게 홀 디니 안 ᄠᅳᆮ이 正졍ᄒᆞ고 밧 얼굴이 고ᄃᆞᆫ 然연後후에 화살 잡오ᄆᆞᆯ ᄌᆞ셰히 ᄒᆞ며 굳이 ᄒᆞ고 화살 잡오ᄆᆞᆯ ᄌᆞ셰히 ᄒᆞ며 굳이 ᄒᆞᆫ 然연後후에 可가히 ᄡᅥ 마치믈 니를 거시니 이 可가히 ᄡᅥ 德덕行힝을 볼 거시니라

현대역 〈사의〉[《예기》 편 이름이라.]에 가로되, “활쏘기는 나아가며 물러나며 두루 돎을 반드시 예에 맞게 할 것이니, 안 뜻이 바르고 밖 형체가 곧은 연후에 화살 잡음을 자세히 하며 굳게 하고, 화살 잡음을 자세히 하며 굳게 한 연후에 가히 써 맞힘을 말할 것이니, 이 가히 써 덕행을 볼 것이니라.”

【集說】吳氏曰射義는禮記篇名이라進退者는升降之節이요周還者는揖讓之容이라中禮는合乎射之禮節也라內志正然後에持弓矢審하고外體直然後에持弓矢固하니唯固也라故其力能至하고唯審也라故其巧能中이니於此而觀이면則其德行을可見矣니라

오 씨가 말하였다. "〈射義〉는 《예기》의 편명이다. 進退라는 것은 오르고 내리는 절차요, 주선(周環)이란 것은 읍하고 사양하는 모양이다. 中禮는 활 쏘는 예절에 합당함이다. 안의 뜻이 바른 뒤에야 활과 화살을 잡음이 자세하고, 밖의 몸이 곧은 뒤에야 활과 화살을 잡음이 견고하니, 오직 견고한 고로 그 힘이 능히 이르고, 오직 자세한 고로 그 공교함이 능히 맞추는 것이니, 여기에서 관찰하면 그 덕행을 가히 볼 수 있다.

右는明威儀之則ᄒᆞ니라

● 이상은 威儀의 법칙을 밝힌 것이다.

번소 이 우흔 위의 법측을 볼기니라

현대역 이 위는 威儀의 법칙을 밝히느니라.

불기니라: 밝히느니라. '붉(明, 형용사 어간)+이(사동접사)+니라(평서형 종결어미)'이다.

소언 이 우흔 威위儀의의 법측을 볼키니라

현대역 이 위는 威儀의 법칙을 밝히느니라.

불키니라: 밝히느니라. '붉(明, 형용사 어간)+히(사동접사)+니라(평서형 종결어미)'이다.

〚三十四章〛

士冠貫禮예始加ᄒᆞᆯᄉᆡ祝曰令月吉日애始加元服ᄒᆞ노니棄爾幼志ᄒᆞ고順爾成德ᄒᆞ면壽考維祺ᄒᆞ야介爾景福ᄒᆞ리라 《儀禮 士冠禮》

● 〈사관례〉에, 처음 씌울 때 빌어 말하였다. "좋은 달 길한 날에 처음으로 冠을 씌우니, 너의 어린 뜻을 버리고 너의 덕 이룸을 따르면, 長壽로 길하여 너의 큰 복을 크게 하리라."

漢字 祝(빌 축), 令(좋을 령), 元(머리 원), 壽(오래 살 수), 考(오래 살 고), 維(어조사 유, 벼리 유, 맬 유, 지탱할 유), 祺(길할 기, 복 기, 편안할 기), 介(클 개, 끼일 개, 도울 개), 景(클 경, 빛 경)

1 사관례(士冠禮): 《의례(儀禮)》의 편명(篇名). 관례(冠禮)에 관한 의식절차가 기록되어 있다. [용례] 禮曹啓言 王世子冠禮時 初出房服色 列朝已例 皆以鴉青直領條帶 而庚戌年初 以草綠道袍磨鍊 後更以鴉青直領擧行…謹稽儀禮 士冠禮曰 將冠者采衣 司馬氏書儀 初加前服 只稱以袍 五禮儀 只稱時服 俱無明的可據(예조에서 아뢰기를, "왕세자의 관례 때에 처음 방에서 나올 때의 복색은 열조에 전례가 있어 모두 아청색 직령과 조대를 착용하였었는데, 경술년에 처음 초록색 도포로 마련하였다가 뒤에 다시 아청색 직령으로 거행하였습니다.…《의례》를 상고하건대, 〈사관례〉에 이르기를, '관례를 할 자는 채의라.' 하였고, 사마씨의 《서의》에는 '처음에 전복을 가하되 다만 포라.' 하였으며, 《오례의》에는 '다만 시복이라.'고만 하였으니, 모두 명확히 근거할 만한 것이 없습니다.…" 하였다.) [순조실록 권 제22, 7장 앞쪽, 순조 19년 2월 27일(기축)](한국고전용어사전).

2 원복(元服): 머리에 입는 옷. 즉 관(冠). 유의어: 수복(首服).

3 수고(壽考): 나이가 아주 많게 오래 삶. 유의어: 장수(長壽).

번소 士ᄉᆞㅣ 처삼 곳갈 스ᄂᆞᆫ 례예 처섬 布포冠관을 스이고 비러 ᄀᆞ로ᄃᆡ 됴ᄒᆞᆫ ᄃᆞᆯ 됴ᄒᆞᆫ 나래 비르소 머리예 슬 거ᄉᆞᆯ 엿노니 네 아ᄒᆡ ᄠᅳ들 ᄇᆞ리고 네 어딘 덕을 슌히 일우면 댱슈홀 샹녜 이셔 네 큰 복을 더

크게 ᄒᆞ리라

현대역 선비가 처음 고깔 쓰는 예에, 처음 布冠을 씌우고 빌어 가로되, "좋은 달 좋은 날에, 비로소 머리에 쓸 것을 얻나니, 너의 아이 때의 뜻을 버리고 너의 어진 덕을 순하게 이루면, 장수할 祥瑞가 있어, 너의 큰 복을 더 크게 하리라."

1 처삼: 처음. '처섬'의 오자이다.

2 스ᄂᆞᆫ: 쓰는. '스(어간)+ᄂᆞ(현재 시제 선어말어미)+ㄴ(관형사형 어미)'이다. '스다'는 '쓰다'의 옛말이다. 현대국어 '쓰다'의 옛말인 '쓰다'는 15세기 문헌에서부터 나타난다. 15세기~17세기 문헌에는 '쓰다'와 함께 '스다'가 공존하였는데, 이는 1465년 《원각경언해》 간행 때부터 각자병서를 표기에 사용하지 않았기 때문이다. 16세기 이후 각자병서가 표기에 다시 사용되면서 '쓰다'가 일반화되었다. 한편 17세기~18세기 문헌에는 'ᄡᅳ다'로 표기되기도 하였는데, 이는 근대국어 시기에 어두자음군이 사라지면서 중세국어에서 어두자음군이었던 'ㅄ'이 'ㅅ'의 된소리로 변화하여 이 시기에 'ㅅ'의 된소리 표기에서 'ㅆ'과 'ㅄ'이 혼동되었기 때문이다. 쓰다(15세기~현재). 이형태: 쓰다, 스다, ᄡᅳ다. 冠ᄋᆞᆫ 쓰ᄂᆞᆫ 거시니 寶冠ᄋᆞᆫ 보ᄇᆡ로 ᄭᆞ뮨 冠이라.《1447 석상 3:5ㄴ》, 머리예 져근 거믄 頭巾을 스고 이시려뇨.《1481 두시-초 15:6ㄴ》

3 포관(布冠): 치포관(緇布冠). 검은빛 베로 만든 관. 삼가(三加) 중 시가(始加)에 썼다.

4 스이고: 씌우고. '스(어간)+이(사동접사)+고(연결어미)'이다. '스이다'는 '스다'의 사동사이다. 壯士ㅣ 뎌른 옷 닙고 머리예 버믜 터리 스고(壯士短衣頭虎毛).《두시-초 16:54》, 原憲이 봇 곳갈 스고 헌 옷 닙고 나거늘.《남명 상:30》

5 엿노니: 얻나니. '엳(어간)+ᄂᆞ(현재 시제 선어말어미)+오(화자 표시법 선어말어미)+니(연결어미)'이다. 종결형과 연결형의 선어말어미 '-오$_1$-'는 일반적으로 주어 명사구가 제1인칭 대명사 '나, 우리' 등 화자일 때 나타난다. 따라서 이를 화자 표시법 선어말어미(고영근, 2020: 363) 또는 1인칭법 선어말어미(허웅, 1958: 124-197)라고도 부른다. 우리 어ᅀᅵ 아ᄃᆞ리 외롭고 입게 ᄃᆞ외야 人生 즐거ᄫᅳᆫ ᄠᅳ디 업고 주구믈 기드리노니 목수미 므거ᄫᅳᆫ 거실ᄊᆡ 손소 죽디 몯ᄒᆞ야 ᄉᆞᆲ고 애왇ᄇᆞᆫ ᄠᅳ들 머거 갓가ᄉᆞ로 사니노니.《석상 6:5》, 내 盟誓를 ᄒᆞ노니 像法

轉홇 時節에 種種 方便으로 淨信혼 善男子 善女人돌히 이 藥師瑠璃光如來ㅅ 일후믈 듣즙긔 ᄒᆞ며.《석상 9:20》. 현대국어 '엎다'의 옛말은 '엱다'인데, 본 장의 '엿다'는 '엱다'의 이표기로 보인다. '엱다'는 15세기 문헌에서부터 나타난다. 15세기 문헌에 '엱다'와 함께 '엿다'도 나타나는데 '엿다'는 음절 말에서 'ㅈ'이 'ㅅ'으로 발음된 것을 표기에 반영한 것이다. 18세기 들어 '엱다'의 반모음 'ㅣ'가 탈락된 '엎다'가 나타나고 이것이 현재까지 이어진다. 엱다(15세기~17세기)>엎다(18세기~현재). 이형태: 엱다, 엿다, 엎다, 업다, 언다. 부텻 손 연ᄌᆞ샤도《1459 월석 10:2ㄴ》, 올ᄒᆞᆫ녁 밠드을 왼녁 무루페 엿고.《1447 석상 3:38ㄱ》

6 샹셰: 상서(祥瑞). 복되고 길한 일이 일어날 조짐. 현대국어 '상서'의 옛말인 '샹셔'는 16세기 문헌에서부터 나타난다. 이 단어는 근대국어 후기에 'ㅅ' 뒤에서 이중모음 'ㅑ, ㅕ, ㅛ, ㅠ' 등이 반모음 탈락으로 단모음화하는 현상에 따라, '샹'이 '상'으로, '셔'가 '서'로 바뀌어 현재의 어형이 정착되었다. '샹셰'는 '상서'의 이형태이다. 샹셔(16세기~19세기)>상서(20세기~현재). 이형태: 샹셔, 샹셰. 이 엇던 샹셔오.《1637 권념 22ㄱ》, 샹셰 祥瑞 되디 몯ᄒᆞ리니.《1759 속자성 12ㄴ》

소언 士ᄉᆞㅣ 冠관ᄒᆞᄂᆞᆫ 禮례[儀의禮례 篇편 일홈이라]예 처엄 스일시 비러 골오ᄃᆡ 됴ᄒᆞᆫ 돌 吉길ᄒᆞᆫ 날애 비르소 머리옛 服복을 쓰이노니 네 아ᄒᆡ ᄠᅳ들 ᄇᆞ리고 네 인 德덕을 順슌ᄒᆞ면 댱슈홀 샹셰 이셔 네 큰 福복을 크게 ᄒᆞ리라

현대역 선비가 冠하는 禮[《의례》 편 이름이라.]에, 처음 (관을) 쓰게 하므로 빌어 가로되, "좋은 달 길한 날에, 비로소 머리에 服을 씌우노니, 너의 아이의 뜻을 버리고 너의 이룬 덕을 따르면, 장수할 祥瑞가 있어, 너의 큰 복을 크게 하리라."

쓰이노니: 씌우노니. '쓰이+ᄂᆞ(현재 시제 선어말어미)+오(화자 표시법 선어말어미)+니(연결어미)'이다. 종결형과 연결형의 선어말어미 '-오$_1$-'는 일반적으로 주어 명사구가 제1인칭 대명사 '나, 우리' 등 화자일 때 나타난다. 따라서 이를 화자 표시법 선어말어미(고영근, 2020: 363) 또는 1인칭법 선어말어미(허웅, 1958: 124-197)라고도 부른다. '쓰이다'는 '씌다[씌우다]'의 옛말이다. 내 옷

니피고 내 冠 쓰이고 내 宮의 드려 풍류홇 사롬 뫼화 ᄀ장 즐기게 ᄒ라.《석상 24:27》.

【集解】士冠禮는儀禮篇名이라禮에男子二十而冠하니將冠이면則筮日筮賓하고及冠이면則有三加之禮也라始加에用緇布冠이라祝者는賓所祝之辭也라令吉은皆善也라元服은首服也요幼志는童心也요祺는祥也라介景은皆大也라言當月日之善하여加爾首服하노니爾當棄其童幼之心하고順成爾德하면則必有壽考之祥하여而大受其大福矣라

〈사관례〉는《儀禮》의 편 이름이다. 예에 남자는 20세에 冠禮를 하니, 장차 관례를 함에, 날을 점치고 빈객을 점치며, 관례식에 이르면 三加의 禮가 있다. 처음 씌울 때는 緇布冠을 사용한다. 祝은 빈객이 비는 바의 말이다. 令과 吉은 모두 좋음이다. 元服은 머리에 입는 옷이요, 幼志는 어린 마음이요, 祺는 상서로움이다. 介와 景은 모두 큼이다. '달과 날의 좋음을 당하여, 너에게 首服을 씌우니, 너는 마땅히 그 어린 마음을 버리고, 너의 덕 이룸을 따르면, 반드시 長壽의 길함이 있어, 그 큰 복을 크게 받으리라.'고 말한 것이다.

漢字 筮(점칠 서), 緇(검을 치), 布(베 포)

1 삼가(三加): 세 번 관을 씌움.
2 치포관(緇布冠): 검은빛 베로 만든 관. 삼가(三加, 加冠의 禮) 중 시가(始加)에 씀.

再加홀시曰吉月令辰(신)에乃申爾服ᄒ노니敬爾威儀ᄒ야淑愼爾德이면眉壽萬年ᄒ야永受胡福ᄒ리라

●두 번째 씌울 때 말하였다. "길한 달 좋은 때에, 이에 너에게 옷[冠]을

거듭하니, 너의 威儀를 공경하여, 너의 덕을 잘 삼가면, 眉壽를 만년토록 누려, 길이 胡福을 받으리라.”

漢字 辰(때 신, 별 진, 날 신), 申(거듭할 신), 淑(잘할 숙, 착할 숙, 맑을 숙), 眉(눈썹 미), 胡(오래 살 호, 멀 호).

1 미수(眉壽): 눈썹이 세도록 오래 삶. 축수(祝壽)할 때에 쓰는 말.

2 호복(胡福): 오래 계속되는 복.

번소 두 번재 皮피弁변을 스이고 ᄀᆞ로ᄃᆡ 됴ᄒᆞᆫ ᄃᆞᆯ 됴ᄒᆞᆫ ᄢᅢ예 네 ᄡᅳᆯ 거ᄉᆞᆯ 다시 ᄒᆞ노니 네 위의ᄅᆞᆯ 공경ᄒᆞ며 네 덕을 잘 삼가ᄒᆞ면 눈섭이 길에 댱슈 마년ᄒᆞ야 먼 복을 기리 바ᄃᆞ리라

현대역 두 번째 皮弁을 씌우고 가로되, “좋은 달 좋은 때에 너의 쓸 것을 다시 하노니, 너의 威儀를 공경하며 너의 덕을 잘 삼가면, 눈썹이 길도록 장수 萬年을 하여, 먼 福을 길이 받으리라.”

1 피변(皮弁): 사슴 가죽으로 만든 관. 삼가(三加) 중 재가(再加)에서, 치포관(緇布冠) 다음에 썼다.

2 ᄢᅢ: 때. 현대국어 ‘때’의 옛말인 ‘ᄢᅢ’는 15세기 문헌에서부터 나타난다. 그리고 16세기부터는 초성 ‘ㅴ’이 ‘ㅲ’으로 변화된 ‘ᄣᅢ’도 나타난다. 근대국어 시기에 ‘ㅲ’을 ‘ㅼ’으로 표기하게 됨에 따라 17세기에는 ‘ᄯᅢ’로 나타난다. 이후 ‘ㅼ’을 ‘ㄸ’으로 표기하게 됨에 따라 18세기에 ‘때’로 나타나서 현재에 이르렀다. 18세기의 ‘ᄯᆡ’는 ‘ᄯᅢ’의 ‘ㅐ’를 ‘ㆎ’로 표기한 것인데, 이것은 18세기에 제1음절의 ‘ㆍ’가 ‘ㅏ’로 변화됨에 따라 ‘ㆎ’가 ‘ㅐ’로 변화되었던 경향 때문에 ‘ㅐ’와 ‘ㆎ’를 혼동한 표기이다. ᄢᅢ(15세기~17세기)〉ᄣᅢ(16세기~19세기)〉ᄯᅢ(17세기~19세기)〉때(18세기~현재). 이형태: ᄢᅢ, ᄣᅢ, ᄯᅢ, ᄯᆡ, 때, ᄃᆞᇙ ᄢᅢ 爲酉時之類.《1446 훈해 49》, 네 난 ᄒᆡ ᄃᆞᆯ 날 ᄢᅢ 니ᄅᆞ라.《1510년대 번노 하:71ㄱ》

3 마년ᄒᆞ야: ‘만년(萬年)ᄒᆞ야’의 오자인 듯하다. ‘만년ᄒᆞ(어간)+야(연결어미)’이다. 만년(萬年)을 하여.

소언 두 번재 ᄡᅳ일ᄉᆡ ᄀᆞᆯ오ᄃᆡ 吉길ᄒᆞᆫ ᄃᆞᆯ 됴ᄒᆞᆫ ᄢᅢ예 네 服복을 다시

ᄒᆞ노니 네 威위儀의를 공경ᄒᆞ며 네 德덕을 잘 삼가ᄒᆞ면 눈썹이 길에 댱슈홈을 萬만年년을 ᄒᆞ야 먼 福복을 기리 바ᄃᆞ리라

현대역 두 번째 씌우므로 가로되, "길한 달 좋은 때에 네 服을 다시 하노니, 네 威儀를 공경하며 네 덕을 잘 삼가면, 눈썹이 길게 장수함을 萬年을 하여, 먼 福을 길이 받으리라."

【集說】陳氏曰再加엔用皮弁이라辰은時也라申은重也라有威而可畏를謂之威요有儀而可象을謂之儀라淑은善也라眉壽는老人이以秀眉爲壽徵也라胡는猶遐也라言當時月之吉하여重加爾服하노니爾當敬爾威儀하여而善謹爾德이면則必有眉壽萬年하여而永享遐福矣라

진 씨가 말하였다. "두 번째 씌울 때엔 皮弁을 사용한다. 辰은 때이다. 申은 거듭함이다. 위엄이 있어 가히 두려워할 만함을 威라 이르고, 거동이 있어 가히 본받을 만함을 儀라 이른다. 淑은 잘함이다. 眉壽는 노인이 빼어난[긴] 눈썹으로써 장수할 징조로 삼음이다. 胡는 멂과 같다. 때와 달의 좋음을 당하여, 너에게 옷[冠]을 거듭하여 씌우니, 너는 마땅히 너의 威儀를 공경하여, 네 덕을 잘 삼가면, 반드시 眉壽를 萬年함[萬年 누림]이 있어, 길이 遐福을 누릴 것이라고 말한 것이다."

漢字 弁(고깔 변), 象(본받을 상), 遐(멀 하), 享(누릴 향)

하복(遐福): 오래 계속되는 복.

三加훌ᄉᆡ曰以歲之正과以月之令예咸加爾服ᄒᆞ노니兄弟具在ᄒᆞ야以成厥德ᄒᆞ면黃耉無疆ᄒᆞ야受天之慶ᄒᆞ리라

● 세 번째 씌울 때 말하였다. "해가 좋고, 달이 좋음에, 너에게 옷[冠]을 모두 씌우니, 형제가 모두 있어서[있을 때], 그 덕을 이루면, 黃耉가 萬壽無

疆하여, 하늘의 경사를 받으리라.”

漢字 **正**(좋을 정), **具**(=俱 모두 구, 함께 구), **厥**(그 궐), **耉**(늙은이 구, 늙을 구), **疆**(다할 강, 지경 강, 끝 강, 밭두둑 강)

1 황구(黃耉): 나이가 썩 많은 늙은이. ‘황(黃)’은 늙어서 백발이 다시 누렇게 되는 일을, ‘구(耉)’는 늙음을 이름.
2 무강(無疆): 다함이 없음. 유의어: 무궁(無窮).

번소 세 번재 爵작弁변을 스이고 ᄀᆞ로ᄃᆡ ᄒᆡ의 됴ᄒᆞᆫ 저기며 ᄃᆞ리 됴ᄒᆞᆫ 저고로 네거긔 슬 거ᄉᆞᆯ 다 스이노니 형뎨 ᄀᆞ초 이셔 뻐 그 덕을 일워 ᄒᆞ면 머리 누르고 ᄂᆞ치 언 ᄇᆡ ᄀᆞᆮ도록 ᄀᆞᆺ 업시 사라 하ᄂᆞᆶ 복ᄋᆞᆯ 받ᄌᆞ오리라

현대역 세 번째 爵弁을 씌우고 가로되, “해의 좋은 때며 달의 좋은 때로, 너에게 쓸 것을 다 씌우나니, 형제 갖추어 있어서 써 그 덕을 이루어 하면, 머리털 누르고 낯이 언 배 같도록 끝이 없이 살아, 하늘의 복을 받자오리라.”

1 작변(爵弁): 면류관(冕旒冠)과 비슷하되, 유(旒)가 없다. 삼가(三加) 중 삼가(三加)에서, 피변(皮弁) 다음에 썼다.
2 거긔: 에게(부사격 조사). 迦尸王이 네거긔 感ᄒᆞ게 ᄒᆞ라 ᄒᆞ고.《월석 7:15》
3 받ᄌᆞ오리라: 받자오리라. ‘받(어간)+ᄌᆞ오(겸손법 선어말어미)+리(추측법 선어말어미)+라(평서형 종결어미)’이다. ‘-리라’는 ‘이다’의 어간, 받침 없는 용언의 어간, ‘ㄹ’ 받침인 용언의 어간 또는 어미 ‘-으시-’ 뒤에 붙어, 해라할 자리에 쓰여, 마음속으로 다짐하는 뜻을 나타내는 어미이다. 겸손법 선어말어미 ‘-ᄌᆞ오-’는 ‘-ᄌᆞᆸ-’이 ‘-리라’ 앞에서 변한 것이다. ‘받ᄌᆞᆸ다’는 ‘받다’의 높임말인 ‘받잡다’의 옛말이다. ‘받ᄌᆞᆸ다’는 15세기 문헌에서부터 나타난다. 이 단어는 17세기에 팔종성 받침 규칙에 의해 ‘ㄷ’ 받침이 ‘ㅅ’으로 쓰이게 되었으며, ‘ㆍ’의 음가 소실로 ᄌᆞᆸ’이 ‘잡’으로 바뀌게 됨에 따라, 18세기에는 ‘밧잡다’가 쓰이게 되었다. 20세기 초 현대맞춤법이 확산되면서 현재의 어형으로 정착되었다. 받ᄌᆞᆸ다(15세기)〉밧잡다(18세기)〉받잡다(20세기~현재). 이형태: 받ᄌᆞᆸ다, 밧ᄌᆞᆸ다, 밧잡다. 몬져 菩薩ᄭᅴ 받ᄌᆞᄫᆞ라.《1447 석상 3:40ㄴ》, 내 東宮의 ᄀᆞᄅᆞ쳐 인도홈을 받ᄌᆞᆸ디 아니홈

ᄋᆞᆫ.《1588 소언 6:44ㄴ》, 슌ᄇᆡ ᄒᆞᆫ 잔곰 받ᄌᆞ오라 청ᄒᆞ뇌 지븨 드러 안ᄌᆞ쇼셔.《1510년대 번노 하:35ㄱ》

소언 세 번재 쓰일ᄉᆡ ᄀᆞᆯ오ᄃᆡ ᄡᅥ ᄒᆡ의 됴흠과 ᄡᅥ ᄃᆞᆯᄋᆡ 됴ᄒᆞᆫ 제 네 服복을 다 쓰이노니 兄형弟뎨 ᄀᆞ초이셔 ᄡᅥ 그 德덕을 일우면 머리 누르고 ᄂᆞᆾ치 언 ᄇᆡ ᄀᆞᆮᄒᆞ야 ᄀᆞ이 업서 하ᄂᆞᆳ 복경을 받ᄌᆞ오리라

현대역 세 번째 씌우므로 가로되, "써 해의 좋음과 써 달의 좋은 때, 네 服을 다 씌우나니, 형제 갖추어 있어 써 그 덕을 이루면, 머리털 누르고 낯이 언 배 같아야 끝이 없어, 하늘의 福慶을 받자오리라."

복경: 복경(福慶). 행복과 경사를 아울러 이르는 말.

【集說】吳氏曰三加엔用爵弁이라正은猶善也라咸은悉也라黃은謂髮白而變黃이요耉는老人面이凍梨色如浮垢니皆壽徵也라無疆은猶言無窮也라言當歲月之正하여悉加爾以三者之服하노니當爾兄弟無故之時하여以成就其德이니爾德旣成이면則必有無窮之壽하여而受天之福慶矣라

오 씨가 말하였다. "세 번째 씌울 때엔 爵弁을 사용한다. 正은 좋음과 같다. 咸은 '다'이다. 黃은 머리털이 희였다가 누렇게 변함이요, 耉는 노인 얼굴이 언 배 빛깔로 때가 떠 있는 듯한 것이니, 모두[黃과 耉] 장수의 징조이다. 無疆은 無窮이라고 말함과 같다. 해와 달의 좋음을 당하여, 너에게 세 가지 옷[緇布冠, 皮弁, 爵弁]을 다 씌우니, 너의 형제들의 무고한 때를 당하여 그 덕을 성취할 것이니, 너의 덕이 이미 이루어지면, 반드시 무궁한 수명이 있어, 하늘의 복과 경사를 받게 되리라고 말한 것이다."

漢字 凍(얼 동), 浮(뜰 부), 垢(때 구)

〖三十五章〗

○曲禮예曰爲人子者ㅣ父母ㅣ存이어시든冠衣를不純準下同素ᄒᆞ며孤子ㅣ當室ᄒᆞ야ᄂᆞᆫ冠衣를不純采니라 《禮記 曲禮》

●〈곡례〉에 말하였다. "사람의 자식 된 자는 부모가 살아 계시거든 관과 옷을 흰색으로 선 두르지 않으며, 孤子가 當室이 되어서는 관과 옷을 채색으로 선두르지 않는다."

漢字 純(선두를 준, 묶을 돈, 순수할 순, 온전할 전, 검은 비단 치), 素(흴 소), 采(채색 채, 캘 채, 무늬 채)

1 고자(孤子): 아버지를 여의고 상제(喪制)가 된 사람. 즉 아버지 없는 자식.
2 애자(哀子): 어머니를 여의고 상제(喪制)가 된 사람. 즉 어머니 없는 자식.
3 고애자(孤哀子): 부모를 모두 여의고 상제(喪制)가 된 사람. 즉 아버지와 어머니가 없는 자식.
4 당실(當室): 적장자(嫡長子)로서, 아버지 사후(死後)에 호주(戶主)가 되어 집안을 맡은 자.

번소 曲곡禮례예 ᄀᆞ로ᄃᆡ 사ᄅᆞ미 ᄌᆞ식 ᄃᆞ외옛ᄂᆞᆫ 이 父부母모ㅣ 잇거시든 곳갈와 옷과ᄅᆞᆯ 힌 거ᄉᆞ로 편ᄌᆞ 도ᄅᆞ디 말며 어버ᅀᅵ 업슨 ᄌᆞ시기 지븨 웃듬ᄒᆞ얫ᄂᆞ니ᄂᆞᆫ 곳갈와 옷과ᄅᆞᆯ 빗난 거ᄉᆞ로 편ᄌᆞ 도ᄅᆞ디 아니 ᄒᆞᆯ 디니라

현대역 〈곡례〉에 가로되, "사람의 자식 된 이는 부모가 계시거든 관과 옷을 흰 것으로 편자 두르지 말며, 어버이가 없는 자식이 집에 으뜸으로 여겨 있는 이는 관과 옷을 빛나는 것으로 편자 두르지 아니할 것이니라."

1 ᄃᆞ외옛ᄂᆞᆫ: 되어 있는. ᄃᆞ외(어간)+어(보조적 연결어미)+잇(在, '잇다'의 어간)+ᄂᆞ(현재시제 선어말어미)+오(대상 표시법 선어말어미)+ㄴ(관형사형 어미)'이다. 완료상은 보조적 연결어미 '-아/어'와 보조형용사 '잇다[在]'의 결합으로 표현된

다. 즉 '어+잇'이 '-엣-'으로 나타난다. 본 예는 어간의 이중모음 '외[oj]'로 인해 '-옛-'으로 나타났다. 아래 《소학언해》에서는 '되연ᄂᆞᆫ'으로 나타난다. 관형사형에 나타나는 선어말어미 '-오$_2$-'는 존경의 선어말어미와 결합될 수 있다는 점과 제1인칭은 물론 제2·3인칭도 주어가 될 수 있다는 점에서 종결형과 연결형에 나타나는 '-오$_1$-'과 문법 범주를 달리한다. 피한정 명사는 관형사형에 대하여 주어도 될 수 있고, 목적어와 부사어도 될 수 있다. 이때 관형사형을 평서형으로 전개할 때 피한정 명사가 목적어나 부사어의 기능을 띠면 선어말어미 '-오$_2$-'가 나타난다. 따라서 이를 대상 표시법 선어말어미로 부른다(고영근, 2020, 372). 須達이 지순 亭舍마다 드르시며.《석상 6:38》. 얻논 藥이 므스것고.《월석 21:215》. 이들은 피한정 명사가 관형사형의 목적어가 되는 예이다. 그림 그륜 ᄇᆞᄅᆞᆷ….《두시언해 6:34》. 옷 색론 므를 먹고.《석상 11:25》. 이들은 피한정 명사가 관형사형의 부사어가 되는 예이다.

2 잇거시든: 있으시거든. '잇(在, 어간)+거…+시(주체 높임 선어말어미)+…든'이다. '잇-'의 높임말인 '겨시-'가 사용되지 않았다. '-거든'은 불연속 형태이다. 현대국어에서는 '-시-'가 '-거든'에 선행하여 '-시거든'이 된다. 허웅(1955)은 'ᄒᆞ거시든〉ᄒᆞ시거든'과 같은 변화는 일종의 전위(轉位, metathesis, transposition)로 보았다. 이러한 전위가 일어나는 이유는 '-거'의 기능 상실이라 하였다. '-거'는 원래 시제를 표현한 것이었는데, 그 기능이 불분명해서 '-시-'가 그 가운데 개재할 수 없게 되자, '-거'에 선행하게 된 것으로 추측하고 있다.

3 힌: 흰. '히(白, 어간)+ㄴ(관형사형 어미)'이다.

4 편ᄌᆞ: 편자. 말굽에 대어 붙이는 'U'자 모양의 쇳조각. 여기서는 옷자락 끝의 가장자리를 안으로 접어 붙이거나 감친 부분을 비유한 말이다. 鐵蹄子 편ᄌᆞ.《한청 14:39》

5 도ᄅᆞ디: 두르지. '도ᄅᆞ(어간)+디(보조적 연결어미)'이다. 샹네 굵근 기블 니브시고 치마애 변ᄌᆞ를 도ᄅᆞ디 아니ᄒᆞ더시니(常衣大練 裙不加緣).《내훈 2:41》, 금실로 입ᄉᆞᄒᆞᆫ ᄉᆞ견 바갓고 ᄌᆞ셔피로 심ᄉᆞᄒᆞ고 쳥셔피로 ᄀᆞᄂᆞᆫ 시울 도ᄅᆞ고 금ᄉᆞ로 갸품 ᄒᆞ욘 안좌쉬오(釘着金絲減鐵事件 紅斜皮心兒 藍斜皮細邊兒 金絲夾縫的 鞍座兒).《번박 상:28》

6 웃듬ᄒᆞ얫ᄂᆞ니는: 으뜸으로 여겨 있는 이는. '웃듬ᄒᆞ(어간)+야(보조적 연결어미)+잇(在, '잇다'의 어간)+ᄂᆞ(현재 시제 선어말어미)+ㄴ(관형사형 어미)+이(의존명사)+ᄂᆞᆫ(보조사)'이다. 완료상은 보조적 연결어미 '-아/어/야'와 보조형용사 '잇다

[在]'의 결합으로 표현된다. 즉 '아+잇'이 '-앳-'으로 나타난다. '으뜸ᄒᆞ다'는 '으뜸으로 여기다'의 옛말이다. 하ᄂᆞᆯ와 ᄯᅡ로 읏듬ᄒᆞ고 모시예 관쟈 편ᄂᆞ로 몬져 ᄒᆞ니.《정속-이 5》, ᄌᆞ뎨 허믈리 잇거든 읏듬ᄒᆞ니 모든 ᄌᆞ뎨를 모도오고 외다 ᄒᆞ여 ᄀᆞᄅᆞ쵸ᄃᆡ.《이륜-옥 30》

7 빗난: 빛나는. '빗나(어간)+ㄴ(관형사형 어미)'이다. '빛나다'의 옛말인 '빗나다'는 15세기 문헌에서부터 나타난다. 이 단어는 '빛'의 뜻인 '빗'과 '나다'가 결합한 것이다. '빛'은 15세기에 '빗'으로 쓰였으며 받침 표기의 혼란으로 '빋'으로도 쓰였다. '빋나-'는 이러한 현상을 반영한 표기이고, '빈나-'는 '빋'의 'ㄷ'이 뒤의 'ㄴ'의 영향을 받아 'ㄴ'으로 바뀐 것을 반영한 표기이다. 19세기에 보이는 '빗ᄂᆞ-'는 'ㆍ' 표기의 문란으로 'ㆍ'가 'ㅏ'로 표기되기도 하면서 반대로 원래 'ㅏ'인 용언들이 'ㆍ'로 표기되기도 하였는데 '빗ᄂᆞ-'는 이런 현상을 반영한 것이다. 빗나다(15세기~19세기)〉빛나다(20세기~현재). 이형태: 빗나다, 빋나다, 빈나다, 빗ᄂᆞ다. 太子ㅣ 苦行 오래 ᄒᆞ샤 ᄉᆞᆯ히 여위실ᄲᅮᆫ뎡 金色光은 더옥 빗나더시다.《1447 석상 3:39ㄴ》, 군ᄉᆞ 머김을 반ᄃᆞ시 빈나며 盛케 ᄒᆞ고.《1588 소언 6:113ㄴ》

소언 曲곡禮례예 ᄀᆞᆯ오ᄃᆡ 사ᄅᆞᄆᆡ ᄌᆞ식 되연ᄂᆞᆫ 이 父부母모ㅣ 겨시거든 冠관과 옷 ᄉᆞᆯ 힌 거ᄉᆞ로 단 도ᄅᆞ디 아니ᄒᆞ며 아비 업슨 ᄌᆞ식이 집의 當당ᄒᆞ야ᄂᆞᆫ 冠관과 옷ᄉᆞᆯ 빗난 거ᄉᆞ로 단 도ᄅᆞ디 아니홀 디니라

현대역 〈곡례〉에 가로되, "사람의 자식 된 이는 부모가 계시거든 관과 옷을 흰 것으로 단 두르지 아니하며, 아버지가 없는 자식이 집에 당하여는 관과 옷을 빛나는 것으로 단 두르지 아니할 것이니라."

1 단: 옷자락 끝의 가장자리를 안으로 접어 붙이거나 감친 부분.
2 집의 당ᄒᆞ야ᄂᆞᆫ: 집안을 맡아서는, 아버지의 후계가 되어서는.

【集說】孔氏曰冠純은冠飾也요衣純은領緣也라呂氏曰當室은謂爲父後者니不純采者는雖除喪이나猶純素也라惟當室者行之요非當室者면不然也니라

공 씨가 말하였다. "관준(冠純)은 관의 꾸밈이요, 의준(衣純)은 목에 선두름이다." 여 씨가 말하였다. "當室은 아버지의 후계가 된 자를 이르니, 채색으로 선두르지 않는 것은 비록 상을 벗더라도, 흰색으로 선두름과 같은 것이다. 오직 집안을 맡은 자만이 이것을 행하고, 집안을 맡은 자가 아니면 그렇지 않다."

漢字 領(목 령, 옷깃 령, 다스릴 령), 緣[가선 연=純(준), 인연 연]

〖三十六章〗

○論語에曰君子는不以紺古暗切緅鄒로飾ᄒᆞ시며 《論語 鄕黨》

●《논어》에 말하였다. "군자는 감색과 보랏빛으로써 꾸미지 않으시며,

漢字 紺(감색 감, 검은빛을 띤 푸른색, 청색과 자색의 간색), 緅(보랏빛 추)

감(紺): 감색(紺色)으로, 짙은 청색에 적색 빛깔이 풍기는 색을 뜻한다.

번소 論론語어에 ᄀᆞ로ᄃᆡ 君군子ᄌᆞᄂᆞᆫ 너무 프르러 블근 빗 도ᄃᆞᆫ 것과 블근 거ᄉᆞ로 동졍을 아니 ᄒᆞ시며

현대역 《논어》에 가로되, "군자는 너무 푸르러 붉은 빛 돋은 것[紺色]과 붉은 것으로 동정을 아니 하시며,

1 프르러: 푸르러. '프르(靑, 碧, 어간)+러(연결어미)'이다. '푸르다'의 옛말인 '프르다'는 15세기 문헌에서부터 나타난다. '프르다'는 모음 어미 '-어'와 결합할 때 '프르러'와 같이 '프를-'로 이형태 교체를 하는 러불규칙용언이었다. 근대국어 시기 양순음 'ㅁ, ㅂ, ㅍ' 아래에서 모음 'ㅡ'가 'ㅜ'로 변화하는 원순모음화가 일어나 18세기에는 '푸르다' 형태가 등장하게 되었다. 프르다(15세기~19세기)〉푸르다(18세기~현재). 이형태: 프르-, 프를-, 푸르-, 푸를-. 靑은 프를 씨오 瑠璃ᄂᆞᆫ 프른 비쳇 보ᄇᆡ라 혼 ᄠᅳ디니.《1459 월석 1:22ㄱ》, ᄒᆞᆫ 雙ㅅ 힌 고기ᄂᆞᆫ 낙ᄉᆞᆯ ᄆᆞ디 아니코 세 寸ㅅ 누른 柑子ᄂᆞᆫ 오히려 제 프르렛도다.《1481 두시-초

3:37ㄱ》

2 블근: 붉은. '븕(어간)+은(관형사형 어미)'이다. 현대국어 '붉다'의 옛말인 '븕다'는 15세기 문헌에서부터 나타난다. 근대국어 시기에 'ㅁ, ㅂ, ㅍ' 아래 'ㅡ' 모음이 'ㅜ'로 바뀌는 원순모음화가 일어남에 따라 '븕다'도 '붉다'가 되었다. 17세기 이후 19세기까지 '븕다'와 '붉다'가 공존하다가 '붉다'가 정착하면서 현재에 이르렀다. 븕다(15세기～19세기)〉붉다(17세기～현재). 이형태: 븕다, 붉다. 샹녜 光明이 겨시며 입시욼 비치 븕고 됴ᄒᆞ샤미 頻婆果ㅣ ᄀᆞᆮᄒᆞ샤ᄉᆞ이다.《1447 석상 21:46ㄴ》, 다 다홍 비단오로 깃 ᄃᆞ라 이시니 ᄒᆞᆫ 솽 훠예 다 블근 실로 고ᄃᆞ라 잇더라.《1510년대 번노 하:52ㄴ-53ㄴ》

3 도ᄃᆞᆫ: 돋은. '돋(어간)+ᄋᆞᆫ(관형사형 어미)'이다. '돋다'는 '속에 생긴 것이 겉으로 나오거나 나타나다.'를 뜻한다. 현대국어 '돋다'는 15세기 문헌에서부터 나타나 현재까지 이어진다. 17세기 이후 '돗다'는 종성 'ㄷ'의 표기가 'ㅅ'으로도 표기될 수 있었던 근대국어의 표기 경향에 따른 것이다. 돋다(15세기～현재). 이형태: 돋다, 돗다. 天下애 功이 크샤ᄃᆡ 太子ᅀ 位 다ᄅᆞ거시늘 새벼리 나ᄌᆡ 도ᄃᆞ니.《1447 용가 101》, 君子ᄂᆞᆫ 너무 프르러 블근 빗 도ᄃᆞᆫ 것과 ᄇᆞᆯᄀᆞᆫ 거ᄉᆞ로 동졍을 아니ᄒᆞ시며.《1518 번소 4:24ㄱ》

4 ᄇᆞᆯᄀᆞᆫ: 붉은. 'ᄇᆞᆰ(어간)+ᄋᆞᆫ(관형사형 어미)'이다. 'ᄇᆞᆰ다'는 '밝다'와 '븕다'의 옛말이다. 洙泗正學이 聖性에 ᄇᆞᆯᄀᆞ실ᄊᆡ 異端ᄋᆞᆯ 排斥ᄒᆞ시니(洙泗之正學 聖性自昭晰 異端獨能斥).《용가 124장》(현대역: 유학이 성스러운 성품에 밝으시므로 다른 교리를 배척하시니.), 브ᅀᅀᆡᆫ 저긔 ᄇᆞᆯᄀᆞᆫ ᄆᆞᅀᆞ미 허니(喪亂丹心破).《두시-초 7:15》(현대역: 난리 때에는 붉은 마음이 허물어지니.)

5 동졍: 동정. 한복의 저고리 깃 위에 조금 좁은 듯하게 덧대는 하얗고 긴 헝겊 조각.

소언 論론語어에 ᄀᆞᆯ오ᄃᆡ 君군子ᄌᆞᄂᆞᆫ 紺감[깁피 프르고 블근 빗 도ᄃᆞᆫ 거시라]과 블근 거스로ᄡᅥ 옷깃 도로디 아니ᄒᆞ시며

현대역 《논어》에 가로되, "군자는 紺[비단이 푸르고 붉은 빛 돋은 것이라.]과 붉은 것으로써 옷깃 두르지 아니 하시며,

【集說】朱子曰君子는謂孔子라紺은深青揚赤色이니齊服也요

緅는絳色이니三年之喪에以飾練服者라飾은領緣也라

주자가 말하였다. "군자는 공자를 이른다. 紺은 짙은 청색에 붉은색을 나타낸 것이니, 齋戒할 때의 옷이다. 緅는 붉은색이니, 3년 상에 練服을 꾸미는 것이다. 飾은 목에 선두름이다."

漢字 揚(나타낼 양, 날릴 양, 오를 양), 絳(붉을 강, 진홍 강), 練[익힐 련, 練服(小喪 때 입는 상복) 련]

紅紫로不以爲褻服이러시다

● 홍색[분홍색]과 자주색[주홍색]으로 褻服을 만들지 않으셨다.

漢字 褻(평복 설, 더러울 설, 속옷 설, 사사로울 설)

설복(褻服): 공복[公服, 조복(朝服)이나 제복]祭服)]이 아닌, 사사로이 입는 옷. 즉 사복(私服).

번소 분홍 ᄌᆞ디로 샹녯오ᄉᆞᆯ ᄆᆡᆼᄀᆞ디 아니ᄒᆞ더시다

현대역 분홍과 자주로 평상복을 만들지 아니하시더라.

1 ᄌᆞ디: 자주(紫朱). 짙은 남빛을 띤 붉은빛. 여슷 交애 見火ㅣ 수믈 ᄉᆞ라 能히 거믄 ᄂᆡ와 ᄌᆞ디 브리 ᄃᆞ외ᄂᆞ니라(六交見火燒息 能爲黑烟紫焰).《능엄 5:57》, 金紫ᄂᆞᆫ ᄌᆞ디 긴 ᄃᆞᆫ 印이라.《삼강 충:13》

2 샹녯옷: 상례옷. 평상복(平常服)

소언 분홍과 ᄌᆞ디로ᄡᅧ 샹녯옷도 ᄆᆡᆼᄀᆞ디 아니ᄒᆞ더시다

현대역 분홍과 자주로써 평상복도 만들지 아니하시더라.

【集說】朱子曰紅紫는間色이니不正이요且近於婦人女子之服也라褻服은私居服也니言此則不以爲朝祭之服을可知니라

주자가 말하였다. “홍색과 자주색은 중간색이니 바르지 않고, 또 부인과 여자의 옷에 가깝다. 褻服은 사사로이 거처할 때의 옷이니, 이것을 말했으면 (홍색과 자주색으로) 朝服 祭服[즉 公服]을 만들지 않았음을 가히 알 수가 있다.”

當暑ᄒᆞ샤**袗**軫**絺綌**乞逆切을**必表而出之**러시다

● 더움을 당해서는, 가는 葛布와 굵은 葛布로 만든 홑옷을 반드시 겉에 입어 그것[袗絺綌]을 나타내셨다.”

漢字 袗(홑옷 진), 絺(가는 갈포 치), 綌(굵은 갈포 격), 出(나타낼 출)

번소 더운 적을 당ᄒᆞ야 겨샤 호옷 츩뵈오ᄉᆞᆯ 모로매 밧긔 내여 닙더시다

현대역 더운 때를 당하여 계시어 홑 칡베옷을 모름지기 밖에 내어 입으시더라.”

1 츩뵈오ᄉᆞᆯ: 칡베옷을. ‘츩뵈옷(명사)+ᄋᆞᆯ(목적격 조사)’이다. ‘츩뵈옷’은 ‘칡베옷’의 옛말로, ‘칡 섬유로 짠 베옷’를 말한다.

2 밧긔: 밖에. ‘밨(外, 명사)+의(특수 처소 부사격 조사)’이다.

3 닙더시다: 입으시더라. ‘닙(어간)+더(회상법 선어말어미)+시(주체 높임 선어말어미)+다(평서형 종결어미)’이다. ‘-더시다’는 동사, 형용사 어간 뒤에 붙어, ‘-(으)시더라’를 뜻하는 어미이다. 世尊이 象頭山애 가샤 龍과 鬼神과 위ᄒᆞ야 說法ᄒᆞ더시다.《석상 6:1》, 須達ᄋᆡ 지순 亭舍마다 드르시며 길헤 사ᄅᆞᆷ 濟渡ᄒᆞ샤미 그지업더시다.《석상 6:38~39》

소언 더운 적을 當당ᄒᆞ샤 홋 츩뵈옷ᄉᆞᆯ 반ᄃᆞ시 表표ᄒᆞ야 내더시다

현대역 더운 때를 당하시어 홑 칡베옷을 반드시 표하여[겉에 입어] 내시더라.”

내더시다: 내시더라. ‘내(어간)++더(회상법 선어말어미)+시(주체 높임 선어말어미)+다(평서형 종결어미)’이다.’이다. ‘내다’는 ‘나다’의 사동사로, ‘기풍, 멋 따위를 드러내다.’를 뜻한다. 현대국어 ‘내다’의 옛말인 ‘내다’는 15세기 문헌에서부터 나타난다. ‘내다’는 ‘나가다’ 혹은 ‘나오다’의 의미인 ‘나-’와 사동접사 ‘-이-’가

결합된 파생어이다. 표기상으로는 15세기부터 현재까지 변화가 없는 것으로 보이지만, 중세국어에서 'ㅐ'는 [aj]로 발음되는 이중모음이었고, 근대국어 이후에는 [ɛ]로 발음되는 단모음이었다. '내-'가 어미 '-야'와 결합할 때, 중세국어에서는 어미 '-야'가 어간의 'ㅣ' 모음 뒤에서 '-야'로 변하는 모습을 보이지만, 근대국어 이후 이러한 변화가 나타나지 않는 '내어'가 나타나는 것은 바로 근대국어 이후 모음 'ㅐ'가 단모음이 되었다는 증거가 된다. 내다(15세기~현재). 이형태: 내다. 사오나ᄫᆞᆫ 사ᄅᆞ미 몰라 소가 貪ᄒᆞᆫ ᄆᆞᅀᆞᄆᆞᆯ 내ᄂᆞ니.《1447 석상 3:26ㄱ》, 호옷 츩뵈오ᄉᆞᆯ 모로매 밧긔 내여 닙더시다.《1518 번소 4:24ㄱ》

【集說】**朱子曰袗**은**單也**라**葛之精者曰絺**요**麤者曰綌**이라**表而出之**는**謂先著裏衣**하고**表絺綌而出之於外**니**欲其不見體也**라

주자가 말하였다. "袗은 홑이다. 갈포의 정밀한 것을 絺라 이르고, 거친 것을 綌이라 이른다. 表而出之[겉에 입어 그것을 나타내심]는 먼저 속옷을 입고 갈포옷[絺綌]을 겉에 입어[表] 그것을 밖으로 나타냄[出之於外]을 이르니, 그 몸을 보이지 않고자 함이다."

漢字 麤(거칠 추)

〖三十七章〗

○**去喪**ᄒᆞ시고**無所不佩**러시다 《論語 鄕黨》

●상복을 벗으시고, 차지 않는 것이 없으셨다.

번소 거상 바ᄉᆞ시고 아니 ᄎᆞ실 것 업더시다

현대역 居喪 벗으시고, 아니 차실 것이 없으시더라.

1 바ᄉᆞ시고: 벗으시고. '밧(脫, 어간)+ᄋᆞ시(주체 높임 선어말어미)+고(연결어미)'이다. '밧다'는 '벗다'의 옛말이다. '밧다'는 15세기에서 17세기까지 용례가 확인되며, 현대국어의 형태인 '벗다'도 15세기부터 용례가 보이며 현재까지 이어진다.

그런데 15세기에는 '밧다'는 '옷'과 같이 구체명사에 쓰였으며 '벗다'는 '시름', '수고(受苦), 속(俗)' 등 추상명사에 쓰이는 구분이 확연했으나, 이러한 구분은 16세기까지만 유지되었으며 17세기부터는 '밧다'와 '벗다'가 모두 구체명사인 '옷'을 목적어로 취하는 용례가 확인된다. 이후 '밧다'는 '벗다'에 자리를 내어주고 사라지게 되었으며, 17세기 이후로는 '벗다'가 계속 쓰여서 현재에 이르고 있다. 밧다(15세기~17세기)/벗다(15세기~현재). 이형태: 벗다, 밧다. 太子ㅣ 鹿皮 옷 바ᄉᆞ샤 머리예 가ᄆᆞ시고.《1459 월석 11:8ㄴ》, 드틀와 ᄠᅴ왓 시르믈 벗고져 ᄒᆞ시논 젼ᄎᆡ라.《1447 석상 20:12ㄱ》

2 ᄎᆞ실: 차실. 'ᄎᆞ(佩,어간)+시(주체 높임 선어말어미)+ㄹ(관형사형 어미)'이다.

소언 거상 바ᄉᆞ시고 ᄎᆞ디 아니실 배 업더시다

현대역 居喪 벗으시고, 차지 아니실 바가 없으시더라.

【集說】**朱子曰君子無故**면**玉不去身**하나니**觿礪之屬**을**亦皆佩也**니라

주자가 말하였다. "군자는 연고[喪事]이 없으면 옥을 몸에서 제거하지 않으니, 뿔송곳이나 숫돌 따위도 또한 모두 찬다."

漢字 觿(뿔송곳 휴), 礪(숫돌 려)

휴(觿): 뿔 또는 뼈로 만든, 매듭을 푸는 송곳. 성인(成人)은 이를 늘 허리에 차고 다님.

【三十八章】

○**孔子**는**羔裘玄冠**으로**不以吊**ㅣ러시다 《論語 鄕黨》

● 공자는 양 갖옷과 검은 관으로 써 조문하지 않으셨다.

漢字 羔(새끼 양 고, 검은 양 고), 裘(갖옷 구), 吊(조문할 조)

번소 孔공子ᄌᆞᄂᆞᆫ 거믄 여믜 갓옷과 거믄 곳갈로ᄡᅥ 됴상 아니ᄒᆞ더시다

현대역 공자는 검은 염소의 가죽옷과 검은 冠으로써 弔喪을 아니하시더라.

여믜: 염소의. '염(羔, 명사)+의(관형격 조사)'의 연철 표기이다. '염'은 '염소'의 옛말이다. 羔 염 고 羊 염 양.《천자-광 9》, 심혼 치위예 나ᄅᆞᆯ 프른 염의 갓오ᄉᆞᆯ 주ᄂᆞ다(苦寒贈我靑羔裘).《두시-중 19:26》

소언 孔공子ᄌᆞᄂᆞᆫ 검은 양피 옷과 검은 冠관으로ᄡᅥ 됴상ᄒᆞ디 아니ᄒᆞ더시다

현대역 공자는 검은 양가죽 옷과 검은 관으로써 조상하지 아니하시더라.

【集說】陳氏曰羔裘는用黑羊皮爲之라玄은黑色이라朱子曰喪主素하고吉主玄하니弔必變服은所以哀死니라

진 씨가 말하였다. "羔裘는 검은 양가죽을 써서 그것을 만든다. 玄은 흑색이다." 주자가 말하였다. "喪에는 흰색을 주장하고, 길함에는 검은색을 주장하니, 조문에 반드시 옷을 바꿈은 써 죽음을 슬퍼하는 바이다."

【三十九章】

○禮記예曰童子ᄂᆞᆫ不裘不帛ᄒᆞ며不屨句絇[1]ㅣ니라 《禮記 玉藻》

●《예기》에 말하였다. "어린아이는 갖옷을 입지 않고 비단옷을 입지 않으며, 신에 들메끈[신이 벗어지지 않도록 신을 발에다 동여매는 끈]을 매지 않는다."

漢字 帛(비단 백), 絇(신코장식 구)

1 구(絇): 여기서는 기(綦, 들메끈을 매다)의 뜻으로 쓰임.

2 기(綦): 들메끈. 신이 벗어지지 않도록 신을 발에다 동여매는 끈.

번소 禮례記긔예 ᄀᆞ로ᄃᆡ 아ᄒᆡᄂᆞᆫ 갓옷 아니 니브며 깁 것 아니 니브며 시네 긴 ᄃᆞ디 아니홀 디니라

현대역 《예기》에 가로되, "아이는 가죽옷 아니 입으며, 비단 것[물건] 아니 입으며, 신에 끈 달지 아니할 것이니라."

1 아ᄒᆡ: 아이. 현대국어 '아이'의 옛말인 '아ᄒᆡ'는 15세기 문헌에서부터 나타난다. 16세기 이후로 제2음절 이하에서 모음 'ㆍ'가 'ㅡ'로 바뀌는 경향에 따라 16세기에는 '아희' 형태가 등장하였다. 근대국어 후기에 자음 뒤에서 모음 'ㅢ'가 'ㅣ'로 발음되는 경향에 따라 19세기에는 '아히' 형태가 등장하였고, 모음 사이에서 자음 'ㅎ'이 탈락하여 현대국어의 '아이'가 된 것이다. 한편 '아ᄒᆡ'와 의미가 동일한 한자어 '兒孩'도 존재하는데, 중세국어 시기에 한자 '兒'의 음은 'ᅀᆞ'였으므로 '아ᄒᆡ'가 한자어 '兒孩'에서 유래한 것이라 볼 수는 없다. 아ᄒᆡ(15세기~19세기)>아희(16세기~19세기)>아히(19세기)>아이(20세기~현재). 이형태: 아ᄒᆡ, 아희, 아히. 童男ᄋᆞᆫ 아ᄒᆡ 남지니오 童女ᄂᆞᆫ 아ᄒᆡ 겨지비라.《1447 석상 3:7ㄴ》, 이 후ᄒᆞᆫ 얼운 아희 ᄎᆞ례를 블기니라.《1518 번소 3:33ㄴ》

2 니브며: 입으며. '닙(어간)+으며(연결어미)'이다. '닙다'는 '입다'의 옛말이다. 順達이 지븨 도라와 ᄠᅵ 무든 옷 닙고 시름ᄒᆞ야 잇더니.《석상 6:27》, 마리ᄅᆞᆯ 갓ᄀᆞ시고 누비옷 니브샤 붓그료미 엇뎨 업스신가.《월곡 상:44》

3 긴ㅎ: 끈. '끈'의 옛말인 '긴ㅎ'은 15세기 문헌에서부터 나타난다. '긴ㅎ'은 모음이나 'ㄱ, ㄷ'으로 시작하는 조사와 결합할 때에는 끝소리 'ㅎ'이 나타나지만, 그 밖의 자음으로 시작하는 조사와 결합할 때나 단독으로 쓰일 때는 끝소리 'ㅎ'이 탈락하는 ㅎ종성체언으로서 '긴ㅎ/긴'의 이형태 교체를 보였다. '긴ㅎ'은 16세기에 첫소리 'ㄱ'이 된소리로 바뀌어 'ᄭᅵᆫㅎ'으로 나타난다. 이후 18세기에 오면 'ᄭᅵᆫㅎ'에서 끝소리 'ㅎ'이 완전히 탈락하여 모음으로 시작하는 조사나 조사 '-과'와 결합할 때에도 'ᄭᅵᆫ'으로 나타나기 시작한다. 18세기에 모음 'ㅣ'가 'ㅡ'로 바뀐 'ᄭᅳᆫ' 형태가 나타난다. 19세기에 'ㄱ'의 된소리가 'ㄲ'으로 표기된 '끈'이 등장하여 현대에 이르고 있다. 긴ㅎ(15세기~17세기)>ᄭᅵᆫㅎ(16세기~19세기)>ᄭᅵᆫ(18세기~19세기)>ᄭᅳᆫ(18세기~19세기)>끈(19세기~현재). 이형태: 긴ㅎ, 긴, ᄭᅵᆫㅎ, ᄭᅵᆫ,

끈, 끈. 또 琥珀 구스를 긴헤 쎼여 미러 낙새 다돋게ᄒᆞ고.《1466 구방 상:50ㄱ》, 緌 긴 슈, 纓 긴 영.《1527 훈몽 중:12ㄱ》, 올흔녁히 쁠 것 ᄎᆞ며 힝뎐 ᄆᆡ오 신 신고 신 찐ᄒᆞᆯ ᄆᆡ욜 디니라.《1587 소언 2:2ㄱ》, 가숨거리예 아래 ᄒᆞᆫ 구슬로 망 ᄆᆡ자 찐 간다개 드리웟고.《1510년대 번박 29ㄱ》

소언 禮례記긔예 ᄀᆞᆯ오ᄃᆡ 아ᄒᆡᄂᆞᆫ 갓옷 아니 닙으며 깁 것 아니 닙으며 신의 絇구[신 ᄲᅮ리예 고 ᄃᆞ라 긴 ᄢᅦ어 ᄆᆡᄂᆞᆫ 거시라]를 아니ᄒᆞᆯ 디니라

현대역 《예기》에 가로되, "아이는 가죽옷 아니 입으며, 비단 것[물건] 아니 입으며, 신의 구(絇)[신 뿌리에 신코 달아 끈 끼워 매는 것이라.]를 아니할 것이니라."

1 ᄲᅮ리예: 뿌리에. 'ᄲᅮ리(根, 명사)+예(부사격 조사)'이다. 현대국어 '뿌리'의 옛말인 '불휘'는 15세기 문헌에서부터 나타난다. 16세기에 제2음절의 이중모음 'ㅟ'가 'ㅢ'로 바뀌어 '불희'가 되었다. 그리고 《소학언해》에서는 어두된소리화를 겪어 'ㅂ'이 된소리 'ㅅㅂ'으로 변화하고, 제2음절의 자음 'ㅎ'이 탈락했으며, 이중모음 'ㅢ'가 'ㅣ'로 바뀌는 경향에 따라 'ᄲᅮ리' 형태가 등장하였다. 이후 현대 국어맞춤법에서는 'ㅂ'의 된소리를 'ㅃ'으로 표기하는 원칙에 따라 현재의 '뿌리'가 되었다. 불휘(15세기~19세기)〉불희(16세기~18세기)〉ᄲᅮ릐(18세기)〉ᄲᅮ리(16세기~19세기)〉뿌리(20세기~현재). 이형태: 불휘, 불희, 불회, ᄲᅮᆯ휘, ᄲᅮᆯ희, ᄲᅮ릐, ᄲᅮ리. 諸根ᄋᆞᆫ 여러 불휘니 눈과 귀와 고콰 혀와 몸과 ᄠᅳ괘라.《1447 석상 6:28ㄴ》, 根 불희 근.《1575 천자-광 33ㄱ》, 이런 사ᄅᆞᆷ문 불회 업슨 남기며 근원 업슨 므리 ᄀᆞᆮᄐᆡ여.《1518 정속-이 22ㄱ》, 신 ᄲᅮ리예 고 ᄃᆞ라 긴 ᄢᅦ여 ᄆᆡᄂᆞᆫ 거시라《1588 소언 본 장》

2 고ㅎ: 코. 버선이나 신 따위의 앞 끝이 오뚝하게 내민 부분. 현대국어 '코'의 옛말인 '고ㅎ'은 15세기 문헌에서부터 나타난다. 이 단어는 모음으로 시작하는 조사나 조사 '-과, -도'와 결합할 때에는 끝소리인 ㅎ이 나타나지만, 그 밖의 조사와 결합하거나 단독으로 쓰일 때에는 끝소리 ㅎ이 나타나지 않는 이른바 ㅎ종성체언으로서 '고ㅎ/고'의 이형태 교체를 보였다. 16세기에는 어두유기음화를 겪은 '코' 형태가 등장하여 17세기까지는 '고ㅎ/고'와 '코ㅎ/코'의 두 형태가 공존하였다. 이미 16세기부터 '코와', '코를' 등의 예에서 보이듯이 끝소리 ㅎ이

완전히 탈락한 '코' 형태가 쓰였는데, 19세기까지는 '코ㅎ' 형태도 여전히 나타났다. 고ㅎ(15세기~17세기)〉코ㅎ(16세기~19세기)/코(16세기~현재). 이형태: 고ㅎ, 고, 코ㅎ, 코. 諸根은 여러 불휘니 눈과 귀와 고콰 혀와 몸과 쁘괘라.《1447 석상 6:28ㄴ》, 世尊이 날와 俱絺羅를 ᄀᆞᄅᆞ치샤 곳 그텟 힌 거슬 보라 ᄒᆞ야시늘.《1461 능엄 5:56ㄱ》, 귀와 눈과 코와 입과 ᄆᆞᄋᆞᆷ의 알옴과.《1588 소언 3:7ㄱ》

3 ᄢᅵ어: 끼워. 'ᄢᅵ(어간)+어(연결어미)'이다. 'ᄢᅵ다'는 '끼다['끼우다'의 준말]'의 옛말이다. 'ᄢᅵ다'는 15세기 문헌에서부터 나타난다. 근대국어 시기에 어두자음군이 사라지면서 'ᄢᅵ-'의 초성 'ㅄ'에서 'ㅂ'이 탈락하고 'ㅺ'이 남아 17세기에 'ᄭᅵ-'로 나타나게 되었다. 19세기에 'ㄱ'의 된소리 표기가 'ㅺ'에서 'ㄲ'으로 바뀜에 따라 '끼-'로 나타나면서 'ᄭᅵ-'와 '끼-'가 공존하였다. 이후 '끼-'로 정착하면서 현재에 이르렀다. 17세기에는 'ᄠᅵ-'로 나타나기도 하였는데, 이는 'ᄭᅵ-'의 이형태이다. ᄢᅵ다(15세기~17세기)〉ᄭᅵ다(17세기~19세기)〉끼다(19세기~현재). 이형태: ᄢᅵ다, ᄭᅵ다, ᄠᅵ다, 끼다. 夾은 ᄢᅵᆯ 씨라.《1459 월석 21:75ㄱ》, 智伯의 豫讓이 위ᄒᆞ야 원슈를 갑고져 ᄒᆞ야 지은 사ᄅᆞᆷ이 되여 匕首를 ᄢᅵ고 襄子ㅅ宮 가온ᄃᆡ 들어 뒷간의 ᄒᆞᆰ ᄇᆞᄅᆞ거늘.《1587 소언 4:31ㄱ》

4 ᄆᆡᄂᆞᆫ: 매는. 'ᄆᆡ(어간)+ᄂᆞ(현재 시제 선어말어미)+ㄴ(관형사형 어미)'이다. 'ᄆᆡ다'는 15세기 문헌에서부터 나타난다. 18세기에 제1음절의 'ㆍ'가 'ㅏ'로 변화하는 경향에 따라 'ㆎ'가 'ㅐ'로 변화하였는데, 'ᄆᆡ다'는 이보다 이른 시기인 17세기 후반에 '매다'로 나타나서 현재에 이르렀다. 18세기의 'ᄆᆞ이다'는 'ᄆᆡ다'의 제1음절 모음 'ㆎ'를 'ㆍ'와 'ㅣ'로 구분하여 표기한 것이다. ᄆᆡ다(15세기~19세기)〉매다(17세기~현재). 이형태: ᄆᆡ다, ᄆᆞ이다, 매다. 有情이 나랏 法에 자피여 ᄆᆡ여.《1447 석상 9:8ㄴ》, 각각 믈 기를 박 가지고 박 우희 ᄒᆞᆫ 오릿 ᄀᆞᄂᆞᆫ 노ᄒᆞᆯ ᄆᆡ얏ᄂᆞ니.《1510년대 번노 상:36ㄴ》, 젼대예 ᄒᆞᆫ 권 죠히를 녀허 허리에 매고.《1670 노언 상:25ㄱ》

【集解】不裘不帛은爲太溫也라約는卽屨頭之綦니用以爲行戒者라不屨約는未習行戒也일새라

갖옷을 입지 않고 비단옷을 입지 않음은 너무 따뜻하기 때문이다. 約는 신코의 들메끈이니, (이를) 사용함으로써 다님에 경계함을 삼는 것이다. 신에 들메끈을 매지 않음은 (童子는) 다닐 때 경계함을 익히지 않아서이다.

漢字 綦(들메끈 기)

〖四十章〗

○孔子ㅣ曰士ㅣ志於道而恥惡衣惡食者ᄂᆞᆫ未足與議也ㅣ니라

《論語 里仁》

● 공자가 말씀하셨다. "선비가 도에 뜻을 두고서 나쁜 옷과 나쁜 음식을 부끄러워하는 자는 족히 더불어 의논하지 못한다."

번소 孔공子ᄌᆞㅣ ᄀᆞᄅᆞ샤ᄃᆡ 士ᄉᆞㅣ 道도理리애 ᄠᅳᆮ 두고 구즌 옷과 구즌 바블 붓그리ᄂᆞ니ᄂᆞᆫ 죡히 더브러 道도理리ᄅᆞᆯ 의론티 몯ᄒᆞ리라

현대역 공자가 말씀하시되, "선비가 도리에 뜻을 두고 궂은 옷과 궂은 밥을 부끄러워하는 이는 족히 더불어 도리를 의논하지 못하리라."

1 구즌: 궂은. 언짢고 나쁜. '궂(어간)+은(관형사형 어미)'이다. 좋으니 궂으니 해도 궂은일에는 부모 형제고 좋은 일에는 남이라 안 해요?《박경리, 토지》, 운양 대감은 쓰다 궂다 내색함이 없이 담배만 묵묵히 빨아 대더니 나직이 말했다.《현기영, 변방에 우짖는 새》

2 붓그리ᄂᆞ니ᄂᆞᆫ: 부끄러워하는 이는. '붓그리(어간)+ᄂᆞ(현재 시제 선어말어미)+ㄴ(관형사형 어미)+이(의존명사)+ᄂᆞᆫ(보조사)'이다. '붓그리다'는 '부끄러워하다'의 옛말이다. 프른 구루미 니픠 칙칙호ᄆᆞᆯ 붓그리고 흰 누니 고지 하ᄆᆞᆯ 避ᄒᆞ리로다(靑雲羞葉密 白雲避花繁).《두시-초 15:19》, 田稷子ㅣ 붓그려 나가 그 金 도로 보내오(田稷子慚而出 反其金).《내훈 3:25》

소언 孔공子ᄌᆞㅣ ᄀᆞᆯᄋᆞ샤ᄃᆡ 士ᄉᆞㅣ 道도애 ᄠᅳᆮ 두고 사오나온 옷과 사오나온 음식을 붓그리ᄂᆞ니ᄂᆞᆫ 足죡히 더블어 의론티 몯ᄒᆞ리니라

현대역 공자가 말씀하시되, "선비가 도에 뜻을 두고 나쁜 옷과 나쁜 음식을 부끄러워하는 이는 족히 더불어 의논하지 못하리니라."

몯ᄒᆞ리니라: 못하리니라. '몯ᄒᆞ(어간)+리(추측법 선어말어미)+니라(평서형 종결어미)'이다. '-리니라'는 '이다'의 어간, 받침 없는 용언의 어간, 'ㄹ' 받침인 용언의 어간 또는 어미 '-으시-', '-으오-' 뒤에 붙어, 해라할 자리에 쓰여, 진리나 으레 있는 사실을 추측하여 일러 줄 때에 쓰이는 어미이다. 약자를 돕는 것은 마땅한 일이리니라.

【集解】朱子曰心欲求道로되而以口體之奉不若人으로爲恥면其識趣之卑陋甚矣니何足與議於道哉아愚謂惡衣는謂麤舊衣服이요惡食은謂疏食菜羹之類라漢志에謂學以居位曰士라然四民中에有志於學者를亦得稱爲士也라夫衣取蔽形이요食取充腹이니貴賤上下各有其制라士之仕者列於公卿大夫後하여其祿俸有限하니未仕者所入이豈能豊洽이리오乃恥惡衣惡食而欲求華麗甘肥하여以徇時濟欲이면其不至於昧天理喪廉恥하여取非義以充之者幾希矣라故로先儒謝氏有曰恥惡衣惡食은學者之大病이니善心不存이盖原於此라하니嗚呼라有志爲士者는尙其戒哉인저

주자가 말하였다. "마음에 도를 구하고자 하면서 口體의 봉양이 남과 같지 못함을 부끄러워하면, 그 識見과 趣向의 비루함이 심하니, 어찌 족히 더불어 도를 의논하겠는가? 나는, '惡衣는 거칠고 오래된 옷을 이르고, 惡食은 거친 밥과 나물국 따위를 이른다.'고 말한다. 〈漢志〉[《漢書》〈食貨志〉]에, '배워서 벼슬자리에 있음을 士라 이른다.' 했느니, 그러나 四民(士農工商) 중 배움에 뜻이 있는 자를 또한 능히 士라 칭한다. 무릇 옷은 몸 가림을 취하고, 음식은 배를 채움을 취하니, 貴賤과 上下가 각각 그 제도가 있다. 선비로서 벼슬하는 자는 公卿大夫 뒤에 매겨져 그 녹봉에 한계가 있으니, 벼슬하지 않은 자는 들어오는 바가 어찌 능히 풍족하고 넉넉하겠는가. 이에 나쁜 옷과 나쁜 음식을 부끄러워하고 화려하고 달고 살찜을 구하고자 하여,

써 時俗을 따르고 욕심을 이루면, 그 天理에 어둡고 廉恥를 잃어, 의가 아님을 취하여 써 그것을 채움에 이르지 않을 자가 거의 드물다. 그러므로 先儒인 사 씨가 있어 이르기를, '나쁜 옷과 나쁜 음식을 부끄러워함은 배우는 자의 큰 병이니, 선한 마음이 보존되지 못함이 대개 여기에서 근원한다.' 고 했으니, 아, 선비 되기에 뜻을 둔 자는 오히려 그 경계할지어다."

漢字 疏(거칠 소=踈, 트일 소, 나눌 소, 멀 소, 드물 소), 菜(나물채), 羹(국 갱), 蔽(가릴 폐, 덮을 폐), 充(채울 충), 列(매길 렬, 줄 렬, 줄지을 렬), 洽(넉넉할 흡, 화목할 흡, 두루미칠 흡), 肥(살찔 비, 기름질 비), 徇(따를 순, 경영할 순, 두루 순), 濟(이룰 제, 건널 제, 도울 제), 昧(어두울 매, 무릅쓸 매)

한서(漢書): 중국 후한(後漢)시대의 역사가 반고(班固, 32년~92년)가 저술한 기전체(紀傳體)의 역사서로, 《전한서(前漢書)》또는 《서한서(西漢書)》라고도 한다. 《사기(史記)》와 더불어 중국 사학사상(史學史上) 대표적인 저작이다. 한무제(漢武帝)에서 끊긴 사마천의 《사기》의 뒤를 이은 정사(正史)로 여겨지므로 '두 번째의 정사(正史)'라 하기도 한다. 처음 반고의 아버지 반표(班彪)가 《사기》에 부족한 점을 느꼈고, 또 무제(武帝) 이후의 일은 사기에 기록되지 않았으므로 스스로 사서를 편집코자 《후전(後傳)》 65편을 편집하였다. 하지만 반표는 완성을 보지 못하고 54년에 사망하였다. 반고는 아버지의 뜻을 이어 수사(修史)의 일을 시작하였으나 한때 국사(國史)를 마음대로 한다는 모함을 받아 투옥되었다. 하지만 이후 누명을 벗어 명제(明帝)의 명으로 《한서(漢書)》 저작에 종사하게 된다. 반고는 장제(章帝) 건초연간(建初年間)에 《한서》를 일단 완성했으나, 〈팔표(八表)〉와 〈천문지(天文志)〉는 그의 죽음으로 미완성으로 남았다. 이를 누이동생 반소(班昭)가 화제(和帝)의 명으로 계승하였고, 다시 마속(馬續)의 보완(補完)으로 완성되었다. 《사기》가 상고시대부터 무제까지의 통사(通史)인 데 비하여 《한서》는 전한(前漢)만을 다룬 단대사(斷代史)로, 한고조(漢高祖) 유방(劉邦)부터 왕망(王莽)의 난(亂)까지 12대(代) 230년간의 기록이라는 점에 특징이 있다. 12제기(帝紀)·8표(表)·10지(志)와 70열전(列傳)으로 그 체재(體裁)는 중국 정사 편집의 전형(典型)으로서 답습되었다. 《한서》는 《사기》와 부분적으로 중복되는 곳도 있으나, 이미 후한시대부터 삼국시대에 걸쳐 응소(應劭)·복건(服虔)·여순(如淳)·맹강(孟康) 등 20여 명의 주석가(注釋家)가 나타났으며, 그들의 주석은 당(唐)나라의 안사고(顔師古)의 주석으로 집대성되어 현재의 간본은 모두 안사고의 주석을 부각(付刻)한 것이다. 안사고 이후의 제가(諸家)의 주석은 청나라 말기의 왕선겸(王先謙)이 엮은 《한서보주(漢書補注)》에 집대성되어 있다. 〈식화지(食貨志)〉는 역대 정사(正史) 속에 있는 각 왕조의 재정관계 기록편의 명칭이다. 《사기》에서는 〈평준서(平準書)〉 또는 〈화식열전(貨殖列傳)〉이라고 불렀는데, 《한서》의 저자 반고(班固)가 〈식화지〉라고 명명한 후부터는 《신오대사(新五代史)》를 제외하고 모두 이 명칭을 사용하였다. 중국 정사 중 〈식화지〉가 없는 것은 《보송서(補宋書)》 〈식화지〉처럼 후세에 보완하기도 했다. 이 명칭은 《서경(書經)》의 홍범팔정(洪範八政)에 있는 '일왈식이왈화(一曰食二曰貨)'라는 말에서 따온 것이다. 한국의 사서로는 유일하게 《고려사》 권78·79·80에 〈식화지〉 1·2·3이 편제되어 있다. 《고려사》 〈식화지〉에는 1에는 전제(田制), 2에는 농상(農桑)·화폐·염법(鹽法)·과렴(科斂)·차대(借貸)·조운(漕運), 3에는 녹봉(祿俸)·진휼(賑恤)이 수록되어 있다(두산백과).

右ᄂᆞᆫ明衣服之制ᄒᆞ니라

●이상은 의복의 제도를 밝힌 것이다.

번소 이 우흔 의복 제도ᄅᆞᆯ ᄇᆞᆯ기니라

현대역 이 위는 의복 제도를 밝히느니라.

소언 이 우흔 衣의服복 제도ᄅᆞᆯ ᄇᆞᆯ키니라

현대역 이 위는 의복 제도를 밝히느니라.

【四十一章】

曲禮예曰共食不飽ᄒᆞ며共飯不澤手ᄒᆞ며 《禮記 曲禮》

●〈곡례〉에 말하였다. "함께 음식을 먹음에 배부르지 말며, 함께 밥을 먹음에 손을 적시지[대지] 않으며,

漢字 飯(밥 먹을 반, 밥 반), 澤(적실 택, 못 택, 윤 택, 기름 택)

번소 曲곡禮례예 ᄀᆞ로ᄃᆡ 모다 차반 머글 저긔 ᄇᆡ브르게 말며 모다 밥 머글 저긔 손 ᄲᅮᆺ처 ᄯᆞᆷ나게 말며

현대역 〈곡례〉에 가로되, "모여 음식 먹을 때에 배부르게 말며, 모여 밥 먹을 때에 손 문질러 땀나게 말며,

1 모다: 모여. '몯(集, 어간)+아(연결어미)'이다. '몯다'는 '모이다'의 옛말이다. 虞芮質成ᄒᆞᄂᆞ로 方國이 해 모ᄃᆞ나 至德이실ᄊᆡ 獨夫受ㄹ 셤기시니(虞芮質成 方國多臻 維其至德 事獨夫辛).《용가 11장》, 會난 모ᄃᆞᆯ 씨니 부텨씌 사ᄅᆞᆷ 모도ᄆᆞᆯ 法會라 ᄒᆞᄂᆞ니라.《월석 2:16》

2 차반: 한자어 '차반(茶盤)'으로, '음식'을 뜻한다. 金銀 그르세 담온 種種 차반이러니 비록 바불 엇데 좌시ᄂᆞᆫ가.《월곡 상:44》, 父母 孝養ᄒᆞᅀᆞᄫᅩᄃᆡ 오시며 차바니며 지비며 니블쇼히며 모맷 骨髓 니르리 뼈호미 이러호니.《석상-중 11:22》

3 ᄲᅮᆺ처: 문질러. 'ᄲᅮᆾ(어간)+어(연결어미)'이다. 'ᄲᅮᆾ다'는 '문지르다'의 옛말이다. 婬亂ᄒᆞᆫ 모ᄆᆞ로 ᄲᅮ처 戒體ᄅᆞᆯ 쟝ᄎᆞ 허로려 ᄒᆞ더니(婬躬撫摩 將毁戒體).《능엄 1:35》, 두 ᄉᆞᆫ바당ᄋᆞ로 虛空애 서르 ᄲᅮᄎᆞ면 두 ᄉᆞᆫ 中에셔 머흘며 믯믯ᄒᆞ며 ᄎᆞ며 더운 여러 相이 간대로 나리니(以二手掌 於空相摩 於二手中 妄生澀滑冷熱諸相).《능엄 2:113》

3 ᄯᆞᆷ: 땀. '땀'의 옛말인 'ᄯᆞᆷ'은 15세기 문헌에서부터 나타난다. 'ᄯᆞᆷ'의 'ㅼ'의 음가에 대하여 15세기에는 'ㅅ', 'ㄷ'이 모두 발음되었다고 보는 견해도 있고, 'ㄷ'의 된소리라고 보는 견해도 있다. 그렇지만 16세기 이후의 'ㅼ'은 'ㄷ'의 된소리로 발음되었다고 볼 수 있다. 18세기 말 이후 'ㄷ'의 된소리를 'ㄸ'으로 표기하게 되면서 'ᄯᆞᆷ'이 되었다. 18세기에 제1음절의 'ㆍ'가 'ㅏ'로 변하였는데, 'ᄯᆞᆷ'도 이러한 변화를 겪어 19세기부터 '땀'으로 나타나면서 현재에 이르렀다. ᄯᆞᆷ(15세기~19세기)〉ᄯᆞᆷ(18세기~19세기)〉땀(19세기~현재). 이형태: ᄯᆞᆷ, ᄯᆞᆷ, 땀. 五衰相ᄋᆞᆫ 다ᄉᆞᆺ 가짓 衰ᄒᆞᆫ 相이니 머리옛 고지 이울며 겯 아래 ᄯᆞᆷ 나며 뎡바기옛 光明이 업스며 누늘 ᄌᆞ조 ᄀᆞᆷᄌᆞ기며 座ᄅᆞᆯ 즐기디 아니ᄒᆞᆯ씨라.《1459 월석 2:13ㄴ》, 모다 밥 머글 저긔 손 ᄲᅮᆺ처 ᄯᆞᆷ 나게 말며.《1518 번소 4:25ㄴ》

소언 曲곡禮례예 ᄀᆞ로ᄃᆡ ᄒᆞᆫ가지로 음식 먹을 제 ᄇᆡ브르게 아니ᄒᆞ며 ᄒᆞᆫ가지로 밥 먹을 제 손에 ᄄᆞᆷ 잇게 아니ᄒᆞ며

현대역 〈곡례〉에 가로되, "함께 음식 먹을 때 배부르게 아니하며, 함께 밥 먹을 때 손에 땀 있게[손이 젖게] 아니하며,

【集解】**食者**는**所食**이**非一品**이요**飯者**는**止飯而已**라**共食而求飽**는**非讓道也**라

食이라는 것은 먹는 것이 한 가지 물품이 아니요, 飯이라는 것은 다만 밥일 따름이다. 함께 먹음에 배부름을 구하는 것은 겸양의 도가 아니다.

漢字 止(다만 지)

【集成】**張子曰不澤手**는**必有物以取之**하여**不使濡其手**니라

張子가 말하였다. "不澤手[손을 적시지 않음]는 반드시 물건[젓가락 따위]이 있어 그것[음식물]을 취하여, 하여금 그 손이 젖지 않게 함이다."

漢字 濡(젖을 유, 적실 유)

毋摶團**飯**ᄒᆞ며**毋放飯**ᄒᆞ며**毋流歠**ᄒᆞ며

● 밥을 뭉치지 말며, 밥을 크게 뜨지 말며, 흘려 마시지 말며,

漢字 毋(말 무), 摶(뭉칠 단, 칠 단), 放(클 방, 놓을 방, 방자할 방), 歠(마실 철)

번소 바블 다 두드리디 말며 바블 크게 써먹디 말며 소리 내 마시디 말며

현대역 밥을 다 두드리지 말며, 밥을 크게 떠먹지 말며, 소리 내어 마시지 말며,

다: 행동이나 상태의 정도가 한도(限度)에 이르렀음을 나타내는 말. 현대국어

'다'는 15세기 문헌에서부터 나타나 현재까지 이어진다. 다(15세기~현재). 뭥ᄀᆞ론 像이 다 니러 太子ᄭᅴ 절ᄒᆞ며.《1447 석상 3:4ㄱ》, 모든 션븨 일후믈 다 이리 써.《1510년대 번노 상:4ㄱ》

소언 밥을 뭉킈디 말며 밥을 크게 ᄯᅳ디 말며 흘리 마시디 말며

현대역 밥을 뭉치지 말며, 밥을 크게 뜨지 말며, 흘려 마시지 말며,

1 뭉킈디: 뭉치지. '뭉킈(어간)+디(보조적 연결어미)'이다. 현대국어 '뭉치다'의 옛말은 '뭉긔다'이다. 이 단어는 15세기에 나타나며 이후 '뭉킈다'(16세기), '뭉긔다'(17세기~18세기)를 거쳐서 18세기에 '뭉키다'가 쓰이기 시작했다. 현대국어 '뭉치다'는 '뭉키다'의 'ㅋ'이 'ㅣ' 모음 앞에서 구개음화를 겪으면서 형성된 단어이다. 뭉긔다(15세기)>뭉킈다(16세기)>뭉긔다(17세기~18세기)>뭉키다(18세기)>뭉치다. 이형태: 뭉긔다, 뭉긔다, 뭉그다, 뭉키다, 뭉킈다. 蜜摶ᄋᆞᆫ ᄢᅮᆯ레 뭉긜 씨라.《1459 월석 4:55ㄴ》, 밥을 뭉킈디 말며 밥을 크게 ᄯᅳ디 말며 흘리 마시디.《1588 소언 3:23ㄱ》

2 흘리: 흘려(부사). 흐르게(부사). '흘리'는 동사 '흘리다'에서 어미가 붙지 않고 어간만으로 부사로 쓰이고 있다. 현대국어 '흘리다'는 15세기 문헌에서 나타나 현재에 이어진다. 흘리다(15세기~현재). ('흘리다'의 예문) 鬼神이 이 말 듣ᄌᆞᆸ고 눉믈 흘리며.《1447 석상 11:23ㄱ》, ᄉᆞᄅᆞᆷ과 말ᄒᆞᆯ 제 믄득 눈믈을 흘리더라.《1518 번소 9:34ㄱ》.('흘리'의 예문) 밥을 크게 ᄯᅳ디 말며 흘리 마시디 말며.《소언 3:23》, 放히 飯ᄒᆞ며 흘리 歠ᄒᆞ고(放飯流歠).《맹언 13:38》, 내와 모새 흘리 구ᄒᆞ니 어름이 믄득 프러뎌 고기 이셔 ᄲᅱ여 나거ᄂᆞᆯ.《동신 효3:6》

【集解】取飯作摶이면則易得多하니是欲爭飽也라放飯은大飯也요流歠은長飮也라

밥을 취하면서 뭉침을 만들면 곧 쉽게 많음을 얻으니, 이는 배부름을 다투고자 함이다. 放飯은 밥을 크게 뜸이요, 流歠은 길게 마심이다.

毋咤丑亞切食ᄒᆞ며毋齧骨ᄒᆞ며毋反魚肉ᄒᆞ며毋投與狗骨ᄒᆞ며毋

固獲ᄒᆞ며

● 음식에 혀 차지 말며, 뼈를 깨물지 말며, (먹다 남은) 생선이나 고기를 (그릇에) 도로 놓지 말며, 개에게 뼈를 던져 주지 말며, (먹고 싶은 것을) 굳이 얻으려 하지 말며,

漢字 咤(혀 찰 타, 꾸짖을 타, 입맛 다실 타), 齧(깨물 설), 與(줄 여), 獲(얻을 획)

타식(咤食): 《번역소학》은 '소리 내어 씹어 먹음'으로, 《소학언해》는 '음식에 혀를 참'으로, 《소학집주》【集說】은 두 가지 모두로 설명하고 있다. 역주자(譯註者)는 '음식에 혀를 참' 즉, '음식에 마음이 언짢거나 유감의 뜻을 나타내다.'의 뜻으로 풀고자 한다.

번소 소리 내 시버 먹디 말며 쎠롤 너흐디 말며 먹던 고기롤 도로 노티 말며 가히롤 쎠롤 더뎌 주디 말며 구틔여 어더머고려 말며

현대역 소리 내어 씹어 먹지 말며, 뼈를 물어뜯지 말며, 먹던 고기를 도로 놓지 말며, 개를 뼈를 던져 주지 말며, 구태여 얻어먹으려 말며,

1 시버: 씹어. '십(어간)+어(연결어미)'이다. '십다'는 '씹다'의 옛말이다. 哺는 시버 머길씨라.《월석-중 23:92》, 밀 시부믄 마시 甚히 열우믈 니ᄅᆞ시니라(此無心而境自至 曰横陳 嚼蠟 言味甚薄也).《능엄 8:138》

2 너흐디: 물어뜯지. '너흘(어간)+디(보조적 연결어미)'이다. 어미 초 치조음 'ㄷ' 앞에서 어간 말 치조음 'ㄹ'이 탈락하였다. 다ᄉᆞ샌 師子ㅣ ᄌᆞ갸 모몰 너흐니 갈ᄒᆞ로 바히ᄂᆞᆫ ᄃᆞᆺ 알ᄑᆞ거시ᄂᆞᆯ.《석상 23:26》, 네 큰 毒蛇ㅣ 너흘며 다ᄉᆞᆺ 갈 쌔현 盜賊이 ᄶᅩ차 바히ᄂᆞ니.《월석 11:8》

3 더뎌: 던져. '더디(어간)+어(연결어미)'이다. '더디다'는 '던지다'의 옛말이다. '더디다'는 15세기 문헌에서부터 나타난다. 17세기부터 'ㄷ, ㅌ' 뒤에 오는 'ㅣ' 모음의 영향으로 'ㄷ, ㅌ'이 'ㅈ, ㅊ'으로 바뀌는 구개음화가 일어났는데, '더디다'도 이러한 변화를 경험하였다. 그리하여 17세기에 '더지다'로 나타나기 시작하면서 19세기까지 '더디다'와 '더지다'가 공존하였다. 이후 19세기에 '더지다'에 'ㄴ'이 첨가되어 '던지다'로 나타나기 시작하면서 현재에 이르렀다. 더디다(15세기~19세기)〉더지다(17세기~19세기)〉던지다(19세기~현재). 이형태: 더디

다, 더지다, 던지다. 그 각시 도로 글어 밧긔 내야 더디니라.《1447 석상 3:24ㄴ》, 그 ᄆᆞ리 다ᄆᆞᆫ 콩만 골히여 먹고 딥프란 다 허텨 더디ᄂᆞ니라.《1510년대 번노 상:24ㄱㄴ》

4 머고려: 먹으려. '먹(어간)+오려(연결어미)'이다. '-오려'는 동사나 형용사 어간 뒤에 붙어, '-려'를 뜻하는 어미로, 동작 주체의 희망·의도·목적을 나타낸다. 六天八部 鬼兵이 波旬의 말 드러와 모딘 ᄠᅳ들 일우오려 터니.《월곡 상:26》, 六師ᄋᆡ 무리 閻浮提예 ᄀᆞᄃᆞᆨᄒᆞ야도 내 바랫 ᄒᆞᆫ 터리를 몯 무으리니 므슷 이를 겻고오려 ᄒᆞᄂᆞᆫ고 제 홀 양ᄋᆞ로 ᄒᆞ게 ᄒᆞ라.《석상 6:27》.

소언 음식에 혀 ᄎᆞ디 말며 ᄲᅧ 너흐디 말며 먹던 고기 도로 노티 말며 개를 ᄲᅧ 더뎌 주디 말며 구틔여 어두려 말며

현대역 음식에 혀 차지 말며, 뼈 물어뜯지 말며, 먹던 고기 도로 놓지 말며, 개를 뼈 던져 주지 말며, 구태여 얻으려 말며,

【集說】陳氏曰咤食은謂當食而叱咤라하고孔氏는謂以舌口中作聲이라하니라毋咤는恐似於氣之怒也요毋齧은嫌其聲之聞也라毋反魚肉은不以所餘反於器니鄭云謂已歷口하여人所穢也라毋投與狗骨은不敢賤主人之物也라固獲은謂必欲取之也라

진 씨는 "음식에 咤食[혀를 참]은 먹음에 당하여 큰 소리로 꾸짖음을 이른다."라 말하였고, 공 씨는 "혀로써 입안에서 소리를 냄[쩝쩝거리며 먹음]이다."라고 말하였다. 毋咤[혀를 차지 말]는 (먹는 자의) 기운이 성냄과 같음을 두려워해서요, 毋齧[깨물지 말]은 그 소리가 들림을 싫어해서이다. 毋反魚肉[생선이나 고기를 도로 놓지 말]은 남은 것을 그릇에 도로 놓지 않음이니, 정 씨는 "이미 입을 거쳐서 사람들이 더러운 것이라고 말한다."고 하였다. 毋投與狗骨[개에게 뼈를 던져 주지 말]은 감히 주인의 물건을 천하게 여기지 않음이다. 固獲[굳이 얻음]은 반드시 그것을 취하고자 함을 이른다.

漢字 叱(꾸짖을 질), 歷(지날 력), 穢(더러울 예)

毋揚飯ᄒᆞ며飯黍毋以箸筯ᄒᆞ며

● 밥을 들지[헤젓지] 말며, 기장밥을 먹음에 젓가락으로써 하지 말며,

漢字 飯(밥 반, 먹을 반), 黍(기장 서), 以(~로 할 이, 쓸 이), 箸(젓가락 저)

번소 바ᄅᆞᆯ 헤젓디 말며 기장바ᄅᆞᆯ 머고ᄃᆡ 져로 말며

현대역 밥을 헤젓지 말며, 기장밥 먹되 젓가락으로 말며,

머고ᄃᆡ: 먹되. '먹(食, 어간)+오ᄃᆡ(연결어미)'이다.

소언 밥을 헤젓디 말며 기장밥 먹음애 져로ᄡᅥ 말며

현대역 밥을 헤젓지 말며, 기장밥 먹음에 젓가락으로써 말며,

【集解】揚은謂散其熱氣니嫌於欲食之急也라毋以箸는貴其匕之便也라

揚은 그 더운 기운 흩음을 이르니, 먹기를 급히 하고자 함을 싫어해서이다. 毋以箸[젓가락으로 하지 않음]는 숟가락의 편리함을 귀히 여김이다.

漢字 匕(숟가락 비, 비수 비)

毋嚃塔羹ᄒᆞ며毋絮羹ᄒᆞ며毋刺戚齒ᄒᆞ며毋歠醢海니客이絮羹이어든主人이辭不能亨烹ᄒᆞ고客이歠醢어든主人이辭以窶其羽反ᄒᆞ며

● 국을 들여 마시지 말며, 국을 간맞추지 말며, 이를 쑤시지 말며, 젓국을 마시지 말지니, 손님이 국을 간맞추면 주인이 삶지[요리하지] 못했음을 사과하고, 손님이 젓국을 마시면 주인이 가난함을 사과하며,

漢字 嚃(들이마실 탑), 羹(국 갱), 絮(간맞출 처, 솜 서), 刺[찌를 자(척)], 醢(젓갈 해, 육장

해, 절일 해), 辭(말할 사), 亨(=烹 삶을 팽, 요리할 팽), 寠(=窶 가난할 구)

객철해(客歠醢): 축자적(逐字的) 의미는 '손님이 젓국을 마시면'이지만, 문맥적(文脈的) 의미는 손님이 짠 젓국을 마실 정도이니, '반찬이 없으면'이다.

번소 깅ㅅ거리를 이브로 후려 먹디 말며 깅 먹ᄂᆞᆫ 그르세셔 함담ᄒᆞ디 말며 닛삿 ᄪᅳ시디 말며 젓국 마시디 마롤 디니 소니 깅을 먹ᄂᆞᆫ 그르세셔 함담ᄒᆞ거든 쥬신이 잘 글히디 몯호ᄆᆞᆯ 니ᄅᆞ고 소니 젓구글 마시거든 쥬신이 가난호ᄆᆞᆯ 니ᄅᆞ며

현대역 국건더기를 입으로 후려 먹지 말며, 국 먹는 그릇에서 간맞추지 말며, 잇새 쑤시지 말며, 젓국을 마시지 말 것이니, 손이 국을 먹는 그릇에서 간맞추거든 주인이 잘 끓이지 못함을 말하고, 손이 젓국을 마시거든 주인이 가난함을 말하며,

1 깄거리: 국건더기. '깅(羹, 명사)+ㅅ(관형격 조사)+거리(명사)'이다. '거리'는 '건더기'의 옛말이다. 羹ㅅ거리를 후려 먹디 말며(毋嚃羹).《내훈 1:3》(현대역: 국건더기를 후려 먹지 말며.)

2 후려: 후려. 휘몰아 채거나 쫓아. '후리(어간)+어(연결어미)'이다. '후리다'는 15세기 문헌에서 나타나 현재에 이른다. 후리다(15세기~현재). 須彌山ㅅ 기슬글 후려 龍王ᄋᆞᆯ 자바 ᄆᆡ야 오려 ᄒᆞ더니.《1447 석상 24:30ㄴ》, 깅 ᄡᅥ리를 이브로 후려 먹디 말며.《1518 번소 4:26ㄴ》

3 함담ᄒᆞ디: 간맞추지. '항담ᄒᆞ(어간)+디(보조적 연결어미)'이다. 대문(大文)의 '무처갱(毋絮羹)'에 대한 번역이다. '絮'가 '간맞추다'의 뜻이다.

4 닛삿: 잇새. '니(齒, 명사)+ㅅ(관형격 조사)+삿ㅎ(명사)'이다. '삿ㅎ'은 '샅'[두 다리의 사이]의 옛말인 동시에, '두 물건의 틈'을 뜻하기도 한다. 羹을 沙鉢애셔 고텨 마초디 말며 닛삿 ᄢᅵ르디 말며 젓국 마 시디 마롤 디니(毋絮羹 毋刺齒 毋歠醢).《내훈 1:3》, 국을 함담ᄒᆞ디 말며 닛삿 ᄪᅳ시디 말며 젓국 마시디 말올 디니(毋絮羹 毋刺齒 毋歠醢).《소언 3:23》

5 ᄪᅳ시디: 쑤시지. 'ᄪᅳ시(어간)+디(보조적 연결어미)'이다. 'ᄪᅳ시다'는 16세기 문헌에서부터 나타난다. 합용병서로 적힌 어두의 'ㅄ'이 근대국어 시기에 된소리로

바뀌어 'ᄡᅲ시다'가 되었다. 'ᄡᅲ시다'는 19세기 들어 제1음절의 'ㅠ'가 'ㅜ'로 변하여 '쑤시다'가 되었다. 이는 중세국어 시기에 치조음이었던 'ㅅ'이 근대국어 시기에 ㅣ, j 앞에서 경구개음으로 바뀌면서 '슈'와 '수'가 구별되지 않게 되어 '수'로 단모음화했기 때문에 일어난 변화이다. ᄣᅲ시다(16세기~18세기)>ᄡᅲ시다(18세기)>쑤시다(19세기~현재). 이형태: ᄣᅲ시다, ᄡᅲ시다, 쑤시다. 닛삿 ᄣᅲ시디 말며. 《1518 번소 4:26ㄴ》, ᄀᆞᄂᆞᆫ 대져로 ᄣᅲ셔 미러.《1608 언두 하:21ㄴ》

6 글히디: 끓이지. '글히(어간)+디(보조적 연결어미)'이다. '글히다'는 15세기 문헌에서부터 나타난다. '글히다'는 '끓다'의 옛말인 동사 '긇-'에 사동접사 '-이-'가 결합한 것이다. 16세기에는 단어 첫머리가 된소리로 바뀐 'ᄭᅳᆯ히다'가 나타났는데, 이는 표기의 차이만 있을 뿐 소리는 현대국어와 동일하였다. 현대국어 맞춤법에서 ㄱ의 된소리를 'ㄲ'으로 표기하고 어간인 '끓-'을 밝혀 적는 원칙에 따라 '끓이다'로 표기하게 되었다. 한편 19세기에는 어중의 'ㅎ'이 약화되어 탈락한 'ᄭᅳᆯ이다' 형태도 보인다. 글히다(15세기~17세기)>ᄭᅳᆯ히다(16세기~19세기)>끓이다(20세기~현재). 이형태: 글히다, ᄭᅳᆯ히다, ᄭᅳᆯ이다. 초로딜 湯礶에 汁이 두텁게 글히고 죠ᄒᆡ로 湯礶 이블 막고 ᄒᆞᆫ 굼글 두어.《1466 구방 상:52ㄱ》, 술 몯먹ᄂᆞ니어든 乳香 ᄭᅳᆯ힌 므레 머거도 됴ᄒᆞ니라.《1542 분문 13ㄴ》

소언 국거리롤 입으로 후려 먹디 말며 국을 함담ᄒᆞ디 말며 닛삿 ᄣᅲ시디 말며 젓국 마시디 말올 디니 손이 국을 함담ᄒᆞ거든 主쥬人인이 잘 글히디 몯호라 샤례ᄒᆞ고 손이 젓국을 마시거든 主쥬人인이 가난홈오로ᄡᅥ 샤례ᄒᆞ며

현대역 국건더기를 입으로 후려 먹지 말며, 국을 간맞추지 말며, 잇새 쑤시지 말며, 젓국 마시지 말 것이니, 손이 국을 간맞추거든 주인이 잘 끓이지 못했다고 사과하고, 손이 젓국을 마시거든 주인이 가난함으로써 사과하며,

샤례ᄒᆞ고: 사례(射禮)하고. 사과하고. '샤례ᄒᆞ(어간)+고(연결어미)'이다. '샤례ᄒᆞ다'는 '언행이나 선물 따위로 상대에게 고마운 뜻을 나타내다.'이다. 그러나 본 장에서는 '사과하다'의 뜻으로 쓰였다. '샤례ᄒᆞ다'는 16세기 문헌에서부터 나타난다. 이 단어는 한자어 '謝禮'의 16세기 당시 한자음인 '샤례'와 '하다'의 뜻인 'ᄒᆞ다'가 결합한 것이다. '샤례'는 근대국어 후기에 이중모음의 단모음화의

영향으로 '샤'가 '사'로, '례'는 '레'로 바뀐 용례가 나타나나 현대맞춤법에서는 '례'의 경우는 '레'를 인정하지 않으므로 '례'로 정착되었고, 'ᄒᆞ다'는 '·' 표기가 전면적으로 폐지됨에 따라 '하다'로 표기되어 현재 어형인 '사례하다'로 표기되었다. 17세기에는 '샤례ᄒᆞ다'의 '샤'가 한자 '謝'로도 표기되는데 주로 《가례언해》에만 나타나는 것으로 보아서 이 문헌의 특징이라 이해할 수 있다. 샤례하다(16세기~18세기)〉사례ᄒᆞ다(18세기~19세기)〉사례하다(20세기~현재). 이형태: 샤례ᄒᆞ다, 사례ᄒᆞ다, 샤레ᄒᆞ다. 릭실 병이 다 됴커든 의원씌 만히 은혜 갑고 샤례호리이다.《1510년대 번노 하:41ㄴ》, 太醫께 만히 은혜 갑파 샤례호리라.《1670 노언 하:37ㄴ》

【集說】陳氏曰羹之有菜는宜用挾이요不宜以嚃取食之也라絮는就器中調和也라口容止니不宜以物刺於齒也라醢宜鹹하니歠之는以其味淡也라客或有絮羹者면則主人以不能烹飪爲辭하고客或有歠醢者면則主人以貧窶乏味爲辭니라

진 씨가 말하였다. "국에 나물이 있는 것은 마땅히 젓가락을 사용해야 하고, 입으로 들이마심으로써 그것 먹기를 취함은 마땅하지 않다. 絮는 그릇 속에 나아가 調和함[간을 맞춤]이다. 입 모양은 그쳐야[다물어야] 하니, 물건으로써 이를 쑤심은 마땅하지 않다. 젓국은 짬이 마땅하니 그것을 마심은 써 그 맛이 싱거움이다. 손님이 혹 국을 간맞추는 자가 있으면, 주인은 음식을 삶지 못했음[요리하지 못했음]을 사과하고, 손님이 혹 젓국을 마시는 자가 있으면, 주인은 가난하여 맛[음식]이 없음으로써 사과한다.

漢字 挾[젓가락 협=箸(저)], 鹹(짤 함), 淡(싱거울 담, 묽을 담), 飪(익힐 임), 乏(떨어질 핍, 모자랄 핍)

팽임(烹飪): 음식을 삶음. 또는 삶은 음식.

濡肉으란齒決ᄒᆞ고乾肉으란不齒決ᄒᆞ며毋嘬炙(자) ㅣ니라

● 젖은 고기는 이로 끊고, 마른 고기는 이로 끊지 말며, 고기구이를 한입에

넣지 말아야 한다."

漢字 濡(젖을 유), 決(끊을 결, 터질 결), 乾[마를 간(건)], 嘬(한입에 넣을 최), 炙[구울 자(적), 구운 고기 자(적), 고기구이 자(적), 불고기 자(적)]

번소 저즌 고기란 니로 버혀 먹고 ᄆᆞ른 고기란 니로 버혀 먹디 말며 젹을 모도 ᄲᅢ여 먹디 마롤 디니라

현대역 젖은 고기는 이로 베어 먹고, 마른 고기는 이로 베어 먹지 말며, 적(炙)을 모두 뽑아 먹지 말 것이니라."

1 고기란: 고기는. '고기(명사)+란(보조사)'이다. '란'과 'ᄋᆞ란/으란'은 체언의 끝소리의 종류에 따라 구별되고, 'ᄋᆞ란'과 '으란'은 체언의 모음에 따라 바뀐다. 즉 '란'은 받침 없는 체언류나 'ㄹ' 받침으로 끝나는 체언류 뒤에 붙어, '는'을 뜻하는 보조사이다. 닐굽 아ᄃᆞ리러니 여슷 아ᄃᆞᆯ란 ᄒᆞ마 갓얼이고 아기아ᄃᆞ리 양ᄌᆡ 곱거늘 各別히 ᄉᆞ랑ᄒᆞ야.《석상 6:13》, 두 부톄 손ᄌᆡ ᄒᆞᆫᄃᆡ 안자 겨샤ᄃᆡ 妙音이 釋迦란 보ᅀᆞᄫᆞ시고 多寶ᄅᆞᆯ 몯 보ᅀᆞᄫᆞ시다 ᄒᆞ니.《석상 20:44》. 'ᄋᆞ란'은 'ㄹ' 이외의 받침으로 끝나는 체언 뒤에 붙어, 끝음절의 모음이 'ᄋᆞ, 아, 오'인 체언류 뒤에 붙어, '는'을 뜻하는 보조사이다. ᄆᆞᅀᆞᆷᄋᆞ란 아니 닷고 오ᄉᆞ로 빗오ᄆᆞᆯ 이ᄅᆞᆯ사 붓그리다니.《월곡 상:44》, ᄡᅡᄒᆞᆫ 그ᄃᆡᆺ 모ᄀᆡ 두고 남ᄀᆞ란 내 모ᄀᆡ 두어 둘히 어우러 精舍 ᄆᆡᇰᄀᆞ라.《석상 6:26》. '으란'은 'ㄹ' 이외의 받침으로 끝나는 체언 뒤에 붙어, 끝음절의 모음이 '으, 어, 우'인 체언 뒤에 붙어, '는'을 뜻하는 보조사이다. 두 分에 ᄂᆞᆫ호아 ᄒᆞᆫ 分으란 釋迦牟尼佛ᄭᅴ 받ᄌᆞᄫᆞ시고 ᄒᆞᆫ 分으란 多寶佛塔애 받ᄌᆞᄫᆞ시니라.《석상 21:18》, 尊者 올여 안치고 조ᄎᆞᆫ 즁으란 雞雀精舍로 보내오.《석상 24:34》

2 버혀: 베어. '버히(斷, 어간)+어(연결어미)'이다. '버히다'는 '베다'의 옛말이다. 다리옛 고기ᄅᆞᆯ 손소 버혀 매ᄅᆞᆯ 주신대 매 ᄉᆞᆯ보ᄃᆡ 고깃 므긔 비두리와 ᄀᆞᆮ게 주쇼서.《월석 11:4》

3 ᄆᆞ른: 마른, 'ᄆᆞᄅᆞ(어간)+ㄴ(관형사형 어미)'이다. 'ᄆᆞᄅᆞ다'는 '마르다'의 옛말이다. 'ᄆᆞᄅᆞ다'는 15세기 문헌에서부터 나타난다. 'ᄆᆞᄅᆞ다'는 모음으로 시작하는 어미 앞에서는 'ᄆᆞᆯㄹ-'로, 그 외의 어미 앞에서는 'ᄆᆞᄅᆞ-'로 나타나는 ᄅᆞ불규칙 용언이었다. 16세기 후반에 제2음절 이하의 'ㆍ'가 'ㅡ'로 변화되는 경향에 따라 17세기

에는 'ᄆᆞ르다'로 나타난다. 18세기 중반 이후 제1음절의 '·'가 'ㅏ'로 변화되는 경향에 따라 18세기에는 '마르다'로 나타나서 현재에 이르렀다. 17세기의 'ᄆᆞᆯㄴ-'은 어중의 'ㄹㄹ'을 'ㄹㄴ'으로 표기하였던 당시의 경향에 따라 나타난 표기이며, 'ᄆᆞᆯ으-'는 'ᄆᆞ르-'를 분철 표기 한 것이다. 16세기 후반에 제2음절 이하의 '·'가 'ㅡ'로 변화하면서 '·'와 'ㅡ'의 혼동표기가 나타났는데, 19세기의 '마ᄅᆞ-'는 이러한 영향으로 '마르-'의 'ㅡ'를 '·'로 표기한 것이다. ᄆᆞᄅᆞ다(15세기~19세기)〉ᄆᆞ르다(17세기~19세기)〉마르다(18세기~20세기). 이형태: ᄆᆞᄅᆞ-, ᄆᆞᆯ르-, ᄆᆞᆯㄴ-, ᄆᆞᆯ으다, ᄆᆞ르다, 마르다, 말으다, 마ᄅᆞ다. 이제 먼 길헤 ᄀᆞᆶ딘댄 ᄇᆡ 골ᄑᆞ며 목 ᄆᆞᄅᆞ며.《1459 월석 22:31ㄴ》, 乾慧地ᄂᆞᆫ ᄆᆞᄅᆞᆫ 智慧ㅅ 地位니 欲愛 ᄆᆞᆯ라 업고 ᄆᆞᅀᆞ미 ᄆᆞᆯ가 고ᄅᆞᆫ 智慧언마ᄅᆞᆫ.《1459 월석 2:60ㄱ》

4 젹: 적(炙). 꼬챙이에 꿰어 구운 고기. '炙'을 《번역소학》은 대문과 번역문 모두 '젹'으로, 《소학언해》는 대문에서는 '쟈'로 독음하고, 번역문에서는 '젹'으로 번역하고 있다.

5 모도: 모두. 天主ㅣ ᄃᆞ외야 諸天을 모도 거느리고져 커든(欲爲天主 統領諸天).《능엄 6:12》, 네 이 ᄆᆞᆯ을 됴ᄒᆞ니 사오나오니 크니 쟈그니 모도 언머 갑슬 밧고져 ᄒᆞᄂᆞᆫ다 ᄒᆞ나식 갑슬 니ᄅᆞ라(你這馬 好的歹的 大的小的 相滾着 要多少價錢 一箇家說了價錢).《노언 하:9》

6 ᄲᅡ여: 빼어. 'ᄲᅡ(어간)+여(연결어미)'이다. 현대국어 '빼다'의 옛말인 'ᄲᅡᅘᅵ다/ᄲᅢᅘᅵ다'는 15세기 문헌에서부터 나타난다. 'ᅘ'이 15세기에 곧바로 소멸되자 'ᄲᅡ히다/ᄲᅢ히다'로 나타났을 것으로 보이나 문헌에는 16세기에 'ᄲᅢ히다'만 보인다. 'ᄲᅢ히다'는 둘째 음절의 'ㅎ'이 탈락하고, 첫음절의 'ᄲ'이 'ㅃ'으로 표기되면서 '빼이다'로 쓰였으며, '빼이다'의 둘째 음절 '이'가 탈락되면서 '빼다'가 형성되었다. '히'나 '이'가 완전히 탈락한 'ᄲᅢ다'는 17세기부터 보이기 시작하나 활발하게 쓰인 것은 19세기일 것으로 생각되며 이 어형이 현대맞춤법에 따라 '빼다'가 되었다. 15세기의 'ᄲᅡᅘᅵ다/ᄲᅢᅘᅵ다'는 현대국어의 '빼다'로 정착되기까지 많은 이표기를 보이는데 먼저 15세기부터 'ᄲᅡᅘᅵ다'와 'ᄲᅢᅘᅵ다'가 공존하였으며 첫음절의 'ᄲᅡ'와 'ᄲᅢ'의 관계는 어형에 따라 차이가 있으나 대체로 19세기까지 공존하였던 것으로 보인다. 'ᄲᅡ히다/ᄲᅢ히다'의 둘째 음절 '히'는 'ㅎ'이 탈락한 '이'로 쓰였는데 문헌에서는 'ᄲᅢ이다'는 보이지 않고 'ᄲᅡ이다'만 보인다. 'ᄲᅢ티다'는 'ᄲᅢ히다'의 '히' 대신에 '티'가 쓰였을 가능성도 있으나 'ᄲᅢ-'에 강세접사 '-티-'가 붙은 것일 수도 있다. 17세기 문헌에 보이는 '빼이다'는 'ㅃ'과 같은 각자병서를 비교적 이른 용례인데

17세기에도 문헌에 따라서는 'ㅃ'과 같은 각자병서를 쓰고 있다. ᄡᅡᅘᅧ다/ᄡᅢᅘᅧ다(15세기)〉ᄡᅢ히다(16세기~18세기)〉빼이다(17세기)〉빼다(19세기). 이형태: ᄡᅢᅘᅧ다, ᄡᅢ히다, ᄡᅡ히다, ᄡᅢ티다, ᄡᅡ이다, ᄡᅢ다, ᄡᆡ다. 天帝釋이 그 사ᄅᆞᆯ ᄡᅡᅘᅧ 忉利天에 가아 塔 일어 供養ᄒᆞᅀᆞᆸ더라.《1447 석상 3:14ㄱ》, 그 나못 불휘ᄅᆞᆯ ᄡᅢᅘᅧ 그우리 부러 가지 것 비쳐.《1447 석상 6:30ㄴ》, 拔 ᄡᅢ틸 발.《1576 신합 하:11ㄱ》, 도적이 노ᄒᆞ야 칼을 ᄡᅡ야 옷ᄉᆞᆯ 버ᄉᆞ라 ᄭᅮ지즌대.《1581 속삼-중 충:1ㄱ》

소언 저즌 고기란 니로 베믈고 ᄆᆞᄅᆞᆫ 고기란 니로 베므디 아니ᄒᆞ며 젹을 모도 ᄡᅢ여 먹디 말올 디니라

현대역 젖은 고기란 이로 베물고, 마른 고기란 이로 베물지 아니하며, 적을 모두 뽑아 먹지 말 것이니라."

【集說】**陳氏曰濡肉**은**殽胾之類**요**乾肉**은**脯脩之類**라**決**은**斷也**니**不齒決**이면**則當治之以手也**라**孔氏曰火灼曰炙**라**一擧而併食曰嘬**니**是**는**貪食也**라

진 씨가 말하였다. "濡肉은 뼈 붙은 살이나 저민 고기 따위요, 乾肉은 그대로 말린 고기나 양념하여 말린 고기 따위이다. 決은 끊음이니, 이로 끊지 않으면 마땅히 손으로써 그것을 다루어야 한다." 공 씨가 말하였다. "불에 구움을 炙라 이른다. 한 번에 들어 아울러 먹음을 嘬라 하니, 이는 음식을 탐함이다."

漢字 **殽**(뼈 붙은 살 효, 섞일 효, 안주 효), **胾**(저민 고기 자, 고깃점 자), **脯**(그대로 말린 포 포), **脩**(영념하여 말린 포 수), **灼**(구울 작), **併**(아우를 병)

〖四十二章〗

○ 少儀예曰侍食於君子則先飯而後已니毋放飯ᄒᆞ며毋流歠ᄒᆞ며小飯而亟之ᄒᆞ며數朔噍ᄒᆞ야毋爲口容이니라 《禮記 少儀》

● 〈소의〉에 말하였다. "군자를 모시고 먹게 되면 (군자보다) 먼저 밥을 먹고 뒤에 그치니, 밥을 크게 뜨지 말며, 길게 마시지 말며, 조금씩 밥 먹어 그것을 빨리 하며[삼키며], 자주 씹어 입[입 놀리는] 모양을 짓지[만들지] 말아야 한다."

漢字 飯(밥 먹을 반, 밥 반), 已(그칠 이, 이미 이), 亟(빠를 극), 數(자주 삭), 噍(씹을 초)

방반유철(放飯流歠): '밥을 많이 뜨고, 국을 흘리면서 마구 들이마신다.'는 뜻으로, '음식을 절약할 줄 모르고 있는 대로 먹고 마심.'을 이르는 말.

번소 少쇼儀의예 ᄀᆞ로ᄃᆡ 君군子ᄌᆞ를 아ᄅᆞᆷ뎌 뫼셔 밥 머글 저기어든 몬져 먹고 ᄆᆞᄎᆞᆯ 젠 후에 홀 디니 바블 크게 ᄯᅥ먹디 말며 만히 마시디 말며 쟉쟉 머거 ᄲᆞᆯ리 솜씨고 ᄌᆞ조 시버 입노룻ᄒᆞ디 마롤 디니라

현대역 〈소의〉에 가로되, "군자를 사사로이 모시어 밥 먹을 때이거든, (군자보다) 먼저 밥 먹고, 마칠 때에는 (군자보다) 후에 할 것이니, 밥을 크게 떠먹지 말며, 많이 마시지 말며, 하나하나마다 먹어 빨리 삼키고, 자주 씹어 입을 크게 놀리는 노릇을 하지 말 것이니라."

1 아ᄅᆞᆷ뎌: 사사로이. 내 이제 아ᄅᆞᆷ뎌 財寶ᄅᆞᆯ 어더 衆生을 足게 주리라.《월석-중 22:30》, 뎌와 뎌왜 業을 發ᄒᆞ야 各各 아ᄅᆞᆷ뎌 受ᄒᆞ니잇가 ᄒᆞᆯᄊᆡ 이런ᄃᆞ로 이에 牒ᄒᆞ야 對答ᄒᆞ시니라(彼彼發業 各各私受 故此牒答).《능엄 9:38》

2 젠: 때에는. '제(時, 명사)+ø(부사격 조사 '에' 생략)+ㄴ(보조사)'이다. 'ㄴ'은 받침 없는 체언이나 부사어, 연결어미 '-아, -게, -지, -고', 합성동사의 선행 요소 따위의 뒤에 붙어, 어떤 대상이 다른 것과 대조됨을 나타내는 보조사이다.

'는'보다 더 구어적이다. 사관 먹어도 밴 먹지 마라. 그 사람 누군진 몰라도 훌륭한 젊은이다.

3 쟉쟉: 하나하나마다. 또 白氎 술인 ᄌᆡᄅᆞᆯ 쟉쟉 ᄂᆞᆫ호아 주어 寶塔 일어 供養ᄒᆞᅀᆞᆸ게 ᄒᆞ고.《석상 23:48》, 다믄 ᄆᆞᄅᆞᆫ조긔과 졍ᄒᆞᆫ 도틱 고기를 기름 다 걷고 ᄆᆡᆫ믈에 ᄉᆞᆱ마 쟉쟉 머겨 마ᄉᆞᆯ 도ᄋᆞ라.《언두 하:40》

4 ᄉᆞᆷᄭᅵ고: 삼키고. 'ᄉᆞᆷᄭᅵ(어간)+고(연결어미)'이다. '삼키다'의 옛말인 'ᄉᆞᆷᄭᅵ다'는 15세기 문헌에서부터 나타난다. 'ᄉᆞᆷᄭᅵ다'는 '삼씨다'로 바뀐 후, '삼키다'로 된 것으로 볼 수 있는데, 경음이 격음으로 바뀐 원인은 확실하지 않다. 17세기의 'ᄉᆞᆷ기다'와 19세기의 'ᄉᆡᆼ기다'는 이 단어의 둘째 음절이 격음이나 경음이 아닌 평음으로도 발음되었음을 보여 준다. 'ᄉᆡᆼ기다'의 'ᄉᆡᆼ'은 둘째 음절인 '기'의 모음 'ㅣ'의 영향으로 'ㅣ' 모음역행동화가 일어나고 또 'ㅁ' 받침이 'ㅇ'으로 바뀐 결과이다. 삼씨다(15세기~18세기)〉삼키다(19세기~현재). 이형태: ᄉᆞᆷᄭᅵ다, ᄉᆞᆷ기다, 삼키다, ᄉᆡᆼ키다. 시버 ᄉᆞᆷᄶᅧ 毒藥애 눌러든 즉재 吐ᄒᆞᄂᆞ니.《1466 구방 하:51ㄴ》, 또 ᄆᆡᆼ양 칠월 초닐웻날 남지ᄂᆞᆫ 콩 닐굽 나출 ᄉᆞᆷᄭᅵ고 겨지븐 ᄑᆞᆺ 두닐굽 나출 ᄉᆞᆷᄭᅵ라.《1542 분문 8ㄴ》

5 입노ᄅᆞᆺᄒᆞ디: 입노릇하지. '입노ᄅᆞᆺᄒᆞ(어간)+디(보조적 연결어미)'이다. '노ᄅᆞᆺ'은 '놀이나 장난'을 뜻한다. 노ᄅᆞ샛 바오리실ᄊᆡ ᄆᆞᆯ 우희 니ᅀᅥ 티시나 二軍 鞠手ᄲᅮᆫ 깃그니이다(嬉戲之毬 馬上連擊 二軍鞠手 獨自悅懌).《용가 44장》, 比丘ᄃᆞᆯ히 됴ᄒᆞᆫ 옷 즐겨 닙고 노ᄅᆞ술 즐겨 ᄒᆞᆯᄊᆡ.《석상 23:34》. 이런 점을 고려하면, '입노ᄅᆞᆺᄒᆞ다'는 '입을 크게 놀리는 노릇을 하다.' 정도로 번역할 수 있다.

소언 少쇼儀의예 ᄀᆞᆯ오ᄃᆡ 君군子ᄌᆞᄅᆞᆯ 아ᄅᆞᆷ뎌 뫼셔실 적이어든 몬져 밥 먹고 後후에 그칠 디니 밥을 크게 ᄯᅳ디 말며 흘리 마시디 말며 쟉쟉 먹어 ᄲᆞᆯ리 ᄉᆞᆷ씨며 ᄌᆞ조 ᄡᅵᆸ어 입노ᄅᆞᆺᄒᆞ디 말올 디니라

현대역 〈소의〉에 가로되, "군자를 사사로이 모시어 있을 때이거든 (군자보다) 먼저 밥 먹고 후에 그칠 것이니, 밥을 크게 뜨지 말며, 흘려 마시지 말며, 하나하나마다 먹어 빨리 삼키며, 자주 씹어 입을 크게 놀리는 노릇을 하지 말 것이니라."

1 뫼셔실: 모시어 있을. '뫼시(어간)+어(연결어미)+시('시다[在]'의 어간)+ㄹ(관형

사형 어미)'이다. '뫼시다'는 '모시다'의 옛말이다. '시-'는 '있다'의 옛말인 '시다'의 어간이다. '뫼시다'는 15세기 문헌에서부터 나타난다. 16세기에 제1음절의 이중 모음 'ㅚ'에서 반모음 'ㅣ'가 탈락하여 '모시다'로 나타나기 시작하면서 19세기까지 '뫼시다'와 '모시다'가 공존하였다. 이후 '모시다'가 정착하면서 현재에 이르렀다. 뫼시다(15세기~19세기)〉모시다(16세기~현재). 이형태: 뫼시다, 모시다. 婇女ㅣ 기베 안ᄋᆞ바 어마닚긔 오ᅀᆞᆸ더니 大神ᄃᆞᆯ히 뫼시ᅀᆞᄫᆞ니.《1447 월천 9ㄱ》, 싀어미 病ᄒᆞ얏거늘 모셔 이셔 藥 더이믈 게을이 아니ᄒᆞ니 ᄆᆞᅀᆞᆯ히 일ᄏᆞᆮ더라.《1514 속삼 열:8ㄱ》

2 흘리: 흘려(부사), 흐르게(부사). '흘리다'에서 어미 없이 어간만으로 부사가 되었다. 放히 飯ᄒᆞ며 흘리 歠ᄒᆞ고(放飯流歠).《맹언 13:38》, 내와 모새 흘리 구ᄒᆞ니 어름이 믄득 프러뎌 고기 이셔 뛰여 나거늘.《동신 효3:6》

【增註】君子는三達尊之稱이라

군자는 三達尊을 칭한다.

삼달존(三達尊): '세 가지 존귀한 것 또는 사람'으로, 연치(年齒), 작위(爵位), 덕망(德望)을 가리킨다. 《맹자》〈공손추하(公孫丑下)〉에 보인다. "朝廷莫如爵 鄕黨莫如齒 輔世長民莫如德(조정에서는 작위만한 것이 없고, 향리에서는 연치만한 것이 없고, 세상을 돕고 백성을 다스리는 데에는 덕망만한 것이 없다.)"

【集說】陳氏曰先飯은猶嘗食之禮也요後已는猶勸食之意也라放飯流歠은見前이라小飯이면則無噦噎之患이라亟之는謂速咽下니備或有見問之言也라數噍毋爲口容은言數數嚼之하여不得弄口以爲容也라

진 씨가 말하였다. "먼저 밥을 먹음은 시험하여 먹어보는 禮와 같은 것이요, 뒤에 그치는 것은 먹기를 권하는 뜻과 같은 것이다. 放飯과 流歠은 앞에 보인다. 조금씩 밥을 먹으면 딸꾹질하거나 목맬 근심이 없다. 亟之는 빨리 삼켜 내려 보냄을 이르니, 혹시 보고서 묻는 말이 있음에 대비함이다.

數噍毋爲口容[자주 씹어 입 놀리는 모양을 만들지 않음]은 자주자주 그것을 씹어 능히 입을 희롱하여[놀려] 모양을 만들지 않음을 말한다."

漢字 嘗(시험할 상, 맛볼 상, 일찍 상), 噦(딸꾹질할 얼, 방울소리 홰, 환해질 홰), 噎(목맬 열), 咽(삼킬 연, 목구멍 인), 嚼(씹을 작), 弄(희롱할 롱, 놀 롱)

〖四十三章〗

○論語에曰食似不厭精ᄒᆞ시며膾不厭細ᄒᆞ시며 《論語 鄕黨》

●《논어》에 말하였다. "밥은 대낀 것을 싫어하지 않으셨으며, 회는 가는 것을 싫어하지 않으셨으며,

대끼다: 애벌 찧은 수수나 보리 따위를 물을 조금 쳐 가면서 마지막으로 깨끗이 찧다. 식량이 연맥(燕麥) 아니면 마령서(馬鈴薯)인데, 날마다 수용하는 다량의 이것을 대끼고 으깸은 도저히 인력으로 당할 바 아니요….《최남선, 백두산 근참기》. 반의어로 '능그다'가 있다. 곡식 낟알의 껍질을 벗기려고 물을 붓고 애벌 찧다.

번소 論론語어에 ᄀᆞ로ᄃᆡ 바블 졍히 슬흔 거ᄉᆞᆯ 아쳗티 아니ᄒᆞ시며 회를 ᄀᆞᄂᆞ로ᄆᆞᆯ 아쳗티 아니ᄒᆞ시며

현대역 《논어》에 가로되, "밥을 정하게 쓿은 것을 싫어하지 아니하시며, 회(膾)를 가늚을 싫어하지 아니하시며,

1 졍히: 정(精)하게. 거칠지 아니하고 매우 곱게.

2 슬흔: 쓿은. '슳(어간)+은(관형사형 어미)'이다. '슳다'는 '쓿다'의 옛말이다. 거친 쌀, 조, 수수 따위의 곡식을 찧어 속꺼풀을 벗기고 깨끗하게 하다. 현대국어 '쓿다'의 옛말인 '슳다'는 16세기 문헌에서부터 나타난다. 근대국어 시기에 어두 경음화 현상을 겪어 '쓿다'로 나타나게 된다. 슳다(16세기~17세기)›쓿다(18세기~현재). 이형태: 슳다, 쓿다. 슬흘 벌.《1527 훈몽 하:3ㄱ》, 春米 ᄡᆞᆯ 슬타.《1690 역해 상:48ㄴ》

3 아쳗티: 싫어하지. '아쳗(어간)+디(보조적 연결어미)'이다. 사ᄅᆞᄆᆡ 情習이 生ᄋᆞᆯ 즐기고 死ᄅᆞᆯ 아쳘씨 生ᄋᆞ로 順을 삼고 死로 變을 삼ᄂᆞ니라(人之情習 好生惡死 以生爲順 以死爲變).《능엄 8:72》, 그 세혼 제 모매 승ᄒᆞᆫ닐 아쳗고(其三 勝己者厭之).《내훈 1:29》

4 ᄀᆞᄂᆞ로ᄆᆞᆯ: 가늚을. 'ᄀᆞᄂᆞᆯ(어간)+옴(명사형 어미)+ᄋᆞᆯ(목적격 조사)'이다. 현대국어 '가늘다'의 옛말인 'ᄀᆞᄂᆞᆯ다'는 15세기 문헌에서부터 나타난다. 16세기 이후 제2음절의 'ㆍ'가 'ㅡ'로 변화하면서 17세기에는 'ᄀᆞ늘다' 형태가 등장하였다. 18세기 이후로 제1음절의 모음 'ㆍ'가 'ㅏ'로 변화하면서 19세기에는 '가늘다' 형태가 등장하여 오늘날에 이른다. 한편 17세기에는 'ᄀᆞᄅᆞᆯ다'와 같이 제2음절의 'ㄴ'을 'ㄹ'로 표기한 예도 나타난다. ᄀᆞᄂᆞᆯ다(15세기~19세기)>ᄀᆞ늘다(17세기~18세기)>가늘다(19세기~현재). 이형태: ᄀᆞᄂᆞᆯ다, ᄀᆞ늘다, 가늘다, ᄀᆞᄅᆞᆯ다. 纖은 ᄀᆞᄂᆞᆯ씨라.《1459 월석 13:13ㄴ》, 큰형님 남경치ᄂᆞᆫ ᄆᆞ리 됴코 ᄯᅩ 빗나고 ᄀᆞᄂᆞᆯ어니와 다ᄆᆞᆫ 오래 녑디 몯ᄒᆞᆯ 거시오.《1510년대 번노 하:25ㄱ》

소언 論론語어에 ᄀᆞᆯ오ᄃᆡ 밥을 精정홈을 厭염ᄒᆞ디 아니ᄒᆞ시며 膾회ᄅᆞᆯ ᄀᆞᄂᆞᆯ옴ᄋᆞᆯ 厭염ᄒᆞ디 아니ᄒᆞ시며

현대역 《논어》에 가로되, "밥을 대낌을 싫어하지 아니하시며, 회를 가늚을 싫어하지 아니하시며,

【集說】**朱子曰食**는**飯也**요**精**은**鑿也**라**牛羊與魚之腥**을**聶而切之爲膾**라**食精則能養人**이요**膾麤則能害人**이라**不厭**은**言以是爲善**이요**非謂必欲如是也**라

주자가 말하였다. "사(食)는 밥이요, 精은 '대끼다'이다. 소와 양과 생선의 날것을 저며 그것을 끊은 것을 회라 한다. 밥이 精하면 능히 사람을 기르고, 회가 거칠면 능히 사람을 해친다. 싫어하지 않음은 '이로써 함이 좋다.'고 말함이요, 반드시 이와 같고자 함을 이른 것은 아니다."

漢字 鑿[대낌(곡식을 깨끗이 찧음) 착, 끌 착, 팔 착, 뚫을 착, 구멍 조], 腥(날고기 성, 비릴 성), 聶(저밀 섭, 소곤거릴 섭, 잡을 섭, 잘게 썰 섭), 麤(거칠 추)

不厭 言以是爲善 非謂必欲如是也: 싫어하지 않음은 '이로써 함이 좋다.'고 말함이요, 반드시 이와 같고자 함[정(精)하고 세(細)한 것을 구함]을 이른 것은 아니다. 즉 밥의 정(精)한 것을 싫어하지는 않으나, 그렇다고 반드시 정(精)한 것을 구하지는 않았고, 회(膾)의 가는 것을 싫어하지는 않으나, 그렇다고 반드시 가는 것을 구하지는 않았다.

食似饐於計反而餲烏賣反와魚餒奴罪反而肉敗ᄅᆞᆯ不食ᄒᆞ시며色惡不食ᄒᆞ시며臭惡不食ᄒᆞ시며失飪而甚反不食ᄒᆞ시며不時不食ᄒᆞ시며

●밥이 상하고 쉰 것과 물고기가 문드러지고 고기가 부패한 것을 먹지 않으셨으며, 빛깔이 나쁜 것을 먹지 않으셨으며, 냄새가 나쁜 것을 먹지 않으셨으며, 잘못 익힌 것을 먹지 않으셨으며, 때가 아닌 것을 먹지 않으셨으며,

漢字 饐(음식 상할 에), 餲(음식 쉴 애), 餒(썩어문드러질 뇌, 주릴 뇌), 臭(냄새 취), 失(잘못 실), 飪(익힐 임)

饐와 餲의 독음: 《소학집주》는 반절(反切)을 이용하여 각각 '예'와 '애'로, 《번역소학》과 《소학언해》는 '에'와 '애'로 독음하고 있다. 역주자(譯註者)도 뒤 두 책의 독음을 따르고자 한다.

번소 바비 즛믈어 쉬니와 믓고기 므르니와 묻고기 서그니ᄅᆞᆯ 먹디 아니ᄒᆞ시며 비치 굳거든 먹디 아니ᄒᆞ시며 내 굳거든 먹디 아니ᄒᆞ시며 글효ᄆᆞᆯ 그르ᄒᆞ야ᄃᆞᆫ 먹디 아니ᄒᆞ시며 시졀 아닌 젯 거ᄉᆞᆯ 먹디 아니ᄒᆞ시며

현대역 밥이 짓물러 쉰 것과 물고기 무른 것과 뭍짐승고기 썩은 것을 먹지 아니하시며, 빛이 나쁘거든 먹지 아니하시며, 냄새가 나쁘거든 먹지 아니하시며, 끓임을 그릇했거든 먹지 아니하시며, 시절 아닌 때의 것을 먹지 아니하시며,

1 즛믈어: 짓물러. '즛므르(어간)+어(연결어미)'이다. '즛므르다'는 '짓무르다'의 옛

말이다. 채소나 과일 따위가 너무 썩거나 무르거나 하여 폭 물크러지다. '즛므르다'는 모음으로 시작하는 어미 앞에서는 '즛믈-'이나 '즛믈ㄹ-'로 나타난다. 힝역이 즛믈롬(痘瘡爛).《구간 목록:9》, 밥이 즛믈어 쉬니와 믈고기 므르니와 묻고기 서근 이를 먹디 아니ᄒᆞ시며(食饐而餲 魚餒而肉敗 不食).《소언 3:25》

2 쉬니와: 쉰 것과. '쉬(饐, 어간)+ㄴ(관형사형 어미)+이(의존명사)+와(접속조사)'이다.음식 따위가 상하여 맛이 시금하게 변하다.

3 믓고기: 물고기. 현대국어 '물고기'의 옛말인 '믌고기'는 15세기 문헌에서부터 나타난다. '믌고기'는 명사 '믈'과 관형격 조사 'ㅅ', 명사 '고기'가 결합한 것으로, 15~16세기 문헌에서는 'ㅅ' 앞에서 어간 말 자음 'ㄹ'이 탈락한 '믓고기'로도 나타났으며, 16~19세기 문헌에서는 관형격 조사 'ㅅ'이 표기되지 않은 '믈고기'도 나타났다. 근대국어 시기에 양순음 ㅁ 아래에서 모음 ㅡ가 ㅜ로 바뀌는 원순모음화를 겪으면서 '믈>물'로 변화하여 '뭀고기', '물고기' 형태가 등장하였다. 현대국어에서는 자음 뒤에 사이시옷을 표기하지 않는 원칙에 따라 '물고기'로 표기하게 되었다. 믌고기(15세기~17세기)/믈고기(16세기~19세기)>뭀고기(17세기)/물고기(18세기~현재). 이형태: 믌고기, 믓고기, 믈고기, 믈ᄭᅩ기, 믉고기, 뭀고기, 물고기. 믌고기 먹다가 쌔 걸우닐 고툐ᄃᆡ 고깃 그므를 ᄉᆞ라 ᄀᆞᄂᆞ리 ᄀᆞ라 ᄒᆞᆫ 돈올 므레 프러 머그라.《1466 구방 상:49ㄱ》, 믓고기 먹고 毒올 마자 ᄂᆞ치 븟고 어즐ᄒᆞ니와 蘆魚 먹고 毒올 마자 주거가를 고튜ᄃᆡ.《1466 구방 하:57ㄱ》, 이 武帝의 거상의 이셔 左右로 ᄒᆡ여곰 믈고기 묻고기 귀ᄒᆞᆫ 차반ᄃᆞᆯᄒᆞᆯ 사다가 직실 안해 각별이 차반 달홀 ᄃᆡ를 밍그랏더니.《1588 소언 5:46ㄴ》, 정월이면 믈ᄭᅩ기 잡아 하ᄂᆞᆯᄭᅴ 졔ᄒᆞᄂᆞᆫ 즘승이라.《1588 소언 5:40ㄱ》

4 므르니와: 무른 것과. '므르(어간)+ㄴ(관형사형 어미)+이(의존명사)+와(접속조사)'이다. '므르다'는 '무르다'의 옛말로, 모음으로 시작하는 어미 앞에서는 '믈-'로 나타난다. 둘흔 吐ᄒᆞᄂᆞᆫ 氣니 ᄂᆞ라 猛火ㅣ ᄃᆞ외야 骨髓ᄅᆞᆯ 데워 므르게 홀씨라(二者吐氣 飛爲猛火 燋爛骨髓).《능엄 8:103》, 구리 긷과 쇠 牀애 등이 누르며 애 믈어 피와 술쾌 헤여디여(銅柱鐵床 焦背爛腸 血肉糜潰 痛徹心髓).《영가 상:34》

5 묻고기: 뭍짐승고기. '뭍'은 '지구의 표면에서 바다를 뺀 나머지 부분'을 뜻한다. 현대국어 '뭍'은 15세기 문헌에서부터 나타나 현재까지 형태의 변화 없이 계속 쓰이는 단어이다. 18세기에 모음 어미 없이 단독으로 쓰일 때 'ㄱ, ㄴ, ㄷ, ㄹ, ㅁ, ㅂ, ㅅ, ㅇ' 등 8개의 자음으로 받침을 쓰는 규칙인 팔종성법에 의하여 '뭇'으로 나타나기도 하지만 큰 흐름에서 보면 이 단어는 형태 변화 없이 현재까지

꾸준히 쓰이고 있고 볼 수 있다. 뭍(15세기~현재). 이형태: 뭍, 묻, 뭇, 뭇, 뭇ㅎ, 뭇ㅎ. ᄇᆞᄅᆞ미 부러 竹林國으로 지불여늘 무틔 올아 오ᄂᆞᆫ ᄆᆞᄃᆡ예.《1459 월석 8:101ㄴ》, ᄇᆡᄂᆞᆫ 믈에셔 조차 나고 무틔ᄂᆞᆫ ᄃᆞᆫ니디 몯ᄒᆞ야 모로매 술위로 시르며.《1510년대 번노 하:44ㄴ-46ㄱ》

6 서그니: 썩은 것. '석(어간)+은(관형사형 어미)+이(의존명사)'이다. 현대국어 '썩다'의 옛말인 '석다'는 15세기 문헌에서부터 나타난다. 근대국어 시기 첫소리 'ㅅ'이 'ㅆ'으로 된소리화함에 따라 18세기에는 현대국어와 같은 '썩다' 형태가 등장하게 되었다. 석다(15세기~18세기)〉썩다(18세기~현재), 이형태: 석다, 썩다. 堂閣이 늘가 담과 ᄇᆞᄅᆞᆷ괘 므르드르며 긴 불휘 석고 보히며 믈리 기울어늘사.《1459 월석 12:21ㄴ》, 器物을 석고 ᄒᆡ여딘 거슬 가지며 닐오ᄃᆡ 내 아래브터 쓰며 먹던 거시라 내 몸과 입에 편안ᄒᆞ예라.《1518 번소 9:23ㄱ》

7 궂거든: 나쁘거든. '궂(어간)+거든(연결어미)'이다. '궂다'가 팔종성법에 따라 '굿다'로 표기된 것이다. 언짢고 나쁘다. '-거든'은 '어떤 일이 사실이면', '어떤 일이 사실로 실현되면'의 뜻을 나타내는 연결어미이다.

8 글효ᄆᆞᆯ: 끓임을. '긇(沸, 어간)+이(사동접사)+옴(명사형 어미)+ᄋᆞᆯ(목적격 조사)'이다. '긇다'는 '끓다'의 옛말이다. '긇다'는 15세기 문헌에서부터 나타난다. 16세기에 어두의 첫소리 'ㄱ'이 된소리가 되는 어두된소리화를 겪어 '긇-'로 나타나게 되었다. 근대국어 후기에 'ㄱ'의 된소리 표기가 'ㅺ'에서 'ㄲ'으로 바뀌어 '끓다'로 나타나면서 현재에 이르렀다. 18, 19세기에는 모음으로 시작하는 어미가 결합할 때에는 '끌어'와 같이 '끌-'로 나타나기도 하는데 이는 'ㄹ'과 모음 사이에서 'ㅎ'이 탈락한 것이다. 긇다(15세기~17세기)〉긇다(16세기~19세기)〉끓다(20세기~현재). 이형태: 긇-, 긇-, 끌-. 시혹 地獄이 이쇼ᄃᆡ 鑊湯이 ᄀᆞ장 글허 罪人ᄋᆡ 모ᄆᆞᆯ ᄉᆞᆯᄆᆞ며.《1459 월석 21:80ㄱ》, 湯 끌흘 탕.《1583 천자-석 5ㄱ》

9 그르ᄒᆞ야든: 그릇했거든. '그르ᄒᆞ(非, 어간)+야든(연결어미)'이다. '-야든'은 'ᄒᆞ다'의 어간이나 끝음절의 모음이 'ㅣ'인 어간 뒤에 붙어, '-거든'을 뜻하는 연결어미이다. 近年 술 病에 죠고매 머구믈 여렛노니 아ᅀᆞ 勸ᄒᆞ야든 兄이 가파 서르 머그면 어느 怨嗟호미 이시리오(比年病酒開涓滴 弟勸兄酬何怨嗟).《두시-초 8:42》, 우디 마라 내 너를 金 주료 ᄒᆞ야든 아히 보고 진실ㅅ 金이라 너겨 우디 아니ᄒᆞᄂᆞ니.《남명 상:44~45》. '그르ᄒᆞ다'는 '그릇하다'의 옛말이다. 어떤 일을 사리에 맞지 아니하게 하다. 비록 그르ᄒᆞ야 지순 이리 이셔도 내 일후믈 드르면 도로 淸淨을 得ᄒᆞ야 모딘 길헤 아니 떠러디게 호리라.《석상 9:6》

10 젓: 때의. '제(時, 명사)+ㅅ(관형격 조사)'이다.

소언 밥이 즛믈어 쉬니와 믈고기 므르니와 묻고기 서근 이를 먹디 아니ᄒᆞ시며 빗치 사오납거든 먹디 아니ᄒᆞ시며 내 사오납거든 먹디 아니ᄒᆞ시며 글효믈 그르ᄒᆞ얏거든 먹디 아니ᄒᆞ시며 시졀 아닌 거슬 먹디 아니ᄒᆞ시며

현대역 밥이 짓물러 쉰 것과 물고기 상한 것과 뭍짐승고기 썩은 것을 먹지 아니하시며, 빛이 나쁘거든 먹지 아니하시며, 냄새가 나쁘거든 먹지 아니하시며, 끓임을 그릇했거든 먹지 아니하시며, 시절 아닌 것을 먹지 아니하시며,

【集說】朱子曰饐는飯傷熱濕也요餲는味變也라魚爛曰餒요肉腐曰敗라色惡臭惡은未敗而色臭變也라飪은烹調生熟之節也라不時는五穀不成果實未熟之類라此數者는皆足以傷人이라故로不食이라

주자가 말하였다. "에(饐)는 밥이 열과 습기에 상함이요, 애(餲)는 맛이 변함이다. 물고기가 문드러짐을 餒라 하고, 고기가 썩음을 敗라 한다. 빛깔이 나쁘고 냄새가 나쁨은, 부패하지는 않았으나 빛깔과 냄새가 변함이다. 飪은 날것과 익은 것을 조리하는 절차이다. 不時는 오곡이 이루어지지 않았거나 과실이 아직 익지 않은 따위이다. 이 몇 가지는 모두 족히 써 사람을 상하게 한다. 그러므로 먹지 않았다."

漢字 濕(축축할 습, 젖을 습), 爛(문드러질 란), 腐(썩을 부), 烹(삶을 팽), 足(충분할 족)

팽조(烹調): 조리(調理)함.

割不正이어든不食ᄒᆞ시며不得其醬이어든不食ᄒᆞ시며

●벰이 바르지 않거든 먹지 않으셨으며, 그 장을 얻지 못하거든 먹지

않으셨으며,

漢字 醬(장 장)

번소 버효미 방졍티 아니커든 먹디 아니ᄒᆞ시며 제여곰 마즌 쟝을 얻디 몯거든 먹디 아니ᄒᆞ시며

현대역 벰이 네모지고 반듯하지 아니하거든 먹지 아니하시며, 제가끔 맞는 장(醬)을 얻지 못하거든 먹지 아니하시며,

1 버효미: 벰이. '버히(어간)+옴(명사형 어미)+이(주격 조사)'이다.

2 방졍티: 방정(方正)하지. 모양이 네모지고 반듯하지. '방졍ᄒᆞ(어간)+디(보조적 연결어미)'이다. 'ㆍ'가 탈락하면서 'ㅎ'과 'ㄷ'이 자음축약이 일어나 'ㅌ'이 되었다. '방정(方正)하다'의 옛말인 '방졍ᄒᆞ다'는 16세기 문헌에서부터 나타난다. 이 단어는 한자어 '방졍'과 'ᄒᆞ다'의 결합으로 이루어진 말이다. '방졍'은 'ㆁ'의 음가 소멸로 '방졍'이 되고 근대국어 후기의 단모음화로 '졍'이 '정'으로 바뀌었다. 'ᄒᆞ다'도 현대맞춤법이 확산됨에 따라 '하다'로 바뀌어 현재의 어형으로 정착되었다. 방졍ᄒᆞ다(16세기)〉방졍ᄒᆞ다(17세기~19세기). 이형태: 방졍ᄒᆞ다, 방졍ᄒᆞ다. 버효미 방졍티 아니커든 먹디 아니ᄒᆞ시며.《1518 번소 4:28ㄴ》, 모슈와 조ᄎᆞ니를 분간티 말고 다 斬ᄒᆞ고 방졍ᄒᆞ야 사ᄅᆞᆷ을 주기니ᄂᆞᆫ 斬호ᄃᆡ.《1658 경민-개 18ㄱ》

3 제여곰: 제가끔. 저마다 따로따로. 저마다 舍利弗이 그제ᅀᅡ 說法ᄒᆞ니 제여곰 前生애 닷곤 因緣으로 須陁洹ᄋᆞᆯ 得ᄒᆞ리도 이시며.《석상 6:34》, 온가짓 새 제여곰 서르 우ᄂᆞ니 외ᄅᆞ왼 구루믄 제 ᄆᆞᅀᆞ미 업도다(百鳥各相命 孤雲無自心).《두시-초 14:20》

4 마즌: 맞는. '맞(宜, 어간)+ᄋᆞᆫ(관형사형 어미)'이다.

5 몯거든: 못하거든. '몯ᄒᆞ(어간)+거든(연결어미)'이다. '몯'의 종성이 무성자음 'ㄷ'이라서, 파생접사 'ᄒᆞ'가 탈락할 수 있다.

소언 버힌 거시 正졍티 아니커든 먹디 아니ᄒᆞ시며 그 醬쟝을 얻디 몯ᄒᆞ여든 먹디 아니ᄒᆞ시며

현대역 벤 것이 반듯하지 아니하거든 먹지 아니하시며, 그 장을 얻지 못하였거든 먹지 아니하시며,

버힌: 벤. '버히(어간)+ㄴ(관형사형 어미)'이다. '버히다'는 '베다'의 옛말이다. 다리옛 고기를 손소 버혀 매를 주신대 매 솔보ᄃᆡ 고깃 므긔 비두리와 ᄀᆞᆮ게 주쇼서.《월석 11:4》

【集說】朱子曰割肉不方正者를不食은造次不離於正也라食肉用醬이各有所宜하니不得則不食은惡(오)其不備也라此二者는無害於人이요但不以嗜味而苟食耳니라

주자가 말하였다. "고기를 벤 것이 사방으로 바르지 않은 것을 먹지 않음은 잠시라도 바름에서 떠나지 않으려해서이다. 고기를 먹음에 장을 사용함이 각각 마땅한 바가 있으니, 얻지 못하면 먹지 않음은 그 갖추지 않음을 싫어해서이다. 이 두 가지는 사람에게 해는 없고, 다만 맛을 즐김으로써 하고 구차하게 먹지 않을 따름이다."

漢字 嗜(즐길 기), 苟(구차할 구)

1 조차(造次): 조차간(造次間). 얼마 아닌 짧은 시간[잠시], 아주 급한 때[바쁠 때].

2 此二者 無害於人: 바로 위 '食饐而餲'로 시작하는 대문(大文)과 내용이 대조된다.

肉雖多ㅣ나不使勝食氣ᄒᆞ시며唯酒無量ᄒᆞ샤ᄃᆡ不及亂ᄒᆞ시며

● 고기가 비록 많으나 하여금 밥 기운을 이기지 않게 하셨으며, 오직 술은 (정한) 양이 없으시되, 어지러움에 이르지 않게 하셨으며,

번소 고기 비록 하도 밥 긔우늘 이긔지 몯게 ᄒᆞ시며 오직 수우를 그슴 아니ᄒᆞ샤ᄃᆡ 미란호매 밋디 아니케 ᄒᆞ시며

현대역 고기가 비록 많아도 밥 기운을 이기지 못하게 하시며, 오직 술을 限定 아니하시되, 미란(迷亂)함에 미치지 아니하게 하시며,

1 《서지학보(書誌學報)》 제24호(한국서지학회, 2000. 12.)에 소개된 《번역소학》 권지4는 여기까지이다. 《번역소학》 권지4는 《소학집주》 〈경신(敬身) 제3〉 제1장부터 제46장까지이다. 그리고 제43장은 6구로 되어 있다. 따라서 《번역소학》 권지4는 제43장의 두 구와 제44장~제46장의 세 장이 누락된 셈이다.
2 하도: 많아도. '하(어간)+아도(연결어미)'이다. '하다'는 '많다'의 옛말이다. 무춤내 제 뜨들 시러 펴디 몯홇 노미 하니라.《훈언 2》, 말쏘몰 솔ᄫᆞ리 하ᄃᆡ 天命을 疑心ᄒᆞ실씨 ᄭᅮ므로 뵈아시니(獻言雖衆 天命尙疑 昭玆吉夢 帝迺趣而).《용가 13장》
3 몯게: 못하게. '몯ᄒᆞ+게'이다. '몯'의 종성이 무성자음 'ㄷ'이라서, 파생접사 'ᄒᆞ'가 탈락할 수 있다.
4 수우를: 술을. '수울(명사)+을(목적격 조사)'이다.
5 그슴: 한도. 한정. '그스(限, 불규칙적 어근)+ㅁ(파생접사)'이다. '그스다'는 '긋다'의 옛말이다. 일의 경계나 한계 따위를 분명하게 짓다. ᄯᅩ 未來옛 그스므로 알ᄑᆡᆺ 塵劫을 가졸비건댄 ᄯᅩ 이 數에 더으디 아니홀 ᄯᆞᆯ 엇뎨 알리오(又安知未來之期 比前塵劫 不復過於是數也).《법화 3:165》, 알히 검거든 ᄯᅩ ᄀᆞ로ᄃᆡ 됴호몰 그슴 사마 ᄒᆞ라.《구방 하:75》
6 미란호매: 미란(迷亂)함에. 정신이 혼미하여 어지러움. '미란ᄒᆞ(迷亂, 어간)+옴(명사형 어미)+애(부사격 조사)'이다. '미란하다'의 옛말인 '미란ᄒᆞ다'는 16세기 문헌에서부터 나타난다. 이 단어는 20세기 초 'ᄒᆞ다'의 'ㆍ'가 현대맞춤법에 의해 '하'로 표기되면서 현재의 어형으로 정착되었다. 미란ᄒᆞ다(16세기)〉미란하다(20세기~현재). 이형태: 미란ᄒᆞ다. 미란호매 밋디 아니케 ᄒᆞ시며.《1518 번소 4:28ㄴ》, 미란홈애 밋디 아니ᄒᆞ시며.《1588 소언 3:25ㄴ》
7 밋디: 미치지. '및(及, 어간)+디(보조적 연결어미)'이다.

소언 고기 비록 하나 ᄒᆡ여곰 밥 긔운을 이긔게 아니ᄒᆞ시며 오직 술을 그슴 아니 ᄒᆞ샤ᄃᆡ 미란홈애 밋디 아니 ᄒᆞ시며

현대역 고기 비록 많으나 하여금 밥 기운을 이기게 아니하시며, 오직 술을

한정 아니 하시되, 미란함에 미치지 아니 하시며,

【集說】朱子曰食은以穀爲主라故로不使肉勝食(사)氣하며酒는以爲人合懽이라故로不爲量이요但以醉爲節而不及亂耳니라

주자가 말하였다. "음식은 곡식으로써 주를 삼았다. 그러므로 고기로 하여금 밥 기운을 이기지 않게 했으며, 술은 써 사람과 기쁨을 합하기 위함이다. 그러므로 양을 삼지[정하지] 않고, 다만 취함으로써 알맞은 정도를 삼아, 어지러움에 미치지 않을 뿐이었다."

漢字 懽(기쁠 환), 但(다만 단), 節(알맞은 정도 절)

沽酒市脯를不食ᄒᆞ시며

●사온 술과 사온 포를 먹지 않으셨으며,

漢字 沽(살 고, 팔 고, 술장수 고), 市(살 시, 팔 시, 저자 시)

소언 산 술과 산 포육을 먹디 아니ᄒᆞ시며

현대역 산 술과 산 포육(脯肉)을 먹지 아니하시며,

포육(脯肉): 얇게 저미어서 양념하여 말린 고기.

【集說】朱子曰沽市는皆買也니恐不精潔하여或傷人也라

주자가 말하였다. "沽와 市는 모두 사옴이니, 精潔하지 못하여 혹 사람을 상할까 두려워해서이다."

漢字 買(살 매)

不撤薑食ᄒᆞ시며不多食이러시다

●생강 먹음을 거두지 않으셨으며, (그것을) 많이 먹지 않으셨다."

漢字 **撤**(거둘 철, 치울 철), **薑**(생강 강)

소언 ᄉᆡᇰ강 먹옴ᄋᆞᆯ 그치디 아니ᄒᆞ시며 해 먹디 아니ᄒᆞ더시다

현대역 생강 먹음을 그치지 아니하시며, 많이 먹지 아니하시더라."

ᄉᆡᇰ강: 생강(生薑). 'ᄉᆡᇰ강'은 16세기 문헌에서부터 나타난다. 이 단어는 15세기 문헌에는 한자어 '生薑'으로만 표기되고 15세기의 한글 표기는 'ᄉᆡᇰ앙'이 보이는데, 이 표기는 16세기에 나타나는 'ᄉᆡᇰ강'의 제2음절 'ㄱ'이 약화된 것을 반영하는 표기로 보인다. 'ㆁ'이 표기에서 사라진 이후 'ᄉᆡᆼ강'은 19세기까지 사용되었다. 19세기에는 'ᄉᆡᆼ강'과 '생강'이 공존하였는데, 근대국어 후기에 'ㆍ'가 표기에서 사라지면서 점차 '생강'으로 정착되었다. 15·16세기 문헌에 보이는 'ᄉᆡᇰ앙'이나 19세기 문헌에 보이는 'ᄉᆡ양'은 '생강'의 제2음절 'ㄱ'이 약화된 현상이 15세기부터 근대국어 후기에 이르기까지 줄곧 'ㄱ'이 약화되지 않은 표기와 함께 공존하였음을 보여주고 있다. ᄉᆡᇰ강(15세기~16세기)〉ᄉᆡᆼ강(16세기~19세기)〉생강(19세기~현재). 이형태: ᄉᆡᇰ앙, ᄉᆡᇰ강, ᄉᆡᆼ앙, ᄉᆡᆼ강, ᄉᆡ양, 생강. 믈 ᄒᆞᆫ 되 닷 홉과 ᄉᆡᇰ앙 두터운 닐굽 편 조쳐 글효니.《1489 구간 1:2ㄴ》, 파와 마늘와 염규와 부ᄎᆡ와 ᄉᆡᇰ강과 머그라.《1542 분문 4ㄴ》, ᄲᅮᆯ 두 냥과 사탕 ᄒᆞᆫ 냥과 ᄉᆡᇰ강 ᄒᆞᆫ 냥과 믈 두 되예 ᄒᆞᆫᄃᆡ 프러 이베 브으라.《1541 우마 13ㄱ》

【集解】**朱子曰薑**은**通神明去穢惡**이라**故**로**不撤**이라**不多食**은**適可而止也**라

주자가 말하였다. "생강은 神明을 통하고 더러움과 나쁨을 제거한다. 그러므로 거두지 않은 것이다. 不多食[많이 먹지 않음]은 可함에 맞게 하고 그치는 것이다.

漢字 **穢**(더러울 예), **適**(맞을 적)

1 신명(神明): 정신 의식과 사유 활동.

2 適可而止也: 가(可)함에 맞게 하고 그친다. 먹을 만큼 먹고 그친다.

〖四十四章〗

○禮記예曰君이無故ㅣ어든不殺牛ᄒᆞ며大夫ㅣ無故ㅣ어든不殺羊ᄒᆞ며士ㅣ無故ㅣ어든不殺犬豕矣니君子ㅣ遠庖廚ᄒᆞ야凡有血氣之類를弗身踐翦也ᄒᆞᄂᆞ니라 《禮記 玉藻》

●《예기》에 말하였다. “임금은 연고가 없으면 소를 죽이지 않으며, 대부는 연고가 없으면 양을 죽이지 않으며, 선비는 연고가 없으면 개와 돼지를 죽이지 않으니, 군자는 푸줏간과 부엌을 멀리 하여, 무릇 피 기운이 있는 종류를 몸소 죽이지 않는다.”

漢字 豕(돼지 시), 庖(푸줏간 포, 부엌 포, 요리인 포), 廚(부엌 주), 踐(죽일 전, 벨 전, 밟을 천)

포주(庖廚): 부엌. 또는 푸주, 즉 ‘고기를 끊어 파는 가게, 소나 돼지 따위를 잡음[푸주]’의 본딧말.

소언 禮례記긔예 ᄀᆞᆯ오ᄃᆡ 님금이 연괴 업거든 쇼ᄅᆞᆯ 죽이디 아니ᄒᆞ며 태위 연괴 업거든 羊양을 죽이디 아니ᄒᆞ며 士ᄉᆞㅣ 연괴 업거든 개과 돋ᄐᆞᆯ 죽이디 아니ᄒᆞᄂᆞ니 君군子ᄌᆞㅣ 庖포[즘승 죽이ᄂᆞᆫ ᄯᅡ히라]과 廚듀[음식 닉히ᄂᆞᆫ ᄯᅡ히라]ᄅᆞᆯ 멀리ᄒᆞ야 믈읫 血혈氣긔[숨ᄐᆞᆫ 것시라] 둔ᄂᆞᆫ 類류ᄅᆞᆯ 친히 죽이디 아니ᄒᆞᄂᆞ니라

현대역 《예기》에 가로되, “임금이 연고가 없거든 소를 죽이지 아니하며, 대부가 연고가 없거든 양을 죽이지 아니하며, 선비가 연고가 없거든 개과 돼지를 죽이지 아니하니, 군자가 포(庖)[짐승 죽이는 곳이라.]와 주(廚)[음식 익히는 곳이라.]를 멀리하여, 무릇 血氣[살아 움직이는 것이라.] 둔 종류를 친히 죽이지 아니한다.”

1 위 대문(大文) 끝 ‘弗블身신踐천也야’ 뒤에 《소학언해》에서는 ‘踐천當당作작剪

젼'이 붙어 있다.

2 짜ㅎ: 땅. 그 지방. 그곳. '짜ㅎ'은 15세기 문헌에서부터 나타난다. '짜ㅎ'은 모음으로 시작하는 조사나 조사 '-과', '-도'와 결합할 때에는 끝소리인 ㅎ이 나타나지만, 그 밖의 조사와 결합하거나 단독으로 쓰일 때에는 끝소리 ㅎ이 나타나지 않는 ㅎ종성체언으로서 '짜ㅎ/짜'의 이형태 교체를 보였다. 다른 ㅎ종성체언들이 이르면 15세기부터, 대체로는 근대국어 시기에 끝소리 ㅎ이 완전히 탈락한 형태로 변화한 데 반해, '짜ㅎ/짜'의 경우는 끝소리 ㅎ이 사라지는 대신 그 자리를 'ㅇ[ŋ]'이 대신하는 매우 특이한 변화를 보인다. 17세기 문헌에 보이는 '짱ㅎ'은 기존의 '짜ㅎ'과 새로운 '짱' 형태가 혼효된 모습을 보여준다. '짱' 형태가 등장한 이후로도 '짜ㅎ' 형태는 19세기까지 문헌에 계속 등장하고 있다. 한편 '짜ㅎ'과 '짱'에서 'ㅼ'은 'ㄷ'의 된소리를 표기한 것이므로 17세기에 등장한 '짱'은 사실 오늘날의 '땅'과 소리가 같다. 다만 된소리의 표기에 있어서 중세국어나 근대국어 시기에는 'ㄲ', 'ㄸ', 'ㅃ', 'ㅆ', 'ㅉ' 등의 각자병서보다는 'ㅺ', 'ㅼ', 'ㅽ', 'ㅾ' 등의 ㅅ계 합용병서가 주로 쓰였기 때문에 표기법상의 차이를 보이는 것이다. 근대국어 문헌에 간혹 보이는 '빠ㅎ' 역시 된소리 표기에서 ㅅ계 합용병서 외에 ㅂ계 합용병서가 혼동되어 쓰인 당시 표기법상의 혼란에 기인할 뿐, 실제 소리는 '짜ㅎ'과 동일하다. 짜ㅎ(15세기~19세기)〉짱(17세기~19세기)〉땅(19세기~현재). 이형태: 짜ㅎ, 짜, 빠ㅎ, 짱, 땅. 이 東山은 남기 됴흘씨 노니논 짜히라.《1447 석상 6:24ㄱ》, 짜 爲地.《1446 훈해 48》

3 혈긔: 혈기(血氣). 피의 기운이라는 뜻으로, 힘을 쓰고 활동하게 하는 원기를 이르는 말.

4 숨튼: 목숨을 받은. 숨을 쉬는. 살아 움직이는. '숨트(어간)+ㄴ(관형사형 어미)'이다. 숨튼 즁싱 노코 雜色 고줄 비흐며 일훔난 香올 퓌우면.《석상 9:35》

【集說】陳氏曰故는謂祭祀及賓客饗食(사)之禮也라庖는宰殺之所요廚는烹飪之所라身은親也라踐은當作翦이니殺也라

진 씨가 말하였다. "故는 제사와 빈객에게 음식을 대접하는 예를 이른다. 庖는 짐승을 잡는 곳이요, 廚는 삶아 익히는 곳이다. 身은 몸소이다. 전(踐)은 마땅히 翦이 되어야 하니, 죽임이다."

漢字 食(밥 사, 기를 사, 먹일 사, 먹을 식, 먹을거리 식), 饗(대접할 향, 제사지낼 향, 드

럴 향, 흠향할 향, 제사 향, 잔치 향), **宰**(도살할 재, 재상 재, 주관할 재, 고기저밀 재), **翦**(죽일 전, 자를 전)

재살(宰殺): 짐승을 잡음. 유의어: 도살(屠殺).

〖四十五章〗

○**樂記**예**曰豢**患**豕爲酒**ㅣ**非以爲禍也**ㅣ언마는**而獄訟益繁**은 **則酒之流**ㅣ**生禍也**ㅣ니**是故**로**先王**이**因爲酒禮**ᄒᆞ샤**一獻之禮**예**賓主**ㅣ**百拜**ᄒᆞ야**終日飮酒**호ᄃᆡ**而不得醉焉**ᄒᆞ니**此**ㅣ**先王之所以備酒禍也**ㅣ시니라 《禮記 樂記》

●〈악기〉에 말하였다. "돼지를 기르고 술을 만듦이 써 禍가 되지 않지만, 옥의 송사가 더욱 많아짐은 술의 流弊가 화를 낳기 때문이다. 이런 까닭으로 선왕이 인하여 酒禮를 만들어, 한 번 술을 올리는 禮에 빈객과 주인이 백 번 절하여 종일 술을 마시되 능히 취하지 않게 했으니, 이는 선왕이 써 술의 화를 대비하신 바이다."

[漢字] **豢**(기를 환), **獄**(감옥 옥), **訟**(송사할 송), **繁**(많을 번, 번거로울 번)

유폐(流弊): 예전부터 내려오는 폐단.

[소언] 樂악記긔예 ᄀᆞᆯ오ᄃᆡ 돋 치며 술 ᄆᆡᇰᄀᆞᆯ옴이 ᄡᅧ 화란이 되게 ᄒᆞᆫ 주리 아니언마ᄂᆞᆫ 가도이며 숑ᄉᆞ홈이 더욱 하믄 곧 술의 ᄀᆞᆫ티 화란을 내욤이니 이런 故고로 녜 님금이 因인ᄒᆞ야 술 먹을 례도ᄅᆞᆯ ᄆᆡᇰᄀᆞᆯᄋᆞ샤 ᄒᆞᆫ 번 받ᄌᆞᆸᄂᆞᆫ 례도애 손과 쥬인이 일ᄇᆡᆨ 번 절ᄒᆞ야 날이 졈으도록 술 먹오ᄃᆡ 시러곰 醉취티 아니케 ᄒᆞ니 이 녜 님금이 ᄡᅧ 술의 화란을 막ᄌᆞᄅᆞ신 배니라

[현대역] 〈樂記〉에 가로되, "돼지 치며 술 만듦이 써 禍亂이 되게 한 줄이 아니

건마는, 갇히며 訟事함이 더욱 많음은 곧 술의 끝이 禍亂을 냄이니, 이런 고로 옛 임금이 인하여 술 먹을 禮道를 만드시어, 한 번 받잡는 예도에 손님과 주인이 일백 번 절하여 날이 저물도록 술 먹되, 얻어 취하지 아니하게 하니, 이 옛 임금이 써 술의 禍亂을 잘라 막으신 바이니라."

1 치며: 가축이나 가금 따위를 기르며. '치(어간)+며(연결어미)'이다. 양을 치다. 돼지를 치다.

2 화란(禍亂): 재앙과 난리를 통틀어 이르는 말.

3 아니언마ᄂᆞᆫ: 아니건마는. '아니(어간)+언마ᄂᆞᆫ(연결어미)'이다. '-언마ᄂᆞᆫ'은 끝음절의 모음이 'ㆍ, ㅏ, ㅗ'가 아닌 동사, 형용사 어간 뒤에 붙어, '-건마는'을 뜻하는 어미이다. 알ᄑᆞ디 아니혼 주리 아니언마ᄂᆞᆫ 大夫人이 어엿비 너겨 마리ᄅᆞᆯ 갓ᄀᆞ실ᄉᆡ(非不痛也 太夫人哀憐爲斷髮 難傷老人意).《내훈 2하:7》, 子의 道ᄅᆞᆯ 說티 아니홈이 아니언마ᄂᆞᆫ 힘이 足디 몯호이다(非不說子之道 力不足也).《논언 2:6~7》

4 가도이며: 갇히며. '가도(어근)+이(피동접사)+며(연결어미)'이다. '가도다'는 '가두다'의 옛말이다. ᄒᆞ다가 有情이 나랏 法에 자피여 ᄆᆡ여 매 마자 獄애 가도아 罪니블 ᄆᆞᄃᆡ며.《석상 9:8》, 獄ᄋᆞᆫ 罪 지슨 사ᄅᆞᆷ 가도ᄂᆞᆫ ᄡᅡ히니.《월석 1:28》

5 졈으도록: 저물도록. '져므(어간)+도록(연결어미)'이다. '저물다'의 옛말 '져믈다'에서, 어간 '져믈-'의 치조음 'ㄹ'이 어미 '-도록'의 치조음 'ㄷ' 앞에서 탈락하였다. '져믈다'는 15세기 문헌에서부터 나타난다. 근대국어 시기에 양순음 'ㅁ, ㅂ, ㅍ' 아래에서 모음 'ㅡ'가 'ㅜ'로 변하는 원순모음화가 일어났는데, '져믈다'도 이러한 변화를 겪어 '져물다'가 되었다. 또한 근대국어 시기에 치조음이었던 'ㅈ, ㅊ'이 경구개음으로 변하면서 '져'와 '저'의 발음이 같아져서 '져물다>저물다'로 바뀌었다. 이 어형이 현재에 이르렀다. 한편 15세기~18세기에는 '져믈다>져물다'와 의미가 동일하고 형태상으로도 관련이 있는 '졈글다' 형태도 존재하였다(예: 거츤 ᄠᅳᆯ헤 히 {졈글오져} ᄒᆞᄂᆞᆺ다/《1481 두시-초 3:27ㄴ》, 빗돗 글어 가매 歲月이 {졈그ᄂᆞ니} 어루 春風과 다ᄆᆞᆺ 가리로다.《1481 두시-초 22:42ㄴ》, 쥬싄 형님 내 나그내라니 오ᄂᆞᆯ {졈그러} 네 지븨 잘 ᄃᆡ 어더지이다.《1510년대 번노 상:47ㄱ》, 나리 {졈글어든} 다시 방의 나디 아니ᄒᆞ더니.《1737 어내 1:23ㄴ》). 져믈다(15세기~19세기)>져물다(19세기)>저물다(19세기~현재). 이형태: 져믈다, 져물다, 저물다. 世尊하 내 네브터 오매 나리 져믈오 바미 ᄆᆞᆺᄃᆞ록 ᄆᆡ샹

내 剋責ᄒᆞ다니.《1463 법화 2:7ㄴ》, 先生이 단졍히 안자 블러 더브러 마조 안자셔 져믈며 새도록 이셔도 더브러 말ᄉᆞᆷ 아니ᄒᆞ다가.《1518 번소 9:4ㄴ》, 君子ㅣ 하외욤 기지게 ᄒᆞ시며 막대와 신과를 자브시며 나릐 이ᄅᆞ며 져므로ᄆᆞᆯ 보거시든.《1518 번소 3:29ㄱ-ㄴ》

6 막ᄌᆞᄅᆞ신: 잘라 막으신. '막ᄌᆞᄅᆞ(어간)+시(주체 높임 선어말어미)+ㄴ(관형사형 어미)'이다. '막ᄌᆞᄅᆞ다'는 '잘라 막다'의 옛말이다. 모음으로 시작하는 어미 앞에서는 '막ᄌᆞᆯ-'로 나타난다. 太子ㅅ 손 자ᄇᆞ샤 두 눉믈 디샤 門ᄋᆞᆯ 자펴 막ᄌᆞᄅᆞ시니.《월곡 상:16》, 사오나온 風俗ᄋᆞᆯ 사ᄅᆞᄆᆡ ᄂᆞᆺ출 막ᄌᆞᄅᆞ고 몸 올에 호ᄆᆞ란 ᄆᆞᆯ 바ᄅᆞᆯ ᄇᆡ호노라(薄俗防人面 全身學馬蹄).《두시-초 15:17》

【集說】**吳氏曰豢**은**養也**요**爲**는**猶造也**라**獄訟益繁**은**謂小人乘醉相侵**하여**以致獄訟滋多也**라**一獻**은**士之饗禮也**라**百拜**는**言多也**라**一獻之禮而賓主至於百拜**하여**終日飮酒**호되**而終不得醉**하니**其所以備飮酒之禍者至矣**니라

오 씨가 말하였다. "豢은 기름이요, 爲는 만듦과 같다. 獄訟益繁[옥의 송사가 더욱 많아짐]은 소인들이 취기를 타고 서로 침해하여, 써 옥송이 더욱 많아짐에 이름을 말한다. 一獻은 선비가 燕饗하는 禮이다. 百拜는 많음을 말한다. 한 번 (술을) 올리는 禮에 빈객과 주인이 백 번 절함에 이르러, 종일 술을 마시되 끝내 능히 취하지 않게 했으니, 그 써 음주의 화를 대비하는 바의 것이 지극함이다."

漢字 **滋**[더욱 자, 붙을(늘을) 자, 우거질 자], **饗**(연회할 향, 잔치할 향)

1 자다(滋多): 더욱 많음.
2 향(饗): 손님에게 연향(燕饗)을 베푸는 것으로, 천자(天子)의 구헌(九獻)으로부터 사(士)의 일헌(一獻)까지 아홉 등급이 있음.
3 연향(燕饗): 잔치를 베풀어 손님을 접대함. 유의어: 향연(饗宴).

〖四十六章〗

○孟子ㅣ曰飮食之人을則人이賤之矣ᄂᆞ니爲其養小以失大也ㅣ니라 《孟子 告子上》

● 맹자가 말하였다. "마시고 먹는 사람을 사람들이 그를 천히 여기니, 그 작은 것을 길러 써 큰 것 잃기 때문이다."

음식지인(飮食之人): 마시고 먹는 사람. 즉 마시고 먹는 것만 하는 사람.

소언 孟ᄆᆡᆼ子ᄌᆞㅣ ᄀᆞᆯᄋᆞ샤ᄃᆡ 飮음食식만 ᄒᆞᄂᆞᆫ 사ᄅᆞᆷᄋᆞᆯ 곧 사ᄅᆞᆷ이 賤쳔히 너기ᄂᆞ니 그 져근 거슬 쳐 ᄡᅧ 큰 거슬 일홈을 爲위ᄒᆞ예니라

현대역 맹자가 말씀하시되, "음식만 하는 사람을 곧 사람이 천히 여기니, 그는 적은 것을 길러서 써 큰 것을 잃음을 위하여서이다."

1 음식만 ᄒᆞᄂᆞᆫ 사ᄅᆞᆷ: 오로지 입과 몸만을 기르는 사람.

2 위ᄒᆞ예니라: 위하여서이다. 위하기 때문이다. '위ᄒᆞ(어간)+여(연결어미)+ㅣ('이다'의 어간)+니라(평서형 종결어미)'이다. '-예니라'는 동사, 형용사 어간 뒤에 붙어, '-여서이다'를 뜻하는 어미이다. 飮食만 ᄒᆞᄂᆞᆫ 사ᄅᆞᆷᄋᆞᆯ 곧 사ᄅᆞᆷ이 賤히 너기ᄂᆞ니 그 져근 거슬 쳐 ᄡᅧ 큰 거슬 일홈을 爲ᄒᆞ예니라(飮食之人, 則人賤之矣爲其養小以失大也).《소언 3:27》(현대역: 음식만 하는 사람을 곧 사람이 천하게 여기니, 그는 작은 것을 길러서 큰 것을 잃음을 위하여서이다.)

【集解】飮食之人은專養口體者也라小는謂口體요大는謂心志라

飮食之人[마시고 먹는 사람]은 오로지 입과 몸만을 기르는 자이다. 小는 口體를 이르고, 大는 心志를 이른다.

右는明飮食之節ᄒᆞ니라

●이상은 음식의 예절을 밝힌 것이다.

소언 이 우흔 飮음食식ᄒᆞᄂᆞᆫ 례졀을 ᄇᆞᆯ키니라

현대역 이 위는 음식의 예절을 밝히느니라.

小學諸家集註卷之四

飜번譯역小쇼學혹卷권之지五오 內닉篇편

《번역소학》 제5권은 《소학》 〈계고(稽古) 제4〉 전체(제1장~제47장)에 해당하는데, 현재까지 발견되지 않았다.

小쇼學혹諺언解히卷권之지四ᄉ 內닉篇편

稽古第四ㅣ라 內篇

● 옛일을 詳考함이니, 차례에 넷째이다. 내편.

漢字 稽(상고할 계, 헤아릴 계, 머무를 계)

상고(詳考): 자세하게 살펴봄.

소언 녜 일 샹고홈이니 ᄎ례예 녣재라

현대역 옛 일 상고함이니, 차례에 넷째라.

【集說】陳氏曰稽는考也라此篇은考虞夏商周聖賢已行之跡하여以證前篇立教明倫敬身之言也라凡四十七章이라

진 씨가 말하였다. "稽는 고찰함이다. 이 篇은 虞·夏·商·周나라의 성현들이 이미 행한 자취를 고찰하여, 써 前篇의 入教·明倫·敬身의 말을 증명하였다. 모두 47장이다."

漢字 跡(자취 적)

우(虞): 순(舜)임금. 순은 성은 우(虞)이고, 이름은 중화(重華)이다. 우순(虞舜) 또는 제순유우(帝舜有虞)로도 불린다. 순(舜)에 대한 자세한 설명은 〈입교(立敎) 제1〉 제6장을 참조하라.

孟子ㅣ道性善ᄒᆞ샤ᄃᆡ言必稱堯舜이러시니其言曰舜ᄋᆞᆫ爲法於天下ᄒᆞ샤可傳於後世어시ᄂᆞᆯ我ᄂᆞᆫ猶未免爲鄕人也ᄒᆞ니是則可憂也ㅣ라憂之如何오如舜而已矣라ᄒᆞ시니摭隻往行實前言ᄒᆞ야述此篇ᄒᆞ야使讀者로有所興起ᄒᆞ노라

● 맹자가 性이 선함을 말씀하시되, 말씀마다 반드시 堯舜을 일컬으시니, 그[맹자] 말씀에 가로되, "舜은 천하에 법이 되시어, 가히 후세에 전할 만하셨는데, 나는 오히려 시골사람[鄕人]이 됨을 면치 못하니, 이는 가히 근심할 만하다. 그것을 근심한다면 어찌해야 하는가? 舜같이 할 따름이다." 하시니, 지나간 행적을 모으고 앞[옛날 분] 말씀을 실증하여, 이 편을 지어, 읽는 자들로 하여금 떨쳐 일어나는 바가 있게 하노라.

漢字 摭(모을 척, 주울 척)

如何: 어찌 할까?

소언 孟ᄆᆡᆼ子ᄌᆞㅣ 性셩이 어딘 줄을 닐ᄋᆞ샤ᄃᆡ 말ᄉᆞᆷ마다 반ᄃᆞ시 堯요와 舜슌을 일ᄏᆞᆮ더시니 그 말ᄉᆞᆷ애 ᄀᆞᆯ오ᄃᆡ 舜슌은 天텬下하의 法법이 되샤 可가히 後후世셰예 傳뎐ᄒᆞ거시ᄂᆞᆯ 나ᄂᆞᆫ 오히려 샹사ᄅᆞᆷ 되요ᄆᆞᆯ 免면티 몯ᄒᆞ얀노니 이 곧 可가히 근심 되니라 근심ᄒᆞᆯ딘댄 엇디료 舜슌 ᄀᆞᆮᄐᆞᆯ ᄯᆞᄅᆞᆷ이라 ᄒᆞ시니 디난 힝실을 모토와 前젼읫 말ᄉᆞᆷ을 實실ᄒᆡ와 이 篇편을 ᄆᆡᆼᄀᆞ라 닑으리로 ᄒᆡ여곰 興흥起긔ᄒᆞᆯ 배 잇게 ᄒᆞ노라

현대역 맹자가 성이 어진 줄을 말씀하시되, 말씀마다 반드시 堯와 舜을 말씀

하시더니, 그 말씀에 가로되, “순은 천하의 법이 되시어, 가히 후세에 전하시거늘, 나는 오히려 常사람[凡人] 됨을 면하지 못하였으니, 이 곧 가히 근심이 되니라. 근심할진댄 어쩌랴? 순 같을 따름이라.” 하시니, 지난 행실을 모아 전의 말씀을 實證하여, 이 편을 만들어, 읽을 이로 하여금 興起할 바가 있게 하노라.

1 근심ᄒᆞᆯ딘댄: 근심할진댄. 근심한다면. ‘근심ᄒᆞ(어간)+오(대상 표시법 선어말어미)+ㄹ(관형사형 어미)+ᄃᆞ(의존명사)+이(서술격 조사 ‘이다’의 어간)+ㄴ대(연결어미)+ㄴ(보조사)’이다. 의존명사 ‘ᄃᆞ’는 ‘것’의 의미를 가진 보편성 의존명사이다. 의존명사를 꾸며주는 관형사형에 들어있는 선어말어미 ‘-오$_2$-’도 대상 표시법 선어말어미에 해당한다. ‘ㄹ+ᄃᆞ+이+ㄴ대+ㄴ’이 ‘-ㄹ딘댄’으로 재구조화되었다. ‘-ㄹ딘댄’은 현대국어 ‘-ㄹ진댄’에 해당한다. ‘-ㄹ진댄’은 ‘-ㄹ진대’에 보조사 ‘ㄴ’이 결합한 말로, ‘-ㄹ진대’를 강조한다. ‘-ㄹ진대’는 ‘이다’의 어간, 받침 없는 용언의 어간, ‘ㄹ’ 받침인 용언의 어간 또는 어미 ‘-으시-’ 뒤에 붙어, 앞 절의 일을 인정하면서, 그것을 뒤 절 일의 조건이나 이유, 근거로 삼음을 나타내는 연결어미이다. 장중한 어감을 띤다. 論語에 닐오ᄃᆡ 工匠바지ㅣ 이ᄅᆞᆯ 이대코져 ᄒᆞᆯ딘댄 반ᄃᆞ기 몬져 그 그르슬 ᄂᆞᆯ나게 ᄒᆞᄂᆞ니라 ᄒᆞ니라(論語云 工欲善其事必先利其器).《원각 서:80》, 輪廻ᄅᆞᆯ 免코져 ᄒᆞᆯ딘댄 부텨 求홈 ᄀᆞᆮᄒᆞ니 업스니라 ᄒᆞ다가 부텨 求코져 ᄒᆞᆯ딘댄 부톄 곧 이 ᄆᆞᅀᆞ미니 ᄆᆞᅀᆞᄆᆞᆯ 엇뎨 머리 어ᄃᆞ료(欲免輪廻 莫若求佛 若欲求佛 佛卽是心 心何遠覓).《목우 2》.
2 엇디료: 어찌하리오. ‘엇디(부사)+료(의문형 종결어미)’이다. ‘-료’는 제1·3인칭 ᄒᆞ라체 설명의문문을 만드는 종결어미이다. 의문사를 동반하며 정보를 요구하는 의문문을 만들며, ‘오’ 계통의 모음으로 되어 있다. 出家ᄒᆞᆫ 사ᄅᆞᄆᆞᆫ 쇼히 ᄀᆞᆮ디 아니ᄒᆞ니 그에 精舍ㅣ 업거니 어드리 가료.《석상 6:22》, 太子ㅣ 우스며 닐오ᄃᆡ 내 므스거시 不足ᄒᆞ료.《석상 6:24》
3 모토와: 모아. ‘모토(어간)+오(겸손법 선어말어미)+아(연결어미)’이다. ‘-와’는 받침 없는 용언의 어간, ‘ㄹ’ 받침인 용언의 어간 또는 어미 ‘-으시-’ 뒤에 붙어, 공손함을 나타내는 선어말어미 ‘-오-’에 연결어미 ‘-아’가 결합한 말이다. 미안하와 어떡하지요? 너무 감사하와 무슨 말씀을 드려야 할지 모르겠사옵니다. ‘모토다’는 ‘모으다’의 옛말이다. 뉘 工巧히 安排호ᄆᆞᆯ 아ᄂᆞ뇨 모토고 알ᄑᆞᆯ 브터 ᄯᅩ 노토다(不知誰解巧安排, 揑聚依前又放開).《금삼 5:2》, 모토올 이리 잇거든 그

어그르츠며 완만ᄒᆞ니를 뵈아.《여씨-화 28》

【集說】朱子曰道는言也라性者는人所稟於天以生之理也니渾然至善하여未嘗有惡하니人與堯舜으로初無少異로되但衆人은汨骨於私欲而失之하고堯舜則無私欲之蔽하여而能充其性爾라故로孟子每道性善而必稱堯舜以實之하시니欲人知仁義不假外求하고聖人可學而至하여而不懈於用力也시니라

주자가 말하였다. "道는 말함이다. 性이란 것은 사람이 하늘로부터 받아, 써 태어난 바의 이치이니, 다른 것이 조금도 섞이지 않아 지극히 선하여, 일찍이 악함이 있지 않으니, 뭇사람들이 堯舜과 더불어 처음에는 작은 다름도 없었으나, 단지 뭇사람들은 사욕에 빠져 그것[性]을 잃었고, 堯舜은 곧 사욕의 가림이 없어서 능히 그 性을 채웠을 뿐이다. 그러므로 맹자께서는 매양 性의 선함을 말씀하시되, 반드시 堯舜을 일컬어 그것을 실증하셨으니, 사람들이 仁義는 밖에서 빌려 구하지 않고, 聖人도 가히 배워서 이를 수 있음을 알아, 힘을 쓰는데[노력하는데] 게으르지 않게 하고자 하신 것이다."

漢字 渾(온전할 혼, 흐릴 혼), 汨(빠질 골), 假(빌릴 가, 거짓 가), 懈(게으를 해)

혼연(渾然): 다른 것이 조금도 섞이지 않은 모양.

〖一章〗

○太任壬下同은文王之母ㅣ시니摯至任氏之中仲女也ㅣ러시니王季ㅣ娶以爲妃ᄒᆞ시니라 《列女傳》

● 太任은 文王의 어머니시니, 摯나라 任氏의 둘째 따님이셨는데, 王季가 아내로 맞아 王妃로 삼으셨다.

漢字 摯(잡을 지), 娶(아내로 맞을 취, 장가들 취)

1 계력(季歷, 생몰 연대 미상): 중국 주나라 문왕의 아버지(추존왕)이다. 성은 희(姬)이고, 이름은 계력(季歷)이다. 중국 상(商)나라 시대의 제후국이던 주(周)의 군주였으므로 공계(公季)나 주공계(周公季)라고 하며, 뒷날 손자인 주나라 무왕(武王)에게 왕으로 추존되어 왕계(王季)나 주왕계(周王季) 등으로도 불린다. 단보(亶父)의 셋째아들로 태어났으며, 생모는 태강(太姜)이다. 태임(太任)을 아내로 맞이해 창(昌, 주나라 문왕)과 괵중(虢仲), 괵숙(虢叔)을 낳았다. 단보에게는 장남 태백(太伯)과 차남 우중(虞仲)도 있었으나 셋째 아들인 계력이 아버지에게서 주족(周族) 군주의 자리를 넘겨받았다. 《사기(史記)》에는 계력의 아내 태임이 창을 낳았을 때 상서로운 일이 일어나자 그가 주족을 번성시키게 될 것이라는 사실을 안 단보가 뒷날 창이 군주의 자리를 잇게 하려고 계력을 자신의 후계자로 삼았다고 기록되어 있다. 아버지의 뜻을 안 태백과 우중은 양쯔강 이남의 형만(荊蠻)으로 달아나 문신을 하고 머리털을 짧게 잘라 계력에게 군주의 지위를 양보했으며, 그곳에 오(吳)나라를 세웠다고 전해진다. 《사기》의 기록에 따르면, 단보가 죽은 뒤 주족 군주의 지위에 오른 계력은 아버지가 남긴 정치의 도리를 잘 따르고 성실하게 의(義)를 행해 제후들의 순종을 이끌어냈다. 그리고 《후한서(後漢書)》에 인용된 《죽서기년(竹書紀年)》의 기록에 따르면, 계력은 융족(戎族) 정벌에 큰 공을 세워 상나라의 왕인 문정(文丁)에게 목사(牧師)의 지위를 받기도 했다. 문정 11년에도 계력은 예도(翳徒)에서 융적을 물리치고 세 명의 적장을 사로잡았다. 하지만 주족의 세력이 커지는 것을 우려한 문정은 승리에 대한 보상으로 보물을 준다며 계력을 새고(塞庫)로 보낸 뒤에 그곳에 그를 가두어 굶겨 죽였다(두산백과).

2 태임(太任): 주(周) 나라 왕계(王季)의 비(妃)이며 문왕(文王)의 어머니이다. 상(商) 나라 사람으로, 지국(摯國)의 중녀(仲女)로서 임(任) 씨 성을 가졌다. 태임의 성품은 바르고 곧으며 참되고 엄격하여 오로지 덕(德)을 행하였다고 한다. 문왕을 임신했을 때는 눈으로는 나쁜 것을 보지 않았으며, 귀로는 음란한 소리를 듣지 않았으며, 입으로는 거만한 소리를 내지 않았다고 하여, 태교(胎教)를 말할 때 인용된다. 유향(劉向)의 《열녀전(列女傳)》에서는 주실(周室)의 삼모(三母)로서, 태임 외에 태강(太姜)·태사(太姒)를 들고 있다. 태임(太妊)이라고도 한다. [용례] 摯仲氏任 自彼殷商 來嫁于周 曰嬪于京 乃及王季 維德之行 大任有身 生此文王(지중의 임 씨의 딸이 저 은나라로부터 주나라로 시집오셔서 주나라의 왕비가 되시니, 왕계와 함께 덕을 행하셨네. 태임께서 아이를 가지어 문왕을

낳으셨네.) [시경 대아 대명](한국고전용어사전).

3 문왕(文王, 생몰 연대 미상): 중국 고대 주(周) 왕조의 기초를 닦은 명군(名君)으로, 이름은 창(昌)이다. 은(殷)나라 왕조의 말기에 서방의 변경인 산시성[陝西省] 치산(岐山)에 근거를 두고 있던 주(周) 나라 제후국(諸侯國)의 군주 계력(季歷), 즉 계왕(季王)과 은(殷)나라에서 시집와서 왕비가 된 태임(太任)과의 사이에서 태어난 아들이다. 은나라 서방(西方)에서 크게 덕을 베풀고 강국(强國)으로서 이름을 떨쳤던 부왕(父王) 계(季)의 업을 계승하여 점차로 인근의 적국들을 격파한 후 웨이수이[渭水] 강을 따라 동진하여 현재의 시안[西安]의 남서부에 있는 펑수이[豊水]를 끼고 있는 펑이[豊色], 즉 하오징[鎬京]에 국도(國都)를 정하였다. 은나라의 마지막 천자 주(紂)가 산둥반도[山東半島]의 동이(東夷) 민족의 정벌에 여념이 없는 틈을 타서 인근 제후의 지지를 받아 세력을 길러서 황하(黃河)를 따라서 동으로 내려가 화베이평원[華北平原]의 일각으로 진출, 그 도하점(渡河點) 맹진(孟津)을 제압하여 은나라를 공격할 태세를 정비하였다. 문왕의 만년에는 여상(呂尙), 흔히 태공망(太公望)으로 불리는 현상(賢相)의 도움을 받아 더욱 덕치(德治)에 힘썼는데 후에 그 실력이 인정되어 은 왕조로부터 서방 제후의 패자(霸者)로서 서백(西伯)의 칭호를 사용하도록 허락받았다. 문왕은 은 나라 왕조와의 사이에 시종 화평주의적 태도를 취하였으며 우(虞)·예(芮) 등 두 나라의 분쟁을 중재(仲裁)하여 주면서 더욱 제후들의 신뢰를 얻어 천하 제후의 3분의 2가 모두 그를 따르게 되었다. 문왕의 사후 그의 아들 무왕(武王) 발(發)이 즉위하여 은나라를 쓰러뜨리고 주 왕조를 창건하였으며, 부왕 창에게 문왕이라는 시호(諡號)를 추존(追尊)하였다. 후세 유가(儒家)로부터 이상적인 성천자(聖天子)로서 숭앙을 받았는데 문왕과 무왕의 덕을 기리는 다수의 시가 《시경(詩經)》에 수록되어 있다(인명사전).

소언 太태任임은 文문王왕[周쥬ㅅ나라 님금이라] 어마님이시니 摯지ㅅ 님금 任임氏시의 버근ᄯᆞᆯ이러시니 王왕季계 마자 뼈 왕비를 삼ᄋᆞ시니라

현대역 太任은 文王[周나라 임금이라.] 어머님이시니, 지(摯)의 임금 任氏의 둘째딸이시더니, 王季가 맞아 써 왕비를 삼으시니라.

【集說】吳氏曰任은姓也니太任은尊稱之也라文王은姬姓으로名은昌이니周國之君也라摯는國名이요中女는次女也라王季는周太王子로名은季歷이니文王父也라

오 씨가 말하였다. "任은 성이니, 太任은 그녀를 존칭한 것이다. 문왕은 姬氏 姓으로, 이름은 昌이니, 周나라의 임금이다. 摯는 나라 이름이요, 中女는 둘째딸이다. 王季는 주나라 太王의 아들로, 이름은 季歷이니, 文王의 아버지이다."

단보(亶父, 생몰 연대 미상): 중국 주나라 문왕의 할아버지(추존왕)이다. 성은 희(姬)이고, 이름은 단보(亶父)이다. 중국 상(商)나라 시대 주족(周族)의 수장으로 고공(古公)이라고 불려 흔히 이름과 함께 고공단보(古公亶父)라고 한다. 뒷날 증손자인 주나라 무왕(武王)에게 태왕(太王)으로 추존되어 주태왕(周太王)이라고도 불린다. 아버지는 공조(公祖)이고, 생모에 관한 기록은 전해지지 않는다. 태강(太姜)을 아내로 맞이해 태백(太伯)과 우중(虞仲), 계력(季歷)을 낳았다. 《사기》의 기록에 따르면, 단보는 아버지 공조가 죽자 뒤를 이어 주족(周族)을 이끌었고 선조인 후직(后稷)과 공류(公劉)를 본받아 농경에 힘썼다. 그러나 유목민족인 훈육(薰育)을 피해 빈[豳, 지금의 산시(陝西) 쉰이현(旬邑縣)]을 떠나 웨이허 강[渭河] 유역에 있는 기산(岐山) 기슭으로 터전을 옮겼으며, 백성들도 모두 그를 따라 기산으로 이주했다. 이곳에서 단보는 풍속을 개량하고, 성곽과 집을 짓고 읍(邑)을 나누어 백성들을 살게 했다. 그리고 오관(五官)의 관리를 두어 정치를 행했다. 단보는 이처럼 주나라 건국의 근거지인 기산 인근으로 주족을 이끌고, 농경과 행정체계의 정비에 힘써 주나라 건국의 기초를 닦은 인물이다. 단보는 셋째아들인 계력에게 주족 수장의 자리를 물려주었다. 《사기》에는 단보가 계력의 아내 태임(太任)이 창(昌, 주나라 문왕)을 낳았을 때 상서로운 일이 일어나자 그가 주족을 번성시키게 할 것이라 예견했다고 기록되어 있다. 그래서 단보는 뒷날 창이 군주의 자리를 잇게 하려고 계력을 자신의 후계자로 삼았고, 아버지의 뜻을 안 장남 태백과 차남 우중은 양쯔강 이남의 형만(荊蠻)으로 달아나 계력에게 군주의 지위를 양보했으며 그곳에 오(吳)나라를 세웠다고 한다. 단보가 죽은 뒤 주족 수장의 지위를 물려받은 계력은 아버지가 남긴 정치의 도리를 잘 따르고 성실하게 의(義)를 행해 제후들의 지지를 받았으며,

융족(戎族)의 정벌에도 공을 세웠다고 전해진다(두산백과).

太任之性이**端一誠莊**ᄒᆞ샤**惟德之行**ᄒᆞ더시니**及其娠身文王**ᄒᆞ샤**目不視惡色**ᄒᆞ시며**耳不聽淫聲**ᄒᆞ시며**口不出敖**傲**言**이러시니**生文王而明聖**이어시늘**太任**이**敎之**ᄒᆞ신대**以一而識百**이러시니**卒爲周宗**ᄒᆞ시니**君子**ㅣ**謂太任**이**爲能胎敎**ㅣ라ᄒᆞ니라

●太任의 성품은 단정하고 한결같으며 성실하고 장엄하시어, 오직 德을 행하셨다. 그 文王을 임신함에 이르러, 눈으로는 나쁜 색을 보지 않으시며, 귀로는 음란한 소리를 듣지 않으시며, 입으로는 오만한 말을 내지 않으시니, 文王을 낳음에 총명하고 성스러워, 太任이 그에게 하나를 가르치면 백을 아시더니, 마침내 周나라의 으뜸이 되셨으니, 군자가, "太任이 능히 胎敎하였다."고 말하였다.

漢字 **娠**(아이 밸 신), **胎**(태아 태, 아이 밸 태)

소언 太태任임의 性셩이 단졍ᄒᆞ며 젼일ᄒᆞ며 졍셩되며 장엄ᄒᆞ샤 오직 어딘 德덕을 힝ᄒᆞ더시니 밋 그 文문王왕을 ᄇᆡ샤 눈에 사오나온 빗츨 보디 아니ᄒᆞ시며 귀예 음난ᄒᆞᆫ 소리ᄅᆞᆯ 듣디 아니ᄒᆞ시며 입에 오만ᄒᆞᆫ 말ᄉᆞᆯ 내디 아니ᄒᆞ더시니 文문王왕ᄋᆞᆯ 나ᄒᆞ심애 총명ᄒᆞ시고 통달ᄒᆞ거시늘 太태任임이 ᄀᆞᄅᆞ치신대 ᄒᆞ나흐로ᄡᅥ 百ᄇᆡᆨ을 아더시니 ᄆᆞᄎᆞᆷ애 周쥬ㅅ나랏 읏듬 님금이 되시니 君군子ᄌᆞㅣ 닐오ᄃᆡ 太태任임이 能능히 ᄇᆡ여셔 ᄀᆞᄅᆞ치니라 ᄒᆞ니라

현대역 太任의 性이 단정하며 전일하며 정성되며 장엄하시어, 오직 어진 덕을 행하시더니, 및 그 文王을 배시어, 눈에 악한 빛을 보지 아니하시며, 귀에 음란한 소리를 듣지 아니하시며, 입에 오만한 말을 내지 아니하시더니, 문왕을 낳으심에 총명하시고 통달하시거늘, 태임이 가르치시니까 하나로써 백을 아시더니, 마침내 周나라의 으뜸 임금이 되시니, 군자가 이르되. "태임이

능히 배어서 가르치니라." 하니라.

1 빈샤: 배시어. '빈(어간)+샤(주체 높임 선어말어미)+ø(연결어미 '아' 탈락)'이다. 주체 높임[존경법] 선어말어미에는 '-시-' 이외에 '-샤-'도 있다. '-시-'와 '-샤-'는 음운론적으로 조건 지어져 있다. 즉 '-시-'는 자음 어미 앞에서 실현되고, '-샤-'는 모음 어미 앞에서 실현된다. 본 예의 '-샤-'는 '-시-'가 모음 어미 '-아' 앞에서 실현되고, 모음 어미 '-아'는 탈락한 것이다. 종전에는 '-샤-'를 '-시-'와 '-아, -오'의 결합으로 해석하였고, '-오'의 이형태로서 '-아'를 세워 '-샤-'를 설명하기도 했다. 그러나 이 해석은 중세국어의 일반적인 '-시-'의 음운 현상에 어긋난다. 이른바 존재사 '이시-'가 어미 '-아, -옴, -오디, -오라'와 결합하면 '*이샤, *이샴, *이샤디, *이사라'가 되지 않고 '이셔, 이숌, 이쇼디'로 바뀌는 것을 보면, '시+아, 오→샤'의 방식의 설명에 무리가 있음이 드러난다. '홈, 호디, 혼'의 존경 형태가 'ᄒᆞ샴, ᄒᆞ샤디, ᄒᆞ샨'이고, 이의 낮춤 형태가 '홈, 호디, 혼'이라는 사실을 목도하면 '-샤-'는 '-시-'가 모음 어미 앞에서 교체된 형태라는 것이 분명해진다(고영근, 2020: 145). 결론적으로, '-샤-'는 '-시-'가 '-아, -오'로 된 어미나 선어말어미 '-오-' 등의 모음 어미 앞에서 실현된다고 말할 수 있다. 唱義班師ㅣ 실씨 千里人民이 몯더니 聖化ㅣ 기프샤 北狄이 쏘 모ᄃᆞ니(唱義班師 遠人競合 聖化既深 北狄亦集).《용가 9장》, 盟誓ᄒᆞ샤디 道理 일워ᅀᅡ 도라오리라 ᄒᆞ시고 鹿皮옷 니브샤 미친 사ᄅᆞᆷ ᄀᆞ티 묏고래 수머 겨샤 여ᄉᆞᆺ ᄒᆡᄅᆞᆯ 苦行ᄒᆞ샤.《석상 6:4》. '배다'의 옛말인 '빈다'는 15세기 문헌에서부터 나타난다. 이 단어는 15세기부터 19세기까지 형태 변화 없이 쓰이다가 'ㆍ'의 음가 소실로 인해 '배다'가 현대국어에 쓰인다. 빈다(15세기~19세기)〉배다(20세기~현재). 이형태: 빈다. 그 사ᄉᆞ미 삿기 빈여 돌 ᄎᆞ거늘 그 돌 우희 도라와 슬피 울오 흔 겨지블 나ᄊᆞᄫᆞ니라.《1447 석상 11:25ㄴ》, 암몰 삿기 빈 몰 골회눈이 굴외는 몰.《1510년대 번노 하:10ㄱ》

2 나ᄒᆞ심애: 낳으심에. '낳(어간)+ᄋᆞ시(주체 높임 선어말어미)+ㅁ(명사형 어미)+애(부사격 조사)'이다. '-ᄋᆞ시'는 양성모음 어간 'ㅏ' 뒤에서, 'ㄹ'을 제외한 받침 있는 용언의 어간 뒤에 붙어, 어떤 동작이나 상태의 주체가 화자에게 사회적인 상위자로 인식될 때 그와 관련된 동작이나 상태 기술에 결합하여 그것이 상위자와 관련됨을 나타내는 주체 높임 선어말어미이다. 현대국어 '낳다'는 15세기 문헌에서부터 나타나서 현재까지 이어진다. '낳다'는 자음으로 시작하는 어미와 만날 때 교체 양상이 크게 세 가지로 나타난다. 첫째 'ㄱ', 'ㄷ'과 같이 평장애음으로

시작하는 어미와 만날 때에는 '낳-'의 끝소리가 이들 장애음과 축약되어 'ㅋ', 'ㅌ'과 같이 나타나며, 둘째 'ㄴ'과 같이 비음으로 시작하는 어미와 만날 때에는 끝소리가 'ㄷ'으로 나타나거나 'ㄴ'으로 동화된 예가 보인다. 셋째, 18세기 이후 자료에서는 칠종성법에 따라서 받침을 'ㅅ'으로 표기하게 되었는데 'ㄱ', 'ㄷ'과 같이 평장애음으로 시작하는 어미와 만날 때에는 어간의 끝소리 'ㅅ'을 적으면서도, 'ㅎ'이 이들과 축약한 'ㅋ', 'ㅌ'을 겹쳐 적은 중철 표기가 나타난다. 모음으로 시작하는 어미와 만날 때에는 어간의 끝소리 'ㅎ'이 뒤에 오는 음절의 첫소리로 연음되어 나타났으나, 19세기 문헌에서는 'ㅎ'이 탈락한 '나은', '나아'와 같은 예들이 보인다. 낳다(15세기~현재). 이형태: 낳-, 낟-, 난-, 나-, 낫-, 낫ㅎ-. 耶輸陁羅ㅣ 아ᄃᆞᆯ 나하시ᄂᆞᆯ.《1447 석상 3:36ㄴ》, 아기 므득 몬 낟ᄂᆞ니와 반만 나거나 뒤조치 나디 아니커나 ᄌᆞ시기 ᄇᆡ 안히셔 죽거나.《1489 구간 7:27ㄴ》, 陰陽이 和ᄒᆞ야 子息을 난ᄂᆞ니 이런ᄃᆞ로 水ㅣ 火애 사오나와 뫼히 ᄃᆞ외오.《1461 능엄 4:23ㄱ》.

3 ᄀᆞᄅᆞ치신대: 가르치시니까. 'ᄀᆞᄅᆞ치(어간)+시(주체 높임 선어말어미)+ㄴ대(연결어미)'이다. '-ㄴ대'는 어간이나 어미 뒤에 붙어, '-니까'를 뜻하는 연결어미이다. 目連이 淨飯王ᄭᅴ 도라가 이 辭緣을 ᄉᆞᆯᄫᆞᆫ대 王이 大愛道ᄅᆞᆯ 블러 니ᄅᆞ샤ᄃᆡ.《석상 6:6》, 부톄 比丘 ᄃᆞ리시고 드러 안ᄌᆞ신대 鸚鵡ᄃᆞᆯ히 부텨를 보ᅀᆞᆸ고 깃븐 ᄆᆞᅀᆞᄆᆞᆯ 내야 ᄒᆞᆫ 날 命終ᄒᆞ야 忉利天에 나니라.《석상 6:41~42》

【集解】端은謂正而不邪요一은謂純而不二요誠은謂眞實無妄이요莊은謂容貌端嚴이라盖太任이天性에備此四德이라故로見(현)於躬行者皆本於德性之自然이라

端은 바르고 간사하지 않음을 이르고, 一은 순수하여 두 가지로 하지 않음을 이르며, 誠은 진실하여 거짓됨이 없음을 이르고, 莊은 용모가 단정하고 엄숙함을 이른다. 대개 太任은 천성에 이 네 가지 덕을 갖추었다. 그러므로 몸소 행함에 나타난 것이 모두 덕성의 자연스러움에 근본하였다.

漢字 妄(거짓될 망), 躬(몸소 궁)

궁행(躬行): 몸소 행함.

【集成】宗은謂有德有功하여爲百世不遷之廟라

宗은 德이 있고 功이 있어, 오랜 세대 不遷位를 모신 사당이 됨을 이른다.

불천위(不遷位): ‘불천지위(不遷之位)’ 또는 ‘부조위(不祧位)’라고도 한다. 나라에 큰 공훈이 있거나 도덕성과 학문이 높은 분에 대해, 신주(神主)를 땅에 묻지 않고 사당(祠堂)에 영구히 두면서 제사를 지내는 것이 허락된 신위를 말한다. 불천위를 모시는 사당을 ‘불천지묘[不遷之廟, 부조묘(不祧廟)]’라 한다. 본래 제사는 고조(高祖)까지 4대 봉사를 하고 그 위 조상들은 시제 때에 모시게 되어 있으나 불천위에 봉해지면 제사를 영구히 지낼 수 있다. 불천위는 나라에서 인정한 ‘국불천위(國不遷位)’, 유림에서 발의하여 정한 ‘향불천위(鄕不遷位)’, 문중에서 정한 ‘사불천위(私不遷位)[문중불천위(門中不遷位)]’가 있다.

【增註】此는摭太任之行하여以實首篇胎教之言이니後皆倣此하니라然이나或詳或略하여未必盡同하니讀者宜求其大意焉이니라

이는 太任의 행적을 모아 써 首篇의 胎教의 말을 실증하였으니, 뒤에 모두 이를 본떴다. 그러나 혹은 상세하고 혹은 간략하여 반드시 모두 같지는 않으니, 읽는 자들이 마땅히 그 큰 뜻을 구해야 한다.

漢字 倣(본뜰 방)

首篇胎教之言: 앞의 〈입교(立教) 제1〉 제1장 ‘열녀전(列女傳)’의 내용을 가리킨 것임.

【二章】

○孟軻之母ㅣ其舍ㅣ近墓ㅣ러니孟子之少也애嬉戲예爲墓間之事ᄒᆞ야踊躍築埋어시늘孟母ㅣ曰此ㅣ非所以居子也ㅣ라ᄒᆞ고

乃去舍市ᄒᆞ니**其嬉戲**예**爲賈古衒**炫이어시늘**孟母**ㅣ**曰此**ㅣ**非所以居子也**ㅣ라ᄒᆞ고**乃徙舍學宮之旁**ᄒᆞ니**其嬉戲**여**乃設俎豆**ᄒᆞ야**揖讓進退**어ᄉᆞ늘**孟母**ㅣ**曰此**ㅣ**眞可以居子矣**로다ᄒᆞ고**遂居之**ᄒᆞ니라 《溫公家範, 列女傳》

● 맹가의 어머니는 그 무덤 가까이 살았는데, 맹자가 어릴 적에, 놀고 놀 때에 무덤 사이의 일을 하여, 뛰고 뛰어 (무덤) 쌓고 묻거늘, 맹자의 어머니가 "이곳은 써 자식을 살게 할 곳이 아니다."라고 말하고, 이내 떠나 시장에 사니, 그가 놀고 놀 때에 坐商[賈]을 하고 行商[衒]을 하거늘, 맹자의 어머니가 "이곳은 써 자식을 살게 할 곳이 아니다."라고 말하고, 이내 옮겨 학교 옆에 사니, 그가 놀고 놀 때에 이내 제기를 늘어놓아 읍하고 사양하며 나아가고 물러나거늘, 맹자의 어머니가 "이곳은 참으로 써 자식을 살게 할만하다."라고 말하고, 마침내 그곳에 살았다.

漢字 **軻**(수레 가), **舍**(머물 사, 버릴 사, 집 사), **嬉**(놀 희, 즐길 희), **戲**(놀 희, 희롱할 희), **踊**(뛸 용), **躍**(뛸 약), **埋**(묻을 매), **賈**(앉은장사 고, 장사할 고, 팔 고), **衒**(다니며 장사할 현, 팔 현), **俎**(제기 조, 도마 조, 적대 조), **豆**(나무그릇 두)

1 맹가(孟軻, 기원전 372년경~기원전 289년경): 맹자(孟子)의 본명이다. 맹자에 대한 자세한 설명은 〈입교(立教) 제1〉 제5장을 참조하라.

2 맹모삼천지교(孟母三遷之教): 이 대목은 '맹모삼천지교'와 관련된 내용이다. 맹모삼천지교는 맹자의 어머니가 자식을 위해 세 번 이사했다는 뜻으로, 인간의 성장에 있어서 그 환경이 중요함을 가리키는 말이다. 전한(前漢) 말의 학자 유향(劉向)이 지은 《열녀전(列女傳)》에서 비롯된 말이다. 맹자(孟子)는 이름이 가(軻)로, 공자가 태어난 곡부(曲阜)에서 멀지 않은 산둥성 추현(鄒縣) 출신이다. 어려서 아버지가 돌아가셨으므로 어머니 손에서 교육을 받고 자랐다. 그의 어머니는 현명한 사람으로 아들 교육에 남달리 관심이 많아 단기지교(斷機之教)의 일화를 남긴 분이다. 이 고사와 관계있는 시를 소개한다.

맹모송(孟母頌)[한(漢) 유향(劉向)]
孟子之母 教化別分/ 맹자의 모친은 교화에 분별이 있었네.

處子擇業 使從大倫/ 자식이 업(業)을 택함에 있어 대륜(大倫)을 따르게 했다네.
子學不近 斷機示焉/ 자식의 학업이 비근(卑近, 알기 쉬움)할 때에 베를 잘라 가르쳤네.
子遂成德 爲當世冠/ 자식이 마침내 덕을 완성하자, 당세에 세상에서 으뜸으로 삼았네.

삼천교자(三遷教子)[명(明) 유준(劉浚)]
孟氏三遷宅已荒/ 맹 씨 삼천(三遷)의 집은 이미 황폐되고,
至今猶說斷機堂/ 지금은 오직 단기당(斷機堂)의 말만 전해지네.
絲成交匹勤方得/ 실이 필(匹)이 되는 것은 부지런히 해야 비로소 가능하고,
身入芝蘭久自香/ 몸은 지초과 난초가 있는 방에 들어간 것 같이 오래도록 향기가 나네.
俎豆容儀非賈衒/ 사고팖에 있어 제수를 올리고 용모를 갖추었으니,
經綸事業豈尋常/ 경륜과 사업이 어찌 보통이겠는가.
母賢子聖誰能似/ 어머니는 어질고 자식은 성스러우니 누가 그에 견주리오.
故里千秋尚有光/ 고향에는 아직까지 천추의 빛이 남아있네.

3 고(賈): 앉은장사 고. 좌상(坐商).
4 현(衒): 다니며 장사할 현. 행상(行商).
5 조두(俎豆): 나무로 만든 제기.

소언 孟밍軻가ᄉ 어마님이 그 집이 무덤에 갓갑더니 孟밍子ᄌᆞㅣ 졈어 겨실 적의 놀음놀이예 무덤 ᄉᆞ이 일ᄋᆞᆯ ᄒᆞ야 봄노소ᄉᆞ며 달고 다아 묻ᄂᆞᆫ 양ᄒᆞ시거늘 孟밍子ᄌᆞᄉ 어마님이 ᄀᆞᆯ오ᄃᆡ 이 ᄡᅧ 아ᄃᆞᆯ 살일 배 아니라 ᄒᆞ고 ᄇᆞ리고 져제 가 집ᄒᆞ니 그 놀옴놀이예 흥졍ᄒᆞ며 ᄑᆞᄂᆞᆫ 일ᄋᆞᆯ ᄒᆞ시거늘 孟밍子ᄌᆞᄉ 어마님이 ᄀᆞᆯ오ᄃᆡ 이 ᄡᅧ 아ᄃᆞᆯ 살일 배 아니라 ᄒᆞ고 올마 ᄒᆞᆨ당 겯ᄐᆡ 가 집ᄒᆞ니 그 놀옴놀이예 俎조[졔에 고기 담ᄂᆞᆫ 상이라]과 됴두ᄅᆞᆯ 버려 揖읍ᄒᆞ야 ᄉᆞ양ᄒᆞ며 나으며 믈으거시늘 孟밍子ᄌᆞᄉ 어마님이 ᄀᆞᆯ오ᄃᆡ 이 진실로 可가히 ᄡᅧ 아ᄃᆞᆯ ᄉᆞᆯ염ᄌᆞᆨ ᄒᆞ도다 ᄒᆞ고 드듸여 사니라

현대역 맹가의 어머님이 그 집이 무덤에 가깝더니, 맹자가 어려 계실 때의 놀음놀이에, 무덤 사이 일을 하여 뛰놀며 달구를 다져 묻는 모양하시거늘, 맹자의 어머님이 가로되, "이는 써 아들 살게 할 바가 아니라." 하고, 버리고 저자에 가서 집하니[사니], 그 놀음놀이에 흥정하며 파는 일을 하시거늘, 맹자의 어머님이 가로되, "이는 써 아들 살게 할 바가 아니라." 하고, 옮아[옮겨] 학당 곁에 가 집하니, 그 놀음놀이에 조(俎)[제사에 고기 담는 상이라.]과 豆를 벌려 揖하여 사양하며 나오며 물러나거늘, 맹자의 어머님이 가로되, "이는 진실로 가히 써 아들 살게 함 직하도다." 하고, 드디어 사니라.

1 놀음놀이: 여러 사람이 모여서 즐겁게 노는 일.

2 봄노소ᄉᆞ며: 뛰놀며. '봄노솟(어간)+ᄋᆞ며(연결어미)'이다. '-ᄋᆞ며'는 끝음절의 모음이 'ㆍ, ㅏ, ㅗ'이고 받침 있는 동사, 형용사 어간이나 어미 뒤에 붙어. '-으며'를 뜻하는 어미이다. 三千大千이 볼ᄀᆞ며 樓殿이 일어늘 안좀 걷뇨매 어마님 모ᄅᆞ시니.《월곡 상:6》, 諸王과 靑衣와 長者ㅣ 아ᄃᆞᆯ 나ᄒᆞ며 諸釋 아ᄃᆞᆯ도 ᄯᅩ 나니이다.《월곡 상:9》. '봄노솟-'은 현대국어 '뛰놀다'의 옛말인 '봄노솟다'의 어간이다.

3 달고: 달구. 땅을 단단히 다지는 데 쓰는 기구로, 목달구와 쇠달구가 있다.

4 다아: 다져. '다ᄋᆞ(어간)+아(연결어미)'이다. '다ᄋᆞ-'는 '다지다'의 옛말인 'ᄃᆞᄋᆞ다'의 어간이다. 마톨 다ᄋᆞ고 穀食收斂ᄒᆞ야 委積 보아 호ᄆᆞᆯ 흔글ᄋᆞ티 楚ㅅ 사ᄅᆞᄆᆡ ᄒᆞ요ᄆᆞᆯ 빅호노라(築場憐穴蟻 拾穗許村童).《두시-초 7:18》, 돌달고로 날회여 다ᄋᆞ고 바차 말오(着石杵慢慢兒打 不要忙).《번박 상:10》

5 살일: 살게 할. '살(자동사 어간)+이(사동접사)+ㄹ(관형사형 어미)'이다. 따라서 '살이다'는 '살다'의 사동사이다. 明帝 佛法을 더욱 恭敬ᄒᆞ샤 城 밧긔 닐굽 뎔 일어 즁 살이시고 城안해 세 뎔 일어 승 살이시니라.《월석 2:77》, 吳ㅅ周瑜ㅣ 孫策ᄋᆞᆯ 집 주어 살이고.《두시-초 24:27》

6 ᄉᆞᆯ염즉ᄒᆞ도다: 살게 함직하도다. 살게 할 가치가 있도다. 'ᄉᆞᆯ이(어간)+엄즉ᄒᆞ(접사)+도다(감탄형 종결어미)'이다. 'ᄉᆞᆯ이-'는 '살게 하다'의 옛말인 'ᄉᆞᆯ이다'의 어간이고, '-엄즉ᄒᆞ'는 '-할 가치가 있다'를 뜻하는 접사이다. '-도다'는 감탄형 종결어미이다.

【增註】軻는孟子名이라舍는居也라

軻는 孟子의 이름이다. 舍는 삶이다.

【集解】賈는商賈요衒은衒鬻이라俎豆는祭器也라揖讓進退는禮之容也라

賈는 장수요, 衒은 팖이다. 俎豆는 제기이다. 揖讓進退[읍하고 사양하며 나아가고 물러남]는 예의의 모습이다.

漢字 鬻(팔 육, 죽 죽)

상고(商賈): 장사하는 사람. 게다가 한 파수에도 수백 명의 상고들이 들락거리는 판이라 어느 놈의 행실인지 도통 정범을 가려낼 가망이 없게 되었습니다.《김주영, 객주》

孟子ㅣ幼時예問東家殺猪는何爲오母ㅣ曰欲啖淡汝ㅣ니라既而悔曰吾聞古有胎教ㅣ라고니今適有知而欺之면是는教之不信이라ᄒᆞ고乃買猪肉ᄒᆞ야以食似之ᄒᆞ니라

● 맹자가 어렸을 때 묻기를, “동쪽 집에서 돼지를 죽임은 무엇 때문입니까?” 하였다. 어머니가 이르되, “너에게 먹이고자 함이다.” 하였다. 이윽고 뉘우쳐 이르길, “나는 옛날에는 태교가 있었다고 들었다. 이제 바야흐로 (네가) 앎이 있거늘, 그것을 속이면, 이는 不信을 가르치는 것이다.” 하고, 이내 돼지고기를 사서 써 그것을 먹였다.

漢字 啖(먹일 담), 既(이윽고 기, 이미 기, 다할 기, 마칠 기), 適(마침 적, 갈 적, 시집갈 적)

기이(既而): 이윽고

소언 孟ᄆᆡᆼ子ᄌᆞㅣ 아힌 적의 무르샤ᄃᆡ 東동녁 집의셔 돋톨 죽이믄

므슴 홀여 ᄒᆞᄂᆞᆫ고 어마님이 ᄀᆞᆯ오ᄃᆡ 너를 먹이고져 ᄒᆞᄂᆞ니라 이윽고 뉘우쳐 ᄀᆞᆯ오ᄃᆡ 나ᄂᆞᆫ 들오니 녜ᄂᆞᆫ ᄇᆡ여셔 ᄀᆞᆯᄋᆞ침이 잇다 호니 이제 보야ᄒᆞ로 알음이 잇거늘 속이면 이ᄂᆞᆫ 믿브디 아니홈으로 ᄀᆞᆯᄋᆞ침이라 ᄒᆞ고 돋ᄐᆡ 고기ᄅᆞᆯ 사다가 ᄡᅥ 먹이니라

[현대역] 맹자가 아이의 때에 물으시되, "동쪽 집에서 돼지를 죽임은 무엇을 하려 하는고?" 어머님이 가로되, "너를 먹이고자 한다." 이윽고 뉘우쳐 가로되, "나는 들으니, '옛적에는 (아기를) 배어서 가르침이 있다.' 하니, 이제 바야흐로 앎이 있거늘, 속이면 이는 미쁘지 아니함으로 가르침이다." 하고, 돼지의 고기를 사다가 써 먹이니라.

1 므슴: 무엇(대명사). 世間ㅅ 드틀을 므슴만 너기시리.《월곡 상:45》, 善知識아 定慧ᄂᆞᆫ 므슴과 ᄀᆞᆮᄒᆞ뇨(善知識 定慧猶如何等).《육조 중:6》

2 홀여: 하려. 'ᄒᆞ(어간)+오(화자 표시법 선어말어미)+려(연결어미)'이다. '-ㄹ여'는 '-려'에 대한 분철 표기이다. 종결형과 연결형의 선어말어미 '-오$_1$-'는 일반적으로 주어 명사구가 제1인칭 대명사 '나, 우리' 등 화자이거나 3인칭이라도 화자 자신을 가리키는 경우에 나타난다. 따라서 이를 화자 표시법 선어말어미(고영근, 2020: 363) 또는 1인칭법 선어말어미(허웅, 1958: 124-197)라고도 부른다.

3 ᄒᆞᄂᆞᆫ고: 하는가. 'ᄒᆞ(어간)+ᄂᆞ(현재 시제 선어말어미)+ㄴ(관형사형 어미)+고(의문 보조사)'이다. '-ㄴ고'는 관형사형과 의문 보조사의 통합으로 구성되어 있다. 의문사 '므슴'이 있고, 의문형 종결어미가 '오' 계통으로 되어 있어 간접의문문 중 설명의문문이다. 정상적인 대화가 아닌, 독백 정도로 보아야 한다. 내 바랫 ᄒᆞᆫ 터리ᄅᆞᆯ 몯 무으리니 므슷 이ᄅᆞᆯ 겻고오려 ᄒᆞᄂᆞᆫ고 제 ᄒᆞᆯ 양ᄋᆞ로 ᄒᆞ게 ᄒᆞ라.《석상 6:27》, 이 無始브터 오매 業을 發ᄒᆞ며 生ᄋᆞᆯ 부르ᄂᆞ니 뉘 지ᅀᅳ며 뉘 받ᄂᆞᆫ고 호리라.《능엄 4:91》

【集說】陳氏曰啖은食(사)也니欲啖汝는戲答之也라適은猶方也라買肉食之는以實前言也라

진 씨가 말하였다. "啖은 먹임이니, 欲啖汝[너에게 먹이고자 함]은 희롱하여 그것을 대답함이다. 適은 지금 막과 같다. 고기를 사서 그것을 먹임은

써 앞의 말[欲啖汝]을 실증한 것이다.”

漢字 買(살 매)

旣長就學ᄒᆞ야**遂成大儒**ᄒᆞ시니라

●이미 자라 배움에 나아가 드디어 큰 유학자가 되시었다.

소언 이믜 ᄌᆞ라 글ᄒᆞ기예 나아가 듸듸여 큰 션비 되시니라

현대역 이미 자라 글하기에 나아가 드디어 큰 선비 되시니라.

【增註】**趙氏曰孟子夙喪父**하고**幼被慈母三遷之敎**하며**長師孔子之孫子思**하사**通五經**하고**著書七篇**하시니라

조 씨가 말하였다. “맹자는 일찍 아버지를 여의고, 어려서는 慈母의 세 번 이사하는 교육을 받았으며, 자라서는 공자의 손자인 子思를 스승으로 삼으시어, 5경을 통달하고 책 7편을 지으셨다.”

漢字 夙(일찍 숙), 被(당할 피, 이불 피, 옷 입을 피)

오경(五經): 유학의 다섯 가지 경서. 시경(詩經)·서경(書經)·역경(易經)·예기(禮記)·춘추(春秋).

【三章】

○**孔子**ㅣ**嘗獨立**이어시늘**鯉**ㅣ**趨而過庭**ᄒᆞ더니**曰學詩乎**아**對曰未也**ㅣ로이다**不學詩**면**無以言**이라ᄒᆞ야시늘**鯉退而學詩**ᄒᆞ니라

《論語 季氏》

●공자께서 일찍이 혼자 서 계셨는데, 鯉가 종종걸음으로 걸어 뜰을 지나가자, 이르되, “시를 배웠느냐?” 하셨다. 대답하여 이르되, “아직 못했습니다.”

하였다. "시를 배우지 않으면 써 말할 수 없다." 하셨으므로, 鯉가 물러나 시를 배웠다.

漢字 鯉(잉어 리), 趨(종종걸음으로 걸을 추, 빨리 걸을 추)

공리(孔鯉, 기원전 532년~기원전 481년): 자는 백어(伯魚)이다. 아버지가 공자이고, 어머니는 송나라 기관씨(亓官氏)의 딸이다. 공자가 20세 때 그가 태어났는데, 노소공(魯昭公)이 사람을 보내 이어(鯉魚, 잉어)를 하사했다. 공자는 군주에게 예물을 하사받은 것을 영광으로 생각하고 아들의 이름을 공리(孔鯉)로 지었다. 일찍이 공자의 제자인 진항[陳亢, 일명 원항(原亢)]이 공리에게 이렇게 물었다. "그분(공자를 뜻함)께 특별한 가르침을 받은 적이 있습니까?" 공리는 이렇게 대답했다. "없습니다. 그러나 한번은 아버지가 정원에 서 계시다가 제가 총총걸음으로 지나가자 저를 불러 이렇게 말씀하셨습니다. '시(詩)를 배웠느냐?' 제가 배운 적이 없다고 하자, '시를 모르면 다른 사람들과 이야기할 수 없다.' 하셨습니다. 그래서 저는 물러나와 시를 배웠습니다. 또 어느 날 아버지가 정원에 서 계셨는데, 제가 총총걸음으로 지나가니 저를 불러 이렇게 말씀하셨습니다. '예(禮)를 배웠느냐?' 제가 배운 적이 없다고 하자, '예를 모르면 사회에서 설 수 없다.' 하셨습니다. 그래서 저는 물러나와 예를 배웠습니다. 저는 이 두 가지를 들었을 뿐입니다." 이에 진항이 돌아와 이렇게 말했다. "나는 한 가지를 묻고 세 가지 교훈을 얻었다. 시와 예의 중요성과 필요성을 알았고, 군자는 자기 아들만을 편애하지 않는다는 것을 깨달았다." 유학(儒學)에 정통했던 공리를 노애공(魯哀公)이 격식을 갖추어 초빙했는데 병 때문에 응하지 못했다. 그러다 노애공 12년 겨울, 기후가 이상한 날에 향년 50세로 공자 앞에서 세상을 떠났다. 그의 처는 그가 죽은 후에 재가했다. 정통 공가(孔家)라 하면 공리의 아들인 공급(孔伋)의 후예를 말한다. 한편 공리가 죽은 후부터는 공 씨(孔氏) 제사를 지낼 때 이어[잉어]를 제물로 쓰지 않았고, 이름도 홍어(紅魚)로 고쳐 불렀다. 공리의 이름에서 유래된 풍습인데 지금까지 곡부[曲阜, 지금의 산둥성 지닝(濟寧)시 취푸시] 일대에서 이어지고 있다. 송나라 숭녕(崇寧) 원년인 1102년에 '사수후(泗水侯)'로 추봉되었고, 함순(咸淳) 3년인 1267년에 공자묘에 배향되었다. 명나라 가정(嘉靖) 9년인 1530년에 '선현공씨(先賢孔氏)'로 명칭이 바뀌었다. 산둥성 지닝시 취푸시의 공자묘(孔子墓) 동쪽 5미터 옆에 그의 무덤이 있다.

무덤 높이는 3미터이다. 무덤 앞에는 비석 2개가 있다. 앞의 비석은 높이가 약 2.5미터이고 두께는 1미터 남짓이다. 해서(楷書)로 '사수후묘(泗水侯墓)'라고 쓰여 있으며, 비문은 명나라 서예가 황양정(黃養正)이 썼다. 뒤의 비석은 높이가 1.8미터이고, 전서(篆書)로 '이세조묘(二世祖墓)'라고 쓰여 있다(중국인물사전).

소언 孔공子ᄌᆞ ㅣ 일즉 혼자 셧거시ᄂᆞᆯ 鯉리[孔공子ᄌᆞ 아ᄃᆞᆯᄋᆡ 일홈이라]ㅣ ᄲᆞᆯ리 거러 ᄠᅳᆯ헤 디나더니 ᄀᆞᆯᄋᆞ샤ᄃᆡ 詩시ᄅᆞᆯ ᄇᆡ환ᄂᆞᆫ다 ᄃᆡ답ᄒᆞ야 ᄀᆞᆯ오ᄃᆡ 아니 ᄒᆞ얀노이다 詩시ᄅᆞᆯ ᄇᆡ호디 아니ᄒᆞ면 ᄡᅥ 말ᄋᆞᆯ 몯ᄒᆞ리라 ᄒᆞ여시ᄂᆞᆯ 鯉리 믈러와 詩시ᄅᆞᆯ ᄇᆡ호니라

현대역 공자가 일찍 혼자 서셨거늘, 鯉[공자 아들의 이름이라.]가 빨리 걸어 뜰에 지나더니, 말씀하시되, "시를 배워 있느냐?" 대답하여 가로되, "아니 하여 있나이다." "시를 배우지 아니하면 써 말을 못하리라." 하시거늘, 鯉 물러와 시를 배우니라.

1 ᄇᆡ환ᄂᆞᆫ다: 배워 있느냐. 'ᄇᆡ호(어간)+아(연결어미)+잇(在, '잇다'의 어간)+ᄂᆞ(직설법 선어말어미)+ㄴ(관형사형 어미)+다(의문 보조사)'이다. 완료상은 보조적 연결어미 '-아'와 상태의 보조형용사 '잇다[在]'의 결합으로 표현된다. 그런데 '잇-'이 본동사와 한 음절을 이룰 때 이미 15세기에 'ㅣ'가 탈락되어 '아+ㅅ→앗'으로 나타나는 일이 많았다. 다만 '앗'이 어미 'ㄴ' 앞에서 비음화를 경험하고 이를 표기에 반영한 것일 따름이다. 본 예는 배워온 상태가 발화시를 전후하여 지속됨을 의미한다. 그리고 '-ㄴ다'는 ᄒᆞ라체 의문형 어미 중 제2인칭 의문형 어미다. 관형사형에 의문보조사 '다'가 붙은 것인데, 선어말어미 '-ᄂᆞ-'를 앞세운 경우이다. 여기서 주어는 '너'로, 제2인칭 의문법이다.

2 ᄒᆞ얀노이다: 하여 있나이다. 'ᄒᆞ(어간)+야(연결어미)+잇(在, '잇다'의 어간)+ᄂᆞ(직설법 선어말어미)+오(화자 표시법 선어말어미)+이(존비법 ᄒᆞ쇼셔체 선어말어미)+다(평서형 종결어미)'이다. 완료상은 보조적 연결어미 '-야'와 상태의 보조형용사 '잇다[在]'의 결합으로 표현된다. 그런데 '잇-'이 본동사와 한 음절을 이룰 때 이미 15세기에 'ㅣ'가 탈락되어 '야+ㅅ→얏'으로 나타나는 일이 많았다. 다만 '얏'이 어미 'ㄴ' 앞에서 비음화를 경험하고 이를 표기에 반영한 것일 따름이다. 그리고 '-노이다'는 주로 1인칭 주어와 함께 쓰여, '-나이다'를 뜻하는 어미이

다. 므슴 됴ᄒᆞ신 원판 형님하 어듸 가시ᄂᆞᆫ고 쇼신이 례부에 가노이다 므슴 이리 잇ᄂᆞᆫ고(好院判哥 到那裏 小人到禮部裏 有甚麼句當).《번박 상:7》

【集解】鯉는孔子之子伯魚也라朱子曰事理通達而心氣和平이라故로能言이라

鯉는 공자의 아들 伯魚이다. 주자가 말하였다. "(시를 배우면) 사리가 통달하고, 심기가 화평하게 된다. 그러므로 능히 말할 수 있다[말을 잘하게 된다]."

他日에又獨立이어시늘鯉ㅣ趨而過庭ᄒᆞ더니曰學禮乎아對曰未也ㅣ로이다不學禮면無以立이라ᄒᆞ야시늘鯉退而學禮ᄒᆞ니라

● 다른 날 또 혼자 서 계셨는데, 鯉가 종종걸음으로 걸어 뜰을 지나가자, 이르되, "예를 배웠느냐?" 하셨다. 대답하여 이르되, "아직 못했습니다." 하였다. "예를 배우지 않으면 써 설 수 없다." 하셨으므로, 鯉가 물러나 예를 배웠다.

소언 다ᄅᆞᆫ 날애 ᄯᅩ 혼자 셧거시ᄂᆞᆯ 鯉리 ᄲᆞᆯ리 거러 ᄠᅳᆯ헤 디나더니 ᄀᆞᄅᆞ샤ᄃᆡ 禮례ᄅᆞᆯ ᄇᆡ환ᄂᆞᆫ다 ᄃᆡ답ᄒᆞ야 ᄀᆞᆯ오ᄃᆡ 아니 ᄒᆞ얀노이다 禮례ᄅᆞᆯ ᄇᆡ호디 아니ᄒᆞ면 ᄡᅧ 셔디 몯ᄒᆞ리라 ᄒᆞ여시ᄂᆞᆯ 鯉리 믈러와 禮례ᄅᆞᆯ ᄇᆡ호니라

현대역 다른 날에 또 혼자 서셨거늘, 鯉 빨리 걸어 뜰에 지나더니, 말씀하시되, "예를 배워 있느냐?" 대답하여 가로되, "아니 하여 있나이다." "예를 배우지 아니하면 써 서지 못하리라." 하시거늘, 鯉 물러와 예를 배우니라.

【集解】朱子曰品節詳明而德性堅定이라故로能立이라

주자가 말하였다. "(예를 배우면) 品節이 자세하고 명확하며 덕성이 굳고

안정된다. 그러므로 능히 설 수 있다[잘 서게 된다]."

漢字 堅(굳을 견)

품절(品節): 등급에 따른 절도.

〖四章〗

○孔子ㅣ謂伯魚曰女汝ㅣ爲周南召南矣乎아人而不爲周南召南이면其猶正墻面而立也與ㄴ뎌 《論語 陽貨》

● 공자가 伯魚에게 일러 말씀하셨다. "너는 周南과 召南을 배웠느냐? 사람이면서 周南과 召南을 배우지 않으면, 그 바로 담에 얼굴을 두고 섬과 같음인저."

漢字 爲(배울 위)

1 주남(周南): 《시경(詩經)》 국풍(國風)의 첫 번째 편명(篇名)이다. 소남(召南)과 병칭하여 이남(二南)이라한다. (용례) 老杜云 鷗行炯自如 景綸譬之周南大夫退食雍容 我讀足下一書一記 聊復云耳[노두(두보를 말함)의 시에, "갈매기 다니는 것 환하게 자연스럽다."라고 한 것을 경륜이 《시경》 주남의 "대부가 퇴식할 때에 옹용하게 한다."는 것에 비유하였으니, 내가 족하의 편지와 기문을 읽고는 다시 그렇게 비유합니다.][청장관전서 권16 아정유고 8 성사집대중]

2 소남(召南): 《시경(詩經)》 소재 국풍(國風)의 편명(篇名)이다. 소(召)는 중국 기산현(岐山縣)의 한 지명이다. 이 편에 전하는 노래는 소공(召公) 석(奭)이 다스리던 남방 제후(諸侯)의 나라에서 불리던 민요를 수록했는데, '작소(鵲巢)'이하 14편이 수록되었다.

소언 孔공子ᄌᆞㅣ 伯ᄇᆡᆨ魚어ᄃᆞ려 닐어 ᄀᆞᄅᆞ샤ᄃᆡ 네 周쥬南남과 召쇼南남[毛모詩시 篇편이니 몸 닷그며 집 ᄀᆞᄌᆞᆨ이 홀 일을 닐으니라]을 ᄒᆞ얀ᄂᆞᆫ다 사ᄅᆞᆷ이오 周쥬南남 召쇼南남ᄋᆞᆯ ᄒᆞ디 아녀시면 그 正졍히

담애 ᄂᆞᆾ 두고 셤 ᄀᆞᆮᄐᆞᆫ뎌

현대역 공자가 伯魚에게 일러 말씀하시되, “네 周南과 召南[毛詩 편이니, 몸 닦으며 집 가지런히 할 일을 이르니라.]을 하였느냐? 사람이고[사람이면서] 주남 소남을 하지 아니하였으면, 그 바야흐로 담에 낯 두고 섬 같구나.”

1 ᄀᆞᄌᆞᆨ이: 가지런히. ‘ᄀᆞ작이’는 ‘가지런하다’의 옛말인 ‘ᄀᆞᄌᆞᆨᄒᆞ다’의 파생부사이다. 仙鶴이 人間애 ᄂᆞ려와 ᄒᆞ오ᅀᅡ 셔니 서리 ᄀᆞᆮᄒᆞᆫ 터리 ᄀᆞᄌᆞᆨᄒᆞᆫ ᄃᆞᆺ도다(仙鶴下人間獨立霜毛整).《두시-초 24:40》, 아ᄅᆡ 비록 覺이 佛覺애 ᄀᆞᄌᆞᆨᄒᆞ나 부텻 菩提境界ᄅᆞᆯ 能히 다 몯ᄒᆞ야니와(向雖覺齊佛覺 未能盡佛菩提境界).《능엄 8:45》

2 아녀시면: 아니었으면[아니 하였으면]. ‘아니(어간)+어(과거 시제 선어말어미)+시(주체 높임 선어말어미)+면(연결어미)’이다. 현대국어에서는 ‘-시-’가 언제나 존경의 대상이 되는 인물과 직·간접으로 관련되는 주어 명사구에 일치하여 쓰이는데, 중세국어에서는 그런 제약을 받지 않고 쓰이는 일이 있었다. 이 경우에는 존경 표시가 아니라는 견해가 있다. 이 문장은 주어가 백어[공자의 아들]이고, 화자가 공자이니 ‘-시-’에는 존경의 뜻이 없다.

3 ᄀᆞᆮᄐᆞᆫ뎌: 같구나. ‘ᄀᆞᆮᄐ(어간)+ᄋᆞ(매개모음)+ㄴ뎌(감탄형 종결어미)’이다. ‘ᄀᆞᆮᄐ-’는 ‘같다’의 옛말인 ‘ᄀᆞᆮᄐ다’의 어간이고, ‘-ᄋᆞ-’는 매개모음이다. ‘-ㄴ뎌’는 ‘-구나’를 뜻하는 종결어미이다. 현대국어 ‘같다’의 옛말인 ‘ᄀᆞᆮᄒᆞ다/ᄀᆞᇀ다’는 15세기 문헌에서부터 나타난다. 근대국어 시기를 거치면서 ‘ᄀᆞᆮᄒᆞ-’가 축약되어 ‘ᄀᆞᇀ-’으로 단일화한 후, 18세기에 제1음절의 ‘ㆍ’가 ‘ㅏ’로 변하여 ‘같-’으로 나타나면서 현재에 이르렀다. 16세기 이후 나타나는 ‘ᄀᆞᆺᄐ-’, ‘ᄀᆞᆮᄐ-’은 ‘ㅌ’을 부분적으로 이중으로 표기한 중철 표기이고, ‘ᄀᆞᆺᄒ-’, ‘ᄀᆞᆮᄒ-’은 ‘ㅌ’을 ‘ㄷ’과 ‘ㅎ’으로 나누어 표기한 재음소화 표기이다. ᄀᆞᆮᄒᆞ다(15세기～17세기)/ᄀᆞᇀ다(15세기～19세기)〉같다(19세기～현재). 이형태: ᄀᆞᇀ-, ᄀᆞᆮᄒᆞ-, ᄀᆞᆮ-, ᄀᆞᆮᄐ-, ᄀᆞᆺ-, ᄀᆞᆺᄒ-, ᄀᆞᆺᄐ-, 갓ᄐ-, 갓-, 갓ᄒ-, 같-. ᄒᆞᄅᆞ 二十 里ᄅᆞᆯ 녀시ᄂᆞ니 轉輪王ᄋᆡ 녀샤미 ᄀᆞᄐᆞ시니라.《1447 석상 6:23ㄱ》, 太子ㅣ 니ᄅᆞ샤ᄃᆡ 사ᄅᆞᄆᆡ 목수미 흐를 믈 ᄀᆞᆮᄒᆞ야 머므디 몯ᄒᆞᄂᆞᆺ다 ᄒᆞ시고.《1447 석상 3:17ㄱ》, 調達이와 難陁왜 서르 실흠ᄒᆞ니 둘희 히미 ᄀᆞᆮ거늘 太子ㅣ 둘흘 자바 ᄒᆞᆫᄢᅴ 그우리와ᄃᆞ시며.《1447 석상 3:13ㄱ》, ᄉᆞ밍삭애 모ᄃᆞᆯ 저긔ᄂᆞᆫ 과실와 수울와ᄅᆞᆯ 세주리 ᄀᆞᆺ게 ᄒᆞ고 면과 밥과 ᄒᆞ야 ᄒᆞᆫ 번 회ᄎᆞᄒᆞ고.《1518 여씨-존 37ㄴ》, 猶ᄂᆞᆫ ᄀᆞᆮᄐᆞᆯ ᄉᆞᄌᆞ ᄠᅳ디라 인졍이 대뎌ᄒᆞᆫ디.《1518 번소 7:44ㄱ》, ᄀᆞᄅᆞ춈을 반ᄃᆞ시 法度ㅣ 잇더니 飮食 ᄀᆞᆺᄐᆞᆫ 類에도 밥과 ᄀᆡᆼ으란 다시 더음을

許ᄒᆞ고.《1588 소언 6:5ㄴ》

【集解】朱子曰爲는猶學也라周南召南은詩首篇名이니所言이皆修身齊家之事라正牆面而立은言卽其至近之地로되而一物無所見하고一步不可行이라

주자가 말하였다. "爲는 '배우다'와 같다. 周南과 召南은《시경》首篇의 이름이니, 말하는 바[내용]가 모두 몸을 닦고 집안을 가지런히 하는 일이다. 正牆面而立[바로 담에 얼굴을 두고 섬]은 곧 그 지극히 가까운 땅이로되, 한 물건도 보는 바가 없고, 한 걸음도 갈 수 없음을 말한 것이다."

漢字 墻(담 장)

右는立敎ㅣ라

●이상은 가르침을 세움이다.

소언 이 우ᄒᆞᆫ ᄀᆞᄅᆞ침올 셰옴이라

현대역 이 위는 가르침을 세움이라.

【五章】

虞舜이父頑母嚚銀ᄒᆞ며象傲ㅣ어늘克諧以孝ᄒᆞ샤烝烝乂ᄒᆞ야不格姦ᄒᆞ시니라 《書經 堯典》

●虞舜이 아버지는 頑惡하고, 어머니는 미련했으며, 象은 오만하였는데, 능히 효도로써 화하시어, 나아가고 나아가 다스려 간악함에 이르지 않으셨다.

漢字 頑(완고할 완, 완악할 완), 嚚(미련할 은, 어리석을 은, 말다툼할 은), 克(능히 극, 이길 극), 諧(화할 해), 烝(나아갈 증, 김 오를 증, 찔 증, 임금 증, 겨울제사 증, 이에 증), 乂(다스릴 예, 벨 예), 格(이를 격, 궁구할 격, 칠 격), 姦(간악할 간, 간사

할 간, 간음할 간)

1 완악(頑惡): 성질이 억세게 고집스럽고 사나움.
2 증증(烝烝): 나아가는 모양.

소언 虞우舜슌이 아비ᄂᆞᆫ 완악ᄒᆞ고 어미ᄂᆞᆫ 몯ᄡᅳᆯ 말ᄒᆞ며 象샹[舜슌 아ᄋᆡ 일홈이라]은 교만ᄒᆞ거늘 능히 화케 호ᄃᆡ 효도로ᄡᅧ ᄒᆞ샤 나암나암 다ᄉᆞ라 간악애 니르디 아니케 ᄒᆞ시니라

현대역 우순(虞舜)이 아버지는 완악(頑惡)하고, 어머니는 몹쓸 말하며, 象[舜 아우의 이름이라.]은 교만하거늘, 능히 화하게 하되 효도로써 하시어 차츰차츰 다스려, 奸惡에 이르지 아니하게 하시니라.

1 아ᄋᆞ: 아우. 현대국어 '아우'의 옛말인 '아ᅀᆞ'는 15세기 문헌에서부터 나타난다. '아ᅀᆞ'는 단독으로 쓰이거나 조사 '와', 자음으로 시작하는 조사와 결합할 때에는 '아ᅀᆞ'로, 모음으로 시작하는 조사와 결합할 때에는 '앙ㅇ', '앗ㅇ'으로 이형태 교체를 하였다. 그런데 이미 16세기 문헌에 '아ᄋᆞᄂᆞᆫ'과 같이 기존에 '앙ㅇ', '앗ㅇ'이 쓰이던 환경에서 '아ᅀᆞ>아ᄋᆞ'가 쓰인 예가 나타나 이 무렵부터 '아ᄋᆞ' 형태로 단일화하기 시작함을 알 수 있다. 한편 16세기에 'ㅿ'이 소멸하면서 'ᅀᆞ'가 '아ᄋᆞ'로 나타나고, 제2음절 이하에서 모음 'ㆍ'가 'ㅡ'로 바뀌는 'ㆍ'의 제1단계 소실에 따라 17세기에는 '아으' 형태가 등장하였다. 이후 19세기에 와서 제2음절 모음이 'ㅜ'로 바뀐 '아우'가 나타나 오늘날에 이르렀다. 아ᅀᆞ(15세기~17세기)>아ᄋᆞ(16세기~19세기)>아우(19세기~현재). 이형태: 아ᅀᆞ, 앙ㅇ, 앗ㅇ, 아ᄋᆞ, 아으, 아오, 아우. 阿育王ᄋᆡ 아ᅀᆞ 善容이 뫼해 山行 갯다가 보니.《1447 석상 24:25ㄴ》, 岳秀ㅣ 닐오ᄃᆡ 兄이 죽거든 앙이 어듸 가리잇고 ᄒᆞᆫᄃᆡ.《1460년대 삼강-런던 충:23》, 내 풍류ᄒᆞᄂᆞᆫ 사ᄅᆞᄆᆞᆯ ᄃᆞ려다가 뒷ᄂᆞ니 너희 이 앗ᄋᆞᆯ 더브러다가 주기라.《1447 석상 24:27ㄴ》, 兄 몯 형 弟 아ᄋᆞ 뎨.《1583 천자-석 15ㄴ》
2 나암나암: 차츰차츰.
3 간악(奸惡): 간사하고 악독함.

【集解】蔡氏曰虞는氏요舜은名也라舜父는號瞽瞍라心不則德

義之經이爲頑이라母는舜後母也라口不道忠信之言이爲嚚이라象은舜異母弟名이라傲는驕慢也라諧는和也요烝은進也요乂는治也요格은至也라言舜不幸遭此로되而能和以孝하사使之進進以善自治하여而不至於大爲姦惡也라

채 씨가 말하였다. "虞는 氏이고, 舜은 이름이다. 舜의 아버지는 瞽瞍로 불렸다. 마음이 德義의 기강을 본받지 않음이 頑이다. 어머니는 순의 後母[繼母]이다. 입이 忠信의 말을 말하지 않음이 嚚이다. 象은 舜의 다른 어머니의 동생의 이름이다. 傲는 교만함이다. 諧는 화함이요, 烝은 나아감이요, 乂는 다스림이요, 格은 이름이다. '舜이 불행히 이런 경우를 만났으나, 능히 효도로써 화하시어, 하여금 나아가고 나아가 선으로써 스스로 다스려, 크게 간악함을 행함에 이르지 않으셨음'을 말한 것이다."

漢字 瞽(소경 고), 瞍(소경 수), 則(본받을 칙), 經(기강 경, 법 경, 떳떳할 경), 遭(만날 조)

〖六章〗

○萬章이問曰舜이往于田ᄒᆞ샤號泣于旻天ᄒᆞ시니何爲其號泣也ᆺ고孟子ㅣ曰怨慕也ㅣ시니라我ㅣ竭力耕田ᄒᆞ야共恭爲子職而已矣로니父母之不我愛ᄂᆞᆫ於我애何哉오ᄒᆞ시니라 《孟子 萬章上》

●萬章이 물어 말하길, "舜이 밭에 가시어 하늘을 부르짖어 우셨으니, 무엇 때문에 그 부르짖어 우신 것입니까?" 맹자께서 말씀하시길, "원망하고 사모해서였다. '나는 힘을 다하여 밭을 갈아, 공손히 자식의 직분을 할 따름인데, 부모가 나를 사랑하지 않음은 나에게 무엇 때문인가?'라고 하심이었다.

漢字 旻(하늘 민)

1 만장(萬章, 생몰 연대 미상): 전국시대 제(齊)나라 사람. 맹자(孟子)의 제자다. 《맹자》 〈만장장구(萬章章句)〉에 그가 맹자에게 도를 묻고 대화한 기록이 나온다.

2 민천(旻天): 하늘을 신격화하여 백성을 사랑으로 돌보아 준다는 어진 하늘을 이르는 말.

3 於我何哉: 나에게 무엇 때문인가? 나에게 무슨 잘못이 있어서인가?

소언 萬만章쟝[孟ᄆᆡᆼ子ᄌᆞㅅ 뎨ᄌᆡ라]이 묻ᄌᆞ와 ᄀᆞᆯ오ᄃᆡ 舜슌이 받ᄐᆡ 가샤 하ᄂᆞᆯ씌 블으지져 우르시니 엇뎨 그 블으지져 우르시니잇고 孟ᄆᆡᆼ子ᄌᆞㅣ ᄀᆞᆯᄋᆞ샤ᄃᆡ 셜워ᄒᆞ야 ᄉᆞ모ᄒᆞ심이니라 내 힘을 다ᄒᆞ야 받ᄐᆞᆯ 가라 온공히 ᄌᆞ식의 소임을 ᄒᆞᆯ ᄯᆞᄅᆞᆷ이로니 父부母모ᄋᆡ 날 ᄉᆞ랑티 아니ᄒᆞ샴ᄋᆞᆫ 내게 엇딘고 ᄒᆞ시니라

현대역 萬長[맹자의 제자라.]이 묻자와 가로되, "순이 밭에 가시어 하늘께 부르짖어 우시니, 어찌 그 부르짖어 우십니까?" 맹자가 말씀하시되, "서러워하여 사모하심이니라. '내가 힘을 다하여 밭을 갈아 溫恭히 자식의 소임을 할 따름이니[따름인데], 부모의 날 사랑하지 아니하심은 내게 어째서인가?' 하시니라.

1 블으지져: 부르짖어. '브르짖(어간)+여(연결어미)'이다. 현대국어 '부르짖다'의 옛말인 '브르짖다'는 15세기 문헌에서부터 나타난다. '부르짖다'는 '브르짖다'의 '브'가 'ㅂ' 아래에서 'ㅡ>ㅜ'로 바뀌는 원순모음화 된 결과이다. 이 단어는 16세기에서 19세기에 이르는 동안 '부르짖다'의 '부르'가 분철 표기된 '블으' 또는 '불우'로도 나타나고, '짖다'도 '지지다'로 나타나며 '부르'의 '르'가 'ᄅᆞ'로 나타나는 등 다양한 표기 형태를 보인다. 브르짖다(15세기)>부르짖다(20세기~현재). 이형태: 브르짖다, 블으짖다, 브ᄅᆞ짖다, 브ᄅᆞ지지다, 부르짖다, 부르지지다, 부르치다, 브ᄅᆞ딛다, 브ᄅᆞ딪다, 부르짖다, 브ᄅᆞ짖다. 즐거우믈 取ᄒᆞ야 브르지져셔 ᄇᆡ 므거우믈 아놋다.《1381두시언해》, ᄒᆞᆫ손으로 홈ᄆᆡ을 잡아 범을 티여 ᄀᆞ장 블으지지고 ᄇᆡᆨ보 나가니.《1581 속삼-중 효:15ㄱ》

2 엇뎨: 어찌(부사). 그듸ᄅᆞᆯ 거스디 아니호리어늘 이제 엇뎨 怨讐를 니ᄌᆞ시ᄂᆞ니 이 일도 미추미 甚히 어렵거늘.《석상-중 11:34》, 내 너와 ᄒᆞ야 道義ᄅᆞᆯ 講論ᄒᆞ야

닐오려커늘 엇뎨 모딘 말 ᄒᆞᄂᆞ다.《월석 11:31》

3 우르시니잇고: 우십니까. '울(어간)+으시(주체 높임 선어말어미)+니(의문형 어미)+잇(존비법 ᄒᆞ쇼셔체 선어말어미)+고(의문형 종결어미)'이다. '니잇고'에서 '니'를 원칙법 선어말어미로 보는 일도 있으나, 의문형 어미의 일부분이지 원칙법 선어말어미가 아니다. 그것은 '니'가 빠진 '*ᄒᆞᄂᆞ어', '*ᄒᆞᄂᆞ잇가'란 어형이 불가능하다는 데서도 알 수 있다. 본 예는 ᄒᆞ쇼셔체 설명의문문이다. ᄒᆞ야쎠체와 ᄒᆞ쇼셔체에서는 제1·3인칭 의문문과 제2인칭 의문문이 중화되어 버린다. '-니잇고'는 동사, 형용사 어간이나 어미 뒤에 붙어, 의문사와 함께 쓰여, 'ᄒᆞ쇼셔' 할 자리에 쓰여, 설명의문문을 나타내는 어미이다. 陛下ㅣ 안호론 욕심이 하시고 밧고로 仁義ᄅᆞᆯ 베프시니 엇디 唐虞적 다ᄉᆞ림을 법받고져 ᄒᆞ시ᄂᆞ니잇고(陛下內多欲而外施仁義 奈何欲效唐虞之治乎).《소언 6:35》, 王은 또ᄒᆞᆫ 仁義를 닐ᄋᆞ실 ᄯᆞᄅᆞᆷ이니 엇디 반ᄃᆞ시 利ᄅᆞᆯ 니ᄅᆞ시ᄂᆞ니잇고(王亦曰仁義而已矣 何必曰利).《맹언 1:3》

4 온공히: 온공(溫恭)히. 성격, 태도 따위가 온화하고 공손하게.

5 ᄯᆞᄅᆞᆷ이로니: 따름이니. 'ᄯᆞᄅᆞᆷ(명사)+이('이다'의 어간)+로니(연결어미)'이다. '-로니'는 '이다'의 어간 뒤에 붙어, '-니'를 뜻하는 어미이다. 龍王이 닐오ᄃᆡ 내 難頭禾龍王이로니 그딋 나라ᄒᆞᆯ 드러 八萬里 밧긔 다 가 더뎌 사기 ᄲᅡ디게 호리라.《석상 23:57》, 내 부텻 弟子ㅣ로니 諸漏 업수믈 得ᄒᆞ야 죽사릿 큰 저푸믈 이제 다 버서나이다.《석상 24:16》. 'ᄯᆞᄅᆞᆷ'은 '따름'의 옛말이다. 'ᄯᆞᄅᆞᆷ'은 15세기 문헌에서부터 나타난다. 16세기 후반에 제2음절 이하의 'ㆍ'가 'ㅡ'로 변화되는 경향에 따라 18세기에는 'ᄯᆞ름'으로 나타난다. 18세기에 제1음절의 'ㆍ'가 'ㅏ'로 변화하는 경향에 따라 19세기에는 'ᄯᅡ름'으로 나타난다. 20세기 이후 'ㅼ'을 'ㄸ'으로 표기하게 됨에 따라 '따름'으로 나타나서 현재에 이르렀다. 16세기의 'ᄯᆞᆯᄋᆞᆷ'은 'ᄯᆞᄅᆞᆷ'을 분철 표기한 것이다. 18세기의 'ᄯᆞ롬'은 'ᄯᆞᄅᆞᆷ'의 제2음절 모음 'ㆍ'가 'ㅗ'로 변화한 것이며, 'ᄯᆞᆯ옴'은 'ᄯᆞ롬'을 분철 표기한 것이다. 같은 시기의 'ᄯᆞ람'은 'ᄯᆞᄅᆞᆷ'의 제2음절 모음 'ㆍ'가 'ㅏ'로 변화한 것이다. 19세기의 'ᄯᅡᆯ음'은 'ᄯᅡ름'을 분철 표기한 것이다. 같은 시기의 'ᄄᆞᄅᆞᆷ', 'ᄄᆞ롬'은 각각 'ᄯᆞᄅᆞᆷ', 'ᄯᆞ롬'의 'ㅼ'을 'ㄸ'으로 표기한 것이다. 19세기의 'ᄯᆞ람'은 'ᄯᆞᄅᆞᆷ'의 제2음절 모음 'ㆍ'가 'ㅏ'로 변화한 것이며, 같은 시기의 '따ᄅᆞᆷ'은 'ᄄᆞᄅᆞᆷ'의 제1음절 모음 'ㆍ'가 'ㅏ'로 변화한 것이다. ᄯᆞᄅᆞᆷ(15세기~19세기)〉ᄯᆞ름(18세기~19세기)〉ᄯᅡ름(19세기)〉따름(20세기~현재). 이형태: ᄯᆞᄅᆞᆷ, ᄯᆞᆯᄋᆞᆷ, ᄯᆞ름, ᄯᆞ롬, ᄯᆞᆯ옴, ᄯᆞ람,

짜름, 쌀음, ᄯᆞ룸, ᄯᆞ롬, ᄯᆞ람, 따름. 實엔 두 聖人이 ᄒᆞᆫ 道理샤 서르 始作과 ᄆᆞᄎᆞᆷ괘 ᄃᆞ외실 ᄯᆞᄅᆞ미라.《석상 21:20ㄴ》, 이리 음식 이받ᄂᆞᆫ ᄉᆞ이예 이실 ᄯᆞᄅᆞ미니라.《번소 3:20ㄱ-20ㄴ》, 일이 음식이 받는 ᄉᆞ이예 이실 ᄯᆞᄅᆞᆷ이니라.《소언 2:53ㄴ》

6 엇딘고: 어째서인가. '엇디(부사)+ㄴ(관형사형 어미)+고(의문 보조사)'이다. '-ㄴ고'는 관형사형과 의문 보조사의 통합으로 구성되어 있다. 의문사 '엇디'가 있고, 의문형 종결어미가 '오' 계통으로 되어 있어 간접의문문 중 설명의문문이다. 내 바랫 ᄒᆞᆫ 터리를 몯 무으리니 ᄆᆞᄉᆞᆺ 이를 겻고오려 ᄒᆞᄂᆞᆫ고 제 ᄒᆞᆯ 양ᄋᆞ로 ᄒᆞ게 ᄒᆞ라.《석상 6:27》, 이 無始브터 오매 業을 發ᄒᆞ며 生ᄋᆞᆯ 부르ᄂᆞ니 뉘 지ᄉᆞ며 뉘 받ᄂᆞᆫ고 호리라.《능엄 4:91》

【集說】**朱子曰萬章**은**孟子弟子**라**舜往于田**은**耕歷山時也**라**仁覆**(부)**閔下**를**謂之旻天**이라**號泣于旻天**은**呼天而泣也**니**事見**(현)**虞書大禹謨篇**하니라**怨慕**는**怨己之不得其親而思慕也**라**於我何哉**는**自責不知己有何罪耳**니**非怨父母也**라

주자가 말하였다. "萬章은 孟子의 제자이다. 舜往于田[舜이 밭에 가심]은 歷山에서 밭을 갈 때이다. 仁으로 덮어 아래를 가엾이 여김을 그것을 旻天이라 이른다. 號泣于旻天[하늘을 부르짖어 우심]은 하늘을 부르짖어 욺이니, 일이 《서경》 〈우서(虞書)〉大禹謨篇에 나타난다. 怨慕는 자기가 그 어버이[어버이의 사랑]를 얻지 못함을 원망하되, 사모함이다. 於我何哉[나에게 무엇 때문인가?]는 자기가 무슨 죄가 있는지 알지 못함을 자책했을 뿐이니, 부모를 원망한 것은 아니다."

漢字 覆(덮을 부, 넘어질 복, 엎어질 복, 뒤집을 복), 閔(가엾이 여길 민, 근심할 민)

대우모(大禹謨): 《서경(書經)》은 유학의 경전이 되기 전에는 《상서(尙書)》라 불렸다. 상(尙)자는 고대에 상(上)과 같은 의미로 전용되던 글자다. 따라서 상서(尙書)란 상서(上書), 즉 윗대의 기록이란 의미가 된다. '윗대'란 주로 요(堯), 순(舜), 하(夏), 상(商), 주(周) 시대를 말한다. 《서경》은 원래 3천여 편이 있었는데

공자가 100여 편으로 정리했고, 진시황의 분서(焚書) 때 소실된 것을 후대에 복원을 해 현존하는 《서경》은 〈우서(虞書)〉 5편, 〈하서(夏書)〉 4편, 〈상서(商書)〉 17편, 〈주서(周書)〉 32편 등 총 58편이 전해지고 있다. 〈우서(虞書)〉는 요임금, 순임금 시절의 이야기를 기록한 것이다. 순임금의 성이 우(虞) 씨라 우서(虞書)라 한 듯하다. 〈우서〉는 요임금 이야기를 전하는 요전(堯典), 순임금 이야기를 전하는 순전(舜典), 우왕이 순임금의 신하 시절 이야기인 대우모(大禹謨), 순임금 시절 현인 관리들 이야기인 고요모(皐陶謨), 익직(益稷) 등 총 5편으로 구성되어 있다. 〈하서(夏書)〉는 주로 하나라를 건국한 우(禹)왕의 이야기로, 우공(禹貢)부터 윤정(胤征)까지 총 4편이 기록되어 있다. 〈상서(商書)〉는 상(은)나라를 건국한 탕(湯)왕 시절 이야기로 탕서(湯誓)부터 태갑(太甲), 미자(微子) 등 총 17편이 전해지고 있다. 〈주서(周書)〉는 주나라 건국시조들인 문왕, 무왕, 주공 단의 이야기로 태서, 목서, 무성, 홍범, 무일 등 32편의 이야기가 전해진다. 《서경》은 기본적으로 현명한 군주의 상징인 2제(요, 순) 3왕(우왕, 탕왕, 주문무왕)의 말씀을 기록한 것이다. 따라서 유학에서는 백성을 다스리는 위정자들이 필독해야 할 책으로 꼽고 있다. 대우모는 '위대한 우임금의 책략'이란 뜻으로, 하나라를 건국한 우(禹)왕이 순임금 신하 시절에 묘족(苗族)을 칼이 아니라 문덕(文德)으로 교화시켜 복종케 했다는 이야기이다. 이 내용 중에 위의 순임금의 대효(大孝)가 들어있다. 「순임금이 말했다. "자, 우야. 이 묘족이 따르지 않으니, 네가 가서 정벌하라." 우가 마침내 여러 제후들을 모아놓고 군사들에게 다음과 같이 선서했다. "씩씩한 군사들아, 모두 나의 명령을 들어라. 어리석은 이 묘족이 어둡고 미혹하여 공손하지 않으며, 남을 업신여기고 오만하여 스스로 어진 체 하며, 도를 위배하고 덕을 어그러뜨려 군자가 들에 있고 소인이 관직에 있어 백성들이 버려져서 보호되지 않으니, 하늘이 재앙을 내리신다. 이리하여 내가 너희 여러 군사들을 거느리고 임금님의 말씀을 받들어 죄 지은 자들을 벌하는 것이니, 너희들은 아무쪼록 마음과 힘을 한결같이 하여야 공을 세울 수 있을 것이다." 30일 동안 묘의 백성들이 명을 거역하자 익이 우에게 말했다. "오직 덕만이 하늘을 감동시켜 멀리 있는 사람도 이르지 않음이 없습니다. 자만은 손해를 부르고 겸손은 이익을 받으니, 이것이 바로 천도입니다. 순임금이 처음에 역산에 계셨는데, 밭에 가서 날마다 하늘과 부모에게 울부짖으시어 죄를 떠맡아 짊어지고 간특한 일을 자신에게 돌리시며, 공경히 자식의 도리를 다하여 고수를 뵙되 조심조심하며 마음을 가다듬고 두려워하시니, 고수 또한 진실해지고 순해졌습니다. 지극한 정성은 신명을 감동시키니 하물며 이 묘족 정도이겠습니까?" 우가 좋은 말에 절하며 "옳지. 그렇구나." 하고는 군대를 거두어 돌아왔다. 순임금이 마침내 정신적인 은덕을 크게 펴시어 양쪽 계단 아래서 방패와 깃으로 춤추게 하시니, 70일 만에 묘족이 항복하였다」 이상의 《서경》 〈우서〉 대우모의 구절은 순임금의 효심을 말할 때, 예치나 덕치의 개념을 설명할 때, 또는 겸양의 도리와 이치를 설명할 때 《중용》이나 《맹자》에 자주 인용되었다.

帝ㅣ使其子九男二女로百官牛羊倉廩을備ᄒᆞ야以事舜於畎畝之中ᄒᆞ시니天下之士ㅣ多就之者ㅣ어늘帝ㅣ將胥天下而遷之焉이러시니爲不順於父母ㅣ라如窮人無所歸러시다

●堯帝가 그 자식 9남 2녀로 하여금 百官과 소와 양과 곳집을 갖추어, 써 舜을 밭고랑과 밭이랑 가운데에서 섬기게 하시니, 천하의 선비들이 그에게 나아가는 자가 많거늘, 堯帝가 장차 천하(의 인심)를 보아 (帝位를) 그[舜]에게 옮기려 하시더니, (舜은) 부모에게 순하지[사랑받지] 못했기 때문에, 곤궁한 사람이 돌아갈 곳이 없는 것처럼 여기셨다.

漢字 倉[곳집(농기구 창고) 창], 廩[곳집(곡식 창고) 름], 畎(고랑 견), 畝[이랑 묘, 본음 무], 胥(볼 서, 서로 서, 모두 서, 기다릴 서, 도울 서), 窮(곤궁할 궁, 다할 궁)

견무(畎畝): 고랑과 이랑. 전(轉)하여 전답(田畓). 시골. 민간(民間).

소언 帝뎨[堯요시니라]ㅣ 그 ᄌᆞ식 아홉 아ᄃᆞᆯ과 두 ᄯᆞᆯ로 ᄒᆡ여곰 百ᄇᆡᆨ官관이며 쇼와 羊양이며 창젹을 ᄀᆞ초아 ᄡᅧ 舜슌을 받이럼 가온대 가 셤기게 ᄒᆞ시니 天텬下하앳 션ᄇᆡ 나아갈 이 하거늘 帝뎨 쟝ᄎᆞᆺ 天텬下하ᄅᆞᆯ 보와 옴기려 ᄒᆞ더시니 父부母모ᄭᅴ 順슌티 몯홈ᄋᆞᆯ 위ᄒᆞ신디라 窮궁ᄒᆞᆫ 사ᄅᆞᆷ이 갈배 업스시니 ᄀᆞᆮ더시다

현대역 帝[堯시니라.]가 그 자식 아홉 아들과 두 딸로 하여금 百官이며 소와 양이며 倉積[곳집] 갖추어, 써 舜을 밭이랑 가운데 가 섬기게 하시니, 천하에

의 선비 나아갈 이 많거늘, 帝가 장차 천하를 보아 옮기려 하시더니, 부모께 순하지 못함을 위하신 것이라, 窮한 사람이 갈 바가 없으신 이 같으시더라.

1 창젹: 창적(倉積). 곳집. 예전에, 곳간으로 쓰려고 지은 집. 유의어: 경(京), 고사(庫舍), 부고(府庫), 창(倉), 창고(倉庫), 창름(倉廩)

2 ᄀᆞᆽ초아: 갖추어. 'ᄀᆞᆽ초(어간)+아(연결어미)'이다. '갖추다'의 옛말인 'ᄀᆞ초다'는 15세기 문헌에서부터 나타난다. 'ᄀᆞ초다'는 '갖추어져 있다', '구비하다'의 의미를 지닌 동사 'ᄀᆞᆽ-'에 사동접사 '-호-'가 결합한 것이다. 중세국어 시기의 'ᄀᆞ초다'는 '갖추다'의 의미와 '감추다'라는 의미를 모두 가지고 있었는데, '감추다'의 의미를 지닌 'ᄀᆞ초다'의 경우 15세기 일부 문헌에서부터 'ᄀᆞᆫ초다'와 같이 'ㄴ'이 첨가된 형태가 나타나 이후에 'ᄀᆞᆷ초다'로 발전하였다. '갖추다'의 의미를 지닌 'ᄀᆞ초다'는 16세기 이후로 중철 표기된 'ᄀᆞᆽ초다', 'ᄀᆞᆺ초다'로도 나타났다. 근대국어 시기에 제1음절에서 모음 'ㆍ'가 'ㅏ'로 바뀌는 경향에 따라 18세기에는 '가초다' 형태와 이를 중철 표기한 '갓초다' 형태가 나타났고, 19세기에는 제2음절의 모음이 'ㅗ'에서 'ㅜ'로 바뀐 '갓추다' 형태가 등장하였다. 현대국어에서는 원형을 밝혀 적는 원칙에 따라 '갖추다'로 표기하게 되었는데, 그 결과 'ᄀᆞᆽ-+-호-'의 구성을 지닌 'ᄀᆞ초다'와는 달리, 현대국어의 '갖추다'는 '갖-+-추-'의 구성으로 재분석되었다. 한편 근대국어 시기에 치조음 'ㅊ'이 경구개음으로 변하면서 '초'와 '쵸'의 발음 구별이 사라져, 19세기에는 'ᄀᆞᆺ쵸다', '갓쵸다' 등의 이표기가 나타나기도 하였다. ᄀᆞ초다(15세기～19세기)〉가초다(18세기～19세기)〉갓추다(19세기)〉갖추다(20세기～현재). 이형태: ᄀᆞ초다, ᄀᆞᆽ초다, ᄀᆞᆺ초다, 가초다, 갓초다, ᄀᆞᆺ쵸다, 갓쵸다, 갓추다. 庫ᄂᆞᆫ 쳔량 ᄀᆞ초아 뒷ᄂᆞᆫ 지비라.《1447 석상 9:20ㄱ》, 그 ᄌᆞ식 아홉 아ᄃᆞᆯ와 두 ᄯᆞᆯ로 ᄒᆡ여곰 百官이며 쇼와 羊이며 창젹을 ᄀᆞᆽ초와 뻐 舜을 받이럼 가온대 가 셤기게 ᄒᆞ시니.《1588 소언 4:8ㄱ》

3 받이럼: 밭이랑. 이믜셔 비 오고 개어늘 ᄀᆞᅀᆞᆳ 집 아래 져고맛 받이러믈 다ᄉᆞ리고 ᄒᆞᆫ두 돗 넛븨만 부루 菜ᄅᆞᆯ ᄌᆞᅀᆞᆷᄒᆞ야 심고니(旣雨已秋堂下 理小畦 隔種一兩席許萵苣).《두시-초 16:65》, 비 온 後에 디나오ᄂᆞᆫ 받이러미 저즈니(兩後過畦潤).《두시-초 25:22》

【集說】朱子曰帝는堯也라史記에云二女로妻之하여以觀其內하

고九男으로事之하여以觀其外라하고又言一年에所居成聚하고二年에成邑하고三年에成都라하니是는天下之士就之也라胥는相視也라遷之는移以與之也라如窮人之無所歸는言其怨慕迫切之甚也라

주자가 말하였다. "帝는 堯이다. 《사기》에 말하길, '두 딸을 그에게 시집보내어 써 그 안을 살피게 하고, 아홉 아들로 그를 섬기게 하여 써 그 밖을 살피게 했다.'고 하였으며, 또 말하길, '1년만에 사는 곳이 聚落을 이루고, 2년만에 邑을 이루고, 3년만에 都市를 이루었다.' 하였으니, 이는 천하의 선비들이 그에게 나아간 것이다. 胥는 서로 봄이다. 遷之는 옮겨서 써 그에게 줌이다. 如窮人之無所歸[곤궁한 사람이 돌아갈 곳이 없는 것처럼 여기심]는 怨慕의 迫切함이 심함을 말한 것이다."

漢字 妻(시집보낼 처), 迫(궁할 박, 핍박할 박)

1 《사기(史記)》〈오제본기(五帝本紀)〉 당요(唐堯): 요(堯)임금은 두 딸 아황(娥皇)과 여영(女英)을 순(舜)의 아내로 삼게 하여 안을 보살피게 하고, 아홉 아들을 순과 같이 지내게 하여 밖을 보살피게 하였다. 〈五帝本紀(오제본기)〉는 《사기》의 제1편으로 상고시대의 오제(五帝)에 대한 기록이다. 사마천이 오제(五帝)로 든 것은 황제헌원(黃帝軒轅)·전욱고양(顓頊高陽)·제곡고신(帝嚳高辛)·제요방훈(帝堯放勳:陶唐氏)·제순중화(帝舜重華:有虞氏)이다. 《제왕세기(帝王世記)》에서는 소호(少昊), 전욱(顓頊), 제곡(帝嚳), 요(堯), 순(舜)을 들고, 《주역(周易)》에서는 복희(伏羲), 신농(神農), 황제(黃帝), 요(堯), 순(舜)을 가리킨다. 〈오제본기〉는 〈①황제(黃帝), ②전욱(顓頊), ③제곡(帝嚳), ④당요(唐堯), ⑤우순(虞舜)〉 순으로 기록하고 있다. 위 【集說】 내용은 '당요(唐堯)'에 나오는 내용을 말한다. 「요 임금의 이름은 방훈(放勳)이다. 그의 인덕(仁德)은 하늘과 같고 그의 지혜는 신과 같았다. 그에게 가까이 가면 태양과 같았고, 멀리서 보면 구름과 같았다. 부유해도 교만하지 않고 고귀해도 우쭐대지 않았다. 누런 모자를 쓰고 검은 옷을 입었으며 붉은 수레를 몰고 백마를 탔다. 바른 덕이 있는 사람을 존경하여 구족(九族)을 친밀하게 만들었다. 구족이 화목하게 된 후 백관의 직분을 명백히

구분했다. 백관의 직분이 명확히 구분되자 모든 제후국이 화목해졌다. (중략) 요가 말했다. "오, 사방의 제후들이여. 짐이 즉위한 지 70년이 되었는데 그대들 중 누가 천명에 순응하여 나의 자리에 오를 수 있겠는가?" 제후들이 응답했다. "천박한 덕행으로 제왕의 자리를 욕되게 할 것입니다." 요가 말했다. "고귀한 친척이 되었건 혈연적으로 멀지만 숨어 있는 자를 막론하고 모두 천거해 보시오." 모두 한 입으로 요에게 말했다. "민간에 홀아비가 있는데 우순(虞舜)이라고 합니다." 요가 말했다. "그렇소. 짐도 들었는데 그는 어떤 사람이오?" 사방의 제후들의 말했다. "맹인(盲人)의 아들입니다. 아버지는 완고하고 어머니는 어리석으며 동생은 교만하지만 효성을 다해 화목하게 하였고 극진한 효성으로 가정을 다스려서 사악한 행동을 하지 않게 했습니다." 요가 말했다. "내가 그를 시험해보겠소." 이에 요는 자신의 두 딸을 그의 아내로 삼게 하여 두 딸을 대하는 그의 덕을 관찰했다. 순(舜)은 요의 두 딸을 규수(嬀水) 가에서 맞이하여 훈계하고 신분을 낮춘 다음 부부의 예를 따랐다. 요가 이를 좋게 보아 곧 순에게 다섯 가지 가르침을 신중하게 가르쳐서 따르게 하니 백성들이 오전(五典)의 도리를 따랐다. 이에 순에게 백관의 일을 맡게 하자 백관의 업무도 질서 정연하게 처리하였다. 궁전의 사방에 있는 문에서 빈객을 접대하게 했더니 사방의 문 주변이 화목해져 제후와 먼 곳의 빈객들도 모두 공경했다. 요는 순에게 산림과 하천과 연못에 들어가게 했는데, 폭풍과 천둥 번개 속에서도 순은 길을 잃지 않았다. 요는 그를 총명하고 도덕심이 있다고 여겨 순을 불러 말했다. "네가 일을 꾀하면 일이 이루어지고, 말한 것은 공적으로 나타난 지 3년이 되었다. 네가 제위에 오르도록 하라." 순은 덕행이 백성을 기쁘게 하지 못하였으므로 사양했다. 정월 초하루에 순은 요의 태조 사당에서 요의 선양을 받았다. 문조(文祖)는 요의 태조(太祖)를 말한다.」

2 박절(迫切): 어떤 일이나 때가 가까이 닥쳐서 몹시 급함. 유의어: 절박(切迫).

天下之士ㅣ悅之는人之所欲也ㅣ어늘而不足以解憂ᄒᆞ시며好色은人之所欲이어늘妻帝之二女ᄒᆞ샤ᄃᆡ而不足以解憂ᄒᆞ시며富는人之所欲이어늘富有天下ᄒᆞ샤ᄃᆡ而不足以解憂ᄒᆞ시며貴는人之所欲이어늘貴爲天子ᄒᆞ샤ᄃᆡ而不足以解憂ᄒᆞ시니人悅之와好

色과富貴예無足以解憂者ㅣ오惟順於父母ㅣ라ᅀᅡ可以解憂ㅣ
러시다

● 천하의 선비들이 자기를 기뻐함[좋아함]은 사람들이 하고자 하는 바나, 족히 써 근심을 풀지 못하시며, 色을 좋아함은 사람들이 하고자 하는 바나, 堯帝의 두 딸을 아내로 삼고서도, 족히 써 근심을 풀지 못하시며, 富는 사람들이 하고자 하는 바나, 富가 천하를 가졌는데도, 족히 써 근심을 풀지 못하시며, 貴는 사람들이 하고자 하는 바나, 貴가 천자가 되었음에도, 족히 써 근심을 풀지 못하시니, 사람들이 자기를 기뻐하고, 好色과 富貴에는 족히 써 근심을 푸는 것이 없으셨고, 오직 부모에게 순하여야[사랑을 받아야], 근심을 풀 수 있으셨다.

소언 天텬下하읫 션ᄇᆡ 깃거홈은 사ᄅᆞᆷ의 ᄒᆞ고져 ᄒᆞᄂᆞᆫ 배어늘 足죡히 ᄡᅥ 근심을 프디 아니ᄒᆞ시며 됴ᄒᆞᆫ 色ᄉᆡᆨ은 사ᄅᆞᆷ의 ᄒᆞ고져 ᄒᆞᄂᆞᆫ 배어늘 帝뎨의 두 ᄯᆞᆯᄋᆞᆯ 안해 삼ᄋᆞ샤ᄃᆡ 足죡히 ᄡᅥ 근심을 프디 아니ᄒᆞ시며 가ᄋᆞᆷ여ᄅᆞᆷᄋᆞᆫ 사ᄅᆞᆷ의 ᄒᆞ고져 ᄒᆞᄂᆞᆫ 배어늘 가ᄋᆞᆷ여롬이 天텬下하를 두샤ᄃᆡ 足죡히 ᄡᅥ 근심을 프디 아니ᄒᆞ시며 貴귀홈ᄋᆞᆫ 사ᄅᆞᆷ의 ᄒᆞ고져 ᄒᆞᄂᆞᆫ 배어늘 貴귀홈이 天텬子ᄌᆞㅣ 되샤ᄃᆡ 足죡히 ᄡᅥ 근심을 프디 아니ᄒᆞ시니 사ᄅᆞᆷ 깃거홈과 됴ᄒᆞᆫ 色ᄉᆡᆨ과 가ᄋᆞᆷ여롬과 貴귀홈애 足죡히 ᄡᅥ 근심을 플 거시 업고 오직 父부母모ㅅ씌 順슌ᄒᆞ야ᅀᅡ 可가히 ᄡᅥ 근심을 플리러시다

현대역 천하의 선비가 (자기를) 기뻐함은 사람의 하고자 하는 바이거늘, 족히 써 근심을 풀지 아니하시며, 좋은 色은 사람의 하고자 하는 바이거늘, 帝의 두 딸을 아내 삼으시되, 족히 써 근심을 풀지 아니하시며, 부함은 사람의 하고자 하는 바이거늘, 부함이 천하를 두시되, 족히 써 근심을 풀지 아니하시며, 귀함은 사람의 하고자 하는 바이거늘, 귀함이 천자가 되시되, 족히 써 근심을 풀지 아니하시니, 사람 기뻐함과 좋은 색과 부함과 귀함에 족히

써 근심을 풀 것이 없고, 오직 부모께 순하여야 가히 써 근심이 풀리시더라.

1 깃거홈: 기뻐함. '깃거ᄒᆞ(어간)+옴(명사형 어미)'이다. '깃거ᄒᆞ다'는 '기뻐하다'의 옛말이다. 天龍八部ㅣ 큰 德을 ᄉᆞ랑ᄒᆞᅀᆞᄫᅡ 놀애를 블러 깃거ᄒᆞ더니.《월곡 상:9》, 貢公ᄋᆡ 깃거호ᄆᆞᆯ 그ᅀᅳ기 效則ᄒᆞ고져 컨마ᄅᆞᆫ(竊效貢公喜).《두시-초 19:2》

2 삼ᄋᆞ샤ᄃᆡ: 삼으시되. '삼(어간)+ᄋᆞ샤(주체 높임 선어말어미)+오ᄃᆡ(연결어미)'이다. 주체높임 선어말어미 '-ᄋᆞ샤-'는 '-시-'가 모음 어미 '-오ᄃᆡ' 앞에서 실현된 것이다. 'ᄋᆞ'는 매개모음이다. 종전에는 '-샤-'를 '-시-'와 '-아, -오'의 결합으로 해석하였고, '-오'의 이형태로서 '-아'를 세워 '-샤-'를 설명하기도 했다. 그러나 이 해석은 중세국어의 일반적인 '-시-'의 음운 현상에 어긋난다. 이에 대한 자세한 설명은 본서 1권 중 〈소학제사(小學題辭)〉의 '슬허ᄒᆞ샤'를 참조하기 바란다. '-오ᄃᆡ'는 '-샤-' 뒤에서 '오'가 탈락되었는데, 선행 음절의 모음이 'ㆍ, ㅏ, ㅗ, ㅣ, 반모음 ㅣ'인 경우에 붙어, '-(으)되'를 뜻하는 연결어미이다. 置陣이 ᄂᆞᆷ과 다ᄅᆞ샤 아ᅀᆞᄫᅩᄃᆡ 나ᅀᅡ오니 믈러가던덴 목숨 ᄆᆞᄎᆞ리잇가(置陣異他 知亦進當 如其退避 性命奚戕).《용가 51장》, 淨飯이 무러시ᄂᆞᆯ 占者ㅣ 判ᄒᆞᅀᆞᄫᅩᄃᆡ 聖子ㅣ 나샤 正覺 일우시리.《월곡 상:6》

3 가ᅀᆞᆷ여룸, 가ᅀᆞᆷ여롬: 가멸음. 부(富)함. '가ᅀᆞᆷ열(어간)+움(명사형 어미)', '가ᅀᆞᆷ열(어간)+옴(명사형 어미)'이다. '가ᅀᆞᆷ열-'은 '가멸다'의 옛말인 '가ᅀᆞᆷ열다'의 어간이고, '-움'이나 '-옴'은 명사형이다. 현대국어 '가멸다'는 '재산이나 자원 따위가 넉넉하고 많다'를 뜻한다. 현대국어 '가멸다'의 옛말은 '가ᅀᆞ멸다'로, 15세기 문헌에서부터 나타난다. '가ᅀᆞ멸다'는 모음으로 시작하는 어미나 '-니', '-며', '-리-', '-고' 등의 어미와 결합할 때에는 '가ᅀᆞ멸-'로, 그 밖에 '-디', '-다', '-더-' 등이나 '-ㄴ', '-ㄹ' 등의 어미와 결합할 때에는 '가ᅀᆞ며-'로 나타나 '가ᅀᆞ멸-/가ᅀᆞ며-'의 교체를 보였다. 16세기 이후 유성 마찰음인 'ㅿ'[z]이 소멸함에 따라 '가ᅀᆞ멸다'는 '가ᄋᆞ멸다'로 변화하였다. 16세기 후반에 제2음절 이하의 'ㆍ'가 'ㅡ'로 변하였는데 '가ᄋᆞ멸다'도 이러한 변화를 겪어 '가으멸다'로 변화한 형태가 나타나기도 하였다. 그러나 18세기까지 '가ᄋᆞ멸다'가 '가으멸다'와 공존하였다. 19세기에는 현대국어와 같은 '가멸다'가 등장하였다. 이는 근대국어 후기에 모음 'ㆍ'의 소리가 'ㅏ'와 구별되지 않게 되면서 '가ᄋᆞ멸다'의 앞 두 음절이 축약된 것으로 추정된다. 한편 16세기 이후 문헌에는 '가ᅀᆞᆷ열다', '가ᄋᆞᆷ열다', '가음열다'와 같은 분철 표기도 보인다. 가ᅀᆞ멸다(15세기~16세기)>가ᄋᆞ멸다

(16세기~18세기)〉가멸다(19세기~현재). 이형태: 가ᄉᆞ멸다, 가ᅀᆞᆷ열다, 가ᄋᆞ멸다, 가ᄋᆞᆷ열다, 가으멸다, 가음열다, 가멸다. 舍衛國 大臣 須達이 가ᄉᆞ며러 쳔랴ㅣ 그지업고 布施ᄒᆞ기를 즐겨 艱難ᄒᆞ며 어엿븐 사ᄅᆞᆷ ᄌᆞ주어 거리칠씨.《1447 석상 6:13ㄱ》, 뎍댱아ᄃᆞᆯ과 모ᄃᆞᆫ 아ᄃᆞᆯ이 대종아ᄃᆞᆯ과 대종며ᄂᆞ리ᄅᆞᆯ 공경ᄒᆞ야 셤겨 비록 貴ᄒᆞ고 가ᅀᆞᆷ여나 敢히 貴ᄒᆞ며 가ᅀᆞᆷ여름으로ᄡᅥ 대종아ᄃᆞᆯ의 집의 들어가디 아니ᄒᆞ야.《1588 소언 2:20ㄴ》, 가ᄋᆞᆷ여롬ᄋᆞᆫ 사람의 ᄒᆞ고져 ᄒᆞᄂᆞᆫ 배어ᄂᆞᆯ 가ᄋᆞᆷ여롬이 天下를 두샤ᄃᆡ ᄆᆞᆯ티 ᄡᅥ 근심을 ᄑᆞ디 아니ᄒᆞ시며.《1588 소언 4:9ㄱ》, ᄀᆞ득ᄒᆞ여도 넘ᄯᅵ디 아니홈은 기리 가ᄋᆞ며롬을 딕희ᄂᆞᆫ 배니.《1590 효경 4ㄱ》

4 두샤ᄃᆡ, 되샤ᄃᆡ: 두시되, 되시되. '두(어간)+샤(주체 높임 선어말어미)+오ᄃᆡ(연결어미)', '되(어간)+샤(주체 높임 선어말어미)+오ᄃᆡ(연결어미)'이다. '-샤-'는 '-시-'가 모음 어미 '-오ᄃᆡ' 앞에서 실현된 것이다. 종전에는 '-샤-'를 '-시-'와 '-아, -오'의 결합으로 해석하였고, '-오'의 이형태로서 '-아'를 세워 '-샤-'를 설명하기도 했다. 그러나 이 해석은 중세국어의 일반적인 '-시-'의 음운 현상에 어긋난다. 이에 대한 자세한 설명은 본서 1권의 〈소학제사(小學題辭)〉의 'ᄉᆞᆯ허ᄒᆞ샤'를 참조하기 바란다. '-오ᄃᆡ'는 '-샤-' 뒤에서 '오'가 탈락되었는데, 선행 음절의 모음이 'ㆍ, ㅏ, ㅗ, ㅣ, 반모음 ㅣ'인 경우에 붙어, '-(으)되'를 뜻하는 연결어미이다.

5 플리러시다: 풀리시더라. '플리(어간)+러(회상법 선어말어미)+시(주체 높임 선어말어미)+다(평서형 종결어미)'이다. '-러-'는 '플리-'의 피동접사 '-리-' 아래에서 교체된 것이다. 이 王子ᄃᆞᆯ히 無量百千萬億 부텨를 供養ᄒᆞᅀᆞᆸ고 다 부톄 ᄃᆞ외시니 ᄆᆞᆺ 後에 成佛ᄒᆞ신 일후미 燃燈이러시다.《석상 13:35》, 이 야ᅌᅳ로 次第로 二萬億 부톄 겨샤ᄃᆡ 다 ᄒᆞᆫ 가짓 號ㅣ러시다.《석상 19:28~29》. '플리다'는 현대국어 '풀리다'의 옛말이다. '플리다'는 16세기 문헌에서부터 나타난다. '플리다'는 '풀다'의 옛말인 동사 '플-'에 피동접사 '-리-'가 결합한 것이다. 근대국어 시기에 양순음 'ㅁ, ㅂ, ㅍ' 아래에서 모음 'ㅡ'가 'ㅜ'로 변화하는 원순모음화가 일어나 18세기에는 '풀리다' 형태가 등장하게 되었다. 한편 근대국어 시기에는 어중의 'ㄹㄹ'을 'ㄹㄴ'으로 표기하는 경향이 있어서 18~19세기 문헌에는 '플니다', '풀니다'로 표기된 예도 나타난다. 플리다(17세기~19세기)〉풀리다(18세기~현재). 이형태: 플리다, 플니다, 풀리다, 풀니다. 오직 父부母모ㅅ긔 順슌ᄒᆞ야사 可가히 ᄡᅥ 근심을 플리러시다.《1587 소언 본 장》, 맛당이 긔운이 됴화ᄒᆞ여 병이 플리게 ᄒᆞᆯ 찌니라.《1653 벽신 5ㄱ》

【集說】朱子曰孟子推舜之心如此하여以解上文之意하시니라 極天下之欲이로되不足以解憂요而惟順於父母라야可以解憂라하시니孟子眞知舜之心哉신저

주자가 말하였다. "맹자께서 舜의 마음을 추측하기를 이와 같이 하여, 써 윗글의 뜻을 푸셨다. 천하의 하고자 함을 다하더라도 써 근심을 풀지 못하고, 오직 부모에게 순하여야[사랑 받아야] 근심을 풀 수 있다고 하셨으니, 맹자께서 참으로 舜의 마음을 아셨도다."

人이少則慕父母ᄒᆞ고知好色則慕少艾ᄒᆞ고有妻子則慕妻子ᄒᆞ고仕則慕君ᄒᆞ고不得於君則熱中이니大孝ᄂᆞᆫ終身慕父母ᄒᆞᄂᆞ니五十而慕者를予ㅣ於大舜에見之矣로라

● 사람이 어리면 부모를 사모하다가, 색 좋아함을 알면 젊고 예쁜 여자를 사모하고, 처와 자식을 두면 처와 자식을 사모하고, 벼슬하면 임금을 사모하고, 임금에게 얻지 못하면 속을 태우니, 큰 효는 몸을 마치도록 부모를 사모하니, 쉰 살이 되도록 사모한 사람을 나는 大舜에서 그것을 보았노라."

漢字 少(젊을 소, 적을 소), 艾(예쁠 애, 쑥 애, 늙은이 애), 熱(탈 열, 더울 열)

소애(少艾): 젊고 예쁜 여자.

소언 사ᄅᆞᆷ이 졈은 제ᄂᆞᆫ 父부母모ᄅᆞᆯ ᄉᆞ모ᄒᆞ고 色ᄉᆡᆨ 됴히 너김을 아라ᄂᆞᆫ 졈고 고온 이를 ᄉᆡᆼ각ᄒᆞ고 妻쳐ᄌᆞ식을 두어ᄂᆞᆫ 妻쳐ᄌᆞ식을 ᄉᆡᆼ각ᄒᆞ고 벼슬ᄒᆞ야ᄂᆞᆫ 님금을 ᄉᆡᆼ각ᄒᆞ고 님금ᄭᅴ 得득디 몯ᄒᆞ야ᄂᆞᆫ 속이 덥다라 ᄒᆞᄂᆞ니 큰 효도ᄂᆞᆫ 몸이 ᄆᆞᆺ도록 父부母모ᄅᆞᆯ ᄉᆞ모ᄒᆞᄂᆞ니 쉰에 ᄉᆞ모ᄒᆞᄂᆞᆫ 이ᄅᆞᆯ 내 大대舜슌ᄭᅴ 보ᄋᆞ오라

현대역 사람이 어린 때는 부모를 사모하고, 色 좋게 여김을 알아서는 어리고 고운 이를 생각하고, 처자식을 두어서는 처자식을 생각하고, 벼슬해서는

임금을 생각하고, 임금께 얻지 못해서는 속이 덥게 달아 하니, 큰 효도는 몸이 마치도록 부모를 사모하니, 쉰에 사모하는 이를 내 大舜께 뵙는다."

1 아라ᄂᆞᆫ, 두어ᄂᆞᆫ, 벼슬ᄒᆞ야ᄂᆞᆫ, 몯ᄒᆞ야ᄂᆞᆫ: 알아서는, 두어서는, 벼슬해서는, 못해서는. '알(어간)+아ᄂᆞᆫ(연결어미)', '두(어간)+어ᄂᆞᆫ(연결어미)', '벼슬ᄒᆞ(어간)+야ᄂᆞᆫ(연결어미)', '몯ᄒᆞ(어간)+야ᄂᆞᆫ(연결어미)'이다. '-아ᄂᆞᆫ'은 끝음절의 모음이 'ㆍ, ㅏ, ㅗ'인 동사, 형용사 어간 뒤에, '-어ᄂᆞᆫ'은 기타 모음 뒤에, '-여ᄂᆞᆫ'는 'ᄒᆞ다' 어간 뒤에 붙어 '-아서는'을 뜻하는 어미이다. 늘거 그텟 사괴요ᄆᆞᆯ 가져 나져믄 사ᄅᆞ미게 브토니 ᄂᆞᆺ촐 當ᄒᆞ얀 ᄆᆞᅀᆞᄆᆞᆯ 보내요ᄃᆡ ᄂᆞᆺ촐 도라는 웃ᄂᆞ다(晩將末契托年少 當面輸心背面笑).《두시-초 25:52》, 妻쳐ᄌᆞ식을 두어ᄂᆞᆫ 妻쳐ᄌᆞ식을 ᄉᆡᆼ각ᄒᆞ고 벼슬ᄒᆞ야ᄂᆞᆫ 님금을 ᄉᆡᆼ각ᄒᆞ고 님금ᄭᅴ 得득디 몯ᄒᆞ야ᄂᆞᆫ 속이 덥다라 ᄒᆞᄂᆞ니.《소언 본 장》

2 덥다라: 덥게 달아. 몹시 하고 싶거나 기다려져 마음이 조급해져. '덥달(어간)+아(보조적 연결어미)'이다. '덥달다'는 '덥게 달다', '달구다'의 옛말이다. ᄯᅩ 마자 헌ᄃᆡ 덥달며 알ᄑᆞ거든 黃丹 ᄒᆞᆫ 兩과 蜜陀僧 半 兩과 輕粉 ᄒᆞᆫ 돈 半과 麝香 半 돈과 龍腦 ᄒᆞᆫ 字ᄅᆞᆯ 細末ᄒᆞ야 헌 우희 ᄲᅦ코 ᄑᆞ른 기브로 둡고 가온ᄃᆡ ᄒᆞᆫ 굼글 두라.《구방 하:25》, 머리 녀가ᄆᆞᆯ 스싀로 苦로이 너기디 말라 안히 덥다로ᄆᆞᆫ 요ᅀᆞᅀᅵ예 엇더ᄒᆞ뇨(遠行無自苦 內熱比何如).《두시-초 20:51》

3 보ᅀᆞ오라: 뵙는다. '보ᅀᆞ(어간)+오라(평서형 종결어미)'이다. '보ᅀᆞ-'는 현대국어 '뵙다'의 옛말인 '보ᅀᆞᆸ다'에서, 어간 '보ᅀᆞᆸ-'이 모음 어미 '-오라' 앞에서 약화된 어형이다. '-오라'는 동사나 형용사 어간 뒤에 붙어, 주로 일인칭 주어와 함께 쓰여, '-다/-ㄴ다'를 뜻하는 어미이다. 右手 左手로 天地 ᄀᆞᄅᆞ치샤 ᄒᆞ오ᅀᅡ 내 尊호라 ᄒᆞ시니.《월곡 상:8》, 太子ㅣ 道理 일우샤 ᄌᆞ개 慈悲호라 ᄒᆞ시ᄂᆞ니.《석상 6:5》

【集說】朱子曰言常人之情은因物有遷이로되惟聖人은爲能不失其本心也라艾는美好也라不得은失意也요熱中은躁急心熱也라言五十者는舜攝政時年五十也니五十而慕면則其終身慕를可知矣라此章은言舜不以得衆人之所欲으로爲己樂

하고而以不順乎親之心으로爲己憂하시니非聖人之盡性이면 其孰能之리오

주자가 말하였다. "일반인의 情은 사물에 따라 옮김이 있지만, 오직 성인은 능히 그 본심을 잃지 않기 때문임을 말하였다. 艾는 아름답고 좋음이다. 不得은 뜻을 잃음이고, 熱中은 조급하여 마음이 더워짐이다. 쉰 살이라고 말한 것은 舜이 攝政할 때 나이가 쉰 살이니, 쉰 살에도 사모했다면 그 몸을 마치도록 사모했음을 가히 알 수 있다. 이 장은 舜이 일반인들의 하고자하는 바를 얻음으로써 자기의 즐거움을 삼지 않고, 어버이의 마음에 順하지 못함으로써 자기의 근심을 삼았음을 말하였으니, 성인이 性을 다함이 아니면, 그 누가 그것에 능하겠는가?"

漢字 躁(조급할 조), 急(급할 급), 攝(잡을 섭)

〖七章〗

○楊子ㅣ曰事父母호되自知不足者는其舜乎ㅣ신뎌不可得而久者는事親之謂也ㅣ니孝子는愛日이니라 《法言 至孝》

●楊子가 말하였다. "부모를 섬기되, 스스로 부족함을 안 이는 아마도 순이실 것이다. 가히 능하게 하면서 오래 하지 못하는 것은 어버이 섬김을 이르니, 효자는 날을 아낀다."

漢字 愛(아낄 애, 사랑할 애)

1 其-乎: 아마도 ~일 것이다,

2 양웅(揚雄, 기원전 53년~기원후 18년): 서한(西漢, 전한)시대 인물이다. 촉군(蜀郡) 성도[成都, 지금의 쓰촨성 청두(成都)시 피(郫)현] 출신으로, 자는 자운(子雲)이다. 본명은 양웅(楊雄)인데 성을 바꿨다(날릴 '양'에서 버들 '양'자로 바꿈). 어렸을 때부터 학문을 좋아하여 박학다식했고 특히 사부에 심취했다. 하지만 말을 더듬었던 관계로 남들과 이야기하는 것을 좋아하지 않았고, 혼자 깊이

생각하는 것을 좋아했다. 본래 성품이 기이한 것과 새로운 것을 좋아했다. 집안이 가난했지만 부귀를 맹목적으로 좇지는 않았다. 일찍이 저명한 학자인 엄군평(嚴君平)에게 학문을 익혔다. 선진(先秦, 춘추전국시대) 노장철학(老莊哲學)에 정통했던 엄군평의 《도덕지귀(道德指歸)》는 내용이 매우 광범위하고 철학적 사변성이 강한데, 이것이 양웅에게 큰 영향을 끼쳤다. 40세가 지난 후에 수도 장안(長安, 지금의 산시(陝西)성 시안(西安)시)에 갔다가 대사마(大司馬) 왕음(王音)이 불러 문하사(門下史)가 되었다. 뒤에 촉(蜀)사람 양장(楊莊)의 추천으로 평소 사부를 좋아하던 한성제[漢成帝, 유오(劉驁)]의 부름을 받아 궁으로 들어가 시종이 되었다. 기원전 11년 정월에 성제와 더불어 감천궁에 가서 〈감천부(甘泉賦)〉, 〈하동부(河東賦)〉를 지었다. 그 해 12월에는 〈우렵부(羽獵賦)〉를 지었는데, 그 주제는 성제에게 간접적으로 올리는 간언(諫言)이었다. 그 공으로 급사황문랑(給事黃門郞)이 되었다. 당시 동료로 왕망(王莽)과 유흠(劉歆)이 있었는데, 나중에 왕망이 정권을 잡자 양웅은 중산대부(中散大夫)로 임명되었다. 이때 그가 쓴 〈극진미신(劇秦美新)〉은 왕망을 미화한 작품인데, 이것이 나중에 논란의 대상이 되었다. 후에 천록각교서(天祿閣校書)가 되어 각지의 언어를 연구하고 《방언(方言)》을 저술했다. 제자 유분(劉棻)의 죄에 함께 연루되었을 때 군사들이 자신을 체포하러 온다는 소식을 듣고 두려워 누각(천록각)에서 뛰어내려 자살하려 했는데 다행히 죽지는 않았다. 나중에 대부로 복직되었지만 당시 "적막(寂寞, 쓸쓸하고 고요함)을 자청하더니 누각에서 투신했다네."라고 그를 조롱하는 말이 유행했다. 당시 한나라는 왕망이 권력을 찬탈하고 황제가 되는 등 정치적으로 암흑기였다. 그래서 양웅은 벼슬을 버리고 귀향하였고 저술에 힘썼다. 그는 《논어(論語)》에 의거하여 《법언(法言)》을 지었고, 《역경(易經)》(《주역》)에 의거하여 《태현(太玄)》을 저술했다. 한자를 창제했다는 전설 속의 인물 창힐(蒼頡)과 관련하여 《훈찬편(訓纂篇)》을 저술했다. 또한 그는 사마상여(司馬相如) 이후 서한시대의 가장 유명한 사부가(辭賦家)로 평가받는다. 성제, 애제(哀帝), 평제(平帝), 왕망 등 4대를 섬긴 그는 18년에 나이 71세로 세상을 떠났다. 양웅은 유가와 도가 사상을 융합하여 엄밀하고 상세한 철학체계를 창조했다. 이는 중국 철학 발전사에 보기 드문 일이었다. 또한 당시 유행했던 천인감응(天人感應, 하늘과 땅과 사람이 서로 연결되어 있음), 귀신도식(鬼神圖識, 귀신의 여러 그림을 놓고 벌이는 주술의식) 등의 미신적 사상을 유물주의(唯物主義) 관점에서 신랄하게 비판했다. 그는 선진(先秦, 춘추전국시대) 유학에서 중시한 이성과 도덕 실천 정신을 부흥시키려 했다고 볼 수 있다. 이러한 사상은 동한의 유물주의 철학가 왕충에게 큰 영향을 끼쳤다. 양웅의 무덤이 쓰촨성 청두시 피현 유아이향(友愛鄕) 쯔윈촌(子雲村)에 있으며, 청두시 시급중점문물 보호단위로 지정되어 있다. 근처에 당나라 문학가 유우석(劉禹錫)이 〈누실명(陋室銘)〉이라는 글에서 언급한 '서촉자운정(西蜀子雲亭, 서촉 땅 양웅의 정자)' 관련 유적이 있다(중국인물사전).

소언 楊양子ᄌᆞ[일홈은 雄웅이니 漢한 적 사ᄅᆞᆷ이라]ㅣ ᄀᆞᆯ오ᄃᆡ 父부母모ᄅᆞᆯ 셤교ᄃᆡ ᄉᆞᄉᆞ로 足죡디 몯홈ᄋᆞᆯ 아ᄂᆞᆫ 이ᄂᆞᆫ 그 舜슌이신뎌 可가히 시러곰 오래 몯ᄒᆞᆯ 거ᄉᆞᆫ 어버이 셤김을 닐옴이니 孝효子ᄌᆞᄂᆞᆫ 날을 앗기ᄂᆞ니라

현대역 양자[이름은 雄이니, 漢나라 때 사람이라.]가 가로되, "부모를 섬기되, 스스로 족하지 못함을 아는 이는 그 순이시구나. 가히 능히 오래 못할 것은 어버이 섬김을 이름이니, 효자는 날을 아낀다."

슌이신뎌: 순(舜)이시구나. '슌(舜, 고유명사)+이(서술격 조사 '이다'의 어간)+시(주체 높임 선어말어미)+ㄴ(관형사형 어미)+ᄃᆞ(의존명사)+여(감탄 보조사)'이다. '-ㄴ뎌'는 공시적으로는 어미로 재구조화하여, '-구나'를 뜻한다. 슬프다 녯 사ᄅᆞᄆᆡ 마ᄅᆞᆯ 아디 몯ᄒᆞ논뎌(悲哉, 不悟昔人言).《남명 하:30》, ᄒᆞ나 아닌 다ᄅᆞᆫ 教ᄅᆞᆯ 내시ᄂᆞ니 어긔요ᄃᆡ 다ᄅᆞ디 아니ᄒᆞ닌 오직 聖人ㅅ 마리신뎌(吐不一之殊教 乖而不可異者 其惟聖言乎).《영가 하:36》

【增註】**楊子**의**名**은**雄**이니**西漢人**이라**自知不足者**는**謂雖已順其親**이나**而其心**이**常若不足也**라**愛日者**는**惜此日之易過**하고**懼來日之無多**하여**而不得久事其親也**라

楊子의 이름은 雄이니, 西漢 사람이다. 自知不足者[스스로 부족함을 안다는 것]는 비록 이미 그 어버이에게 순히 하고도 그 마음이 늘 부족한 듯함을 말한다. 愛日者[날을 아낀다는 것]는 것은 이 날이 쉬이 지나감을

아끼고, 올 날이 많지 않아 능히 오랫동안 그 어버이를 섬길 수 없음을 두려워함이다.

漢字 惜(아낄 석)

〖八章〗

○文王之爲世子애朝於王季ᄒᆞ샤ᄃᆡ日三ᄒᆞ더시니鷄初鳴而衣服ᄒᆞ샤至於寢門外ᄒᆞ샤問內竪樹之御者曰今日安否ㅣ何如오內竪ㅣ曰安이어든文王이乃喜ᄒᆞ시며及日中又至ᄒᆞ샤亦如之ᄒᆞ시며及莫暮又至ᄒᆞ샤亦如之러시다 《禮記 文王世子》

●文王이 세자 되심에 王季를 뵙되, 날마다 세 번 하셨는데, 닭이 처음 울면 옷을 입고 침문 밖에 이르시어, 내시 중 모시는 자에게 물어 말하길, “오늘의 안부가 어떠하신가?” 내시가 말하길, “편안하십니다.” 하면, 문왕이 이에 기뻐하셨으며, 한낮에 미쳐 또 이르시어 또한 그와 같이 하셨으며, 저녁에 미쳐 또 이르시어 또한 그와 같이 하셨다.

漢字 竪(내시 수=豎의 속자, 세울 수), 莫(없을 막, 저물 모=暮)

내수(內竪/內豎): 내시(內侍). 조선시대에, 내시부에 속하여 임금의 시중을 들거나 숙직 따위의 일을 맡아보던 남자. 모두 거세된 사람이었음.

소언 文문王왕이 世셰子ᄌᆞ 되여 겨실 적의 王왕季계ᄭᅴ 뵈ᄋᆞ오샤ᄃᆡ 날마다 세 번곰 ᄒᆞ더시니 ᄃᆞᆰ이 처엄 울어든 옷 닙ᄋᆞ샤 침실 門문 밧ᄭᅴ 니ᄅᆞ샤 안 아ᄒᆡ 뫼션ᄂᆞᆫ 이ᄃᆞ려 무러 ᄀᆞᆯᄋᆞ샤ᄃᆡ 오ᄂᆞᆯ 安안否부ㅣ 엇더ᄒᆞ시뇨 안 아ᄒᆡ ᄀᆞᆯ오ᄃᆡ 편안ᄒᆞ싱이다 커든 文문王왕이 깃거ᄒᆞ시며 낟 만홈애 미처 ᄯᅩ 니ᄅᆞ샤 ᄯᅩ ᄀᆞᆮ티 ᄒᆞ시며 나조ᄒᆡ 미처 ᄯᅩ 니ᄅᆞ샤 ᄯᅩ ᄀᆞᆮ티 ᄒᆞ더시다 현대역 문왕이 세자 되어 계실 때에 王季께 뵈시되, 날마다 세 번씩 하시더니, 닭이 처음 울거든 옷 입으시어 침실 문밖에 이르시어, 집안 아이 모시는 이더러 물어 말씀하시되. "오늘 안부가 어떠하시냐?" 집안 아이 말하되, "편안하십니다." 하거든 문왕이 기뻐하시며, 한낮 만함에[한낮에] 미처 또 이르시어 또 같이 하시며, 저녁에 미처 또 이르시어 또 같이 하시더라.

1 뵈ᄋᆞ오샤되: 뵈시되. '뵈ᄋᆞ오(어간)+샤(주체 높임 선어말어미)+오ᄃᆡ(연결어미)'이다. 주체 높임 선어말어미 '-샤-'는 '-시-'가 모음 어미 '-오ᄃᆡ' 앞에서 실현된 것이다. 이에 대한 자세한 설명은 본서 1권 중 〈소학제사(小學題辭)〉의 '슬허ᄒᆞ샤'를 참조하기 바란다. '-오ᄃᆡ'는 '-샤-' 뒤에서 '오'가 탈락되었는데, 선행 음절의 모음이 'ㆍ, ㅏ, ㅗ, ㅣ, 반모음 ㅣ'인 경우에 붙어, '-(으)되'를 뜻하는 연결어미이다. '뵈ᄋᆞ오다'는 현대국어 '뵙다'의 옛말인 '뵈ᅀᆞᆸ다', '뵈ᅀᆞᆸ다'의 이형태이다. 현대국어 '뵈다'와 '뵙다'는 '뵈다'의 경우 15세기부터 쓰여 형태의 변화 없이 계속 쓰였으며, '뵙다'의 경우 '뵈ᅀᆞᆸ다'의 '-ᅀᆞᆸ-'이 '-ᄋᆞᆸ-'으로 변한 다음 다시 '-ㅂ-'으로 변하여 형성된 말이다. 중세국어에서 현대국어에 이르기까지 '-ᅀᆞᆸ-'은 형태와 출현 위치가 다양하게 변화하는데, 16세기에 나타나는 '뵈ᅀᆞ오다'나 18세기에 나타나는 '뵈옵다', '뵈압다' 등은 모두 '-ᅀᆞᆸ-'의 변화에 기인한다. 뵈ᅀᆞᆸ다, 뵈다(15세기~현재)〉뵈ᄋᆞᆸ다(16세기~19세기)〉뵙다(20세기~현재). 이형태: 뵈ᅀᆞᆸ다, 뵈ᅀᆞᇦ다, 뵈ᅀᆞ오다, 뵈다, 뵈ᄋᆞᆸ다, 뵈옵다, 뵈압다. 婇女ᄃᆞᆯ히 太子ᄭᅴ 드ᅀᆞᄫᅡ 온 가짓 呈才ᄒᆞ야 웃이ᅀᆞᄫᆞ며 갓갓 고ᄫᆞᆫ 양ᄒᆞ야 뵈ᅀᆞᆸ거늘.《1447 석상 3:24ㄱ》, 즉자히 ᄂᆞ려와 世尊ᄭᅴ 뵈ᅀᆞᄫᅡ 머리 조ᄊᆞᆸ고.《1447 석상 6:45ㄴ》, 뎌 如來ㅅ 本願威力으로 알ᄑᆡ 뵈샤.《1447 석상 9:15ㄱ》, 하딕ᄒᆞ며 도라와 뵈ᅀᆞ오며 깃븐 일 잇거든 가 하례ᄒᆞ며.《1518 여씨-존 19ㄱ》, 告ᄒᆞ고 도라와 뵈요ᄆᆞᆯ 산 제 ᄀᆞ티 ᄒᆞ더라《1514 속삼 효:31ㄱ》, ᄆᆡ양 닷쇗만의 모욕 말ᄆᆡ홀 제 도라와 뵈ᄋᆞᆸ고 親히 견방의 들어가《1588 소언 6:79ㄱ》

2 번곰: 번씩. '번(의존명사)+곰(접사)'이다. '곰'은 주로 수량을 나타내는 체언에 붙어, '씩'을 뜻하는 접사이다. 舍利弗의그에 무라 두 즘겟 길마다 亭舍ᄅᆞᆯ 세곰 지ᅀᅳ니.《월곡 상:56》, 王이 ᄒᆞᆫ 太子ᄅᆞᆯ ᄒᆞᆫ 夫人곰 맛디샤.《석상 11:33》

3 닙ᄋᆞ샤: 입으시어. '닙+ᄋᆞ샤(주체 높임 선어말어미)+ø(연결어미 '아' 탈락)'이다. '-ᄋᆞ샤-'는 '-시-'가 모음 어미 '-아' 앞에서 실현된 것이다. 'ᄋᆞ'는 매개모음이다. 자세한 설명은 본서 1권의 〈소학제사(小學題辭)〉 '슬허ᄒᆞ샤'를 참조하기 바란다.

4 뫼셧└: 모셔 있는. 뫼시(어간)+어(보조적 연결어미)+잇(在, '잇다'의 어간)+└(현재 시제 선어말어미)+ㄴ(관형사형 어미)'이다. 완료상은 보조적 연결어미 '-아/어'와 보조형용사 '잇다[在]'의 결합으로 표현된다. 그런데 '잇-'이 본동사와 한 음절을 이룰 때 이미 15세기에 'ㅣ'가 탈락되어 '어+ㅅ→엇'으로 나타나는 일이 많았다. 본 예는 어간의 이중모음 [oj] 뒤에서 '엇'이 '엿'으로 실현되면서, 자음동화된 결과를 반영한 것이다. '뫼시다'는 '모시다'의 옛말이다.

5 이ᄃᆞ려: 이더러. '이(의존명사)+ᄃᆞ려(부사격 조사)'이다. 'ᄃᆞ려'는 주로 유정 체언류 뒤에 붙어, '더러'를 뜻하는 조사이다. 부톄 目連이ᄃᆞ려 니ᄅᆞ샤ᄃᆡ 네 迦毗羅國에 가아 아바닚긔와 아ᄌᆞ마닚긔와 아자바님내ᄭᅴ 다 安否ᄒᆞᅀᆞᆸ고.《석상 6:1》, 婆羅門이 보고 깃거 이 각시ᅀᅡ 내 얻니논 ᄆᆞᅀᆞ매 맛도다 ᄒᆞ야 그 ᄯᆞᆯᄃᆞ려 무로ᄃᆡ 그듸 아바니미 잇ᄂᆞ닛가.《석상 6:14》

6 엇더ᄒᆞ시뇨: 어떠하시냐. '엇더ᄒᆞ(어간)+시(주체 높임 선어말어미)+뇨(의문형 종결어미)'이다. '엇더ᄒᆞ다'는 '어떠하다'의 옛말이다. 의문문에는 상대방에게 가부(可否)를 요구하는 판정의문문과 의문사를 써서 설명을 요구하는 설명의문문이 있다. 중세국어에서 제1·3인칭 판정의문문에서는 체언에 의문 보조사를 붙이는 경우에는 「체언+의문 보조사 '가/아'」의 형태이고, 활용형에서는 「용언+종결어미 '니여/녀, 리여/려'」의 형태이다. 제1·3인칭 설명의문문에서는 체언에 의문 보조사를 붙이는 경우에는 「체언+의문 보조사 '고/오'」의 형태이고, 활용형에서는 「용언+종결어미 '뇨/료'」의 형태이다. 한편 제2인칭 의문문은 판정의문문과 설명의문문 공히 「용언의 관형사형 '-ㄴ/-ㅭ'+의문 보조사 '다'」의 형태이다. 이밖에 수사의문문의 어미로서 '-이ᄯᆞᆫ', '-이ᄯᆞ녀', '-이ᄯᆞ니잇가'도 쓰였다. 본 예는 ᄒᆞᄅᆞ체 제1·3인칭 설명의문문의 경우이다.

7 편안ᄒᆞ싱이다: 편안하십니다. '편안ᄒᆞ시이다'와 같은 표현으로, '편안ᄒᆞ(어간)+시(주체높임 선어말어미)+이(존비법 ᄒᆞ쇼셔체 선어말어미)+다(평서형 종결어미)'이다. 존비법(상대 높임법)은 말하는 이가 듣는 사람을 높이거나 낮추는 높임법이다. ᄒᆞ라체, ᄒᆞ야쎠체, ᄒᆞ쇼셔체, 반말이 있다. 평서형 종결어미 '-다' 앞에서는 '-이-'가, 의문형 종결어미 '-가', '-고' 앞에서는 '-잇-'이 선택되고, 명령법에서는 종결어미 '-쇼셔'가 선택된다. 이들은 존비법에서 가장 높이는 ᄒᆞ쇼셔체에 해당한다. 상대높임법은 현대국어에서 문어체의 편지나 공문서에 아직도 '하나이다', '하리이다' 등과 같이 쓰이고 있다. 太子ㅅ 모미 傷ᄒᆞ야 命이 머디 아니ᄒᆞ시이다.《석상 11:21》, 또 이 ᄯᆞ른 畜生ᄋᆡ 나혼 거시이다 ᄒᆞ고 根源을

다 술바늘.《석상 11:28》

8 나조히: 저녁에. '나조ㅎ(명사)+이(부사격 조사)'이다. '나조ㅎ'은 휴지(休止) 앞에서는 'ㅎ'이 탈락하여 '나조'로 나타난다. 아추미는 虛空애 나아 노다가 나조힌 므레 가 자느니.《석상 13:10》, 나조 셕 夕.《천자-칠 27》

【集解】陳氏曰內竪는內庭之小臣이라御는是直日者라世子朝父母에惟朝夕二禮어늘今文王日三은聖人過人之行也니라

진 씨가 말하였다. "內豎는 안뜰의 작은 신하이다. 御는 이, 날을 번든[당직한, 日直] 자이다. 세자가 부모를 뵘에 오직 아침저녁의 두 禮인데, 이제 文王이 날마다 세 번 하심은 성인이 일반인 행실을 지남이다."

漢字 直(번들 직, 당직할 직)

其有不安節이어시든則內竪ㅣ以告文王ᄒᆞ야든文王이色憂ᄒᆞ샤行不能正履ᄒᆞ더시니王季ㅣ復膳然後에亦復初ㅣ러시다食上애必在視寒暖之節ᄒᆞ시며食下ㅣ어든問所膳ᄒᆞ시고命膳宰曰末有原이어시든應曰諾然後에退ᄒᆞ더시다

●그 편치 않은 때가 있어, 곧 내시가 써 文王에게 알리면, 文王이 얼굴빛이 근심하시어, 다님에 능히 바로 밟지 못하시더니, 王季가 먹기를 회복하신 뒤에야, 또 처음을 회복하시었다. 음식을 올릴 때에 반드시 차며 더운 절차를 살펴보시며, 음식을 물리면 먹은 바를 물으시고, 요리사[膳宰]에게 명하여 말하기를, "거듭함이 있게 하지 말라."고 하시거든, 응답하여 말하되, "예." 한 뒤에 물러나셨다.

漢字 履(밟을 리, 신 리), 復(회복할 복, 다시 부), 膳(먹을 선, 반찬 선, 올릴 선), 在(살필 재), 宰(요리사 재, 주관할 재), 末(말다 말, 끝 말), 原(거듭할 원, 근원 원), 諾(더디 대답할 낙)

선재(膳宰): 요리사. 선부(膳夫). 조선시대에, 사옹원에서 문소전(文昭殿)과 대전

의 식사를 감독하는 일을 맡아보던 벼슬. 종칠품의 잡직.

소언 그 節절[飮음食식이며 起긔居거ᄒᆞ시ᄂᆞᆫ ᄣᅢ라]에 편안티 몯홈이 겨시거든 곧 안 아ᄒᆡ ᄡᅥ 文문王왕ᄭᅴ 엳ᄌᆞ와ᄃᆞᆫ 文문王왕이 ᄂᆞᆾ비체 근심ᄒᆞ샤 거르실 제 能능히 바ᄅᆞ 드듸디 몯ᄒᆞ더시니 王왕季계 진지를 도로 ᄒᆞ신 후에ᅀᅡ ᄯᅩ 처엄대로 도로 ᄒᆞ더시다 진지 오를 제 반ᄃᆞ시 시그며 더운 졀ᄎᆞᄅᆞᆯ ᄉᆞᆯ펴보시며 진지 믈으ᅌᆞ와ᄃᆞᆫ 자신 바를 무르시고 진지 ᄀᆞ옴안 사ᄅᆞᆷᄃᆞ려 命명ᄒᆞ야 ᄀᆞᆯᄋᆞ샤ᄃᆡ 다시 들임이 잇디 말라 ᄒᆞ야시ᄃᆞᆫ ᄃᆡ답ᄒᆞ야 ᄀᆞᆯ오ᄃᆡ 그리호링이다 ᄒᆞᆫ 후에ᅀᅡ 믈러나더시다

현대역 그 節[음식이며 기거하시는 때라.]에 편안하지 못함이 계시거든, 곧 집안 아이 써 문왕께 여쭙거든, 문왕이 낯빛에 근심하시어 걸으실 때 능히 바로 디디지 못하시더니, 王季 진지를 도로 하신 후에야 또 처음대로 도로 하시더라. 진지 오를 때 반드시 식으며 더운 절차를 살펴보시며, 진지 무르거든 잡수신 바를 물으시고, 진지 주관한 사람더러 명하여 말씀하시되, "다시 들임이 있지 말라." 하시면, 대답하여 가로되, "그렇게 하겠습니다." 한 후에야 물러나시더라.

1 엳ᄌᆞ와ᄃᆞᆫ: 여쭙거든. '엳ᄌᆞ오(어간)+아ᄃᆞᆫ(연결어미)'이다. '-아ᄃᆞᆫ'은 끝음절 모음이 'ㅏ, ㅗ'인 어간 뒤에 붙어, 주로 타동사 어간이나 어미 뒤에 붙어, '-거든'을 뜻하는 어미이다. 王舍城으로 가며 길헤 艱難ᄒᆞᆫ 사ᄅᆞᆷ 보아ᄃᆞᆫ 다 布施ᄒᆞ더라.《석상 6:15》, 네 이 經 受持ᄒᆞᇙ 사ᄅᆞᆷ 보아ᄃᆞᆫ 靑蓮花애 末香ᄋᆞᆯ ᄀᆞᄃᆞ기 다마 그우희 비허 供養ᄒᆞ고.《석상 20:31》. '엳ᄌᆞ오-'는 '엳ᄌᆞᆸ다'의 어간 '엳ᄌᆞᆸ-'이 모음 어미 '-아ᄃᆞᆫ' 앞에서 약화된 어형이다. '엳ᄌᆞᆸ다'는 '여쭙다'의 옛말로, 모음으로 시작하는 어미 앞에서는 '엳ᄌᆞᇦ-'이나 '엳ᄍᆞ오-' 또는 '엳ᄌᆞ오-'로 나타난다. 須達이 깃거 波斯匿王ᄭᅴ 가아 말ᄆᆡ 엳ᄌᆞᆸ고 쳔량 만히 시러 王舍城으로 가며.《석상 6:15》, 世尊하 내 이제 諸佛 니ᄅᆞ시논 陀羅尼句를 엳ᄌᆞᄫᅡ 請ᄒᆞᅀᆞᆸᄂᆞ니.《월석 10:84》.

2 드듸디: 디디지. '드듸(어간)+디(보조적 연결어미)'이다. '드듸다'는 '디디다'의 옛말이다. 蓮花ㅅ 고지 나거늘 世尊이 드듸샤 四方 向ᄒᆞ샤 周行七步ᄒᆞ시니.《월

곡 상:8》, 깃ᄉᆞᄫᆞ며 信ᄒᆞ며 恭敬ᄒᆞ샤 ᄒᆞᆫ 발로 고초 드듸여 셔샤 부텨 向ᄒᆞᅀᆞᄫᅡ 손고초샤 ᄒᆞᆫ ᄆᆞᅀᆞᄆᆞ로 밤낫 닐웨를 곰즉도 아니ᄒᆞ야.《월석 1:52》

3 믈으ᅀᆞ와든: 무르거든. '믈으(어간)+ᅀᆞ오(선어말어미)+아든(연결어미)'이다. '믈으다'는 '무르다 '의 옛말인 'ᄆᆞ르다'의 분철 표기이다. 있던 자리에서 뒤로 옮기다. 五百 優婆塞 優婆夷 다 阿耨多羅 三藐三菩提에 므르디 아니ᄒᆞᆫ 사ᄅᆞ미 긔라.《석상 19:35》, 그저긔 一切 龍王ᄃᆞᆯ히 座로셔 니러 各各 옷 고티고 올ᄒᆞᆫ녁 메밧고 올ᄒᆞᆫ 무룹 수러 合掌ᄒᆞ야 … ᄒᆞᆫ녁 面에 믈러 住ᄒᆞᄂᆞ니라.《월석 10:45》

4 ᄀᆞᅀᆞᆷ안: 헤아려 차리한. 주관한. 'ᄀᆞᅀᆞᆷ알(어간)+ㄴ(관형사형 어미)'이다. 'ᄀᆞᅀᆞᆷ알다'는 '가말다'의 옛말로, '헤아려 처리하다'를 뜻한다. 현대국어 '가말다'의 옛말인 'ᄀᆞᅀᆞᆷ알다'는 15세기 문헌에서부터 나타난다. 'ᄀᆞᅀᆞᆷ알다'는 어원적으로 'ᄀᆞᅀᆞᆷ'과 '알다'가 결합한 것으로, 'ᄀᆞᅀᆞᆷ'과 '알다'가 연철 표기된 'ᄀᆞᅀᆞ말다'로 나타나기도 하는 한편, 분철 표기된 'ᄀᆞᅀᆞᆷ알다'로 나타나기도 하였다. 'ᄀᆞᅀᆞᆷ알다'는 16세기 이후 'ㅿ'이 표기에서 사라짐에 따라 'ᄀᆞᄋᆞᆷ알다'가 되었고, 17세기 이후 제2음절 이하에서 'ㆍ'가 'ㅡ'로 변함에 따라 'ᄀᆞ음알다'와 같은 형태로 바뀌었다. 제1음절의 'ㆍ'는 근대국어 시기 이후 'ㅏ'와 발음이 구분되지 않아 '가음알다'로도 표기되었다. 19세기 후반 이후 '가음'이 한 음절로 축약된 후 연철 표기됨에 따라 오늘날과 같은 형태인 '가말다'가 되었다. ᄀᆞᅀᆞᆷ알다(15세기~16세기)〉ᄀᆞᄋᆞᆷ알다(16세기~18세기)〉ᄀᆞ음알다(17세기~19세기)〉가음알다(19세기)〉가말다(19세기~현재). 이형태: ᄀᆞᅀᆞᆷ알다, ᄀᆞᅀᆞ말다, ᄀᆞᄋᆞᆷ알다, ᄀᆞᄋᆞ말다, ᄀᆞ음알다, ᄀᆞ으말다, 가음알다, 가음말다, 가말다. 琰魔王이 사ᄅᆞᆷ 罪 주는 法 ᄀᆞᅀᆞᆷ아는 王일ᄊᆡ 法王이라 ᄒᆞᄂᆞ니라.《1447 석상 9:30ㄱ》, 뎌 琰魔王이 世間앳 일훔 브튼 글와ᄅᆞᆯ ᄀᆞᅀᆞᆷ아랫ᄂᆞ니《1447 석상 9:38ㄱ》

5 그리호링이다: 그렇게 하겠습니다. '그리ᄒᆞ(어간)+오(화자 표시법 선어말어미)+리(추측법 선어말어미)+이(존비법 ᄒᆞ쇼셔체 선어말어미)+다(평서형 종결어미)'이다. '-리이다'는 동사, 형용사 어간이나 어미 뒤에 붙어, '-겠습니다'를 뜻하는 어미이다. 네 가짓 受苦ᄅᆞᆯ 여희여 涅槃 得호ᄆᆞᆯ 부텨 ᄀᆞᄐᆞ시긔 ᄒᆞ리이다.《석상 6:4》, 世尊이 니ᄅᆞ샤ᄃᆡ 出家ᄒᆞᆫ 사ᄅᆞᄆᆞᆫ 쇼히 ᄀᆞᆮ디 아니ᄒᆞ니 그에 精舍ㅣ 업거니 어드리 가료 須達이 ᄉᆞᆯ보ᄃᆡ 내 어루 이ᄅᆞᅀᆞ보리이다.《석상 6:22》. 종결형과 연결형의 선어말어미 '-오$_1$-'은 주어 명사구가 제1인칭 대명사 '나, 우리' 등 화자일 때 나타난다. 따라서 이를 화자 표시법 선어말어미(고영근, 2020: 363) 또는 1인칭법 선어말어미(허웅, 1958: 124-197)라고 부른다. 그러나 '-오$_1$-'은

주어 명사구가 제3인칭이라고 하더라도 그것이 화자 자신을 가리키는 경우에는 쓰일 수 있다. 이런 점에서 1인칭법 선어말어미보다는 화자 표시법 선어말어미라는 용어가 나아 보인다. '그리ᄒᆞ다'는 '그리하다'의 옛말이다. '그리ᄒᆞ다'는 15세기 문헌에서부터 나타난다. '그리ᄒᆞ다'는 부사 '그리'와 '-ᄒᆞ-'가 결합한 것이다. 19세기에 '-ᄒᆞ-'가 '-하-'로 표기되어 '그리하다'가 되면서 현재에 이르렀다. 그리ᄒᆞ다(15세기～19세기)〉그리하다(19세기～현재). 이형태: 그리ᄒᆞ다. 모딘 노미 듣디 아니홀ᄊᆡ 이 양ᄋᆞ로 낤 數를 漸漸 조려 닐웻 ᄉᆞᅀᅵ롤 살아지라 ᄒᆞ야늘 모딘 노미 그리ᄒᆞ라 ᄒᆞ니라.《1447 석상 24:15ㄱ》, 그저 이 길 북녁 人家의 드러가 잘 ᄃᆡ 어드라 가져 그리ᄒᆞ져 우리 가져.《1510년대 번노 상:46ㄴ》

【集解】**陳氏曰不安節**은**謂有疾**하여**不能循其起居飮食之常時也**라**食上**은**進膳於親也**라**在**는**察也**라**食下**는**食畢而徹也**라**問所膳**은**問所食之多寡也**라**未**은**猶勿也**요**原**은**再也**니**謂所食之餘**를**不可再進也**라

진 씨가 말하였다. "不安節[편치 않은 때]은 병이 있어 능히 그 몸을 뜻대로 움직이며 생활함과 먹고 마심이 평상시를 따를 수 없음을 이른다. 食上은 먹거리를 어버이께 올림이다. 在는 살핌이다. 食下는 먹기를 마치고 치움이다. 問所膳[먹은 바를 물으심]은 먹은 바의 많고 적음을 묻는 것이다. 未은 勿과 같고, 原은 다시이니, 먹던 것의 나머지를 다시 올릴 수 없음을 이른다."

漢字 **循**(따를 순), **畢**(마칠 필), **徹**(치울 철, 거둘 철, 통할 철)

기거(起居): 몸을 뜻대로 움직이며 생활함.

〖九章〗

○ **文王**이**有疾**이어시든**武王**이**不說**脫**冠帶而養**ᄒᆞ더시니**文王**이**一**

飯이어시든亦一飯ᄒᆞ시며文王이再飯이어시든亦再飯ᄒᆞ더시다 《禮記 文王世子》

●文王이 병이 있으시면, 武王이 관과 띠를 벗지 않고 봉양하셨는데, 文王이 한 번 밥을 잡수시면 (武王도) 또한 한 번 밥을 잡수셨으며, 文王이 두 번 밥을 잡수시면 (武王도) 또한 두 번 밥을 잡수셨다.

漢字 說(벗을 탈=脫, 말씀 설, 달랠 세, 기뻐할 열), 飯(밥 먹을 반, 밥 반)

무왕(武王, 기원전 1087년~기원전 1043년, 재위 기원전 1046년~기원전 1043년): 서주(西周) 왕조의 첫 왕으로 성은 희(姬), 이름은 발(發)이다. 자세한 설명은 〈어제소학서(御製小學序)〉를 참조하라.

소언 文문王왕이 병이 잇거시든 武무王왕[周쥬ㅅ 나라 님금이니 文문王왕 아ᄃᆞ님이라]이 冠관帶ᄃᆡ롤 밧디 아니ᄒᆞ야 봉양ᄒᆞ더시니 文문王왕이 ᄒᆞᆫ 번 뫼 자셔든 ᄯᅩ ᄒᆞᆫ 번 뫼 자시며 文문王왕이 두 번 뫼 자셔든 ᄯᅩ 두 번 뫼 자시더시다

현대역 문왕이 병이 있으시거든, 무왕[周나라 임금이니, 문왕 아드님이라.]이 冠帶를 벗지 아니하여 봉양하시더니, 문왕이 한 번 진지 자시거든 또 한 번 진지 자시며, 문왕이 두 번 진지 자시거든 또 두 번 진지 자시더라.

1 뫼: 메. 진지. '메'는 제사 때 신위(神位) 앞에 놓는 밥이나, 궁중에서, 밥을 이르던 말이다. '진지'는 '밥'의 높임말이다. 饌믈은 고기며 ᄉᆡᆼ션이며 麵이며 편이며 羹이며 뫼를 各 ᄒᆞᆫ 그르ᄉᆞ로ᄡᅥ 호ᄃᆡ(饌 用肉魚麪米食羹飯各一器).《가언 7:2》, 主婦ㅣ 올라 술을 뫼 가온ᄃᆡ 고ᄌᆞ되 西로 ᄌᆞᄅᆞ 가게 ᄒᆞ고 져롤 正케 ᄒᆞ고(主婦升扱匙飯中 西柄正筯).《가언 10:24》

2 자셔든: 자시거든. '자시(어간)+어든(연결어미)'이다. '-어든'은 동사 어간 뒤에 붙어, '-거든'을 뜻하는 어미이다. 막다히며 디새며 돌ᄒᆞ로 텨든 조치여 ᄃᆞ라 머리 가셔 아셔 ᄉᆞᆫ지 高聲으로 닐오ᄃᆡ.《석상 19:31》, 닐구븐 法律에 그른 이롤 지ᅀᅥ든 半 ᄃᆞ롤 모ᄃᆞᆫ ᄃᆡ 가 懺悔홀씨오.《월석 10:21》. '자시다'는 '먹다'의 높임말로, '들다'보다 존대의 정도가 높다. 현대국어 '자시다'의 옛말인 '좌시다'는

15세기 문헌에서부터 나타난다. 16세기에 제1음절의 이중모음 'ㅘ'에서 'ㅗ'가 탈락한 '자시다' 형태가 등장하여 현재에 이르렀다. '좌시다'는 선어말어미 '-더-'와 결합할 때 '좌터시다'로 나타나기도 한 것으로 보아 기원적으로 동사 '*좌-'와 주체 높임 선어말어미 '-시-'가 결합한 것으로 추정된다. 그러나 동사 '*좌-'가 '-시-' 없이 쓰인 예는 나타나지 않으므로 '좌시다'를 하나의 동사로 본다. 좌시다(15세기~16세기)>자시다(16세기~현재). 이형태: 좌시다, 자시다. 太子ㅣ ᄒᆞᄅᆞ ᄒᆞᆫ낟곰 닐웨예 ᄒᆞᆫ낟곰 좌시고 여슷 ᄒᆡ를 히뮛도 아니ᄒᆞ샤.《1447 석상 3:38ㄴ》, 옷 더우신가 치우신가 묻ᄌᆞ오며 므스거슬 자실고 묻ᄌᆞ오며.《1518 정속-이 2ㄱ》

3 자시더시다: 자시더라. '자시(어간)+더(회상법 선어말어미)+시(주체 높임 선어말어미)+다(평서형 종결어미)'이다. '-더시다'는 동사, 형용사 어간 뒤에 붙어, '-(으)시더라'를 뜻하는 어미이다. 世尊이 象頭山애 가샤 龍과 鬼神과 위ᄒᆞ야 說法ᄒᆞ더시다.《석상 6:1》, 須達이 지순 亭舍마다 드르시며 길헤 사ᄅᆞᆷ 濟渡ᄒᆞ샤미 그지업더시다.《석상 6:38~39》

【集說】**吳氏曰武王**의 **名**은 **發**이니 **文王之子**라 **武王**이 **爲親疾**하여 **跬步不離**하고 **不敢脫冠帶以自適也**라 **人之飮食**이 **或疏或數**하여 **時其饑飽**어늘 **今武王**은 **以親疾**로 **志不在於飮食**하사 **一飯再飯**을 **惟親之視**요 **不敢如平時私適其欲也**시니라

오 씨가 말하였다. "武王의 이름은 發이니, 文王의 아들이다. 武王은 어버이의 병을 위해[병 때문에] 반걸음도 떠나지 않고, 감히 관과 띠를 벗어써 스스로 맞추지[편안하게 하지] 않으셨다. 사람의 먹고 마심은 혹은 드물게 하고 혹은 자주하여 그 주림과 배부름을 때맞추거늘, 지금 武王은 어버이 병환으로써 뜻이 음식에 있지 않아, 한 번 밥 먹고 두 번 밥 먹음을 오직 어버이에 견주고, 감히 평시와 같이 사사로이 그 하고자함을 맞추지 않으셨다."

漢字 **跬**(반걸음 규), **適**(맞을 적, 갈 적), **疏**(=疎 드물 소, 트일 소), **時**(때맞출 시), **饑**(=飢 주릴 기), **飽**(배부를 포), **視**(견줄 시)

〖十章〗

○孔子ㅣ曰武王周公은其達孝矣乎ㅣ신뎌夫孝者는善繼人之志ᄒᆞ며善述人之事者也ㅣ니라 《中庸》

● 공자가 말씀하셨다. "武王 周公은 아마도 그 만인이 인정하는 효도이실 것이다. 무릇 효라는 것은 사람[어버이]의 뜻을 잘 이으며, 사람의 일을 잘 따르는 것이다.

漢字 達(통할 달, 두루 미칠 달), 述(따를 술, 말할 술)

1 주공(周公, 기원전 1100년~미상): 산시(陝西)성 치산(岐山) 사람으로 성은 희(姬)이고, 이름은 단(旦)이다. 숙단(叔旦)이라고도 한다. 주 문왕 희창(姬昌)의 넷째 아들이고, 무왕 희발(姬發)의 이복동생이다. 강태공(姜太公), 소공(召公) 석(奭)과 함께 주나라를 창건한 공신이다. 주나라 땅에 봉해졌기 때문에 주공(周公), 혹은 주공단(周公旦)으로 일컬어진다. 주 문공(文公)으로도 불리며 산둥(山東)성 취푸(曲阜)에 봉해져 제후국 노(魯)나라의 시조가 되었다. 무왕을 도와 상나라의 마지막 왕 주(紂)를 멸망시키고, 동이(東夷)의 반란을 평정하였으며 무왕이 죽은 뒤에는 어린 조카 성왕(成王, 姬誦)을 도와 주 왕조의 기틀을 확립하였다. 주공은 섭정 초기에 상나라의 잔존세력을 회유하였다. 그러다 상나라 족(族)을 이끌고 있던 주왕(紂王)의 아들 무경(武庚)과 주공의 동생 관숙(管叔, 姬鮮), 채숙(蔡叔, 姬度), 곽숙(霍叔)이 연합하여 군사를 일으키자[이것이 삼감(三監)의 난이다.] 진압에 나섰다. 이후 동쪽으로 허난(河南)성 뤄양(洛陽) 부근의 낙읍[洛邑, 성주(成周)]에 군사 기지를 설치하였다. 상의 옛 땅에는 주왕의 형 미자계(微子啓)를 봉하여 송(宋)나라를 세우게 했고, 자신의 봉지인 노나라에는 자기 대신 아들 백금(伯禽)을 보내는 한편, 주 왕실의 친족과 공신들을 중원 곳곳에 배치하여 이른바 봉건제를 확립해나갔다. 그러나 종실인 소공이 주공의 섭정에 반기를 들자 주공은 상나라를 세운 탕(湯) 임금 때의 이윤(伊尹), 태갑(太甲) 때의 보형(保衡), 태무(太戊) 때의 재상 이척(伊陟), 조을(祖乙) 때의 현자 무현(巫賢), 무정(武丁) 때의 감반(甘般) 등의 사례를 들며, 그들이 모두 자기 자리에서 나라를 잘 다스린 점을 들었다. 소공은 주공의 뜻을 이해하였고,

둘은 함께 나라를 돌보는 관계로 주 왕조의 기틀을 다져나갔다. 7년간의 섭정이 끝나갈 무렵, 주나라의 정치·사회 제도는 중국 북부 전역에 확고히 수립되어 있었다. 당시 구획된 행정조직은 후대 왕조들의 모범이 되었으며, 중국 고대의 문물과 문화발전이 그의 손에 의해 다듬어졌다는 평가와 함께 유학자들이 그를 성인(聖人)으로 받들었다. 공자도 그를 후세의 황제들과 대신들이 전범으로 삼아야 할 인물로 격찬하였다. 주공의 저서로 예악(禮樂)을 정리하고 법도를 제정하여 주 왕실의 제도와 문물을 정리한 《주례》를 들기도 하나 원전은 전해지지 않는다. 현존하는 것은 한나라 때 정리된 것으로 추정한다. 관련 고사성어로, '악발토포득현사(握髮吐哺得賢士)'가 있다. '머리카락을 움켜쥐고 먹던 음식을 토해내며, 인재를 얻다.'라는 뜻이다. 주나라 건국과 초기 문물제도 정비에 절대적인 역할을 했던 주공 단이 아들 백금에게, 자신이 인재를 얼마나 중시했는가를 말해주는 대목에서 나온 명구이다. 흔히 줄여서 '일목삼착(一沐三捉)', '일반삼토(一飯三吐)'라고 하는데, '한 번 머리를 감다가 세 번이나 머리카락을 움켜쥐고, 밥 한 끼를 먹다가 먹던 것을 세 번 뱉어내다.'는 뜻이다. 주공이 머리를 감다가 손님이 찾아오자 감던 머리카락을 움켜쥐고 손님을 맞이하러 나왔고, 식사를 하는데 손님이 찾아와 세 번이나 먹던 것을 뱉어내고 손님을 맞이했다는 것이다. 그만큼 주공이 인재를 성심성의껏 대했다는 것을 말한다. 훗날 조조는 〈단가행〉에서 인재에 대한 자신의 갈망을 '산은 아무리 높아도 만족할 줄 모르고, 바다는 아무리 깊어도 만족할 줄 모른다. 주공이 먹던 것을 토하니 천하의 마음이 그에게로 돌아섰다(山不厭高 海不厭深 周公吐哺 天下歸心).' 여기서 '주공토포(周公吐哺)'라는 사자성어가 파생되기도 했다. 주공의 사당인 주공묘(周公廟)는 그의 행적과 관련이 있는 허난성 뤄양, 산시성 치산, 산둥성 취푸가 가장 대표적이다. ①뤄양 주공묘: 당나라 초기 군벌 왕세충(王世充)에 의해 건립되었다. 당시 왕세충은 수나라 장수 이밀(李密)이 가담한 농민 반란군 와강군(瓦崗軍)에 대항하고 있었는데, 이때 좌군위사(左軍衛士) 장영통(張永通)이 군의 사기를 북돋우기 위해 왕세충에게 주공을 꿈에 세 번 보았다고 거짓보고를 하였다. 이에 왕세충은 주공의 사당을 세우고 출병할 때마다 기도를 올렸다. 당 태종(太宗) 정관(貞觀) 연간 및 현종(玄宗) 개원(開元) 연간에 중수하였으며, 《하남부지(河南府志)》의 〈당개원중수주공사비(唐開元重修周公祠碑)〉에 그 기록이 전한다. 청 강희(康熙) 3년(1674년), 건륭(乾隆) 8년(1743년)을 비롯하여 여러 차례 중건되었으며, 1992년 이래 명나라 때 세운 정정당(定鼎堂)

및 청나라 때 세운 회충사(會忠祠)를 비롯하여 세 채의 대전(大殿)과 두 채의 행랑을 보수하였다. ②산시 치산 주공묘: 산시성 치산(岐山)현 봉황산(鳳凰山) 남쪽 기슭에 위치한 가장 대표적인 주공의 사당이다. 당 고조(高祖) 무덕(武德) 원년(618년)에 건립되었다. 사당 내부에는 주공을 모신 정전(正殿) 외에 소공, 강태공 등 주나라의 선조 및 공신들이 배향되어 있다. 현재 30여 채의 건물이 보존되어 있다. ③취푸 주공묘: 산둥성 취푸에 위치하며 문헌왕묘(文憲王廟), 원성묘(元聖廟)라고도 칭한다. 각각 기원전 1008년 문헌왕에 추봉된 것과 후대 제왕들이 그를 '원성(元聖)'으로 여긴 것을 이유로 든다. 명청 시대 건축물 13좌 57칸이 남아있다. 주공묘의 대문은 공자의 사당인 공묘(孔廟)와 유사하며 이름도 '영성문(欞星門)'이라 부른다. 사당 내 동쪽 벽에는 '경천위지(經天緯地)', 서쪽 벽에는 '제례작악(制禮作樂)'이라는 글귀가 새겨져있다(중국인물사전).

2 달효(達孝): 모든 사람이 인정할 만큼 한결같이 지극한 효도.

소언 孔공子ᄌᆞㅣ 골ᄋᆞ샤ᄃᆡ 武무王왕과 周쥬公공[武무王왕 아ᄋᆞ님이라]ᄋᆞᆫ 그 達달[天텬下하의 사ᄅᆞᆷ이 통ᄒᆞ야 닐ᄋᆞ단 말이라]ᄒᆞᆫ 孝효ㅣ신뎌 孝효ㅣ란 거슨 사ᄅᆞᆷᄋᆡ ᄠᅳᆮ을 잘 니으며 사ᄅᆞᆷᄋᆡ 일을 잘 조ᄎᆞᆷ이니라

현대역 공자가 말씀하시되, "무왕과 주공[무왕 아우님이라.]은 그 達[천하의 사람이 통하여 이른다는 말이라.]한 효이구나. 효란 것은 사람의 뜻을 잘 이으며, 사람의 일을 잘 좇음이니라.

닐ᄋᆞ단: 이른다고 하는. '니ᄅᆞ(어간)+단(어미 '다'+ㄴ)'이다. '-단'은 용언의 어간 뒤에 붙어, '-다는'이 줄어든 말이다. 할아버지께서 편찮으시단 소식이 있었다. 꼭 참석하겠단 약속을 못 받았다. '닐ᄋᆞ-'는 '니ᄅᆞ다' 어간인 '니ᄅᆞ-'의 분철 표기이다. '니ᄅᆞ다'는 '이르다[謂]'의 옛말이다.

【增註】周公의名은旦이니文王之子요武王之弟也라志者는事之未成者也요繼는則續而成之라事者는志之已成者也요述은則循而行之라

周公의 이름은 旦이니, 文王의 아들이요, 武王의 아우이다. 志라는 것은 일이 이루어지지 않은 것이요, 繼는 이어서 그것을 이룸이다. 事라고 하는 것은 뜻이 이미 이루어진 것이요, 述은 따라서 그것을 행함이다.

【集解】朱子曰達은通也니言武王周公之孝는乃天下之人이通謂之孝也라武王纘大王王季文王之緒하사以有天下하시고而周公은成文武之德하사以追崇其先祖하시니此는繼志述事之大者也라

주자가 말하였다. "達은 통함이니, 武王 周公의 효도는 곧 천하의 사람들이 통하여 효도라 이름을 말한다. 武王은 太王[古公亶父] 王季 文王의 차례를 이으시어 써 천하를 소유하셨고, 周公은 文王과 武王의 덕을 이루시어 그 선조를 좇아 높이셨으니, 이[武王周公之孝]는 뜻을 잇고 일을 따르는 큰 것이다."

漢字 纘(이을 찬), 緒(차례 서, 실마리 서, 계통 서), 追(좇을 추), 崇(높일 숭)

踐其位ᄒᆞ야行其禮ᄒᆞ며奏其樂ᄒᆞ며敬其所尊ᄒᆞ며愛其所親ᄒᆞ며事死如事生ᄒᆞ며事亡如事存이孝之至也ㅣ니라

● 그[先王] 자리를 밟아[이어받아] 그 예를 행하며, 그 음악을 연주하며, 그 높이시던 바를 공경하며, 그 친히 하시던 바를 사랑하며, 죽은 사람 섬김을 산 사람 섬김처럼 하며, 없어진 사람 섬김을 생존한 사람 섬김처럼 함이 효도의 지극함이다."

漢字 踐(밟을 천)], 奏(연주할 주, 아뢸 주)

소언 그 位위를 ᄇᆞᆯ와 그 례도ᄅᆞᆯ 行ᄒᆡᇰᄒᆞ며 그 음악을 奏주ᄒᆞ며 그 尊존ᄒᆞ시던 바ᄅᆞᆯ 공경ᄒᆞ며 그 親친히 ᄒᆞ시던 바ᄅᆞᆯ ᄉᆞ랑ᄒᆞ며 죽으니

셤김을 산 이 셤김ᄀᆞᆮ티 ᄒᆞ며 업스니 셤김을 인ᄂᆞᆫ 이 셤김ᄀᆞᆮ티 홈이 효도ᄋᆡ 지극홈이니라

[현대역] 그 자리를 밟아 그 예도를 행하며, 그 음악을 연주하며, 그 높이시던 바를 공경하며, 그 친히 하시던 바를 사랑하며, 죽은 이 섬김을 산 이 섬김같이 하며, 없는 이 섬김을 있는 이 섬김같이 함이 효도의 지극함이니라."

ᄇᆞᆯ와: 밟아. 'ᄇᆞᆲ(어간)+아(연결어미)'이다. 'ᄇᆞᆲ다'의 어간 'ᄇᆞᆲ'-이 모음 어미 앞에서 'ᄇᆞᆯ오-'로 바뀐 것이다. 현대국어 '밟다'의 옛말인 'ᄇᆞᆲ다'는 15세기 문헌에서부터 나타난다. 18세기에 제1음절의 'ㆍ'가 'ㅏ'로 변함에 따라 'ᄇᆞᆲ다'도 '밟다'가 되었다. 18세기 '밟다'가 나타나기 시작한 이후 19세기까지 'ᄇᆞᆲ다'와 '밟다'가 공존하였으나, 둘의 소리는 동일하였을 것으로 추정된다. 이후 '밟다'로 정착하면서 현재에 이르렀다. ᄇᆞᆲ다(15세기~19세기)>밟다(18세기~현재). 이형태: ᄇᆞᆲ다, 밟다. ᄯᅩ 虛空애 ᄯᅡ히 ᄃᆞ외야 ᄯᅡ홀 ᄇᆞᆯ보ᄃᆡ 믈 ᄇᆞᆲ듯 ᄒᆞ고 므를 ᄇᆞᆯ보ᄃᆡ ᄯᅡ ᄇᆞᆲ듯 ᄒᆞ더니.《1447 석상 6:34ㄱ》, ᄂᆞᄆᆡ 시ᄂᆞᆯ ᄇᆞᆲ디 말며 돗긔 넘써러 안ᄶᅵ 말며.《1518 번소 4:12ㄴ》

【集解】**朱子曰踐**은**猶履也**라**其**는**指先王也**요**所尊所親**은**先王之祖考**와**子孫臣庶也**라**始死**를**謂之死**요**旣葬則曰反而亡焉**이라하니**皆指先王也**라**此**는**皆繼志述事之意也**라

주자가 말하였다. "踐은 밟음과 같다. 其는 先王을 가리킴이요, 所尊所親[높이시던 바와 친히 하시던 배]은 선왕의 祖考와 자손과 신하와 백성들이다. 처음 죽음을 死라 이르고, 이미 장례를 치르면 돌아가 없어졌다고 말하니, 모두[死와 亡] 선왕을 가리킴이다. 이는 모두 뜻을 잇고 일을 따르는 뜻이다."

신서(臣庶): 신하와 백성. 유의어: 신민(臣民).

〚十一章〛

○淮南子ㅣ曰周公之事文王也애行無專制ᄒᆞ시며事無由己ᄒᆞ시며身若不勝衣ᄒᆞ시며言若不出口ᄒᆞ시며有奏持於文王애洞洞屬屬ᄒᆞ샤如將不勝ᄒᆞ시며如恐失之ᄒᆞ시니可謂能子矣로다

《淮南子 氾論》

●《회남자》에 말하였다. "周公이 文王을 섬김에, 행함이 오로지 지음이 없으셨으며, 일은 자기로 말미암음이 없으셨으며, 몸은 옷을 이기지 못하는 듯이 하셨으며[조심하셨으며], 말은 입에서 나오지 못하는 듯이 하셨으며[삼가셨으며], 文王에게 (물건을) 받들어 가짐[받음]이 있음에 洞洞하며 촉촉(屬屬)하시어 장차 이기지 못하는 듯이 하셨으며, 그것을 잃을까 두려워하는 듯이 하셨으니, 가히 능한 아들[능히 도를 다한 아들]이라 이를 만하다."

漢字 制(지을 제), 奏(아뢸 주), 持(가질 지), 洞(진실할 동), 屬(조심할 촉)

1 유안(劉安, 기원전 179년~기원전 122년): 전한(前漢)의 종실(宗室)이다. 한고조(漢高祖)의 손자로 회남왕(淮南王) 유장(劉長)의 아들이다. 문제(文帝) 16년(기원전 164년) 아버지의 작위를 이어받아 회남왕이 되어 수춘(壽春)에 도읍했다. 문장을 잘 지었고, 재사(才思)가 민첩했다. 오초칠국(吳楚七國)이 반란을 일으키자 호응하려고 했지만 국상(國相)이 반대해 미수에 그쳤다. 무제(武帝)가 즉위하자 몰래 무비(武備)를 정비했다. 원수(元狩) 원년(기원전 122년) 일이 실패해 거병했지만 뜻을 이루지 못하고 자살했다. 이때 연루되어 죽은 빈객(賓客)이나 대신이 수천 명에 이르렀다. 문학 애호가로 많은 문사와 방사(方士)를 초빙해 그 수가 수천에 이르렀다고 한다. 빈객들과 함께 저술한 《회남자(淮南子)》는 〈내편(內篇)〉 8권과 〈외편(外篇)〉 19권, 〈중편(中篇)〉 8권으로 구성되었는데, 〈내편〉 일부분만 현존한다. 노장(老莊)을 주축으로 여러 사상을 통합하려 했고, 도가사상에 의거한 통일된 이론으로 유교 중심의 이론과 대항했다(중국역대인명사전).

2 동동(洞洞): 질박하고 성실한 모양.

3 촉촉(屬屬): 공경하고 온순한 모양.

소언 淮회南남子ᄌᆞ[漢한 적 淮회南남王왕 劉뉴安안이라] ㅣ 골오ᄃᆡ 周쥬公공이 文문王왕 셤기실 제 힝실을 쳔ᄌᆞᄒᆞ야 결단홈이 업ᄉᆞ시며 일올 몸으로 말미암아 홈이 업ᄉᆞ시며 몸애 옷솔 이긔디 몯ᄒᆞᄂᆞᆫ ᄃᆞᆺᄒᆞ시며 말ᄉᆞᆷ이 입에 나디 몯ᄒᆞᄂᆞᆫ ᄃᆞᆺᄒᆞ시며 文문王왕ᄭᅴ 잡아 받ᄌᆞ옴이 이심애 洞동洞동ᄒᆞ며 屬쵹屬쵹ᄒᆞ샤 쟝ᄎᆞᆺ 이긔디 몯홀 ᄃᆞᆺᄒᆞ시며 일흘가 저ᄐᆞ시 ᄒᆞ시니 可가히 아ᄃᆞᆯᄒᆡ 도롤 能능히 하다 닐으리로다

현대역 淮南子[漢 때 淮南王 劉安이라.]가 가로되, "주공이 문왕 섬기실 때, 행실을 천자(擅恣)하여 결단함이 없으시며, 일을 몸으로 말미암아 함이 없으시며, 몸에 옷을 이기지 못하는 듯하시며, 말씀이 입에 나지 못하는 듯하시며, 문왕께 잡아 받잡음이 있음에 洞洞하며 촉촉(屬屬)하시어 장차 이기지 못할 듯하시며, 잃을까 두려워하듯이 하시니, 가히 아들의 도를 능히 하다 이르리로다."

1 쳔ᄌᆞᄒᆞ야: 천자(擅恣)하여. 제 마음대로 하여 조금도 꺼림이 없어.
2 받ᄌᆞ옴: 받잡음. 받음. '받(어간)+ᄌᆞ오(겸손법 선어말어미)+ㅁ(명사형 어미)'이다. 어간 '받ᄌᆞᆸ-'이 어미 'ㅁ' 앞에서 '받ᄌᆞ오-'로 변한 어형이다. 현대국어 '받잡다'는 '받다'의 높임말로, 옛말인 '받ᄌᆞᆸ다'는 15세기 문헌에서부터 나타난다. 이 단어는 17세기에 8종성 받침규칙에 의해 'ㄷ' 받침이 'ㅅ'으로 쓰이게 되었으며, 'ㆍ'의 음가 소실로 'ᄌᆞᆸ'이 '잡'으로 바뀌게 됨에 따라, 18세기에는 '밧잡다'가 쓰이게 되었다. 20세기 초 현대맞춤법이 확산되면서 현재의 어형으로 정착되었다. 받ᄌᆞᆸ다(15세기)>밧잡다(18세기)>받잡다(20세기~현재). 이형태: 받ᄌᆞᆸ다, 밧ᄌᆞᆸ다, 밧잡다, 몬져 菩薩ᄭᅴ 받ᄌᆞᄫᆞ라.《석상 3:40ㄴ》, ᄉᆞᆫᄇᆡ ᄒᆞᆫ 잔곰 받ᄌᆞ오라 쳥ᄒᆞ뇌 지븨 드러 안ᄌᆞ쇼셔.《번노 하:35ㄱ》
3 저ᄐᆞ시: 두려워하듯이. '젛(어간)+ᄃᆞᆺ이(연결어미)'이다. '젛다'는 '두려워하다'의 옛말이다. 龍王이 金剛杵 저허 모딘 ᄆᆞᅀᆞᆷ 고티니 羅刹도 ᄯᅩ 고티니이다.《월곡 상:71》, 우리도 兵馬 뒷노소니 저티 아니호리이다.《석상 23:54》, '-ᄃᆞᆺ이'는 '-듯이'의 옛말이다. '이다'의 어간, 용언의 어간 또는 어미 '-으시-', '-었-', '-겠-'

뒤에 붙어, 뒤 절의 내용이 앞 절의 내용과 거의 같음을 나타내는 연결어미이다. 거대한 파도가 일듯이 사람들의 가슴에 분노가 일었다. 비 온 후에 죽순이 돋듯이 여기저기에서 회사를 창립하였다.

【集解】淮南子는漢淮南王劉安所編이라行無專制는所行을必稟命也요事無由己는凡事를不專決也라身若不勝衣는持身之謹이若怯懦也요言若不出口는出言을常謹愼也라至若奉物於父하여는則又極乎質慤專一之心하여常如不勝而有所失墜者하시니可謂能盡子道者矣로다

《회남자》는 漢나라 淮南王 劉安이 엮은 것이다. 行無專制[행함이 오로지 지음이 없음]는 행하는 바를 반드시 명령을 받음이요, 事無由己[일은 자기로 말미암음이 없음]는 모든 일을 오로지 결정하지 않음이다. 身若不勝衣[몸은 옷을 이기지 못하는 듯이 함]는 몸가짐의 삼감이 겁나고 나약한 듯이 함이요, 言若不出口[말은 입에서 나오지 못하는 듯이 함]는 말을 냄을 늘 삼감이다. 아버지께 물건을 받듦과 같음에 이르러서는, 또한 진실하고 성실하며 專一한 마음을 극진히 하여, 늘 이기지 못해, 잃거나 떨어뜨리는 바가 있는 것과 같이 하셨으니, 가히 능히 아들의 도를 다한 것이라고 이를 만하다.

漢字 劉(묘금도 류), 編(엮을 편), 稟(받을 품), 怯(겁낼 겁), 懦(나약할 나), 質(진실할 질), 慤(성실할 각), 墜(떨어질 추)

【十二章】

○孟子ㅣ曰曾子ㅣ養曾晳ᄒᆞ실ᄉᆡ必有酒肉ᄒᆞ더시니將徹홀ᄉᆡ必請所與ᄒᆞ시며問有餘ㅣ어든必曰有ㅣ라ᄒᆞ더시다曾晳이死커늘曾元이養曾子호ᄃᆡ必有酒肉ᄒᆞ더니將徹홀ᄉᆡ不請所與ᄒᆞ며問有餘

ㅣ어시든**曰亡**無**矣**라ᄒᆞ니**將以復**扶又反**進也**ㅣ라**此**ᄂᆞᆫ**所謂養口體者也**ㅣ니**若曾子則可謂養志也**ㅣ니라 《孟子 離婁上》

● 맹자가 말하였다. "曾子가 曾晳을 봉양하실 적에 반드시 술과 고기가 있었는데, 장차 물리려 할 때에 반드시 줄 곳을 여쭈시며, (曾晳이) 남은 것이 있느냐고 물으면 반드시 '있습니다.'라고 말하셨다. 曾晳이 죽자, 曾元이 曾子를 봉양하되, 반드시 술과 고기가 있었는데, 장차 물리려 할 때에 줄 곳을 여쭙지 않았으며, (曾子가) 남은 것이 있느냐고 물으시면 '없습니다.'라고 말하였으니, 장차 다시 올림으로써이다[以, 올리려고 해서이다]. 이는 이른바 口體만을 봉양한다는 것이니, 曾子 같은즉 가히 뜻을 봉양한다고 이를 만하다.

漢字 晳(대추나무 석, 흴 석, 밝을 석), 與(줄 여), 亡(없을 무, 멸할 망)

1 증점(曾點, 생몰 연대 미상): 노(魯)나라 남무성(南武城) 사람으로, 이름은 증점이고, 자는 자석(子晳)이다. 공자와 동료들은 '자석(子晳)'의 '석(晳)'을 성씨 '증(曾)'자 뒤에 붙여 '증석(曾晳)'으로 불렀다. 춘추시대 말기 공자의 제자이자, 증삼(曾參)의 부친이다. 공자보다 6세 연하이고 공자가 30여세 때에 받아들인 제자였다. 《논어》 〈선진(先進)〉에 공자가 제자들에게 평소 자신의 뜻을 물어보자 증점이, "늦은 봄에 봄옷이 만들어지면 관을 쓴 벗 대여섯 명과 아이들 예닐곱 명을 데리고, 기수(沂水)에 가서 목욕을 하고 기우제 드리는 곳에서 바람을 쐰 뒤에, 노래하며 돌아오겠다."라고 밝히자, 공자가 감탄하며 "나도 증점과 뜻이 같다."라고 동의한 내용이 나온다. 공자의 72 수제자인 공문칠십이현(孔門七十二賢) 중 한 사람이다. 증점은 훗날 현자의 대우로 공자의 사당에 배향되었다. 당나라 개원(開元) 27년(739)에 '숙백(宿伯)'에 추봉되었고, 송나라 대중상부(大中祥符) 2년(1009)에 다시 '내무후(萊芜侯)'로 추봉되었다. 명나라 가정(嘉靖) 9년(1530)에 '선현증자(先賢曾子)'로 명칭이 바뀌었다(중국인물사전).

2 증자(曾子, 기원전 506년~기원전 436년): 이름은 삼(參, 참이라고 부르기도 함), 자는 자여(子輿)이며, 산둥성[山東省]에서 출생하였다. 증점(曾點)의 아들이다. 자세한 설명은 〈명륜(명륜) 제2〉 제105장을 참조하라.

3 亡: 問有餘曰亡(無)矣에서 亡의 독음을 《소학집주》에서는 직음(直音) 無를 이용

하여, 《소학언해》에서는 '問문有유餘여ㅣ 어시든曰왈亡무矣의라ᄒᆞ니'와 같이, 모두 '무'로 달고 있다.

소언 孟ᄆᆡᇰ子ᄌᆞㅣ ᄀᆞᆯᄋᆞ샤ᄃᆡ 曾증子ᄌᆞㅣ 曾증晳셕[孔공子ᄌᆞㅅ 뎨ᄌᆞㅣ니 曾증子ᄌᆞ 아바님이라]을 봉양ᄒᆞ실ᄉᆡ 반ᄃᆞ시 술과 고기를 두더시니 쟝ᄎᆞᆺ 설ᄉᆡ 반ᄃᆞ시 주실 바를 請쳥ᄒᆞ시며 남은 이 인ᄂᆞ냐 묻거든 반ᄃᆞ시 ᄀᆞᆯ오ᄃᆡ 인ᄂᆞ이다 ᄒᆞ더시다 曾증晳셕이 죽거늘 曾증元원[曾증子ᄌᆞ 아ᄃᆞᆯ이라]이 曾증子ᄌᆞ를 봉양호ᄃᆡ 반ᄃᆞ시 술과 고기를 두더니 쟝ᄎᆞᆺ 설ᄉᆡ 주실 바를 請쳥티 아니ᄒᆞ며 남은 이 인ᄂᆞ냐 묻거시든 ᄀᆞᆯ오ᄃᆡ 업ᄉᆞ이다 ᄒᆞ니 쟝ᄎᆞᆺ ᄡᅥ 다시 들이려 홈이라 이ᄂᆞᆫ 닐온바 입과 몸만 봉양홈이니 曾증子ᄌᆞ 곧ᄐᆞ니ᄂᆞᆫ 可가히 ᄠᅳᆮ을 봉양ᄒᆞᆫ다 닐으리니라

현대역 맹자가 말씀하시되, "증자가 曾晳[공자의 제자이니, 증자 아버님이라.]을 봉양하시므로 반드시 술과 고기를 두시더니, 장차 거두므로 반드시 주실 바를 청하시며, '남은 것 있느냐?' 묻거든, 반드시 가로되, '있습니다.' 하시더라. 증석이 죽거늘 曾元[증자 아들이라.]이 증자를 봉양하되 반드시 술과 고기를 두더니, 장차 거두므로 주실 바를 청하지 아니하며, '남은 것 있느냐?' 물으시거든 가로되. '없습니다.' 하니, 장차 써 다시 드리려 함이라. 이는 이른바 입과 몸만 봉양함이니, 증자 같은 이는 가히 뜻을 봉양한다고 이르리니라.

1 설ᄉᆡ: 거두므로. '설(어간)+ㄹᄉᆡ(연결어미)'이다. 어간과 어미에서 'ㄹ'이 겹치므로 어간 'ㄹ'이 탈락하였다. '설다'는 '거두다', '치우다', '정리하다'의 옛말이다. 그어긔 수졔 셧드러 잇고 향ᄂᆡ 섯버므러 잇고 갸ᄉᆞ롤 몯 다 서러 잇ᄂᆞᆫ ᄃᆞ시 ᄒᆞ얫더니.《월석-중 23:74》, 우리 잘 ᄃᆡ 서러 보아지라(我整理睡處).《번노 상:25》. '-ㄹᄉᆡ'는 동사, 형용사 어간 뒤에 붙어, '-(으)므로'를 뜻하는 어미이다. ᄑᆡ리 기프니 市井을 迷失ᄒᆞ리로다 ᄯᅡ히 幽僻홀ᄉᆡ 옷 ᄀᆞ외 니부믈 게을이 ᄒᆞ노라(草深迷市井 地僻嬾衣裳).《두시-초 7:5》, 蓄積홀ᄉᆡ 江漢을 ᄉᆞ랑ᄒᆞ노니 어리며 疎拙ᄒᆞ야 町畦호ᄆᆞᆯ 疑惑ᄒᆞ노라(蓄積思江漢 頑踈惑町畦).《두시-초 7:8》

2 인ᄂᆞ냐: 있느냐. '잇(어간)+ᄂᆞ(현재 시제 선어말어미)+냐(의문형 종결어미)'이다. '-냐'는 ᄒᆞ라체 제1·3인칭 의문법 중 가부(可否) 대답을 요구하는 판정의문문이다. 의문사도 없고, '아' 계통의 모음으로 되어 있다. 다만 어간 '잇-'이 후행 '-ᄂᆞ-'의 영향으로 비음화를 경험하고, 이를 표기에 반영하였다. 모든 션비ᄃᆞᆯ히 오래 어버ᅀᅵ를 아니 가 뵈니 잇ᄂᆞ냐 ᄒᆞ여ᄂᆞᆯ(曰… 諸生 有久不省親者乎).《번소 9:8》, 또 오직 날을 不足히 너겨 ᄒᆞᄂᆞ다 ᄒᆞ니 너희네ᄂᆞᆫ 吉ᄒᆞᆫ 사ᄅᆞᆷ이 되고져 ᄒᆞᄂᆞ냐 凶ᄒᆞᆫ 사ᄅᆞᆷ이 되고져 ᄒᆞᄂᆞ냐(亦惟日不足 汝等欲爲吉人乎 欲爲凶人乎).《소언 5:29》

3 인ᄂᆞ이다: 있습니다. '잇(어간)+ᄂᆞ(현재 시제 선어말어미)+이(존비법 ᄒᆞ쇼셔체 선어말어미)+다(평서형 종결어미)'이다. '-ᄂᆞ이다'는 동사, 형용사 어간이나 어미 뒤에 붙어, '-ㅂ니다./-습니다'를 뜻하는 어미이다. 相公아 王五ㅣ 왓ᄂᆞ이다 내 져기 빌 일이 이셔 너를 블러 오롸.《박언 상:52》, 이 盞을 보쇼셔 하젓소이 너기ᅀᆞ와다 먹ᄉᆞᆸᄂᆞ이다.《첩신-초 2:7》

4 업ᄉᆞ이다: 없습니다. '없(어간)+으(매개모음)+이(존비법 ᄒᆞ쇼셔체 선어말어미)+다(평서형 종결어미)'이다. '-으이다'는 끝음절의 모음이 '으, 어, 우'이면서 받침으로 끝나는 어간이나 어미 뒤에 붙어, '-ㅂ니다/-습니다'를 뜻하는 어미이다. 阿難이 對答ᄒᆞᅀᆞ오ᄃᆡ 世尊하 堂애 이셔 如來 보디 몯ᄒᆞᅀᆞᆸ고 能히 林泉 보미 이런 고디 업스이다(世尊在堂 不見如來 能見林泉 無有是處).《능엄 1:50》

5 닐으리니라: 이르리니라. '닐으(어간)+리(추측법 선어말어미)+니라(평서형 종결어미)'이다. '-리니라'는 '이다'의 어간, 받침 없는 용언의 어간, 'ㄹ' 받침인 용언의 어간 또는 어미 '-으시-', '-으오-' 뒤에 붙어, 해라할 자리에 쓰여, 진리나 으레 있는 사실을 추측하여 일러 줄 때에 쓰이는 어미이다. 약자를 돕는 것은 마땅한 일이리니라.

【集說】朱子曰曾晳의名은點이니曾子父也요曾元은曾子子也라 曾子養其父할새每食에必有酒肉이러시니食畢將撤去할새必請於父曰此餘者를與誰오하며或父問此物尚有餘否어든必曰有라하시니恐親意更(갱)欲與人也라曾元은不請所與하고雖有나言無하니其意將以復(부)進於親이요不欲其與人也라此

는但能養父母之口體而已요曾子則能承順父母之志而不忍傷之也시니라

주자가 말하였다. "曾晳의 이름은 點이니, 曾子의 아버지요, 曾元은 曾子의 아들이다. 曾子가 그 아버지를 봉양하실 적에 매양 먹을 때마다 반드시 술과 고기가 있었는데, 먹기를 마치고 장차 치울 때에, 반드시 아버지께 여쭈어 말하길, "이 남은 것을 누구에게 주시겠습니까?" 하였다. 혹 아버지가 묻기를, '이 물건이 아직도 남음이 있느냐?' 하면, 반드시 말하길, "있습니다." 하시니, 아마도 어버이의 뜻이 다시 다른 사람에게 주고자 하는지 해서일 것이다. 曾元은 줄 곳을 여쭙지 않았으며, 비록 남았으나, '없습니다.'라고 말하였으니, 그 뜻이 장차 어버이에게 다시 올리고, 다른 사람에게 그것을 주고자 하지 않아서[以]이다. 이는 단지 능히 부모의 口體만을 봉양했을 따름이고, 曾子로 말하면, 능히 부모의 뜻을 받들어 따라 차마 그것[부모의 뜻]을 상하지 않게 하심이라."

漢字 點(점 점), 撤(치울 철, 거둘 철), 否(어조사 부), 恐(아마도 공, 두려워할 공), 忍(차마 할 인, 참을 인)

事親이若曾子者ㅣ可也ㅣ니라

● 어버이 섬김을 증자와 같이 하는 것이 可하다[괜찮다]."

소언 어버이 셤곰이 曾증子ᄌ 곧ᄐ니 可가ᄒ니라

현대역 어버이 섬김이 증자 같은 것이 가하니라."

【集解】朱子曰言當如曾子之養志요不可如曾元但養口體니라程子曰子之身에所能爲者는皆所當爲니無過分之事也라故로事親을若曾子면可謂至矣로되而孟子止曰可也라하시니豈以曾子之孝爲有餘哉리오

주자가 말하였다. "마땅히 曾子가 뜻을 봉양함과 같이 하고, 曾元이 단지 口體를 봉양함과 같이 해서는 안 됨을 말한 것이다." 정자가 말하였다. "자식의 몸에[몸으로] 능히 할 수 있는 바의 것은 모두 마땅히 해야 할 바니, 분수를 넘는 일이 없다. 그러므로 어버이 섬김을 曾子와 같이 하면 가히 지극하다고 이를 만한데, 맹자께서 다만 이르길, '可하다.'고 하셨으니, 어찌 曾子의 효로써 남음이 있다 하겠는가?"

1 當如曾子之養志: 마땅히 曾子가 뜻을 봉양함과 같이 함. 즉 曾子와 같이 뜻을 봉양해야 함.
2 不可如曾元但養口體: 曾元이 단지 口體를 봉양함과 같이 해서는 안 됨. 즉 曾元과 같이 단지 口體를 봉양해서는 안 됨.
3 豈以曾子之孝爲有餘哉: 어찌 曾子의 효로써 남음이 있다 하겠는가? 즉 어찌 (舜의 효가 기준이 되어야지) 曾子의 효가 기준이 되어 남음이 있다 하겠는가?

【十三章】

○**孔子**ㅣ**曰孝哉**라**閔子騫**이여**人不間於其父母昆弟之言**이로다 《論語 先進》

● 공자가 말씀하셨다. "효성스럽다, 민자건(閔子騫)이여. 사람들이 그 부모 형제의 말에 헐뜯지 않는다."

漢字 騫(이지러질 건), 間(헐뜯을 간, 흠잡을 간), 昆(형 곤)

민자건(閔子騫, 생몰 연대 미상): 춘추시대 말기 노(魯)나라 사람. 이름은 손(損)이고, 자건은 자다. 공자(孔子)의 제자였으며, 공자보다 15살 연하다. 효성과 덕행으로 유명하다. 어려서 부모로부터 모진 학대를 받았지만 효도를 극진히 하여 부모를 감동시켰다고 한다. 권력 앞에서도 굽히지 않는 의기를 지녔었다. 송나라 진종(眞宗) 대중상부(大中祥符) 2년(1009년) 낭야공(琅邪公)에 추봉(追封)되었다(중국역대인명사전). "魯人爲長府 民子騫曰 仍舊貫如之何 何必改作 子曰 夫人不言 言必有中(노나라 사람들이 창고를 다시 짓고자 했다. 이에 민자건이 말했다. '옛것을 손질해 사용하면 되는데, 왜 다시 지으려고 하는가.' 이 말을 듣고 공자께서 말씀하셨다. '민자건은 평소에 말이 없는 편이다. 그러나 한 번 말을 하면 반드시 사리에 맞는 말을 한다.')"《논어(論語)》〈선진(先進)〉 제15장.

소언 孔공子ᄌᆞㅣ ᄀᆞᄅᆞ샤ᄃᆡ 효도롭다 閔민子ᄌᆞ騫건[일홈ᄋᆞᆫ 損손이니 孔공子ᄌᆞㅅ 뎨ᄌᆡ라]이여 사ᄅᆞᆷ이 그 父부母모 형뎨의 말ᄉᆞᆷ에 ᄡᅳᆷᄒᆞ디 몯ᄒᆞᄂᆞᆺ다

현대역 공자가 말씀하시되, "효성스럽다, 민자건[이름은 손(損)이니 공자의 제자라.]이여, 사람이 그 부모와 형제의 말씀에 관계에 틈이 생기게 하지 못하는구나."

1 ᄡᅳᆷᄒᆞ디: 틈이 생기게 하지. 'ᄡᅳᆷᄒᆞ(어간)+디(보조적 연결어미)'이다. 'ᄡᅳᆷᄒᆞ다'는 '관계에 틈이 생기게 하다'의 옛말이다. 사ᄅᆞᆷ이 그 父母 형뎨의 말ᄉᆞᆷ에 ᄡᅳᆷᄒᆞ디 몯ᄒᆞᄂᆞᆺ다(人不間於其父母昆弟之言).《소언 4:16》

2 몯ᄒᆞᄂᆞᆺ다: 못하는구나. '몯ᄒᆞ(어간)+ᄂᆞ(직설법 선어말어미)+옷(감동법 선어말어미)+다(평서형 종결어미)'이다. 감동법 선어말어미에는 '-돗-/-롯-, -옷-, -ㅅ-'이 있다. 본 예 'ᄂᆞᆺ'은 '-ᄂᆞ-'와 '-옷-'으로 분석된다. 전자는 현재 시제와 관련 있는 직설법인데, 이런 서법을 기본 서법이라 부르고, 후자는 느낌과 관련되는 감동법인데 이런 서법을 부차 서법이라 부르기도 한다. 원칙적으로 기본 서법은 부차 서법에 선행한다. '-ᄂᆞᆺ다'는 동사, 형용사 어간이나 어미 뒤에 붙어, '-[는]구나'를 뜻한다. 부텻 德이 至極ᄒᆞ샤ᅀᅡ 이 사ᄅᆞ미 보ᄇᆡᄅᆞᆯ ᄃᆡ리도록 아니 앗기ᄂᆞᆺ다 ᄒᆞ야 須達이ᄃᆞ려 닐오ᄃᆡ 金을 더 내디 말라.《석상 6:25~26》, 王ㄱ ᄭᅮ메 집 보히 것거늘 ᄭᆡᄃᆞ라 너교ᄃᆡ 당다이 迦葉尊者ㅣ 入滅ᄒᆞ시ᄂᆞᆺ다 ᄒᆞ야.《석상 24:6》

【集解】閔子騫은孔子弟子니名損이라胡氏曰父母兄弟稱其孝友에人皆信之하여無異辭者는蓋其孝友之實이有以積於中而著於外라故로夫子嘆而美之하시니라

민자건은 공자의 제자이니, 이름은 손(損)이다. 호 씨가 말하였다. "부모

형제가 그의 효도와 우애를 칭찬함에, 사람들이 모두 그 말을 믿어 다른 말이 없는 것은, 대개 그 효도와 우애의 실상이 속에 쌓여서 밖에 드러남이 있어서이다. 그러므로 공자께서 감탄하여 그를 찬미한 것이다."

漢字 盖[蓋(덮을 개, 뚜껑 개, 대개 개)의 俗字]

〖十四章〗

○老萊子ㅣ孝奉二親ᄒᆞ더니行年七十에作嬰兒戲ᄒᆞ야身著酌五色斑斕蘭之衣ᄒᆞ며嘗取水上堂홀ᄉᆡ詐跌迭仆付臥地ᄒᆞ야爲小兒啼ᄒᆞ며弄雛於親側ᄒᆞ야欲親之喜ᄒᆞ더라 《高士傳》

●老萊子는 두 어버이를 효성으로 봉양하더니, 먹은 나이 일흔에 아이들놀이를 만들어 몸에 오색 아롱진 옷을 입었으며, 일찍이 물을 가져 대청마루에 오를 때, 거짓으로 넘어져 땅에 누워 어린아이의 울음을 지으며, 새 새끼를 부모 곁에서 희롱하여 어버이를 기쁘게 하고자 했다.

漢字 萊(명아주 래), 嬰(갓난아이 영, 어릴 영), 兒(아이 아), 戲(놀이 희, 놀 희, 희롱할 희), 斑(아롱질 반, 얼룩얼룩할 반), 斕(아롱질 란, 얼룩얼룩할 란), 跌(넘어질 질), 仆(넘어질 부), 臥(누울 와), 啼(울 제), 雛(새 새끼 추, 병아리 추, 아이 추)

1 노래자(老萊子, 기원전 599년경~기원전 479년경): 춘추시대 말기 초(楚)나라 후베이성(湖北省) 징사(荊沙) 사람이다. 자연을 숭상했고 평생을 늙은 부모를 모시고 숨어 산 은자로 유명하다. 노래자가 숨어 살았다는 몽산(蒙山)은 지금의 후베이성 징먼(荊門)시 상산(象山)으로 본다. 대체로 공자나 노자와 비슷한 시기의 인물로 보는데, 노자와 더불어 도가의 창시자로 알려져 있다. 일설에는 그가 곧 노자라고도 하고, 실존 인물이 아니라는 설도 있다. 초나라 왕[강왕(康王) 또는 혜왕(惠王)]이 그를 불러들였으나 사양하고 이곳저곳을 옮겨 살았는데 가는 곳마다 사람들이 몰려들어 마을을 이루었다고 한다. 늙은 부모를 즐겁게 해드리려고 70이 넘은 나이에 어린애가 입는 색동옷을 입고 재롱을 부린 일화는 유명하다. 이 일화를 '채의희(彩衣戲)', '영아희(嬰兒戲)', '노래희(老萊戲)'라 부른

다. 중국에서 고대로부터 전해 내려오는 24명의 효자들 가운데 한 사람으로 꼽히는데, 24명에는 순 임금을 비롯해 한문제(漢文帝) 유항(劉恒), 공자의 제자 증삼(曾參), 중유(仲由, 子路) 등이 포함된다. 노래자는 그의 신비한 행적만큼 많은 민간전설을 남겼는데 그 중에서는 공자가 그를 방문했다는 전설도 있다. 노래자와 관련한 유적과 전설은 대부분 후베이성 징먼(荊門)시 상산(象山)에 남아 있다. 이곳에는 노래자가 은거했던 '노래산장(老萊山莊)', '효은정(孝隱亭)' 등과 같은 유적과 비석 등이 남아 있는데, 대부분 근현대에 조성된 것들이다. 비석에는 민간전설 등이 적혀 있다. 그가 노자이든 아니든, 또 실존 인물이든 아니든 노래자가 후대에 미친 영향은 적지 않은데, 특히 도가와 도가 사상의 형성에 중요한 작용을 했다고 평가한다. 그의 저서로 《노래자(老萊子)》 16편(일설에는 15편)이 있는데, 한위(漢魏) 시대에 없어져서 지금은 일부 문장만 《자서(子書)》,《전국책(戰國策)》 등의 서적에 남아 있는 정도이다(중국인물사전).

2 이친(二親): 양친(兩親).

3 행년(行年): 먹은 나이. 유의어: 향년(享年).

소언 老로萊ᄅᆡ子ᄌᆞ[楚초ㅅ 나라 사ᄅᆞᆷ이라]ㅣ 냥친을 효도로이 봉양ᄒᆞ더니 디낸 나히 닐흔에 어린아ᄒᆡ 노ᄅᆞᄉᆞᆯ ᄒᆞ야 몸애 다ᄉᆞᆺ 빗체 어르누근 오ᄉᆞᆯ 니브며 일즉 믈 가져 텽의 오ᄅᆞᆯ시 거즛 거텨 업더뎌 짜해 누어셔 효근 아ᄒᆡ 우룸을 ᄒᆞ며 새삿기ᄅᆞᆯ 어버의 겨ᄐᆡ셔 놀려 어버이 깃거콰뎌 ᄒᆞ더라

현대역 노래자[楚나라 사람이라.]가 양친을 효성스럽게 봉양하더니, 지낸 나이 일흔에 어린아이 노릇을 하여 몸에 다섯 빛의 얼룩얼룩한 옷을 입으며, 일찍 물 가져 대청에 오르므로 거짓 거꾸러져 엎어져 땅에 누어서 작은 아이 울음을 하며, 새 새끼를 어버이의 곁에서 놀려 어버이 기쁘게 하고자 하더라.

1 어르누근: 얼룩얼룩한. '어르눅(어간)+은(관형사형 어미)'이다. '어르눅다'는 '얼룩얼룩하다'의 옛말이다. 平牀을 괴오니 어르누근 돌히 두렵도다(支牀錦石圓). 《두시-초 10:38》, 내 어르누근 귀미티 다 銀ㅅ빗 ᄀᆞ호ᄆᆞᆯ 아ᄂᆞ니라(知吾斑鬢揔如

銀).《두시-초 23:21》

2 업더뎌: 엎어져. '업더디(어간)+어(연결어미)'이다. '업더디다'는 '엎어지다'의 옛말이다. 부텻 智力으로 魔王이 업더디니 二月ㅅ 八日에 正覺 일우시니.《월곡 상:27》, 버미 갓고로딘 듯ᄒᆞ며 용이 업더딘 듯ᄒᆞ야 가ᄉᆡ나모 서리예 ᄇᆞ렛ᄂᆞ니(虎倒龍顚委榛棘).《두시-초 6:41》

3 효근: 작은. '횩(어간)+은(관형사형 어미)'이다. '횩다'는 '잘다', '작다'이다. 簫ᄂᆞᆫ 효근 대ᄅᆞᆯ 엿거 부는 거시라.《석상 13:53》, 가ᄉᆞ며러 돈 뒷ᄂᆞ니ᄂᆞᆫ 큰 ᄇᆡᄅᆞᆯ 머여 ᄐᆞ고 가난ᄒᆞ닌 給足호ᄆᆞᆯ 取ᄒᆞ야 효근 ᄇᆡᄅᆞᆯ 타 ᄃᆞᆫ니ᄂᆞ다(富豪有錢駕大舸貧窮取給行艓子).《두시-초 25:46》

4 깃거콰뎌: 기뻐하고자. '깃거ᄒᆞ(어간)+과뎌(연결어미)'이다. 어간과 어미가 통합될 때, 어간 말 모음 'ㆍ'가 생략되면서, 'ㅎ'과 'ㄱ'이 축약되어 'ㅋ'이 되었다. '깃거ᄒᆞ다'는 '기뻐하다'의 옛말이고, '-과뎌'는 주로 동사, 형용사 어간 뒤에 붙어, '-고자'를 뜻하는 어미이다. 時節이 便安ᄒᆞ고 녀르미 ᄃᆞ외며 福이 오고 厄이 스러디과뎌 ᄒᆞ노니.《월석 서:25》, 이엔 ᄯᅩ 慧力이 定에 너머 다 서르 글우미 잇ᄂᆞᆫ 젼ᄎᆞ로 ᄀᆞ티 가지과뎌 ᄒᆞ시니라(此又慧力過定 皆互有所失故 欲等持也).《능엄 9:73》

【集說】吳氏曰老萊子는楚人이니孝事二親하여年老而爲嬰兒之事於親旁하니蓋恐親見子之老而生悲感이라故로爲是以娛其心也하니라

오 씨가 말하였다. "老萊子는 楚나라 사람이니, 두 어버이를 효성으로 섬겨, 나이가 늙었으나, 어버이 곁에서 어린아이의 일을 하였으니, 대개 어버이가 자식의 늙음을 보고 슬픈 감회를 일으킬까 두려워해서이다. 그러므로 이를 함으로써 그[二親] 마음을 즐겁게 하였다."

漢字 娛(즐거워할 오, 즐거움 오)

〖十五章〗

○樂正子春이下堂而傷其足ᄒᆞ고數月不出ᄒᆞ야猶有憂色ᄒᆞ더니門弟子ㅣ曰夫子之足이瘳抽矣로ᄃᆡ數月不出ᄒᆞ샤猶有憂色은何也ㅣ니잇고 《禮記 祭義》

●樂正子春이 대청마루에서 내려오다 그 발을 다치고, 수개월을 나가지 아니하여 오히려 근심하는 낯빛이 있더니, 門下의 제자가 묻기를, "선생님의 다리는 나았는데, 수개월을 나가지 않으시어, 오히려 근심하는 낯빛이 있음은 어째서입니까?" 하였다.

漢字 瘳(나을 추, 죽일 륙)

악정자춘(樂正子春, 생몰 연대 미상): 전국시대 초기 노(魯)나라 사람으로, 성이 악정(樂正)이고, 이름은 자춘(子春)이다. 악정(樂正)은 주대(周代)의 관직명에서 유래한 성(姓)이다. 증삼(曾參)의 제자다. 공자(孔子) 이후 유가의 여덟 학파 중 악정씨지유(樂正氏之儒)의 대표적 인물이다. 공자의 효사상(孝思想)을 계승했다. 《효경(孝經)》을 편찬하는 데 참여했다고 전한다(중국역대인명사전). [용례] 大匡輔國崇祿大夫領敦寧府事金堉卒 臨終上疏曰…樂正子春 一匹夫耳 一擧足而不敢忘父母 殿下今日之所傷 乃至於此 不瑕有愧於子春乎(대광보국숭록대부 영돈녕부사 김육이 죽었다. 죽음에 임하여 상소하기를, "악정자춘은 한낱 필부였습니다만, 한 발자국을 뗄 때에도 부모를 잊지 않았습니다. 그런데 전하께서 오늘날 다치신 것이 이 지경에까지 이르렀으니 어찌 자춘에게 부끄럽지 않겠습니까?"하였다.[효종실록 권제20, 36장 앞쪽, 효종 9년 9월 5일(기해)]

소언 樂악正졍子ᄌᆞ春츈[樂악正졍은 두 ᄌᆞᆺ 셩이오 子ᄌᆞ春츈은 일홈이라]이 堂당의 ᄂᆞ리다가 그 발을 傷샹히오고 두어 ᄃᆞᆯ을 나디 아니ᄒᆞ야 오히려 근심ᄒᆞᄂᆞᆫ ᄂᆞᆺ빗ᄎᆞᆯ 두더니 門문弟뎨子ᄌᆞㅣ ᄀᆞᆯ오ᄃᆡ 夫부子ᄌᆞ의 발이 됴하 겨샤ᄃᆡ 두어 ᄃᆞᆯ을 나디 아니샤 오히려 근심ᄒᆞ시ᄂᆞᆫ ᄂᆞᆺ빗ᄎᆞᆯ 두 겨샴ᄋᆞᆫ 엇뎨미니잇고 현대역 樂正子春[樂正은 두 자의 성이요, 子春은 이름이라.]이 堂에 내리다가 그 발을 상하게 하고 두어 달을 나지 아니하여 오히려 근심하는 낯빛을 두어 있더니, 문하 제자가 가로되, "부자(夫子, 선생님)의 발이 좋아 계시되, 두어 달을 나가지 않으시어, 오히려 근심하시는 낯빛을 두어 계심은 어찌함입니까?"

1 둣더니: 두어 있더니. '두(어간)+어(보조적 연결어미)+잇(在, '잇다'의 어간)+더(회상법 선어말어미)+니(연결어미)'이다. 완료상은 보조적 연결어미 '-아/어'와 보조형용사 '잇다[在]'의 결합으로 표현된다. 즉 '어+잇'이 '-엣-'으로 나타난다. 그러나 동사 '두-(置)' 아래에서는 '-엣-' 대신 보조적 연결어미 '-어'가 탈락된 '-ㅅ-'이나, 여기서 'ㅣ'가 떨어진 '-ㅅ-'으로 나타난다. 즉 '두+ㅅ→둣'이 완료상을 나타낸다. 같은 '우'로 끝난 '드리우-'는 '-엣-'이 붙어 '드리웻-'으로 나타나는 것과는 대조적이다. '뒷더시니', '뒷논'과 '둣더시니', '둣논'이 그 예이다.

2 겨샤ᄃᆡ: 계시되. '겨시(어간)+아(연결어미)+오ᄃᆡ(연결어미)'이다. 연결어미 '-오ᄃᆡ'에서 '오'가 생략되었다. '겨시다'는 '계시다'의 옛말로, 15세기 문헌에서부터 나타난다. '겨시다'는 16세기에 제1음절 모음 'ㅕ'가 'ㅖ'로 바뀌어 '계시다'가 되면서 현재에 이른다. 16세기에 'ㅕ'가 'ㅖ'로 바뀐 이유에 대해서는 정확히 설명할 수 없다. 일반적으로 뒤 음절의 모음 'ㅣ'의 영향으로 앞 음절의 'ㅕ'가 'ㅖ'로 바뀌는 'ㅣ' 모음 역행동화는 18세기에서 19세기 사이에 일어나는데 '겨시다'의 경우 이러한 변화를 16세기에 경험한 것으로 생각한다. 15세기의 '겨시다'는 본래 '겨-'와 선어말어미 '-시-'가 결합한 것으로 추정할 수 있는 바, 어미 '-아/어'가 결합할 때 '겨샤'로 나타나 15세기에 '마시다'가 '마셔'로 나타나는 것과 차이를 보인다. 이는 선어말어미 '-시-'와 동일한 활용 양상을 보이는 것으로 '겨시-'의 '-시-'가 선어말어미 '-시-'임을 짐작할 수 있다. 근대국어 시기까지 '겨시다'는 현대국어의 '계시다'뿐 아니라, '있으시다'가 쓰일 자리에도 사용되었다. 즉 주어가 존칭의 유정 체언인 경우뿐만 아니라, 본 예와 같이, 주어가 존대의 대상과 관련된 것일 때에도 '겨시다'가 쓰였다. 겨시다(15세기~19세기)〉계시다(16세기~현재). 이형태: 겨시다, 계시다. 菩薩ᄋᆞᆯ 보ᅀᆞᄫᆞᄃᆡ 플우희 안자 겨시다 ᄒᆞ더라.《1447 석상 3:43ㄴ》, 다ᄅᆞᆫ 마ᄅᆞᆯ 몯 미처 ᄒᆞ야 계시거든 잡말ᄒᆞ야 섯디 마롤 디니라.《1517 번소 3:28ㄱ》

3 엇뎨미니잇고: 어찌함입니까. '엇뎨('엇뎨ᄒᆞ'에서 'ᄒᆞ' 탈락, 어간)+ㅁ(명사형 어

미)+이('이다'의 어간)+니(의문형 어미)+잇(존비법 ᄒᆞ쇼셔체 선어말어미)+고(의문형 종결어미)'이다. '니잇고'에서 '니'를 원칙법 선어말어미로 보는 일도 없지 않으나, 의문형 어미의 일부이지 원칙법 선어말어미가 아니다. 그것은 '니'가 빠진 '*ᄒᆞᄂᆞ어', '*ᄒᆞᄂᆞ잇고'란 어형이 불가능하다는 데서도 알 수 있다. '니잇고'는 ᄒᆞ쇼셔체 설명의문문이다. 의문사와 함께 쓰이면서, '오' 계통 모음인 '-고'가 쓰였다. ᄒᆞ야쎠체와 ᄒᆞ쇼셔체에서는 ᄒᆞ라체와 달리 제1·3인칭과 제2인칭 의문문이 중화되어 버린다. 舜이 받티 가샤 하ᄂᆞᆯ씌 블으지져 우르시니 엇뎨 그 블으지져 우르시니잇고.《소언 4:7》, 王은 ᄯᅩᄒᆞᆫ 仁義를 닐ᄋᆞ실 ᄯᆞᄅᆞᆷ이니 엇디 반ᄃᆞ시 利를 니ᄅᆞ시ᄂᆞ니잇고(王亦曰仁義而已矣 何必曰利).《맹언 1:3》. '엇뎨'는 '엇뎨ᄒᆞ다'의 생략형으로 '어찌하다'의 옛말이다. 아바닚 病이 기프시니 엇뎨ᄒᆞ려.《석상-중 11:18》, 娑婆世界예 엇뎨 노니며 衆生 위ᄒᆞ야 說法을 엇뎨ᄒᆞ며.《석상 21:9》

【集解】樂正은姓이고子春은名이니曾子弟子라瘳는愈也라

樂正은 성이고, 子春은 이름이니, 曾子의 제자이다, 瘳는 나음이다.

漢字 愈(=癒 나을 유)

樂正子春이曰善ᄒᆞ다如爾之問也여善ᄒᆞ다如爾之問也여吾는聞諸曾子ᄒᆞ고曾子는聞諸夫子ᄒᆞ시니曰天之所生과地之所養애惟人이爲大ᄒᆞ니父母ㅣ全而生之ᄒᆞ시니子ㅣ全而歸之라사可謂孝矣니不虧其體ᄒᆞ며不辱其身이면可謂全矣라ᄒᆞ시니故로君子는頃步而弗敢忘孝也ᄒᆞᄂᆞ니今予ㅣ忘孝之道ㅣ라予ㅣ是以로有憂色也ㅣ로라一擧足而不敢忘父母ㅣ라是故로道而不徑ᄒᆞ며舟而不游ᄒᆞ야不敢以先父母之遺體로行殆ᄒᆞ며一出言而不敢忘父母ㅣ라是故로惡言이不出於口ᄒᆞ며忿言이不反於身ᄒᆞᄂᆞ니不辱其身ᄒᆞ며不羞其親이면可謂孝矣니라

●악정자춘이 말하였다. "좋다, 너의 물음 같음이여. 좋다, 너의 물음 같음이여. 나는 증자께 들었고, 증자는 夫子[공자]께 들으셨으니, 가로되, '하늘이 낳는 바와 땅이 기르는 바에 오직 사람이 큼이 되니[크니], 부모가 온전히 하여 낳으셨으니 자식이 온전히 하여 돌아가야 가히 효라 이를 만하다. 그 體[사지]를 이지러지게 하지[훼손하지] 않으며, 그 몸을 욕되게 하지 않아야 가히 온전하다 이를 만하다.' 하셨다. 그러므로 군자는 반걸음에도 감히 효도를 잊지 않는데, 이제 나는 효의 도를 잊었다. 내가 이로써[이 때문에] 근심하는 낯빛이 있다. 한 번 발을 듦에도 감히 부모를 잊지 않는다. 이런 연고로 큰 길로 하고 지름길로 하지 않으며, 배로 하고 헤엄치지 아니하여, 감히 돌아가신 부모의 끼치신 몸으로써 위태로움을 행하지 않는다. 한 번 말을 냄에도 감히 부모를 잊지 않는다. 이런 연고로 (나의) 나쁜 말이 입에서 나오지 않으며, (남의) 성낸 말이 몸[자신]에 돌아오지 않는다. 그 몸을 욕되게 하지 않으며 그 어버이를 부끄럽게 하지 않으면, 가히 효라 이를 만하다."

漢字 **諸**[어조사 저(-에게, -에서)], **虧**(이지러질 휴), **頃**(반걸음 경, 잠깐 경, 발 넓이 경, 백이랑 경, 기울 경), **徑**(지름길 경), **游**(헤엄칠 유), **殆**(위태로울 태), **忿**(성낼 분), **羞**(부끄러워할 수, 나아갈 수, 드릴 수)

1 경보(頃步): 한걸음의 절반. 즉 반걸음. 유의어: 반보(半步).

2 선부모(先父母): 돌아가신 부모.

소언 樂악正졍子ᄌᆞ春츈이 ᄀᆞᆯ오ᄃᆡ 아ᄅᆞᆷ답다 네 무ᄅᆞᆷ ᄀᆞᆮᄐᆞᆷ이여 아ᄅᆞᆷ답다 네 무ᄅᆞᆷ ᄀᆞᆮᄐᆞᆷ이여 나ᄂᆞᆫ 曾증子ᄌᆞᄭᅴ 듣ᄌᆞᆸ고 曾증子ᄌᆞᄂᆞᆫ 夫부子ᄌᆞᄭᅴ 듣ᄌᆞ오시니 ᄀᆞᆯᄋᆞ샤ᄃᆡ 하ᄂᆞᆯ히 내샨 바와 ᄯᅡ히 치시ᄂᆞᆫ 바애 오직 사ᄅᆞᆷ이 크니 父부母모ㅣ 올와 나ᄒᆞ시니 ᄌᆞ식이 올와 도라가ᅀᅡ 可가히 효되라 니ᄅᆞᆯ 거시니 그 얼굴을 ᄒᆞ야ᄇᆞ리디 아니며 그 몸을 辱욕ᄒᆞ디 아니ᄒᆞ면 可가히 올오다 닐올 디라 ᄒᆞ시니 그러모로 君군子ᄌᆞᄂᆞᆫ 반 거름이라도 敢감히 효도ᄅᆞᆯ 닛디 몯ᄒᆞᄂᆞ니 이제 내 효도ᄒᆞᆯ 도ᄅᆞᆯ 니즌 디라 내 일로ᄡᅥ 근심ᄒᆞᄂᆞᆫ ᄂᆞᆺ빗ᄎᆞᆯ 둔노라 ᄒᆞᆫ적 발 들옴애 敢감히

父부母모ᄅᆞᆯ 닛디 몯ᄒᆞᆯ 디라 이런 故고로 큰 길ᄒᆞ로 ᄒᆞ고 즐어 아니ᄒᆞ며 ᄇᆡ로 ᄒᆞ고 헤욤ᄒᆞ디 아니ᄒᆞ야 敢감히 업스신 父부母모의 기티신 몸을 ᄡᅧ 위티ᄒᆞᆫ ᄃᆡ ᄃᆞᆫ니디 아니ᄒᆞ며 ᄒᆞᆫ적 말ᄉᆞᆷ 냄애 敢감히 父부母모ᄅᆞᆯ 닛디 몯ᄒᆞᆯ 디라 이런 故고로 사오나온 말ᄉᆞᆷ이 입에 나디 아니ᄒᆞ며 로ᄒᆞᄂᆞᆫ 말ᄉᆞᆷ이 몸애 도라오디 아니ᄒᆞᄂᆞ니 그 몸을 辱욕ᄒᆞ이디 아니ᄒᆞ며 그 어버이ᄅᆞᆯ 붓그리디 아니케 ᄒᆞ면 可가히 효되라 닐올 디니라

현대역 악정자춘이 가로되, "아름답다, 네 물음 같음이여, 아름답다, 네 물음 같음이여. 나는 증자께 듣잡고, 증자는 夫子[공자]께 듣자우시니 말씀하시되, '하늘이 내신 바와 땅이 기르시는 바에 오직 사람이 크니, 부모가 온전하게 하여 낳으시니, 자식이 온전하게 하여 돌아가야 가히 효도라 이를 것이니, 그 형체를 손상되게 하지 아니하며, 그 몸을 욕스럽게 하지 아니하면 가히 온전하게 한다고 이를 것이라.' 하시니, 그러므로 군자는 반걸음이라도 감히 효도를 잊지 못하니, 이제 내가 효도할 도를 잊은 것이라. 내가 이로써 근심하는 낯빛을 두었노라. 한번 발 듦에 감히 부모를 잊지 못할 것이라. 이런 까닭으로 큰 길로 하고 질러가지 아니하며, 배로 하고 헤엄하지 아니하여, 감히 죽으신[돌아가신] 부모의 남기신 몸을 써 위태한 데 다니지 아니하며, 한번 말씀 냄에 감히 부모를 잊지 못할 것이라. 이런 고로 나쁜 말씀이 입에 나지 아니하며, 노하는 말씀이 몸에 돌아오지 아니하니, 그 몸을 욕되게 하지 아니하며 그 어버이를 부끄럽게 아니하게 하면, 가히 효도라 이를 것이니라."

1 듣ᄌᆞᆸ고: 듣잡고. '듣(어간)+ᄌᆞᆸ(겸손법 선어말어미)+고(연결어미)'이다. '듣ᄌᆞᆸ다'는 '듣잡다' 의 옛말로, '듣다'를 겸손하게 이르는 말이다.

2 듣ᄌᆞ오시니: 듣자우시니. '듣(어간)+ᄌᆞ오(겸손법 선어말어미)+시(주체 높임 선어말어미)+니(연결어미)'이다. 어간 '듣ᄌᆞᆸ-'이 'ㅅ'으로 시작하는 어미 앞에서 '듣ᄌᆞ오-'로 변했다. '듣ᄌᆞ오시니'에서 주어가 증자인데 증자는 화자인 악정자춘보다는 상위자이다. 따라서 주체 높임 선어말어미 '-시-'를 넣었다. 그러나 증자는 부자(공자)보다는 하위자이다. 따라서 겸손법 선어말어미 '-ᄌᆞ오-'가 들어가

있다.

3 올와: 온전하게 하여. '오ᄋᆞᆯ오(어간)+아(연결어미)'이다. '오ᄋᆞᆯ오다'는 '온전하게 하다'의 옛말이다. 圓持ᄒᆞᆫ 功이 일면 根마다 各各 ᄠᅮ믈 오ᄋᆞᆯ올ᄊᆡ 一千二百 功德이 이시려니와 그中에 ᄯᅩ 느룸과 사오나ᄫᆞᆷ과ᄅᆞᆯ 一定ᄒᆞᇙ딘댄 누는 ᄋᆞᆲ과 견과ᄅᆞᆯ 보고 뒤흘 몯 보며.《석상 19:10》, 겨지븨 法은 ᄒᆞᆫ번 가면 가ᄉᆡ디 아니ᄒᆞ야 貞信ᄒᆞᆫ 節介ㅣ ᄅᆞᆯ 오ᄋᆞᆯ오ᄂᆞ니 주그닐 닛고 산 ᄃᆡ 가면 信이 아니오(妾聞婦人之義 一往而不改 以全貞信之節 忘死而趨生 是不信也).《삼강 열:6》

4 ᄒᆞ야ᄇᆞ리디: 헐어버리지. 손상되게 하지. 'ᄒᆞ야ᄇᆞ리(어간)+디(보조적 연결어미)'이다. 'ᄒᆞ야ᄇᆞ리다'는 '헐어버리다'의 옛말이다. 뻐도 내 쳔 ᄡᅳ며 ᄒᆞ야ᄇᆞ려도 내 짓 거슬 ᄒᆞ야ᄇᆞ리ᄂᆞ니 네게 므스 이리 브트뇨(使時使了我的錢 壞時壞了我的家私).《번노 하:49》, ᄌᆞ식이 올와 도라개ᅀᅡ 可히 효되라 니ᄅᆞᆯ 거시니 그 얼굴을 ᄒᆞ야ᄇᆞ리디 아니며 그 몸을 辱ᄒᆞ디 아니ᄒᆞ면 可히 올오다 닐올디라(子全而歸之 可謂孝矣 不虧其體 不辱其身 可謂全矣).《소언 4:18》

5 닐올 디라: 이를 것이라. 이를지라. '닐오(謂, 어간)+ㄹ(관형사형 어미)+ᄃᆞ(의존명사)+이(서술격 조사 '이다'의 어간)+라(종결어미)'이다.

6 니즌: 잊은. '닞(어간)+으(매개모음)+ㄴ(관형사형 어미)'이다. '닞-'은 '잊다'의 옛말인 '닞다'의 어간이고, '으'는 매개모음이다.

7 즐어: 질러. '즈르(어간)+어(연결어미)'이다. '즈르다'는 '지르다'의 옛말이다. 지름길로 가깝게 가다. '즈르다'는 자음 어미 앞에서는 '즈르-'로, 모음으로 시작하는 어미 앞에서는 본 예와 같이, '즐-'이나 '즐ㄹ-'로 나타난다. 圓頓敎法은 키 甚히 즈르고 ᄲᆞ혀나 人情에 갓갑디 아니ᄒᆞᆯᄉᆡ 人情 업다 니ᄅᆞ시니라.《남명 하:38~39》, 釋迦牟尼 精進ᄋᆞᆯ 勇猛히 ᄒᆞ샤 아홉 劫을 즐어 나시니이다.《월석 7:29》

8 헤윰ᄒᆞ디: 헤엄하지. '헤윰ᄒᆞ(어간)+디(보조적 연결어미)'이다. '헤험ᄒᆞ다'는 '헤엄하다'의 옛말이다. 이런 故로 큰길ᄒᆞ로 ᄒᆞ고 즐어 아니 ᄒᆞ며 ᄇᆡ로 ᄒᆞ고 헤윰ᄒᆞ디 아니ᄒᆞ야(是故道而不徑 舟而不游).《소언 4:18》

9 업스신: 죽으신. 돌아가신. '없(어간)+으시(주체 높임 선어말어미)+ㄴ(관형사형 어미)'이다. '없으시다'는 '죽으시다'의 옛말이다.

10 기티신: 끼치신. '기티(어간)+시(주체 높임 선어말어미)+ㄴ(관형사형 어미)'이다. '기티다'는 '끼치다', '남기다'의 옛말이다. 오직 命 ᄆᆞᄎᆞᇙ 제 그ᅀᅳ기 기텨 付囑호ᄆᆞᆫ 더룷디니라(唯除命終 陰有遺付).《능엄 6:111》, 이 ᄆᆞᆺ 後ㅅ 부텻 기티논 긔걸이

니 모로매 모다 삼가라.《석상 23:13》

11 붓그리디: 부끄러워하지. '붓그리(어간)+디(보조적 연결어미)'이다. '붓그리다'는 '부끄러워하다'의 옛말이다. 프른 구루미 니피 칙칙호믈 붓그리고 흰 누니 고지 하믈 避ᄒᆞ리로다(青雲羞葉密 白雲避花繁).《두시-초 15:19》, 田稷子ㅣ 붓그려 나가 그 金 도로 보내오(田稷子慚而出 反其金).《내훈 3:25》

12 닐올 디니라: 이를 것이니라. 이를지니라. '닐오(어간)+ㄹ(관형사형 어미)+ᄃᆞ(의존명사)+이(서술격조사 '이다'의 어간)+니라(평서형 종결어미)'이다.

【集說】吳氏曰善은美也니重言之者는亟稱之하여以美其問也라惟人爲大는記에作無人爲大하니言無如人最爲大니盖天地之性에人爲貴也라不虧其體는所以全其形이요不辱其身은所以全其德이라道는大路也요徑은路之小而捷者라游는浮水也라

오 씨가 말하였다. "善은 아름다움이니, 거듭 말한 것은 자주 그것을 일컬어 써 그 물음을 찬미함이다. 惟人爲大[오직 사람이 큼이 됨]는 《예기》에 '無人爲大'로 되어 있으니, 사람처럼 가장 큼이 됨이 없음을 말함이니, 대개 천지의 性 중에 사람이 귀한 것이다. 不虧其體[그 體를 이지러지게 하지 않음]는 써 그 형체를 온전하게 하는 바요, 不辱其身[그 몸을 욕되게 하지 않음]은 써 그 덕을 온전하게 하는 바이다. 道는 큰 길이요, 徑은 길 중 작으면서 빠른 것이다. 游는 물에 뜸이다."

漢字 重(거듭 중), 亟(자주 기, 갑자기 기, 빠를 극), 捷(빨리 첩, 이길 첩)

言無如人最爲大: 사람처럼 가장 큼이 됨이 없음을 말함. 즉 사람처럼 가장 큼은 없다는 말임.

【集成】頃은當爲跬니一擧足이爲跬요再擧足이爲步라

頃은 마땅히 跬가 되어야 하니, 한 번 발을 듦을 跬라 하고, 두 번 발을

듦을 步라 한다.

漢字 跬(반걸음 규)

【十六章】

○**伯兪**ㅣ**有過**ㅣ어늘**其母**ㅣ**笞之**ᄒᆞᆫ대**泣**이러니**其母**ㅣ**曰他日笞**예 **子未嘗泣**이라가**今泣**은**何也**오**對曰兪**ㅣ**得罪**예**笞常痛**이러니**今母之力**이**不能使痛**이라**是以泣**ᄒᆞ노이다 《說苑 建本》

●伯兪가 잘못이 있으므로 그 어머니가 그에게 매질하니, 울거늘, 그 어머니가 말하길, "다른 날 매질함에 네가 일찍이 울지 않더니, 지금 욺은 어째서냐?" 하였다. 대답하여 말하길, "兪가 죄를 얻어 매 맞음에 늘 아프더니, 지금 어머니의 힘이 능히 하여금 아프게 하지 못합니다. 이로써 웁니다." 하였다.

漢字 兪(그러할 유, 응답할 유), 笞(매질할 태, 볼기 칠 태), 泣(울 읍)

백유읍장(伯兪泣杖): 중국 한(漢)나라 때의 효자로 유명한 한백유(韓伯兪)와 관련된 고사에서 유래한 말로, '백유가 매를 맞으며 운다.'는 뜻이다. '백유의 효도'라는 뜻에서 '백유지효(伯兪之孝)', '백유지읍(伯兪之泣)'이라고도 한다. 전한(前漢) 말에 유향(劉向)이 편집한 설화집 《설원(說苑)》〈건본(建本)〉 편에 나온다.

소언 伯ᄇᆡᆨ兪유[셩은 韓한이오 일홈은 兪유ㅣ라]ㅣ 험을이 잇거늘 그 어미 ᄐᆡᆫ대 우더니 그 어미 ᄀᆞᆯ오ᄃᆡ 아ᄅᆡ 티매 아ᄃᆞᆯ이 일즉 우디 아니ᄒᆞ다가 이제 우룸은 엇뎨오 ᄃᆡ답ᄒᆞ야 ᄀᆞᆯ오ᄃᆡ 兪유ㅣ 罪죄ᄅᆞᆯ 어듬애 티심이 샹해 알ᄑᆞ더니 이제 엄의 힘이 能능히 ᄒᆞ여곰 알ᄑᆞ게 몯ᄒᆞ시ᄂᆞᆫ디라 일로뻐 우농이다

현대역 백유[성은 韓이요, 이름은 兪이라.]가 허물이 있거늘, 그 어머니가 치

니까 울더니, 그 어머니가 가로되, "전에 침[때림]에 아들이 일찍 울지 아니하다가, 이제 욺은 어째서인고?" 대답하여 가로되, "兪가 죄를 얻음에 치심이 늘 아프더니, 이제 어머니의 힘이 능히 하여금 아프게 못하시는 것입니다. 이로써 우나이다."

1 험을: 허물. 현대국어 '허물'의 옛말인 '허믈'은 15세기 문헌에서부터 나타난다. 17세기 'ㅁ' 아래 모음 'ㅡ'가 'ㅜ'로의 원순모음화 경향에 따라 '허믈'이 '허물'로 변하였다. 18세기부터 원순모음화를 겪은 '허물'이 나타나면서 19세기까지 '허믈'과 공존하다가 '허물'이 정착하면서 현재에 이르렀다. 16세기의 '험을'은 '허믈'을 과잉 분철한 표기이다. 허믈(15세기~19세기)〉허물(18세기~현재). 이형태: 허믈, 험을, 허물. 즉재 座로셔 니러 부텻 알ᄑᆡ 가 머리 조ᅀᆞᄫᅡ 禮數ᄒᆞᅀᆞᄫᅡ 허믈 뉘으처 제 외요이다 ᄒᆞ야.《1459 월석 15:21ㄴ》, 伯兪 ㅣ 험을이 잇거늘 그 어미 틴대 우더니.《1588 소언 4:19ㄴ》

2 틴대: 치니까. '티(어간)+ㄴ대(연결어미)'이다. '-ㄴ대'는 어간이나 어미 뒤에 붙어, '-니까'를 뜻하는 어미이다. 目連이 淨飯王ᄭᅴ 도라가 이 辭緣을 ᄉᆞᆯᄫᆞᆫ대 王이 大愛道ᄅᆞᆯ 블러 니ᄅᆞ샤ᄃᆡ.《석상 6:6》, 부톄 比丘 ᄃᆞ리시고 드러 안ᄌᆞ신대 鸚鵡ᄃᆞᆯ히 부텨를 보ᅀᆞᆸ고 깃븐 ᄆᆞᅀᆞᄆᆞᆯ 내야 ᄒᆞᆫ 날 命終ᄒᆞ야 忉利天에 나니라.《석상 6:41~42》

3 알ᄑᆞ더니: 아프더나. '알ᄑᆞ(어간)+더(회상법 선어말어미)+니(연결어미)'이다. '알ᄑᆞ다'는 15세기 문헌에서부터 나타난다. '알ᄑᆞ다'는 동사 '앓-'에 형용사 파생 접사 '-ᄇᆞ-'가 결합한 것이다. 16세기 이후로 제2음절 이하에서 모음 'ㆍ'가 'ㅡ'로 바뀌는 경향에 따라 '알ᄑᆞ다'도 '알프다'로 변화하였다. 근대국어 시기에는 '알ᄑᆞ다', '알프다'에서 제1음절의 종성 ㄹ이 탈락하여 '아ᄑᆞ다', '아프다'가 등장하게 되었는데, '아ᄑᆞ다'는 17세기에, 현대국어와 같은 '아프다'는 18세기에 나타난다. 'ㅍ' 앞에서 'ㄹ'이 탈락한 이유가 무엇인지 정확히 알 수 없으나 국어사에서 이와 같은 현상을 보이는 예는 '알ᄑᆞ다' 이외에도 '골ᄑᆞ다'가 '고ᄑᆞ다'가 된 것이나, '앒'이 '앞'으로 변한 것 등이 존재한다. 16세기~19세기 문헌에는 여러 이표기가 보이는데, '앒ᄑᆞ다', '앒프다', '압프다'는 각각 '알ᄑᆞ다', '알프다', '아프다'의 'ㅍ'을 'ㅂ'과 'ㅍ'으로 두 번 적은 중철 표기이며, '압흐다', '앒흐다' 등은 'ㅍ'을 'ㅂ'과 'ㅎ'으로 나누어 적은 재음소화 표기이다. 알ᄑᆞ다(15세기~18세기)〉알프다(16세기~19세기)〉아ᄑᆞ다(17세기)/아프다(18세기~현재). 이형태: 알ᄑᆞ다, 앒프

다, 알프다, 압프다, 압ᄒᆞ다, 아프다. 苦ᄂᆞᆫ 몸 알ᄑᆞᆯ 씨오 惱ᄂᆞᆫ ᄆᆞᅀᆞᆷ 셜ᄫᅳᆯ 씨오.《1459 월석 2:22ㄴ》, 내 져기 ᄃᆡ고리 앓프며 머리도 어즐ᄒᆞ예라.《1510년대 번노 하:39ㄴ》

4 우놋이다: 우나이다. '울(어간)+ᄂᆞ(직설법 선어말어미)+오(화자 표시법 선어말어미)+이(존비법 ᄒᆞ쇼셔체 선어말어미)+다(평서형 종결어미)'이다. 어간 '울-'의 치조음 'ㄹ'이 선어말어미 치조음 'ㄴ' 앞에서 탈락하였다. '-노이다'는 어간 뒤에 붙어, 주로 1인칭 주어와 함께 쓰여, '-나이다'를 뜻하는 어미이다. '-나이다'는 '있다', '없다', '계시다'의 어간, 동사 어간 또는 어미 '-으시-', '-었-', '-겠-', '-사옵-' 뒤에 붙어, 하십시오할 자리에 쓰여, 단순한 서술을 나타내는 어미이다. 신령님께 비나이다. 명대로 거행하겠나이다.

【集說】陳氏曰伯兪의姓은韓이요名은兪라笞는捶擊也라泣은涕出而無聲也라伯兪之泣은悲母力之衰耳니事見說苑하니라

진 씨가 말하였다. "伯兪의 성은 韓이요, 이름은 兪이다. 笞는 회초리[捶]로 때림[擊]이다. 泣은 눈물은 나오면서 소리가 없음이다. 伯兪가 운 것은 어머니의 힘이 쇠함을 슬퍼했을 뿐이니, 일이 《說苑》에 보인다."

漢字 捶(종아리채 추, 종아리 칠 추, 채찍 추, 채찍질할 추), 擊(칠 격, 부딪칠 격), 涕(눈물 체, 울 체)

故로曰父母ㅣ怒之어시든不作於意ᄒᆞ며不見於色ᄒᆞ야深受其罪ᄒᆞ야使可哀憐이上也ㅣ오父母ㅣ怒之어시든不作於意ᄒᆞ며不見於色이其次也ㅣ오父母ㅣ怒之어시든作於意ᄒᆞ며見於色이下也ㅣ니라

● 그러므로 (나 劉向은) 말한다. "부모가 노여워하시거든 뜻에 짓지[맺히지, 일으키지] 않으며, 얼굴빛에 나타내지 아니하여, 그 죄를 깊이 받아, (부모로) 하여금 슬프고 불쌍하게 여기게 함이 상등이요, 부모가 노여워하시거든 뜻에 짓지[일으키지] 않으며, 얼굴빛에 나타내지 아니함이 그 다음이요, 부모

가 노여워하시거든 뜻에 지으며, 얼굴빛에 나타냄이 하등이다."

漢字 見(나타날 현)

소언 그러므로 ᄀᆞᆯ오ᄃᆡ 父부母모ㅣ 怒노ᄒᆞ거시든 ᄠᅳᆮ에 짓디 아니ᄒᆞ며 ᄂᆞᆾ빗체 나타내디 아니ᄒᆞ야 깁피 그 罪죄ᄅᆞᆯ 받ᄌᆞ와 ᄒᆞ여곰 可가히 에엿비 너기시게 ᄒᆞᆷ이 읏듬이오 父부母모ㅣ 怒노ᄒᆞ거시든 ᄠᅳᆮ에 짓디 아니ᄒᆞ며 ᄂᆞᆾ빗체 나타내디 아니홈이 버게오 父부母모ㅣ 怒노ᄒᆞ거시든 ᄠᅳᆮ에 지으며 ᄂᆞᆾ빗체 나타냄이 아래니라

현대역 그러므로 가로되, "부모가 노하시거든 뜻에 짓지 아니하며, 낯빛에 나타내지 아니하여, 깊이 그 죄를 받자와, 하여금 가히 불쌍히 여기시게 함이 으뜸이요, 부모가 노하시거든 뜻에 짓지 아니하며, 낯빛에 나타내지 아니함이 다음이요, 부모가 노하시거든 뜻에 지으며 낯빛에 나타냄이 아래이니라."

1 에엿비: 불쌍히. '에엿브다'의 파생부사이다. '에엿브다'는 '불쌍하다'의 옛말이다. 아젼의 도즉ᄒᆞᆫ 거슨 젹디 아니ᄒᆞ니 일로 큰 죄ᄅᆞᆯ 니보미 진실로 에엿브니라(所得甚少而吏人所盜不貲矣 以此被重譴 良可惜也).《번소 7:28》, 게으른 아희돌히 홈의 구ᅀᅵ예 ᄀᆞᄃᆞ기 여믈 주고 좀드러 새도록 자ᄂᆞ니 에엿븐 뎌 말 모로ᄂᆞᆫ 즘싱돌히 치기를 ᄀᆞ장 몯ᄒᆞᄂᆞ니(懶小廝們 一發滿槽子饋草睡到明 可憐見那不會說話的頭口們 喂不到).《번박 상:21》

2 버게오: 다음이요. '버게(명사)+오(조사)'이다. '버게'는 동사 '벅다'의 어간 '벅-'에 접사 '-에'가 붙어 이루어진 파생명사이다. '벅다'는 '버금가다', '다음가다'의 옛말이다. 父母ㅣ 怒ᄒᆞ거시든 ᄠᅳ데 짓디 아니ᄒᆞ며 顏色애 나토디 아니호미 버그니라(父母怒之 不作於意 不見於色 其次也).《내훈 1:49》, 十段애 다 처ᅀᅥᆷ 天魔 드러 니ᄅᆞ시고 버거 鬼魔 ᄇᆞᆯ기시니(十段 皆初擧天魔 次明鬼魔).《능엄 9:90》

【集說】陳氏曰故曰以下는劉向論也라

진 씨가 말하였다. "故曰以下는 劉向의 논평이다."

유향(劉向, 기원전 77년~기원전 6년): 중국 전한(前漢) 말기 학자이자 관료이다. 본명은 유갱생(劉更生)이며, 자는 자정(子政)이다. 한고조(漢高祖) 유방(劉邦)의 아우인 초원왕(楚元王) 유교(劉交)의 현손으로, 《신서(新序)》, 《설원(說苑)》, 《전국책(戰國策)》, 《열녀전(列女傳)》, 《별록(別錄)》 등을 남겼다. 《설원》은 한나라 이전에 나라를 이끈 군주와 그들을 보좌한 신하들의 이야기를 모은 책이다. 유향에 대한 설명은 〈입교 제1〉 제1장을 참조하라.

〖十七章〗

○公明宣이學於曾子호ᄃᆡ三年을不讀書ㅣ어늘曾子ㅣ曰宣아而ㅣ居參之門이三年이로ᄃᆡ不學은何也오 《說苑 反質》

●公明宣이 曾子에게 배웠는데, 3년 동안 글을 읽지 않자, 曾子가 말하였다. "宣아, 네가 參[내]의 門下에 있은 지 3년이되, 배우지 않음은 어째서인가?"

漢字 而(너 이)

소언 公공明명宣션[公공明명은 셩이오 宣션은 일홈이라]이 曾증子ᄌᆞᄭᅴ ᄇᆡ호ᄃᆡ 세 ᄒᆡ를 글 닑디 아니ᄒᆞ거늘 曾증子ᄌᆞㅣ ᄀᆞᆯᄋᆞ샤ᄃᆡ 宣션아 네 參숨의 門문에 이숌이 세 ᄒᆡ로ᄃᆡ 글 ᄇᆡ호디 아니홈은 엇뎨오

현대역 公明宣[公明은 성이요, 宣은 이름이라.]이 증자께 배우되 세 해를 글 읽지 아니하거늘, 증자가 말씀하시되, "선아, 네가 삼(參)의 문에 있음이 세 해로되, 글 배우지 아니함은 어째서인고?"

【集說】陳氏曰公明은姓이요宣은名이니曾子弟子라

진 씨가 말하였다. "公明은 성이요, 宣은 이름이니. 曾子의 제자이다."

公明宣이曰安敢不學이리잇고宣이見夫子居庭호니親在어시든叱咤丑亞反之聲이未嘗至於犬馬ᄒᆞ실ᄉᆡ宣이說悅下同之ᄒᆞ야學而未能ᄒᆞ며宣이見夫子之應賓客호니恭儉而不懈惰ᄒᆞ실ᄉᆡ宣이說之ᄒᆞ야學而未能ᄒᆞ며宣이見夫子之居朝廷호니嚴臨下而不毁傷ᄒᆞ실ᄉᆡ宣이說之ᄒᆞ야學而未能호니宣이說此三者ᄒᆞ야學而未能이니宣이安敢不學而居夫子之門乎ㅣ리잇고

● 공명선이 말하였다. “어찌 감히 배우지 않았겠습니까? 宣이[제가] 선생님께서 뜰에 계심을 보니, 부모가 계시면 꾸짖는 소리가 일찍이 개와 말에 이르지 않으시므로, 제가 그것을 기뻐하여 배웠으나 능하지 못했으며, 제가 선생님께서 빈객을 응대하심을 보니, 공손하고[장엄하고] 검소하여[절제하여] 게으르지 않으시므로, 제가 그것을 기뻐하여 배웠으나 능하지 못했으며, 제가 선생님께서 조정에 계심을 보니, 아랫사람에게 엄격히 임하면서도 헐어 상하게 하지 않으시므로, 제가 그것을 기뻐하여 배웠으나 능하지 못했으니, 제가 이 세 가지를 기뻐하여 배웠으나 능하지 못했으니, 제가 어찌 감히 배우지 않으면서 선생님의 문하에 있겠습니까?”

漢字 安(어찌 안), 叱(꾸짖을 질), 咤(꾸짖을 타), 說(기뻐할 열, 말씀 설), 毁(헐 훼), 傷(다칠 상, 상처 상)

소언 公공明명宣션이 ᄀᆞᆯ오ᄃᆡ 엇디 敢감히 ᄇᆡ호디 아니ᄒᆞ리잇고 宣션이 夫부子ᄌᆞㅣ 가뎡에 겨샴을 보니 어버이 잇거시든 ᄭᅮ짓ᄂᆞᆫ 솔의 일즉 개와 ᄆᆞᆯ게도 니르디 아니ᄒᆞ실ᄉᆡ 宣션이 됴히 너겨 ᄇᆡ호ᄃᆡ 能능히 몯ᄒᆞ며 宣션이 夫부子ᄌᆞ의 손 ᄃᆡ졉ᄒᆞ샴을 보니 공경ᄒᆞ며 검박ᄒᆞ샤 게을으디 아니ᄒᆞ실ᄉᆡ 宣션이 됴히 너겨 ᄇᆡ호ᄃᆡ 能능히 몯ᄒᆞ며 宣션이 夫부子ᄌᆞ의 朝됴庭뎡에 겨샴을 보니 싁싁히 아래ᄅᆞᆯ 臨림ᄒᆞ샤ᄃᆡ ᄒᆞ야ᄇᆞ리디 아니ᄒᆞ실ᄉᆡ 宣션이 됴히 너겨 ᄇᆡ호ᄃᆡ 能능히 몯호

니 宣션이 이 세 일울 됴히 너겨 ᄇᆡ호ᄃᆡ 能능히 몯ᄒᆞ니 宣션이 엇디 敢감히 ᄇᆡ호디 아니ᄒᆞ고 夫부子ᄌᆞㅅ 門문에 이시링잇고

현대역 공명선이 가로되, "어찌 감히 배우지 아니하겠습니까? 宣이 선생님께서 가정에 계심을 보니 어버이 있으시거든 꾸짖는 소리 일찍 개와 말에게도 이르지 아니하시므로 선이 좋게 여겨 배우되 능히 못하며, 선이 선생님의 손 대접하심을 보니 공경하며 검박하시어 게으르지 아니하시므로 선이 좋게 여겨 배우되 능히 못하며, 선이 선생님의 조정에 계심을 보니 엄하게 아래[아랫사람]를 임하시되 헐어버리지 아니하시므로 선이 좋게 여겨 배우되 능히 못하니, 선이 이 세 일을 좋게 여겨 배우되 능히 못하니 선이 어찌 감히 배우지 아니하고 선생님의 문[문하]에 있겠습니까?"

1 아니ᄒᆞ리잇고: 아니하겠습니까. '아니ᄒᆞ(어간)+리(추측법 선어말어미)+잇(존비법 ᄒᆞ쇼셔체 선어말어미)+고(의문형 종결어미)'이다. 이는 ᄒᆞ쇼셔체 설명의문문이다. ᄒᆞ야쎠체와 ᄒᆞ쇼셔체에서는 제1·3인칭 의문문과 제2인칭 의문문이 중화되어 버린다. 다만 의문사와 함께 쓰이고, '오' 계통 모음으로 되어 있어 설명의문문임을 알 수 있다. '-리잇고'는 동사, 형용사 어간이나 어미 뒤에 붙어, 의문사와 함께 쓰여, 'ᄒᆞ쇼셔' 할 자리에 쓰여, 설명의문문을 나타내는 어미이다. 셜븐 人生이 어듸던 이 ᄀᆞᄐᆞ니 이시리잇고.《석상 6:5》, 羅雲이 ᄉᆞᆯ보ᄃᆡ 부텻 法이 精微ᄒᆞ야 져믄 아ᄒᆡ 어느 듣ᄌᆞ보리잇고.《석상 6:11》

2 솔의: 소리. 현대국어 '소리'는 15세기 문헌에서부터 '소리'로 나타나 현재까지 이어진다. 15세기 문헌에는 '소리'와 함께 '소ᄅᆡ'도 존재하였다. 이 '소ᄅᆡ'는 15세기 문헌에서 여섯 예가 발견되고 대부분 '소리'가 나타났다. 그런데 16세기 들어 '소ᄅᆡ'가 '소리'보다 더 빈번하게 나타난다. 이렇게 '소리'보다 '소ᄅᆡ'가 문헌에 훨씬 많이 나타나는 양상은 19세기까지 이어진다. '소ᄅᆡ'는 16세기 이후 'ㆍ'의 음가 소실로 인해 '소릐'로도 표기되어 나타나고 이 '소ᄅᆡ'와 소릐'가 '솔ᄋᆡ', '솔의'로 과잉 분철되기도 한다. 소리(15세기~현재). 이형태: 소리, 소ᄅᆡ, 소릐, 솔ᄋᆡ, 솔의, 솔이. ㄱ는 엄쏘리니 君군ㄷ 字ᄍᆞᆼ 처ᅀᅥᆷ 펴아 나는 소리 ᄀᆞᄐᆞ니.《1447 훈언 4ㄱ》, 부텻 知見을 열며 샹녯 귀로 소ᄅᆡ를 드러.《1459 월석 17:57ㄱ》, 天子ㅣ 일홈과 소ᄅᆡ를 듣디 몯ᄒᆞ신 디라.《1588 소언 6:91ㄴ》

3 검박ᄒᆞ샤: 검박(儉朴)하시어. '검박ᄒᆞ(어간)+샤(주체 높임 선어말어미)+ø(연결

어미 '아' 탈락)'이다. 주체 높임 선어말어미 '-샤-'는 '-시-'가 모음 어미 '-아' 앞에서 실현된 것이다. 이에 대한 자세한 설명은 본서 1권 중 〈소학제사(小學題辭)〉의 '슬허ᄒᆞ샤'를 참조하기 바란다. '검박ᄒᆞ다'는 '검소하고 소박하다'이다.

4 싁싁히: 엄숙하게. 장엄하게. 容貌ᄅᆞᆯ 모로매 端正ᄒᆞ고 싁싁히 ᄒᆞ며(容貌必端莊).《내훈 1:24》, 얼굴 모양을 반ᄃᆞ시 단졍ᄒᆞ고 싁싁히 ᄒᆞ며(容貌 必端莊).《소언 5:96》

5 ᄒᆞ야ᄇᆞ리디: 헐어버리지. 손상되게 하지. 'ᄒᆞ야ᄇᆞ리(어간)+디(보조적 연결어미)'이다. ᄡᅧ도 내 쳔 ᄡᅳ며 ᄒᆞ야ᄇᆞ려도 내 짓 거슬 ᄒᆞ야ᄇᆞ리ᄂᆞ니 네게 므스 이리 브트뇨(使時使了我的錢 壞時壞了我的家私).《번노 하:49》, ᄌᆞ식이 올와 도라개사 可히 효되라 니ᄅᆞᆯ 거시니 그 얼굴을 ᄒᆞ야ᄇᆞ리디 아니며 그 몸을 辱ᄒᆞ디 아니ᄒᆞ면 可히 올오다 닐올 디라(子全而歸之 可謂孝矣 不虧其體 不辱其身 可謂全矣).《소언 4:18》

6 이시리잇고: 있겠습니까. '이시(어간)+리(추측법 선어말어미)+잇(존비법 ᄒᆞ쇼셔체 선어말어미)+고(의문형 종결어미)'이다. 이는 ᄒᆞ쇼셔체 설명의문문이다. ᄒᆞ야쎠체와 ᄒᆞ쇼셔체에서는 제1·3인칭 의문문과 제2인칭 의문문이 중화되어 버린다. 다만 의문사와 함께 쓰이고, '오' 계통 모음으로 되어 있어 설명의문문임을 알 수 있다. '-리잇고'는 동사, 형용사 어간이나 어미 뒤에 붙어, 의문사와 함께 쓰여, 'ᄒᆞ쇼셔' 할 자리에 쓰여, 설명의문문을 나타내는 어미이다. 셜븐 人生이 어딋던 이 ᄀᆞᄐᆞ니 이시리잇고.《석상 6:5》, 羅雲이 ᄉᆞᆯ보ᄃᆡ 부텻 法이 精微ᄒᆞ야 져믄 아ᄒᆡ 어느 듣ᄌᆞᄫᆞ리잇고.《석상 6:11》

【集說】吳氏曰夫子는謂曾子라叱咤는怒聲也라恭은莊也요儉은節制也라

오 씨가 말하였다. "夫子는 曾子를 이른다. 叱咤는 성내는 소리이다. 恭은 장엄함이요, 儉은 절제함이다."

〖十八章〗

○ 少連大連이善居喪ᄒᆞ야三日不怠ᄒᆞ며三月不解ᄒᆞ며期悲哀

ᄒᆞ며三年憂ᄒᆞ니東夷之子也ㅣ라 《禮記 雜記》

●少連과 大連이 居喪을 잘 하여, 3일 동안 게을리 하지 않았으며, 3개월 동안 게을리 하지 않았으며, 1년 동안 슬퍼했으며, 3년 동안 근심하였으니, 東夷族의 사람이었다.

漢字 怠(게으를 태), 解(=懈 게으를 해), 期(1년 기, 때 기, 돌 기), 子(사람 자)

기년(期年): 1주년. 기년(朞年)으로도 표기함.

소언 少쇼連련과 大대連련[두 사ᄅᆞᆷ이라]이 居거喪상ᄒᆞᆷ을 잘 ᄒᆞ야 三삼日일을 게을으디 아니ᄒᆞ며 석 ᄃᆞᆯ을 프러디디 아니ᄒᆞ며 돌ᄉᆞᆯ 슬허ᄒᆞ며 三삼年년을 근심ᄒᆞ니 東동녁夷이의 ᄌᆞ식이라

현대역 少連과 大連[두 사람이라.]이 居喪함을 잘 하여, 삼일을 게으르지 아니하며, 석 달을 풀어지지 아니하며, 돌[한 해]을 슬퍼하며, 삼 년을 근심하니, 동녘 오랑캐의 자식이라.

【集說】陳氏曰三日은親始死時也라不怠는謂哀痛之切하여雖不食而能自力以致其禮也라三月은親喪在殯時也라解는與懈同하니倦也라憂는謂憂戚憔悴라陳氏曰此는孔子之言也라

진 씨가 말하였다. "3일은 부모가 처음 돌아가셨을 때이다. 게으르지 아니함은 애통함이 간절하여 비록 먹지 않으나 능히 自力으로써 예를 다함을 이른다. 3월은 부모의 居喪[시신]이 빈소에 있을 때이다. 解는 懈와 더불어 같으니, 게으름이다. 憂는 근심하여 파리함을 이른다." 진 씨가 말하였다. "이는 공자의 말씀이다."

漢字 殯(초빈할 빈), 懈(개으를 해), 倦(게으를 권), 戚(=慽 근심할 척, 슬퍼할 척), 憔(파리할 초), 悴(파리할 췌)

【集解】聖人이非特稱其能行孝道요而又稱其能變夷俗也시니라

성인이 다만 그 능히 효도를 행함을 칭찬했을 뿐만 아니라, 또 그 능히 오랑캐의 풍속을 변화시킴을 칭찬하신 것이다.

漢字 特(다만 특)

비특(非特): 다만 ~뿐만 아니라.

〖十九章〗

○高子皐之執親之喪也애泣血三年ᄒᆞ야未嘗見現齒ᄒᆞ니君子ㅣ以爲難ᄒᆞ니라 《禮記 檀弓》

●高子皐가 부모의 상을 잡음에, 피나듯이 울기를 3년을 하여, 일찍이 이를 보이지 않았으니, 군자가 써 (그렇게 하기가) 어렵다고 하였다.

漢字 皐(언덕 고), 泣(울 읍)

1 이위(以爲): 써~라 하다(말하다, 생각하다).

2 고자고(高子皐, 기원전 521년~미상): 춘추시대 사람으로 이름은 고시(高柴)이고, 자는 자고(子羔)·자고(子高)·자고(子皐)·계고(季皐)·계자고(季子皐)이다. 공자 문하의 72명 수제자를 칭하는 공문칠십이현 중 한 사람인데, 공자보다 서른 살 아래였다. 동주(東周) 춘추시기 제문공(齊文公)의 18세 후손인 그는 노(魯), 위(衛)나라에서 4차례 벼슬을 살았는데, 노나라에서 비재(費宰), 성재(郕宰), 무성재(武城宰)를 지냈고, 위나라에서 사사(士師)를 지냈다. 당나라 현종 때는 '공백(共伯)'에 봉해졌으며, 송나라 진종 대중상부(大中祥符) 2년인 1009년에 공성후(共城侯)에 추봉되었다. 고시는 난릉(兰陵, 지금의 산둥(山東)성 란링현) 지역에서 제자들에게 공자의 가르침을 전파했고, 죽은 뒤에도 난릉에 묻혔다. 고시는 키가 5척(尺)에도 미치지 못할 정도로 작고 못생겼지만 우직하고 성실하였다. 옥관(獄官)이었을 때도 옥사를 공정히 처리했고, 공자도 그를 우직한

사람으로 보았다. 자로와 친분이 깊어 자로가 그를 비읍(費邑)의 원(員, 수령)으로 삼았다. 효성 또한 지극하여 부모의 그림자를 밟지 않았으며, 부모의 상을 당했을 때 3년 동안 슬프게 울며 웃지 않았다고 한다. 《사기》 〈중니제자열전〉에 고시에 관한 다음과 같은 기록이 보인다. "고시는 자가 자고이고 공자보다 30년 연하이다. 자고는 신장이 5척에도 못 미치었다. 공자에게서 가르침을 받을 때, 공자가 그를 우직하다고 생각했다. 자로가 자고를 비읍(費邑)의 재(宰, 우두머리)로 삼자, 공자가 '남의 자식을 해치는구나.'라고 탄식했다. 이 말에 자로가 '백성이 있고 사직(社稷)이 있으니, 어찌 꼭 책 읽는 것만을 학문한다고 할 수 있겠습니까?'라고 반문했다. 그러자 공자가 '이렇기 때문에 나는 말 잘하는 자들을 미워하는 것이다'라고 꾸짖었다." 기록상으로 고시의 저작은 알려진 바가 없다. 그러다 고고학 발굴 성과로 확인된 전국시대 초나라 죽간(竹簡) 중에서 〈자고(子羔)〉 한 편과 공자와 제자들 사이에 오간 《시경》에 관한 토론집 《공자시론(孔子時論)》 및 노나라가 큰 가뭄을 겪은 뒤 공자와 노나라 애공(哀公) 및 제자들이 나눈 토론집 《노방대한(魯邦大旱)》을 고시의 저작으로 보는 학자들이 많다. 고시는 고(高) 씨 성의 조상으로 받들어지고 있으며 아내와의 사이에서 난 아들은 고시의 이름 자인 '시(柴)'를 성으로 삼아 시 씨 성의 시조로 받들어지고 있다(중국인물사전).

3 읍혈(泣血): 어버이 상을 당하여 피나듯이 울음.

소언 高고子ᄌᆞ皐고[셩은 高고ㅣ오 일홈은 柴싀라]의 어버의 거상 가져실 제 피 나ᄃᆞ시 우룸을 三삼年년ᄋᆞᆯ ᄒᆞ야 일즉 니ᄅᆞᆯ 뵈디 아니ᄒᆞ니 君군子ᄌᆞㅣ 뻐 어렵다 ᄒᆞ니라

현대역 高子皐[성은 高요, 이름은 柴라.]가 어버이 거상 가지실 때, 피 나듯이 울음을 삼 년을 하여 일찍 이를 보이지 아니하니, 군자가 써 어렵다 하니라.

【集說】子皐의名은柴니孔子弟子라孔氏曰人涕淚는必因悲聲而出하나니血出則不由聲也라子皐悲無聲호되其涕亦出하여如血之出이라故로云泣血이라不見齒는謂不笑也라

子皐의 이름은 柴니, 공자의 제자이다. 공 씨가 말하였다. “사람의 눈물은 반드시 슬픈 소리에 인하여 나오는데, 피가 나온 즉 소리에 말미암지 않는다. 子皐는 슬퍼함에 소리가 없으면서도 그 눈물이 또한 나와, 피가 나오는 듯하였다. 그러므로 ‘피 나듯이 운다.’고 말한 것이다. 이를 보이지 않음은 웃지 않음을 이른다.

漢字 柴(섶 시), 涕(눈물 체, 콧물 체), 淚(눈물 루)

【二十章】

○顏丁이善居喪ᄒᆞ야始死애皇皇焉如有求而弗得ᄒᆞ며旣殯에望望焉如有從而弗及ᄒᆞ며旣葬애慨焉如不及其反而息ᄒᆞ더라 《禮記 檀弓》

●顏丁이 居喪을 잘 하여, (부모가) 처음 돌아가셨을 때에는 허둥지둥하여 구함이 있되 얻지 못하는 듯했으며, 이미 殯所를 차렸을 때에는 뜻을 잃어 따름이 있되 미치지 못하는 듯했으며, 이미 장례를 치룰 때에는 슬퍼하여 그 돌아옴에 미치지 못하되 기다리는 듯했다.

漢字 皇(=遑 허둥지둥할 황), 慨(슬퍼할 개, 분개할 개), 息(기다릴 식)

1 황황(皇皇): 허둥지둥하는 모양
2 망망(望望): 뜻을 잃은 모양. 가고 돌아보지 않는 모양.
3 如有求而弗得: 구함이 있되 얻지 못하는 듯라다. 찾되 찾지 못한 듯하다.
4 如有從而弗及: 따름이 있되 미치지 못하는 듯하다. 따라갔으나 따라가지 못하는 듯하다.
5 如不及其反而息: 그 돌아옴에 미치지 못하되 기다리는 듯하다. 돌아오실 수 없다고 생각하되 기다리는 듯하다.

소언 顏안丁뎡[魯노 싸 사ᄅᆞᆷ이라]이 居거喪상ᄒᆞ기롤 잘 ᄒᆞ야 처엄 죽어심애 皇황皇황[헤ᄠᆞᆫ 양이라]히 求구홈이 이쇼ᄃᆡ 얻디 몯ᄒᆞᄂᆞᆫ ᄃᆞᆺᄒᆞ며 이믜 빙소홈애 望망望망[다함 ᄇᆞ라ᄂᆞᆫ 양이라]히 조차감이 이쇼ᄃᆡ 밋디 몯ᄒᆞᄂᆞᆫ ᄃᆞᆺᄒᆞ며 이믜 영장홈애 늗겨 그 도라오샴ᄋᆞᆯ 밋디 몯ᄒᆞ여 기들우ᄂᆞᆫ ᄃᆞᆺᄒᆞ더라

현대역 안정[魯의 땅 사람이라.]이 거상하기를 잘 하여, 처음 죽으심에 皇皇[헤매며 떠도는 모양이라.]히 구함이 있되 얻지 못하는 듯하며, 이미 殯所함에 望望[다함 바라는 모양이라.]히 좇아감이 있되 미치지 못하는 듯하며, 이미 永葬함에 흐느끼어 그 돌아오심을 미치지 못하여 기다리는 듯하더라.

1 황황히: 황황(皇皇)히. 갈팡질팡 어쩔 줄 모를 정도로 급하게.

2 헤ᄠᆞᆫ: 헤매며 떠도는. '헤ᄠᅳ(어간)+ᄂᆞᆫ(관형사형 어미)'이다.

3 빙소홈애: 빈소(殯所)를 차림에. '빙소ᄒᆞ(어간)+옴(명사형 어미)+애(부사격 조사)'이다. '빈소'는 상여가 나갈 때까지 관을 놓아두는 방이다. 녜 부못 거상애는 빙소ᄒᆞ고사 쥭 머그며(古者父母之喪 旣殯食粥).《번소 7:10》, 甚ᄒᆞᆫ 이는 初喪애 풍뉴ᄒᆞ야 ᄡᅧ 주검을 깃ᄭᅵ고 빙소ᄒᆞ며 영장ᄒᆞᆯ 제 믿처 곧 풍뉴로ᄡᅧ 상여를 인도ᄒᆞ고 블으지져 울오 조차 가며 ᄯᅩ 거상을 타셔 곧 혼인ᄒᆞᆯ 이 이시니 슬프다(初喪 作樂以娛尸 及殯葬).《소언 5:50》

4 망망히: 망망히. 어렴풋하고 아득하게.

5 영장홈애: 영장(永葬)함에. '영장ᄒᆞ(어간)+옴(명사형 어미)+애(부사격 조사)'이다. '영장ᄒᆞ다'는 '시신이나 유골을 편안하게 모시기 위하여 예를 갖추어 장례를 치르다.'이다. 유의어: 안장(安葬)하다

6 늗겨: 흐느끼어. '늗기(어간)+어(연결어미)'이다. '늗기다'는 '흑흑, 흘흘 따위의 부사와 함께 쓰여, 서럽거나 감격에 겨워 울다.'를 뜻한다. ᄆᆞᄅᆞᆫ 사ᄅᆞᄆᆡ ᄠᅳ들 늗기게 호매 여트며 기프미 잇도다.《백련-동 1》, 울기ᄅᆞᆯ 두어 날을 ᄒᆞ니 ᄆᆞᄋᆞᆯ 사ᄅᆞᆷ이 늗겨 우디 아니리 업더라(痛哭數日 里人莫不感泣).《동신 효1:32》

7 기들우ᄂᆞᆫ: 기다리는. '기들우(어간)+ᄂᆞᆫ(관형사형 어미)'이다. 願ᄒᆞᆫᄃᆞᆫ 져기 기들워 아힛 거슬 져주디 마ᄅᆞ쇼셔(願且待 幸無劾兒).《내훈 3:34》, 이제 이 그ᄅᆞᆯ 져기 紀호미 왼 ᄃᆡ 하니 明哲ᄋᆞᆯ 기들우노니 왼 ᄃᆡ란 正ᄒᆡ오라(今略紀斯文 多有謬誤 用俟明哲 非者正之).《영가 서:16》

【集說】陳氏曰顔丁은魯人이라皇皇은猶栖栖也라望望은往而不顧之貌요慨는感悵之意라始死엔形可見也요旣殯엔柩可見也로되葬則無所見矣라如有從而弗及은似有可及之處也요葬後則不復(부)如有所從矣라故로但言如不及其反이라又云而息者는息은猶待也니不忍決忘其親하여猶且行且止하여以待其親之反也니라

진 씨가 말하였다. "顔丁은 魯나라 사람이다. 皇皇은 栖栖와 같다. 望望은 가고 돌아보지 않는 모양이요, 慨는 슬픔을 느끼는 뜻이다. 처음 돌아가셨을 때에는 형체를 가히 볼 수 있고, 이미 빈소할 때에는 널을 가히 볼 수 있으나, 장례를 치루면 보는 바가 없다. 如有從而弗及[따름이 있되 미치지 못하는 듯함]은 가히 따를 만한 곳이 있을 듯함이요, 장례를 치른 후면 다시는 따르는 바가 있을 듯하지 않음이다. 그러므로 다만 '(내가) 그 돌아옴에 미치지 못하는 듯하다.'고 말한 것이다. 또 而息[그러고도 기다림]'이라고 말한 것은, 息은 기다림과 같으니, 그 부모를 차마 결단코 잊지 못해서, 오히려 또 가고 또 멈추면서, 그 부모가 돌아옴을 써 기다리는 것이다."

漢字 栖(깃들일 서, 보금자리 서), 悵(슬퍼할 창), 柩(널 구)

서서(栖栖): 바쁜 모양. 경황없는 모양.

【二十一章】

○曾子ㅣ有疾ᄒᆞ샤召門弟子ᄒᆞ샤曰啓予足ᄒᆞ며啓予手ᄒᆞ라詩云戰戰兢兢ᄒᆞ야如臨深淵ᄒᆞ며如履薄冰이라ᄒᆞ니而今而後에사吾知免夫ㅣ와라小子아 《論語 泰伯》

●曾子가 병이 있으시어, 문하의 제자들을 불러 말씀하였다. "내 발을 열어

보며, 내 손을 열어봐라. 《시경》에 이르기를, '두려워하고 조심하여 깊은 못에 임한 듯하며, 얇은 얼음을 밟는 듯하다.'고 하였으니, 이제 이후에야 나는 벗어날 수 있음을 알진저[알과라], 小子[제자]들아."

漢字 召(부를 소), 啓(열 계), 戰(두려워할 전), 兢(조심할 긍), 履(밟을 리, 신 리), 薄(얇을 박), 夫[감탄사 부(-진저, -과라)]

전전긍긍(戰戰兢兢): 두려워하고 조심하는 모양. 전전(戰戰)이란 겁을 집어먹고 떠는 모양을, 긍긍(兢兢)은 몸을 삼가고 조심하는 것을 말한다. 《시경(詩經)》 〈소아편(小雅篇)〉의 소민(小旻)에서 찾을 수 있다. "不敢暴虎(감히 맨손으로 범을 잡지 못하고,) 不敢憑河(감히 걸어서 황허강을 건너지 못한다.) 人知其一(사람들은 그 하나는 알지만,) 莫知其他(그 밖의 것들은 알지 못한다.) 戰戰兢兢(두려워서 벌벌 떨며 조심하기를,) 如臨深淵(마치 깊은 연못에 임한 것같이 하고,) 如履薄氷(살얼음 밟듯이 해야 한다.)" 이것은 악정(惡政)을 한탄한 시이다. 이 시가 지어진 시기는 서주(西周) 말기였다. 당시는 씨족 봉건사회가 붕괴되고 왕정이 쇠락하여 주공(周公)의 법이 제대로 지켜지지 않던 때로 천하가 위험한 시기였다. 따라서 대부분의 사람들은 눈앞의 이득과 손해에만 매달려 그것이 뒤에 큰 재앙이 될 것을 알지 못했다. 다만 조심성 있는 사람들만이 그 악정 속을, 깊은 연못가에 있는 것처럼 또는 살얼음을 밟는 것처럼 불안에 떨며 조심한다는 뜻이다. 본 장처럼 《논어(論語)》 〈태백편(泰伯篇)〉에도 이 시구가 인용된다. 《시경》과 《논어》의 '전전긍긍'은 스스로가 자신을 반성하며 두려워하는 좋은 의미의 두려움이었다. 그러나 이것이 요즈음에는 그 뜻이 전이되어 부정적 의미로 이해된다. 즉 죄나 잘못을 저질러놓고 그것이 발각될까봐 두려워한다거나 어떤 사건의 여파가 자신에게 미칠까 불안에 떠는 경우 등에 흔히 쓰인다.

소언 曾증子ᄌᆞㅣ 병이 겨샤 門문弟뎨子ᄌᆞ롤 블러 ᄀᆞᆯᄋᆞ샤ᄃᆡ 내 발올 헤혀며 내 손올 헤혀라 모시예 ᄀᆞᆯ오ᄃᆡ 저허ᄒᆞ며 조심ᄒᆞ야 깁흔 모술 디늘어 심ᄀᆞᆮ티 ᄒᆞ며 열운 어름을 ᄇᆞᆯ옴ᄀᆞᆮ티 ᄒᆞ라 ᄒᆞ니 이젠 後에사 내 免면홈올 알와라 뎨ᄌᆞ돌하

[현대역] 증자가 병이 계시어 문하 제자를 불러 말씀하시되, "내 발을 헤치며 내 손을 헤치어라. 毛詩에 가로되, '두려워하며 조심하여 깊은 못을 임하여 섬같이 하며, 엷은 얼음을 밟음같이 하라.' 하니, 이제 후에야 내 면함을 알았구나, 제자들아."

1 헤혀며: 헤치며. '헤혀(어간)+며(연결어미)'이다. '헤혀다'는 '헤ᅘᅧ다'의 이형태이다. 行이 萬化ㅅ 生滅의 根元인 젼ᄎᆞ로 그 相이 헤ᅘᅧ 나ᄐᆞ면 十二類生ᄋᆡ 根元을 다 보디 몯ᄒᆞ니 업스리라(行爲萬化生滅 根元故 其相披露 則十二類生之元 無不殫見).《능엄 10:3》

2 디늘어: 임하여. '디늘(어간)+어(연결어미)'이다. 놉픈 ᄃᆡ 오ᄅᆞ디 아니ᄒᆞ며 깁픈 ᄃᆡ 디느디 아니ᄒᆞ며 구챠히 헐ᄡᅳ리디 아니ᄒᆞ며 구챠히 웃디 아니ᄒᆞᄂᆞ니라(不登高 不臨深 不苟訾 不苟笑).《소언 2:10》, 굴헝이 깁픠 두어 百 자히나 ᄒᆞᆫ ᄃᆡ를 디늘어셔(臨壑谷深數百尺).《소언 6:61》

3 열운: 엷은. '열우(어간)+ㄴ(관형사형 어미)'이다. 어간 '엷-'이 어미 '-ㄴ' 앞에서 '열우-'로 바뀐 것이다. 현대국어 '엷다'는 15세기 문헌에서부터 '엷-'으로 나타나 현재까지 이어진다. 다만 중세국어의 '엷다'는 모음으로 시작하는 어미 앞에서 'ㅂ'이 '오' 또는 '우'로 바뀌었던 불규칙용언이었는데, 현대국어로 오면서 '엷다'는 '엷고', '엷은', '엷어'와 같이 활용하는 규칙용언으로 바뀌게 되었다. 엷다(15세기~현재). 이형태: 엷-, 열오-, 열우-. 믈읫 아치 얼븐 야ᅌᅵ 업스며 고히 平코 엷디 아니ᄒᆞ며 뷔트디.《1447 석상 19:7ㄱ》, ᄒᆞ다가 煩惱ㅣ 열워 몸과 ᄆᆞᅀᆞᆷ괘 가ᄇᆡ얍고 便安ᄒᆞ야.《1467 목우 36ㄴ》, 福 지소ᄆᆞᆯ 아디 몯ᄒᆞ면 果ㅣ 羅漢ᄋᆡ 供養應호미 열오ᄆᆞᆯ 어드리니.《1482 금삼 4:30ㄴ》

4 ᄇᆞᆯ옴: 밟음. 'ᄇᆞᆯ오(어간)+ㅁ(명사형 어미)'이다. 어간 'ᄇᆞᆲ-'이 명사형 어미 '-ㅁ' 앞에서 'ᄇᆞᆯ오-'로 바뀐 것이다. 현대국어 '밟다'의 옛말인 'ᄇᆞᆲ다'는 15세기 문헌에서부터 나타난다. 18세기에 제1음절의 'ㆍ'가 'ㅏ'로 변함에 따라 'ᄇᆞᆲ다'도 '밟다'가 되었다. 18세기 '밟다'가 나타나기 시작한 이후 19세기까지 'ᄇᆞᆲ다'와 '밟다'가 공존하였으나 둘의 소리는 동일하였을 것으로 추정된다. 이후 '밟다'로 정착하면서 현재에 이르렀다. ᄇᆞᆲ다(15세기~19세기)〉밟다(18세기~현재). 이형태: ᄇᆞᆲ다, 밟다. ᄯᅩ 虛空애 ᄯᅡ히 ᄃᆞ외야 ᄯᅡ홀 ᄇᆞᆯ보ᄃᆡ 믈 ᄇᆞᆲ듯 ᄒᆞ고 므를 ᄇᆞᆯ보ᄃᆡ ᄯᅡ ᄇᆞᆲ듯 ᄒᆞ더니.《1447 석상 6:34ㄱ》, ᄂᆞᄆᆡ 시늘 ᄇᆞᆲ디 말며 돗긔 넘ᄯᅥ러 안ᄶᅵ 말며.《1518 번소 4:12ㄴ》

5 알와라: 알도다. '알(어간)+와라(감탄형 종결어미)'이다. 중세국어의 감탄법은 느낌의 선어말어미 '-옷-, -돗-, -ㅅ-'에 기대는 것이 보통이다. 그러나 중세국어에도 느낌 표시의 어말어미가 확인되므로 감탄법을 설정할 수 있다. '-ㄹ쎠', -ㄴ뎌, -애라, -게라, -와라' 등이 그것이다. '-와라'는 'ㄹ' 받침으로 끝나는 동사, 형용사 어간 뒤에 붙어, '-도다'를 뜻하는 어미이다. 賢흔 主人이 이를 주어 시르믈 보내에 호믈 비루수 알와라(始知賢主人 贈此遣愁寂).《두시-초 7:23》, 네 닉일 날 드려가 은젼 메워 섭화띄 ᄒᆞ나 밍글여지라 내 알와라 너 드려가마(你明日領我去做一條銀廂花帶 我知道 領你去).《번박 상:19》

【集說】朱子曰啓는開也라曾子平日에以爲身體는受於父母하니不敢毁傷이라故로於此에使弟子開其衾而視之하시니라詩는小旻之篇이라戰戰은恐懼요兢兢은戒謹이라臨淵은恐墜요履氷은恐陷也라曾子以其所保之全으로示門人하시고而言其所以保之之難이如此하여至於將死而後에知其得免於毁傷也하시니라小子는門人也니語畢而又呼之하여以致反復丁寧之意하시니其警之也深矣로다范氏曰身體도猶不可虧也온況虧其行하여以辱其親乎아

주자가 말하였다. "啓는 엶이다. 증자는 평일[평소]에, '신체는 부모에게서 받았으니, 감히 헐거나 다치지 말아야 한다.'고 말씀하셨다. 그러므로 이때에 제자로 하여금 그 이불을 열어 그것[足手]을 보게 하셨다. 詩는 〈小旻篇〉이다. 戰戰은 두려워함이고, 兢兢은 경계하고 삼감이다. 臨淵[못에 임함]은 떨어질까 두려워함이고, 履氷[얼음을 밟음]은 빠질까 두려워함이다. 증자는 그 보존한 바의 온전함으로써 문인들에게 보이고 이르시길, '그 써 그것[신체]을 보존하는 바의 어려움이 이와 같아서, 장차 죽음에 이른 뒤에야, 그 능히 毁傷에서 면함을 알게 되었다.'고 하셨다. 小子는 門人이니, 말을 마치고 또 그들을 불러, 써 반복하여 간곡한 뜻을 다하셨으

니, 그 경계함이 깊도다." 범 씨가 말하였다. "신체도 오히려 이지러지게 해서는 안 되거든, 하물며 그 행실을 이지러지게 하여 그 부모를 욕되게 하겠는가?"

漢字 爲(=曰), 衾(이불 금), 旻(하늘 민), 墜(떨어질 추), 毁(헐 훼, 상할 훼), 傷(다칠 상), 致(다할 치), 警(경계할 경), 虧[이지러질(한쪽 귀퉁이가 떨어질) 휴, 덜 휴]

정녕(丁寧): 충고하거나 알리는 태도가 간곡함.

【二十二章】

○箕子者ㄴ紂의親戚也ㅣ라紂ㅣ始爲象箸ㅣ어늘箕子ㅣ嘆曰彼爲象箸ᄒᆞ니必爲玉杯로다爲玉杯則必思遠方珍怪之物而御之矣리니輿馬宮室之漸이自此始ᄒᆞ야不可振也ㅣ로다 《史記 宋微子世家》

●箕子라는 사람은 紂王의 친척이다. 주왕이 비로소 상아 젓가락을 만들자, 기자가 한탄하며 말하였다. "저[주왕]가 상아 젓가락을 만들었으니, 반드시 옥 술잔을 만들 것이다. 옥 술잔을 만들면, 반드시 먼 지방의 귀하고 괴이한 물건들을 생각하여 부릴 것이니, 수레와 말과 궁실의 漸漸함이 이[象箸]로부터 시작되어 구원할 수 없을 것이다." 하였다.

漢字 箕(키 기), 紂(주 임금 주), 箸(젓가락 저), 杯(잔 배), 珍(보배 진), 怪(기이할 괴), 御(부릴 어, 거느릴 어, 모실 어, 다스릴 어), 輿(수레 여), 漸(점점 점, 물들 점), 振(구원할 진, 떨칠 진, 거둘 진, 정돈할 진)

1 주(紂, 미상~기원전 1100년경): 이름은 수(受) 또는 신(辛)이다. 따라서 제신(帝辛)으로도 불린다. 은(殷)나라의 마지막 임금으로, 제을(帝乙)의 아들이다. 재주와 용력이 남달라 손으로 맹수와 싸워 때려 죽였다. 일찍이 동이(東夷)를 평정했는데, 이 때문에 국력을 소모했다. 술을 좋아하고 음란했으며, 가혹하게 세금을 거두는데다 형벌이 엄중해 백성들의 원망이 높아갔다. 구후(九侯)와 악후(鄂侯)

를 죽이고, 서백(西伯, 周文王)을 가두자 제후들이 곳곳에서 반란을 일으켰다. 충간을 올리는 신하 비간(比干) 등을 살해하고, 기자(箕子)를 옥에 가두었다. 달기(妲己)의 미모에 빠져 주색(酒色)을 즐기고 백성들에게 부역을 과중하게 부과하는 등 폭정을 일삼아 폭군(暴君)의 대명사로 일컬어진다. 재위 33년만에 목야(牧野) 전투에서 패하고 주무왕(周武王)에게 나라를 빼앗기고 말았다(중국 역대인명사전).

2 기자(箕子, 생몰 연대 미상): 본명은 서여(胥余)이며, 상나라 28대왕 문정(文丁, 太丁)의 아들이자 29대왕 제을(帝乙)의 아우, 상나라 마지막 왕 주(紂)의 숙부이다. 기자는 기[箕, 지금의 허난성 서화(西華)현] 지방의 땅을 봉지로 받았고, 작위가 자(子)이기 때문에 기자(箕子)라고 일컫는다. 벼슬은 태사(太師, 황제의 스승)를 지냈으며 상(은)나라의 운이 다하자 조선으로 가서 동방군자국(東方君子國)을 건립하였는데, 그 유풍이 지금까지 전해진다. 기자는 미자(微子), 비간(比干)과 더불어 '은말삼인(殷末三仁)'으로 불린다. 상의 마지막 임금 주는 힘과 총명함을 동시에 갖춘 대단한 통치자였다. 하지만 자만심이 너무 강하여 나라를 독단적으로 통치하고 주색을 지나치게 밝히는 등 백성들로부터 많은 원성을 샀다. 주왕의 또 다른 친척이었던 비간은 "군주가 과실이 있는데도 죽을힘을 다해 직언하지 않는다면, 백성들에게만 죄가 있다는 말밖에 더 되겠느냐?"며 주왕에게 달려가 직언했다. 주왕은 크게 성을 내며 "성인의 심장에는 구멍이 일곱 개나 된다던데 정말 그럴까?"라며 비간을 죽여 심장을 갈랐다. 주왕의 배다른 형이었던 미자는 이런 동생의 모습에 놀라 태사(太師)·소사(小師) 등과 함께 제기(祭器, 제사에 쓰이는 각종 물품)를 들고 주(周)나라로 도망쳐버렸다. 주나라의 무왕(武王)은 이런 상나라 내부 상황을 속속들이 파악하고는 군대를 일으켜 일거에 주왕을 물리쳤고, 주왕은 타오르는 불길에 뛰어들어 자살했다. 이로써 상나라가 망하고 주나라가 들어서는 전격적인 정권교체[상주혁명(商周革命)]가 이루어졌다. 상나라가 점점 멸망으로 치닫고 있다는 것을 진작에 감지한 사람이 있었는데, 바로 주왕의 숙부였던 기자였다. 기자는 주왕이 상아 젓가락을 사용하는 것을 보고 그가 장차 더욱더 사치와 향락에 빠져 나라를 망칠 것이라고 예견했다. 여기서 '미미한 것을 보고 앞으로 드러날 것을 안다.'는 '견미지저(見微知著)'라는 고사성어가 나왔다. 사마천(司馬遷)은 《사기》 '송미자세가(宋微子世家)'에서 이와 관련하여 다음과 같이 기록하고 있다. "주 임금이 상아 젓가락을 사용하기 시작하자 기자는 '상아 젓가락을 쓰기 시작한 이상 이제 옥잔을 사용할

것이 틀림없고, 옥잔을 쓰면 곧 먼 지방에서 올라온 귀하고 기이한 기물들을 사용하려 들 것이다. 앞으로 수레와 말, 그리고 궁실의 사치스러움도 이렇게 시작되어 진정시킬 수 없을 것이다'라며 탄식했다." 기자의 예견대로 주왕은 날이 갈수록 음탕한 생활에 빠졌다. 기자가 충고했으나 듣지 않았다. 주위에서는 기자에게 차라리 떠나는 것이 낫지 않겠냐고 했으나 기자는 "신하된 자가 자신의 충고를 듣지 않는다 하여 떠나버리는 것은 군주의 잘못을 부추기는 꼴이 되고, 나 자신도 백성들의 기쁨을 뺏게 되니 차마 그럴 수 없다"며 머리를 풀어헤치고 미친 척하다가 잡혀서 노예가 되었다. 미친 척하다가 감옥에 갇혀서 화를 피한 기자는 훗날 주 무왕이 은나라를 정벌하여 멸망시키고 주나라를 건국한 다음에야 감옥에서 석방되었다. 무왕이 기자를 조선에 봉하고 그에게 통치의 이치를 묻자, 기자는 '홍범구주(洪範九疇)'로 통치의 요체를 설파했는데 이것이 《주서(周書)》〈홍범(洪範)〉 편이라고 한다. 한편, 기자는 망국의 한을 담은 '맥수가(麥秀歌)'를 지었다고 전한다. 기자가 조선에 봉해졌다는 기록 때문에 기자조선(箕子朝鮮)의 실체에 관해 오랫동안 논쟁이 끊이지 않았고, 이 문제는 아직도 진행형이다. 특히 일본 식민사학에 의해 기자조선이 철저하게 부정됨으로써 고조선 연구의 한 고리를 잃은 측면도 있어, 향후 이 문제에 관한 논의가 어떻게 진행되느냐에 따라 고조선 문제에 대한 논의도 달라질 것으로 보인다. 중국 내에 기자와 관련한 유적지가 몇 군데 전해오기는 하지만 특별한 것은 없다. 평양에 기자의 무덤이 남아 있다는 기록이 《고려사》 등에 있는데, 고려 때부터 나타난 기자 숭배에 따른 것으로 본다. 지금은 전해지지 않는다(중국인물사전).

3 진괴(珍怪): 귀하고 괴이한 사물.

소언 箕긔子ᄌᆞ[箕긔ᄂᆞᆫ 나라 일홈이오 子ᄌᆞᄂᆞᆫ 벼슬이니 일홈은 胥셔餘여ㅣ라]ᄂᆞᆫ 紂듀[殷은나라 님금이라]의 권당이라 紂듀ㅣ 비르소 샹아 져ᄅᆞᆯ 밍글거늘 箕긔子ᄌᆞㅣ 한숨 디허 ᄀᆞᆯᄋᆞ샤ᄃᆡ 뎌 샹아 져를 밍ᄀᆞ니 반ᄃᆞ시 玉옥잔ᄋᆞᆯ 밍ᄀᆞᆯ리로다 玉옥잔ᄋᆞᆯ 밍ᄀᆞᆯ면 반ᄃᆞ시 먼 딋 귀ᄒᆞ고 괴이ᄒᆞᆫ 거ᄉᆞᆯ 싱각ᄒᆞ야 ᄡᅳ려 ᄒᆞ리니 술위며 몰이며 집 지을 졈이 일로브터 비르서 可가히 구티 몯ᄒᆞ리로다

현대역 箕子[箕는 나라 이름이오, 子는 벼슬이니, 이름은 胥餘라.]는 紂[殷나라

임금이라.]의 친척이라. 紂가 비로소 상아 젓가락을 만들거늘 기자가 한숨 지어 말씀하시되, "저가 상아 젓가락을 만드니 반드시 옥잔을 만들리로다. 옥잔을 만들면 반드시 먼 데의 귀하고 괴이한 것을 생각하여 쓰려 하리니, 수레며 말이며 집 지을 漸漸이 이로부터 비로소 가히 구하지 못하리로다."

1 밍ᄀᆞᆯ리로다, 몯ᄒᆞ리로다: 만들리로다, 못하리로다. '밍ᄀᆞᆯ(어간)+리(추측법 선어말어미)+로다(감탄형 종결어미)', '몯ᄒᆞ(어간)+리(추측법 선어말어미)+로다(감탄형 종결어미)'이다. 감탄형 종결어미 '-도다'처럼, 'ㄷ'으로 시작하는 어미가 서술격 조사나 추측법 선어말어미 '-리-' 뒤에서는 'ㄹ' 계열의 어미로 교체된다. '-리로다'는 '이다'의 어간, 받침 없는 용언의 어간, 'ㄹ' 받침인 용언의 어간 또는 어미 '-으시-', '-으오-' 뒤에 붙어, 해라할 자리에 쓰여, 상황에 대한 화자의 추측을 나타내는 어미이다. '-리라'보다 장엄한 느낌을 나타낸다. 온 누리에 기쁨이 가득하리로다.

2 졈: 점점(漸漸). 조금씩 더하거나 덜하여지는 모양. 보통 '졈졈'으로 쓰이는 바, '점점'의 옛말이다. 졈졈 ᄀᆞᆺᄇᆞᆫ 히믈 쉬우노라(稍稍息勞筋).《두시-초 20:30》, 믈 닐굽 되예 글혀 서 되 ᄃᆞ외어든 졈졈 머그라(以水七升, 煮取三升 漸飮之).《구간 1:15》

【集說】陳氏曰箕는國名이요子는爵也니箕子는紂諸父라紂는商王受也라御는用也요振은救也라

진 씨가 말하였다. "箕는 나라 이름이요, 子는 작위이니, 箕子는 紂王의 諸父이다. 紂는 商나라 임금 受이다. 御는 사용함이요, 振은 구원함이다."

제부(諸父): 아버지와 같은 항렬의 당내친(堂內親).

紂爲淫泆이어늘箕子ㅣ諫ᄒᆞ신대紂ㅣ不聽而囚之러니人이或曰可以去矣라ᄒᆞ야늘箕子ㅣ曰爲人臣ᄒᆞ야諫不聽而去ㅣ면是는彰君之惡而自說悅於民이니吾不忍爲也ㅣ라ᄒᆞ시고乃被髮佯狂

而爲奴ᄒᆞ샤遂隱而鼓琴ᄒᆞ야以自悲ᄒᆞ시니故로傳之曰箕子操ㅣ라ᄒᆞ니라

●紂王이 음란하고 방탕함을 행하거늘[爲] 箕子가 간언하셨으나, 紂王이 듣지 않고 그를 가두었다. 사람들이 혹 이르되, '가히 써 갈 수 있다.'고 했으나, 箕子가 말씀하시길, '사람의 신하가 되어 간하여 듣지 않아 떠나면, 이는 임금의 악을 드러내고 스스로 백성에게 기뻐함이니[기쁨을 받는 것이니], 나는 차마 할 수가 없다.' 하시고, 이내 머리를 풀어 거짓으로 미친 양하여 노예가 되시어, 드디어 숨어 거문고를 두드려, 스스로 슬퍼하셨다. 그러므로 그것을 전하여 가로되, '기자조(箕子操)'라 한다.

漢字 **泆**(음탕할 일, 넘칠 일), **囚**(가둘 수, 죄인 수), **彰**(드러낼 창, 밝을 창), **忍**(차마 못할 인, 참을 인), **被**(흐트러뜨릴 피, 이불 피, 덮을 피, 당할 피), **佯**(거짓 양), **鼓**(두드릴 고, 북 고), **操**(곡조 조, 잡을 조)

소언 紂듀ㅣ 음란ᄒᆞ며 방탕ᄒᆞ거ᄂᆞᆯ 箕긔子ᄌᆞㅣ 諫간ᄒᆞ신대 紂듀ㅣ 듣디 아니ᄒᆞ고 가도앗더니 사ᄅᆞᆷ이 或혹 닐오ᄃᆡ 可가히 ᄡᅧ 갈 거시로다 ᄒᆞ야ᄂᆞᆯ 箕긔子ᄌᆞㅣ ᄀᆞᆯᄋᆞ샤ᄃᆡ 사ᄅᆞᆷ의 신해 되여셔 諫간ᄒᆞ야 듣디 아니ᄒᆞ거든 나가면 이ᄂᆞᆫ 님금 사오나옴ᄋᆞᆯ 나토고 스스로 ᄇᆡᆨ셩의게 깃김이니 내 ᄎᆞᆷ아 ᄒᆞ디 몯ᄒᆞ노라 ᄒᆞ시고 머리 플고 거즛 미친 양ᄒᆞ샤 죵이 되야 드듸여 숨어셔 검은고 노라 ᄡᅧ 스스로 슬허ᄒᆞ시니 그러모로 傳뎐ᄒᆞ야 ᄀᆞᆯ오ᄃᆡ 箕긔子ᄌᆞㅅ 곡되라 ᄒᆞ니라

현대역 紂가 음란하며 방탕하거늘 기자가 간하시니까, 주가 듣지 아니하고 가두었더니, 사람이 혹 이르되, "가히 써 갈 것이로다." 하거늘, 기자가 말씀하시되, "사람의 신하가 되어서 간하여 듣지 아니하거든[아니한다고] 나가면, 이는 임금 나쁨을 나타내고 스스로 백성에게 기쁨을 받음이니, 내 차마 하지 못하노라." 하시고 머리 풀고 거짓 미친 양하시어 종이 되어, 드디어 숨어서 거문고 연주하여, 써 스스로 슬퍼하시니, 그러므로 전하여 가로되, 기자의 곡조라 하니라.

1 나토고: 나타내고. '나토(어간)+고(연결어미)'이다. 正宗올 드러 디닌 功德을 너비 나토샤 功이 녀트며 기푸믈 조차 暫持ᄒᆞ며.《석상 19:8》, 表ᄂᆞᆫ 物을 보람ᄒᆞ야 나톨씨라(表標物 以表顯也)《능엄 1:70》

2 깃김이: 기쁨을 받음이. '깃기(어간)+ㅁ(명사형 어미)+이(주격 조사)'이다. '깃기다'는 '기쁨을 받다.'를 뜻한다. 이ᄂᆞᆫ 님금 사오나옴ᄋᆞᆯ 나토고 스스로 ᄇᆡᆨ셩의게 깃김이니 내 ᄎᆞᆷ아 ᄒᆞ디 몯ᄒᆞ노라 ᄒᆞ시고(是彰君之惡 而自說於民 吾不忍爲也).《소언 4:25》

3 노라: 연주하여. '놀(어간)+아(연결어미)'이다. '놀다'는 '연주하다'의 옛말이다. 이 太子ᄋᆡ 擧動이 쳔쳔ᄒᆞ고 글도 잘ᄒᆞ며 활도 잘 쏘며 一絃琴을 잘 노더니.《석상 24:49》, 子賤ᄋᆡ 거믄고 노ᄂᆞᆫ 堂애 올오라(升堂子賤琴).《두시-초 23:55》

4 곡되라: 곡조(曲調)이라. '곡됴(명사)+ㅣ라(서술격 조사)'이다. 어버잇긔 잔치ᄒᆞᄂᆞᆫ 곡됴 여듧 ᄆᆞᆯ늘 지어 놀내 블러 뼈 헌슈ᄒᆞ더니.《동신 효6:27》, 거믄고 ᄒᆞᆫ 곡됴를 어ᄅᆞ만져 千愁를 프ᄂᆞ니(撫琴一操解千愁).《박언 중:44》

【集說】陳氏曰淫은貪慾이요泆은放蕩이니如嬖妲달己爲酒池肉林之類라囚는拘繫也니傳曰囚箕子以爲奴라하니라彰은著也라操는琴曲也라

진 씨가 말하였다. "淫은 탐욕이요, 泆은 방탕이니, 妲己를 사랑함과 酒池肉林을 만든 따위와 같은 것이다. 囚는 붙잡아 매어둠이니, 전하여 이르되, '箕子를 가두어 써 노예로 삼았다.'고 하였다. 彰은 드러남이다. 操는 거문고 곡조이다."

漢字 蕩(방자할 탕, 쓸어버릴 탕), 嬖(사랑할 폐), 妲(계집이름 달), 拘(잡을 구), 繫(맬 계), 著(드러날 저)

1 주지육림(酒池肉林): 술이 연못을 이루고 고기가 숲을 이룬다는 뜻으로, 호화롭고 사치스런 주연(酒宴)을 비유하는 말. 《사기(史記)》 〈은본기(殷本紀)〉에 "주왕(紂王)은 술을 좋아하고 여자도 좋아하였다. 특히 달기(妲己)라는 여자를 사랑하여 그녀의 말은 무엇이나 들어 주었다. …그는 사구(沙丘)에 큰 놀이터와 별궁을 지어 두고 많은 들짐승과 새들을 거기에 놓아길렀다. …술로 못을 만들고 고기를

달아 숲을 만든 다음(以酒爲池懸肉爲林) 남녀가 벌거벗고 그 사이에서 밤낮없이 술을 퍼마시며 즐겼다."고 하였다(두산백과).

2 달기(妲己, 생몰 연대 미상): 중국 상(商)나라 마지막 왕인 주왕의 애첩이다. 중국 역사상 음란하고 잔인한 대표적인 독부(毒婦)로 기록된다. 자(字)는 달(妲). 성(姓)은 기(己)이다. 상(商)나라 유소(有蘇: 지금의 해남 海南 온현 溫縣) 출신으로 상나라의 마지막 왕인 주왕(紂王)의 비가 되었다고 전해진다. 전해지는 이야기에 따르면 주왕은 학정(虐政)을 간(諫)하는 현신(賢臣)의 말은 듣지 않고 달기의 말만 잘 들었다고 한다. 주왕과 달기는 사람들에게 잔인한 형벌을 가하는 것을 즐겼다고 하는데 구리 기둥에 기름을 발라 숯불 위에 걸쳐 놓고 죄인으로 하여금 그 위를 걷게 하여 미끄러져서 타 죽게 하는 포락(炮烙)의 형을 구경하면서 웃고 즐기거나 돈분(蠆盆)이란 형을 만들어 죄수들을 구덩이에 독사와 전갈을 집어넣고 그들이 괴로워하는 것을 즐겼다고 한다. 충신 비간(比干)이 죽음을 당한 일도 달기의 교사(教唆) 때문이라고 하는데 달기는 주왕에게 자신의 심장병이 나으려면 비간의 심장을 먹어야 한다고 했고, 이것를 들은 주왕이 충신 비간을 죽였다 한다. 또한 '주지육림(酒池肉林)'이란 말도 연못을 술로 채우고 고기를 숲처럼 매달아 놓고 즐기던 주왕과 달기의 방탕하고 사치스러운 유흥행위에서 나왔다고 전해진다. 하지만 이러한 달기에 대한 이야기는 대부분 야사들을 기록한 소설들에서 나온 것이며 은허에서 출토된 상나라의 유물에서도 달기에 대한 구체적인 언급이 없었다. 따라서 달기가 실존인물 인지 아니면 상나라를 멸망시킨 주나라가 왕조 창건의 타당성을 목적으로 상나라의 주왕을 깎아내리기 위해 만든 상상의 인물인지는 현재로서는 알 수 없다. 달기가 죽은 시기도 기록에 따라 다른데 《사기(史記)》에서는 "주왕이 녹대에서 뛰어내려 분신자살한 후에 달기는 주(周) 무왕(武王)에 의해 살해되었다고 하였다."고 했으나 《세설신어(世說新語)》에서는 공융(孔融)의 말을 인용하여, "주나라 군대가 조가(朝歌)에 진입한 후에 주공(周公)이 달기를 취하여 그의 시녀로 삼았다고 하였다."고 나와 있다. 여하튼 그 실재여부를 떠나 달기는 주나라 유왕(幽王)의 애비(愛妃)인 포사(褒姒)와 함께 중국 역사상 음란하고 잔인한 대표적인 독부(毒婦)로 되어 있다(두산백과).

王子比干者ᄂᆞᆫ亦紂之親戚也ㅣ라見箕子諫不聽而爲奴ᄒᆞ고

則曰君이**有過而不以死爭**이면**則百姓**은**何辜**오ᄒᆞ고**乃直言諫紂**ᄒᆞᆫ대**紂**ㅣ**怒曰吾聞聖人之心**에**有七竅**苦弔反ㅣ라ᄒᆞ니**信有諸乎**아ᄒᆞ고**乃遂殺王子比干**ᄒᆞ야**刳視其心**ᄒᆞ니라

● 왕자 比干이라는 사람은 또한 紂王의 친척이다. 箕子가 간하되 듣지 않고 노예로 삼음을 보고 이르길, "임금이 허물이 있는데도 죽음으로써 간쟁하지 않으면, 백성은 무슨 허물[죄]인가?" 하고, 이내 곧게 말하여 紂王에게 간언하였다. 紂王이 노하여 이르길, "내가 듣건대, 聖人의 심장에는 일곱 개의 구멍이 있다고 하는데, 진실로 그것[竅]이 있는가?" 하고, 이내 마침내 왕자 比干을 죽여, 갈라 그 심장을 보았다.

漢字 **爭**[간쟁할 쟁=**諍**(쟁), 다툴 쟁], **辜**(허물 고), **竅**(구멍 규), **信**(진실로 실), **諸**(어조사 저), **刳**(가를 고)

비간(比干, 기원전 1125년~기원전 1063년): 말읍(沫邑, 지금의 허난성 치현(淇縣))에서 태어났으며, 성은 자(子)이다. 상[은]나라 제정(帝丁)의 차남이고, 제을(帝乙)의 아우이자 제신(帝辛, 紂王)의 숙부이다. 20세에 태사(太師, 황제의 스승)가 되어 상나라 왕 제을을 보좌했고, 어린 제신을 돌봤다. 주왕이 즉위한 후 폭정을 일삼자 소사(少師, 훗날의 승상)였던 비간은 이를 비판하고 직언을 했다. 결국 주왕은 "성인의 가슴에는 구멍이 일곱 개 있다고 하던데 어디 한번 열어보자."라며 비간의 심장을 들어내 죽였다. 주 무왕이 상나라를 멸망시킨 후 비간의 무덤을 정비하는 한편, 그의 아들 견(堅)에게 임(林)이라는 성을 내려주었다. 이로써 견은 임 씨 성의 시조가 되었다. 전설에서는 이렇게 전하고 있다. 비간의 부인 규 씨(嬀氏)는 임신 3개월째에 남편이 화를 당하자 그 화가 자신과 태아에게도 미칠까봐 수도였던 조가(朝歌, 말읍, 지금의 허난성 치현)를 떠났다. 이윽고 장림(長林, 지금의 허난성 웨이후이(衛輝)시)의 한 석실에 숨어 아들을 낳았는데 이름을 천(泉)이라 했다. 무왕이 주왕을 토벌하여 천하를 평정한 다음 비간의 후손을 수소문했는데, 마침내 비간의 아들이 장림에서 태어났다는 것을 알고는 임 씨 성을 내리고 이름을 견으로 바꾸었다고 한다. 그러고는 지금의 허베이성 안핑(安平)현에 해당하는 박릉(博陵) 지역을 봉지로 주었다고 한다. 비간은 기자, 미자와 함께 '은말삼인(殷末三仁)' 또는 '삼현(三賢)'으로

불리며 대대로 추앙을 받았다. 역대 왕조에서도 많은 관심과 추앙을 받았다. 충직과 직간(直諫)의 대명사로, 바른 말을 한다는 '시간(尸諫)'이란 단어가 여기서 나왔다. 명나라 때의 유명한 소설가 허중림(許仲林)의 대표작 《봉신연의(封神演義)》에 비간이 등장하는데, 소설 속에서 비간은 호리동(狐狸洞, 여우굴)을 불태우는 바람에 구미호에 비유된 달기(주왕의 애첩)의 원한을 사서 주왕에 의해 심장이 갈라지는 형벌을 받는다. 이후 강태공이 신으로 봉해질 때 문곡성(文曲星)에 봉해진다. 허난성 신상(新鄉)시 웨이후이시에 비간의 사당과 무덤이 남아 있다. 사당과 무덤은 역대로 여러 번 중건되었고, 1963년 중국 정부에 의해 전국 중점문물보호단위로 지정되어 잘 관리되고 있다. 비간의 무덤은 거의 최초로 봉분을 갖춘 무덤으로 기록되어 있는데, 이 때문에 '천하제일묘(天下第一墓)'라는 명성을 얻었다. 또한 공자가 돌에 칼로 '은비간묘(殷比干墓)'라고 새긴 비석이 남아 있는데, 이것이 사실이라면 이 글씨는 공자가 세상에 남긴 유일한 실제 작품이라 할 수 있다. 이 때문에 이 비석은 '천하제일비'라는 명성을 얻었다(실제로 돌에 새겨진 글자에는 墓자가 莫자로 새겨져 있다. 미처 다 새기지 못했다는 추측이 가능하다.) 매년 탄신일에 성대한 행사가 열리는데, 이때는 전 세계의 임 씨 후예들이 참가한다(중국인물사전).

소언 王왕子ᄌᆞㅣ언 比비干간은 또 紂듀의 권당이라 箕긔子ᄌᆞㅣ 諫간ᄒᆞ다가 듣디 아녀늘 죵 되욤을 보고 곧 ᄀᆞᆯ오ᄃᆡ 님금이 허믈이 잇거시든 죽으모로ᄡᅧ 간티 아니ᄒᆞ면 곧 百ᄇᆡᆨ姓셩ᄋᆞᆫ 므슴 죄오 ᄒᆞ고 말ᄉᆞᆷ을 바ᄅᆞ ᄒᆞ야 紂듀ᄅᆞᆯ 諫간ᄒᆞᆫ대 紂듀ㅣ 怒노ᄒᆞ야 ᄀᆞᆯ오ᄃᆡ 내 들오니 聖셩人인ㅅ 념통애 닐굽 굼기 잇다 호니 진실로 인ᄂᆞ냐 ᄒᆞ고 드듸여 王왕子ᄌᆞ 比비干간ᄋᆞᆯ 죽여 헤텨 그 념통을 보니라

현대역 왕자라는 比干은 또 紂의 친척이라. 기자가 간하다가 듣지 아니하거늘 종 됨을 보고 곧 가로되, "임금이 허물이 있으시거든 죽음으로써 간하지 아니하면 곧 백성은 무슨 죄오?" 하고 말씀을 바로 하여 주를 간하니까 주가 노하여 가로되, "내 들으니 성인의 염통에 일곱 구멍이 있다 하니, 진실로 있느냐?" 하고, 드디어 왕자 비간을 죽여 헤쳐 그 염통을 보니라.

1 아녀늘: 아니하거늘. '아니(어간)+어늘(연결어미)'이다. '-어늘'은 'ㅣ' 계열 이중 모음이나 'ㄹ' 받침으로 끝나는 어간 뒤에 붙어, 주로 자동사나 형용사 어간 뒤, '이다' 어간 뒤, 또는 어미 '-으리-' 뒤에 붙어, '-거늘'을 뜻하는 어미이다. 狄人ㅅ 서리예 가샤 狄人이 골외어늘 岐山 올ᄆᆞ샴도 하ᄂᆞᇙ ᄠᅳ디시니(狄人與處 狄人于侵 岐山之遷 實維天心.).《용가 4장》, 西征에 功이 일어늘 所獲ᄋᆞᆯ 다 도로 주샤 人義之兵을 遼左ㅣ 깃ᄉᆞᄫᆞ니(西征建功 盡還所獲 仁義之兵 遼左悅服). 《용가 41장》

2 므슴: 무슨(관형사). 香水예 沐浴더시니 草木 서리예 겨샤 므슴 믈로 ᄡᅵᆨ 시스시ᄂᆞᆫ 가.《월곡 상:45》, 主人이 므슴 차바ᄂᆞᆯ 손소 ᄃᆞᆫ녀 ᄆᆡᆼᄀᆞ노닛가.《석상 6:16》(현대역: 주인이 무슨 차반을 손수 다녀 만듭니까.)

3 굼ㄱ: 구멍. 현대국어 '구멍'의 옛말인 '구무'는 15세기 문헌에서부터 나타난다. '구무'는 단독으로 쓰이거나 조사 '와', 자음으로 시작하는 조사와 결합할 때에는 '구무'로, 모음으로 시작하는 조사와 결합할 때에는 '굼ㄱ'으로 교체되었다. 17세기부터 '구무'에 '작음'을 뜻하는 접사 '-엉'이 결합하여 '구멍'으로 나타나면서 '구무/굼ㄱ'과 '구멍'이 공존하게 되었다. 이후 '구멍'이 정착하면서 현재에 이르렀다. 구무(15세기~19세기)〉구멍(20세기~현재). 이형태: 구무, 굼ㄱ, 구멍.그 ᄢᅴ 하ᄂᆞᆳ 四衆이 圍繞ᄒᆞᅀᆞᄫᅥᆺ더니 如來ㅅ 모매 터럭 구무마다 放光ᄒᆞ샤 三千大千 世界ᄅᆞᆯ 비취시니.《1447 석상 11:1ㄴ》, 穴은 굼기라.《1459 월석 7:27ㄴ》

【集說】陳氏曰王子比干은亦紂諸父라辜는罪也니何辜는言無辜而被虐也라刳는剖也라

진 씨가 말하였다. "왕자 比干은 또한 紂王의 諸父이다. 辜는 죄이니, 何辜는 죄가 없으면서 사나움 입음을 말한다. 刳는 가름이다."

[漢字] 虐(사나울 학), 被(입을 피, 당할 피), 剖(가를 부)

微子ㅣ曰父子는有骨肉ᄒᆞ고而臣主는以義屬故로父ㅣ有過ㅣ어든子ㅣ三諫而不聽則隨而號之ᄒᆞ고人臣이三諫而不聽則其義ㅣ可以去矣라ᄒᆞ고於是예遂行ᄒᆞ니라

● 微子가 말하였다. “아버지와 아들은 骨肉之親이 있고, 신하와 임금은 의로써 이어있다. 그러므로 아버지가 허물이 있거든, 아들이 세 번 간하되 듣지 아니하면 따르며 울부짖고, 사람의 신하가 세 번 간하되 듣지 아니하면 그 의가 가히 써 떠나갈 수 있다.” 하고, 이에 마침내 갔다.

漢字 微(작을 미), 屬(=續 이을 속), 號(부르짖을 호), 遂(마침내 수, 이룰 수, 나갈 수)

1 미자(微子, 생몰 연대 미상): 이름은 계(啟)이며, 상(商)의 29대 제을(帝乙)의 장자(長子)로서 주왕(紂王)의 이복형이다. 어머니가 정후(正后)가 아니었기 때문에 왕위(王位)를 계승받지 못했으며, 미(微)에 봉(封)해져 미자(微子)라고 불렸다. 봉작(封爵)과 이름을 합쳐 미자계(微子啓)라고 나타내는 경우가 많으며, 한대(漢代)의 사서(史書)에서는 경제(景帝, 기원전 188년~기원전 141년) 유계(劉啓)의 이름을 피해 계(啟)가 아니라 개(開)로 표기되어 있다. 춘추시대의 제후국(諸侯國)인 송(宋)의 시조(始祖)이기도 하여 송미자(宋微子)라고도 하며, 송(宋)이 자(子)를 국성(國姓)으로 하였기에 자계(子啟)라고도 한다. 그는 은인자중(隱忍自重)하는 성격으로 사람들의 신망(信望)을 받았으며, 비간(比干), 기자(箕子)와 함께 상(商) 말기의 세 명의 어진 사람[三仁]으로 꼽힌다. 상(商)의 주왕(紂王)은 술과 음악을 지나치게 즐겼으며, 달기(妲己)를 총애하여 그녀의 말이면 무엇이든 들어주었다. 그는 ‘녹대(鹿臺)’라는 화려한 궁궐을 짓고, 연못을 술로 채우고 고기를 숲처럼 매달아 놓고 즐긴다는 ‘주지육림(酒池肉林)’이라는 말이 생길 정도로 방탕한 생활을 하였다. 주왕(紂王)의 폭정(暴政)에 대해 미자(微子)는 여러 차례 간언(諫言)을 하였으나 받아들여지지 않았다. 그러나 미자(微子)는 상(商)의 예악(禮樂)을 담당하는 태사(太師), 소사(少師)와 상의하여 아우인 자연(子衍)과 함께 상(商)을 떠나 봉지(封地)인 미(微)로 돌아갔다. 결국 기원전 1046년 주왕(紂王)은 주(周) 무왕(武王)에게 목야(牧野)의 전투에서 패하고 자살하였다. 상(商)이 멸망한 뒤 미자(微子)는 주(周) 무왕(武王)을 찾아가 투항하였다. 당시 미자(微子)는 두 손을 뒤로 묶은 채 왼손으로는 양(羊)을 끌고 오른손으로는 띠[茅]를 잡고 무릎을 꿇으며 상(商)의 종사(宗祀)를 유지할 수 있도록 간청했다. 무왕(武王)은 미자(微子)의 청을 받아들여 주왕(紂王)의 아들인 무경[武庚, 녹보(祿父)라고도 한다]을 상(商)의 도읍인 은(殷, 지금의 河南 安陽)에 봉(封)하여 상(商)의 종사(宗祀)를 잇도록 하였다. 기원전 1043년 무렵 무왕(武王)이 죽고

나이 어린 성왕(成王)이 즉위하자, 무왕(武王)의 동생인 주공(周公) 희단(姬旦)이 섭정(攝政)이 되어 주(周)를 통치하였다(주공이 왕위를 이었다는 학설도 있다). 그러자 무경(武庚)은 이에 불만을 품은 무왕(武王)의 다른 형제들인 관숙(管叔), 채숙(蔡叔), 곽숙(霍叔)과 함께 반란을 일으켰다. 이를 '삼감(三監)의 난(亂)'이라고 하는데, 반란은 3년 만에 진압되었고 무경(武庚)은 주살(誅殺)되었다. 주공(周公)은 반란을 진압한 뒤 옛 상(商)의 영역를 송(宋, 지금의 河南 商丘)과 위(衛, 지금의 河南 淇縣)의 둘로 나누었다. 그리고 위(衛)에는 자신의 막냇동생인 강숙(康叔) 희봉(姬封)을 봉(封)하여 상(商)의 유민(遺民)들을 통제하였고, 송(宋)에는 미자(微子)를 봉(封)하여 상(商)의 종사(宗祀)를 잇도록 하였다. 미자(微子)는 상(商)의 문화 전통을 계승하여 송(宋)을 훌륭히 통치하여 안정시켰다. 그는 자식을 남기지 않아 아우인 자연(子衍)이 그의 뒤를 계승하였다(두산백과).

2 골육지친(骨肉之親): 뼈와 살을 나눈, 서로 떨어질 수 없는 친족. 즉 부모, 형제 사이.

소언 微미子ᄌᆞ[微미ᄂᆞᆫ 나라 일홈이오 子ᄌᆞᄂᆞᆫ 벼슬이니 紂듀의 형이니 일홈은 啓계라] ㅣ ᄀᆞᆯ오ᄃᆡ 아비와 아ᄃᆞᆯ은 骨골肉육이 잇고[골육엣 은혜 잇단 말이라] 신하와 님금은 義의로뻐 브텃ᄂᆞ니 그러모로 아비 허믈이 잇거든 아ᄃᆞᆯ이 세 번 諫간호ᄃᆡ 듣디 아니커든 조차ᄃᆞᆫ니며 울고 사ᄅᆞᆷ의 신해 세 번 諫간호ᄃᆡ 듣디 아니커든 그 義의 可가히 뻐 갈 거시라 ᄒᆞ고 이예 드듸여 나가니라

현대역 微子[微는 나라 이름이오, 子는 벼슬이니, 紂의 형이니, 이름은 啓라.]가 가로되 "아비와 아들은 骨肉이 있고[골육의 은혜 있다는 말이라.], 신하와 임금은 의로써 붙어 있으니, 그러므로 아비 허물이 있거든 아들이 세 번 간하되 듣지 아니하거든 쫓아다니며 울고, 사람의 신하가 세 번 간하되 듣지 아니하거든 그 義 가히 써 갈 것이라." 하고 이에 드디어 나가니라.

브텃ᄂᆞ니: 붙어 있으니. '브티(어간)+어(보조적 연결어미)+잇(在, '잇다'의 어간)+ᄂᆞ(현재 시제 선어말어미)+니(연결어미)'이다. 완료상은 보조적 연결어미 '-아/어/여'와 보조형용사 '잇다[在]'의 결합으로 표현된다. 그런데 '잇-'이 본동사와

한 음절을 이룰 때 이미 15세기에 'ㅣ'가 탈락되어 '어+ㅅ→엇'으로 나타나는 일이 많았다. 다만 '브텻ᄂᆞ니'는 어간 '브티-'의 'ㅣ'와 완료상 선어말어미 '-엇-'이 융합하여 '-엿-'으로 표기된 것이다. 이 法이 法位예 住ᄒᆞᆫ 버릇ᄂᆞᆫ 萬像이 다 곧 實相이오(是法住法位者 森羅萬像 皆卽實相也).《법화 1:227》. '브티다'는 '붙이다'의 옛말이다. ㅣ와 ㅏ와 ㅓ와 ㅑ와 ㅕ와란 올ᄒᆞᆫ녀긔 브텨 쓰라.《훈언 13》, 엇게를 조차 漏刻ㅅ 소리예 ᄃᆞ니고 뎌른 머리를 簪纓에 브툐라.《두시-초 23:4》. '-엇ᄂᆞ니'는 끝음절의 모음이 'ㆍ, ㅏ, ㅗ'가 아닌 용언의 어간 뒤에 붙어, '-었으니'를 뜻하는 어미이다. 아ᅀᆞ라히 하늘햇 므레 ᄌᆞᆷ겻ᄂᆞ니 ᄉᆞ면에 니엿ᄂᆞᆫ 거시 비취짓 ᄭᆞ론 ᄃᆞᆺᄒᆞ니(遠浸碧漢四面蓋的如鋪翠).《번박 상:68》

【集說】吳氏曰微는國名이요微子는紂庶兄이라屬은聯續也라去는所以存宗祀라

오 씨가 말하였다. "微는 나라 이름이고, 微子는 紂王의 庶兄[서모에게서 난 형]이다. 屬은 잇달아 이어짐이다. 떠나는 것[去]은 종묘의 제사[宗祀]를 보존하기 위함이다.

漢字 聯(잇달아 련, 이을 련), 續(=屬 이을 속)

서형(庶兄): 서모에게서 난 형.

孔子ㅣ曰殷은有三仁焉ᄒᆞ니라

● 공자가 말씀하였다. "은나라에 세 어진이가 있었다."

1 상(商, 기원전 1600년경~기원전 1046년경): 중국 역사상 최초의 왕조이다. 주(周)나라를 비롯한 다른 나라에서 은(殷)이라는 이름으로 부른 탓에 은(殷)나라로 더 잘 알려져 있으나, 스스로 나라 이름을 칭할 때 은나라를 세운 부족 이름인 상(商)이라는 이름을 더 많이 사용했으므로, 학계에서는 상(商)으로 통일해 부른다. 상(商)나라는 여러 차례 수도를 옮겼는데, 반경왕(盤庚王)이 마지막으로 옮긴 수도가 은(殷)이었으므로, 은(殷)이라는 명칭이 붙었다. 상나라 시조에 관한 의견은 분분한데, 기록에 의하면 전설상 인물인 황제(黃帝)의 후손

탕왕(湯王)이 세웠다고 전한다. 탕왕은 하(夏)나라의 마지막 왕이자 폭군인 걸왕(桀王)을 무찌르고 상나라를 개국하였다. 마지막 왕은 무희(舞姬) 달기(妲己)와 함께 백성을 잔혹하게 다룬 30대 주왕(紂王)이며, 주(周)나라 시조인 서주(西周) 무왕(武王)에 의해 멸망하였다. 19세기 말까지 전설상 왕조로만 다루었으나 20세기 초 은허(殷墟)가 발굴되고 고고학적 증거가 나타나면서 실재하는 왕조로 인정했다. 출토된 청동기나, 갑골문자(甲骨文字)를 독해함으로써 선사 사회부터 역사시대로 옮겨진 은나라 사회의 실태가 해명되기에 이르렀다. 전설상 상 왕조의 시조는 설(契)로 되어 있다. 설은 유융씨(有娀氏)의 딸이자 제곡(帝嚳) 차비(次妃)인 간적(簡狄)이 제비의 알을 먹었기 때문에 낳은 아이로 되어 있다. 설은 순(舜) 때에 우(禹)의 치수를 도운 공적이 인정되어 순에 의해 상에 봉해져 자 씨 성(子姓)을 받았다. 그 후 설의 자손은 대대로 하나라를 섬겼다. 또 설로부터 탕(湯)까지의 14대 사이에 8차례 수도를 옮겼다고 한다. 설로부터 13대째의 탕은 박(亳, 현재의 허난성 상추시)을 수도로 삼고 있었다. 탕은 현인 이윤(伊尹)의 도움을 빌려 하왕걸(夏王桀)을 쓰러뜨리고 제후들에게 추천되어 왕이 되었다. 상나라 제4대 왕인 태갑(太甲)은 폭군이었기 때문에 이윤에게 추방되었다. 후에 태갑이 반성했고 이윤은 이를 허락했다. 이후 태갑은 선정을 베풀어 태종(太宗)으로 칭해졌다. 옹기(雍己, 제9대왕) 때에 왕조는 잠시 쇠약해졌다. 옹기의 다음 왕인 태무(太戊)는 현인 이척(伊陟)을 임용해 선정을 베풀려 노력했고 상 왕조는 부흥했다. 태무의 공적을 칭송해 태무는 중종(中宗)으로 칭해졌다. 중종의 사후에 다시 왕조는 쇠약해졌다. 조을(祖乙, 제14대왕)은 현인 무현(巫賢)을 임용해 선정을 하려고 노력했고 상 왕조는 부흥했다. 조을의 사후에 다시 왕조는 쇠약해졌다. 반경(盤庚, 제20대왕)은 은허(殷墟)로 천도했고 탕 때의 선정을 부활시켰다. 반경의 사후에 다시 왕조는 쇠약해졌다. 무정(武丁, 제23대왕)은 현인 부열을 임용해 상 왕조의 중흥을 완수했다. 무정의 공적을 칭송해 무정은 고종(高宗)으로 칭해졌다. 상나라 고종 이후의 왕은 대체로 어리석은 폭군이었다. 상 왕조의 마지막 왕인 주왕(紂王, 제31대왕)은 즉위 후 달기(妲己)라는 미녀에게 빠지고 폭정을 실시했다. 백읍고(伯邑考, 姬邑考, 姬昌의 아들, 武王의 형)가 아버지 희창(姬昌, 周文王)을 위해 알현하고 원숭이를 바쳤는데, 달기의 모함에 의해 주왕(紂王)에게 살해당했다. 희창은 사면을 위해 주왕(紂王)에게 살해당한 백읍고의 육병을 먹은 뒤 귀가하여 먹은 육병을 토했다. 희창은 임종 전에 상 왕조를 멸망시킬 것을 유언으로 남겼고, 차남인 희발(姬發)이 상나라의 여러 제후들을 모아서 주왕을 자살하게 만들고 상 왕조를 멸망시켰다. 멸망 후 주왕의 아들인 무경(武庚)은 주의 무왕에 의해 상나라의 옛 땅에 봉해졌다. 무왕의 사후에 무경은 무왕의 형제와 함께 반란을 일으켰지만 실패해 주살 당했다. 그 후, 무경의 백부의 미자계(微子啟, 주왕의 형)가 송(宋)에 봉해져 상 왕조의 제사를 계속했다(위키백과).

2 삼인(三仁): '세 명의 어진 사람'이라는 뜻으로 공자(孔子)가 《논어(論語)》〈미자(微子)〉 편에서 상(商) 말기의 인물들인 비간(比干), 미자(微子), 기자(箕子)를 '삼인(三仁)'이라고 나타낸 것에서 비롯되었다. 《논어)》〈미자)〉 편에는 "微子去之 箕子爲之奴 比干諫而死 孔子曰 殷有三仁焉(미자는 떠나가고, 기자는 노비가 되었으며, 비간은 간하다가 죽었다. 공자가 말씀하시기를 '은에는 세 어짊이 있었다.')"고 서술되어 있다.

소언 孔공子ᄌᆞㅣ ᄀᆞᆯᄋᆞ샤ᄃᆡ 殷은 나라히 세 어딘 이 인ᄂᆞ니라

현대역 孔子가 말씀하시되, "殷나라에 세 어진이가 있다."

【集說】**朱子曰三人之行**이**不同**이나**而同出於至誠惻怛**當㧙反**之意**라**故**로**不咈乎愛之理**하여**而有以全其心之德也**니라**楊氏曰此三人者各得其本心**이라**故**로**同謂之仁**하시니라

주자가 말하였다. "세 사람의 행실이 같지 않으나, 똑같이 지극한 정성과 몹시 슬퍼하는 뜻에서 나왔다. 그러므로 사랑하는 이치를 어기지 않아, 그 마음의 덕을 온전히 함이 있었다." 양 씨가 말하였다. "이 세 사람은 각각 그 본심을 얻었다. 그러므로 (공자께서) 똑같이 어진이라고 이르심이라."

漢字 **惻**(슬퍼할 측), **怛**(슬퍼할 달), **咈**(어길 불)

〖二十三章〗

○ **武王**이**伐紂**ㅣ어시늘**伯夷叔齊**ㅣ**叩馬而諫**ᄒᆞᆫ대**左右**ㅣ**欲兵之**

러니**太公**이**曰此**는**義人也**ㅣ라ᄒᆞ고**扶而去之**ᄒᆞ니라 《史記 伯夷列傳》

●武王이 紂王을 치시거늘, 伯夷와 叔齊가 말을 잡아당기고 간언하였다. 좌우에서 그를 치고자하니[죽이고자], 태공이 "이들은 의인이다."라고 말하고, 그들을 부축하여 가게 했다.

漢字 叩[=扣 잡아당길 고(구), 두드릴 고(구)], 兵(칠 병), 扶(붙들 부, 도울 부)

1 고죽국(孤竹國, 미상~기원전 664년): 상(商)과 주(周)시대에 요서(遼西)에 있던 상나라의 제후국으로, 기원전 664년에 제환공(齊桓公)에게 멸망되었다. 춘추시대에 서쪽으로는 연(燕)과, 남쪽으로는 제(齊)와 맞닿아 있었으며, 북쪽으로는 산융(山戎)의 압박을 받았다. 고죽국은 상을 건국한 탕왕(湯王) 때에 분봉된 나라로, 성(姓)은 상과 마찬가지로 자(子)였으며, 씨(氏)는 묵태(墨胎)라 하였다.

2 백이(伯夷, 생몰 연대 미상): 상[은]나라 말기, 고죽국(孤竹國)의 제7대 군주인 아미(亞微) 묵태초(墨胎初)의 장자이다. 백이는 이름이 묵태윤(墨胎允)이고, 자는 공신(公信)이며, 시호는 백이(伯夷)다. 아우로 아빙(亞憑) 묵태마(墨胎馮)와 숙제(叔齊) 묵태지(墨胎智)가 있다. 대체로 상[은]나라 말에서 주나라 초기에 생존했던 것으로 본다. 제7대 군주 아미는 생전에 숙제에게 자리를 물려줄 생각이었다. 그러나 아미가 죽어 예법에 따라 장자인 백이가 즉위해야 했다. 이에 백이는 "마땅히 생전 부친의 뜻에 따라 군주 자리를 숙제에게 물려줘야 한다."며 사양했다. 그러자 신하들이 백이의 아우 숙제를 다음 왕으로 삼으려 했다. 숙제는 "내가 군주가 되면 형제의 의리와 예법에 맞지 않는다." 하고 거절했고, 백이는 아버지의 유훈이라며 도망쳐버렸다. 동생 숙제도 왕위를 내던지고 도망쳤기에 고죽국 사람들은 둘째아들 아빙을 왕으로 모셨다. 백이와 숙제는 서백(西伯) 희창[姬昌, 주문왕(周文王)]이 늙은이를 잘 봉양한다는 소문을 듣고 찾아가 의지하고자 했다. 그러나 그는 이미 죽고 그의 아들 무왕[武王, 희발(姬發)]이 즉위하여 아버지의 위패를 모신 채 상나라 정벌에 나서고 있었다. 이에 형제는 무왕의 수레를 막고 아버지 장례도 치르지 않은 채 전쟁을 일으키는 것은 부당하다고 지적했다. 무왕의 군사들이 형제를 해치려 했으나 강자아[姜子牙, 강태공(姜太公)]가 이들이 의인(義人)이라며 막았다. 주 무왕이 결국 상나라를 멸망시키자 백이와 숙제는 주나라 백성이 되는 것은 치욕이라며 수양산(首陽山)에 은거하며 고비를 꺾어 먹다가 굶주려 죽었다. 백이와 숙제의 정절과

가치관에 대해서는 논란이 분분하다. 조선시대 사육신 중 한 사람인 성삼문은 그들이 먹었던 고비는 누구 땅에서 난 것이냐며 두 사람의 정절에 의문을 제기하기도 했다. 그러나 유가에서는 대체로 두 사람을 지조와 정절의 대명사로 칭송했다. 백이와 숙제가 은거했던 수양산의 위치에 대해 다음과 같은 여섯 설이 있다. 첫째는 요서(遼西) 지방에 위치한 양산(陽山), 둘째는 허난(河南) 언사(偃師)에 위치한 수산(首山), 셋째는 산시(山西) 화순(和順)에 위치한 양구산(陽區山), 넷째는 산시 포반하곡(蒲坂河曲)에 위치한 뇌수산(雷首山) 혹은 수산(首山), 다섯째는 산시(陝西) 기산(岐山) 서쪽에 위치한 수양산(首陽山), 여섯째는 간쑤(甘肅) 농서(隴西)에 위치한 수양산(首陽山) 등이다(중국인물사전). 백이와 숙제가 죽기 전에 노래를 지어 불렀는데 이를 '채미가(采薇歌)' 또는 '백이조(伯夷操)'라 한다. "登彼西山兮 采其薇矣(저 서산에 올라 산중의 고사리나 캐자.) 以暴易暴兮(포악함으로 포악함을 바꾸면서도,) 不知其非矣(그 잘못을 알지 못한다.) 神農虞夏 忽然沒兮(신농, 우, 하의 시대는 가고,) 我安適歸矣(우리는 장차 어디로 돌아갈 것인가.) 于嗟徂兮(아, 이제는 죽음뿐이다.) 命之衰矣(쇠잔한 우리의 운명이여.)"

3 숙제(叔齊, 생몰 연대 미상): 고죽국(孤竹國)의 제7대 군주인 아미(亞微) 묵태초(墨胎初)의 삼남이다. 이름은 묵태지(墨胎智)고, 자는 공달(公達)이며, 시호가 숙제(叔齊)다. 형 백이와 함께 왕위를 버리고 주나라로 망명하여 수양산에 은거하여 나무껍질로 옷을 해 입고 고비를 캐먹다가 굶어죽었다.

4 강자아[姜子牙, 기원전 1211년(또는 기원전 1140년)경~기원전 1072년경]: 흔히 강태공(姜太公)으로 알려진 강상(姜尚)을 말한다. 자아(子牙)는 강상의 자이다. 강상에 대한 자세한 설명은 〈어제소학서〉를 참조하라.

소언 武무王왕이 紂듀를 티거시늘 伯빅夷이[일홈은 允윤이오 ᄌᆞᄂᆞᆫ 公공信신이라]와 叔슉齊졔[일홈은 智디오 ᄌᆞᄂᆞᆫ 公공達달이라] ᄆᆞᆯ올 잡고 諫간ᄒᆞᆫ대 左좌右우엣 사ᄅᆞᆷ이 죽이고져 ᄒᆞ더니 太태公공[셩은 몸녀ㅣ오 일홈은 尙샹이라]이 ᄀᆞᆯ오ᄃᆡ 이ᄂᆞᆫ 올ᄒᆞᆫ 사ᄅᆞᆷ이라 ᄒᆞ고 븓잡아 보내니라

현대역 무왕이 紂를 치시거늘, 백이[이름은 允이요, 자는 公信이라.]와 숙제

[이름은 智요, 자는 公達이라.]가 말을 잡고 간하니까, 좌우의 사람이 죽이고자 하더니, 태공[성은 呂요, 이름은 尙이라.]이 가로되, “이는 옳은 사람이라.” 하고 붙잡아[붙들어 잡아] 보내느니라.

【集解】**伯夷叔齊**는**孤竹君之二子**라**叩**는**通作扣**하니**說文云牽馬也**라**武王伐紂**어늘**夷齊以爲非義而諫之**하니라**兵**은**猶殺也**라**太公**은**呂望也**라

伯夷와 叔齊는 孤竹國 임금의 두 아들이다. 叩는 扣와 통하여 지음이니[쓰이니], 《說文解字》에 '말을 끎'이라 하였다. 무왕이 주왕을 치자, 夷齊는 써 의가 아니라고 여겨 그것[침]을 간언하였다. 兵은 죽임과 같다. 太公은 呂望이다.

漢字 **扣**[=叩 잡아당길 고(구), 두드릴 고(구)], **牽**(끌 견)

武王이**已平殷亂**ᄒᆞ시니**天下**ㅣ**宗周**ㅣ어늘**而伯夷叔齊**ㅣ**恥之**ᄒᆞ야**義不食周粟**이라ᄒᆞ야**隱於首陽山**ᄒᆞ야**採薇而食之**ᄒᆞ더니**遂餓而死**ᄒᆞ니라

●武王이 이미 殷나라의 어지러움을 평정하시니, 천하가 周나라를 높였으나 伯夷와 叔齊는 그것을 부끄러워하여, 의리상 周나라의 곡식을 먹지 않겠다하여 首陽山에 숨어 고비를 캐어 그것을 먹더니, 마침내 주려 죽었다.

漢字 **宗**(높일 종, 숭상할 종), **粟**(곡식 속, 조 속), **採**(캘 채), **薇**[고비 미, 백일홍나무 미, 장미 미], **餓**(주릴 아, 굶을 아)

소언 武무王왕이 이믯 殷은나랏 亂란ᄋᆞᆯ 平평ᄒᆞ시니 天텬下하ㅣ 周쥬ᄅᆞᆯ 宗종ᄒᆞ거늘 伯ᄇᆡᆨ夷이叔슉齊졔 붓그려 義의예 周쥬ㅅ나라 곡셕을 먹디 몯홀 거시라 ᄒᆞ야 首슈陽양山산애 숨어셔 고사리ᄅᆞᆯ ᄏᆡ야

먹더니 드듸여 주려 죽으니라

[현대역] 무왕이 이미 은나라의 난을 평정하시니, 천하가 周나라를 마루로 삼거늘, 백이와 숙제가 부끄러워하여, 의리에 주나라 곡식을 먹지 못할 것이라 하여, 수양산에 숨어서 고사리를 캐어 먹더니, 드디어 주려 죽으니라.

【集解】首陽은卽雷首山이니在河東하니라程子曰伯夷叔齊遜國而逃하고諫伐而餓로되終無怨悔라故로孔子以爲賢也하시니라

首陽은 곧 雷首山이니 河東에 있다. 정자가 말하였다. "伯夷와 叔齊는 나라를 사양하고 도망하였고, 정벌함을 간언하다가 굶어죽었으나, 끝내 원망과 후회가 없었다. 그러므로 공자께서 써 어질다고 여겼다.

[漢字] 遜(사양할 손, 겸손할 손)

〖二十四章〗

○衛靈公이與夫人夜坐ㅣ러니聞車聲이轔轔隣ᄒᆞ야至闕而止라가過闕復扶又反有聲ᄒᆞ고公이問夫人曰知此ㅣ爲誰오夫人이曰此ㅣ蘧伯玉也ㅣ로소이다公이曰何以知之오夫人이曰妾이聞호니禮예下公門ᄒᆞ며式路馬ᄂᆞᆫ所以廣敬也ㅣ니夫忠臣與孝子ᄂᆞᆫ不爲昭昭信伸節ᄒᆞ며不爲冥冥惰行ᄒᆞᄂᆞ니蘧伯玉ᄋᆞᆫ衛之賢大夫也ㅣ라仁而有智ᄒᆞ고敬於事上ᄒᆞ니此其人이必不以闇昧로廢禮라是以知之ᄒᆞ노이다公이使人視之ᄒᆞ니果伯玉也ㅣ러라

《列女傳》

●衛靈公이 부인과 함께 밤에 앉아 있었는데, 수레소리가 삐걱거리며 대궐에

이르러 그쳤다가 대궐을 지나 다시 소리가 있음을 듣고, 공이 부인에게 물어 말하길, "이 누구 되는지 알겠소?" 하니, 부인이 말하길, "이는 蘧伯玉입니다." 하였다. 공이 말하길, "어찌 써 그것을 아오?" 하니, 부인이 말하길, "첩이 들으니, 禮에 대궐문에서는 내리며, 路馬에게 경례함은 공경을 넓히는 바라 합니다. 무릇 충신과 효자는 드러나고 밝다고 하여 절의를 펴지 않고, 은미하고 어둡다고 하여 행실을 게을리 하지 않습니다. 蘧伯玉은 衛나라의 어진 대부입니다. 어질면서 지혜가 있고, 윗사람을 섬김에 공경하니, 이는 그 사람이 반드시 어두움으로써 예절을 폐하지는 않을 것입니다. 이로써 그것을 아는 것입니다." 공이 사람을 시켜 그것을 보니, 과연 蘧伯玉이었다.

漢字 **轔**(수레바퀴 삐걱거릴 린), **闕**(대궐 궐), **誰**(누구 수), **蘧**(패랭이꽃 거, 주막 거, 놀랄 거, 만족할 거), **式**(공경할 식), **路**(클 로, 주로 군주에 관한 사물에 쓰임), **昭**(밝을 소), **伸**(펼 신), **冥**(어두울 명), **惰**(게으를 타), **闇**(어두울 암), **昧**(어두울 매), **廢**(폐할 폐)

1 위령공(衛靈公, 기원전 540년경~기원전 493년): 춘추시대 위(衛)나라의 제31대 국군(國君). 이름은 희원(姬元)이고, 위헌공(衛獻公)의 손자다. 영공 13년 제표(齊豹)와 북궁희(北宮喜) 등이 난을 일으키자 달아났는데, 얼마 뒤 제표가 북궁희에게 죽임을 당한 뒤 돌아올 수 있었다. 33년 진(晉)나라와 맹약을 맺으면서 수모를 당하자 마침내 진나라에 반기를 들었다. 재위 기간이 42년인데, 공자가 암군(暗君)으로 칭한 인물이다.

2 남자(南子, 생몰 연대 미상): 춘추시대 송(宋)나라 여인. 남자(南子)의 자(子)는 송나라의 국성(國姓)을 나타낸다. 위령공(衛靈公)의 부인으로 총애를 받았다. 친오빠인 송나라의 공자(公子) 조(朝)와 사통(私通)했다. 위령공의 태자 희괴외(姬蒯聵)가 이를 부끄럽게 여겨 가신(家臣) 희양속(戲陽速)과 상의해 어머니 남자를 살해하려 했으나, 실패하고 송나라와 진(晉)나라로 망명하였다. 영공 42년 영공이 죽자 남자가 희괴외의 아들 희첩(姬輒)을 즉위시켰는데, 이가 바로 위출공(衛出公, 32대, 36대 국군)이다. 위출공 12년(기원전 480년)에 반란으로 인해 아버지 희괴외가 즉위하여 위후장공(衛後莊公, 33대 국군, 재위 3년)이 되었다. 희괴외와 희첩 간의 싸움은 〈계고 제4〉 제38장 고시(高柴)와도 관련된다. 한편 〈계고 제4〉 제45장에 보이는 12대 국군은 위장공[衛莊公, 이름은

희양(姬揚), 재위 23년]이다. 공자(孔子)가 천하를 철환(轍環)하다가 위나라에 갔을 때 남자(南子)가 침실로 끌어들여 유혹했었던 이야기는 유명하다. 이때 공자의 나이는 57세였고, 제자 자로(子路)가 불만을 토로하였다. 이 장면이 《사기(史記)》 〈공자세가(孔子世家)〉에 소개되어 있다. "공자가 위나라로 돌아와 거백옥(蘧伯玉) 집에 머물렀다. 남자는 사람을 시켜 공자에게 일렀다. 그 사람이 말하길, '사방의 군자들은 우리 임금과 친하게 사귀고 싶은 생각이 있으면, 반드시 부인을 만납니다. 우리 부인께서 뵙기를 원합니다.' 공자가 사양하다가 나중에는 부득이 가서 만났다. 부인은 휘장 안에 있었다. 공자가 문으로 들어가 북쪽을 향해 절을 하자, 부인도 휘장 안에서 답례하였는데, 이때 허리에 찬 구슬 장식이 맑고 아름다운 소리를 냈다."

3 거백옥(蘧伯玉, 생몰 연대 미상): 춘추시대 위(衛)나라 사람이다. 이름은 거원(蘧瑗)이고, 자는 백옥(伯玉)이다. 영공(靈公) 때 대부(大夫)를 지냈다. 겉은 관대하지만 속은 강직한 성품으로, 자신은 바르게 했지만 남을 바르게 하지는 못했다. 전하는 말로 나이 50살에 49년 동안의 잘못을 알았다고 한다. 잘못을 고치는데 늑장을 부리지 않았다. 오(吳)나라의 계찰(季札)이 위나라 찬허(贊許)를 지나가면서 군자(君子)라 여겼다. 거원은 공자보다 상당한 연상으로 추정되는데, 평생 공자와 절친한 친구였다. 공자는 14년간 주유할 때 거원의 집에서 머문 적이 있었다. 공자는 거원을 진정한 군자로 칭송하여, 《논어》 〈위령공(衛靈公)〉에 "군자로다, 거백옥이여. 나라에 도가 있으면 벼슬을 하고, 나라에 도가 없으면 거두어 품을 수 있다." 하였다.

4 노거(路車): 제후가 타는 수레.

5 노마(路馬): 노거(路車)를 끄는 말.

6 소소(昭昭): 밝은 모양, 드러나고 밝은 모양.

7 명명(冥冥): 어두운 모양. 은미(隱微)하고 어두운 모양.

소언 衛위ㅅ 靈령公공[衛위ᄂᆞᆫ 나라히오 靈령公공은 님금이라]이 夫부人인으로 더블어 밤이 안잣더니 술윗 소릐 드르르ᄒᆞ야 대궐문에 니르러 그쳣다가 대궐문 디나 다시 소릐 잇거늘 듣고 靈령公공이 夫부人인ᄃᆞ려 무러 ᄀᆞᆯ오ᄃᆡ 알리로손여 이 누고 夫부人인이 ᄀᆞᆯ오ᄃᆡ 蘧거伯빅玉옥[蘧거ᄂᆞᆫ 셩이오 伯빅玉옥은 ᄌᆞᆡ니 일홈은 瑗원이라]이로소이다 靈령公공이 ᄀᆞᆯ오ᄃᆡ 엇디 ᄡᅧ 아ᄂᆞ뇨 夫부人인이 ᄀᆞᆯ오ᄃᆡ 妾쳡[겨집이 겸ᄉᆞᄒᆞᄂᆞᆫ 말이라]이 들오니 禮례예 대궐門문을 ᄂᆞ리며 님금 술윗 ᄆᆞᆯ을 式식ᄒᆞ게 홈은 ᄡᅧ 공경을 넙이 ᄒᆞᄂᆞᆫ 배니 忠튱臣신과 다ᄆᆞᆺ 孝효子ᄌᆞᄂᆞᆫ ᄇᆞᆰ은 ᄃᆡ를 위ᄒᆞ야 節졀을 펴디 아니ᄒᆞ며 어두운 ᄃᆡ를 위ᄒᆞ야 ᄒᆡᆼ실을 게을이 아니ᄒᆞᄂᆞ니 蘧거伯ᄇᆡᆨ玉옥은 衛위ㅅ 어딘 태위라 仁인ᄒᆞ고 디혜 잇고 우 셤김을 공경ᄒᆞ니 이 그 사ᄅᆞᆷ이 반ᄃᆞ시 어두움으로ᄡᅧ 禮례ᄅᆞᆯ 廢폐티 아니홀 디라 이러모로ᄡᅧ 아노이다 公공이 사ᄅᆞᆷ ᄇᆞ려 보니 과연 伯ᄇᆡᆨ玉옥이러라

현대역 衛의 靈公[衛는 나라요, 靈公은 임금이라.]이 부인으로 더불어 밤에 앉았더니, 수레의 소리 드르르하여, 대궐문에 이르러 그쳤다가 대궐문 지나 다시 소리 있거늘, 듣고 영공이 부인더러 물어 가로되, "알 것이냐?, 이 누구인가?" 부인이 가로되, "蘧伯玉[蘧는 성이오, 伯玉은 자이니, 이름은 瑗이라.]입니다." 영공이 가로되, "어찌 써 아느냐?" 부인이 가로되, "첩[아내가 謙辭하는 말이라.]이 들으니, 예에 대궐문에서 내리며 임금 수레의 말을 式하게 함은 써 공경을 널리 하는 바이니, 충신과 더불어 효자는 밝은 데를 위하여 예절을 펴지 아니하며, 어두운 데를 위하여 행실을 게을리 아니하니, 거백옥은 衛나라의 어진 대부라서, 어질고 지혜 있고 윗사람 섬김을 공경하니, 이 그 사람이 반드시 어둡으로써 예를 폐하지 아니할 것입니다. 이러함으로써 압니다." 공이 사람 부려 보니, 과연 백옥이더라.

1 알리로손여: 알 것이냐. '알(어간)+리(추측법 선어말어미)+롯(감동법 선어말어미)+ᄋᆞ(매개모음)+녀(의문형 종결어미)'이다. '-롯-'은 감동법 선어말어미 '-돗-'이 선어말어미 '-리-' 뒤에서 바뀐 것이다. 추측법 선어말어미 '-리'와 의문형 종결어미 '-녀' 사이에 감동법 선어말어미가 끼어듦으로써 불연속적인 '리…녀'의 형태가 되었다. 의문형 종결어미 '-녀'는 의문사를 동반하지 않고, '아/어' 계통의 모음으로 되어 있다. 따라서 가부(可否) 대답을 요구하는 ᄒᆞ라체 제1·3인칭 판정의문문이다. 이 世界와 다른 世界와 이 國土와 다른 國土앳 오ᄂᆞᆯ와 忉利天에 모댓ᄂᆞ니ᄅᆞᆯ 네 數ᄅᆞᆯ 알리로소녀.《월석-중 21:14》(현대역: 이 세계와

다른 세계와 이 국토와 다른 국토의 오늘과 도리천에 모여 있는 이를 네가 몇 명인지를 알 것이냐.), 내 빅환 디 반히 남즉ᄒᆞ다 알리로소녀 아디 몯ᄒᆞ리로소녀(我學了半年有餘 省的那省不的).《번노 상:6》(현대역: "내가 배운 지 반 해 남짓되었다." "알겠던가, 알지 못하겠던가?")

2 누고: 누구인가. '누(인칭대명사)+고(의문 보조사)'이다. 이는 '체언+의문 보조사'로 되어 있는 의문문이다. 의문사를 동반하고, '오' 계통의 모음으로 되어 있다. 따라서 정보를 요구하는 ᄒᆞ라체 제1·3인칭 설명의문문이다. 여기서 '누'는 '누구'의 옛말이다. 뉘 아니 ᄉᆞ랑ᄒᆞᄉᆞᄫᆞ리(終亦赤心 孰不思懷).《용가 78장》, 隍이 對答 몯ᄒᆞ야 오래 줌줌ᄒᆞ얫다가 무로ᄃᆡ 師의 니수믄 누고(隍無對 良久問曰 師嗣誰耶).《육조 중:105》.

3 거백옥이로소이다: 거백옥입니다. '거백옥(蘧伯玉, 고유명사)+이('이다'의 어간)+롯(감동법 선어말어미)+ᄋᆞ(매개모음)+이(존비법 ᄒᆞ쇼셔체 선어말어미)+다(평서형 종결어미)'이다. '-로소이다'는 '이다'의 어간 뒤에 붙어, '-ㅂ니다'를 뜻하는 어미이다. 또 目錄을 보니 어와어와 여러 가지 이걷뎌걷 慇懃히 ᄒᆞ신 양이 御禮예 너믄 양이로소이다.《첩신-초 7:3》, 자네 ᄉᆞ셜ᄒᆞ는 배 낟낟치 筑前殿의 그지 업ᄉᆞ신 道理로소이다.《첩신-초 7:7》

4 아ᄂᆞ뇨: 아느냐. '알(어간)+ᄂᆞ(현재 시제 선어말어미)+뇨(의문형 종결어미)'이다. '-뇨'는 의문사를 동반하고, '오' 계통의 모음으로 되어 있다. 따라서 정보를 요구하는 ᄒᆞ라체 제1·3인칭 설명의문문이다. 王이 須達이ᄃᆞ려 닐오ᄃᆡ 네 스스의 弟子ㅣ 엇데 아니 오ᄂᆞ뇨《석상 6:29》, 王이 좌시고 病이 됴ᄒᆞ샤 이 말 드르시고 놀라 臣下ᄃᆞ려 무르샤ᄃᆡ 太子ㅣ 이제 어듸 잇ᄂᆞ뇨《석상 11:21》. 어간 '알-'에서 치조음 'ㄹ'이 어미 초 치조음 'ㄴ' 앞에서 탈락한 것이다.

5 브리며: 부리며. '브리(어간)+며(연결어미)'이다. '브리다'는 '부리다'의 옛말이다. 사람의 등에 지거나 자동차나 배 따위에 실었던 것을 내려놓다. '브리다'는 15세기 문헌에서부터 나타난다. '브리다'가 '부리다'로 변화한 것은 '브리다'의 '브'가 'ㅂ'의 영향으로 'ㅡ'가 'ㅜ'로 바뀌는 원순모음화 결과이다. 원순모음화 현상은 18세기에 일반화되는데, '브리다'와 '부리다'도 18세기에 공존하였다. 19세기에는 '브리다'는 쓰이지 않고 '부리다'가 쓰이기 시작하면서 현재에까지 이어져 쓰이고 있다. 브리다(15세기~18세기)〉부리다(19세기~현재). 이형태: 브리다, 브리우다, 부리오다, 블이다, 부리다. 王이 左右 梵志를 브리샤.《1447 석상 3:11ㄱ》, 이 활 브리우라 오ᄂᆡ 쟈고 고재 더ᄅᆞ다.《1510년대 번노 상:67ㄴ》

6 넙이: 널리, '너비'의 분철 표기이다. 滅度ᄒᆞ신 ᄢᅢ해 이 經을 너비 닐오리니.《석상 19:37》, 남긔 사겨 너비 베퍼 미혹ᄒᆞᆫ 빅셩으로 ᄒᆞ여곰 귀와 눈에 니기디 아니미 업게 ᄒᆞ여.《경민-개 서:2》

7 아니홀 디라: 아니할 것이라. 아니할지라. '아니ᄒᆞ(어간)+ㄹ(관형사형 어미)+ᄃᆞ(의존명사)+이(서술격 조사 '이다'의 어간)+라(종결어미)'이다.

8 아노이다: 아노이다. 압니다. '알(어간)+ᄂᆞ(직설법 선어말어미)+오(화자 표시법 선어말어미)+이(존비법 ᄒᆞ쇼셔체 선어말어미)+다(평서형 종결어미)'이다. 어간 '알-'의 'ㄹ'이 선어말어미의 치조음 'ㄴ' 앞에서 탈락하였다. 종결형과 연결형의 선어말어미 '-오$_1$-'은 일반적으로 주어 명사구가 제1인칭 대명사 '나, 우리' 등 화자일 때 나타난다. 따라서 이를 화자 표시법 선어말어미(고영근, 2020: 363) 또는 1인칭법 선어말어미(허웅, 1958: 124-197)라고 부른다. 그러나 '-오$_1$-'은 주어 명사구가 제3인칭이라고 하더라도 그것이 화자 자신을 가리키는 경우에는 쓰일 수 있다. 이런 점에서 1인칭법 선어말어미보다는 화자 표시법 선어말어미라는 용어가 나아 보인다. 따라서 '-노이다'는 어간 뒤에 붙어, 주로 화자 주어와 함께 쓰여, '-나이다', '-ㅂ/습니다'를 뜻하는 어미이다. ᄆᆞᅀᆞᆷ 됴ᄒᆞ신 원판 형님하 어듸 가시ᄂᆞᆫ고 쇼싄이 례부에 가노이다 므슴 이리 잇ᄂᆞᆫ고(好院判哥 到那裏 小人到禮部裏 有甚麽句當.).《번박 상:7》, 괴시란ᄃᆡ 우러곰 좃니노이다.《악장 서경별곡》

9 ᄇᆞ려: 부리어. 마소나 다른 사람을 시켜 일을 하게 하여. 'ᄇᆞ리(어간)+어(연결어미)'이다. 'ᄇᆞ리다'는 '부리다'의 옛말이다. 구든 城을 모ᄅᆞ샤 갌 길히 입더시니 셴 하나비롤 하ᄂᆞᆯ히 ᄇᆞ리시니(不識堅城 則迷于行 皤皤老父 天之命兮).《용가 19장》, 四天太子ᄂᆞᆫ 곧 那吒類니 能히 鬼神ᄋᆞᆯ ᄇᆞ리ᄂᆞ니라(四天太子 卽那吒之類 能駈鬼神).《능엄 6:14》

【集解】衛靈公의名은元이요夫人은南子니宋女也라闕은公門이라蘧伯玉은衛大夫니名瑗이라下公門은言至君門에下車以過也요式路馬는謂見君路車所駕之馬하면憑式以致敬也라昭昭는顯明也요信은與伸同하니言當顯明之時하면則伸其節義하니欲人之共知也라冥冥은隱暗也요惰는怠慢也니言當隱暗

之際하면則怠慢其所行하니欺人之不見也라伯玉이當時에稱其仁智敬上하니豈以冥冥之時而廢禮乎아此는南子所以知之也니라

衛나라 靈公의 이름은 元[姬元]이요, 부인은 南子이니, 宋나라 여자이다. 闕은 대궐문이다. 蘧伯玉은 衛나라 대부이니, 이름은 瑗이다. 下公門[公門에서 내림]은 임금이 계신 문에 이르러 수레를 내려 써 지나감을 말한다. 式路馬[노마에 경례함]는 임금의 路車에 멍에한 바의 말을 보면, 式에 의지함으로써 공경을 지극히 함을 이른다. 昭昭는 드러나 밝음이요, 信은 伸과 더불어 같으니, 드러나고 밝은 때를 당하면 그 절개와 의리를 폄이니, 사람들이 함께 알게 하고자 함을 말한다. 冥冥은 은미하고 어두움이요, 惰는 태만함이니, 은미하고 어두운 즈음을 당하면 그 행하는 바를 태만히 함이니, 사람들이 보지 않음을 속임을 말한다. 蘧伯玉이 당시에 그 어질고 지혜로우며 윗사람을 공경한다고 일컬어졌으니, 어찌 은미하고 어두운 때로써 예를 폐하겠는가? 이는 南子가 그것을 안 까닭이다.

漢字 瑗(옥고리 원, 구슬 원), 駕(멍에 가), 憑(의지할 빙, 기댈 빙)

【二十五章】

○趙襄子ㅣ殺智伯ᄒᆞ고漆其頭ᄒᆞ야以爲飮器러니智伯之臣豫讓이欲爲之報仇ᄒᆞ야乃詐爲刑人ᄒᆞ야挾匕比首ᄒᆞ고入襄子宮中ᄒᆞ야塗厠어늘左右ㅣ欲殺之ᄒᆞᆫ대襄子ㅣ曰智伯이死無後ㅣ어늘而此人이欲爲報仇ᄒᆞ니眞義士也ㅣ라吾謹避之耳라 《史記刺客列傳, 戰國策》

●趙襄子가 智伯을 죽이고, 그 머리를 옻칠하여 마시는 그릇을 만들었더니, 智伯의 신하 豫讓이 그를 위하여 원수를 갚고자 하여, 이에 거짓으로 형벌

받은 사람이 되어, 비수를 끼고 양자의 집안에 들어가, 뒷간을 매흙질하고 있었는데, (발각되어) 좌우가 그를 죽이려고 하자, 襄子가 말하였다. "智伯이 죽고 후손이 없거늘, 이 사람이 위하여 원수를 갚고자 하니, 참으로 의로운 선비이다. 내가 그를 삼가 피할 따름이다."

漢字 襄(도울 양, 오를 양), 漆(옻 칠), 豫(기뻐할 예, 미리 예), 仇(원수 구), 詐(거짓 사, 속일 사), 挾(낄 협), 匕(비수 비, 숟가락 비), 塗(매흙질할 도, 칠할 도, 길 도, 진흙 도), 厠[뒷간 치(측)], 避(피할 피)

1 춘추전국시대(春秋戰國時代): 기원전 770년에서 기원전 221년에 이르는 중국 고대의 변혁시대로, 549년에 이른다. 춘추전국시대를 가르는 역사적인 사건은 ①주실동천[周室東遷, 기원전 770, 周 13대 平王 1], ②삼가분진[三家分晉, 기원전 403, 周 32대 威烈王 23], ③천하통일[天下統一, 기원전 221, 秦 31대(1대 皇帝) 秦始皇 1년(秦王 27년), 39세]이다.

기원전 770년에 주(周) 왕조는 수도를 호경[鎬京, 西安(시안) 부근]에서 낙읍[洛邑, 洛陽(뤄양)]으로 옮긴다. 이를 주실동천이라 하는데, 이를 기점으로 이전을 서주시대(西周時代), 이후를 동주(東周時代)라고 한다. 동주시대는 춘추시대와 전국시대로 나뉜다.

춘추시대는 주실동천으로부터 진(晉)나라의 대부인 한(韓), 조(趙), 위(魏) 삼씨(三氏)가 진나라를 분할하여 제후로 독립할 때까지의 시대[기원전 403년]로, 367년에 이른다.

전국시대는 그 이후부터 진(秦)나라가 천하를 통일한 기원전 221년까지로, 182년에 이른다. 전국시대의 전국칠웅(戰國七雄)은 천자국 주(周)나라를 뺀 7개 나라를 말하는데, 진(秦), 위(魏), 조(趙), 한(韓), 제(齊), 연(燕), 초(楚)이다.

'춘추'는 공자가 엮은 노(魯)나라의 역사서 《춘추(春秋)》에서 유래되었고, '전국'은 전한(前漢) 유향(劉向)이 쓴 《전국책(戰國策)》에서 유래되었다. 《춘추》는 노은공(魯隱公) 원년(기원전 722년)부터 시작되는데, 이는 주평왕(周平王) 49년(기원전 722년, 주실동천 후 49년)에 해당된다. 《전국책》은 주(周) 정정왕(貞定王) 57년(기원전 454년)으로부터 진시황(秦始皇) 37년(기원전 210년)에 이르기까지 약 240년 동안의 정치, 사회, 책사언행(策士言行)을 기록한 책이다.

(1) 서주시대: 기원전 1046년[주 제1대 무왕(武王)]~기원전 770년[주 제12대

유왕(幽王, 11년] 수도 호경(鎬京, 西安). (276년간)

⑵ 동주시대(先秦時代]: 기원전 770년[견융(犬戎, 西戎)의 침입으로, 주 제13대 평왕(平王) 1년 낙읍(洛邑, 낙양(洛陽) 천도 이후]~제37대 난왕(赧王) 59년(기원전 256년) 주 멸망[진(秦) 제28대 소양왕(昭襄王, 昭王, 嬴稷, 진시황 증조) 52년]. (514년간)

ⓐ 춘추시대: 기원전 770년[犬戎(西戎)의 침입으로, 주 제13대 평왕 1년 낙읍(낙양) 천도 이후]~기원전 403년[주 제32대 위열왕(威烈王) 23년 삼가분진(魏, 趙, 韓나라가 제후국이 됨) 이전] (367년간)

ⓑ 전국시대: 기원전 403년[주 제32대 위열왕(威烈王) 23년 삼가분진(魏, 趙, 韓나라가 제후국이 됨) 이후]~기원전 256년[제37대 난왕 59년, 주 멸망], 기원전 221년[진(秦)나라 제31대왕(제1대 황제) 진시황의 천하통일 이전] [147년간(동주 지속 기간)+35년간(진시황의 통일 완성까지)](182년간). *전국시대에는 동주시대 외에 제(齊)나라가 멸망할 때[기원전 221년]까지 35년이 포함된다.

2 진시황(秦始皇)의 통일 과정: 한(韓) 멸망(기원전 230년), 조(趙) 멸망(기원전 228년), 위(魏) 멸망(기원전 225년), 초(楚) 멸망(기원전 223년), 연(燕) 멸망(기원전 222년), 제(齊) 멸망(기원전 221년). 단, 위(衛, 기원전 112세기~기원전 209)는 이세황제(二世皇帝) 호해(胡亥)에 의해 멸망되었다.

3 진(晉): 주(周)나라의 제후국으로, 기원전 1042년에서 기원전 349년(또는 기원전 376년)까지 존속했던 나라이다. 진나라 제1대왕 당숙우(唐叔虞, 姬虞, 재위 기원전 1042년~기원전 ?)는 주(周)나라 제1대왕 무왕(武王, 姬發)의 3남이자, 제2대왕 성왕(成王, 姬誦)의 동복아우이다. 성왕 때 당(唐)나라에서 반란이 일어나자 주공단(周公旦, 姬旦, 성종의 叔父)이 당(唐)나라를 멸하고, 성왕이 아우에게 그곳을 봉지(封地)로 주어 당(唐)나라의 군주[주나라의 제후]가 되었다. 그래서 당숙우(唐叔虞)로 불리게 되었다. 제2대왕 아들 진후섭[晉侯燮, 일명 燮父(섭보)]가 도읍을 진수(晉水)로 옮겨 진(晉)으로 개명하였다. 진나라의 마지막 왕은 제40대 진정공(晉靜公, 姬俱酒)이다. 진정공 8년(기원전 349년)에 진나라는 조(趙)나라에게 땅을 모두 빼앗기고, 진정공은 한(韓)나라 둔류(屯留)에 거주하였다. 《죽서기년(竹書紀年)》[紀年, 급총기년(汲冢紀年)이라고도 함, 저자 미상]에 따르면, 그 해에 한나라 군주[韓昭侯(韓武) 14년]가 한기(韓玘)를 보내어 군주 도공(悼公)을 죽였다고 가록되어 있는 바, 도공이 진정공으로 추정된다. 《자치통감(資治通鑑)》에는 주안왕(周安王) 24년(기원전 378년)에 희구주(姬俱酒)가

진정공으로 즉위하여, 주안왕 26년(기원전 376년)에 위(魏)나라, 한(韓)나라, 조(趙)나라가 진정공을 폐위시키고, 진나라 땅을 나눠 가졌다고 기록되어 있다.

4 삼가분진(三家分晉): 춘추시대 말기에 이르러 진(晉)나라는 지 씨(智氏, 智伯, 智襄子, 본명 智瑤), 위 씨(魏氏, 魏桓子, 본명 魏駒), 조 씨[趙氏, 趙襄子, 본명 조무휼(趙無恤, 趙毋卹)], 한 씨(韓氏, 韓康子, 본명 韓虎) 네 가문이 권력을 독점했다. 지 씨를 제외한 세 가문이 연합하여, 주(周)나라 제28대 정정왕(貞定王) 16년(기원전 453년, 晉出公 22년)에, 지백을 멸하고 그 땅을 나누어 가졌다. 진(晉)나라로부터 세 가문이 독립하자, 진(晉)나라는 대제후(大諸侯)에서 일개 소제후(小諸侯)로 격하되었다. 이후 주나라 제32대 위열왕(威烈王)은 재위 23년[기원전 403, 晉烈公(姬止) 13년]에 한(韓), 조(趙), 위(魏)를 제후국[三晉]으로 인정하고, 당시 진(晉)의 대부였던 위사[魏斯, 文侯, 魏나라 초대 제후, 魏桓子 魏駒의 아들, 戰國七雄 중 하나], 조적[趙籍, 列侯, 趙나라 초대 제후, 趙襄子 趙無恤의 從曾孫(형 趙伯魯의 曾孫), 전국칠웅 중 하나)], 한건[韓虔[景侯, 韓나라 초대 제후, 韓康子 韓虎의 손자, 전국칠웅 중 하나]를 각각 한후(韓侯), 조후(趙侯), 위후(魏侯)로 봉했다. 이때 진(晉)의 영토는 곡옥(曲沃)과 신강(新降)의 2읍으로 축소되었다. 기원전 403년 삼가분진(三家分晉)이라고 부르는 이 사건은 주나라의 왕권을 지탱해 왔던 종법적(宗法的) 봉건제의 명분이 해체되었음을 드러낸 것으로, 춘추시대에서 전국시대로 전환되는 분기점으로 여겨진다. 《사기(史記)》에서는 이 사건을 두고 왕의 권력을 상징하는 '구정(九鼎)이 진동했다[九鼎震]'고 표현하고 있다. 구정은 중국 하(夏)나라 우왕(禹王) 때에, 전국 아홉 주에서 쇠붙이를 거두어 만들었다는 9개의 솥을 말한다. 이는 주(周)나라 때까지 대대로 천자에게 전해진 보물이었다. 진(秦)나라 제28대 소양왕[昭襄王, 昭王, 진시황 증조]은 재위 52년 무오(戊午, 기원전 256년, 주나라 난왕(赧王) 59년)에 790년 왕조인 주나라를 멸망시키고, 이듬해인 기원전 255년에 왕권을 상징하는 구정을 진(秦)나라로 가져왔다. 정리하면, 춘추시대 끝자락인 주정정왕(周貞定王) 16년[晉出公 22, 기원전 453년] 에는 사경(四卿)시대에서 삼경(三卿)시대로 이동했고 [魏桓子(魏駒), 趙襄子(趙無恤), 韓康子(韓虎)가 智襄子(智瑤) 제거], 전국시대 시작인 주위열왕(周威烈王) 23년[晉烈公 13, 기원전 403]에는 삼가분진이 일어났다[魏文侯(魏斯, 위환자의 子), 趙列侯(趙籍, 조무휼의 從曾孫), 韓景侯(韓虔, 한호의 孫子)]. 삼가분진과 관련하여, 《상밀주석(詳密註釋) 통감언해(通鑑諺解)》의 내용을 인용한다. "위열왕 23년[기원전 403]이다. 처음으로 晉나라 대부

위사(魏斯), 조적(趙籍), 한건(韓虔)을 명하여 제후로 삼았다. 처음에 조간자(趙簡子, 趙鞅, 趙襄子의 父)가 윤탁(尹鐸)을 시켜 진양(晉陽, 현재 山西城 太原, 趙나라의 중심지)을 삼았는데[맡겼는데], 청하여 말하길, '견사(繭絲)를 합니까? (세금을 많이 걷어야 합니까?) 문득 보장(保障)을 합니까?(울타리로 삼아 인심을 얻고 국가의 틀을 잡아야 합니까?)' 하였다. 간자가 말하길, '보장이다.' 윤탁은 그 호수를 덜었다.[호수를 덜었다 함은 세금을 줄여 백성들의 힘씀을 풀어주는 것이다.] 조간자(趙簡子)가 무휼(無恤, 毋卹, 趙襄子)에게 일러 말하기를(무휼은 간자의 아들이다), '진나라에 어려움이 있거든, 너는 윤탁(尹鐸)을 가볍게 여기지 말고, 진양(晉陽)을 멀게 여기지 말고, 반드시 돌이갈 곳으로 여겨라.' 하였다. 이내 지선자(智宣子, 이름은 甲)가 죽고, 지양자(智襄子, 지선자의 아들, 이름은 瑤, 智伯)가 정치를 맡았다. 한강자(韓康子, 이름은 虎)에게 땅을 청하니, 강자는 집 만 채가 있는 고을을 전했다. 지백이 기뻐하여 또한 위환자(魏桓子, 이름은 駒)에게 땅을 청하니, 환자는 다시 집 만 채가 있는 고을을 그에게 주었다. 지백은 또 조양자(趙襄子)에게 채고랑의 땅을 요구했는데, 양자가 주지 않았다. 지백이 노하여 한과 위의 군사를 거느리고 써 조를 공격하였다. 양자가 도망가려 하며 말하길, '내가 어디로 달아나야 하겠는가?' 따르는 자가 말하길, '장자(長子, 읍 이름)가 가깝고, 또 성이 두텁고 완전합니다.' 하였다. 양자가 말하길, '백성들이 힘을 다하여 그것을 완성하였는데, 또 넘어져 죽음으로써 그곳을 지키게 하면, 그 누가 나와 함께 하겠는가?' 하였다. 따르는 자가 말하길, '한단(邯鄲)의 곳간이 가득 차 있습니다.'(邯鄲의 음은 한단으로, 조나라 지명이다.) 하였다. 양자가 말하길, '백성들의 고혈을 빼앗아 그곳을 채우고서, 또한 인하여 그들을 죽게 한다면, 그 누가 나와 함께 하겠는가? 그 진양이다. 선왕의 속한[부탁한] 곳이고 윤탁의 너그러운 바이니, 백성들이 반드시 화합할 것이다.' 하고 이내 진양으로 도망갔다. 세 가문[智, 韓, 魏]이 나라 사람[병사]으로 에워싸고 물을 대니, 성이 잠기지 않음이 3판이었다.(3자 넓이를 版이라 한다.) 부엌이 잠기고 개구리가 생겨도 백성들이 배반할 뜻이 없었다. 조양자가 장맹담(張孟談)을 시켜 몰래 나가 2子[한강자, 위환자]를 보게 하였다. (장맹담이) 말하길, '신이 듣건대, 입술이 없으면 이가 시리다 하였습니다[脣亡則齒寒]. 이제 지백이 한과 위를 거느리고 조를 공격하니, 조가 망하면 한과 위가 다음이 됩니다.' 하였다. 2자가 이에 가만히 장맹담과 더불어 약속하고는 날짜를 정하고 그[장맹담]를 보냈다. 양자가 밤에 사람을 시켜 물 제방의 벼슬아치를 죽이고 물을 터트려 지백의 군사들에게 대니, 지백의 군사들이 물에서 빠져 나오려고 어지러웠다. 한과 위가 양쪽 날개가 되어 그들을 치고, 양자가 군사를 거느리고 그 앞을 침범하여 지백의 군사를 크게 무너뜨렸다. 마침내 지백을 죽이고, 지 씨의 집안을 모두 멸하였다."

5 지요(知瑤, 생몰 연대 미상): 순요(荀瑤) 또는 지백(知伯), 지백(智伯)라고도 한다. 춘추시대 말 전국시대 초기 진(晉)나라 사람. 지앵(知罃)의 현손이다. 진출공(晉出公) 17년 조(趙), 한(韓), 위(魏)와 함께 범 씨(范氏)와 중항 씨(中行氏)의 땅을 나눠 읍(邑)으로 삼았다. 나중에 한, 위와 함께 조양자(趙襄子)를 공격해 진양(晉陽)을 포위하고 물을 부어 넣었다. 조양자가 밤에 맹담(孟談)을 시켜 한, 위와 합세하여 물을 끌어들여 지요의 군대에 부어넣어 군중(軍中)에서 살해한 뒤 지 씨(知氏)를 멸족시켰다. 시호는 양(襄)이다(중국역대인명사전).

6 조무휼(趙無恤, 미상~기원전 425년): 조양자(趙襄子). 이름은 무휼(毋卹)로도 쓴다. 춘추시대 말 진(晉)나라 사람으로, 조앙(趙鞅)의 아들이다. 조앙이 그가 현명한 것을 보고 태자(太子) 백로(伯魯)를 폐하고 그를 세웠다. 일찍이 대왕(代王)을 죽이기로 계획을 세우고 병사를 일으켜 대(代) 땅을 평정했다. 조양자 4년 지백(智伯), 한(韓), 위(魏)와 연합하여 범 씨(范氏)와 중항 씨(中行氏)의 옛 땅을 다 나누어가지고, 진출공(晉出公)을 축출했다. 21년 지백이 조(趙), 한, 위에 땅을 요구했는데, 조만 내놓지 않자 지백이 한, 위의 군사를 이끌고 조를 공격했다. 그가 진양(晉陽)을 고수하면서 해가 다하도록 함락되지 않자, 지백이 물길을 끌어들여 성으로 물을 부었다. 이 무렵 장자(長子)라는 곳이 가깝고 성이 튼튼하여 안전하니 그곳으로 피하자는 신하의 말을 따르지 않고, 일찍이 윤탁(尹鐸)이 부임하여 관대한 정치로 민심을 얻어놓은 진양으로 들어가 회복의 터전으로 삼았다. 그가 몰래 한, 위와 내통하여 거꾸로 지백을 몰아내고 그 땅을 삼분해 가졌다. 이것이 삼가(三家)가 진(晉)나라를 나눠 가지는 일의 시발이었다. 시호는 양(襄)이다(중국역대인명사전).

7 예양(豫讓, 생몰 연대 미상): 중국 춘추시대 말기 진(晉)나라 의사(義士)이다., 성(姓)은 희(姬), 씨(氏)는 필(畢)이며, 이름은 예양(豫讓)이다. 지백(智伯)의 신하로서, 지백을 죽인 조양자(趙襄子)에게 보복을 하려다 발각되어 칼로 자결하였다. 처음에 진의 경(卿)이었던 범(范) 씨·중항(中行) 씨를 섬겼으나, 뒤에 지백(智伯: 이름은 瑤)의 신하가 되어 국사(國士)로서 총애를 받았다. 기원전 453년에 지백은 조양자(趙襄子)를 치려다가, 조(趙)·한(韓)·위(魏)의 연합군에게 멸망하

였다. 이때 조양자는 지백을 깊이 원망하여 그의 두개골로 술잔을 만들었다고 한다. 예양은 "士爲知己者死 女爲悅己者容(선비는 자기를 알아주는 사람을 위해 죽고, 여자는 자기를 기쁘게 해주는 사람을 위해 꾸민다)."라 하고 지백을 위해 죽고자 하였다. 보복을 맹세한 뒤, 죄인으로 가장하여 비수를 품고 조양자의 변소에 잠입하여 그를 죽이려다가 발각되었다. 조양자는 그를 의인(義人)이라 생각하고 석방하였다. 그 뒤 예양은 몸에 옻칠을 하여 나환자로 변장하고, 벙어리·거지의 행세를 하며 다시 기회를 기다렸다가 조양자가 외출할 때 다리 밑에 숨었다가 그를 찔러 죽이려고 하였으나, 말이 놀라는 바람에 다시 붙들렸다. 조양자는 이번에는 그를 놓아주지 않았다. 예양은 조양자에게 간청하여 그의 옷을 받아 칼로 3번 친 뒤, 태연히 칼로 자결하였다(두산백과). 예양과 관련된 고사에 '칠신탄탄(漆身呑炭)'과 '삼약격지(三躍擊之)'가 있다. '칠신탄탄'은 '몸에 옻칠하여 문둥이가 되고, 숯을 삼켜 벙어리가 되었다.'는 뜻이고[위 내용 참조], '삼약격지'는 '세 번이나 뛰어올라 조양자의 옷을 찔렀다.'는 뜻이다. 후자와 관련된 고사는 다음과 같다. 예양이 조양자 살해에 실패하고 조양자 병사들에게 포위되자, 예양은 조양자에게 옷을 빌려 달라고 했다. "이제 나도 기꺼이 죽으리라. 다만 그전에 당신의 옷을 내게 주어 그것을 찌를 수 있게 해 주오." 예양의 의리에 감동한 조양자가 자신의 겉옷을 벗어주자 예양은 칼을 뽑아 세 번이나 뛰어올라 그 옷을 찌른[三躍擊之] 후, "이제 지백의 원수를 갚았다."라고 말하고, 스스로 칼로 찔러 자결하였다.

8 측(厠/厕): '뒷간'을 뜻하는데, 본음은 '치'이다. 따라서 《소학언해》에도 독음이 '치'로 되어 있고, 옆 구결도 '어늘'이 붙어 있다. '入입襄양子ᄌᆞ宮궁中듕ᄒᆞ야塗도厠치어늘'

소언 趙됴襄양子ᄌᆞ[趙됴ᄂᆞᆫ 氏시오 일홈은 無무恤휼이라]ㅣ 智디伯ᄇᆡᆨ[智디ᄂᆞᆫ 氏시오 일홈은 瑤요ㅣ니 다 晉진 태위라]을 죽이고 그 머리ᄅᆞᆯ 漆칠ᄒᆞ야 뼈 오좀 누ᄂᆞᆫ 그르슬 ᄆᆡᆼ그랏더니 智디伯ᄇᆡᆨ의 신하 豫예讓양이 위ᄒᆞ야 원슈ᄅᆞᆯ 갑고져 ᄒᆞ야 거즛 죄지은 사ᄅᆞᆷ이 되여 匕비首슈[갈 일홈이라]ᄅᆞᆯ ᄢᅵ고 襄양子ᄌᆞㅅ 宮궁 가온ᄃᆡ 들어 뒷간의 ᄒᆞᆰ ᄇᆞᄅᆞ거ᄂᆞᆯ 左좌右우ㅣ 죽이고져 ᄒᆞᆫ대 襄양子ᄌᆞㅣ ᄀᆞᆯ오ᄃᆡ 智디伯

ᄇᆡᆨ이 죽어 ᄌᆞ손이 업거늘 이 사ᄅᆞᆷ이 위ᄒᆞ야 원슈ᄅᆞᆯ 갑고져 ᄒᆞ니 진짓 올ᄒᆞᆫ 션ᄇᆡ라 내 삼가 避피ᄒᆞᆯ ᄯᆞᄅᆞᆷ이라

[현대역] 趙襄子[趙는 氏요, 이름은 無洫이라.]가 智伯[智는 氏요, 이름은 瑤니, 다 晋 대부라.]을 죽이고, 그 머리를 옻칠하여 써 오줌 누는 그릇을 만들었더니, 지백의 신하 豫讓이 위하여 원수를 갚고자 하여, 거짓 죄지은 사람이 되어, 비수[칼 이름이라.]를 끼고 양자의 궁 가운데 들어, 뒷간의 흙 바르거늘, 좌우가 죽이고자 하니까 양자가 가로되, "지백이 죽어 자손이 없거늘, 이 사람이 위하여 원수를 갚고자 하니 짐짓 옳은 선비라. 내 삼가 피할 따름이라."

1 뒷간: '변소'를 완곡하게 이르는 말이다. 현대국어 '뒷간'은 15세기 문헌에서부터 나타나 현재까지 이어진다. '뒷간'은 ㅎ종성체언인 '뒤ㅎ'과 관형격 조사 'ㅅ'이 결합한 '뒷'과 한자 '간(間)'의 한글 표기인 '간'이 결합한 것이다. ㅎ종성체언의 종성 'ㅎ'은 자음 앞에서 나타나지 않으므로 '뒤ㅎ'과 관형격 조사 'ㅅ'의 결합은 '뒷'으로 나타난다. 17세기의 '뒤깐'은 '뒷간'의 제1음절 종성 'ㅅ'이 제2음절 초성인 'ㄱ'과 함께 표기된 것으로 된소리 표기를 나타낸다. 17세기의 '뒤간'은 관형격 조사 'ㅅ'이 결합되지 않은 것이다. 뒷간(15세기~현재). 모로매 조심ᄒᆞ야 뒷간애 가디 말라.《1489 구간 7:36ㄴ》, 厠 뒷간 치.《1527 훈몽 중:3ㄴ》,

2 진짓: 짐짓. 마음으로는 그렇지 않으나 일부러 그렇게.

【集解】襄子의名은無恤이요智伯의名은瑤니皆晉大夫라飮器는韋昭云飮酒之具라하고晉灼云溲蒐溺奴弔反之器라하고呂氏春秋云漆智伯頭하여爲溲杯라하니未詳孰是라刑人은有罪被刑而執賤役者라匕首는短劒也니其首類匕라

襄子의 이름은 無恤이고, 智伯의 이름은 瑤니, 모두 晉나라 대부이다. 飮器는 韋昭는 '술 마시는 도구'라 말했고, 晉灼은 '소변 그릇'이라 말했으며, 《여씨춘추》에서는 '智伯 머리를 옻칠하여, 오줌 그릇을 만들었다' 하였으니, 누가 옳은지 자세하지 않다. 刑人은 죄가 있어 형벌을 받아 천한

일을 잡은 자이다. 匕首는 단검이니, 그 머리가 숟가락과 비슷하다.

漢字 恤(구휼할 휼), 瑤(옥돌 요), 韋(가죽 위), 灼(사를 작, 밝을 작, 더울 작), 溲(오줌 수, 반죽할 수), 溺(오줌 뇨=尿, 빠질 닉), 杯(잔 배), 孰(누구 숙), 類(비슷할 류, 무리 류, 같을 류)

【增註】塗厠은謂以泥墁溷厠之墻壁이라

塗厠은 진흙으로 뒷간의 담벽을 바름을 이른다.

漢字 泥(진흙 니), 墁(바를 만, 흙손 만), 溷(뒷간 혼, 돼지우리 혼, 어지러울 혼), 墻(담 장), 壁(벽 벽)

讓이又漆身爲癩ᄒᆞ며呑炭爲啞倚下反ᄒᆞ야行乞於市ᄒᆞ니其妻는不識也ㅣ어늘其友ㅣ識之ᄒᆞ야爲之泣曰以子之才로臣事趙孟ᄒᆞ면必得近幸ᄒᆞ리니子ㅣ乃爲所欲爲ㅣ顧不易邪아何乃自苦如此오讓이曰委質爲臣이오而求殺之면是는二心也ㅣ라吾所以爲此者는將以愧天下後世之爲人臣而懷二心者也ᄒᆞ노라

●豫讓이 또 몸에 옻칠하여 문둥이가 되고, 숯을 삼켜 벙어리가 되어, 시장에 다니며 비니, 그 아내는 알아보지 못했으나, 그 친구가 그를 알아보고, 그를 위하여 울며 말하였다. "그대의 재주로써 신하로 趙孟[趙襄子]을 섬기면. 반드시 가까운 사랑을 얻을 것이니, 그대가 이에[비로소] 행하고자 하는 바를 행함이 도리어 쉽지 않겠는가? 어찌하여 이에[마침내] 스스로 괴롭히기가 이와 같은가?" 豫讓이 말하였다. "바탕[몸]을 맡겨 신하가 되고서, 그를 죽이기를 구하면, 이는 두 마음이다. 내가 이것[이와 같은 일]을 하는 바는, 장차 천하 후세에 사람의 신하가 되어 두 마음을 품는 자를 부끄럽게 하기 위해서이다."

漢字 癩(문둥병 라), 呑(삼킬 탄), 炭(숯 탄), 啞(벙어리 아), 乞(빌 걸), 幸(사랑 행, 다행 행), 顧(도리어 고, 돌아볼 고), 邪(어조사 야, 간사할 사), 委(맡길 위), 質

(몸 질, 바탕 질, 폐백 지), 愧(부끄러울 괴), 懷(품을 회)

소언 襄양이 쏘 몸을 옫칠ᄒᆞ야 라질을 밍글며 숫글 먹움어 벙어리 되여 져제 ᄃᆞ니며 비니 그 겨집은 아디 몯ᄒᆞ거늘 그 벋이 아라 위ᄒᆞ야 울고 ᄀᆞᆯ오ᄃᆡ 그ᄃᆡᆺ ᄌᆡ조로ᄡᅥ 趙됴孟ᄆᆡᆼ[됴양ᄌᆞㅣ라]을 신하로 셤기면 반ᄃᆞ시 갓가이 괴임을 어들이니 그ᄃᆡ ᄒᆞ고져 ᄒᆞᄂᆞᆫ 바ᄅᆞᆯ 홈이 도로혀 쉽디 아니ᄒᆞ녀 엇디 스스로 고로옴을 이러ᄐᆞ시 ᄒᆞᄂᆞ뇨 襄양이 ᄀᆞᆯ오ᄃᆡ 몸올 ᄇᆞ려 신하 되고 죽임을 求구ᄒᆞ면 이ᄂᆞᆫ 두 ᄆᆞᄋᆞᆷ이라 내 ᄡᅥ 이를 ᄒᆞᄂᆞᆫ 바ᄂᆞᆫ 쟝ᄎᆞᆺ ᄡᅥ 天텬下하 後후世셰예 사ᄅᆞᆷ의 신하 되여셔 두 ᄆᆞᄋᆞᆷ 먹ᄂᆞᆫ 이를 붓그리게 ᄒᆞ노라

현대역 襄이 또 몸을 옻칠하여 나질(癩疾)을 만들며, 숯을 머금어 벙어리 되어, 시장에 다니며 비니[구걸하니], 그 아내는 알지 못하거늘, 그 벗이 알아 위하여 울고 가로되. "그대의 재주로써 趙孟[조양자라.]을 신하로[신하가 되어] 섬기면 반드시 가까이 사랑함을 얻으리니, 그대 하고자 하는 바를 함이 도리어 쉽지 아니하냐? 어찌 스스로 괴로움을 이렇듯이 하느냐?" 襄이 가로되, "몸을 버려 신하 되고 죽임을 구하면 이는 두 마음이라. 내 써 이를 하는 바는 장차 써 천하 후세에 사람의 신하 되어서, 두 마음 먹는 이를 부끄러워하게 하노라."

1 라질: 나질(癩疾). '나병'의 옛말이다.

2 숫글: 숯을. 'ᄉᆞᆶ(명사)+을(목적격 조사)'이다. 'ᄉᆞᆶ'은 '숯'의 옛말이다. 'ᄉᆞᆶ'은 15세기 문헌에서부터 나타난다. 'ᄉᆞᆶ'은 팔종성법에 따라 모음으로 시작하는 조사가 결합할 때에는 'ᄉᆞᆶ'으로 나타났지만, 자음으로 시작하는 조사와 결합하거나 단독으로 실현될 때에는 '숫'으로 나타났다. 18세기에는 '숫ㅊ'의 예가 보이는데 이는 '숯'을 중철 표기한 것이다. 따라서 이 시기에 어간 말 자음 'ㅺ'이 'ㅊ'으로 변했음을 알 수 있다. 이처럼 18세기에 '숯'의 형태가 등장하여 현재에 이르렀다. 한편 17~18세기 문헌에는 '숟'의 예가 보이는데, 16세기 이후로 종성의 ㅅ이 ㄷ과 소리가 같아져서 표기의 혼란이 일어났음을 반영한다. ᄉᆞᆶ(15세기~19세

기)〉숯(18세기~현재). 이형태: 숡, 숫, 숟, 숫ㅊ, 숬. 炭은 숫기라.《1459 월석 23:92ㄴ》, 숫 爲炭.《1446 훈해 57》, 襄이 또 몸을 온칠ᄒᆞ야 라질을 밍글며 숫글 먹움어 벙어리 되여 져제 ᄃᆞ니며 비니.《1588 소언 4:31ㄴ》, 炭 숫 탄.《1527 훈몽 중:8ㄱ》

3 괴임: 사랑받음. '괴이(어간)+ㅁ(명사형 어미)'이다. '괴이다'는 '괴다'의 피동사로, '사랑을 받다'를 뜻한다. '괴다'는 '사랑하다'의 뜻이다. 임금이 모름지기 먼저 그 조짐을 살피어 난이 생기지 않도록 해야 할 것이니, 적서의 구분이 분명하고 괴는 궁녀에게 빠지지 않았다면 어찌 이런 일이 생겼습니까?《번역 중종실록》

4 아니ᄒᆞ녀: 아니하냐. '아니ᄒᆞ(어간)+녀(의문형 종결어미)'이다. '-녀'는 ᄒᆞ라체 제1·3인칭 판정의문문을 나타내는 종결어미이다. 의문사 없이 쓰이면서 '아/어' 계통 모음으로 되어 있어 가부(可否) 대답을 요구하는 의문문이다. 이 大施主의 功德이 하녀 져그녀.《석상 19:4》, 나고져 식브녀 阿難일 브리신대 오샤ᅀᅡ 내 나리이다.《월곡 상:48》

5 ᄒᆞᄂᆞ뇨: 하느냐. 'ᄒᆞ(어간)+ᄂᆞ(직설법 선어말어미)+뇨(의문형 종결어이)'이다. '-뇨'는 ᄒᆞ라체 제1·3인칭 설명의문문을 나타내는 종결어미이다. 의문사 '엇디'와 함께 쓰이면서 '오' 계통 모음으로 되어 있어 정보를 요구하는 의문문이다.

6 붓그리게: 부끄러워하게. '붓그리(어간)+게(연결어미)'이다. 프른 구루미 니픠 칙칙호ᄆᆞᆯ 붓그리고 힌 누니 고지 하ᄆᆞᆯ 避ᄒᆞ리로다(青雲羞葉密 白雲避花繁).《두시-초 15:19》, 田稷子ㅣ 붓그려 나가 그 金 도로 보내오(田稷子慚而出 反其金).《내훈 3:25》

【集說】陳氏曰爲癩爲啞而行乞은欲人不識하여得以殺襄子也라趙孟은卽襄子라顧는猶反也라爲所欲爲는謂欲殺襄子하여以報主仇也라委質은猶屈膝也라

진 씨가 말하였다. "문둥이가 되고 벙어리가 되어 다니며 빌어먹음은, 사람들이 알아보지 못하게 하여, 능히 써 襄子를 죽이고자 함이다. 趙孟은 곧 襄子이다. 顧는 '도리어'와 같다. 爲所欲爲[행하고자 하는 바를 행함]은 襄子를 죽여 써 주인의 원수를 갚고자함을 이른다. 委質은 무릎을 꿇음과 같다."

漢字 反(도리어 반), 屈(굽힐 굴), 膝(무릎 슬)

後에**又伏於橋下**ᄒᆞ야**欲殺襄子**ㅣ어늘**襄子**ㅣ**殺之**ᄒᆞ니라

●뒤에 또 다리 밑에 엎드려서 襄子를 죽이고자 하므로 襄子가 그를 죽였다[실제는 자결하였다].

漢字 橋(다리 교)

소언 後에 또 ᄃᆞ리 아래 굿브러셔 襄양子ᄌᆞ를 죽이고져 ᄒᆞ거늘 襄양子ᄌᆞㅣ 죽이니라

현대역 후에 또 다리 아래 엎드려서 襄子를 죽이고자 하거늘, 양자가 죽이니라.

굿브러셔: 엎드려서. '굿블(어간)+어셔(연결어미)'의 연철 표기이다. '굿블다'는 '엎드리다'의 옛말이다. 이 일후미 부텻 恩을 갑ᄉᆞ오미이다 굿브러셔 請ᄒᆞᅀᆞᆸ노니 世尊이 證明이 ᄃᆞ외쇼셔(是則名爲報佛恩 伏請世尊爲證明).《능엄 3:112》, 그 王ᄋᆞᆯ 브르면 妖怪옛 귓거시 헤ᄃᆞ라 굿블리도 잇ᄂᆞ니.《석상 21:22》. '-어셔'는 끝음절의 모음이 'ㆍ, ㅏ, ㅗ'가 아닌 동사, 형용사 어간 뒤에 붙어, '-어서'를 뜻하는 어미이다. 衛護ᄂᆞᆫ 둘어 더브러셔 護持ᄒᆞᆯ씨라.《석상 9:40》, 阿育王이 塔ᄋᆞᆯ ᄒᆞ마 이르ᅀᆞᆸ고 幡을 몯 ᄃᆞ라셔 病ᄒᆞ야 누버셔 虛空애 비로ᄃᆡ 부톄 靈ᄒᆞ거시든 애 情誠을 ᄉᆞᆯ피쇼셔 ᄒᆞ니.《석상 24:32》

【集解】**胡氏曰君子爲名譽而爲善**이면**則其善必不誠**이요**人臣爲利祿而效忠**이면**則其忠必不盡**이니**使智伯有後而讓也**가**爲之報仇**면**其心**을**未可知也**어니와**智伯**이**無後矣**어늘**而讓也**가**不忘國士之遇**하여**以死許之而其志愈篤**하니**則無所爲而爲之者**니**眞可謂義士矣**라**然**이나**襄子知其如此而殺之**하니**何以爲人臣之勸哉**아

호 씨가 말하였다. "군자가 명예를 위하여 선행을 하면 그 선행이 반드시

정성스럽지 못하고, 사람의 신하가 이익과 녹봉을 위하여 충성을 바치면 그 충성이 반드시 극진하지 못하니, 가령 智伯이 후손이 있는데 豫讓이 그를 위하여 원수를 갚았다면 그 마음을 가히 알 수가 없거니와, 智伯이 후손이 없는데도 豫讓이 國士의 대우를 잊지 못하여 죽음으로써 그것[죽음]을 허락하여 그 뜻을 더욱 도탑게 했으니, 위하는 바가 없이 그것[죽음]을 행한 자이니, 참으로 義士라 이를 만하다. 그러나 襄子가 그 이와 같음을 알면서도 그를 죽였으니, 어찌 써 사람[趙襄子]의 신하되기를 권하겠는가?"

漢字 譽(기릴 예), 效(바칠 효, 본받을 효), 遇(대우할 우, 만날 우), 愈(더욱 유, 더할 유, 나을 유), 篤(도타울 독)

〖二十六章〗

○王孫賈ㅣ事齊閔王ᄒᆞ다가王이出走ㅣ어늘賈ㅣ失王之處ㅣ러니其母ㅣ曰女汝下同ㅣ朝去而晩來則吾ㅣ倚門而望ᄒᆞ고女ㅣ莫暮出而不還則吾ㅣ倚閭而望이라니女ㅣ今事王ᄒᆞ다가王이出走커시늘女ㅣ不知其處ᄒᆞ니女尙何歸오 《戰國策 齊策》

● 왕손가(王孫賈)가 齊나라 閔王을 섬기다가 왕이 달아나자, 賈가 왕이 (있는) 곳을 잃었더니, 그 어머니가 말하였다. "네가 아침에 나가 늦게 오면 나는 문에 기대어 바라고, 네가 저녁에 나가 돌아오지 않으면 나는 마을 문에 기대어 바랐다. 네가 지금 왕을 섬기다가 왕이 달아나셨거늘, 너는 그 곳을 알지 못하니, 너는 오히려 어찌 돌아왔는가?"

1 제(齊)나라 왕손가(王孫賈)가 초(楚)나라 장수 요치(淖齒)를 죽임: 연왕쾌(燕王噲, 姬噲, 제38대 군주)는 무능하여 국정을 재상 자지(子之, 연왕쾌의 신하)에게 맡겼다. 이에 태자 희평(姬平)이 자지를 몰아내려 내란을 일으켰다. 연나라의 내란을 지켜본 제선왕[齊宣王, 田辟疆, 제민왕의 아버지]은 기원전 314년, 태자 희평을 지원하겠다는 명목으로 장수 광장(匡章)을 보냈다. 그러나 광장은 자지와

태자 희평의 군대를 함께 공격하였고, 연왕쾌는 자살하여, 연나라가 제나라에 복속되었다. 2년 후 한(韓)나라에 달아나 있던 희쾌(姬噲)의 서자 희직(姬職)이 제나라에 속국이 되는 조건으로, 연소양왕(燕昭襄王, 燕昭王, 제40대 군주)에 즉위하였다. 소양왕은 악의(樂毅)를 등용하여 부왕 희쾌의 원수를 갚고자 하였다. 기원전 284년 악의는 제나라 수도 임치(臨淄)를 함락시켰다. 소양왕은 악의를 창국공(昌國君)으로 봉하고 제나라를 완전히 평정할 것을 명하였다. 이에 악의는 5년 동안 제나라의 70여 성을 탈취하였고, 제민왕[齊閔王, 齊湣王, 田地, 齊宣王의 아들]은 거(莒)로 피신하였다. 이때 제나라는 거(莒)와 즉묵(卽墨)만 남게 되었다. 곧이어 악의는 거(莒)를 공격했으나, 제민왕도 철저히 항거하여 장기전이 되었다. 그 과정에서 제민왕은 초경양왕(楚頃襄王)에게 도움을 요청했고, 요치(淖齒)가 지원을 왔다. 요치가 제민왕이 있는 거(莒)로 가니, 제민왕은 고맙게 여겨 그를 상국으로 삼으니 제나라 대권은 모두 요치에게 넘어갔다. 요치는 제나라가 패망할 것이라 보고, 연나라와 힘을 합쳐 제민왕을 배신하였다. 요치는 산채로 제민왕의 힘줄을 뽑아 대들보에 매달았다. 제민왕은 3일 후에 숨이 끊어졌다. 요치가 이에 자신의 공을 진술하여 연왕(燕王)에게 아뢰는 표문을 지어, 사람을 시켜 악의에게 보내어 전해 주기를 청했다. 이때 거(莒)의 요치와 임치의 악의는 몰래 서로 상통하여 연락이 끊이지 않았다. 왕손가(王孫賈, 왕손고라고도 함)는 12살에 부친을 잃고 노모를 모시고 살았다. 제민왕이 불쌍히 여겨 벼슬을 내렸다. 제민왕이 달아나자 왕손가도 따라가서 위(衛)나라에 머물다가 서로 헤어졌다. 왕손가는 제민왕이 어디로 간지 몰라 마침내 몰래 집으로 돌아왔다. 왕손가는 어머니께 위와 같은 꾸중을 듣고 매우 부끄러워 다시 노모를 하직하고, 제민왕의 종적을 찾다가 거(莒)에 있다는 소식을 듣고 급히 그곳으로 달려갔다. 거(莒)에 이르러 제민왕이 이미 요치에 의해 살해됨을 알게 된 공손가는 시장 사람들 400여 명과 힘을 합쳐 요치를 죽이기로 하였다. 그때 초나라 군사가 많았으나, 모두 성 밖에 주둔하고 있었다. 요치가 제민왕의 궁궐에 거처하며 술자리를 마련하여 반쯤 취해, 여인을 시켜 음악을 연주하며 즐기고 있었다. 군사 수백 명이 궁 밖에 도열하여 호위했다. 왕손가는 4백 명을 거느리고 초나라 군사들의 병장기를 빼앗아 궁중으로 쇄도해 들어가서 요치를 잡아 칼로 짓이겨 육젓을 만들었다. 인하여 성문을 닫고 굳게 지켰다. 초나라 군사는 대장이 없어져서 반은 흩어져 달아나고 반은 연나라 진영에 투항했다. 제나라 세자 전법장(田法章)은 제민왕이 요치에게 변을 당했다는 소식을 듣고 급히 옷을 바꿔 입고 가난한 사내로 변장하여 스스로 임치 사람 왕립(王立)이라고 했다. 그러나 그는 도망하여 갈 데가 없어서 태사교(太史敫, 태사각이라고도 함)의 집에 들어가 머슴이 되었다(《동주열국지》 제95회). 이 사건과 관련된 고사성어가 있다. '의문의려(倚門倚閭, 倚閭, 倚閭之望, 倚閭之情)'는 '밖에 나간 자식이 돌아오기를 기다라는 부모의 간절한 심정'을 뜻한다. 그리고 '무망재거(毋忘在莒)'는 '거(莒)에 있을 때를 잊지 말라[어려웠을 때를 기억하라]'는 뜻이다. '무망재거(毋忘在莒)'의 유래에 대해서는 두 가지 설이 있다. 하나는 제환공(齊桓公)과 관련된다. 춘추시대 제나라 군주 제양공[齊襄公, 齊僖公의 장남으로 姜諸兒, 제14대 국군, 이복여동생 文姜과 사통, 公孫無知가 시해]에게는 강규[姜糾, 齊僖公의 차남)와 강소백[姜小白, 齊桓公, 齊僖公의 삼남)이란 두 동생이 있었다. 제양공이 즉위하여 폭정을 펴자, 포숙[鮑叔, 성은 鮑, 이름은 叔牙]은 소백을 모시고 가까운 소국 거(莒)나라로, 관중[管仲, 管子, 성은 管, 이름은 夷吾, 자는 仲]은 강규를 모시고 대국인 노(魯)나라로 달아났다. 그 후 공손무지[公孫無知, 姜無知, 제희공의 아우 姜夷仲年의 자, 제양공의 사촌아우, 제환공의 사촌형, 제15대 국군, 옹림 사람이 시해]가 제양공을 시해하여 군위에 오르고, 또 그가 시해되자, 제나라의 군위를 놓고 강규와 강소백이 겨루게 되었다. 거리가 먼 노나라에 있던 관중은 강규를 군위에 올리기 위해 홀로 먼저 말을 달려와 중도에서 강소백을 활로 쏘았다. 그러나 허리띠의 쇠고리에 맞아서 목숨을 구했다. 관중은 강소백이 쓰러지자 강소백이 죽은 줄 알고 노나라로 강규를 모시러 왔으나, 죽은 척한 강소백은 먼저 수도로 들어와 제환공(齊桓公)에 올랐다. 이후 강규와 관중은 노나라로 돌아가 강규는 자결하고, 관중은 노나라에 감금되었다. 그러다가 관중은 제환공의 스승이었던 포숙의 천거로 풀려나 제환공의 재상이 되고, 제나라를 함께 춘추오패의 첫 패자로 만들었다. 이후 제환공, 관중, 포숙, 영척(甯戚)이 함께 술을 마실 때, 포숙이 덕담으로 제환공께는 거(莒)나라에 있던 때, 관중에게는 노나라에 감금되었을 때를, 영척(甯戚, 춘추시대 위나라 대부, 白石歌를 지음)에게는 소에게 밥 주던 시절을 잊지 말자고 덕담을 건넸다. 이때 포숙이 제환공에게 남긴 말, "使公毋忘出奔在於莒也[공께서는 거(莒)나라에서 나오시던 때를 잊지 마옵소서.]"에서 이 고사성어가 나왔다. (《呂氏春秋》 〈直諫〉) 거(莒)는 서주시대와 춘추시대에 존재했던 주나라의 제후국으로, 위치는 오늘날 산동성 르자오시(日照市)이다, 춘추시대에는 약소국으로 존재했으며, 제와 인접했기 때문에 제환공이 공자(公子) 시절에 피난 갔던 곳이다. 전국시대 초기 기원전 431년에 초(楚)의 공격으로 멸망하여, 이후 초(楚), 노(魯), 제(齊)나라가 옛 거(莒)나라 땅의 지배권을 두고 다투다가, 제나라가 차지하여 제나라가 진(秦)나라에 의해 망할 때까지 유지하였다. 훗날 전국시대 중기, 제나라는 연(燕)나라의 명장 악의(樂毅)가 이끄는 대군의 공격을 받아, 제나라에게는 이곳과 즉묵(卽墨)만 남았다. 그러나 장군 전단(田單)의 활약으로 반격에 성공, 제나라의 옛 땅을 수복하였다. 그리고 이때의 일화는 국부천대[國府遷臺, 1949. 12. 7. 국공내전(國共內戰)에서 마오쩌둥(毛澤東)의 중국공산당에게 패배한 장제스(蔣介石)의 중국국민당이 중화민국 정부를 타이완(臺灣)으로 옮긴 사건] 후 타이완으로 간 장제스가 외친 '무망재거[毋忘在莒, 거(莒) 땅에 있음을 잊지 말자.]'라는 슬로건의 유래가 되었다. 다른 하나는 제양왕(齊襄王)과 관련된다. 전국시대 제나라의 제민왕[齊閔王, 齊湣王, 田齊 3대왕, 齊襄王의 부]이 거(莒)로 도망쳤다가, 그곳에서 초(楚)나라의 요치(淖齒)에 의해 죽임을 당했다. 전쟁이 일어나자 즉묵 사람들은, 전에 수도 임치(臨淄)에서 시장을 관리하던 시연(市掾) 벼슬의 전단(田單)을 장군으로 추대하였다. 전단은 남은 병력을 거와 즉묵으로 집결시켜 철통같이 수비하였다. 연(燕)나라는 소양왕[昭襄王, 姬職, 燕王噲의 아들, 제3대왕]에 이어 혜왕[惠王, 姬樂資, 姬戎人]이 즉위했는데, 전단은 혜왕과 불화했던 악의(樂毅)를 반간지계(反間之計)로 실각시키고, 대신 기겁(騎劫)을 장군으로 세웠다. 그리고는 기원전 279년, 악의가 기원전 284년에 군사를 이끌고 와서 제나라를 휩쓸고 지나간 지 5년만에, 화우지계(火牛之計)를 써서 점령당했던 70성을 되찾을 수 있었다. 그리고 거(莒)에 숨어 있던 세자 전법장(田法章)을 모셔와 제양왕(齊襄王)으로 옹립하고, 전단은 안평군(安平君)에 봉해졌다. 세자 전법장은 연나라가 악의를 보내 제나라를 칠 때, 거(莒)에 있는 태사교의 집에서 이름을 왕립(王立)으로 바꾸어 숨어 살다가 왕이 되었다. 즉위한 후 태사교의 딸과 결혼하니, 그녀는 군왕후(君王后)라 불렸다. 이들 사이에서 전건(田建)이 태어나니, 이가 전제(田齊) 마지막 국군[제8대] 제왕(齊王) 건(建)이었다. 이처럼 전법장이 전단에 의해 제양왕으로 옹립되기 전, 거(莒)에서 숨어 살던 어려운 때를 잊지 말라는 뜻에서 만들어진 고사성어로 보는 설이다.

2 제(齊, 기원전 1046년 추정~기원전 221년): 강제(姜齊)와 전제(田齊)로 나뉜다. 강제(기원전 1046년 추정, 제1대 太公 姜尙~기원전 385년, 32대 康公 姜貸)는 주문왕(周文王)이 나라를 건국할 때 재상 강태공(姜太公)에게 봉토로 내린 땅이

다. 제15대 제환공(齊桓公) 시대에 관중(管仲)을 등용하여 주(周)나라를 대신하여 제후들을 통제하였고, 남쪽 초(楚)나라의 위협에 대항하였다. 기원전 667년 제환공은 주혜왕(周惠王)에게 패자(霸者)로 인정되어 춘추오패(春秋五霸)의 한 명이 되었다. 기원전 386년 전화(田和)가 제32대 제강공(齊康公)을 몰아내고 제나라의 제후가 되었다. 전제[田齊, 기원전 386년, 제1대 太公 田和~기원전 221년, 제8대 田建(시호 없음)]는 전국시대 전국칠웅(戰國七雄) 중 하나이다. 전제(田齊)는 전국시대 기원전 386년에 규성전씨(嬀姓田氏) 태공전화(太公田和)가 강성여씨(姜姓呂氏) 강공강대(康公姜貸)으로부터 찬탈한 나라이다. 국호는 모두 제(齊)이고, 수도는 모두 임치(臨淄)이나, 춘추시대 제(齊)는 강제(姜齊)로, 전국시대 제(齊)는 전제(田齊)로 구별한다. 전씨(田氏)의 선조는 기원전 672년에 진(陳)에서 제(齊)로 망명해 온 진(陳)의 제14대 군주 여공(厲公)의 아들 공자 진완(陳完, 바꾼 이름은 田完)이다. 제16대 제환공(齊桓公) 강소백(姜小白) 14년 때의 일로, 제환공은 그의 사람됨을 높이 평가하여 경(卿)으로 삼고자 했으나, 굳이 사양하여 공정(工正)으로 삼았다. 공정은 장인을 다스리는 우두머리이다. 전완이 제나라에 정착하고부터는 진씨(陳氏)와 전씨(田氏) 성을 혼용하였다. 전완이 죽자 그에게 경중(敬仲)이라는 시호를 내렸다. 따라서 진경중(陳敬仲) 또는 전경중(田敬仲)으로 부른다. 동주(東周) 안왕(安王)은 재위 16년[제강공(齊康公) 19년, 기원전 386년]에 전화[田和, 田齊太公, 田完의 11세손]를 제나라 제후에 봉하였다. 이로써 제(齊)나라는 강성여씨[姜姓呂氏, 姜齊, 기원전 1046년경~기원전 221년]에서 규성전씨[嬀姓田氏, 田齊, 기원전 386년~기원전 221년]로 바뀌었다, 기원전 221년 진시황(秦始皇)이 파견한 장군 왕분(王賁)이 마지막 제왕 전건(田建)을 사로잡아 공(共)에 유배시켜, 제는 멸망한다. 진(秦)을 제외한 전국칠웅(戰國七雄) 중 마지막으로 멸망하였다.

소언 王왕孫손賈가[齊졔ㅅ 태위라]ㅣ 齊졔閔민王왕[齊졔ㅅ 님금이라]올 셤기다가 王왕이 나돈거놀 賈가ㅣ 王왕의 곧올 일헛더니 그 어미 굴오디 네 아춤의 나가 늦게아 오면 내 門문을 지혀셔 ᄇᆞ라고 네 나조ᄒᆡ 나가 도라오디 아니ᄒᆞ면 내 니문을 지혀셔 ᄇᆞ라다니 네 이제 王왕올 셤기웁다가 王왕이 나돈거시놀 네 그 곧올 아디 몯ᄒᆞ니

네 오히려 엇디 도라오뇨

현대역 왕손가(王孫賈)[齊의 대부라.]가 齊閔王[齊의 임금이라.]을 섬기다가 왕이 내닫거늘, 賈가 왕의 곳을 잃었더니, 그 어머니 가로되, "네가 아침에 나가 늦게야 오면 내가 문을 기대어 바라보고, 네가 저녁에 나가 돌아오지 아니하면 내가 마을 문을 기대어 바라보더니, 네가 이제 왕을 섬기다가 왕이 내달으시거늘, 네가 그 곳을 알지 못하니 네가 오히려 어찌 돌아오느냐?"

1 나ᄃᆞᆮ거ᄂᆞᆯ: 내닫거늘. '나ᄃᆞᆮ(어간)+거ᄂᆞᆯ(연결어미)'이다. '나ᄃᆞᆮ다'는 '나가다'의 의미인 '나-'와 '달리다'의 의미인 'ᄃᆞᆮ-'이 결합한 것이다. 갑자기 밖이나 앞쪽으로 힘차게 뛰어나가다.

2 일헛더니: 잃어 있더니. '잃(어간)+어(보조적 연결어미)+잇(在, '잇다'의 어간)+더(회상법 선어말어미)+니(연결어미)'이다. 완료상은 보조적 연결어미 '-아/어/여'와 보조형용사 '잇다[在]'의 결합으로 표현된다. 그런데 '잇-'이 본동사와 한 음절을 이룰 때 이미 15세기에 'ㅣ'가 탈락되어 '어+ㅅ→엇'으로 나타나는 일이 많았다. 이 法이 法位예 住ᄒᆞ논 버렛ᄂᆞᆫ 萬像이 다 곧 實相이오(是法住法位者 森羅萬像 皆卽實相也).《법화 1:227》.

3 지혀셔: 기대어. '지혀(어간)+어셔(연결어미)'이다. '지ᅘᅧ다'와 함께, '기대다'의 옛말이다. 그 딥도ᄋᆞᆯ란 ᄀᆞᅀᅦ 지ᅘᅧ ᄆᆡ오.《월석 8:99》(현대역: 그 짚단을랑 강에 기대어 매고.)

4 바ᄅᆞ다니: 바라보더니. '바ᄅᆞ(어간)+다('더+오')+니(연결어미)'이다. '다'는 회상법 선어말어미 '-더-'와 화자 표시법 선어말어미 '-$오_1$-'가 화합(化合)한 것이다. 내 得ᄒᆞᆫ 智慧ᄂᆞᆫ 微妙ᄒᆞ야 第一이언마ᄅᆞᆫ 衆生이 諸根이 鈍ᄒᆞ야 미혹ᄒᆞ매 ᄌᆞᆷ탹ᄒᆞ야 잇ᄂᆞ니 이런 사ᄅᆞᆷᄃᆞᆯᄒᆞᆯ 어드리 濟渡ᄒᆞ려뇨 ᄒᆞ다니.《석상 13:57》, 죽사릿 受苦ㅣ ᄉᆞᄆᆞᆺ 업스리라 ᄒᆞ야 내 샹녜 이리 니르다니 舍利佛아 아라라.《석상 13:60》. '바ᄅᆞ다'는 '바라보다'의 옛말이다. 내 ᄯᆞ리 뒤도라 날 ᄇᆞ라다가 보디 몯ᄒᆞ면 시름ᄒᆞ야 ᄎᆞ기 너기리라 ᄒᆞ야.《석상-중 11:29》, 잔ᄋᆞᆯ 드러셔 ᄒᆡᆫ 누느로 프른 하ᄂᆞᆯᄒᆞᆯ ᄇᆞ라니 ᄆᆞᆯ고미 玉樹ㅣ ᄇᆞᄅᆞᆷ 알ᄑᆡ 臨ᄒᆞ얫ᄂᆞᆫ ᄃᆞᆺᄒᆞ도다(擧觴白眼望青天 皎如玉樹臨風前).《두시-초 15:41》

5 니문: '이문(里門)'의 옛말이다. 마을 문.

6 도라오뇨: 돌아오느냐. '도라오(어간)+뇨(의문형 종결어미)'이다. '-뇨'는 ᄒᆞ라체

제1·3인칭 설명의문문을 나타내는 종결어미이다. 의문사 '엇디'와 함께 쓰이면서 '오' 계통 모음으로 되어 있어 정보를 요구하는 의문문이다. 현대국어 '돌아오다'의 옛말인 '도라오다'는 15세기 문헌에서부터 나타난다. '도라오-'는 '돌-'과 연결어미 '-아'의 결합인 '도라'와 '오-'가 결합한 것이다. '도라오-'를 분철 표기한 '돌아오-'는 15세기 문헌에서부터 나타나 현재에 이르렀다. 16세기 후반에 제2음절 이하의 '·'가 다른 모음으로 변화함에 따라 '·'가 다른 모음과 표기에서 혼동이 나타나는 경우도 있었는데, 18~19세기의 '도ᄅᆞ오-'는 이러한 경향을 반영한 것이다. 도라오다(15세기~19세기)>돌아오다(15세기~현재). 이형태: 도라오다, 돌아오다, 도ᄅᆞ오다. 菩提ᄅᆞᆯ 몯 일우면 아니 도라오리라.《1447 석상 3:30ㄱ》, ᄇᆡ 돌아올 저긔 당당이 阿戎을 시러 놀리로다.《1481 두시-초 15:27ㄴ》

【集解】王孫은姓이요賈는名이니齊大夫라閔王은名이地라燕將樂毅破齊한대閔王走莒하니라門은謂家之門이요閭는謂巷之門이라母謂賈曰汝當往報其仇니汝何爲而歸耶아

王孫은 성이요, 賈는 이름이니, 齊나라 大夫이다. 閔王은 이름이 地이다. 燕나라 장군 樂毅가 齊나라를 깨뜨리자, 민왕이 莒로 달아났다. 門은 집의 문을 이르고, 閭는 마을의 문을 이른다. 어머니가 賈에게 일러 말하였다. "너는 마땅히 가서 그 원수를 갚아야 하니, 너는 어찌하여 돌아왔느냐?"

漢字 毅(굳셀 의), 莒(나라이름 거, 감자 거), 巷(마을 항, 거리 항), 耶(어조사 야)

王孫賈ㅣ乃入市中ᄒᆞ야曰淖闒齒ㅣ亂齊國ᄒᆞ야殺閔王ᄒᆞ니欲與我誅齒者ᄂᆞᆫ袒但右ᄒᆞ라ᄒᆞᆫ대市人從之者ㅣ四百人이어늘與誅淖齒ᄒᆞ야刺戚而殺之ᄒᆞ니라

● 王孫賈는 이에 시장 가운데로 들어가 말하였다. "淖齒가 齊나라를 어지럽혀 閔王을 죽이니, 나와 함께 요치를 치고자 하는 자는 오른쪽 어깨를 드러내라." 시장 사람들이 그를 따르는 자가 4백 명이었으므로, 더불어 요치를 쳐 그를 찔러 죽였다.

漢字 淖(진흙 뇨), 誅(칠 주, 벨 주), 袒(웃통을 벗을 단), 刺[찌를 척(자)]

단우(祖右): 오른쪽 어깨를 드러내어 찬성 의사를 표시하는 행위.

소언 王왕孫손賈가ㅣ 져젯 가온ᄃᆡ 들어가 ᄀᆞᆯ오ᄃᆡ 淖뇨齒치[楚초ㅅ 쟝ᄉᆔ니 齊졔 救구ᄒᆞ라 왓더니라]ㅣ 齊졔ㅅ나라ᄒᆞᆯ 어즈러여 閔민王왕ᄋᆞᆯ 죽이니 날로 더블어 齒치를 티고져 ᄒᆞᄂᆞᆫ 이ᄂᆞᆫ 올ᄒᆞᆫ 풀ᄋᆞᆯ 메와ᄉᆞ라 ᄒᆞᆫ대 져젯 사ᄅᆞᆷ이 조ᄎᆞ리 四ᄉᆞ百ᄇᆡᆨ 사ᄅᆞᆷ이어늘 더블어 淖뇨齒치를 텨 딜어 죽이니라

현대역 왕손가가 시장의 가운데 들어가 가로되, "요치[楚의 장수이니, 齊 구하러 왔었더니라.]가 제나라를 어지럽혀 민왕을 죽이니, 나와 더불어 치를 치고자 하는 이는 오른팔을 어깨를 벗어라." 하니까, 시장의 사람이 쫓을 이 사백 사람이거늘, 더불어 요치를 쳐 찔러 죽이니라.

1 메와ᄉᆞ라: 어깨를 벗어라. '메왓(어간)+ᄋᆞ라(명령형 종결어미)'이다. '메왓다'는 '메밧다', '메앋다' 등과 같이, '공경의 뜻으로 한쪽 어깨를 벗어 메다'를 뜻한다. 그ᄢᅴ 藥王菩薩이 座로셔 니르샤 올ᄒᆞᆫ 엇게 메바ᄉᆞ시고 合掌ᄒᆞ야 부텨 向ᄒᆞᅀᆞ바 ᄉᆞᆯᄫᆞ샤ᄃᆡ.《석상 21:21》, 세흔 올ᄒᆞᆫ 엇게 메왓고 올ᄒᆞᆫ 무룹 ᄡᅡ해 다효미오(三者偏祖右肩 右膝著地).《금언 7》, 祖은 엇게 메아ᄃᆞᆷ이오.《내훈 1:59》. '-ᄋᆞ라'는 끝음절의 모음이 'ㆍ, ㅏ, ㅗ'이고 받침 있는 동사, 형용사 어간이나 어미 뒤에 붙어, 'ᄒᆞ라' 할 자리에 쓰여, 명령을 나타내는 종결어미이다. 그럴ᄊᆡ ᄒᆞᆫ ᄆᆞᅀᆞᄆᆞ로 뎌 부텨를 ᄉᆞ외 보ᅀᆞᄫᆞ라.《월석 8:22》, 네 念佛을 몯ᄒᆞ거든 無量壽佛을 일ᄏᆞᄌᆞᄫᆞ라 ᄒᆞ야ᄃᆞᆫ.《월석 8:75》

2 딜어: 찔러. '딜ㅇ(어간)+어(연결어미)'이다. '딜ㅇ-'은 '찌르다'의 옛말인 '디ᄅᆞ다' 또는 '디르다'의 어간이 모음 어미 앞에서 변한 것이다. 현대국어 '찌르다'의 옛말 '디ᄅᆞ다'는 15세기 문헌에서부터 나타난다. '디ᄅᆞ-'가 많은 예를 보여주기는 하지만, '디르다'도 15세기부터 18세기까지 '디ᄅᆞ다'와 공존한다. '디르-'는 조금 더 늦은 시기인 19세기까지 나타난다. '디르-' 혹은 '디ᄅᆞ-'는 17세기까지 모음으로 시작하는 어미 앞에서 교체형으로 '딜ㅇ-'을 가졌는데, 17세기부터는 '딜ㅇ-' 대신 '딜ㄹ-'로도 나타나며, 18세기부터는 '딜ㄹ-'로만 나타난다. 한편 구개음화

를 겪은 어형인 '지르다'가 18세기 문헌에서부터 나타나 19세기까지 이어진다. 이후 20세기부터는 어두에서 경음화를 겪은 '찌르다'가 나타나 현재에 이어진다. 디ᄅᆞ다(15세기~18세기)/디르다(15세기~19세기)〉지르다(18세기~19세기)〉찌르다(20세기~현재). 이형태: 디ᄅᆞ-, 디르-, 딜ㅇ-, 딜ㄹ-, 지르-, 질ㄹ-. 罪人ᄋᆡ 모ᄆᆞᆯ 디ᄅᆞ며 시혹 입 고ᄒᆞᆯ 디ᄅᆞ며.《1459 월석 21:43ㄴ》, 病을 어더 漸漸 아니ᄒᆞ야 믄득 어두미 갈ᄒᆞ로 디르ᄂᆞᆫ ᄃᆞᆺᄒᆞ야 가ᄉᆞᆷ과 녑과 ᄇᆡ 안히 ᄀᆞ장 알파.《1466 구방 상:18ㄴ》, 그 각시 하ᄂᆞᆯ 울워러 한숨 디코 머리ᄅᆞᆯ 딜어 죽거늘 도ᄌᆞ기 ᄉᆡ어미도 주기디 아니ᄒᆞ니라.《1460년경 삼강-런던 열:8》

【集解】淖는姓이요齒는名이니楚人이라爲齊相하여因亂而殺閔王하니라

淖는 성이요 齒는 이름이니, 楚나라 사람이다. 齊나라 재상이 되어, 난으로 인하여 閔王을 죽였다.

〖二十七章〗

○ 臼季使過冀ᄒᆞᆯ시見冀缺이耨乃豆反커ᄂᆞᆯ其妻ㅣ饁葉之호ᄃᆡ敬ᄒᆞ야相待如賓ᄒᆞ고與之歸ᄒᆞ야言諸文公曰敬은德之聚也ㅣ니能敬이면必有德이라德以治民ᄒᆞᄂᆞ니君請用之ᄒᆞ쇼셔臣은聞호니出門如賓ᄒᆞ며承事如祭ᄂᆞᆫ仁之則也ㅣ라ᄒᆞᆫ대文公이以爲下軍大夫ᄒᆞ니라 《左傳 僖公三十二年》

● 구계(臼季)가 사신으로 기(冀)땅을 지날 때, 冀땅의 극결(郤缺)이 김매거늘, 그 아내가 그에게 들밥을 내오되, 공경하여 서로 대접하기를 손님같이 함을 보고, 그와 함께 돌아와 文公에게 말하여 이르기를, "敬은 德의 모임이니, 능히 공경하면 반드시 덕이 있으니, 덕으로써 백성을 다스릴 것이니, 왕께서는 청컨대 그를 등용하소서. 신이 들으니, 문을 나감에 손님같이 하며, 일을 받듦에 제사같이 함은 仁의 법칙이라 합니다." 하였다. 文公이 써 下軍

大夫로 삼았다.

漢字 臼(절구 구), 冀(땅이름 기, 바랄 기), 缺(빠뜨릴 결, 빠질 결), 耨(김맬 누), 饁(들밥내갈 엽, 들밥 엽), 聚(모일 취)

1 진문공(晉文公, 재위 기원전 635년~기원전 628년): 진나라 제22대왕. 진헌공(晉獻公)의 서자(庶子)로, 견융(犬戎) 공녀(貢女)의 소생이다. 이름은 중이(重耳)이다. 아버지 헌공(獻公)에게는 총비(寵妃)가 많았다. 그 중에서도 여융(驪戎)을 토벌하고 잡아온 여비(驪妃)를 특히 사랑하여, 여비의 소생인 해제(奚齊)를 후계자로 삼고자 하였다. 이에 태자 신생(申生)을 죽이고, 중이와 그의 아우 이오(夷吾)를 추방하였는데, 중이는 적(狄)으로 도망하였다. 국외에서 19년을 지내다가 의형(義兄) 되는 진(秦) 목공(穆公)의 원조로 진(晉)으로 돌아와 62세에 즉위하였다. 문공은 오랜 방랑생활에 따라다니던 호언(狐偃), 조쇠(趙衰), 가타(賈橪), 선진(先軫) 등의 현사(賢士)들을 중용하였고, 그들의 건책(建策)에 따라 당시 왕실의 내란으로 정(鄭)나라로 망명한 주(周)나라의 양왕(襄王)을 도와 난을 평정하고 양왕을 복위시켰다. 이어서 송(宋)나라의 원조 요청을 받아들여 군제(軍制)를 정비하고, 북진을 노리는 초(楚)나라의 세력을 허난성[河南省]에 있는 성복(城濮)전투(기원전 632년)에서 크게 부수고, 전후(戰後)에 천토(踐土: 河南省)에서 주나라의 양왕을 맞아 제후들과 동맹을 만들었다(기원전 632년). 진문공은 제환공(齊桓公)에 이어서 춘추시대 제2의 패자(覇者)가 되었다. 문공의 치세는 8년이었지만 신하에 현인이 많았기 때문에 그가 죽은 후에도 오랫동안 그의 패업이 계속되었다(두산백과).

2 구계(臼季, 생몰 연대 미상): 춘추시대 진(晉)나라 사람. 성이 서(胥) 씨고, 이름은 신(臣)이다. 식읍(食邑)이 구(臼)고, 자가 계(季)여서 구계로 불린다. 사공계자(司空季子)로도 불린다. 진문공(晉文公) 때 대부(大夫)가 되어 사공에 임명되었다. 일찍이 사신으로 기(冀)를 지나가다가 기결(冀缺)을 보고 진문공에게 추천했다. 초나라와의 성복전투에서 하군(下軍)을 거느리는 장수의 부관을 맡아 큰 공을 세웠다.

3 극결(郤缺, 생몰 연대 미상): 춘추시대 진(晉)나라 사람. 극성자(郤成子)로도 불린다. 극예(郤芮)의 아들이다. 대부(大夫)를 지냈다. 아버지의 채읍(采邑)인 기읍(冀邑)을 물려받아 극군(郤君) 또는 기결(冀缺)로도 불린다. 기읍에서 농사를 짓고 살면서 농사를 지었는데, 부부간에 서로 공경하기를 손님을 대하듯이

했다. 구계(臼季)가 지나가다 이를 보고 진문공(晋文公)에게 천거해 하군대부(下軍大夫)가 되었다. 진양공(晋襄公) 원년 백적군(白狄君)을 사로잡아 다시 기읍이 채읍으로 주어졌다. 진성공(晋成公) 6년 조순(趙盾)을 대신해 중군원수(中軍元帥)가 되어 집정(執政)했다. 진경공(晋景公) 때 화술책(和戌策)을 실시해 이민족들이 귀복(歸服)하게 했다. 시호는 성(成)이다(중국역대인명사전).

소언 臼구季계[일홈은 胥셔臣신이니 晋 태위라] 블이여 冀긔로 디나갈시 冀긔 짜 缺결[셩은 郤각이라]이 기음 미거늘 그 안해 밥을 이바도ᄃᆡ 공경ᄒᆞ야 서르 ᄃᆡ졉홈을 손ᄀᆞᆮ티 ᄒᆞ거를 보고 더블어 도라와 文문公공[晋진나라 님금이라]ᄭᅴ ᄉᆞᆯ와 ᄀᆞᆯ오ᄃᆡ 공경홈은 德덕의 몯ᄂᆞᆫ 거시니 能능히 공경ᄒᆞ면 반ᄃᆞ시 德덕이 이실 디라 德덕으로ᄡᅥ ᄇᆡᆨ셩을 다ᄉᆞᆯ이ᄂᆞ니 님금이 請쳥컨댄 ᄡᅳ쇼셔 臣신은 듣조오니 門문의 날제 손보ᄂᆞᆫ ᄃᆞ시 ᄒᆞ며 일올 받드러 홈애 祭졔ᄒᆞᄂᆞᆫ ᄃᆞ시 홈운 仁인홀 법이니이다 ᄒᆞᆫ대 文문公공이 ᄡᅧ 下하軍군 태우를 삼ᄋᆞ니라

현대역 구계(臼季)[이름은 胥臣이니, 晋 대부라.]가 부리어 기(冀)로 지나가므로, 冀 땅 缺[성은 각(郤)이라.]이 김을 매거늘, 그 아내 밥을 봉양하되 공경하여 서로 대접함을 손님같이 함을 보고, 더불어 돌아와 文公[晋나라 임금이라.]께 아뢰어 가로되, "공경함은 덕을 모으는 것이니, 능히 공경하면 반드시 덕이 있을 것입니다. 덕으로써 백성을 다스리니, 임금께 청하건대, 쓰소서. 신은 듣자오니, 문에 날[나갈] 때 손님 보는 듯이 하며, 일을 받들어 함에 제사하는 듯이 함은 어질게 하는 법입니다." 하니까, 문공이 써 下軍 대부를 삼으니라.

1 이바도ᄃᆡ: 봉양하되. '이받(어간)+오ᄃᆡ(연결어미)'이다. '이받다'는 '대접하다', '봉양하다'의 옛말이다. 주샨 글워를 父老 더브러 쟈랑ᄒᆞ고 獻壽ᄒᆞᄂᆞᆫ 술로 城隍올 이바ᄃᆞ리로다(賜書誇父老, 壽酒賽城隍).《두시-초 23:25》, 神靈을 請ᄒᆞ고 즁ᄉᆡᆼ 주겨 夜叉羅刹 等을 이바ᄃᆞ며 ᄆᆡᄫᆞᆫ 사ᄅᆞᄆᆡ 일훔 쓰며 얼구를 ᄆᆡᆼᄀᆞ라 모딘 呪術로 빌며.《석상 9:17》. '-오ᄃᆡ'는 선행 음절의 모음이 'ㆍ, ㅏ, ㅗ, ㅣ, 반모음

ㅣ'인 경우에 붙어, '-으되'를 뜻하는 어미이다. 置陣이 놈과 다른샤 아스보되 나사오니 믈러가던덴 목숨 무추리잇가(置陣異他 知亦進當 如其退避 性命奚戕).《용가 51장》, 淨飯이 무러시놀 占者ㅣ 判호스보되 聖子ㅣ 나샤 正覺 일우시리.《월곡 상:6》

2 법이니이다: 법입니다. '법(명사)+이('이다'의 어간)+니(원칙법 선어말어미)+이(존비법 호쇼셔체 선어말어미)+다(평서형 종결어미)'이다. '-니이다'는 '이다', 동사, 형용사 어간 뒤에 붙어, '-ㅂ니다'를 뜻하는 어미이다. 義호고 그 君을 後홀 者ㅣ 잇디 아니호니이다(未有義而後其君者也).《맹언 1:3》, 녯 사름이 民으로 더블어 홈씌 樂혼 故로 能히 樂호니이다(古之人 與民偕樂 故能樂也).《맹언 1:5》

3 삼으니라: 삼으니라. '삼(어간)+으(매개모음)+니라(평서형 종결어미)'이다. 네 사름 호논 양으로 禮數호숩고 호녀긔 안즈니라.《석상 6:21》, 瑪瑙는 묿 頭腦ㅣ니 비치 히오 블구미 묿 頭腦ㅣ 그트니라.《월석 1:23》

【集說】陳氏曰白季는晉大夫니名은胥臣이요文公은晉君이니名은重耳라冀는邑名이라缺은卽郤缺也라耘苗曰耨요野饋曰饁이라人能敬則心存하고心存則理得이라故로敬은德之聚也요修己면可以安百姓이라故로曰德以治民이라出門如賓承事如祭는敬也니敬以持己면則私意無所容而心德全矣라故로曰仁之則也라

진 씨가 말하였다. "臼季는 晉나라 大夫이니, 이름은 胥臣이요, 文公은 晉나라 임금이니, 이름은 重耳이다. 冀는 고을 이름이다. 缺은 곧 극결(郤缺)이다. 싹을 김매는 것을 누(耨)라 이르고, 들에서 밥을 먹임을 엽(饁)이라 이른다. 사람이 능히 공경하면 마음이 보존되고, 마음이 보존되면 이치가 얻어진다. 그러므로 敬은 德의 모임이요, 몸을 닦으면 가히 써 백성을 편안하게 할 수 있다. 그러므로 德으로써 백성을 다스린다고 말한 것이다. 出門如賓承事如祭[문을 나감에 손님같이 하며, 일을 받듦에 제사같이 함]는

敬이니, 敬으로써 몸을 가지면, 사사로운 뜻이 용납될 곳이 없어서 마음의 덕이 온전해진다. 그러므로 仁의 법칙이라 말한 것이다."

漢字 胥(서로 서), 郤(고을이름 극, 성 극), 耘(김맬 운), 苗(싹 묘), 饋(밥 먹일 궤)

【二十八章】

○公父甫文伯之母는季康子之從祖叔母也ㅣ러니康子ㅣ往焉어어늘闖委門而與之言ᄒᆞ고皆不踰閾役ᄒᆞᆫ대仲尼聞之ᄒᆞ시고以爲別於男女之禮矣라ᄒᆞ시니라 《國語 魯語》

●公父文伯의 어머니는 季康子의 從祖叔母이다. 季康子가 가자, 문을 열고서 그와 더불어 말하고, 다 문지방을 넘지 않았는데, 仲尼가 그것을 들으시고, 남녀의 예를 분별한다고 하셨다.

漢字 伯(맏 백), 闖(열 위), 踰(넘을 유), 閾(문지방 역), 尼(중 니, 비구니 니)

1 경강(敬姜, 생몰 연대 미상): 공보문백(公父文伯)의 어머니로, 춘추시대 노(魯)나라 사람이다. 공보문백이 조정 일을 마치고 귀가하니 어머니가 길쌈을 하고 있었다. 공보문백이 관리 집안에서 어머니가 길쌈을 하는 것이 부당하다면서 말렸다. 그러자 어머니가 이렇게 깨우쳤다. "백성들이 힘겹게 노동하는 것은 좋은 일이고, 안일하게 지낸다면 지나치다고 말한다. 관리가 되어 항상 열심히 일하면서도 오히려 선인(先人)들의 업적을 그르칠까 걱정해야 하는데, 조금이라도 게으름을 피운다면 그 죄를 어찌 피하겠느냐?" 이 말을 들은 공보문백이 크게 깨달은 바 있어 더욱 성실하게 공무(公務)에 임했다(중국역대인명사전).

2 계강자(季康子, 미상~기원전 468년): 춘추시대 말기 노(魯)나라 사람이다. 계손사(季孫斯)의 아들이고, 계손비(季孫肥)로도 불린다. 아버지를 이어 대부(大夫)가 되어 국정을 전담했다. 애공(哀公) 7년 노나라가 오(吳)나라와 증(鄫)에서 회합을 가졌는데, 오나라 왕 부차(夫差)가 백뢰(百牢)를 쓰라고 강요하면서 준행을 요구했다. 그가 거절하고 회합에 나가지 않았다. 오나라 태재(太宰) 백비(伯嚭)가 부르자 자공(子貢)을 보내 거절했다. 제(齊)나라가 여러 차례 노나

라를 공격했는데, 염유(冉有)를 재(宰)로 삼고 좌사(左師)를 이끌고 나가 싸워 공을 세웠다. 나중에 공자(孔子)를 맞아 위(衛)나라에서 노나라로 돌아오게 했지만 등용하지는 못했다. 시호는 강(康)이다. 그가 공자에게 정치에 대해 물은 내용이 《논어(論語)》〈안연(顔)〉에 나온다(중국역대인명사전).

소언 公공父보文문伯빅[일홈은 歜쵹이니 魯노 태위라]의 어미[敬경姜강이라]ᄂᆞᆫ 季계康강子ᄌᆞ[일홈은 肥비이니 魯노 태위라]의 從죵祖조叔슉母모[ᄉᆞ촌 한아븨 안해라] ㅣ러니 康강子ᄌᆞ ㅣ 니거늘 門문을 반만 열고 더블어 말ᄉᆞᆷᄒᆞ고 다 門문젼올 넘디 아니ᄒᆞᆫ대 仲듕尼니 드르시고 ᄡᅥ ᄉᆞ나희와 겨집의 례예 ᄀᆞᆯ히ᄡᅳ다 ᄒᆞ시니라

현대역 공보문백(公父文伯)[이름은 촉(歜)이니, 魯 대부라.]의 어머니[敬姜이라.]는 季康子[이름은 비(肥)이니, 魯 대부라.]의 從祖叔母[사촌 할아버지 아내라.]이더니, 강자가 가거늘 문을 반만 열고 더불어 말씀하고, 다 문전을 넘지 아니하니까, 仲尼 들으시고 써 남자와 여자의 예로써 분별한다 하시니라.

ᄀᆞᆯ히ᄡᅳ다: 가리다. 분별하다. 仲尼 드르시고 ᄡᅥ ᄉᆞ나희와 겨집의 례예 ᄀᆞᆯ히ᄡᅳ다 ᄒᆞ시니라(仲尼聞之 以爲別於男女之禮矣).《소언 4:35》

【集解】公父文伯은魯大夫니名은歜昌六反이요其母는敬姜也라季康子는魯卿이니名은肥라闔는開也요閾은門限也라敬姜이以從祖母之尊으로與從孫相見에而不踰閾하니可謂能別矣라

公父文伯은 魯나라 대부이니, 이름은 촉(歜)이요, 그 어머니는 敬姜이다. 季康子는 魯나라 卿이니, 이름은 肥이다. 闔는 엶이다. 閾은 문의 한계[문지방]이다. 敬姜은 종조모의 높음으로써 從孫과 더불어 서로 봄에 문지방을 넘지 않았으니, 가히 능히 분별했다고 이를 만하다.

漢字 歜(화낼 촉), 限(한계 한, 지경 한)

종손(從孫): 형이나 아우의 손자.

【正誤】從祖叔母는謂祖父昆弟之妻라

從祖叔母는 할아버지 형제의 아내를 이른다.

漢字 昆(형 곤, 맏 곤)

〖二十九章〗

○衛共姜者는衛世子共伯之妻也ㅣ라共伯이蚤死ㅣ어늘共姜이守義러니父母ㅣ欲奪而嫁之어늘共姜이不許ᄒᆞ고作栢舟之詩ᄒᆞ야以死自誓ᄒᆞ니라 《毛詩 鄘風柏舟序》

●衛나라 共姜이란 사람은 衛나라 세자 共伯의 아내이다. 共伯이 일찍 죽자, 共姜이 의를 지키니, 부모가 빼앗아 그녀를 시집보내고자 하거늘, 共姜이 허락하지 아니하고, '柏舟'의 詩를 지어 죽음으로써 스스로 맹세하였다.

漢字 伯(맏 백), 蚤(일찍 조, 벼룩 조), 奪(빼앗을 탈), 嫁(시집갈 가), 栢(잣나무 백), 誓(맹서할 서), 鄘(나라이름 용)

1 공강(共姜, 생몰 연대 미상): 주(周)나라 때 사람으로, 위(衛)나라의 세자인 공백(共伯)의 아내다. 남편이 일찍 죽자 수절했는데, 부모가 재혼시키려고 했다. 이에 '백주(栢舟)' 시를 지어 개가하지 않겠다는 결심을 분명하게 보였다. '백주'는 《시경(詩經)》〈국풍(國風)〉 제4 「용풍(鄘風)」에 들어있다.

汎彼柏舟/ 둥둥 떠 있는 저 잣나무배여,
在彼中河/ 저 황하 가운데 있도다.
髧彼兩髦/ 저 양 갈래로 다팔머리 늘어진 이,
實維我儀/ 실로 나의 짝이니,
之死矢靡他/ 죽음에 이를지언정 맹세코 다른 마음이 없으리니,
母也天只/ 어머니는 하늘이신데,
不諒人只/ 사람을 믿지 못하시는가.

漢字 汎(뜰 범), 髧(머리 늘어질 담), 髦(다팔머리 모), 維(어조사 유), 儀(짝 의),

之(이를 지), 矢(맹세할 시), 靡(아닐 미), 只(어조사 지), 諒(믿을 량)

2 공백(共伯, ?~기원전 813년, 재위 기원전 813년): 중국 위(衛)나라의 임금으로, 성은 희(嬉), 이름은 여(姬餘)다. 사마천(司馬遷)의 《사기》 〈위강숙세가(衛康叔世家)〉에 따르면, "희후 42년, 희후가 죽자, 세자 공백 여가 군위에 올랐다. 공백의 동생 희화(姬和, 제11대왕)는 희후에게 총애를 받았고, 희후가 화에게 뇌물을 많이 주었는데, 화는 그 뇌물로 무사들을 매수하여, 희후의 묘지에서 공백을 공격하자, 공백은 희후의 묘도로 들어가 자결하였다. 위나라 사람들은 이로 인하여 그를 희후의 무덤 옆에 장사지낸 후, 시호를 공백(共伯)이라 하고, 화를 군위에 세우니, 그가 무공(武公)이다." 공백은 개원도 못하고 피살되어, 정식 군주로 인정받지 못하였으니, 시호에 후(侯)를 받지 못했다고 한다. 그러나 사마정(司馬貞)의 《사기색은(史記索隱)》에서 계찰이 강숙(康叔)과 무공의 덕을 칭송한 점, 《국어》에서 무공의 치세를 기리고 무공을 예성(叡聖)이라고 한 점, 《시경》에서 "위나라 세자 공백이 일찍 죽었다."라고 하고 피살됐다고 하지 않은 점을 들어 사마천이 무공이 공백을 죽이고 임금이 되었다고 쓴 것은 잘못되었다고 주장했다(위키백과).

소언 衛위ㅅ 共공姜강[姜강은 齊졔ㅅ 나랏 姓셩이라]ᄋᆞᆫ 衛위ㅅ 世셰子ᄌᆞ 共공伯ᄇᆡᆨ[共공은 諡시號호ㅣ니 일홈은 餘여ㅣ라]ᄋᆡ 안해라 共공伯ᄇᆡᆨ이 일 죽거늘 共공姜강이 졀의를 딕킈엿더니 父부母모ㅣ 아사[ᄠᅳᆮ을 앗단 말이라] 남진븓티고져 ᄒᆞ거늘 共공姜강이 許허티 아니ᄒᆞ고 柏ᄇᆡᆨ舟쥬[모시 편 일홈이라] 詩시ᄅᆞᆯ 지어 죽음오로ᄡᅥ 스스로 ᄆᆡᆼ셰ᄒᆞ니라

현대역 衛의 共姜[姜은 齊나라의 성이라.]은 위의 세자 共伯[共은 시호니, 이름은 餘라.]의 아내라. 공백이 일찍 죽거늘 공강이 절의를 지키어 있더니, 부모가 앗아[뜻을 앗았다는 말이라.] 출가시키고자 하거늘 공강이 허락하지 아니하고, 柏舟[《毛詩》 편 이름이라.] 시를 지어 죽음으로써 스스로 맹세하느니라.

1 딕킈엿더니: 지키어 있더니. '딕킈(어간)+여(보조적 연결어미)+잇(在, '잇다'의

어간)+더(회상법 선어말어미)+니(연결어미)'이다. 완료상은 보조적 연결어미 '-아/어/여'와 보조형용사 '잇다[在]'의 결합으로 표현된다. 그런데 '잇-'이 본동사와 한 음절을 이룰 때 이미 15세기에 'ㅣ'가 탈락되어 '어+ㅅ→엇'으로 나타나는 일이 많았다. 이 法이 法位예 住ᄒᆞ믄 버릇는 萬像이 다 곧 實相이오(是法住法位者 森羅萬像 皆卽實相也).《법화 1:227》. 현대국어 '지키다'의 옛말인 '딕ᄒᆞ다'는 15세기 문헌에서부터 나타난다. '딕ᄒᆞ다'는 한자어 '직(直)'과 'ᄒᆞ-'가 결합된 것으로, '직(直)'을 당시 한자음 '딕'으로 읽어 표기한 것이다. '딕희다'의 제1음절 종성 'ㄱ'과 제2음절 초성 'ㅎ'이 축약되어 'ㅋ'으로 소리 나는데 이를 반영하여 '딕킈다', '디킈다'가 나타난다. '딕희다', '딕킈다', '디킈다'의 제1음절 '디'는 근대국어 시기에 'ㄷ, ㅌ'이 'ㅣ'나 'ㅣ' 반모음 앞에서 'ㅈ, ㅊ'으로 변하는 구개음화로 '지'가 되고 제2음절의 모음 'ㅢ'는 자음 뒤에서 'ㅣ'로 변하여 '히'가 되면서 18세기, 19세기 문헌에 '직히다', '직키다'로 나타난다. '직히다', '직키다'를 소리 나는 대로 표기한 '지키다'가 19세기 문헌에서부터 나타나 현재까지 이어진다. 딕ᄒᆞ다(15세기)〉딕희다/딕킈다/디킈다(15세기~19세기)〉직히다(18세기~19세기)〉지키다(19세기~현재). 이형태: 딕ᄒᆞ다, 딕희다, 딕히다, 딕킈다, 디킈다, 직희다, 직히다, 지킈다, 직키다, 지키다. 내 딕ᄒᆞ야 護持ᄒᆞ야.《1447 석상 21:51ㄴ》, 念은 能히 딕희여 간슈ᄒᆞ시ᄂᆞ니.《1465 원각 상2-2:106ㄱ》, 바미 가도앳는 겨집돌ᄒᆞ로 딕킈라 ᄒᆞ야늘.《1460년경 삼강-런던 열:21》, 供養ᄒᆞ며 디킈리이다.《1447 석상 9:21ㄴ》

2 남진븓티고져: 시집보내고자. '남진븓ㅌ(자동사 어간)+이(사동접사)+고져(연결어미)'이다. 어간 '남진븓ㅌ-'은 '남진븥-'의 중철 표기이고, '-이-'는 사동접사이다. 따라서 '남진븓티다'는 '남진븥다'의 사동사이다. '남진븥다'는 '시집가다'의 옛말이다. 연고 잇거든 스믈세힌 ᄒᆡ예 남진브틀 디니라(有故 二十三年而嫁).《소언 1:7》

【集解】姜은齊姓이니嫁共伯이라故로曰共姜이라共伯의名은餘라

姜은 齊나라 성이니, 共伯에게 시집갔다. 그러므로 共姜이라 이른다. 共伯의 이름은 餘이다.

〖三十章〗

○蔡人妻ᄂᆞᆫ宋人之女也ㅣ라旣嫁而夫有惡疾이어늘其母ㅣ將改嫁之러니女ㅣ曰夫之不幸이乃妾之不幸也ㅣ니奈何去之리오適人之道ᄂᆞᆫ一與之醮ᄒᆞ면終身不改ᄒᆞᄂᆞ니不幸遇惡疾ᄒᆞ나彼無大故ᄒᆞ고又不遣妾ᄒᆞ니何以得去ㅣ리오ᄒᆞ고終不聽ᄒᆞ니라

《列女傳》

●蔡나라 사람의 아내는 宋나라 사람의 딸이었다. 이미 시집갔는데, 남편이 나쁜 병이 있으므로, 그 어머니가 장차 그를 고쳐 시집보내려 했더니, 딸이 말하였다. "남편의 불행은 곧 첩의 불행이니, 어찌하여 그를 떠나겠습니까? 남에게 시집가는 도리는 한 번 그와 더불어 초례하면 종신토록 고치지 않으니, 불행히 나쁜 병을 만났으나, 저[남편]가 큰 연고가 없고, 또한 첩을 보내지도 않으니, 어찌 써 능히 떠나겠습니까?" 하고 끝내 듣지 않았다.

漢字 蔡(채나라 채, 거북 채), 奈(어찌 내), 何(어찌 하), 適(시집갈 적, 갈 적), 醮(초례 초), 遣(보낼 견)

내하(奈何): 어찌하여=如何.

소언 菜채ㅅ 사ᄅᆞᆷᄋᆡ 안해ᄂᆞᆫ 宋송 사ᄅᆞᆷᄋᆡ ᄯᆞᆯ이라 이믯 남진븓팀애 남진이 사오나온 병이 잇거ᄂᆞᆯ 그 어미 쟝ᄎᆞᆺ 改ᄀᆡ嫁가호려 ᄒᆞ더니 ᄯᆞᆯ이 ᄀᆞᆯ오ᄃᆡ 남진의 不블幸ᄒᆡᆼ홈이 妾쳡의 不블幸ᄒᆡᆼ홈이니 엇디 ᄇᆞ리리오 사ᄅᆞᆷᄋᆡ게 가ᄂᆞᆫ 道도ᄂᆞᆫ ᄒᆞᆫ번 더블어 醮쵸례ᄒᆞ면 몸이 ᄆᆞᆺ도록 곧티디 아니ᄒᆞᄂᆞ니 不블幸ᄒᆡᆼᄒᆞ야 사오나온 병을 만나나 뎨 큰 연괴 업고 ᄯᅩ 妾쳡을 내티디 아니ᄒᆞ니 엇디 ᄡᅥ 시러곰 가리오 ᄒᆞ고 내죵내 듣디 아니ᄒᆞ니라

현대역 菜의 사람의 아내는 宋 사람의 딸이라. 이미 시집감에 남편이 나쁜

병이 있거늘, 그 어머니 장차 개가시키려 하더니, 딸이 가로되, "남편의 불행함이 첩의 불행함이니, 어찌 버리리오. 사람에게 가는 도리는 한번 더불어 醮禮하면 몸이 마치도록 고치지 아니하니, 불행하여 나쁜 병을 만났으나 저가 큰 연고가 없고, 또 첩을 내치지 아니하니, 어찌 써 능히 가리오?" 하고 끝끝내 듣지 아니 하니라.

ᄇᆞ리리오: 버리리오. 'ᄇᆞ리(어간)+리(추측법 선어말어미)+오(의문형 종결어미)'이다. '-오'는 ᄒᆞ라체 제1·3인칭 의문법 설명의문문을 이끄는 종결어미이다. 의문사 '엇디'와 함께 쓰이면서 '오'계 모음으로 되어 있어, 정보를 요구하는 설명의문문임을 알 수 있다. 'ᄇᆞ리다'는 '버리다'의 옛말이다. 'ᄇᆞ리다'는 15세기 문헌에서부터 나타난다. 이 단어는 15세기부터 19세기까지 꾸준히 쓰이다가 19세기에 '버리다'가 등장하여 'ᄇᆞ리다'와 '버리다'가 서로 경쟁하며 쓰이다가 '·'의 음가 소실, '·' 표기의 폐지 등의 영향으로 '버리다'가 쓰이게 되었다. ᄇᆞ리다(15세기~19세기)〉버리다(19세기~현재). 이형태: ᄇᆞ리다, ᄇᆞᆯ이다, 바리다, 버리다. 世間 ᄇᆞ리시고 城 나마 逃亡ᄒᆞ샤 車匿이 돌아 보내샤 盟誓ᄒᆞ샤ᄃᆡ 道理 일워ᅀᅡ 도라오리라 ᄒᆞ시고.《1447 석상 6:4ㄴ》, 아ᄆᆞ란 일 인ᄒᆞ야 우리 더긔 오나든 小人을 ᄇᆞ리디 아니커시든 모로매 지부로 오고라.《1510년대 번노 상:44ㄴ》.

【集說】**陳氏曰婦人自稱曰妾**이라**酌而無酬酢曰醮**니**盖婚禮**에 **贊者三酌婿婦而不酬酢也**라

진 씨가 말하였다. "부인이 스스로 칭하여 妾이라 이른다. 술을 따르기만 하고 권하지 않음을 醮라 하니, 대개 혼례에는 돕는 이가 사위와 며느리에게 세 번 술을 따르기만 하고, 권하지 않는다."

漢字 酌(술 따를 작), 酬(술 권할 수), 酢(술 권할 작), 贊(도울 찬), 婿(=壻 사위 서)

【三十一章】

○萬章이問曰象이日以殺舜爲事ㅣ어늘立爲天子則放之ᄂᆞᆫ何也잇고孟子ㅣ曰封之也ㅣ어늘或曰放焉이라ᄒᆞᄂᆞ니仁人之於弟也애不藏怒焉ᄒᆞ며不宿怨焉ㅣ오親愛之而已矣니라 《孟子 萬章上》

●萬章이 물어 말하였다. "象[舜의 이복 아우]이 날마다 舜을 죽임으로써 일삼았거늘, 서서 천자가 된즉, 그를 추방함은 어째서입니까?" 맹자가 말씀하셨다. "그를 (有庳의 제후로) 봉해주신 것인데, 혹자는 추방했다고 말하는 것이다. 어진 사람[舜]은 동생에 대하여 노여움을 감춰두지 않으며, 원망을 묵혀두지 않고, 그를 가까이 하고 사랑할 따름이다."

漢字 放(내칠 방, 놓을 방), 藏(감출 장), 宿(묵을 숙)

舜實封之而或者誤以爲放: '순임금이 실제로는 그를 봉해주셨는데, 혹자가 추방했다고 잘못 여겼다.' 상(象)은 유비(有庳)를 다스릴 능력이 없어, 순(舜)이 관리를 시켜 유비를 대신 다스리게 하고, 그 관리로 하여금 상에게 바칠 세금도 바치게 했기 때문이다.(《맹자》〈萬章上〉 제3장을 참조하라.)

소언 萬만章쟝이 묻ᄌᆞ와 ᄀᆞᆯ오ᄃᆡ 象샹이 날마다 舜슌 죽임ᄋᆞ로ᄡᅧ 일삼거늘 셔 天텬子ᄌᆞㅣ 되샤ᄂᆞᆫ 내틸 만ᄒᆞ샴ᄋᆞᆫ 엇디잇고 孟ᄆᆡᆼ子ᄌᆞㅣ ᄀᆞᆯᄋᆞ샤ᄃᆡ 封봉[제후 삼단 말이라] ᄒᆞ셔늘 或혹이 닐오ᄃᆡ 내티시다 ᄒᆞᄂᆞ니 어딘 사ᄅᆞᆷ이 아ᄋᆡ게 노호옴ᄋᆞᆯ ᄀᆞᆷ초아 두디 아니ᄒᆞ며 원망ᄒᆞᆷᄋᆞᆯ 묵이디 아니ᄒᆞ고 親친히 ᄒᆞ며 ᄉᆞ랑ᄒᆞᆯ ᄯᆞᄅᆞᆷ이니라

현대역 萬章이 묻자와 가로되, "象이 날마다 舜을 죽임으로써 일삼거늘, 서서 천자가 되셔서는 내칠 만하심은 어째서입니까?" 맹자가 말씀하시되, "封[제후 삼는다는 말이라.]하시거늘, 혹이 이르되 내치시다 하니, 어진 사람이 아우에게 노함을 감추어 두지 아니하며, 원망함을 묵히지 아니하고, 친히

하며 사랑할 따름이니라."

1 엇디잇고: 어째서입니까. '엇디(부사)+잇(존비법 ᄒᆞ쇼셔체 선어말어미)+고(의문형 종결어미)'이다. ᄒᆞ쇼셔체 설명의문문이다. ᄒᆞ야쎠체와 ᄒᆞ쇼셔체에서는 제1·3인칭 의문문과 제2인칭 의문문이 중화되어 버린다. 다만 의문사와 함께 쓰이고, '오' 계통 모음으로 되어 있어 설명의문문임을 알 수 있다. '-잇고'는 동사, 형용사 어간이나 어미 뒤에 붙어, 의문사와 함께 쓰여, 'ᄒᆞ쇼셔' 할 자리에 쓰여, 설명의문문을 나타내는 어미이다. '엇디'는 '어찌'의 옛말이다. 네 獼猴ᄃᆞᆯ히 내 나라ᄒᆞᆯ 다 ᄒᆞ야ᄇᆞ리ᄂᆞ니 네 엇디 암ᄒᆞᆯ 내야 주디 아니ᄒᆞᄂᆞ다.《월석 7:17》, 姬ㅣ 殿에 ᄂᆞ려 마자 ᄉᆞᆯ오샤ᄃᆡ 엇디 늣거ᅀᅡ 罷ᄒᆞ시니잇고(姬下殿迎曰 何罷晏也).《내훈 2:19》. '-잇고'는 의문사와 함께 쓰여, '-ㅂ니까'를 뜻하는 어미이다. 의원 형님이 니ᄅᆞ디 아니ᄒᆞ면 ᄯᅩ 엇디 알리잇고(太醫哥不說時 却怎麼知道).《번박 상:14》, 公明宣이 ᄀᆞ로ᄃᆡ 엇디 敢히 ᄇᆡ호디 아니ᄒᆞ리잇고(公明宣曰 安敢不學).《소언 4:21》

2 ᄒᆞ셔늘: 하시거늘. 'ᄒᆞ(어간)+시(주체 높임 선어말어미)+어늘(연결어미)'이다. '-어늘'은 'ㅣ' 계열 이중모음이나 'ㄹ' 받침으로 끝나는 어간 뒤에 붙어, 주로 자동사나 형용사 어간 뒤, '이다' 어간 뒤, 또는 어미 '-으리-' 뒤에 붙어, '-거늘'을 뜻하는 어미이다. 狄人ㅅ 서리예 가샤 狄人이 ᄀᆞ외어늘 岐山 올ᄆᆞ샴도 하ᄂᆞᇙ ᄠᅳ디시니(狄人與處 狄人于侵 岐山之遷 實維天心.).《용가 4장》, 西征에 功이 일어늘 所獲ᄋᆞᆯ 다 도로 주샤 人義之兵을 遼左ㅣ 깃ᄉᆞᄫᆞ니(西征建功 盡還所獲 仁義之兵 遼左悅服).《용가 41장》

【集說】朱子曰放은猶置也니置之於此하여使不得去也라萬章이疑舜何不誅之오한대孟子言舜實封之어시늘而或者誤以爲放也라하시니라藏怒는謂藏匿其怒요宿怨은謂留畜其怨이라

주자가 말하였다. "放은 둠과 같으니, 그를 이곳에 두어, 하여금 능히 떠나지 못하게 함이다. 萬章은 '순임금이 어찌하여 그를 죄주지 않았는가?' 하고 의심했는데, 맹자는 '순임금이 실제로는 그를 봉해주셨는데, 혹자가 추방했다고 잘못 여겼다.'라고 말씀하셨다. 藏怒는 그 노여움을 감춰 숨김

을 이름이요, 宿怨은 그 원망을 머물게 하여 쌓음을 이름이다."

漢字 誅(죄줄 주, 벨 주), 誤(그릇할 오), 匿(숨길 닉), 留(머물 류)

【三十二章】

○伯夷叔齊는孤竹君之二子也ㅣ라父ㅣ欲立叔齊러니及父卒애叔齊ㅣ讓伯夷혼대伯夷曰父命也ㅣ라ᄒᆞ고遂逃去ㅣ어늘叔齊ㅣ亦不肯立而逃之혼대國人이立其中仲子ᄒᆞ니라 《史記 伯夷列傳》

●伯夷와 叔齊는 孤竹國 임금의 두 아들이다. 아버지가 叔齊를 세우고자 하였는데, 아버지가 죽음에 미쳐, 叔齊가 伯夷에게 사양하였다. 伯夷가 "아버지의 명이다."라고 말하고 드디어 도망가자, 叔齊 또한 즐겨 서지 않고 도망가니, 나라 사람들이 그 가운데 아들을 세웠다.

漢字 逃(달아날 도), 肯(즐길 긍)

소언 伯ᄇᆡᆨ夷이와 叔슉齊졔ᄂᆞᆫ 孤고竹듁[나라 일훔이라] 님금의 두 아ᄃᆞᆯ이라 아비 叔슉齊졔ᄅᆞᆯ 셰고져 ᄒᆞ더니 밋 아비 죽음애 叔슉齊졔ㅣ 伯ᄇᆡᆨ夷이의게 ᄉᆞ양혼대 伯ᄇᆡᆨ夷이 ᄀᆞᆯ오ᄃᆡ 아븨 命명이라 ᄒᆞ고 드듸여 도망ᄒᆞ야 니거늘 叔슉齊졔 ᄯᅩ 즐겨 셔디 아니ᄒᆞ고 도망혼대 나랏 사ᄅᆞᆷ이 그 가온댓 아ᄃᆞᆯ올 셰니라

현대역 백이와 숙제는 孤竹[나라 이름이라.] 임금의 두 아들이라. 아버지가 숙제를 세우고자 하더니, 및 아버지 죽음에 숙제가 백이에게 사양하니까, 백이 가로되, "아버지의 명이라." 하고 드디어 도망하여 가거늘, 숙제 또 즐겨 서지 아니하고 도망하니까, 사람이 그 가운데의 아들을 세우니라.

1 셰고져: 세우고자. '셰(어간)+고져(연결어미)'이다. '셰다'는 '세우다'의 옛말이다. 威化振旅ᄒᆞ시ᄂᆞ로 輿望이 다 몯ᄌᆞᄫᆞ나 至忠이실ᄊᆡ 中興主를 셰시니(威化振旅

興望咸聚 維其至忠 立中興主).《용가 11장》, 부톄 마리와 손톱과를 바텨 주신대 須達이 塔 세오 堀 짓고 種種 莊嚴ᄒᆞ고 供養ᄒᆞᅀᆞᆸ더라.《석상 6:44》

2 니거늘: 가거늘. 다니거늘. '니(어간)+거늘(연결어미)'이다. 옷 셜며 발 싯고 니거늘 ᄒᆞᆫ 암사ᄉᆞ미 와 옷 색론 므를 먹고.《석상-중 11:25》, 琰魔王ㄱ 使者ㅣ 神識을 ᄃᆞ려 琰魔法王 알ᄑᆡ 니거든.《월석 9:50》

【增註】孤竹은國名이라

孤竹은 나라 이름이다.

【集解】朱子曰伯夷는以父命爲尊하고叔齊는以天倫爲重하여其遜國也ㅣ皆求所以合乎天理之正而卽乎人心之安矣니라

주자가 말하였다. "伯夷는 아버지의 命令으로써 높임을 삼고, 叔齊는 天倫으로써 중함을 삼아, 그 나라를 사양함이, 모두 써 하늘 이치의 바름에 합치되고 사람 마음의 편안함에 나아가는 바를 구하였다."

漢字 遜(사양할 손, 겸손할 손), 卽(나아갈 즉, 곧 즉)

백이(伯夷)·숙제(叔齊)의 손국(孫國): 〈계고(稽古) 제4〉 제23장을 참조하라.

【三十三章】

○虞芮之君이相與爭田ᄒᆞ야久而不平ᄒᆞ야乃相謂曰西伯은仁人也ㅣ라盍合往質焉이리오ᄒᆞ고乃相與朝周ᄒᆞ야入其境ᄒᆞ니則耕者ㅣ讓畔ᄒᆞ고行者ㅣ讓路ᄒᆞ며入其邑ᄒᆞ니男女ㅣ異路ᄒᆞ고斑白이不提挈ᄒᆞ며入其朝ᄒᆞ니士ㅣ讓爲大夫ᄒᆞ고大夫ㅣ讓爲卿이어늘二國之君이感而相謂曰我等은小人이라不可以履君子之庭이라ᄒᆞ고乃相讓ᄒᆞ야以其所爭田으로爲閑田而退ᄒᆞ니天下

ㅣ聞而歸之者ㅣ四十餘國이러라 《家語 好生》

● 우(虞)나라와 예(芮)나라 임금이 서로 더불어 밭[땅]을 다투어, 오래토록 평화롭지 못하더니, 이에 서로 일러 말하기를, "西伯[周文王]은 어진 사람이다. 어찌 가서 質正하지[바로 잡지] 않겠는가?"라고 하고, 이에 서로 함께 周나라를 뵈러 갔다[朝]. 그 국경에 들어가니. 밭가는 자는 밭두둑을 사양하고 다니는 자는 길을 사양하며, 그 고을에 들어가니 남녀가 길을 달리 하며 斑白된 자가 끌거나 당기지 않으며, 그 조정에 들어가니 선비는 대부되기를 사양하고, 대부는 경 되기를 사양하였다. 두 나라의 임금이 감동하여 서로 일러 말하길, "우리들은 小人이다. 가히 써 군자의 뜰[조정]을 밟을 수 없다." 라고 하고, 이에 서로 사양하여 그 다투던 바의 밭으로써 閑田을 삼아 물러가니, 천하가 듣고 그[西伯, 周文王]에게 돌아간 자가 40여 나라였다.

漢字 虞(나라이름 우), 芮(나라이름 예), 盍[어찌 ~하지 않겠는가?(의문 반어) 합, 덮을 합], 質(질정할 질, 바탕 질), 朝(뵐 조), 境(지경 경), 畔(밭두둑 반), 斑(얼룩 반)], 提(끌 제, 들 제), 挈(당길 설, 끌 설), 履(밟을 리, 신 리)

1 우예지소(虞芮之訴): 우예지송(虞芮之訟), 우예지풍(虞芮之訟), 우예쟁전(虞芮爭田)이라고도 한다. 우(虞)와 예(芮)의 토지 분쟁이라는 뜻이다. 우와 예는 중국 고대 주(周)나라 때 있었던 두 제후국의 이름이다. 두 나라는 서로 국경을 접하고 있었는데 국경 근처의 전답을 두고 오래도록 다투었다. 아무래도 결판이 나지 않자 두 나라 군주는 덕 있는 성군인 문왕을 찾아가 의견을 구하기로 하였다. 그렇게 함께 주나라로 향하여 주나라 변경에 이르렀을 때 두 나라 군주는 주나라 백성들이 밭일을 하는 모습을 보게 되었다. 주나라 백성들은 밭을 갈면서 서로 밭두둑을 양보하고 길을 지나가려는 사람이 다가오면 비켜주고 양보하며 어른에게 마땅히 공경하는 태도를 보였다. 또 주나라 도읍으로 들어가서는 남녀가 서로 예절을 지키고 노인을 잘 봉양하는 모습을 보았다. 이에 우나라, 예나라 군주는 매우 감동하고 또 부끄러워하며 "우리는 참으로 소인배다. 감히 군자의 조정에 발을 들일 수 없다."라며 다투던 땅을 서로 양보하며 돌아갔다고 한다. 이 이야기는 《시경》 〈대아(大雅)·면(綿)〉의 제9장에도 전한다. "우나라와 예나라가 분쟁을 질정하러 오거늘, 문왕이 일어날 기미를 서두르시니, 말하기

를 '아랫사람을 거느려 윗사람을 친히 하는 자가 있으며, 앞뒤에서 인도하는 자가 있으며, 덕으로 깨우치고 명예를 선양하는 자가 있으며, 적의 침입을 막아내는 자가 있도다.'라고 하였다."(두산백과).

2 반백(斑白): 흰색과 검은색이 반씩 섞인 머리털.

3 한전(閑田/閒田): 농사를 짓지 않고 놀리는 밭. 공한지(空閑地).

소언 虞우와 芮예[두 나라 일홈이라]ㅅ 님금이 서르 더블어 반ᄐᆞᆯ ᄃᆞ토와 오래 편티 몯ᄒᆞ야 서르 닐어 ᄀᆞᆯ오ᄃᆡ 西셔伯ᄇᆡᆨ[周쥬ㅅ나라 文문王왕이라]ᄋᆞᆫ 어딘 사ᄅᆞᆷ이라 엇디 가 질졍티 아니리오 ᄒᆞ고 서르 더블어 周쥬에 됴회ᄒᆞ야 그 디경에 드니 곧 받가ᄂᆞᆫ 이 받ᄀᆞᄋᆞᆯ ᄉᆞ양ᄒᆞ고 길 녜ᄂᆞᆫ 이 길ᄒᆞᆯ ᄉᆞ양ᄒᆞ며 그 고ᄋᆞᆯᄒᆡ 드니 ᄉᆞ나ᄒᆡ와 겨집이 길흘 달리 ᄒᆞ고 반만 셴 이 잡드럿디 아니ᄒᆞ며 그 됴뎡에 드니 士ᄉᆞㅣ 태우 되오ᄆᆞᆯ ᄉᆞ양ᄒᆞ고 태위 卿경 되오ᄆᆞᆯ ᄉᆞ양ᄒᆞ거늘 두 나랏 님금이 감동ᄒᆞ야 서르 닐어 ᄀᆞᆯ오ᄃᆡ 우리ᄂᆞᆫ 小쇼人인이라 可가히 ᄡᅧ 君군子ᄌᆞ의 ᄠᅳᆮᄒᆞᆯ ᄇᆞᆲ디 몯ᄒᆞᆯ 거시라 ᄒᆞ고 서ᄅᆞ ᄉᆞ양ᄒᆞ야 그 ᄃᆞ토던 밧 받ᄐᆞ로ᄡᅥ 공한ᄒᆞᆫ 받ᄐᆞᆯ 삼고 믈러오니 天텬下하ㅣ 듣고 도라올 이 마ᄋᆞ남ᄋᆞᆫ 나라히러라

현대역 우(虞)와 예(芮)[두 나라 이름이라.]의 임금이 서로 더불어 밭을 다투어 오래 편하지 못하여, 서로 일러 가로되, "西伯[周나라 문왕이라.]은 어진 사람이라. 어찌 가서 質正하지 아니 하리오?" 하고, 서로 더불어 周에 朝會하여 그 地境에 드니 곧 밭가는 이 밭가를 사양하고, 길 가는 이 길을 사양하며, 그 고을에 드니 남자와 여자가 길을 달리 하고, 반만 센 이 잡아들어 있지 아니하며, 그 조정에 드니 선비가 대부됨을 사양하고 대부가 卿됨을 사양하거늘, 두 나라의 임금이 감동하여 서로 일러 가로되, "우리는 소인이라 가히 써 군자의 뜰을 밟지 못할 것이라." 하고, 서로 사양하여 그 다투던 바의 밭으로써 空閑地를 삼고 물러오니 천하가 듣고 돌아올 이 마흔 남짓 나라이더라.

1 녜는: 가는. '녜(어간)+ᄂᆞ(현재 시제 선어말어미)+ㄴ(관형사형 어미)'이다. 샤공이 ᄇᆡ 녜오ᄃᆡ 東ᄋᆞᆯ 求ᄒᆞ면 東ᄋᆞ로 나ᅀᅡ가며(篙師行船 要東卽東).《금삼 5:38》, 수를 녜며 글 지수믈 ᄀᆞ장 다ᄋᆞ디 아니ᄒᆞᄂᆞ다(行酒賦詩殊未央).《두시-초 23:19》

2 잡드럿디: 잡아들어 있지. 잡들(어간)+어(보조적 연결어미)+잇(在, '잇다'의 어간)+디(연결어미)'이다. 완료상은 보조적 연결어미 '-아/어/여'와 보조형용사 '잇다[在]'의 결합으로 표현된다. 그런데 '잇-'이 본동사와 한 음절을 이룰 때 이미 15세기에 'ㅣ'가 탈락되어 '어+ㅅ→엇'으로 나타나는 일이 많았다. 이 法이 法位예 住ᄒᆞ논 버렷ᄂᆞᆫ 萬像이 다 곧 實相이오(是法住法位者 森羅萬像 皆卽實相也).《법화 1:227》. '잡들다'는 '잡아들다'. '붙들다'의 옛말이다. 支ᄂᆞᆫ 서르 잡드러 괴올씨니 모ᄃᆡ 서르 업디 몯ᄒᆞ야 힘저슨 ᄠᅳ디라.《석상 9:18》, 벼개예 기우렛ᄂᆞᆫ 江湖앳 나그내 잡드런 디 나ᄃᆞ리 길어다(敧枕江湖客 提携日月長.).《두시-초 15:23》

3 공한ᄒᆞᆫ: 공한(空閑)한. '공한ᄒᆞ(어간)+ㄴ(관형사형 어미)'이다. '공한ᄒᆞ다'는 본문에서는 '아무 것도 심지 않고 놀리다.'의 뜻으로 쓰였다. 그러나 현대국어에서는 '공한지(空閑地)'라는 명사로만 쓰이고, '공한(空閑)하다'는 '하는 일 없이 한가하다.'라는 뜻이다.

4 마ᄋᆞ남ᄋᆞᆫ: 마흔 남짓. '마ᄋᆞᆫ나ᄆᆞᆫ'이다. '마ᄋᆞ'는 '마ᄋᆞᆫ'의 오기로 보인다. 《소학언해》에서 '마흔'의 옛말은 대부분 '마ᄋᆞᆫ'으로 나타나기 때문이다. 현대국어 '마흔'의 옛말인 '마ᅀᆞᆫ'은 15세기 문헌에서부터 나타난다. 16세기에 'ㅿ'이 사라지면서 '마ᄋᆞᆫ'으로 변화하였고, 16세기 이후로 제2음절 이하에서 모음 'ㆍ'가 'ㅡ'로 변화하는 경향에 따라 17세기에는 '마은' 형태도 등장하였다. 18세기에는 현대국어와 같은 '마흔'이 나타났는데, 이는 '서른'의 옛말인 '셜흔'에서 유추되어 나타나게 된 것으로 추정된다. 마ᅀᆞᆫ(15세기~16세기)›마ᄋᆞᆫ(16세기~17세기)›마은(17세기~19세기)›마흔(18세기~현재). 이형태: 마ᅀᆞᆫ, 마ᄋᆞᆫ, 마은, 마흔. 마ᅀᆞᆫ 사ᄉᆞ미 등과 도ᄌᆞᄀᆡ 입과 눈과 遮陽ㄱ 세 쥐 녜도 잇더신가.《1447 용가 88》, 마ᄋᆞᆫ애 비르소 벼슬ᄒᆞ야 일에 마초와 계교를 내며.《1588 소언 1:6ㄱ》, 使者ᄅᆞᆯ 블여 黃金 마ᄋᆞᆫ 근을 주시고.《1588 소언 6:53ㄱ》. '-나ᄆᆞᆫ'은 일부 수사 뒤에 붙어, 그 수보다 좀 더 됨을 나타내는 접미사이다. 안시 주그니 셜흔나ᄆᆞᆫ 사ᄅᆞ미러라(顔氏死者 三十餘人.).《삼강-중 충:13》(현대역: 안 씨가 죽으니 서른남짓한 사람이더라.)

【集說】陳氏曰虞芮는皆國名이라西伯은周文王也라盍은何不也라質은正也라畔은田界也라

진 씨가 말하였다. "虞와 芮는 모두 나라 이름이다. 西伯은 周나라 文王이다. 盍은 '어찌 ~하지 않겠는가?'이다. 質은 바로잡음이다. 畔은 밭의 경계이다."

【三十四章】

○曾子ㅣ曰以能으로問於不能ᄒᆞ며以多로問於寡ᄒᆞ며有若無ᄒᆞ며實若虛ᄒᆞ며犯而不校ᄅᆞᆯ昔者애吾友ㅣ嘗從事於斯矣러니라

《論語 泰伯》

●증자가 말하였다. "능함으로써 능하지 못한 데 물으며, 많음으로써 적은 데 물으며, 있어도 없는 듯하며, 차도 빈 듯하며, 범하여도 따져보지 아니함을 옛적에 내 벗이 일찍이 이에 일삼았다."

漢字 校(따져볼 교, 학교 교), 斯(이 사)

소언 曾증子ᄌᆞㅣ ᄀᆞᆯᄋᆞ샤ᄃᆡ 能능홈으로ᄡᅥ 能능티 몯ᄒᆞᆫ ᄃᆡ 무ᄅᆞ며 함으로ᄡᅥ 젹은 ᄃᆡ 무르며 두쇼ᄃᆡ 업순 ᄃᆞᆺᄒᆞ며 實실호ᄃᆡ 虛허ᄒᆞᆫ ᄃᆞᆺᄒᆞ며 침노ᄒᆞ여도 결우디 아니홈ᄋᆞᆯ 녜 내 벋이 일즉이 예 일삼아 ᄒᆞ더니라

현대역 증자가 말씀하시되, "능함으로써 능하지 못한 데 물으며, 많음으로써 적은 데 물으며, 두시되 없는 듯하며, 실하되 허한 듯하며, 침노(侵擄)하여도 겨루지 아니함을 옛적 내 벗이 일찍이 이에 일삼아 하더니라."

1 침노ᄒᆞ여도: 침노(侵擄)하여도. '침노ᄒᆞ(어간)+여도(연결어미)'이다. '침노ᄒᆞ다'는 '성가시게 달라붙어 손해를 끼치거나 해치다.'이다. 어머니의 무덤 속을 침노한 여우를 생각했다.《한승원, 해일》, 돌담이 높다란 데다 주성 북쪽 성벽이 잇대어

솟아 있는지라, 매서운 바닷바람이 좀처럼 침노하지 못하는 포근한 마당이었다. 《현기영, 변방에 우짖는 새》

2 결우디: 겨루지. '결우(어간)+디(보조적 연결어미)'이다. '결우다'는 '서로 버티어 승부를 다투다.'를 뜻한다. '결우다'는 16세기 문헌에서부터 나타난다. 16세기 이후 'ㄹ' 뒤에 오는 성문 마찰 유성음 'ㅇ[ɦ]'이 탈락하였는데 '결우다'도 이러한 변화를 경험하였을 것으로 추정된다. 단 '결우다'에서 'ㅇ'이 탈락한 형태가 나타나는 것은 19세기에 와서이다. 19세기에 'ㅇ'이 탈락한 '겨루다'가 나타나기 시작하면서 현재에 이르렀다. 16세기에 '결우다'와 함께 '결오다'가 공존하였는데 '결우다'는 동사 '겯-'에 접사 '-우-'가, '결오다'는 동사 '겯-'에 접사 '-오-'가 결합한 것이다. 동사 '겯-'은 '듣-'과 같이 모음으로 시작하는 접사나 어미가 결합할 때 어간 말음이 'ㄹ'로 변하는 ㄷ불규칙동사이다. '듣-'에 접사 '-이-'가 결합하여 15세기에 '들이다'로 나타나는 것과 같이 '겯-'에 '-오/우-'가 결합하여 '결오-', '결우-'로 나타난 것이다. 19세기에 들어와 '결오다' 형태보다 '결우다' 형태가 일반화되었다. 결우다(16세기~19세기)〉겨루다(19세기~현재), 이형태: 겨로다, 겨루다, 결오다, 결우다. 침노ᄒᆞ여도 결우디 아니홈ᄋᆞᆯ 녜 내 벋이 일즉 이예 일 삼아 ᄒᆞ더니라.《1588 소언 4:40ㄱ》, 글지이로 결오단 말이라.《1588 소언 6:14ㄴ》

【集說】**朱子曰校**는**計校也**라**友**는**馬氏以爲顏淵**이라하니**是也**라 **顏子之心**은**惟知義理之無窮**하고**不見物我之有間**이라**故**로 **能如此**시니라

주자가 말하였다. "校는 논쟁함이다. 友는 마 씨가 顏淵이라 말하였으니, 옳다. 顏子의 마음은 오직 의리의 무궁함만을 알고, 남과 나와의 사이가 있음은 보지 않았다. 그러므로 능히 이와 같으셨다."

안연(顏淵, 기원전 521년~기원전 490년): 중국 춘추시대 노(魯)나라의 현인이다. 이름은 안회(顏回)고, 자는 연(淵)이다. 공자가 가장 신임하였던 제자이며, 공자보다 30세 연소(年少)이나, 공자보다 먼저 죽었다. 학문과 덕이 특히 높아서, 공자도 그를 가리켜 학문을 좋아하는 사람이라고 칭송하였고, 또 가난한 생활을 이겨내고 도(道)를 즐긴 것을 칭찬하였다. 은군자적(隱君子的)인 성격 때문인지

그는 "자기를 누르고 예(禮)로 돌아가는 것이 곧 인(仁)이다"라든가, "예가 아니면 보지도 말고, 듣지도 말고, 말하지도 말고, 행동하지도 말아야 한다."는 공자의 가르침을 지킨 사람임에도 불구하고, 장자(莊子)와 같은 도가(道家)에게서도 높이 평가되었다. 젊어서 죽었기 때문에 저술(著述)이나 업적은 남기지 못했으나 《논어(論語)》에 〈안연(顔淵)〉이 있고, 그 외에 몇몇 서적에도 그를 현자(賢者)와 호학자(好學者)로서 덕행(德行)이 뛰어난 사람이라고 전하는 구절이 보인다(두산백과).

【三十五章】

○孔子ㅣ曰晏平仲은善與人交ㅣ로다久而敬之온여 《論語 公冶長》

● 공자께서 말씀하셨다. "晏平仲은 사람과 더불어 잘 사귀는구나. 오래 되어도 그를 공경하는구나."

漢字 晏(늦을 안)

안평중(晏平仲, 기원전 578년~기원전 500년): 이유[夷維, 지금의 산둥성 라이저우(萊州)시] 사람으로, 이름은 안영(晏嬰)이고, 자는 중(仲)이다. 안자(晏子)라고 존칭하여 불리며, 안평중(晏平仲)이라고도 한다. 자세한 설명은 〈명륜(明倫) 제2〉 제104장을 참조하라.

소언 孔공子ᄌᆞㅣ ᄀᆞᆯᄋᆞ샤ᄃᆡ 晏안平평仲듕[일홈은 嬰영이오 ᄌᆞᄂᆞᆫ 仲듕이오 諡시號호ᄂᆞᆫ 平평이니 齊졔 태위라]은 사ᄅᆞᆷ 더블어 사괴욤ᄋᆞᆯ 잘ᄒᆞᄂᆞ다 오라되 공경ᄒᆞ고녀

현대역 공자가 말씀하시되, "안평중[이름은 嬰이요, 자는 仲이요, 시호는 平이니, 齊나라 대부라.]은 사람 더불어 사귐을 잘 하는구나. 오래도록 공경하는구나."

1 잘ᄒᆞᄂᆞᆺ다: 잘하는구나. '잘ᄒᆞ(어간)+ᄂᆞ(직설법 선어말어미)+ᄋᆞᆺ(감탄법 선어말어미)+다(평서형 종결어미)'이다. 'ᄂᆞᆺ'을 이루는 'ᄂᆞ+ᄋᆞᆺ'에서 '-ᄂᆞ-'를 기본 서법으로, '-ᄋᆞᆺ-'을 부차 서법으로 부른다. '-ᄂᆞᆺ다'는 동사, 형용사 어간이나 어미 뒤에 붙어, '-는구나'를 뜻하는 어미이다. 부텻 德이 至極ᄒᆞ샤ᅀᅡ 이 사ᄅᆞ미 보ᄇᆡ롤 더리도록 아니 앗기ᄂᆞᆺ다 ᄒᆞ야 須達이ᄃᆞ려 닐오ᄃᆡ 金을 더 내디 말라.《석상 6:25~26》, 王ᄀ ᄭᅮ메 집 보히 것거늘 ᄭᆡᄃᆞ라 너교ᄃᆡ 당다이 迦葉尊者ㅣ 入滅ᄒᆞ시ᄂᆞᆺ다 ᄒᆞ야.《석상 24:6》

2 공경ᄒᆞ고녀: 공경하는구나. '공경ᄒᆞ(어간)+고녀(감탄형 종결어미)'이다. '-고녀'는 어간이나 어미 뒤에 붙어. '-구나'를 뜻하는 어미이다. 뉘 닐오ᄃᆡ 鄹人의 子를 禮를 안다 ᄒᆞ더뇨 大廟애 드러 每事를 묻고녀(孰謂鄹人之子知禮乎 入太廟 每事問).《논언 1:24》, 진실로 허믈이 잇거든 사ᄅᆞᆷ이 반ᄃᆞ시 알고녀(丘也幸 苟有過 人必知之).《논언 2:25》

【集說】**朱子曰晏平仲**은**齊大夫**니**名**은**嬰**이라**程子曰人交久則敬衰**하나니**久而能敬**은**所以爲善**이니라

주자가 말하였다. "晏平仲은 齊나라 대부이니, 이름은 嬰이다." 정자가 말씀하였다. "사람은 사귐이 오래되면 공경이 쇠하는데, 오래되어도 능히 공경함은 써 잘하는 바이다."

[漢字] 嬰(갓난아이 영)

右는**明倫**이라

● 이상은 인륜을 밝힘이다.

[소언] 이 우흔 인륜을 ᄇᆞᆰ키니라

[현대역] 이 위는 인륜을 밝히느니라.

〖三十六章〗

孟子ㅣ曰伯夷ᄂᆞᆫ目不視惡色ᄒᆞ며耳不聽惡聲ᄒᆞ더니라 《孟子 萬章下》

● 맹자가 말하였다. "伯夷는 눈으로 나쁜 색을 보지 않으며, 귀로 나쁜 소리를 듣지 않았다."

소언 孟ᄆᆡᆼ子ᄌᆞㅣ ᄀᆞᆯᄋᆞ샤ᄃᆡ 伯ᄇᆡᆨ夷이ᄂᆞᆫ 눈에 사오나온 빗츨 보디 아니ᄒᆞ며 귀예 사오나온 솔의ᄅᆞᆯ 듣디 아니ᄒᆞ더니라

현대역 맹자가 말씀하시되, "백이는 눈에 나쁜 빛을 보지 아니하며, 귀에 나쁜 소리를 듣지 아니하더니라."

【增註】惡色은非禮之色이요惡聲은非禮之聲이라

惡色은 예가 아닌 색이요, 惡聲은 예가 아닌 소리이다.

〖三十七章〗

○子游ㅣ爲武城宰러니子ㅣ曰女ㅣ得人焉爾乎아曰有澹臺滅明者ᄒᆞ니行不由徑ᄒᆞ며非公事ㅣ어든未嘗至於偃之室也ㅣ니이다 《論語 雍也》

● 子游가 武城[魯나라 고을]의 邑宰가 되었는데, 공자가 말씀하셨다. "너는 그곳[焉=於之]에서 사람을 얻었느냐?" 말하였다. "澹臺滅明이란 자가 있는데, 다님에 지름길로 말미암지 않고, 공적인 일이 아니면 일찍이 저의[偃] 집에 이르지 않았습니다."

漢字 游(헤엄칠 유), 宰(읍재 재, 재상 재), 澹(담박할 담), 徑(지름길 경), 偃(누울 언,

쓰러질 언)

1 자유(子游, 기원전 506년~미상): 춘추시대 오(吳)나라 사람이다. 공자(孔子)의 제자로, 성은 언(言)이고, 이름은 언(偃)이며, 자유는 자다. 공자보다 45살 연하였고, 20여 살부터 관직 생활을 했다. 무성(武城)의 재상이 되어 예악(禮樂)으로 정치를 펼쳤다. 공문십철(孔門十哲)의 한 사람이다. 안연(顔淵), 자하(子夏)와 함께 공자가 가장 아낀 제자였으며, 학문에 밝았다고 한다. 공자가 무성을 지나갈 때 현가(弦歌)를 듣고 기뻐했다. 《논어》와 《예기》에 그에 관한 기록이 보인다. 송나라 진종(眞宗) 대중상부(大中祥符) 2년(1009년) 단양공(丹陽公)에 추봉되었다(중국역대인명사전).

2 담대멸명(澹臺滅明, 기원전 512년~미상): 춘추시대 말기 노나라 무성[武城, 현 산둥성 핑인(平邑)] 사람으로 성이 담대(澹台)이고, 이름은 멸명(滅明)이며, 자는 자우(子羽)이다. 공자 문하 72명의 수제자(七十二賢) 중 한 명이고, 공자보다 39세 어리다. 《사기》 〈중니제자열전〉에서 외모가 아주 못생긴 것으로 나온다. 공자의 제자 자유가 무성의 수령으로 있을 때 담대멸명을 등용했는데 그가 매우 공명정대하다는 평을 들었다. 자유의 추천으로 공자의 문하에 들어왔는데 공자가 그 외모를 보고는 용모가 추해서 별다른 재능이 있을 것으로 여기지 않았다. 훗날 공자가 "내가 재여(宰予)의 말재주만 보고 그를 취했다가 실수했고, 얼굴로 담대멸명을 평했다가 실수했다."며 자신의 잘못을 뒤늦게 인정했다. 담대멸명은 훗날 무성에서 초나라 지역[지금의 장시(江西)성 난창(南昌)]으로 이주하여 그 지역에서 학문을 전수했는데 제자만 300명이 넘는 등 천하에 명성을 떨쳤다. 《논어》 등의 기록을 보면 담대멸명은 자신의 덕을 수양하는데 게을리 하지 않았고, 길을 다닐 때는 지름길로 가지 않았으며 공적인 일이 아니면 권력자들을 만나지 않았다고 한다. 여기서 군자가 길을 가는 데 있어서 지름길을 취하지 않고 큰 길로 간다는 뜻의 '행불유경(行不由徑)'이라는 고사성어가 나왔다. 당나라 때에 강백(江伯)으로 추증되고, 송나라 진종 대중상부(大中祥符) 2년(1009년)에 금향후(金鄕侯)로 추봉되었다. 명 세종 가정(嘉靖) 때는 선현담대자(先賢澹臺子)라 불리었다. 담대멸명이 죽자 그의 제자들은 그를 고향 무성에 안장했다. 유가(儒家)에서는 그를 취푸(曲阜) 공묘(孔廟) 대성전(大成殿)에 위패를 모셔 공자와 함께 배향했고, 명나라 때인 1624년에는 이현사(二賢祠)를 지어 증삼과 함께 모셨다. 1808년(청 가정 13년)에는 무덤 앞에 묘비를

세웠다. 담대멸명은 초나라 지역으로 가서 학문을 전파했는데 이 때문에 지금의 장시성 난창에는 그와 관련한 유적이 적지 않게 남아 있다. 그의 무덤은 고향인 무성 외에 난창에도 무덤이 남아 있으며, 허난성에도 한 곳이 전한다. 이밖에 장쑤성 쑤저우 남쪽에 담대호라는 호수가 있는데, 전하기로는 담대멸명의 집이 주저앉아 호수가 된 것이라 한다. 호수 입구에는 옥대교라는 다리가 있다. 또 담대호 대교도 있는데 대운하 남북을 연결한다(중국인물사전).

소언 子ᄌᆞ游유[셩은 言언이오 일훔은 偃언이니 孔공子ᄌᆞㅅ 뎨ᄌᆞ라]ㅣ 武무城셩 원이 되엿더니 孔공子ᄌᆞㅣ ᄀᆞᆯᄋᆞ샤ᄃᆡ 네 사ᄅᆞᆷ을 어던ᄂᆞ다 ᄀᆞᆯ오ᄃᆡ 澹담臺ᄃᆡ[셩이오] 滅멸明명[일홈이니 ᄌᆞᄂᆞᆫ 子ᄌᆞ羽우ㅣ라]이라 ᄒᆞ리 이시니 ᄃᆞᆫ님애 즐음낄로 말ᄆᆡ암디 아니ᄒᆞ며 公공事ᄉᆞㅣ 아니어든 일즉 偃언의 집의 니ᄅᆞ디 아니ᄒᆞᄂᆞᅌᅵ다

현대역 子游[성은 言이요, 이름은 언(偃)이니, 공자의 제자라.]가 武城 원이 되었더니, 공자가 말씀하시되, "네가 사람을 얻었느냐?" 가로되, "澹臺[성이요.] 滅明[이름이니, 자는 子羽라.]이라 할 이 있으니, 다님에 지름길로 말미암지 아니하며, 公事가 아니거든 일찍 偃의 집에 이르지 아니합니다."

아니ᄒᆞᄂᆞᅌᅵ다: 아니합니다. '아니ᄒᆞᄂᆞ니이다'와 같으니, '아니ᄒᆞ(어간)+ᄂᆞ(현재 시제 선어말어미)+니(원칙법 선어말어미)+이(존비법 ᄒᆞ쇼셔체 선어말어미)+다(평서형 종결어미)'이다. ᄒᆞ쇼셔체의 평서형 어미 '-다' 앞에서는 '-이-'로 나타나지만, 의문형 어미 '니…가' 사이에서는 '-잇-'으로 실현된다. '-ᄂᆞ니이다'는 동사, 형용사 어간 뒤에 붙어, 'ᄒᆞ쇼셔' 할 자리에 쓰여, 설명을 나타내는 종결어미 '-ㅂ/습니다'이다. 당ᄋᆡ아지 벌에 술위삐 거스는 ᄃᆞᆯ 世間ㅅ 사ᄅᆞᆷ이 다 웃ᄂᆞ니이다.《월곡 상:61》(현대역: 버마재비 벌레가 수레바퀴를 거스르는 것과 같은 것을 세상 사람들이 다 웃습니다.), 百姓을 앗기거시든 沙門ᄋᆞᆯ 자바 주쇼셔 沙門ᄋᆞᆫ ᄂᆞᄆᆡ 지순 녀르믈 먹ᄂᆞ니이다.《석상 24:22》(현대역: 백성을 아끼시거든 사문을 잡아 주소서 사문은 남이 지은 열매를 먹습니다.)

【集說】朱子曰子游는孔子弟子니姓은言이요名은偃이라武城은

魯下邑이라澹臺는姓이요滅明은名이요字는子羽라徑은路之小而捷者라公事는如飮射讀法之類라不由徑이면則動必以正하여而無見小欲速之意를可知요非公事어든不見邑宰면則其有以自守하여而無枉己徇人之私를可見矣니라

주자가 말하였다. "子游는 공자의 제자이니, 성은 言이요 이름은 偃이다. 武城은 魯나라의 下邑이다. 澹臺는 성이요, 滅明은 이름이요, 字는 子羽이다. 徑은 길이 좁으면서 빠른 것이다. 공적인 일은 鄕飮禮[飮]과 鄕射禮[射]와 讀法[讀]과 같은 따위이다. 지름길로 말미암지 않으면, 행동함이 반드시 써 발라서 작은 것[이익]을 보고 빨리 하고자 하는 뜻이 없음을 가히 알 수 있고, 공적인 일이 아니거든 邑宰를 보지 않으면, 그가 써 스스로 지킴이 있어 자기를 굽혀 남을 따르는 사사로움이 없음을 가히 볼 수 있다."

漢字 捷(빠를 첩, 이길 첩), 枉(굽힐 왕, 굽을 왕), 徇(좇을 순)

독법(讀法): 법령을 읽어줌.

〖三十八章〗

○高柴ㅣ自見孔子로足不履影ᄒᆞ며啓蟄不殺ᄒᆞ며方長不折이러니衛輒之難애出而門閉어늘或曰此애有徑이라ᄒᆞᆫ대子羔ㅣ曰吾ᄂᆞᆫ聞之호니君子ㅣ不徑이라호라曰此에有竇ㅣ라ᄒᆞᆫ대子羔ㅣ曰吾ᄂᆞᆫ聞之호니君子ㅣ不竇ㅣ라호라有間이오使者ㅣ至ᄒᆞ야門啓而出ᄒᆞ니라 《家語 弟子行》

●高柴는 공자를 뵘으로부터 발은 그림자를 밟지 않았으며, 겨울잠에서 깨어나는 벌레를 죽이지 않았으며, 바야흐로 자라는 초목을 꺾지 않았으니, 衛나라 첩(輒)의 난리에 나가다가 문이 닫혔거늘, 어떤 자가 "여기에 지름길

이 있다.”고 말하자, 子羔가 “내가 들으니, 군자는 지름길로 아니 한다.”고 말하였다. “여기에 구멍이 있다.”고 말하자, 子羔가 “내가 들으니, 군자는 구멍으로 아니 한다.”고 말하였다. 조금 있다가, 使者가 이르러 문이 열리자 나왔다.

漢字 **柴**(섶 시), **啓**(열 계), **蟄**(겨울잠 벌레 칩, 숨을 칩), **折**(꺾을 절), **輒**(문득 첩), **羔**(염소 고, 새끼 양 고), **竇**(구멍 두)

1 고시(高柴, 생몰 연대 미상): 제문공(齊文公)의 18세손으로, 자는 자고(子羔)이다. 노(魯)나라에서 비재(費宰), 성재(郕宰), 무성재(武城宰)를, 위(衛)나라에서 사사(士師)를 지냈다. 《사기》 〈중니제자열전(仲尼弟子列傳)〉은 고시에 대해 다음과 같이 기록하였다. “고시는 자를 자고(子羔)라 했고, 공자보다 30년 연하였다. 자고는 키가 다섯 자도 안 되었다. 공자에게서 가르침을 받았는데, 공자가 둔하다고 여겼다. 자로(子路)가 자고를 비읍의 재로 삼자, 공자는 ‘남의 자식을 그르치는구나.’라고 했다. 자로가 ‘백성이 있고 사직이 있거늘, 꼭 책을 읽어야만 학문이 있다 할 수 있습니까?’라 했다. 공자는 ‘이래서 말 잘하는 자들이 싫다.’ 하였다.”

2 위첩지란(衛輒之亂): 희첩(姬輒)은 姬蒯聵(희괴외, 衛後莊公, 제33대왕)의 아들이다. 희괴외는 아버지는 衛靈公[제31대왕, 姬元, 南子의 남편] 때 죄를 짓고 宋나라와 晉나라로 도망하였다. 衛靈公이 죽자 희첩이 위출공(衛出公, 제32대, 제36대왕)으로 즉위했으나, 희괴외가 진나라 병력을 이끌고 입국하였다. 희첩은 병력을 동원하여 아버지의 입국을 저지하려 하였다(〈계고(稽古) 제4〉 제24장을 참조하라.).

소언 高고柴싀[ᄌᆞᄂᆞᆫ 子ᄌᆞ羔고ㅣ니 孔공子ᄌᆞㅅ 뎨ᄌᆡ라]ㅣ 孔공子ᄌᆞ 보ᄋᆞ옴으로브터 발애 놈의 그르메ᄅᆞᆯ ᄇᆞᆲ디 아니ᄒᆞ며 ᄀᆞᆺ 난 벌에ᄅᆞᆯ 죽이디 아니ᄒᆞ며 보야ᄒᆞ로 기ᄂᆞᆫ 거슬 것디 아니ᄒᆞ더니 衛위ㅅ 輒텹 [衛윗 님금의 일홈이라]의 難난애 나가다가 門문이 다ᄃᆞᆮ거늘 惑혹이 ᄀᆞᆯ오ᄃᆡ 이예 즐음ᄭᅵᆯ히 잇다 ᄒᆞᆫ대 子ᄌᆞ羔고ㅣ ᄀᆞᆯ오ᄃᆡ 나ᄂᆞᆫ 드로니 君군子ᄌᆞㅣ 즐음ᄭᅵᆯ로 아니ᄒᆞᆫ다 호라 ᄀᆞᆯ오ᄃᆡ 이예 굼기 잇다 ᄒᆞᆫ대

子ᄌᆞ羔고ㅣ ᄀᆞᆯ오ᄃᆡ 나ᄂᆞᆫ 드로니 君군子ᄌᆞㅣ 굼그로 아니ᄒᆞᆫ다 ᄒᆞ라 이윽고 使시者쟈ㅣ 니르러 門문이 열어늘 나니라

[현대역] 高柴[자는 子羔니, 공자의 제자라.]가 공자 뵘으로부터 발에 남의 그림자를 밟지 아니하며, 갓 난 벌레를 죽이지 아니하며, 바야흐로 자라는 것을 꺾지 아니하더니, 衛의 첩(輒)[위의 임금의 이름이라.]의 난리에 나가다가 문이 닫혀 있거늘, 혹자가 가로되, "이에 지름길이 있다." 하니까, 자고가 가로되, "나는 들으니, 군자가 지름길로 아니한다." 한다. 가로되. "이에 구멍이 있다." 하니까, 자고가 가로되, "나는 들으니, 군자가 구멍으로 아니 한다." 한다. 이윽고 시자(使者, 심부름꾼)가 이르러 문이 열리거늘 나가니라.

1 그르메: 그림자. 一切 法이라 혼 거시 곡도 ᄀᆞᆮᄒᆞ며 變化 ᄀᆞᆮᄒᆞ며 ᄭᅮ메 보ᄃᆞᆺᄒᆞ며 므렛 그르메 ᄀᆞᆮᄒᆞ야 眞實이 업슨 거시니.《석상 11:36》

2 벌에: 벌레. '벌에'는 15세기 문헌에서부터 나타난다. 15세기에는 연철 표기가 일반적인데, '벌에'는 연철하지 않은 것으로 보아 제2음절의 초성 'ㅇ'은 성문 마찰 유성음 'ㅇ[ɦ]'이었음을 짐작할 수 있다. 16세기에 성문 마찰 유성음의 'ㅇ[ɦ]'가 사라지면서 17세기에는 '버레', '버ᄅᆡ', '벌레' 형태가 등장하게 되었다. '버레', '버ᄅᆡ'는 'ㅇ[ɦ]'이 소실된 후 단순히 연철 표기된 것이며, '벌레'는 'ㅇ[ɦ]'이 소실된 후 'ㄹㅇ'이 'ㄹㄹ'로 바뀐 것이다. 이후 18, 19세기까지 이들이 공존하다가 현대국어에 '벌레'로 정착되었다. 한편 현재 방언의 '벌거지', '벌거이', '벌구지' 등은 15세기 '벌에'의 이전 형태로 추정되는 '*벌게'의 흔적을 보이는 형태들이다. 벌에(15세기~17세기)〉벌레(17세기~현대). 이형태: 벌에, 버레, 버ᄅᆡ, 벌레, 벌애, 베레. 각시 ᄯᅩ ᄇᆡ옌 큰 벌에 骨髓옌 효ᄀᆞᆫ 벌에 미틔ᄂᆞᆫ 얼읜 벌에러니.《1447 월곡 25ㄴ》, 내 주구믄 벌에 즘ᄉᆡᆼ ᄀᆞᆮᄒᆞ야 앗갑디 아니커니와.《1514 속삼 충:5ㄴ》

3 기ᄂᆞᆫ: 자라는. '기(어간)+ᄂᆞ(현재 시제 선어말어미)+ㄴ(관형사형 어미)'이다. 어간 '기-'는 '길다'의 '길-'에서 치조음 'ㄹ'이 어미의 치조음 'ㄴ' 앞에서 탈락한 것이다. '길다'는 '자라다'의 옛말이다. 富貴예 나 기런 모로매 蠶桑ᄋᆡ 쉽디 아니호ᄆᆞᆯ 아ᄅᆞᆯ디니(生長富貴 當知蠶桑之不易).《내훈 2:101》, 芝草와 琅玕괘 날로 당당이 길어니라.《두시-초 9:8》

4 것다: 꺾지. '것(어간)+디(보조적 연결어미)'이다. 현대국어 '꺾다'의 옛말인 '겄다'는 15세기 문헌에서부터 나타난다. '겄다'는 자음으로 시작하는 어미가 결합할

때에는 '것-'으로, 모음으로 시작하는 어미가 결합할 때에는 '젹-'으로 실현되었다. 18세기에 어두자음 'ㄱ'이 된소리로 바뀌어 '젺다'가 되었다. 같은 시기에 어간말 자음 'ㅺ'이 'ㄲ'으로 바뀌어 '젺다'와 공존하였다. 19세기에는 'ㄱ'의 된소리를 표기한 'ㅺ'이 'ㄲ'으로 표기되면서 현재의 '꺾다'가 되었다. 젹다(15세기~19세기)〉젺다(18세기)〉젺다(18세기~19세기)〉꺾다(19세기~현재). 이형태: 젹다, 젺다, 젺다, 꺾다. 조흔 座 설오 고ᄫᆞᆫ 곳 것고 ᄌᆞ갸 밥 더러내야 比丘의 주시니.《1447 석상 11:41ㄴ》, ᄆᆞᆯ 타 디니와 술위예 긔ᅀᅵ니와 一切ㅅ 傷ᄒᆞ며 것근 ᄃᆡᆯ 고티며 피ᄅᆞᆯ 고티며.《1489 구급방 하:27ㄱ》

5 다닷거늘: 닫아 있거늘. 위 문장에서는 '닫혀 있거늘'로 풀어야 한다. '닫(어간)+아(보조적 연결어미)+잇(在, '잇다'의 어간)+거늘(연결어미)'이다. 완료상은 보조적 연결어미 '-아/어/여'와 보조형용사 '잇다[在]'의 결합으로 표현된다. 그런데 '잇-'이 본동사와 한 음절을 이룰 때 이미 15세기에 'ㅣ'가 탈락되어 '아+ㅅ→앗'으로 나타나는 일이 많았다. 이 法이 法位예 住호ᄆᆞᆫ 버릇ᄂᆞᆫ 萬像이 다 곧 實相이오(是法住法位者 森羅萬像 皆卽實相也).《법화 1:227》. 현대국어 '닫다'는 15세기 문헌에서부터 나타나 현재까지 이어진다. '닫-'는 중세국어에서 후행하는 어미의 초성 'ㄴ'에 동화되어 '단-'으로 표기되기도 하였으며, 17세기의 '닷다'는 종성 'ㄷ'을 'ㅅ'으로 표기하던 당시의 경향에 따라 나타난 것이다. 닫다(15세기~현재). 이형태: 닫다, 닷다. 네 안즉 門 구디 닫고 그 쭁 드리디 말라.《1459 월석 23:74ㄱ》, 門 닫고 나디 아니ᄒᆞ며.《1514 속삼 효:33ㄱ》

6 즐음낄히: 지름길이. '즐음낄ㅎ(명사)+이(주격 조사)'이다. 현대국어 '지름길'의 옛말인 'ᄌᆞᄅᆞᆷ길ㅎ'은 15세기 문헌에서부터 나타난다. 'ᄌᆞᄅᆞᆷ길ㅎ'은 'ᄌᆞᄅᆞᆷ'과 관형격 조사 '-ㅅ', 명사 '길ㅎ'이 결합한 것으로, 여기에서 'ᄌᆞᄅᆞᆷ'은 '지르다'의 옛말인 동사 'ᄌᆞᄅᆞ-'에 명사 파생접사 '-음'이 결합한 것이다. '길ㅎ'이 ㅎ종성체언이므로 'ᄌᆞᄅᆞᆷ길ㅎ' 역시 모음이나 'ㄱ, ㄷ'으로 시작하는 조사와 결합할 때에는 끝소리인 ㅎ이 나타나고, 그 밖의 조사와 결합하거나 단독으로 쓰일 때에는 끝소리 ㅎ이 나타나지 않는 이형태 교체를 보인다. 그러나 16세기에는 'ᄌᆞ름낄로'와 같이 기존에 'ᄌᆞᄅᆞᆷ길ㅎ'이 쓰이던 환경에서도 끝소리 ㅎ이 탈락한 'ᄌᆞᄅᆞᆷ길'이 쓰인 예가 나타나기 시작하였다. 또한 16세기 이래로 관형격 조사 '-ㅅ'이 없는 'ᄌᆞ름길' 형태도 나타나 18세기까지 이어진다. 근대국어 후기에 치조음 'ㅈ, ㅊ' 아래에서 모음 'ㅡ'가 'ㅣ'로 바뀌는 현상에 의하여 'ᄌᆞ름길〉지름길'의 변화가 일어났는데, 다만 19세기 문헌에는 '지름길'의 예는 보이지 않고 '지럼길'과 같이 제2음절의

모음을 ‘ㅓ’로 표기한 예가 발견된다. 즈름길ㅎ(15세기～17세기)〉즈름길(16세기～18세기)〉지름길(20세기～현재). 이형태: 즈름길ㅎ, 즈름낄, 즈름길, 즈럼길, 지럼길. 이 戒는 諸佛菩薩이 修行ᄒᆞ시논 즈름길히라.《1447 석상 9:6ㄱ》, 經은 즈름길히니 經 ᄇᆡ화 부터 ᄃᆞ외욤 샐로미 먼 길헤 즈름길 ᄀᆞᄐᆞᆯ씨 經이라 ᄒᆞᄂᆞ니.《1459 월석 2:66ㄴ》, 덕귀 ᄀᆞ마니 소겨 몯 가게 ᄒᆞ고 밤ᄯᅮᆼ만 즈름낄로 수머니거ᄂᆞᆯ 덕쟝이 ᄯᅩ ᄯᆞᆯ와 가니.《1518 이륜-옥 22ㄱ》, 徑 즈름길 경.《1576 신합 하:62ㄱ》

7 호라: 한다. ‘ᄒᆞ(어간)+오(화자 표시법 선어말어미)+라(평서형 종결어미)’이다. 화자 표시법 선어말어미 ‘-오$_1$-’는 주어 명사구가 제1인칭 대명사 ‘나, 우리’ 등 화자이거나 재3인칭이라 하더라도 그가 화자 자신을 가리키는 경우에 나타난다. 右手 左手로 天地 ᄀᆞᄅᆞ치샤 ᄒᆞ오사 내 尊호라 ᄒᆞ시니.《월곡 상:8》(현대역: 오른손과 왼손으로 천지를 가르키시어 혼자 존하다 하시니.), 太子ㅣ 道理 일우샤 ᄌᆞ개 慈悲호라 ᄒᆞ시ᄂᆞ니.《석상 6:5》(현대역: 태자가 도리를 이루셔서 당신이 자비롭다 하시니.), 내 게으르디 아니호ᄆᆞ로 正覺ᄋᆞᆯ 일우오라.《석상 23:13》(현대역: 내가 게으르지 않으므로 정각을 이룬다.), ᄀᆞ장 시르미 나그내ᄅᆞᆯ 벋호ᄆᆞᆯ 더으ᄂᆞ니 ᄯᅩ 늘구미 사ᄅᆞᆷ 조차오ᄆᆞᆯ 아로라(轉添愁伴客 更覺老隨人).《두시-초 10:2》(현대역: 시름이 나그네를 벗하는 것을 가장 더하니, 또 늙음이 사람을 조차 오는 것을 안다.)

8 열어늘: 열거늘. ‘열(어간)+어늘(연결어미)’이다. ‘-어늘’은 동사 어간 뒤에 붙어, ‘-거늘’을 뜻하는 어미이다. 忠臣을 외오 주겨늘 惡惡 ᄆᆞᅀᆞ미 크샤 節鉞을 아니 주시니(擅殺忠臣 惡惡之極 所以節鉞 終焉不錫).《용가 106장》, 이바딜 듣고 그 ᄠᅳ들 무러늘 부텻 功德을 護彌ᄀᆞ장 니ᄅᆞ니.《월곡 상:55》

9 나니라: 나가니라. ‘나(어간)+니라(평서형 종결어미)’이다. ‘나다’는 ‘밖으로 나오거나 나가다’이다. 든 자리는 몰라도 난 자리는 표가 난다.

【集解】不履影은謂與人同行에不踐其影也라啓蟄은蟄虫初出也요方長은草木初生也라竇는孔隙也라有間은少頃也라朱子曰不徑不竇는安平時엔可也어니와若有寇盜患難이면如何守此하여以殘其軀리오觀聖人微服過宋하면可見矣니라

不履影[그림자를 밟지 않음]은 남과 함께 감에 그 그림자를 밟지 않음을 이른다. 啓蟄은 겨울잠 자는 벌레가 처음으로 나옴이요, 方長은 초목이 처음 남이다. 竇는 구멍의 틈이다. 有間은 '잠깐 사이에'이다. 주자가 말하였다. "不徑不竇[지름길로 아니 하고, 구멍으로 아니 함]은 평안할 때에는 가하거니와, 만일 도적이나 환난이 있으면 어찌하여 이를 지켜 써 그 몸을 멸하겠는가? 聖人[孔子]께서 미천한 복장으로 宋나라를 지났음을 보면 가히 알 수 있다."

漢字 踐[밟을 천=履(리)], 虫(=蟲 벌레 충), 孔(구멍 공), 隙(틈 극), 頃(잠깐 경, 백이랑 경), 寇(도적 구), 盜(도둑 도, 훔칠 도), 殘(멸할 잔, 해칠 잔, 잔인할 잔), 軀(몸 구)

1 소경(少頃): 잠시 동안, 잠깐 사이에.

2 聖人微服過宋: '성인[聖人, 孔子]께서 미천한 복장으로 송(宋)나라를 지났음'. 공자께서 미천한 환관 옹저(癰疽)와 척환(瘠環)의 집에 거처를 정한 것이 사실이냐는 만장(萬章)의 질문에 대해, 공자께서는 출처진퇴에 예의로써 하여 구차한 행위를 하지 않았다함을 설명하는 맹자의 대답에 나오는 내용이다(《맹자》〈만장상(萬章上)〉 제8장)에 보인다). "孔子不悅於魯衛 遭宋桓司馬將要而殺之 微服而過宋 是時 孔子當阨 主司城貞子爲陳侯周臣[공자께서 노(魯)나라와 위(衛)나라에 (머물기를) 좋아하지 않으시어, (노·위를 떠나 宋나라로 가셨다가) 송나라 환사마[桓司馬, 환퇴(桓魋), 일명 상퇴(向魋)]가 장차 길을 가로막고 죽이려 함을 만나서 미복(微服) 차림으로 송나라를 지나가셨으니, 이때에 공자께서 곤액(困厄)을 당하셨으나, 사성정자(司城貞子)의 집에서 주인을 정하고 진후(陳侯) 주(周)의 신하가 되었다.]" 《사기(史記)》〈공자세가(孔子世家)〉를 상고해보면, 공자께서 노(魯)나라의 사구(司寇)가 되셨는데, 제(齊)나라 사람들이 미녀악사(樂師)를 보내어 이간질하자, 공자께서 마침내 노나라를 떠나 위(衛)나라로 가시어 한 달 남짓 있다가, 위나라를 떠나 송나라로 가셨다. 이때 사마퇴(司馬魋)가 공자를 죽이고자 하므로 공자는 송나라를 떠나 진(陳)나라에 이르시어 사성정자를 주인으로 삼으셨다.

【增註】輒은衛君名이라難은謂輒以兵拒父時也라

輒은 衛나라 임금의 이름이다. 難은 輒이 군대로써 아버지[괴외(蒯聵)]를 막을 때를 이른다.

漢字 拒(막을 거)

〖三十九章〗

○南容이三復白圭혼대孔子ㅣ以其兄之子로妻之ᄒᆞ시다 《論語 先進》

●南容이 白圭를 세 번 되풀이하자, 공자께서 그 형의 자식을 그에게 시집보내셨다.

漢字 復(되풀이할 복), 圭(옥 규, 홀 규, 모서리 규), 妻(시집보낼 처)

남용(南容, 생몰 연대 미상): 춘추시대 말기 노(魯)나라 사람으로, 성은 남궁(南宮)이고 이름은 괄(括)이다. 다른 이름 남궁도(南宮韜)로도 불렸다. 자는 자용(子容)으로, 남용(南容)으로도 불렸다. 공자의 조카사위이자 공자 문하 72명의 수제자[七十二賢] 중 한 명이다. 평소 공자가 그에 대해 '군자' 또는 '덕을 숭상하는 사람'으로 평가할 정도로 신망을 얻었는데, 《논어》에 따르면 그가 《시경》의 '백규편(白珪篇)'을 세 번이나 반복해 읽는 것을 보고 공자가 자기 형님의 딸을 아내로 삼게 했다고 한다. 한편 당나라 때 사마정(司馬貞, 679년~732년)이 《사기(史記)》의 주석서로 지은 《사기색은(史記索隱)》에서는 노나라의 대부 맹희자(孟僖子)의 아들 남궁경숙(南宮敬叔)을 남궁괄로 보고 있지만, 대부분은 인정하지 않는 설이다. 당 현종 개원(開元) 27년인 79년에 담백(郯伯)에 추봉되었고 송 진종 대중상부(大中祥符) 2년인 1009년에 공구후(龔丘侯)에 추봉되었다. 이어 1116년에 여양후(汝陽侯)로 추봉되었다가 명 세종 가정(嘉靖) 9년인 1530년에 '선현남궁자(先賢南宮子)'로 추봉되었다(중국인물사전). '백규(白圭)'의 내용은 아래 【集解】를 참조하라.

소언 南남容용[일홈은 縚도ㅣ오 ᄒᆞᆫ 일홈은 适괄이오 ᄌᆞᄂᆞᆫ 子ᄌᆞ容용이니 孔공子ᄌᆞᆺ 뎨ᄌᆡ라]이 伯ᄇᆡᆨ圭규[모시 抑억篇편엣 말ᄉᆞᆷ이라]ᄅᆞᆯ 세 적 노왼대 孔공子ᄌᆞ ㅣ 그 兄형의 ᄌᆞ식으로ᄡᅥ 안해 삼ᄋᆞ시다

현대역 南容[이름은 도(縚)요, 한 이름은 괄(适)이오, 자는 子容이니, 공자의 제자라.]이 伯圭[毛詩 抑篇에의 말씀이라.]를 세 번 거듭하니까 공자가 그 형의 자식으로써 아내 삼게 하시다.

노왼대: 거듭하니까. '노외(어간)+ㄴ대(연결어미)'이다. '노외다'는 'ᄂᆞ외다'와 함께, '거듭하다'의 옛말이다. 化ᄒᆞ야 闡底 ᄃᆞ외닌 이에 세 번 ᄂᆞ외욜 띠니라(化爲闡底者, 宜三復于斯).《법화 5:207》, 병이 ᄂᆞ외어든(犯房勞病復發).《구간 1:109》. '-ㄴ대'는 어간이나 어미 뒤에 붙어 '-니까'를 뜻하는 어미이다. 目連이 淨飯王ᄭᅴ 도라가 이 辭緣을 ᄉᆞᆯᄫᆞᆫ대 王이 大愛道ᄅᆞᆯ 블러 니ᄅᆞ샤ᄃᆡ.《석상 6:6》, 부톄 比丘 ᄃᆞ리시고 드러 안ᄌᆞ신대 鸚鵡ᄃᆞᆯ히 부텨를 보ᅀᆞᆸ고 깃븐 ᄆᆞᅀᆞᄆᆞᆯ 내야 ᄒᆞᆫ 날 命終ᄒᆞ야 忉利天에 나니라.《석상 6:41~42》

【集解】朱子曰南容은孔子弟子라居南宮하니名은縚요又名은适이요字는子容이요諡는敬叔이라詩大雅抑之篇曰白圭之玷은尙可磨也어니와斯言之玷은不可爲也라하니南容이一日三復此言이라事見(현)家語하니蓋深有意於謹言也라此는邦有道에所以不廢요邦無道에所以免禍라故로孔子以兄子妻之하시니라

주자가 말하였다. "南容은 공자의 제자이다. 南宮에 거처했으니, 이름은 縚요 또 이름은 适이요. 자는 子容이요, 시호는 敬叔이다. 《시경》〈大雅〉'抑篇'에 이르기를, "흰 옥의 티는 오히려 가히 갈 수 있거니와, 이 말의 티는 가히 다스릴 수가 없구나." 하였는데, 南容이 하루에 이 말을 세 번 반복하였다. 사실이 《孔子家語》〈弟子行〉에 나타나니, 대개 말 삼감에 깊이 뜻이 있음이다[뜻을 둠이다]. 이는 나라에 도가 있음에 폐하지 않는[버려지지 않는] 바요, 나라에 도가 없음에 화를 면하는 바이다. 그러므로 공자

께서 형의 자식으로 그에게 시집보내셨다."

漢字 縚(끈 도), 适(이를 괄, 빠를 괄), 玷(옥티 점, 이지러질 점, 잘못할 점). 磨(갈 마), 爲(다스릴 위)

공자가어(孔子家語): 《논어(論語)》에 빠진 공자의 일화를 기록했다는 고서이다. 《한서예문지(漢書藝文志)》 〈논어부(論語部)〉에는 《공자가어》가 27권이라고 기록되어 있으나, 27권이 온전하게 전해지지 않는 것으로 알려졌다. 지금 현전하는 《공자가어》는 위(魏)나라의 왕숙(王肅)이 발견하여 주석을 달았다는 10권 44편으로 구성된 판본이다. 이는 그동안 왕숙이 위조한 서적으로 알려져 왔으나, 1973년 하북 정현의 팔각랑서한묘에서 출토된 죽간《유가자언》과 1977년 안휘 쌍고퇴서한묘에서 출토된 《유가자언》이 《공자가어》와 비슷한 내용이여서, 《공자가어》가 위서가 아니라 공자 사후 제자들에게 내려오던 자료들을 수정 보완하여 오늘날 같은 내용으로 편찬되었을 것이라는 주장이 최근 들어 대두되고 있다(위키백과).

〖四十章〗

○ 子路ㅣ無宿諾이러라 《論語 顔淵》

● 子路는 허락한 것을 묵힘이 없었다.

자로(子路, 기원전 543년~기원전 480년): 성은 중(仲)이고, 이름은 유(由)이며, 자(字)는 자로(子路) 또는 계로(季路)다. 지금의 산둥성[山東省] 쓰수이현[泗水縣]인 노국(魯國) 변읍(卞邑) 출신이다. 공자의 제자들 가운데 가장 뛰어난 10인을 뜻하는 '공문십철(孔門十哲)' 가운데 한 사람으로 꼽히며, '공문칠십이현(孔門七十二賢)' 가운데 한 사람으로 공자의 사당에 배향되어 있다. 자로는 공자보다 나이가 9세 어려서, 공자를 수행하던 제자들 가운데에는 가장 나이가 많았다. 그는 노나라의 세 경대부(卿大夫) 가문인 삼환(三桓) 가운데 하나인 계씨(系氏)의 읍재(邑宰)를 지냈으며, 처음에는 공자를 업신여기고 포악하게 굴었다고 전해진다. 그러다 점차 공자의 가르침을 받으며 교화되자, 다른 제자들의 요청으로 공자의 문하로 받아들여졌다. 《사기》에는 자로에 관해 "성격이 거칠고 용맹스러운 일과 힘쓰는 일을 좋아하고 의지가 강하고 정직하였다."고 기록되어 있다. 공자는 그의 꾸밈없고 소박한 인품을 칭찬하였으나, 성급하고 거친 성정은 주의케 하였다. 예컨대 공자는 자로를 '닳아빠진 솜옷을 걸치고 여우와 담비 가죽을 입은 사람과 함께 서 있어도 부끄럽게 여기지 않을 자'로 높이 평가하면서도 "일을 잘 헤아려 사리에 맞게 하는 것이 없다."고 지적하기도 했다. 자로는 공자가 노나라를 떠나 각국을 떠돌 때 그를 수행하다가 지금의 허난성[河南省] 창위안[長垣]인 위(衛)나라 포읍(蒲邑)의 읍재가 되었다. 그러다 기원전 480년 위나라 출공(出公)의 아버지인 괴외(蒯聵)가 영공(靈公)의 외손자인 대부(大夫) 공회(孔悝)와 함께 정변을 일으켜 출공을 쫓아내자, 자로는 자고(子羔)의 만류를 뿌리치고 위나라의 도성으로 들어가 괴외에게 공회를 죽이라고 간언하였다. 그리고 괴외가 이를 받아들이지 않자 누대에 불을 지르려 하다가 석걸(石乞)과 호염(壺黶)에게 죽임을 당했다. 《사기》에는 공자는 위나라에 변란이 일어났다는 소식을 듣고는 자로가 뜻을 굽히지 않고 목숨을 잃을 것을 예견했다고 기록되어 있다. 자로는 죽은 뒤에 시신이 소금에 절여지는 해형(醢刑)을 당했다고도 전해진다. 당나라 현종 때에 위후(衛侯)로 추봉되었으며, 송나라 진종 때에는 하내공(河內公)으로 봉해졌다. 아울러 송나라 도종 때에는 위공(衛公)으로 봉해졌다(두산백과).

소언 子ᄌᆞ路로ㅣ 그리 호려 ᄒᆞᆫ 말ᄋᆞᆯ 무굼이 업더라

현대역 자로가 '그렇게 하구려.' 한 말을 묵힘이 없더라.

1 호려: 하구려. 'ᄒᆞ(어간)+오(화자 표시법 선어말어미)+려(명령형 종결어미)'이다. 종결형과 연결형의 선어말어미 '-오$_1$-'은 일반적으로 주어 명사구가 제1인칭 대명사 '나, 우리' 등 화자이거나 제3인칭이라 하더라도 그가 화자 자신을 가리키는 경우에 나타난다. 따라서 이를 화자 표시법 선어말어미(고영근, 2020: 363) 또는 1인칭법 선어말어미(허웅, 1958: 124-197)라고 부른다. 선어말어미 '-오-'를 포함한 '-오려'는 동사나 형용사 어간 뒤에 붙어, '-구려'를 뜻한다. '-구려'는 하오할 자리에 쓰여, 상대에게 권하는 태도로 시키는 뜻을 나타내는 종결어미이다. 내 일즉 아디 몯호라 볼셔 아더든 보라 가미 됴탓다 네 허믈 마오려(我不曾知道來 早知道時 探望去好來 你休怪).《번박 상:37~38》, 이는 나도 아노니 네 ᄀᆞᄅᆞ치디 마오려(這的我自會的 不要你教).《번노 상:32》

2 무굠: 묵힘. '무기(어간)+움(명사형 어미)'이다. '무기다'는 '묵히다'의 옛말이다. 일정한 때를 지나서 오래된 상태가 되게 하다.

【集說】朱子曰宿은留也니猶宿怨之宿이라急於踐言하여不留其諾也라

주자가 말하였다. "宿은 머무름[묵힘]이니, '宿怨'의 宿과 같다. 말을 실천함에 급하여 그 허락한 것을 묵히지 않는다."

숙원지숙(宿怨之宿): 주자는 '묵힐 숙(宿)'의 뜻을 설명하면서 《맹자》〈 만장상(萬章上)〉 제3장에 나오는 '숙원(宿怨)'을 이용하고 있다. 그 내용은 다음과 같다. "萬章曰 象 至不仁 封之有庳 有庳之人 奚罪焉 仁人 固如是乎 在他人則誅之 在弟則封之 曰 仁人之於弟也 不藏怒焉 不宿怨焉 親愛之而已矣 親之 欲其貴也 愛之 欲其富也 封之有庳 富貴之也 身爲天子 弟爲匹夫 可謂親愛之乎)(만장이 말하길, '상[象, 舜의 이복동생]이 지극히 불인(不仁)하였는데도 그를 유비(有庳)에 봉해 주셨으니, 유비(有庳)의 백성들은 무슨 죄입니까. 인인(仁人)도 진실로 이와 같단 말입니까. 타인에 있어서는 죽이고, 동생에 있어서는 봉해 주시는군요.' 맹자가 말하였다. '인인(仁人)은 아우에 대해서 노여움을 감추지 아니하며, 원망을 묵혀 두지 아니하고, 그를 친애(親愛)할 뿐이다. 그를 친히 한다면 그가 귀하게 되기를 바랄 것이요, 그를 사랑한다면 그가 부해지기를 바랄 것이니, 그를 유비(有庳)에 봉하심은 그를 부귀하게 하신 것이다. 자신은 천자(天子)가 되고, 아우는 필부(匹夫)가 된다면 아우를 친애(親愛)했다고 이를 수 있겠는가.')" 〈계고(稽古) 제4〉 제31장을 참조하라.

【四十一章】

○孔子ㅣ曰衣敝緼袍ᄒᆞ야與衣狐貉者로立而不恥者ᄂᆞᆫ其由也與ㄴ뎌 《論語 子罕》

● 공자께서 말씀하셨다. "해진 솜옷을 입고서, 여우나 담비 가죽옷을 입은 자와 더불어 서되 부끄러워하지 않는 자는 그 仲由이구나."

漢字 敝(해질 폐), 縕(솜옷 온, 헌 솜 온), 袍(솜옷 포), 狐(여우 호), 貉(=貈 담비 학, 오소리 학)

소언 孔공子ᄌᆞㅣ ᄀᆞᆯᄋᆞ샤ᄃᆡ 헌 핟옷 닙어 여ᄋᆞ와 너구릐 갓옷 닙으니와 더블어 셔셔 붓그리디 아니ᄒᆞᄂᆞᆫ 이ᄂᆞᆫ 그 由유ㅣᆫ뎌

현대역 공자가 말씀하시되, "헌 핫옷 입어 여우와 너구리의 가죽옷 입은 이와 더불어 서서 부끄러워하지 아니하는 이는 그 由이구나."

1 핟옷: 핫옷. 안에 솜을 두어 만든 옷. 져근 핟오새 곳다온 프를 繡ᄒᆞ얏더니(小襦繡芳蓀).《두시-초 8:6》, 襺 핟옷 견.《훈몽 중:12》, 겨ᄉᆞ리 다ᄃᆞᆮ거든 벽드르문엣 비단 핫옷과 초록 면듀 핟옷과 금으로 빠 시란ᄒᆞᆫ 핟옷과(到冬間 界地紵絲襖子 綠紬襖子 織金膝欄襖子).《번노 하:50》

2 유ㅣᆫ뎌: 유이구나. '유(由, 고유명사)+ㅣ('이다'의 어간)+ㄴ(관형사형 어미)+ᄃᆞ(의존명사)+여(감탄 보조사)'이다. '-ㄴ뎌'는 공시적으로는 어미로 재구조화하여, '-구나'를 뜻한다. 슬프다 녯 사ᄅᆞᄆᆡ 마ᄅᆞᆯ 아디 몯ᄒᆞᄂᆞᆫ뎌(悲哉, 不悟昔人言).《남명 하:30》, ᄒᆞ나 아닌 다ᄅᆞᆫ 教ᄅᆞᆯ 내시ᄂᆞ니 어긔요ᄃᆡ 다ᄅᆞ디 아니ᄒᆞ닌 오직 聖人ㅅ 마리신뎌(吐不一之殊教 乖而不可異者 其惟聖言乎).《영가 하:36》

【集說】朱子曰敝는壞也요縕은枲音洗麻也著音宁也요袍는衣有著者也니蓋衣之賤者라狐貉은以狐貉之皮爲裘하니衣之貴者라子路之志如此하니則能不以貧富動其心하여而可以進於道矣라故로夫子稱之하시니라

주자가 말하였다. "敝는 무너짐[해짐]이요, 縕은 모시로 솜을 둠이요, 袍는 옷에 솜이 있는 것이니, 대개 옷의 천한 것이다. 狐貉은 여우와 담비 가죽으로 갖옷을 만듦이니, 옷의 귀한 것이다. 子路의 뜻이 이와 같았으니, 능히 가난과 부함으로써 그 마음을 움직이지 아니하여, 가히 써 도에 나아갈 수 있었다. 그러므로 夫子가 그를 칭찬하셨다."

漢字 壞(무너질 괴), 枲(모시풀 시), 著(솜 둘 저, 나타날 저, 글 지을 저, 젓가락 저, 입

을 착), 裘(갖옷 구)

〖四十二章〗

○鄭子臧이出奔宋이러니好聚鷸冠어어늘鄭伯이聞而惡之ᄒᆞ야使盜殺之ᄒᆞᆫ대君子ㅣ曰服之不衷中은身之災也ㅣ라詩예曰彼己記之子여不稱其服이라ᄒᆞ니子臧之服이不稱也夫ᆫ뎌 《左傳僖公二十四年》

●鄭나라 子臧이 宋나라로 나가 달아났는데, 물총새깃털을 모아 만든 관[聚鷸冠]을 좋아했다. 鄭伯[鄭文公]이 듣고 그를 미워하여, 도적[자객]을 시켜 그를 죽이자, 군자가 말하였다. "옷이 알맞지 않음은 몸의 재앙이다. 《시경》에 이르기를, '저 사람[子]이여, 그 옷이 알맞지 않도다.' 하였으니, 子臧의 옷이 알맞지 않음인저."

漢字 臧(착할 장), 奔(달아날 분), 鷸(물총새 휼, 도요새 휼), 衷(알맞을 충, 속 충, 속마음 충), 災(재앙 재), 稱(알맞을 칭, 일컬을 칭)

정문공(鄭文公, 미상~기원전 628년, 재위 기원전 673년~기원전 628년): 춘추시대 정(鄭)나라의 제10대왕이다. 이름은 희첩(姬捷)이고, 정여공(鄭厲公)의 아들이다. 18년(기원전 655년)에 제환공(齊桓公)을 배신하고 초(楚)나라와 친했다. 다음 해 제나라와 노(魯)나라가 공격해오자 초나라가 군대를 내어 허(許)를 포위해 구원했다. 35년(기원전 638년)에 송(宋)나라로 달아난 아들 자장(子臧)이 법도를 어기자 자객을 시켜 죽였다. 36년(기원전 637년) 진(晉)나라의 공자(公子) 중이(重耳)가 망명하여 정나라를 지나갔는데 문공이 박대했다. 중이가 즉위하여 진문공(晉文公)이 되고 진나라와 초나라가 성복(城濮)에서 전투를 벌였다. 재위 기간은 45년이다(중국역대인명사전).

소언 鄭뎡ㅅ 子ᄌᆞ藏장[文문公공의 아ᄃᆞᆯ이라]이 宋송애 나ᄃᆞ랏더니 鷸귤[프른 새라]의 짗츨 모도와 ᄆᆡᆼᄀᆞᆫ 冠관을 됴히 너기거ᄂᆞᆯ 鄭뎡伯

빅이 듣고 아쳐로이 너겨 도ᄌᆞᆨ으로 ᄒᆞ여곰 죽인대 君군子ᄌᆞㅣ ᄀᆞᆯ오ᄃᆡ 의복이 졍티 아니홈은 몸앳 ᄌᆡ해라 詩시예 ᄀᆞᆯ오ᄃᆡ 뎌 사ᄅᆞᆷ이여 그 오시 맛디 아니ᄒᆞ다 ᄒᆞ니 子ᄌᆞ藏장의 의복이 맛디 아니ᄒᆞᆫ뎌

현대역 鄭의 子藏[문공의 아들이라.]이 宋에 내달았더니, 율(鷸)[푸른 새라.]의 깃을 모아 만든 관을 좋게 여기거늘, 鄭伯이 듣고 싫게 여겨 도적으로 하여금 죽이니까, 군자가 가로되, "의복이 올바르지 아니함은 몸의 재해라. 시에 가로되, '저 사람이여, 그 옷이 맞지 아니하다.' 하니 자장의 의복이 맞지 아니하구나."

1 鷸: 뜻은 '도요새' 또는 '물총새'이며, 음은 '휼'이다. 그러나 본음이 '율'이므로 《소학언해》 대문(大文)과 번역문에는 음이 '률'로 달렸다.

2 짇츨: 깃을. '짇ㅊ(명사)+을(목적격 조사)'이다. '짇ㅊ'은 '깃'의 옛말인 '짇'의 중철 표기이다. 현대국어 '깃'의 옛말인 '깇'은 15세기 문헌에서부터 나타난다. '깇'은 자음으로 시작하는 조사와 결합하거나 단독으로 쓰일 때에는 팔종성법에 의해 '깃'으로 나타났다. 16세기 이후 종성 위치에서 'ㅅ'이 'ㄷ'과 발음이 같아짐에 따라 표기의 혼란이 생겨 '짇'과 같은 표기도 보이며, '깇'을 중철 표기한 '깃ㅊ'의 예도 나타난다. '깇'의 종성이 'ㅊ'에서 'ㅅ'으로 바뀐 것은 19세기 이후의 일로 추정되나, 19세기 문헌에서 '깇'은 단독으로 쓰이거나 자음으로 시작하는 조사와 결합한 예만 나타나고 있어 그 정확한 시기를 확인할 수 없다. 19세기에는 현대 국어와 같은 '깃' 형태가 등장하였는데, 이는 ㄱ구개음화를 의식한 과도 교정의 결과이다. 17세기 이후 남부 지방을 중심으로 'ㅣ' 모음이나 반모음 'j' 앞에서 'ㄱ, ㅋ, ㄲ'이 'ㅈ, ㅊ, ㅉ,'으로 바뀌는 ㄱ구개음화가 일어났는데, 중부방언에서는 ㄱ구개음화가 일어나지 않았다. 그런데 중부방언에서 본래 '지, 치'를 지녔던 어휘들을 ㄱ구개음화에 의한 방언형으로 오해하여 이를 되돌리기 위해 '기, 키'로 바꾸는 경우가 간혹 있었는데, '깇>깃'의 변화도 그 중 하나이다. 깇(15세기~18세기)>깃(19세기~현재). 이형태: 깇, 깃, 깃ㅊ, 짇, 깃. 또 各各 여듧 婇女ㅣ 씌 지츠로 ᄆᆡᆼᄀᆞ론 纛ᄋᆞᆯ 자바 壇 四面에 셔ᅀᆞᄫᆞ며.《1447 석상 23:49ㄴ》, 奇異ᄒᆞᆫ 지촐 앗기디 아니ᄒᆞ야 머리 와 노로ᄆᆞᆯ 放恣히 ᄒᆞᄂᆞᆺ다《1481 두시-초 17:11ㄴ》

3 아쳐로이: 싫게(부사). 밉살스레(부사). 鄭伯이 듣고 아쳐로이 너겨(鄭伯聞而惡

之).《소언 4:43》(현대역: 정백이 듣고 싫게 여겨)

【集說】陳氏曰子臧은鄭伯之子라鷸은翠鳥니聚鷸冠者는聚其羽以爲冠也라詩는曹風候人之篇이라己는詩作其記하니語辭라

진 씨가 말하였다. "子臧은 鄭伯의 아들이다. 鷸은 물총새이니, 聚鷸冠이란 것은 그 깃털을 모아 관을 만듦이다. 詩는 曹風 候人篇이다. 己는 《시경》에 其로 되어 있으니, 어조사이다."

漢字 翠(물총새 취, 푸를 취, 비취색 취)

【集解】衷은中也라

衷은 알맞음이다.

【四十三章】

○公父甫文伯이退朝ᄒᆞ야朝其母ᄒᆞᆯ시其母ㅣ方績이러니文伯이曰以歜昌六反之家而主ㅣ猶績乎ㅣㅅ가其母ㅣ嘆曰魯其亡乎ㄴ뎌使僮子로備官而未之聞邪ㅣ온여 《國語 魯語》

● 공보문백(公父文伯)이 조정에서 물러나 그의 어머니를 뵈었는데, 그 어머니가 바야흐로 길쌈하고 있었다. 문백이 말하였다. "촉(歜)의 집으로서, 어머니께서 오히려 길쌈을 하십니까?" 그 어머니가 탄식하여 말하였다. "노나라는 아마도 망하겠구나. 어린애로 하여금 벼슬을 갖추게 하고서, 이것[이런 제도]을 듣지 못하였구나.

漢字 績(길쌈할 적), 歜(사람이름 촉, 화낼 촉), 僮(=童 아이 동), 邪[어조사 야=耶(야), 간사할 사], 其~乎(아마도 ~하겠구나)

경강(敬姜): 공보문백(公父文伯)의 어머니이다. 자세한 내용은 〈계고(稽古) 제4〉

제28장을 참조하라.

소언 公공父보文문伯빅이 됴회로셔 믈러와 그 어미씌 뵈ᄋᆞ올신 그 어미 보야흐로 삼 삼더니 文문伯빅이 ᄀᆞᆯ오ᄃᆡ 歜촉의 집으로ᄡᅥ 어마님이 오히려 삼 삼으시ᄂᆞ니잇가 그 어미 嘆탄ᄒᆞ야 ᄀᆞᆯ오ᄃᆡ 魯로ㅣ 그 亡망ᄒᆞ린뎌 아ᄒᆡ로 ᄒᆡ여곰 관원을 ᄀᆞ초고 듣디 몯ᄒᆞ엿곤여

현대역 공보문백(公父文伯)이 조회에서 물러와 그 어머니께 뵈므로, 그 어머니 바야흐로 삼을 삼더니, 문백이 가로되, "촉(歜)의 집으로서 어머님이 오히려 삼을 삼으십니까?" 그 어머니가 한탄하여 가로되, "魯가 그 망할 것이다. 아이로 하여금 관원을 갖추고, 듣지 못하여 있구나.

1 됴회: 조회(朝會). 모든 벼슬아치가 함께 정전에 모여 임금에게 문안드리고 정사를 아뢰던 일. 샹위 로ᄒᆞ샤 ᄂᆞᆾ비출 달이 ᄒᆞ시고 됴회를 파ᄒᆞ시니 지샹돌히 다 黯을 위ᄒᆞ여 두려ᄒᆞ더니(上怒變色而罷朝 公卿皆爲黯懼).《번소 9:39》, 듕문 동녀긔 져근 별실이 이시니 됴회 아닌 나리어든 ᄆᆡ일 아ᄎᆞᆷ마다 믄득 별실에 가더니(中門東有小齋 自非朝謁之日 每平旦輒出至小齋).《번소 9:102》

2 삼으시ᄂᆞ니잇가: 삼으십니까. '삼(어간)+으시(주체 높임 선어말어미)+ᄂᆞ(현재 시제 선어말어미)+니(의문형 어미)+잇(존비법 ᄒᆞ쇼셔체 선어말어미)+가(의문형 종결어미)'이다. '니잇가'에 나타나는 '니'를 원칙법 선어말어미로 보는 일도 없지 않으나, 의문형 어미의 일부분이지 원칙법 선어말어미가 아니다. 그것은 '니'가 빠진 '*ᄒᆞᄂᆞ어', '*ᄒᆞᄂᆞ잇가'란 어형이 불가능하다는 데서도 알 수 있다. '니잇가'는 ᄒᆞ쇼셔체 판정의문문을 만든다. ᄒᆞ야쎠체와 ᄒᆞ쇼셔체에서는 제1·3인칭 의문문과 제2인칭 의문문이 중화되어 버린다. ᄒᆞ쇼셔체 판정의문문 또한 다른 판정의문문과 같이 의문사 없이 쓰이고, '아' 계통 모음으로 되어 있으며, 가부(可否)의 대답을 요구하는 의문문이다. 賢者도 ᄯᅩᄒᆞᆫ 이를 樂ᄒᆞᄂᆞ니잇가(賢者亦樂此乎).《맹언 1:3》, 人을 殺호ᄃᆡ 挺과 다ᄆᆺ 刃으로ᄡᅥ 홈이 ᄡᅧ 달오미 인ᄂᆞ니잇가(殺人以梃與刃 有以異乎).《맹언 1:11》

3 망ᄒᆞ린뎌: 망하는구나. 망하는구려. '망ᄒᆞ(어간)+리(추측 선어말어미)+ㄴ(관형사형 어미)+ᄃᆞ(의존명사)+여(감탄 보조사)'이다. '-ㄴ뎌'는 공시적으로는 어미로 재구조화하였다. '-린뎌'는 '-ㄹ진저'의 옛말이다. '-ㄹ진저'는 '이다'의 어간, 받침

없는 용언의 어간, ‘ㄹ’ 받침인 용언의 어간 또는 어미 ‘-으시-’ 뒤에 붙어, 해라할 자리에 쓰여, 마땅히 ‘-어야 할 것이다’, ‘-일 것이다’, ‘-는구나’의 뜻을 나타내는 종결어미이다. 장엄성을 띤 글에 쓴다. 恭敬 아니호ᄆᆞᆯ 마라 싁싁ᄒᆞ야 ᄉᆞ랑ᄒᆞᄂᆞᆫ ᄃᆞᆺᄒᆞ며 말ᄉᆞᄆᆞᆯ 安定히 ᄒᆞ면 百姓을 便安케 ᄒᆞ린뎌(毋不敬 儼若思 安定辭 安民哉).《내훈 1:7》, 슬프다 녯 사ᄅᆞᄆᆡ 마ᄅᆞᆯ 아디 몯ᄒᆞ논뎌(悲哉, 不悟昔人言).《남명 하:30》, ᄒᆞ나 아닌 다ᄅᆞᆫ 敎ᄅᆞᆯ 내시ᄂᆞ니 어긔요ᄃᆡ 다ᄅᆞ디 아니ᄒᆞ닌 오직 聖人ㅅ 마리신뎌(吐不一之殊教 乖而不可異者 其惟聖言乎).《영가 하:36》

4 ᄒᆡ여곰: 하여금. ‘ᄒᆡ여곰’은 15세기 문헌에서부터 나타난다. ‘ᄒᆡ여곰’은 동사 ‘ᄒᆞ-’에 사동접사 ‘-이-’, 연결어미 ‘-어’, 강세 보조사 ‘-곰’이 결합한 것이다. ‘ᄒᆡ여곰’에서 제1음절의 반모음 ‘ㅣ’가 탈락한 ‘ᄒᆞ여곰’, ‘ᄒᆞ야곰’ 형태도 15세기 이래로 공존하였다. 17세기에는 강세 보조사 ‘-곰’이 ‘-금’으로 바뀐 ‘ᄒᆞ여금’ 형태가 등장하기 시작하여 18세기에는 ‘ᄒᆞ야금’, ‘ᄒᆡ여금’ 형태도 나타났다. 근대국어 후기에 모음 ‘ㆍ’가 ‘ㅏ’와 소리가 같아지면서 ‘ᄒᆞ여금’은 현대국어의 ‘하여금’으로 변화하였다. ᄒᆡ여곰(15세기~18세기)〉ᄒᆞ여곰(15세기~19세기)〉ᄒᆞ여금(17세기~19세기)〉하여금(20세기~현재). 이형태: ᄒᆡ여곰, ᄒᆞ여곰, ᄒᆞ야곰, ᄒᆡ야곰, ᄒᆞ여금, ᄒᆞ야금, ᄒᆡ여금, 하야곰. 집 ᄆᆞᄅᆞ와 보콰로 ᄒᆡ여곰 것게 ᄒᆞ디 말오라.《1481 두시-초 3:10ㄴ》, 내 心中으로 ᄒᆞ여곰 심히 快足디 아니케 ᄒᆞᄂᆞ다.《1481 두시-초 5:35ㄴ》, 발 지달ᄊᆞ고 기슨 ᄡᅡ해 노하 ᄒᆞ야곰 플 먹게 ᄒᆞ고.《1510년대 번노 하:44ㄴ-46ㄱ》

5 ᄀᆞ초고: 갖추고. ‘ᄀᆞ초(어간)+고(연결어미)’이다. ‘ᄀᆞ초다’는 15세기 문헌에서부터 나타난다. ‘ᄀᆞ초다’는 ‘갖추어져 있다’, ‘구비하다’의 의미를 지닌 동사 ‘ᄀᆞᆽ-’에 사동접사 ‘-호-’가 결합한 것이다. 중세국어 시기의 ‘ᄀᆞ초다’는 ‘갖추다’의 의미와 ‘감추다’라는 의미를 모두 가지고 있었는데, ‘감추다’의 의미를 지닌 ‘ᄀᆞ초다’의 경우 15세기 일부 문헌에서부터 ‘ᄀᆞᆫ초다’와 같이 ‘ㄴ’이 첨가된 형태가 나타나 이후에 ‘ᄀᆞᆷ초다’로 발전하였다. ‘갖추다’의 의미를 지닌 ‘ᄀᆞ초다’는 16세기 이후로 중철 표기된 ‘ᄀᆞᆮ초다’, ‘ᄀᆞᆽ초다’로도 나타났다. 근대국어 시기에 제1음절에서 모음 ‘ㆍ’가 ‘ㅏ’로 바뀌는 경향에 따라 18세기에는 ‘가초다’ 형태와 이를 중철 표기한 ‘갓초다’ 형태가 나타났고, 19세기에는 제2음절의 모음이 ‘ㅗ’에서 ‘ㅜ’로 바뀐 ‘갓추다’ 형태가 등장하였다. 현대국어에서는 원형을 밝혀 적는 원칙에 따라 ‘갖추다’로 표기하게 되었는데, 그 결과 ‘ᄀᆞᆽ-+-호-’의 구성을 지닌 ‘ᄀᆞ초다’와는 달리 현대국어의 ‘갖추다’는 ‘갖-+-추-’의 구성으로 재분석되었다. 한편 근대

국어 시기에 치조음 'ㅊ'이 경구개음으로 변하면서 '초'와 '쵸'의 발음 구별이 사라져, 19세기에는 'ᄀᆞᆺ쵸다', '갓쵸다' 등의 이표기가 나타나기도 하였다. ᄀᆞ초다(15세기～19세기)〉가초다(18세기～19세기)〉갓추다(19세기)〉갖추다(20세기～현재). 이형태: ᄀᆞ초다, ᄀᆞᆮ초다, ᄀᆞᆺ초다, 가초다, 갓초다, ᄀᆞᆺ쵸다, 갓쵸다, 갓추다. 庫ᄂᆞᆫ 쳔량 ᄀᆞ초아 뒷ᄂᆞᆫ 지비라.《석상 9:20ㄱ》, 쏠리 ᄑᆞ라 차반을 ᄀᆞ초라 ᄒᆞ더라.《1518 번소 9:88ㄱ》, 그 ᄌᆞ식 아홉 아ᄃᆞᆯ와 두 ᄯᆞᆯ로 ᄒᆡ여곰 百官이며 쇼와 羊이며 창젹을 ᄀᆞᆮ초와 ᄡᅧ 舜을 받이럼 가온대 가 셤기게 ᄒᆞ시니.《1588 소언 4:8ㄱ》

6 몯ᄒᆞ엿곤여: 못하여 있구나. '몯ᄒᆞ(어간)+여(보조적 연결어미)+잇(在, '잇다'의 어간)+곤여(감탄형 종결어미)'이다. 완료상은 보조적 연결어미 '-아/어/여'와 보조형용사 '잇다[在]'의 결합으로 표현된다. 그런데 '잇-'이 본동사와 한 음절을 이룰 때 이미 15세기에 'ㅣ'가 탈락되어 '여+ㅅ→엿'으로 나타나는 일이 많았다. 이 法이 法位예 住ᄒᆞ문 버릇ᄂᆞᆫ 萬像이 다 곧 實相이오(是法住法位者 森羅萬像 皆卽實相也).《법화 1:227》. '-곤여'는 어간이나 어미 뒤에 붙어, '-구나'를 뜻하는 어미이다. 魯ㅣ 그 亡ᄒᆞ린뎌 아ᄒᆡ로 ᄒᆡ여곰 관원을 ᄀᆞ초고 듣디 몯ᄒᆞ엿곤여.(魯其亡乎 使僮子備官而未之聞耶).《소언 4:44》

【集說】陳氏曰其母는卽敬姜也라績은緝麻也라歜은文伯名이라主는主母也라僮子는目文伯이라國將亡이면則任非人이니文伯이富貴而驕라故로敬姜이深嘆之也라

진 씨가 말하였다. "그 어머니는 곧 敬姜이다. 績은 삼을 이음이다. 歜은 文伯의 이름이다. 主는 主母이다. 僮子는 文伯을 지목함이다. 나라가 장차 망하려면 그릇된 사람에게 맡기니, 文伯이 부귀하여 교만하므로 敬姜이 그것을 깊이 탄식한 것이다."

漢字 緝(이을 즙, 실 자을 즙, 짤 즙), 麻(삼 마)

주모(主母): 주인 되는 어머니.

居ᄒᆞ라吾ㅣ語女汝호리라民이勞則思ᄒᆞᄂᆞ니思則善心이生ᄒᆞ고逸

則淫ᄒᆞᄂᆞ니淫則忘善ᄒᆞ고忘善則惡心이生ᄒᆞᄂᆞ니라沃土之民이不材ᄂᆞᆫ淫也ㅣ오瘠土之民이莫不嚮向義ᄂᆞᆫ勞也ㅣ라

● 앉아라. 내가 너에게 말하겠다. 사람은 수고로우면 (검약을) 생각하게 되니, 생각하면 착한 마음이 생기고, 편안하면 음탕해지니, 음탕하면 착함을 잊고, 착함을 잊으면 나쁜 마음이 생긴다. 기름진 땅의 백성이 재주가 없음은 음탕하기 때문이요, 메마른 땅의 백성이 의를 향하지 않음이 없음은 수고롭기 때문이다.

漢字 居(앉을 거, 살 거, 있을 거), 逸(편안할 일, 잃을 일), 沃(기름질 옥, 물댈 옥, 적실 옥), 材(재주 재, 재목 재), 瘠(메마를 척, 파리할 척), 嚮(향할 향, 대접할 향, 먹을 향, 제사지낼 향, 흠향할 향)

노사일음(勞思逸淫): 수고로우면 생각하게 되고, 편안하면 음탕해짐.

소언 안ᄌᆞ라 내 너ᄃᆞ려 닐오리라 ᄇᆡᆨ셩이 ᄀᆞᆺ브면 ᄉᆡᆼ각ᄒᆞᄂᆞ니 ᄉᆡᆼ각ᄒᆞ면 어딘 ᄆᆞ음이 나고 편안ᄒᆞ면 음탕ᄒᆞᄂᆞ니 음탕ᄒᆞ면 어딜믈 닛고 어딜믈 니ᄌᆞ면 사오나온 ᄆᆞ음이 나ᄂᆞ니라 건[1]ᄯᅡ해 ᄇᆡᆨ셩이 ᄌᆡ조롭디 몯홈ᄋᆞᆫ 음탕홈이오 마ᄆᆞᄅᆞᆫ ᄯᅡ햇 ᄇᆡᆨ셩이 올ᄒᆞᆫ ᄃᆡ 嚮향티 아니리 업슴은 근로홈이니라

현대역 앉아라, 내 너에게 이르리라. 백성이 가쁘면 생각하니, 생각하면 어진 마음이 나고, 편안하면 음탕하니, 음탕하면 어짊을 잊고, 어짊을 잊으면 악한 마음이 난다. 건땅의 백성이 재주가 있지 못함은 음탕함이요, 메마른 땅의 백성이 옳은 데 향하지 아니한 이 없음은 勤勞함이니라.

1 건: 건. '걸(어간)+ㄴ(관형사형 어미)'이다. '걸다'는 '흙이나 거름 따위가 기름지고 양분이 많다.'를 뜻한다. 현대국어 '걸다'는 15세기 문헌에서부터 '걸다'로 나타나 현재까지 그대로 이어진다. 걸다(15세기~현재). 이형태: 걸다. 摩竭애 일즉 關ᄋᆞᆯ ᄀᆞ리오시고 毗耶애 이블 ᄇᆞᄅᆞ매 거니라.《1482 금삼 4:13ㄴ》, 掛 挂 걸 괘.《1576 신합 하:46ㄴ》

2 마ᄆᆞ른: 메마른. '마ᄆᆞᄅᆞ(어간)+ㄴ(관형사형 어미)'이다. '마ᄆᆞᄅᆞ다'는 15세기 문헌에서부터 나타난다. '마ᄆᆞᄅᆞ다'는 '마-'와 'ᄆᆞᄅᆞ-'가 결합한 것으로 파악되는데, 이때 '마-'의 의미와 기능은 확인되지 않는다. 19세기에 등장한 '마마르다'는 동사 'ᄆᆞᄅᆞ다'가 '마르다'로 변화한 것에 영향을 받은 것인데, 'ᄆᆞᄅᆞ다'가 '마르다'로 변화한 것은 16세기 이후에 제2음절 이하에서 모음 'ㆍ'가 'ㅡ'로, 근대국어 시기에 제1음절에서 'ㆍ'가 'ㅏ'로 바뀌는 경향에 따른 것이다. 한편 '마마르다'가 '메마르다'로, 즉 '마-'가 '메-'로 바뀐 이유는 음운 현상으로 설명되지 않는다. 마ᄆᆞᄅᆞ다(16세기~17세기)〉마마르다(19세기)/메ᄆᆞᄅᆞ다(19세기)〉메마르다(20세기~현재). 이형태: 마ᄆᆞᄅᆞ다, 마마르다, 메ᄆᆞᄅᆞ다. 마ᄆᆞ른 ᄡᅡ히 도로혀 조 가로미 됴ᄒᆞ니 ᄃᆞᆫ 두들겐 어루 외롤 시므리로다.《1581 두시-초 13:40ㄱ》, 흘기 됴ᄒᆞ면 남기 셩ᄒᆞ고 흘기 마ᄆᆞᄅᆞ면 남기 이우ᄂᆞ니.《1518 정속-이 18ㄴ》

3 근로홈: 근로(勤勞)함. 부지런히 일함. '근로ᄒᆞ(어간)+옴(명사형 어미)'이다. '근로ᄒᆞ다'는 16세기 문헌에서부터 나타난다. '근로ᄒᆞ다'는 명사 '근로'와 '-ᄒᆞ-'가 결합한 것이다. 명사 '근로'는 한자어 '근로(勤勞)'에서 온 것이다. 20세기 이후 '-ᄒᆞ-'가 '-하-'로 표기가 바뀌어 '근로하다'가 되면서 현재에 이르렀다. 근로ᄒᆞ다(16세기~19세기)〉근로하다(20세기~현재). 이형태: 근로ᄒᆞ다, 근노ᄒᆞ다. 마ᄆᆞ른 ᄯᅡ햇 빅셩이 올흔 ᄃᆡ 嚮티 아니리 업슴은 근로홈이니라.《1588 소언 4:45ㄱ》, 쇼인을 본ᄃᆡ 그 부뫼 가식을 근노ᄒᆞ거ᄂᆞᆯ 그 ᄌᆞ식이 가식의 간난을 아디 못ᄒᆞ고,《1759 속자성 26ㄴ》

【集說】吳氏曰居語女者는止而與之語也라勞는勤勞也요逸은安逸也라沃은肥饒也요瘠은瘦薄也라

오 씨가 말하였다. " '居語女[앉아라. 너에게 말하겠다]'라는 것은, 그쳐서 그와 더불어 말함이다. 勞는 부지런히 힘씀이고, 逸은 편안함이다. 沃은 살찌고 넉넉함이요, 瘠은 메마름이다."

漢字 饒(넉넉할 요), 瘦(메마를 수, 파리할 수), 薄(엷을 박)

是故로王后ㅣ親織玄紞丁坎反ᄒᆞ시고公侯之夫人이加以紘紘

綖延ᄒᆞ고卿之內子ㅣ爲大帶ᄒᆞ고命婦ㅣ成祭服ᄒᆞ고列士之妻ㅣ加之以朝服ᄒᆞ고自庶士以下ㅣ皆衣其夫ᄒᆞᄂᆞ니社而賦事ᄒᆞ며烝而獻功ᄒᆞ야男女效績ᄒᆞ야愆則有辟闢이古之制也ㅣ라

● 이런 까닭으로 王后가 친히 검은색 면류관드림[玄紞]을 짜고, 公侯[제후]의 부인은 면류관끈[紘]과 면류관덮개[綖]를 더하고, 경의 內子[아내]는 큰 띠[大帶]를 만들고, 命婦[대부의 아내]는 제복을 이루고, 列士의 아내는 조복을 더하고, 庶士[여러 선비]로부터 이하는 모두 그 남편을 입힌다. 社祭[봄제사] 때에는 일을 주며, 烝祭[겨울제사] 때에는 일[결과]을 바쳐, 남녀가 공적을 힘써, 허물이 있으면 죄를 받음이 옛날의 제도이다.

漢字 紞(면류관드림 담), 紘(끈 굉), 綖(면류관덮개 연), 賦(줄 부), 烝(겨울제사 증, 김오를 증), 功(일 공, 공 공), 效(힘쓸 효, 본받을 효, 드릴 효, 공 효), 績(공적 적, 실 낳을 적), 愆(허물 건), 辟(죄 벽, 임금 벽, 허물 벽)

1 면류관드림: 면류관에 매달아서 길게 늘이는 물건.
2 제사: 祠(봄제사 사), 禴(여름제사 약), 嘗(가을제사 상), 烝(겨울제사 증)

소언 이런 故고로 王왕后후ㅣ 親친히 검은 관ㅅ 드림을 ᄧᆞ시고 公공侯후의 夫부人인이 紘굉[관ㅅ 긴히라]과 綖연[관 우희 덥ᄂᆞᆫ 거시라]을 ᄡᅧ 더ᄒᆞ고 卿경[징샹이라]의 안해 큰 ᄯᅴ롤 ᄆᆡᆼ골오 命명婦부[벼ᄉᆞᆯ 노픈 사ᄅᆞᆷ의 안해라]ㅣ 祭졔服복을 일오고 列녈士ᄉᆞ[벼ᄉᆞᆯᄒᆞᆫ 사ᄅᆞᆷ이라]의 안해 朝됴服복을 ᄡᅧ 더ᄒᆞ고 庶서士ᄉᆞ[벼ᄉᆞᆯ ᄂᆞ즌 사ᄅᆞᆷ이라]로브터 ᄡᅧ 아래 다 그 남진을 닙피ᄂᆞ니 社샤졔[봄의 ᄒᆞᄂᆞᆫ 졔라]ᄒᆞ고 일을 맛디며 蒸증졔[겨을의 ᄒᆞᄂᆞᆫ 졔라]ᄒᆞ고 功공을 바텨 ᄉᆞ나ᄒᆡ와 겨집이 공을 나토와 그르면 죄 이심이 녯 법이라

현대역 이런 까닭으로 왕후가 친히 검은 관(冠, 면류관)의 드림을 짜시고, 公侯의 부인이 굉(紘)[관의 끈이라.]과 연(綖)[관 위에 덮는 것이라.]을 써 더하고, 卿[재상이라.]의 아내 큰 띠를 만들고, 命婦[벼슬 높은 사람의 아내

라.]가 祭服을 이루고, 列士[벼슬한 사람이라.]의 아내가 朝服을 써 더하고, 庶士[벼슬 낮은 사람이라.]로부터 써 아래는 다 그 남편을 입히니, 社祭[봄에 하는 제사라.]하고 일을 맡기며, 蒸祭[겨울에 하는 제사라.]하고 공을 바쳐, 남자와 여자가 공을 나타내어 그르면 죄 있음이 옛 법이라.

나토와: 나타내어. '나토(어간)+오(선어말어미)+아(연결어미)'이다. '-오-'와 '-아'는 결합하여 '-와'의 형태로, 받침 없는 용언의 어간, 'ㄹ' 받침인 용언의 어간 또는 어미 '-으시-' 뒤에 붙어, 공손함을 나타내는 어미이다. 미안하와 어떡하지요? 너무 감사하와 무슨 말씀을 드려야 할지 모르겠사옵니다. '나토다'는 '나타내다'의 옛말이다. 正宗을 드러 디닌 功德을 너비 나토샤 功이 녀트며 기푸믈 조차 暫持ᄒᆞ며.《석상 19:8》, 表ᄂᆞᆫ 物을 보람ᄒᆞ야 나톨씨라(表標物 以表顯也).《능엄 1:70》

【集解】玄은黑色이요紞은冠之垂於前後者니古者에王后親織하여以奉于王하니라紘은纓之無緌者요綖은冕之上覆(부)者니諸侯夫人은比王后에又加此二者焉이라內子는卿之妻요大帶는緇帶也니蓋卿之妻는比諸侯夫人에又增是帶焉이라命婦는大夫之妻요祭服은玄衣纁裳이니蓋大夫之妻는不特爲紘綖大帶요而必全成其夫之祭服也라列士는元士也니元士之妻는不獨成其祭服이요而又加以朝服焉이라庶士는下士也니自下士로至於庶人之妻는則莫不紡織績紝하여以供其夫所衣之服焉하며至若春日社祭之時엔則各賦其農桑之事하고冬日烝祭之時엔則各獻其穀粟布帛之功이라績은功也요愆은過也요辟은罪也라男女各效其職하여以成其功하고苟或有過면則治以罪하니此皆古昔之制度也라

玄은 검은색이다. 담(紞)은 관의 앞뒤에 드리우는 것이니, 옛날에 왕후가

친히 짜서 써 왕에게 바쳤다. 굉(紘)은 갓끈[纓]에 늘어진 끈[緌]이 없는 것이요, 연(綖)은 면류관의 위를 덮는 것이니, 제후 부인은 왕후에 비하여 또 거기에[焉=於之] 이 두 가지[紘, 綖]를 더한다. 內子는 卿의 아내요, 大帶는 검은 띠[緇帶]이니, 대개 卿의 아내는 제후의 부인에 비하여 또 거기에[焉=於之] 이 띠를 더한다. 命婦는 大夫의 아내요, 祭服은 검은 웃옷[玄衣]에 붉은 치마[纁裳]이니, 대개 대부의 아내는 다만 紘, 綖, 大帶를 만들 뿐만 아니라, 반드시 그 남편의 祭服을 온전히 이룬다. 列士는 元士이니, 元士의 아내는 유독 그 祭服을 완성할 뿐만 아니라, 또 거기에[焉=於之] 朝服을 더한다. 庶士는 下士이니, 下士로부터 庶人의 아내에 이르기까지는 길쌈하여 짜고[紡織] 비단을 짜서[績紝] 써 그 남편이 입는 바의 옷을 이바지하지 않음이 없다. 봄날 社祭하는 때 같음에 이르면 각각 그 農業과 蠶業의 일을 주고, 겨울날 烝祭하는 때에는 각각 그 곡식과 조, 베와 비단의 일[결과]을 바친다. 績은 공적이요, 愆은 허물이요, 辟은 죄이다. 남녀가 각각 그 직책을 힘써 써 그 공적을 이루고, 만일 혹 허물이 있으면 죄로써 다스리니, 이는 모두 옛날의 제도이다.

漢字 垂(드리울 수, 늘어질 수), 纓(갓에 맨 갓끈 영), 緌(늘어진 갓끈 유), 冕(면류관 면), 覆(덮을 부, 뒤집힐 복), 緇(검을 치), 纁[분홍색(붉은색) 훈], 特(다만 특, 특히 특), 紡(길쌈 방, 실 자을 방), 織(짤 직), 績(짤 적, 실 자을 적), 紝(짤 임), 供(이바지할 공), 苟(만일 구, 진실로 구)

1 不特: 단지 ~뿐만 아니라.
2 不唯: 오직 ~뿐만 아니라.
3 不獨: 유독 ~뿐만 아니라.

吾ㅣ冀而朝夕修我曰必無廢先人이라ᄒᆞ더니**爾今曰胡不自安**고ᄒᆞ니**以是**로**承君之官**이면**予懼穆伯之絶嗣也**ᄒᆞ노라

● 나는, 네가 아침저녁으로 나를 닦아[경계하여] 이르기를, '반드시 先人[先親]을 폐하지 말아야 합니다.'라 하기를 바랐는데, 네가 이제 이르기를, '어찌

스스로 편안하지 않습니까?'라 하니, 이로써 임금의 벼슬을 받든다면, 나는 穆伯의 이음을 끊을까 두려워하노라."

漢字 冀(바랄 기), 而(너 이), 胡(어찌 호), 穆(화목할 목), 嗣(이을 사, 자손 사)

소언 내 네 아춤나죄로 나를 경계호야 골오딕 반드시 先션人인의 일을 廢폐티 말라 호과댜 벋라더니 네 이제 골오딕 엇뎨 스스로 편안티 아니호ᄂᆞ뇨 호니 일로뻐 님금 벼슬을 받ᄌᆞ오면 내 穆목伯빅[文문伯빅의 아비라]의 니으리 그츨가 저허호노라

현대역 나는 네가 아침저녁으로 나를 경계하여 가로되, '반드시 先人의 일을 그만두지 말라.' 하고자 바라더니, 네가 이제 가로되, '어찌하여 스스로 편안하지 아니하냐?'고 하니, 이로써 임금 벼슬을 받자오면, 나는 穆伯[文伯의 아버지라.]의 이을 이가 끊어질까 저어한다."

1 선인(先人): 남에게 돌아가신 자기 아버지를 이르는 말이다. 유의어: 고(考), 선군자(先君子), 선고(先考), 선군(先君), 선부(先父), 선엄(先嚴), 선자(先子), 선친(先親). 반의어: 선비(先妣), 선자(先慈), 전비(前妣), 현비(顯妣), 높임말: 선부군(先父君), 황고(皇考).

2 호과댜: 하고자. '호(어간)+과댜(연결어미)'이다. '-과댜'는 주로 동사, 형용사 어간 뒤에 붙어, '-고자'를 뜻하는 어미이다. 戊寅년 칙애 사룸이 수이 알과댜 호야 字 뜯 밧긔 註엣 말을 아오로 드려 사겨시모로(戊寅本欲人易曉 字義之外 幷入註語爲解故).《소언 범:1》

3 아니호ᄂᆞ뇨: 아니하냐. '아니호(어간)+ᄂᆞ(현재 시제 선어말어미)+뇨(의문형 종결어미)'이다. 의문형 종결어미 '-뇨'는 호라체 제1·3인칭 의문법 중 설명의문문을 만든다. '엇뎨'라는 의문사를 동반하고, '오' 계통 모음으로 되어 있는 '-뇨'는 정보를 요구하는 의문문의 종결어미다. 王이 須達이ᄃᆞ려 닐오딕 네 스스의 弟子ㅣ 엇데 아니 오ᄂᆞ뇨《석상 6:29》, 王이 좌시고 病이 됴호샤 이 말 드르시고 놀라 臣下ᄃᆞ려 무르샤딕 太子ㅣ 이제 어듸 잇ᄂᆞ뇨《석상 11:21》

4 받ᄌᆞ오면: 받자오면. '받(어간)+ᄌᆞ오(겸손법 선어말어미)+면(연결어미)'이다. 어간 '받줍-'이 어미 '-면' 앞에서 '받ᄌᆞ오-'로 바뀐 것이다. '받줍다'는 '받다'의

높임말이다. 현대국어 '받잡다'의 옛말인 '받즙다'는 15세기 문헌에서부터 나타난다. 이 단어는 17세기에 팔종성 받침 규칙에 의해 'ㄷ' 받침이 'ㅅ'으로 쓰이게 되었으며, '·'의 음가 소실로 '즙'이 '잡'으로 바뀌게 됨에 따라 18세기에는 '밧잡다'가 쓰이게 되었다. 20세기 초 현대맞춤법이 확산되면서 현재의 어형으로 정착되었다. 받즙다(15세기)〉밧잡다(18세기)〉받잡다(20세기~현재). 이형태: 받즙다, 밧즙다, 밧잡다. 몬져 菩薩씌 받즈ᄫᆞ라.《1447 석상 3:40ㄴ》, 혹 왕틱셔룰 받즈오며.《16세기 장수 71ㄱ》

5 니으리: 이을 이. '닛(어간)+을(관형사형 어미)+이(의존명사)'이다. '니을-'은 '잇다'의 옛말인 '닛다'의 관형형이다. 현대국어 '잇다'의 옛말 '닛다'는 15세기 문헌에서부터 나타난다. '닛다'는 자음으로 시작하는 하는 어미 앞에서 '닛-'으로, 모음으로 시작하는 어미 앞에서 '닝-'으로 나타났다. 'ㅿ'이 사라지면서 16세기 후반부터는 모음으로 시작하는 하는 어미 앞에서 '니-'로 나타나기 시작한다. 18세기부터는 어두의 'ㄴ'이 탈락한 '이-'가 나타 '닛-~니-'와 '잇-~이-'는 19세기까지 공존하게 된다. 새로운 어형인 '잇다'가 20세기 이후 현재에 이르렀다. 닛다(15세기~19세기)〉잇다(18세기~현재). 이형태: 닛-, 닝-, 니-, 잇-, 이-. 아ᄃᆞᆯ 나하든 나랏 位ᄅᆞᆯ 닛긔 코져 ᄒᆞ더시니 ᄃᆞ리 ᄎᆞ거늘 産生ᄒᆞ샤ᄃᆡ.《1447 석상 11:30ㄴ》, ᄌᆞ개 너기샤ᄃᆡ 나라 니ᅀᅳᆯ 아ᄃᆞᄅᆞᆯ ᄒᆞ마 비여 아바닚 願 일우과라.《1447 석상 3:25ㄱ》, 連 니을 련 枝 가지 지.《1575 천자-광 16ㄱ》

6 그츨가: 끊어질까. '긏(어간)+으(매개모음)+ㄹ(관형사형 어미)+가(의문 보조사)'이다. '-ㄹ가'는 관형사형과 의문 보조사의 통합으로, ᄒᆞ라체 간접의문법의 판정 의문문을 만든다. 정상적인 대화가 아닌, 독백 등에 쓰인다. '긏다'는 '끊어지다'의 옛말이다. ᄉᆡ미 기픈 므른 ᄀᆞᄆᆞ래 아니 그츨씨 내히 이러 바ᄅᆞ래 가ᄂᆞ니(源遠之水旱亦不竭 流斯爲川 于海必達).《용가 2장》, 祿 해 타먹ᄂᆞᆫ 녯 버든 書信이 그처 업고(厚祿故人書斷絕).《두시-초 7:2》. '-ㄹ가'는 끝음절의 모음이 '·, ㅏ, ㅗ'가 아닌 받침 있는 동사, 형용사 어간이나 어미 뒤에 붙어, 의문사가 없는 의문문에 쓰여, '-ㄹ까'를 뜻하는 어미이다. 미리 樽ㅅ 가온ᄃᆡᆺ 거시 업슬가 저허 다시 니러 그듸 爲ᄒᆞ야 ᄢᅬᄒᆞ노라(預恐樽中盡 更起爲君謀).《두시-초 22:5》, 繡衣 니브니 ᄌᆞ조 지븻 술 가져오ᄆᆞᆯ 許ᄒᆞᄂᆞ니 거믄 蓋 가지닌 能히 ᄆᆡ햇 梅花 것구믈 니즐가(繡衣屢許携家醞 皂盖能忘折野梅).《두시-초 22:8》

7 저어ᄒᆞ노라: 저어한다. '저어ᄒᆞ(어간)+ᄂᆞ(현재 시제 선어말어미)+오(화자 표시법 선어말어미)+라(평서형 종결어미)'이다. 평서형 종결어미 '-다'가 '-오-' 뒤에

서 '-라'로 교체되었다. '-노라'는 동사 어간 뒤에 붙어, 주로 화자 주어인 '나'와 함께 쓰여, '-ㄴ/는다'를 뜻하는 어미이다. 내 닐오ᄃᆡ 菩薩이 ᄃᆞ외야 劫劫에 發願行ᄒᆞ노라 ᄒᆞ야 一切 布施ᄅᆞᆯ ᄂᆞᄆᆡ ᄠᅳᆮ 거스디 아니ᄒᆞ거든.《석상 6:8》, 護彌 닐오ᄃᆡ 소리ᄲᅮᆫ 듣노라.《석상 6:15》 '저어ᄒᆞ다'는 '저어하다'의 옛말이다. 염려하거나 두려워하다. 控怖ᄂᆞᆫ 저허ᄒᆞᆯ씨라.《월석-중 21:94》, 모시예 ᄀᆞᆯ오ᄃᆡ 저허ᄒᆞ며 조심ᄒᆞ야 깁흔 모ᄉᆞᆯ 디늘어심ᄀᆞᆮ티 ᄒᆞ며(詩云, 戰戰兢兢).《소언 4:24》.

【集說】吳氏曰冀는欲也요而는汝也라修는猶飭也요廢는猶墜也라先人은謂穆伯이니文伯之父也요君은魯君也라敬姜이以爲居位而苟求安逸은敗亡之道也라故로旣歷陳古制하여以告其子하고而復言此以責之하니其警之也深矣로다

오 씨가 말하였다. "冀는 하고자함이요, 而는 너이다. 修는 경계함과 같고, 廢는 失墜함과 같다. 先人은 穆伯을 이르니, 文伯의 아버지요, 君은 魯나라 임금이다. 敬姜은, 자리에 있으면서 구차히 편안함을 구함은 패망의 도라 생각하였다. 그러므로 이미 지난[旣] 옛 제도를 모조리 펼쳐서 그 아들에게 말하고, 다시 이것을 말하여 써 그를 꾸짖었으니, 그가 그를 경계함이 깊도다."

漢字 飭(경계할 칙, 신칙할 칙, 삼갈 칙), 歷(모조리 할 력, 지낼 력, 다할 력), 陳(펼칠 진, 늘어놓을 진)

〖四十四章〗

○孔子ㅣ曰賢哉라回也ㅣ여一簞丹食似와一瓢飮으로在陋巷을人不堪其憂ㅣ어늘回也ㅣ不改其樂洛ᄒᆞ니賢哉라回也ㅣ여 《論語 雍也》

● 공자께서 말씀하셨다. "어질도다, 안회여. 한 대그릇의 밥과 한 표주박의

음료로 더러운 거리에서 삶을 남들은 그 근심을 견디지 못하는데, 안회는 그 즐거움을 고치지 않으니, 어질도다, 안회여."

漢字 簞(대 밥그릇 단, 대광주리 단), 瓢(표주박 표, 바가지 표), 陋(더러울 루), 巷(거리 항, 마을 항), 堪(견딜 감)

누항(陋巷): 좁은 거리.

소언 孔공子ᄌᆞㅣ ᄀᆞᆯᄋᆞ샤ᄃᆡ 어디다 回회[顔안子ᄌᆞ 일홈이라]여 ᄒᆞᆫ 바곤잇 밥과 ᄒᆞᆫ 박 믈로 좁은 ᄆᆞ올히 이심을 사ᄅᆞᆷ이 그 근심을 이긔디 몯ᄒᆞ거늘 回회ㅣ 그 즐거움을 가ᄉᆡ디 아니ᄒᆞ니 어디다 回회여

현대역 공자가 말씀하시되, 어질다 回[顔子 이름이라.]여! 한 바구니의 밥과 한 바가지 물로 좁은 마을에 있음을 사람이 그 근심을 이기지 못하거늘, 회가 그 즐거움이 변하지 아니하니, 어질다 회여!

1 바곤잇; 바구니의. '바곤이(명사)+ㅅ(관형사격 조사)'이다. '바곤이'는 '바구니'의 옛말이다. '바고니'는 15세기 문헌에서부터 나타난다. 19세기에는 제2음절의 모음 'ㅗ'가 'ㅜ'로 바뀐 '바군이'가 나타났는데, 이는 현대국어의 '바구니'와 소리는 같으나 과도한 분철 표기를 한 것이다. 바고니(15세기~18세기)〉바구니(19세기~현재). 이형태: 바고니, 바곤이, 바군이. 낫 맛 ᄉᆞᄉᆡ예 바고니ᄅᆞᆯ 소ᄃᆞ니 시ᄉᆞ며 갓곤 거시 서르 두펏도다.《1481 두시-초 16:71ㄴ》, ᄒᆞᆫ 바곤잇 밥과 ᄒᆞᆫ 박 믈로 좁은 ᄆᆞ올히 이심을 사ᄅᆞᆷ이 그 근심을 이긔디 몯ᄒᆞ거늘.《1588 소언 4:47ㄱ》

2 박: 바가지. '박'은 '바가지'의 옛말인 '박아지'의 준말이다. 현대국어 '바가지'는 '박'과 '-아지'의 파생어로서, 옛말 형태인 '박아지'는 17세기부터 19세기에 쓰였으며, '바가지'는 19세기 이후 현재까지 쓰인다. 접미사 '-아지'는 원래 '-아지'이었는데 '송아지, 망아지' 등에 흔적이 남아 있다. 박아지(17세기~19세기)〉바가지(19세기~현재). 이형태: 박아지, 바가지. ᄶᆞᆯ은 닐온 동牢예 박잔이니 ᄒᆞᆫ 박으로 ᄡᅥ 分ᄒᆞ야 두 박아지ᄅᆞᆯ ᄆᆡᆼ글믈 닐온 ᄶᆞᆯ이니.《1632 가언 4:20ㄱ》, 바가지 匏子《1895 국한 129》

3 가ᄉᆡ디: 가시지. 어떤 상태가 없어지거나 달라지지. '가ᄉᆡ(어간)+디(보조적 연결어미)'이다. '가ᄉᆡ다'는 15세기 문헌에서부터 나타난다. 16세기 후반에 제2음절

이하의 'ㆍ'는 'ㅡ'로 변하였는데, '가싀다'의 제2음절의 이중모음 'ㆎ'도 이러한 변화를 겪어 '가싀다'가 되었다. 근대국어 후기에 자음 뒤에서 모음 'ㅢ'가 'ㅣ'로 발음되는 경향에 따라 현대국어의 '가시다'가 되었다. 한편 15세기~17세기 문헌에 나타난 '가싀다'는 주로 '없어지다', '달라지다', '변하다'의 의미로 쓰였고, 18세기 이후의 문헌에 나타난 '가싀다'는 대개 '깨끗이 씻다'의 의미로 쓰였다는 점이 특징적이다. 참고로 중세국어 시기에 '깨끗이 씻다'의 의미로는 합성어인 '싯가싀다'가 주로 쓰였다. 가싀다(15세기~17세기)〉가싀다(18세기~19세기)〉가시다(20세기~현재). 이형태: 가싀다, 가싀다. 흔 낱 빨올 좌샤 술히 여위신돌 金色잇든 가싀시리여.《1447 월곡 23ㄱ》, 아히 시절브터 늘고매 니르히 아쳐티 아니ᄒᆞ며 가싀디 아니ᄒᆞ야 내죵과 처ᅀᅀᅵ미 흔가짓 쁘디면.《1518 번소 6:10ㄱ》

【集說】朱子曰回는姓이顏이요字는子淵이니孔子弟子라簞은竹器요食는飯也요瓢는瓠也라顏子之貧如此로되而處之泰然하여不以害其樂이라故로夫子再言賢哉回也하여以深嘆美之하시니라

주자가 말하였다. "回는 성이 顏이요, 字는 子淵이니, 공자의 제자이다. 簞은 대그릇이요, 食는 밥이요, 瓢는 바가지이다. 顏子의 가난함이 이와 같지만, 대처하기를 태연히 하여 써 그 즐거움을 해치지 않았다. 그러므로 공자께서 거듭 '어질도다, 안회여.'라고 말씀하시어, 써 그를 깊이 감탄하고 찬미하셨다."

漢字 瓠(박 호)

右는敬身이라

● 이상은 몸을 공경함이다.

소언 이 우흔 몸 공경홈이라

현대역 이 위는 몸 공경함이라.

〖四十五章〗

衛莊公이娶于齊東宮得臣之妹ᄒᆞ니曰莊姜이라美而無子ㅣ러니其娣弟戴嬀圭ㅣ生桓公(按左傳戴嬀是陳女厲嬀之娣此有闕文)어어늘莊姜이以爲己子하니라 《左傳 隱公三年》

●衛나라 莊公이 齊나라 東宮 得臣의 누이동생에게 장가드니, 莊姜이라 하였다. 아름다웠으나 자식이 없어,(또 陳나라에 장가드니, 厲嬀라 하였다. 孝伯을 낳았으나 일찍 죽었다.), 그[厲嬀] 여동생 戴嬀(《左傳》을 살피건대, 戴嬀는 陳나라 여인 厲嬀의 여동생이다. 이것에는 빠진 문장이 있다.)가 桓公을 낳자, 莊姜이 써 자기의 아들로 삼았다.

漢字 按(살필 안), 妹(손아래누이 매), 娣(손아래누이 제), 戴(일 대), 嬀(성 규)

1 좌전(左傳) 기록: 위 대문(大文) 중 '美미而이無무子ᄌᆞ' 뒤에 '又娶于陳曰厲嬀生孝伯早死'가 붙어 있다.

2 제(娣): 《소학언해》에서는 위 대문(大文) 중 娣가 弟로 되어 있고, 대문 끝 '莊장姜강以이爲위己긔子ᄌᆞ' 뒤에 '其기弟뎨 二이字자 衍연文문'이 붙어 있다.

3 위장공(衛莊公, 미상~기원전 735년): 춘추전국시대 위(衛)나라 제11대왕은 위무공[衛武公, 이름은 희화(姬和), 재위 55년]이다. 그의 아들이 위장공[衛莊公, 제12대왕, 이름은 희양(姬揚), 재위 23년]이다. 위장공은 재위 5년(기원전 753년)에 제장공[齊莊公, 제12대왕, 이름은 강속(姜贖), 재위 64년이다. 제25대왕은 제후장공(齊後莊公)으로, 이름은 강광(姜光), 재위 6년이다]의 딸을 아내로 맞으니, 이가 장강(莊姜)이다. 장강은 아름다웠으나 자식을 낳지 못했다[장강의 아름다움을 표현한 시가 《시경》 〈국풍(國風)〉 위풍(衛風) 석인편(碩人篇)에 보인다. 그리고 이 시에 대해 공자와 제자 자하(子夏)가 묻고 대답하는 내용이 《논어》 〈팔일(八佾)〉 제8장에 나온다.]. 위장공은 다시 진(陳)나라 여규(厲嬀)를 아내로 맞아 아들 효백(孝伯)을 얻었지만, 일찍 죽었다. 이에 여규의 여동생 대규(戴嬀)를 총애하여 희완(姬完)과 희진(姬晉)을 낳았다. 위장공은 희완을 장강의 아들로 삼게 하고, 세자로 세웠다. 그리고 애첩에게서는 희주우(姬州吁)를 얻어 나중에 장군을 삼았다. 위장공은 재위 23년(기원전 735년)에 죽고, 세자 희완이 즉위하

니, 이가 위환공[衛桓公, 제13대왕, 16년 동안 재위, 희주우에게 시해]이다. 이어 위군(衛君) 주우(州吁)[제14대왕, 위환공의 이복동생, 재위 수개월, 석작(石碏)에게 시해됨)와 위선공[衛宣公, 제15대왕, 이름은 희진(姬晉), 재위 19년, 위환공의 친동생, 석작에 의해 위후(衛候) 옹립)이 위후(衛候)에 올랐다. 참고로, 〈계고 제4〉 제24장에 보이는 위령공[衛靈公, 제31대 국군, 희원(姬元), 재위 41년, 공자가 암군(暗君)으로 칭함]의 아들 희괴외(姬蒯聵)는 제33대왕(재위 3년)이 되는데, 이는 위후장공(衛後莊公)이다.

(정리)

衛武公[제11대, 姬和, 재위 55년]→衛莊公[제12대, 姬揚, 재위 23년]

① 莊姜[齊女, 無子, 《詩經》〈國風〉衛風 碩人篇, 《論語》〈八佾〉 제8장]

② 厲嬀[陳女, 子 孝伯, 早死]

③ 戴嬀[厲嬀 娣, 媵妾]

  ⓐ 衛桓公(姬完, 제13대, 姬完, 재위 16년), 姬州吁가 시해]

  ⓑ 衛宣公(姬晉, 제15대, 재위 19년), 石碏이 옹립]

④ 嬖人[衛君 子 姬州吁, 제14대, 재위 數月, 石碏이 시해]

소언 衛위ᄉ 莊쟝公공[님금이라]이 齊제ᄉ 東동宮궁[셰ᄌᆞ 겨신 집이라] 得득臣신[셰ᄌᆞ 일홈이라]의 누의ᄅᆞᆯ 娶ᄎᆔ[안해 삼단 말이라]ᄒᆞ니 ᄀᆞᆯ온 莊장姜강[莊장은 諡시號호ㅣ오 姜강은 셩이라]이라 고오ᄃᆡ ᄌᆞ식이 업더니 戴ᄃᆡ嬀ᄀᆔ[莊장公공의 妾쳡이라]ㅣ 桓환公공ᄋᆞᆯ 나ᄒᆞᄂᆞᆯ 莊장姜강이 ᄡᅥ 자내 ᄌᆞ식을 삼ᄋᆞ니라

현대역 衛의 장공[임금이라.]이 齊의 동궁[세자 계신 집이라.] 得臣[세자 이름이라.]의 누이를 취[아내 삼는다는 말이라.]하니, 이르기는 莊姜[莊은 시호요, 姜은 성이라.]이라. 곱되 자식이 없더니, 戴嬀[장공의 첩이라.]가 환공을 낳거늘, 장강이 써 스스로 자식을 삼으니라.

1 고오ᄃᆡ: 곱되. '고오(어간)+오ᄃᆡ(연결어미)'이다. '고오-'는 어간 '곱-'이 모음어미 앞에서 교체된 것이다. 현대국어 '곱다'는 15세기 문헌에서부터 나타나 현재까지 그대로 이어진다. 15세기의 '곱다'는 오늘날과 달리, 자음으로 시작하는

어미 앞에서는 '곱거늘'과 같이 '곱-'으로, 모음이나 매개모음으로 시작하는 어미 앞에서는 '고ᄫᆞᆫ'과 같이 '곱-'으로 어간이 교체되었다. 15세기 중엽 이후에 'ㅸ'이 'ㅣ'를 제외한 다른 모음 앞에서 'ㅗ/ㅜ'로 변화하면서 '곱-'은 '고ᄋᆞ-'로 변화하였다. 16세기 이후 제2음절 이하의 'ㆍ'는 'ㅡ'로 변하였는데, '고ᄋᆞ-'도 '고으-'로 변하여 16세기부터 나타난다. 한편 제1음절의 모음 'ㅗ'의 영향으로 제2음절의 모음도 'ㅗ'로 변한 '고오-'도 15세기부터 나타나 19세기까지 널리 쓰이게 된다. 매개모음과 결합할 때 오늘날과 같은 '고우-'가 나타나게 된 것은 19세기 말 이후의 일이다. 곱다(15세기~현재). 이형태: 곱-, 곱-, 고ᄋᆞ-, 고오-, 고으-, 고우-. 여슷 아ᄃᆞᆯ란 ᄒᆞ마 갓 얼이고 아기 아ᄃᆞ리 양ᄌᆡ 곱거늘 各別히 ᄉᆞ랑ᄒᆞ야 아ᄆᆞ례나 됴ᄒᆞᆫ 며느리를 어두리라 ᄒᆞ야.《1447 석상 6:13ㄴ》, 나랏 고ᄫᆞᆫ 겨지블 다 太子ㅅ 講堂애 모도시니.《1447 석상 3:11ㄴ》, 거우루는 고ᄋᆞ며 골 업스며 됴ᄒᆞ며 구주믈 어루 굴히ᄂᆞ니 이 經이 能히 邪와 正과 大와 小와 權과 實와를 一定호ᄆᆞᆯ 가ᄌᆞᆯ비니라.《1465 원각 상1-2:13ㄴ》, ᄆᆞᅀᆞ믄 고온 곳 펫는 가지예 슬노라.《1481 두시-초 14:9ㄴ》

2 나ᄒᆞ늘: 낳거늘. '낳(어간)+ᄋᆞ늘(연결어미)'이다. '-ᄋᆞ늘'은 주로 타동사 어간 뒤에 붙어, '-거늘'을 뜻하는 어미이다. 현대국어 '낳다'는 15세기 문헌에서부터 나타나서 현재까지 이어진다. '낳다'는 자음으로 시작하는 어미와 만날 때 교체 양상이 크게 세 가지로 나타난다. 첫째 'ㄱ, ㄷ'과 같이 평장애음으로 시작하는 어미와 만날 때에는 '낳-'의 끝소리가 이들 장애음과 축약되어 'ㅋ, ㅌ'과 같이 나타나며, 둘째 'ㄴ'과 같이 비음으로 시작하는 어미와 만날 때에는 끝소리가 ㄷ'으로 나타나거나 'ㄴ'으로 동화된 예가 보인다. 18세기 이후 자료에서는 7종성법에 따라서 받침을 'ㅅ'으로 표기하게 되었는데 'ㄱ, ㄷ'과 같이 평장애음으로 시작하는 어미와 만날 때에는 어간의 끝소리 'ㅅ'을 적으면서도, 'ㅎ'이 이들과 축약한 'ㅋ, ㅌ'를 겹쳐 적은 중철 표기가 나타난다. 모음으로 시작하는 어미와 만날 때에는 어간의 끝소리 'ㅎ'이 뒤에 오는 음절의 첫소리로 연음되어 나타났으나, 19세기 문헌에서는 'ㅎ'이 탈락한 '나은', '나아'와 같은 예들이 보인다. 낳다(15세기~현재). 이형태: 낳-, 낟-, 난-, 나-, 낫-, 낫ㅎ-. 耶輸陁羅ㅣ 아ᄃᆞᆯ 나하시ᄂᆞᆯ.《석상 3:36ㄴ》, 그 나라해 ᄒᆞᆫ 婆羅門이 이쇼ᄃᆡ ᄒᆞᆫ ᄯᆞ님 나코《석상 11:40ㄴ》, 功德으로 오ᄂᆞᆫ 뉘예 아ᄃᆞᆯ 해 나티 말오 오직 ᄒᆞᆫ 아ᄃᆞ를 나하《능엄 7:55ㄴ》, 陰陽이 和ᄒᆞ야 子息을 난ᄂᆞ니 이런ᄃᆞ로 水ㅣ 火애 사오나와 뫼히 ᄃᆞ외오《능엄 4:23ㄱ》, 아기 믄득 몯 낟ᄂᆞ니와 반만 나거나 뒤조치 나디 아니커나 ᄌᆞ시기

빅 안히셔 죽거나 《구간 7:27ㄴ》

【集說】陳氏曰莊公은衛君이니名은揚이요諡曰莊이라東宮은太子宮이요得臣은太子名이라姜은齊姓이요嬀는陳姓이라莊戴는皆諡也라娣는女弟之從嫁者라桓公은名完이라

진 씨가 말하였다. "莊公은 衛나라 임금이니, 이름은 揚이요, 시호는 莊이라 이른다. 東宮은 태자의 궁이요, 得臣은 태자의 이름이다. 姜은 齊나라 성이요, 嬀는 陳나라 성이다. 莊과 戴는 모두 시호이다. 娣는 여동생 중 시집올 때 따라온 자[媵妾]이다. 桓公은 이름이 完이다.

漢字 媵(보낼 잉)

잉첩(媵妾): 고대 중국에서는 왕실(王室)이나 공실(公室)의 딸이 시집갈 때, 여자나 남자가 따라갔다. 이때 신부와 함께 따라간 자매나 친인척 여자를 잉첩(媵妾)이라 했고, 남자를 잉신(媵臣)이라 했다. 잉첩 대규(戴嬀)는 희완[姬完, 위환공(衛桓公)]과 희진[姬晉, 위선공(衛宣公)]을 낳았다.

公子州吁는嬖人之子也ㅣ라有寵而好兵이어늘公이弗禁ᄒᆞ니莊姜이惡之ᄒᆞ더라

● 公子 주우(州吁)는 사랑하는 사람의 아들이다. (州吁가) 총애가 있어[총애를 믿고서] 병장기 쓰기를 좋아했는데, 공[衛莊公]이 금하지 않으니, 莊姜이 그[州吁]를 미워하였다.

漢字 吁(탄식할 우), 嬖(사랑할 폐), 寵(총애할 총, 사랑할 총)

소언 公공子ᄌᆞ 州쥬吁우ᄂᆞᆫ ᄉᆞ랑ᄒᆞᄂᆞᆫ 쳡의 아ᄃᆞᆯ이라 고임이 잇고 병잠기를 됴히 너기거ᄂᆞᆯ 公공이 금지 아니ᄒᆞ니 莊장姜강이 아쳐ᄒᆞ더라

현대역 公子 州吁는 사랑하는 첩의 아들이라. 사랑이 있고 兵仗器를 좋게 여기거늘, 公이 금지 아니 하니 莊姜이 싫어하더라.

1 병잠기: '병잠개'와 함께, '병장기(兵仗器)'의 옛말이다. 예전에, 병사들이 쓰던 온갖 무기. 병잠개예와 막대예 샹커나(爲兵杖所加).《구간 1:81》
2 아쳐ᄒᆞ더라: 싫어하더라. '아쳐ᄒᆞ(어간)+더(회상법 선어말어미)+라(평서형 종결어미)'이다. 아쳐티 아니ᄒᆞ며 가ᄉᆡ디 아니ᄒᆞ야(自幼至老 不厭不改 終始一意).《번소 6:10》, 그 ᄆᆞᅀᆞᆷ의 됴히 너기시ᄂᆞᆫ 바와 아쳐ᄒᆞ시ᄂᆞᆫ 배 어듸 인ᄂᆞᆫ고 궁구ᄒᆞ야(必當賾討 其心之所好者所惡者 何在).《가언 2:14》

【集說】陳氏曰嬖人은莊公幸妾也라

진 씨가 말하였다. "嬖人은 莊公의 사랑하는 첩이다"

행첩(幸妾): 사랑하는 첩.

石碏鵲이諫曰臣이聞愛子호ᄃᆡ敎之以義方ᄒᆞ야弗納於邪ㅣ니 驕奢淫泆逸이所自邪也ㅣ라四者之來ᄂᆞᆫ寵祿이過也ㅣ니이다

● 石碏이 간하여 말하였다. "신이 들으니, 자식을 사랑하되, 그를 의로운 방법으로 가르쳐, 사악함에 들이지 않는다 했으니, 교만과 사치와 음란과 방탕이 부터[말미암아] 사악하게 되는 것입니다. 네 가지[驕奢淫泆]가 옴은 총애와 복록이 지나치기 때문입니다.

漢字 碏(돌 얼룩 작, 삼갈 작), 奢(사치할 사), 泆(방탕할 일)

석작(石碏, 생몰 연대 미상): 춘추시대 위(衛)나라 사람으로, 대부(大夫)를 지냈다. 위장공(魏莊公)의 서자(庶子) 주우(州吁)가 호무(好武)를 총애하자 간언했지만 장공이 듣지 않았다. 춘추시대인 주(周)나라 환왕(桓王) 때의 일이다. 위(衛)의 장공(莊公)은 충의지사 석작(石碏)의 진언에도 불구하고 환공(桓公)을 후계로 세웠다. 이복동생인 주우(州吁)의 성품이 과격하고 거침이 없었기 때문이다. 장공이 죽고 환공이 즉위하자, 석작은 은퇴하고, 주우와 가까운 아들 석후(石厚)

를 불러 주우(州吁)와 가까이 지내지 말라 하였지만 말을 듣지 않았다. 과연 위환공 16년(기원전 719년)에 석작의 예견대로 주우가 환공을 시해하고 스스로 군후의 자리에 올랐다. 반역에 성공한 주우는 민심을 달래기 위해 전쟁을 일으키고 영토를 넓혔지만, 백성들은 여전히 그를 잘 따르지 않았다. 그러자 석후를 불러 이 문제를 해결하라 하였다. 석후가 석작에게 군위(君位)를 안정시킬 방법에 대해 물었다. 석작이 "왕[주환왕(周桓王)]께 조근(朝覲)하여 제후로 인증을 받는다면, 군위를 안정시킬 수 있을 것이다."고 하니, 석후가 "어떻게 해야 조근할 수 있겠습니까?"라고 물었다. 석작이, "진환공(陣桓公)이 바야흐로 주환왕(周桓王)의 총애를 받고 있고, 진(陣)나라와 위(衛)나라는 화목하니, 만약 주우가 진환공에게 조현(朝見)하여 대신 요청하게 한다면 반드시 왕을 뵐 수 있을 것이다."고 하니, 석후는 주우를 수종(隨從)하여 진나라로 갔다. 석작이 진나라로 사람을 보내어 고하기를, "우리 위나라는 지역이 협소하고, 나는 이미 늙어서 아무 일도 할 수 없습니다. 이 두 사람이 실로 우리 임금을 시해한 자들이니, 저들이 진나라로 가는 즉시 주살(誅殺)하기를 감히 청합니다."라고 하였다. 이에 진나라에서 그들을 잡고서 위나라에 사람을 보내 처리하기를 청하니, 9월에 위나라가 우재(右宰) 추(醜)를 보내 복[濮, 진나라 영내의 강]에서 주우를 죽이고, 석작은 자기의 거재(家宰) 누양견(獳羊肩)을 보내어 아들 석후를 진나라에서 죽였다. 노(魯)나라 좌구명(左丘明)은 《춘추좌씨전(春秋左氏傳)》[일명 《좌씨춘추(左氏春秋)》, 《좌씨전(左氏傳)》, 《좌전(左傳)》] 〈노은공(魯隱公)〉 4년에서 다음과 같이 논평하였다. "석작은 충순(忠純)한 신하이다. 주우를 미워하여 석후까지 죽였으니, 대의멸친(大義滅親)이란 이를 두고 한 말일 것이다." '대의멸친'은 '대의를 위해서는 친족도 멸한다.'는 뜻이다.

소언 石셕磆쟉[衛위ㅅ나라 신해라]이 諫간ᄒᆞ야 ᄀᆞᆯ오ᄃᆡ 臣신이 들오니 아ᄃᆞᆯ올 ᄉᆞ랑호ᄃᆡ 올ᄒᆞᆫ 일ᄒᆞᆯ 법으로ᄡᅥ ᄀᆞᄅᆞ쳐 샤특ᄒᆞᆫ ᄃᆡ 드리디 아니ᄒᆞᆯ 디니 교만ᄒᆞ며 샤치ᄒᆞ며 음란ᄒᆞ며 방탕ᄒᆞᆷ이브터 샤특ᄒᆞᄂᆞᆫ 배라 네 가지의 오ᄆᆞᆫ 고이며 祿록이 넘을ᄉᆡ니이다

현대역 石磆[衛나라 신하라.]이 간하여 가로되, "신이 들으니, 아들을 사랑하되, 옳은 일을 법으로써 가르쳐, 邪慝한 데 들이지 아니할 것이니, 교만하며

사치하며 음란하며 방탕함으로부터 사특하게 되는 바라서, 네 가지가 옴은 사랑받으며 녹이 넘기 때문입니다.

1 아니홀 디니: 아니할 것이니. 아니할지니. '아니ᄒᆞ(어간)+오(대상 표시법 선어말어미)+ㄹ(관형사형 어미)+ᄃᆞ(의존명사)+이(서술격 조사 '이다'의 어간)+니(연결어미)'이다.

2 샤특ᄒᆞᄂᆞᆫ: 사특(邪慝)하게 되는. 요사스럽고 간특하게 되는. '샤특ᄒᆞ(어간)+ᄂᆞ(현재 시제 선어말어미)+ㄴ(관형사형 어미)'이다. '-ᄂᆞᆫ'은 형용사 어간 뒤에 붙어, '-ㄴ', '-은'을 뜻하는 어민이다. ᄀᆞ마니 잇디 아니ᄒᆞ면 ᄇᆞᆰ디 몯ᄒᆞᄂᆞᆫ 젼ᄎᆞ로 奢摩他ㅅ 길ᄒᆞ로 眞際 ᄀᆞᄅᆞ치샤ᄆᆞᆯ 求ᄒᆞ니 眞際 ᄒᆞ마 나ᄐᆞ면 妄ᄒᆞᆫ ᄢᅴ 절로 업ᄂᆞᆫ 젼ᄎᆞ로 闡提로 彌戾車ᄅᆞᆯ ᄒᆞ야 ᄇᆞ리게 ᄒᆞ리라(非止不明故 求奢摩他路 以詣眞際 眞際旣顯 妄垢自無故 令闡提 墮彌戾車也).《능엄 1:77-78》(현대역: 가만히 있지 않으면 밝아지지 못하는 까닭으로 사마타의 길로 진제 가르치심을 구하니 진제 이미 나타나면 허망한 때가 절로 없어지는 까닭으로 천제에게 미려거를 헐어버리게 할 것이다.)

3 넘을ᄉᆡ니이다: 넘기 때문입니다. '넘(어간)+으(매개모음)+ㄹᄉᆡ(연결어미)+니(원칙법 선어말어미)+이(존비법 ᄒᆞ쇼셔체 선어말어미)+다(평서형 종결어미)'이다. 현대국어 '넘다'는 15세기 문헌에서부터 나타나 현재까지 이어진다. '-ㄹᄉᆡ니이다'는 동사, 형용사 어간 뒤에 붙어, '-기 때문입니다'를 뜻하는 어미이다.

【集解】石碏은衛大夫라義方은爲義之方也라納은入也라邪者는惡逆之謂라

石碏은 위나라 대부이다. 義方은 의를 행하는 방법이다. 納은 들임이다. 邪라는 것은 악하고 거스름을 이른다.

夫寵而不驕ᄒᆞ며驕而能降ᄒᆞ며降而不憾ᄒᆞ며憾而能眕軫者ㅣ鮮矣니이다

● 무릇 총애를 받으면서 교만하지 않으며, 교만하면서 능히 낮추며, 낮추면서 한하지[서운하지] 않으며, 한하면서 능히 진중한 자는 적습니다.

漢字 降(낮출 강, 항복할 항, 내릴 강), 憾(한할 감, 서운할 감, 섭섭할 감), 昣(진중할 진), 鮮(드물 선)

소언 고이고 교죵티 아니ᄒᆞ며 교죵ᄒᆞ고 能능히 ᄂᆞ초며 ᄂᆞ초고 애ᄃᆞ디 아니ᄒᆞ며 애ᄃᆞᆯ고 能능히 ᄌᆞ듕ᄒᆞ리 젹으니이다

현대역 사랑 받고 교종하지 아니하며, 교종하고 능히 낮추며, 낮추고 애달지 아니하며, 애달고 능히 自重할 이는 적습니다.

1 교죵티: 교종(驕縱)하지. 교만하고 방종하지. '교죵ᄒᆞ(어간)+디(보조적 연결어미)'이다. 少君이 가ᅀᆞ멸어 교죵ᄒᆞᆫ ᄃᆡ 나셔 아ᄅᆞᆷ다온 단장을 니겨시니(少君生富驕 習美飾).《소언 6:54》

2 애ᄃᆞ디: 애달지. 마음이 쓰여 속이 달아오르는 듯하게 되지. '애ᄃᆞᆯ(어간)+디(보조적 연결어미)'이다. 어간 '애ᄃᆞᆯ-'의 치조음 'ㄹ'이 어미 '-디'의 치조음 'ㄷ' 앞에서 탈락하였다. 慨ᄂᆞᆫ 애ᄃᆞᄂᆞᆫ ᄠᅳ디라.《내훈 1:64》, 그 ᄯᆞ니미 몯 보ᄃᆞ록 가ᄃᆡ 乃終내 도라보디 아니ᄒᆞ야시ᄂᆞᆯ 그 아비 애ᄃᆞ라 닐오ᄃᆡ.《석상-중 11:29》

3 ᄌᆞ듕ᄒᆞ리: 자중(自重)할 이. 'ᄌᆞ듕ᄒᆞ(어간)+ㄹ(관형사형 어미)+이(의존명사)'이다. 'ᄌᆞ듕ᄒᆞ다'는 '말이나 행동, 몸가짐 따위를 신중하게 하다.'를 뜻한다.

4 젹으니이다: 적습니다. '젹(어간)+으(매개모음)+니(원칙법 선어말어미)+이(존비법 ᄒᆞ쇼셔체 선어말어미)+다(평서형 종결어미)'이다. '-니이다'는 동사, 형용사 어간 뒤에 붙어, '-ㅂ/습니다'를 뜻하는 어미이다. 義ᄒᆞ고 그 君을 後ᄒᆞᆯ 者ㅣ 잇디 아니ᄒᆞ니이다(未有義而後其君者也).《맹언 1:3》, 녯 사ᄅᆞᆷ이 民으로 더블어 ᄒᆞᆷᄭᅴ 樂ᄒᆞᆫ 故로 能히 樂ᄒᆞ니이다(古之人 與民偕樂 故能樂也).《맹언 1:5》

【集說】吳氏曰寵은愛也요憾은恨也요昣은重也요鮮은少也라言得君寵愛而不驕矜하며已驕而能自降其心하며强降其心而不憾恨하며有憾恨之心而能自重其身이니能如是者少矣라

오 씨가 말하였다. "寵은 사랑받음이요, 憾은 한함이요, 昣은 진중함이요, 鮮은 적음이다. 임금의 총애를 얻으면서도 驕矜하지 않으며, 이미 교만하면서도 능히 스스로 그 마음을 낮추며, 억지로 그 마음을 낮추면서도 한하지

않으며, 한하는 마음이 있으면서도 능히 스스로 그 몸을 진중히 해야 하니, 능히 이와 같이 하는 자가 적음을 말한 것이다."

漢字 恨(한스러울 한)

교긍(驕矜): 교만하고 자부심이 많음.

且夫賤妨貴ᄒᆞ며**少陵長**ᄒᆞ며**遠間親**ᄒᆞ며**新間舊**ᄒᆞ며**小加大**ᄒᆞ며**淫破義**ᄂᆞᆫ**所謂六逆也**ㅣ오**君義臣行**ᄒᆞ며**父慈子孝**ᄒᆞ며**兄愛弟敬**은**所謂六順也**ㅣ니이다

● 또 무릇 천한 자가 귀한 자를 해치며, 젊은 자가 어른을 능멸하며, 소원한 자가 친한 자를 이간질하며, 새로운 자가 옛사람을 이간질하며, 작은 자가 큰 자에게 가하며, 음탕한 자가 의로운 자를 파괴함은 이른바 여섯 가지 거스름이요, 임금은 의롭고 신하는 행하며, 아버지는 어여삐 여기고 자식은 효도하며, 형은 사랑하고 아우는 공경함은 이른바 여섯 가지 순함입니다.

漢字 妨(해칠 방, 방해할 방), 陵(업신여길 릉), 間(이간질할 간, 헐뜯을 간)

소언 ᄯᅩ 賤쳔ᄒᆞᆫ 이 貴귀ᄒᆞᆫ 이ᄅᆞᆯ 해ᄒᆞ며 져믄이 얼운을 므던이 너기며 먼 이 親친ᄒᆞᆫ 이를 리간ᄒᆞ며 새 녜 치를 리간ᄒᆞ며 져근 이 큰 의게 더우려ᄒᆞ며 음란으로 올ᄒᆞᆫ 이ᄅᆞᆯ 허룸은 닐온밧 여ᄉᆞᆺ 거ᄉᆞ름이오 님금은 올히 ᄒᆞ고 신하ᄂᆞᆫ 行ᄒᆡᆼᄒᆞ며 아비ᄂᆞᆫ 어엿비 너기고 아ᄃᆞᆯ은 효도ᄒᆞ며 兄형은 ᄉᆞ랑ᄒᆞ고 아ᄋᆞᆫ 공경홈은 닐온밧 여ᄉᆞᆺ 順슌홈이니이다

현대역 또 천한 이가 귀한 이를 해하며, 젊은이가 어른을 소홀이 여기며, 먼 이가 친한 이를 離間하며, 새 자가 옛 자를 이간하며, 적은 이가 큰 이에게 더하려 하며, 음란으로 옳은 이를 무너뜨림은 이른바 여섯 거스름이요, 임금은 옳게 하고, 신하는 행하며, 아버지는 불쌍히 여기고, 아들은 효도하며, 형은 사랑하고, 아우는 공경함은 이른바 여섯 순함입니다.

1 므던이: '므던히'의 이형태이다. '므던히'는 '소홀하게'의 옛말이다. 人情은 브툰 될 샹녜 므던히 너기고 니거든 ᄉᆞ랑호매 샹녜 感動ᄒᆞᄂᆞ니라(人情常忽於所賴 常感於去思).《법화 5:158》, 道心은 恭敬을 行ᄒᆞ야 구믈어리ᄂᆞᆫ 含靈에 니르리 너비 恭敬ᄒᆞ며 어엿비 너겨 므던히 너길 ᄆᆞᅀᆞᆷ 업슬ᄊᆡ 일후미 菩薩이라(普敬愛之 無輕慢心 故名菩薩).《금언 9》

2 치: '사람'을 낮잡아 이르는 말. 공터 한구석에서는 젊은 치들이 시시덕거리며 장난질을 하고 있었다. 단발한 머리를 치렁거리면서 앞서 오는 건장한 치가 두목 같아 보이고 뒤따르는 자들은 졸개 같다.《유현종, 들불》

3 리간ᄒᆞ며: 이간(離間)하며. '리간ᄒᆞ(어간)+며(연결어미)'이다. '리간ᄒᆞ다'는 '두 사람이나 나라 따위의 사이를 헐뜯어 서로 멀어지게 하다.'를 뜻한다. 유의어: 반간(反間)하다.

4 더우려ᄒᆞ며: 더하려하며. '더우려ᄒᆞ(어간)+며(연결어미)'이다. '더우려ᄒᆞ다'는 '더하다'의 옛말인 '더으다'에서 파생된 동사이다. 五年을 改過 몯ᄒᆞ야 虐政이 날로 더을ᄊᆡ 倒戈之日에 先考ㆆ 뜯 몯 일우시니(五年罔悛 虐政日深 倒戈之日 莫遂考心).《용가 12장》, 열 히 ᄃᆞ욇 ᄀᆞ장 조료ᄆᆞᆯ 減이라 ᄒᆞ고 열 히로셔 도로 더어 가ᄃᆡ 아ᄃᆞ리 아비 나해셔 곱기곰 사라 八萬 히 다욇 ᄀᆞ장 더우믈 增이라 ᄒᆞᄂᆞ니.《월석 1:47》

5 허룸은: 헐음은. '헐(어간)+움(명사형 어미)+은(주격 조사)'이다. '헐다'는 '집 따위의 축조물이나 쌓아 놓은 물건을 무너뜨리다.'를 뜻한다.

6 올히: '옳이', '옳게'의 옛말이다. 사리에 맞고 바르게. 말ᄋᆞᆯ 올히 너기샤 터리 ᄢᅢ혀 주시고 손토ᄇᆞᆯ 또 주시니.《월곡 상:33》, ᄠᅳ들 올히 너기샤 佛法僧 니ᄅᆞ시고 偈 지ᅀᅥ 또 니ᄅᆞ시니 말ᄋᆞᆯ 올히 너기샤.《월곡 상:33》

【集說】吳氏曰妨은害也요陵은犯也요間은離也요破는壞也라

오 씨가 말하였다. "妨은 해침이요, 陵은 범함이요, 間은 이간질함이요, 破는 무너뜨림이다."

去順效逆이**所以速禍也**ㅣ니**君人者**ㅣ**將禍**를**是務去**ㅣ어늘**而速之**ᄒᆞ시니**無乃不可乎**잇가

●六順을 버리고 六逆을 본받음이 써 화를 부르는 것이니, 사람의 임금이 된 이는 장차 화를 이 힘써 버려야 하거늘, 그것[화]을 부르시니, 이에 불가하지 않습니까?"

漢字 速(부를 속, 빠를 속)

소언 順슌홈을 ᄇᆞ리고 거ᄉᆞ롬을 ᄇᆡ홈이 ᄡᅧ 화란을 블으ᄂᆞᆫ 배니 사ᄅᆞᆷ의 님금 되연ᄂᆞᆫ 이 쟝ᄎᆞᆺ 화란을 이예 힘ᄡᅧ 업게 홀 거시어늘 블으시니 아니 可가티 아니ᄒᆞ니잇가

현대역 순함을 버리고 거스름을 배움이 써 禍亂을 부르는 바이니, 사람의 임금 된 이는 장차 화란을 이에 힘써 없게 할 것이거늘, (그것을) 부르시니, 아니 옳지 않습니까?"

아니ᄒᆞ니잇가: 않습니까. '아니ᄒᆞ(어간)+니(의문형 어미)+잇(존비법 ᄒᆞ쇼셔체 선어말어미)+가(의문형 종결어미)'이다. '니잇가'에 나타나는 '니'를 원칙법 선어말어미로 보는 일도 없지 않으나, 의문형 어미의 일부분이지 원칙법 선어말어미가 아니다. 그것은 '니'가 빠진 '*ᄒᆞᄂᆞ어', '*ᄒᆞᄂᆞ잇가'란 어형이 불가능하다는 데서도 알 수 있다. '니잇가'는 ᄒᆞ쇼셔체 판정의문문을 만든다. ᄒᆞ야쎠체와 ᄒᆞ쇼셔체에서는 제1·3인칭 의문문과 제2인칭 의문문이 중화되어 버린다. ᄒᆞ쇼셔체 판정의문문 또한 다른 판정의문문과 같이 의문사 없이 쓰이고, '아' 계통 모음으로 되어 있으며, 가부(可否)의 대답을 요구하는 의문문이다. 賢者도 ᄯᅩᄒᆞᆫ 이를 樂ᄒᆞᄂᆞ니잇가(賢者亦樂此乎).《맹언 1:3》, 人을 殺호ᄃᆡ 挺과 다ᄆᆞᆺ 刃으로ᄡᅥ 홈이 ᄡᅧ 달오미 인ᄂᆞ니잇가(殺人以梃與刃 有以異乎).《맹언 1:11》

【集說】吳氏曰順은卽六順이요逆은卽六逆也라速은召也라莊公이溺愛嬖人之子하여使恃寵弄兵而弗之禁하니是는去順而效逆也라其後에州吁弑桓公하고爲石碏所誅하니豈非速禍之明驗乎아

오 씨가 말하였다. "順은 곧 六順이요, 逆은 곧 六逆이다. 速은 부름이다. 莊公이 사랑하는 사람의 자식을 사랑함에 빠져, 하여금 사랑받음을 믿고서 병장기를 희롱하되 그것을 금하지 않았으니, 이는 順을 버리고 逆을 본받음이다. 그 후에 州吁가 桓公을 시해하고 石碏이 죽이는 바가 되었으니, 어찌 화를 부른다는 명확한 증험이 아니겠는가?"

漢字 弑(죽일 시), 驗(증험할 험, 시험할 험)

환공(桓公, 재위 기원전 734년~기원전 719년): 춘추시대 위(衛)나라의 제13대 왕이다. 이름은 완(完)으로, 장공(莊公)의 아들이다. 이복동생 주우(州吁, 위나라의 제14대왕, 재위 기원전 719년 2월~9월)가 교만하고 사치하자 환공이 폄척(貶斥)하니 주우가 달아났다. 환공 16년(기원전 719년)에 주우가 위나라에서 도망한 무리를 모아 환공을 습격해 죽이고, 스스로 임금이 되었다.

【四十六章】

○劉康公成肅公이會晉侯호야伐秦이러니成子ㅣ受脤肾于社호딕不敬이어늘 《左傳 成公十三年》

●劉邑의 康公과 成邑의 肅公이 晉나라 제후와 만나서 秦나라를 치기로 했더니, 成子[成肅公]가 社祭에서 제사고기를 받되 공경하지 않거늘,

漢字 脤(제사고기 신), 秦(나라이름 진), 社(제사이름 사)

1 진후(晉侯): 진려공(晉厲公, 재위 기원전 581~기원전 573년)으로, 본명은 희수만(姬壽曼) 또는 희주포(姬州蒲)이다. 춘추시대 진(晉)나라 29대왕으로, 폭군으로 알려졌다.

2 신(脤): 제사에 쓰는 날고기로, '신기(脤器)'에서 온 것이다. 그리고 '신기(脤器)'는 원래 '신기(蜃器)'로, '자개로 꾸민 나전(螺鈿, 자개박이) 그릇'이다, 蜃(무명조개 신)

소언 劉류康강公공과 成셩肅슉公공[劉류와 成셩은 봉ᄒᆞᆫ 짜히니 康강公공 肅슉公공은 다 周쥬ㅅ 나라 졔후ㅣ라]이 晋진侯후[厲녀公공이란 님금이라]와 모다 秦진[나라 일홈이라]을 티더니 成셩子ᄌᆞ[슉공이라]ㅣ 社샤애 脤신[긔군ᄒᆞᄂᆞᆫ 졔예 고기 담ᄂᆞᆫ 그ᄅᆞ시라]을 받오ᄃᆡ 공경티 아니ᄒᆞ거늘

현대역 劉康公과 成肅公[劉와 成은 봉한 땅이니, 康公 肅公은 다 周나라 제후라.]이 晋侯[厲公이란 임금이라.]와 모여 秦[나라 이름이라.]을 치더니 成子[숙공이라.]가 社에 脤[起軍하는 제사에 고기 담는 그릇이라.]을 받되 공경하지 아니하거늘,

1 모다: 모여. '몯(어간)+아(연결어미)'이다. '몯다'는 '모이다'의 옛말이다. 虞芮質成ᄒᆞᄂᆞ로 方國이 해 모ᄃᆞ나 至德이실ᄊᆡ 獨夫受ㄹ 셤기시니(虞芮質成 方國多臻 維其至德 事獨夫辛).《용가 11장》, 會난 모돌 씨니 부텨의 사롬 모도믈 法會라 ᄒᆞᄂᆞ니라.《월석 2:16》

2 긔군ᄒᆞᄂᆞᆫ: 기군(起軍)하는. 군사를 일으키는. '긔군ᄒᆞ(어간)+ᄂᆞᆫ(관형사형 어미)'이다.

3 받오ᄃᆡ: 받되. '받(어간)+오ᄃᆡ(연결어미)'이다. '-오ᄃᆡ'는 선행 음절의 모음이 'ㆍ, ㅏ, ㅗ, ㅣ, 반모음 ㅣ'인 경우에 붙어, '-(으)되'를 뜻하는 어미이다. 置陣이 ᄂᆞᆷ과 다ᄅᆞ샤 아ᅀᆞ보ᄃᆡ 나ᅀᅡ오니 믈러가던덴 목숨 ᄆᆞᄎᆞ리잇가(置陣異他 知亦進當 如其退避 性命奚戕).《용가 51장》, 나ᄂᆞᆫ 어버ᅀᅵ 여희오 ᄂᆞᄆᆡ그에 브터 사로ᄃᆡ 우리 어ᅀᅵ아ᄃᆞ리 외롭고 입게 ᄃᆞ외야 人生 즐거븐 ᄠᅳ디 업고.《석상 6:5》

【集說】**吳氏曰劉成**은**皆邑名**이요**康肅**은**皆謚**라**晉侯**는**晉厲公**이니**名**은**州蒲**라**脤**은**祭社之肉**이니**盛以脤器**라**故**로**曰脤**이라**凡出兵則宜**祭名**于社**하나니라

오 씨가 말하였다. "劉와 成은 모두 고을 이름이요, 康과 肅은 모두 시호이다. 晉侯는 晉나라 厲公이니, 이름은 州蒲이다. 脤은 社에서 제사지낸 고기이니, 脤器에 담는다. 그러므로 脤이라 이른다. 무릇 출병하면 社에서

宜祭를 지낸다."

漢字 厲(사나울 려), 蒲(부들 포), 社(토지 신 사), 盛(담을 성), 宜(제사이름 의, 마땅할 의)

사(社): 고대 중국에서의 토지 신 또는 그에 대한 제사.

劉子ㅣ曰吾ㅣ聞之호니民이受天地之中ᄒᆞ야以生ᄒᆞ니所謂命也ㅣ라是以로有動作禮義威儀之則ᄒᆞ니以定命也ㅣ라能者ᄂᆞᆫ養之以福ᄒᆞ고不能者ᄂᆞᆫ敗以取禍ᄒᆞᄂᆞ니라

●劉子[劉康公]가 말하였다. "내가 들으니, 백성은 天地의 中을 받아 써 태어난다 하니, 이른바 命이다. 이 때문에 動作과 禮義와 威儀의 법칙이 있으니, 써 命을 안정시킨다. (動作과 禮義와 威儀의 법칙을) 잘 하는 자는 그것들을 길러 써 복하고[복으로 삼고], 잘 하지 못하는 자는 패하여 써 화를 취한다.

천지지중(天地之中): '중(中)'은 '충(衷)'과 같은 뜻으로, '천명(天命)의 성(性, 仁義禮智)'을 뜻한다.

소언 劉류子ᄌᆞ[강공이라]ㅣ ᄀᆞᆯ오ᄃᆡ 내 들오니 ᄇᆡᆨ셩이 하ᄂᆞᆯ와 ᄯᅡ희 듕졍ᄒᆞᆫ 거슬 받ᄌᆞ와 ᄡᅧ 나니 닐온밧 命명이라 이러모로ᄡᅥ 닐뮈기며 禮례義의예며 거동에 법이 인ᄂᆞ니 ᄡᅧ 命명을 定뎡홈이라 能ᄂᆞᆼᄒᆞᆫ 이ᄂᆞᆫ 福복으로ᄡᅥ 치고 能ᄂᆞᆼ티 몯ᄒᆞᆫ 이ᄂᆞᆫ ᄒᆞ여ᄇᆞ려 ᄡᅧ 禍화를 얻ᄂᆞ니라

현대역 劉子[강공이라.]가 가로되, "내가 들으니, 백성은 하늘과 땅의 中正한 것을 받자와 태어나니, 이른바 命이다. 이러함으로써 동작이며 예의며 거동에 법이 있으니, 써 명을 정함이다. 능한 이는 복으로써 기르고 능하지 못한 이는 헐어버려 써 화를 얻느니라.

1 듕졍ᄒᆞᆫ: 중정(中正)한. '듕졍ᄒᆞ(어간)+ㄴ(관형사형 어미)'이다. '듕졍ᄒᆞ다'는 '어느

한쪽으로 지나치거나 모자람이 없이 곧고 올바르다.'를 뜻한다.

2 뉠뮈기: 움직임. '뉠뮈(어간)+기(명사형 어미 또는 명사 파생접사)'이다. '뉠뮈다'는 '움직이다'의 옛말이다. 뉠뮈여 ᄒᆞ니ᄂᆞᆫ 中에 話頭ᄅᆞᆯ 便安히 디녀(於動用中保持得話頭).《몽법 27》, 례 아니어든 뉠뮈디 말라 ᄒᆞ시니라(曰 非禮勿動).《번소 8:7》

3 ᄒᆞ여ᄇᆞ려: 헐어버려. 'ᄒᆞ여ᄇᆞ리(어간)+어(연결어미)'이다. 'ᄒᆞ여ᄇᆞ리다'는 'ᄒᆞ야ᄇᆞ리다'의 이형태이고, 'ᄒᆞ야ᄇᆞ리다'는 '헐어버리다', '손상되게 하다'의 옛말이다. ᄡᅥ도 내 쳔 ᄡᅳ며 ᄒᆞ야ᄇᆞ려도 내 짓 거슬 ᄒᆞ야ᄇᆞ리ᄂᆞ니 네게 므스 이리 브트뇨(使時使了我的錢 壞時壞了我的家私).《번노 하:49》, ᄌᆞ식이 올와 도라개ᅀᅡ 可히 효되라 니ᄅᆞᆯ 거시니 그 얼굴을 ᄒᆞ야ᄇᆞ리디 아니며 그 몸을 辱ᄒᆞ디 아니ᄒᆞ면 可히 올오다 닐올 디라(子全而歸之 可謂孝矣 不虧其體 不辱其身 可謂全矣).《소언 4:18》

【集解】眞氏曰劉子所言之中은卽成湯降衷之衷이니是謂天命之性也라人之動作禮義威儀는非可以强爲也니天地有自然之中하여而人得之以生이라故로動作禮義威儀는皆有自然之則하니過之도非中也요不及도亦非中也라動作은以身言이요禮義는以理言이요威儀는以著於外者言이라能循其則者는順天地之命者也라故로曰養之以福이요不能循其則者는逆天地之命者也라故로曰敗以取禍라然이나所謂能不能者는豈有他哉리오亦曰敬與不敬而已矣니라

진 씨가 말하였다. "劉子가 말한 바의 中은 곧 '成湯이 衷을 내렸다.'의 衷이니, 이는 天命의 性을 이른다. 사람의 動作과 禮義와 威儀는 가히 써 억지로 할 수 없으니, 天地에는 자연의 中[이치]이 있어, 사람들이 그것을 얻어서 써 태어난다. 그러므로 動作과 禮義와 威儀가 모두 자연의 법칙이 있으니, 그것을 지나침도 이치[中]가 아니요, 미치지 못함도 또한 이치[中]가 아니다. 동작은 몸으로써 말하고, 예의는 이치로써 말하며, 위의는

겉에 드러나는 것으로써 말한다. 능히 그 법칙을 따르는 자는 천지의 명에 순응하는 자이므로 '그것을 길러 복한다.'라고 말하고, 능히 그 법칙에 따르지 않는 자는 천지의 명을 거스르는 자이므로 '패망하여 써 화를 취한다.'라고 말한다. 그러나 이른바 능하고 능하지 못함은 어찌 다른 것이 있겠는가? 또한 '敬과 不敬일 뿐이다.'라고 말한다."

漢字 衷(참마음 충, 정성스러울 충)

成湯降衷之衷: '성탕(成湯)이 충(衷)을 내렸다'의 충(衷)이다. 《서경》〈탕고(湯誥)〉는 성탕[成湯, 성은 자(子), 이름은 리(履), 묘호는 태조(太祖), 상(商)나라의 개국 군주]의 말씀을 기록한 책이다. 여기에 "惟皇上帝降衷于下民(오직 훌륭하신 상제(上帝)가 충(衷)을 하민(下民)에게 내려 주었다.)"라 하였는데, 여기의 '충(衷)'은 '하늘이 인간에게 명한 인의예지(仁義禮智)의 성(性)'을 가리킨다.

【增註】天地之理를人得之以生하니所謂在天爲命이요在人爲性者也라動作禮義威儀는各有當然之則하니聖人은所以定其性而使弗失也니라

천지의 이치를 사람이 그것을 얻어서 써 태어나니, 이른바 하늘에 있어서는 命이 되고, 사람에게 있어서는 性이 되는 것이다. 동작과 예의와 위의는 각각 당연한 법칙이 있으니, 聖人은 써 그 性을 안정시켜 하여금 잃지 않게 하는 바다.

是故로君子는勤禮ᄒᆞ고小人은盡力ᄒᆞᄂᆞ니勤禮는莫如致敬이오盡力은莫如敦篤이라敬在養神이오篤在守業ᄒᆞ니라國之大事ㅣ在祀與戎ᄒᆞ니祀有執膰ᄒᆞ며戎有受脤이神之大節也ㅣ어늘今成子ㅣ惰ᄒᆞ니棄其命矣라其不反乎ㄴ뎌

●이런 연고로 君子는 예를 부지런히 하고, 小人은 힘을 다하니, 예를 부지런히 함은 공경을 지극히 함만 같음[공경을 지극히 함보다 더한 것]이 없고,

힘을 다함은 돈독히 함만 같음[돈독히 함보다 더한 것이]이 없다. 공경은 神을 봉양함에 있고, 돈독함은 業을 지킴에 있다. 나라의 큰일은 제사[祀]와 전쟁[戎]에 있으니, 제사에는 膰[익힌 祭肉]을 잡음이 있으며, 출병에는 脤[날 제육]을 받음이 있음이 神의[神을 섬기는] 큰 예절인데, 이제 成子가 게을리 하였으니, 그 명을 버린 것이다. 아마 돌아오지 못할 것이다."

漢字 **戎**(싸움 융, 병장기 융), **膰**[제사고기 번(제사 후 **參祀者**에게 나누어 주는 익힌 고기)], **脤**[제사고기 신(천자가 제사 후 **同姓諸侯**에게 나누어 주는 날고기)]

1 군자(君子): 벼슬이 높은 사람.
2 소인(小人): 벼슬이 낮은 사람.

소언 이런 故고로 君군子ᄌᆞᄂᆞᆫ 禮례ᄅᆞᆯ 브즈러니 ᄒᆞ고 小쇼人인ᄋᆞᆫ 힘ᄋᆞᆯ 다ᄒᆞᄂᆞ니 禮례ᄅᆞᆯ 브즈러니 홈은 공경을 닐윰만 ᄀᆞᆮᄐᆞ니 업고 힘을 다홈ᄋᆞᆫ 敦돈篤독홈만 ᄀᆞᆮᄐᆞ니 업ᄉᆞᆫ디라 공경홈ᄋᆞᆫ 귀신 봉양홈애 잇고 두텁고 독실홈ᄋᆞᆫ ᄒᆞᄂᆞᆫ 일 딕희옴애 인ᄂᆞ니라 나랏 큰 일이 졔ᄒᆞ기와 다ᄆᆞᆺ 군 ᄡᅳᆷ애 이시니 졔ᄒᆞ기예 膰번[졔예 고기라]을 잡음이 이시며 군 ᄡᅳ기예 脤신을 받음이 이숌이 神신씌 ᄒᆞᄂᆞᆫ 큰 졀목이어늘 이제 成셩子ᄌᆞㅣ 게을ᄋᆞ니 그 命명을 ᄇᆞ리ᄂᆞᆫ디라 그 도라오디 몯ᄒᆞᆯ 인뎌

현대역 이런 까닭으로 군자는 예를 부지런히 하고 소인은 힘을 다하니, 예를 부지런히 함은 공경을 이룸만 같은 것이 없고 힘을 다함은 돈독함만 같은 것이 없는 것이다. 공경함은 귀신 봉양함에 있고, 두텁고 독실함은 하는 일 지킴에 있다. 나라의 큰 일이 제사하기와 더불어 軍 씀에 있으니, 제사하기에 번(膰)[제사에 고기라.]을 잡음이 있으며 군 쓰기에 신(脤)을 받음이 있음이 신께 하는 큰 節目이거늘, 이제 成子가 게으르니 그 명을 버린 것이다. 그는 돌아오지 못하겠구나."

1 절목:절목(節目). 법률이나 규정 따위의 낱낱의 조나 항.

2 게을ᄋᆞ니: 게으르니. '게을ㅇ(어간)+ᄋᆞ니(연결어미)'이다. 현대국어 '게으르다'는 15세기 문헌에서부터 '게으르다'로 나타나 현재까지 그대로 이어진다. '게으르-'는 모음으로 시작하는 어미가 결합할 때에는 '게을ㅇ-'으로, 자음으로 시작하는 어미가 결합할 때에는 '게으르-'로 나타나 '게을ㅇ-/게으르-'로 교체되었다. 16세기에 성문 마찰 유성음의 'ㅇ'이 소멸하고 '흐르-/흘ㄹ-'로 교체되는 활용형에 유추되어 모음으로 시작하는 어미가 결합할 때에도 '게을ㄹ-'로 교체되면서 현재에 이르렀다. 게으르다(15세기~현재). 이형태: 게으르-, 게으ᄅᆞ-, 게을ㅇ-, 게을ㄹ-. 내 게으르디 아니호ᄆᆞ로 正覺ᄋᆞᆯ 일우오라.《석상 23:13ㄴ》, 世尊이 너기샤ᄃᆡ 四部衆이 해 게을어 다 法을 듣디 아니ᄒᆞᄂᆞ니.《월석 21:4ㄱ》, 구실ᄃᆡ기ᄅᆞᆯ 반ᄃᆞ시 졍셩도이 ᄒᆞ며 반ᄃᆞ시 믿비 ᄒᆞ야 혹도 게을러 늣드릐오 마로미 ᄇᆡᆨ셩의 ᄒᆞ욜 대예 이리라.《경민-중 2ㄱ》. '-ᄋᆞ니'는 끝음절의 모음이 'ㆍ, ㅏ, ㅗ'이고 받침 있는 동사, 형용사 어간이나 어미 뒤에 붙어, '-으니'를 뜻하는 어미이다. 블근 새 그를 므러 寢室 이페 안ᄌᆞ니 聖子革命에 帝祜ᄅᆞᆯ 뵈ᅀᆞᄫᆞ니 ᄇᆞ야미 가칠 므러 즘겟 가재 연ᄌᆞ니 聖孫將興에 嘉祥이 몬졔시니(赤爵御書 止室之戶 聖子革命 爰示帝祜 大蛇御鵲 寘樹之揚 聖孫將興 爰先嘉祥).《용가 7장》, 玄武門 두 도티 ᄒᆞᆫ 사래 마ᄌᆞ니 希世之事ᄅᆞᆯ 그려 뵈시니이다(玄武兩豝 一箭俱中 希世之事 寫以示衆).《용가 43장》

【集說】陳氏曰君子小人은以位言之라敦篤은亦敬也라膰은祭肉이니執膰受脤은皆交神之大節이라惰는謂受脤不敬이라君子勤禮以奉祀하고小人盡力以務農은皆養之以福者也어늘成子以君子而受脤不敬하니有取禍之道라故로劉子逆知其不反이러니其後에果卒于瑕하니라

진 씨가 말하였다. "군자와 소인은 지위로써 그것을 말하였다. 돈독은 또한 공경함이다. 膰은 제사고기이니, 膰을 잡고 脤을 받음은 모두 神과 교제하는 큰 예절이다. 惰는 脤을 받음에 공경하지 않음을 이른다. 군자는 예를 부지런히 하여 써 제사를 받들고, 소인은 힘을 다하여 써 농사에 힘씀은 모두 그것들을 길러 써 복하는 것이거늘, 成子는 군자로되 脤을 받음에

공경하지 않았으니, 화를 취하는 도가 있었다. 그러므로 劉子가 미리 그가 돌아오지 못함을 알았는데, 그 후에 과연 瑕에서 죽었다."

漢字 逆(미리 역), 瑕(옥티 하)

【集解】**眞氏曰夫敬之一言**은**堯舜禹湯文武以來傳心之要法**이니**春秋之世**는**去聖人未遠**하여**名卿賢大夫猶有聞焉**이라**故**로**呂成公曰劉子之言**은**乃三代老師宿儒傳道之淵源**이라하니**信矣夫**인저

진 씨가 말하였다. "무릇 敬이란 한 말은 堯 舜 禹 湯 文王 武王 이래로 마음을 전하는 중요한 법이니, 춘추시대는 聖人이 떠나신 지 아직 멀지 않아서, 유명한 卿과 어진 大夫가 오히려 그것[공경]을 들음이 있었다. 그러므로 呂成公[呂祖謙]이 (《東萊博議》에) 이르길, '劉子의 말은 곧 3대[夏·殷·周]의 늙은 스승과 나이 많은 선비가 道를 전해준 연원이다.'라 했으니, 믿을 만하다."

漢字 宿(나이 많은 숙), 淵(못 연), 源(근원 원)

여조겸(呂祖謙, 1137년~1181년): 중국 남송(南宋)의 학자. 자는 백공(伯恭)이고, 호는 동래(東萊)로, 여성공(呂成公)으로도 불린다. 자세한 설명은 〈소학집주 총론(小學集註總論)〉 '呂氏曰'을 참조하라.

〖四十七章〗

○**衛侯**ㅣ**在楚**ㅣ러니**北宮文子**ㅣ**見令尹圍之威儀**ᄒᆞ고**言於衛侯曰令尹**이**其將不免**이러이다**詩云敬愼威儀**ㅣ라**惟民之則**이라ᄒᆞ니**令尹**이**無威儀**ᄒᆞ니**民無則焉**이라**民所不則**이오**以在民上**ᄒᆞ니**不可以終**이니이다 《左傳 襄公三十一年》

●衛나라 諸侯가 楚나라에 있었는데, 北宮文子가 令尹인 圍의 威儀를 보고 衛나라 제후에게 말하여 이르되, "영윤은 그[아마도] 장차 면하지 못할 것입니다. 《시경》에 이르되, '위의를 공경하고 삼가는지라. 백성의 법이 된다.' 하였으니, 영윤이 위의가 없으니, 백성들이 그것[焉=於之]을 본받음이 없습니다. 백성들이 본받지 못할 바이면서, 써 백성 위에 있으니, 가히 써 마치지 못할 것입니다."

漢字 則(본받을 칙)

1 위후(衛侯): 위나라 제30대왕 위양공(威襄公, 미상~기원전 535년)을 말한다. 위양공은 이름은 희악(姬惡)이다. 위헌공[衛獻公, 제27대, 제29대왕, 희간(姬衎)]의 아들이자, 암군(暗君)으로 악명이 높은 위령공[衛靈公, 제31대왕, 이름은 희원(姬元)]의 아버지이다. 주경왕(周景王) 2년부터 10년까지 재위했다. 주경왕 4년 위나라의 대부 제왕(齊王)이 노(魯), 진(晉), 제(齊), 송(宋), 진(陳), 채(蔡), 정(鄭)나라의 대부 급허(及許), 조(曹)나라의 군주와 함께 괵(虢)에 모여 미병지맹(弭兵之盟)을 다시 한 번 확인했다. 7년 초영왕(楚靈王)이 처음으로 제후와 회이(淮夷)를 신(申)에 모았는데, 병을 핑계로 나가지 않았다(중국역대인명사전).

2 북궁타(北宮佗, 생몰 연대 미상): 춘추시대 위(衛)나라 사람. 문자(文子) 또는 북궁문자(北宮文子)로도 불린다. 위양공(衛襄公) 때 대부(大夫)를 지냈다. 양공을 따라 초(楚)나라에 가 회맹을 하러 정(鄭)나라를 지나갔는데, 보빙(報聘)하면서 정나라의 자우(子羽)와 풍간자(馮簡子), 자태숙(子太叔) 등을 보고는 정나라에 이런 인재가 있으니 강대국의 공격을 받지 않을 것이라고 생각했다. 초나라에 이르러 영윤(令尹)의 위의(威儀)가 국군(國君)에 못지않은 것을 보고 그가 장차 딴 마음을 품을 것이라고 단정했다. 나중에 그의 말과 같이 되었다(중국역대인명사전).

3 초영왕(楚靈王, 재위 기원전 540년~기원전 529년): 춘추시대 초나라의 제26대왕. 웅 씨(熊氏)고, 이름은 위(圍)인데, 나중에 건(虔)으로 고쳤다. 공왕(共王, 제23대왕, 재위 기원전 590년~560년)의 차남이고, 강왕(康王, 제24대왕, 재위 기원전 559년~545년)의 동생이다. 형 강왕 서거 후 그 아들인 겹오(郟敖, 제25대왕, 재위 기원전 544년~541년)가 왕위를 계승하자, 영윤(令尹)직을 장악하여 연소한 왕을 겁박하면서 막강한 실권을 누렸다. 여기에 만족하지

못하고 마침내 조카인 겹오와 그 소생인 공자 웅막(熊莫), 웅평하(熊平夏)까지 시해한 후 왕위를 찬탈했다. 본래 야심만만하고 성취욕, 명예욕이 대단하여 초(楚)나라의 패권을 재확립하고자 고군분투했다. 장화궁(章華宮)을 축조하여 외국의 망명객을 대거 수용하는 한편, 기원전 534년에는 진(陳)나라를 장왕(莊王) 시기에 이어 2차로 멸국치현(滅國置縣)하고, 기원전 531년에는 채(蔡)나라를 멸국치현했으며, 이어 허(許)·호(胡)·심(沈)·도(道)·방(房)·신(申) 등 6개 소국을 초나라 내지로 이동시키는 등 당시로서는 파격적인 정책들을 연속적으로 추진하여 대내외의 지탄을 받았다. 부왕인 공왕(共王) 시기부터 빠른 속도로 성장해 초나라의 남방 맹주 지위를 위협하던 장강(長江) 하류의 신흥국 오(吳)나라를 견제하기 위해 수차 원정군을 파견했고, 기원전 529년에는 몸소 출정했다가 그 틈을 이용해 동생들인 비(比)·흑굉(黑肱)·기질(棄疾, 영왕 사후 제27대 평왕(平王)으로 즉위, 재위 기원전 528년~516년)이 진(陳), 채현(蔡縣)의 군사들과 국내외 주요 반대파들을 모두 규합하여 난을 일으키자 고립무원의 사태를 짐작하고 자결했다. 오랫동안 무도한 군주인 것처럼 폄하되었으나, 그가 추진한 정책이나 사적들을 볼 때 단순히 패륜무도형의 군주로만 몰아세울 수는 없는 혁신적인 측면들이 적지 않다(열국지사전).

4 멸국치현(滅國置縣): 강대국이 타 제후국을 멸망시킨 후 그곳에 자국의 현(縣, 현 장관을 파견하여 직접 통치하는 직할 행정 단위)을 설치한다는 의미이다. 계절존망(繼絶存亡)과 존왕양이(尊王攘夷)로 상징되는 춘추시대 특유의 분산적이고 간접적인 지배를 벗어나 각국이 중앙 집권적 지배를 확대하기 위해 도입한 새로운 통치 방책이다. 춘추 중기에서 후기로 넘어가면서 진(晉)·초(楚)·진(秦) 등 강대국들은 전쟁을 통해 획득한 피정복국들에 대해 이전과 같은 봉건적 자치를 더 이상 용인하지 않고, 대신 피정복국의 구군(舊君)과 구공족(舊公族)들을 강제 추방한 후 피정복국의 영토 전체를 현(縣)이라는 새로운 직할 행정 조직으로 편성하고 그곳에 자국 관료를 현 장관으로 파견하여 중앙 통치를 직접 받게 하는 집권 방식으로 전환했다(열국지사전).

소언 衛위侯후[襄양公공이란 님금이라]ㅣ 楚초애 잇더니 北북宮궁文문子ᄌᆞ[衛위ㅅ 신해니 北북宮궁은 셩이오 文문子ᄌᆞᄂᆞᆫ 시회라]ㅣ 令령尹윤 圍위[令령尹윤ᄋᆞᆫ 楚초 ㅅ 경승이니 圍위ᄂᆞᆫ 일홈이라]의

威위儀의를 보고 衛위侯후ᄭᅴ 닐어 ᄀᆞᆯ오ᄃᆡ 令령尹윤이 그 쟝ᄎᆞᆺ 免면티 몯ᄒᆞ리러이다 詩시예 닐오ᄃᆡ 威위儀의를 공경ᄒᆞ며 삼가ᄂᆞᆫ디라 ᄇᆡᆨ셩의 법이라 ᄒᆞ니 令령尹윤이 威위儀의 업스니 ᄇᆡᆨ셩이 법홀 거시 업슨 디라 ᄇᆡᆨ셩의 법받디 몯ᄒᆞᄂᆞᆫ 배오 ᄡᅥ ᄇᆡᆨ셩의 우ᄒᆡ 이시니 可가히 ᄡᅥ 션둉티 몯ᄒᆞ리이다

현대역 衛侯[襄公이라는 임금이라.]가 楚에 있더니, 北宮文子[衛의 신하니, 北宮은 성이오, 文子는 시호라.]가 令尹 圍[영윤은 초의 정승이니, 위는 이름이라.]의 威儀를 보고 위후께 일러 가로되, "영윤이 그 장차 면하지 못할 것입니다. 詩에 이르되, '위의를 공경하며 삼가는 것이다. 백성의 법이다.' 하니, 영윤이 위의가 없으니, 백성이 법할 것이 없는 것입니다. 백성이 본받지 못하는 바이고, 써 백성의 위에 있으니 가히 善終하지 못할 것입니다."

1 몯ᄒᆞ리러이다: 못하리러이다. 못할 것입니다. '몯ᄒᆞ(어간)+리(추측법 선어말어미)+러(회상법 선어말어미)+이(존비법 ᄒᆞ쇼셔체 선어말어미)+다(평서형 종결어미)'이다. '-러이다'는 '이다', '아니다'의 어간이나 어미 '-으시-', '-더-', '-으리-' 뒤에 붙어, '하십시오' 할 자리에 쓰여, 보거나 듣거나 겪은 사실을 전달하여 알림을 나타내는 어미이다. '-더이다'보다 예스러운 느낌을 준다. 그는 참으로 명장이러이다.

2 위의(威儀): 위엄이 있고 엄숙한 태도나 차림새.

3 션둉티; 선종(善終)하지. '션둉ᄒᆞ(어간)+디(보조적 연결어미)'이다. '션둉ᄒᆞ다'는 '삶을 잘 마치다.'의 뜻이다.

【集說】吳氏曰衛侯는襄公이니名은惡이라文子는衛大夫니名은佗요北宮은其姓也라令尹은楚上卿執政者니名은圍라免은謂免於禍라詩는大雅抑之篇이라則은法也라不可以終은言不可以善保其終也라

오 씨가 말하였다. "衛侯는 襄公이니, 이름은 惡이다. 文子는 衛나라 大夫이니, 이름은 타(佗)요, 北宮는 그의 성이다. 令尹은 楚나라의 上卿으

로 정권을 잡은 자이니, 이름은 圍이다. 免은 화를 면함을 이른다. 詩는 〈大雅〉 '抑篇'이다. 則은 법이다. 不可以終[가히 써 마치지 못할 것임]은 가히 써 그 마침을 잘 보전하지 못함을 이른다."

漢字 襄(도울 양), 佗(다를 타)

公曰善哉라何謂威儀오對曰有威而可畏를謂之威오有儀而可象을謂之儀니君이有君之威儀ᄒᆞ면其臣이畏而愛之ᄒᆞ며則而象之故로能有其國家ᄒᆞ야令聞이長世ᄒᆞ고臣이有臣之威儀ᄒᆞ면其下ㅣ畏而愛之故로能守其官職ᄒᆞ야保族宜家ᄒᆞᄂᆞ니順是以下ㅣ皆如是라是以로上下ㅣ能相固也ㅣ니이다

● 공이 말하였다. "좋구나. 무엇을 威儀라 이르는가?" 대답하여 말하였다. "위엄이 있어 가히 두려워할 만함을 그것을 威라 이르고, 법도[儀]가 있어 가히 본받을 만함을 그것을 儀라 이르니, 임금이 임금의 威儀가 있으면 그 신하가 두려워하되 그를 사랑하고 법 삼아 그를 본받습니다. 그러므로 능히 그 국가를 보유하여 아름다운 들림[명성]이 후세에 길며[오래 가며], 신하가 신하의 威儀가 있으면 그 아랫사람이 두려워하되 그를 사랑합니다. 그러므로 능히 그 관직을 지켜 종족을 보존하고 집안을 마땅하게 하니, 이[君臣]를 따라 이하가 모두 이와 같습니다. 이로써 윗사람과 아랫사람이 능히 서로 굳어집니다.

漢字 象(본받을 상), 儀(법도 의), 令(아름다울 령), 聞(들림 문, 명성 문)

소언 公공이 ᄀᆞᆯ오ᄃᆡ 올타 엇뎨 닐온 威위儀의오 ᄃᆡ답ᄒᆞ야 ᄀᆞᆯ오ᄃᆡ 위엄이 이셔 可가히 저품ᄋᆞᆯ 닐온 威위오 거동이 이셔 可가히 본바담 즉홈ᄋᆞᆯ 닐온 儀의니 님금이 님금의 威위儀의를 두시면 그 신해 저코 ᄉᆞ랑ᄒᆞ며 법 삼아 본받ᄂᆞᆫ 故고로 能능히 그 國국家가를 두어 어딘 일홈이 후셰에 길리 가고 신해 신하의 威위儀의를 두면 그 아래 사룸이 저코 ᄉᆞ랑ᄒᆞᄂᆞᆫ 故고로 能능히 그 벼슬을 딕킈여 권당을 안보ᄒᆞ며 집을 맛당케 ᄒᆞᄂᆞ니 일로 조차 뻐 아래 다 이 ᄀᆞᆮ툰 디라 이러모로뻐 우콰 아래 能능히 서르 굳ᄂᆞ니이다

현대역 공이 가로되, "옳다. 어찌[무엇이] 이른바 위의오?" 대답하여 가로되, "위엄이 있어 가히 두려워함을 이른바 위요, 거동이 있어 가히 본받음직함을 이른바 의니, 임금이 임금의 위의를 두시면 그 신하가 두려워하고 사랑하며 법 삼아 본받는 까닭으로, 능히 그 국가를 두어 어진 이름이 후세에 길이 가고, 신하가 신하의 위의를 두면 그 아래 사람이 두려워하고 사랑하는 까닭으로, 능히 그 벼슬을 지키어 친척을 安保하며 집을 마땅하게 하니, 이로 좇아 써 아래가 다 이 같은 것입니다. 이러함으로써 위와 아래 능히 서로 굳어집니다.

1 저품: 두려움. 두려워함. '저프(어간)+움(명사형 어미)'이다. '두렵다'의 옛말인 '저프다'의 명사형이다. ᄯᅩ 이 男子 漢이 므서슬 저퍼ᄒᆞ리오(更是男子漢家怕甚麼).《박언 하:60》, 恐怕 저퍼ᄒᆞ다.《동해 상:20》

2 저코: 두려워하고. '젛(어간)+고(연결어미)'이다, '젛다'는 '두려워하다'의 옛말이다. 龍王이 金剛杵 저허 모딘 ᄆᆞᅀᆞᆷ 고티니 羅刹도 ᄯᅩ 고티니이다.《월곡 상:71》, 우리도 兵馬 뒷노소니 저티 아니호리이다.《석상 23:54》

3 안보ᄒᆞ며: 안보(安保)하며. '안보ᄒᆞ(어간)+며(연결어미)'이다. '안보ᄒᆞ다'는 '편안히 보전되다.' 또는 '편안히 보전하다.'의 뜻이다. 나라가 있은 연후에 집이 있나니 나라가 안보치 못하면 집을 오히려 어찌 두랴.《독립신문》, 황제는…조칙을 내려 가로되…너희 인민의 자유를 안보하리라 하였다더라.《대한매일신보》

4 굳ᄂᆞ니이다: 굳어집니다. '굳(어간)+ᄂᆞ(현재 시제 선어말어미)+니(원칙법 선어말어미)+이(존비법 ᄒᆞ쇼셔체 선어말어미)+다(평서형 종결어미)'이다. '-ᄂᆞ니이다'는 '-니이다'와 마찬가지로, 동사, 형용사 어간이나 어미 뒤에 붙어, '-ㅂ/-습니다'를 뜻하는 어미이다. 허믈이 웃듬 쟝슈ᄭᅴ 인ᄂᆞ니이다(責在元帥).《소언 6:23》, 올ᄉᆞ와이다 島中의셔도 그리 니르ᄋᆞᆸᄂᆞ니이다.《첩신-초 3:13》

【集說】吳氏曰此는衛侯問而文子答也라令聞長世는謂善名이久垂於世也라是는指君臣而言이라皆如是는謂皆有威儀也라固는安固也라此는言君臣之有威儀而其效如此라

오 씨가 말하였다. "이는 衛候가 묻고 文子가 답함이다. 令聞長世[아름다운 들림이 후세에 길]는 좋은 이름이 세상에 오래 드리워짐을 이른다. 是는 君臣을 가리켜 말함이다. 皆如是[모두 이와 같음]는 모두 위엄이 있음을 이름이다. 固는 편안하고 굳음이다. 이는 임금과 신하가 위의가 있으면 그 효험이 이와 같음을 말함이다."

漢字 善(좋을 선)

衛詩예曰威儀棣棣라不可選也ㅣ라ᄒᆞ니言君臣上下父子兄弟內外大小ㅣ皆有威儀也ㅣ니이다

● 衛詩에 이르기를, '威儀는 풍부하고 익숙한지라, 가히 가릴 것이 없도다.' 하였으니, 임금과 신하, 위와 아래, 아버지와 아들, 형과 아우, 안과 밖, 큰이와 작은이가 모두 威儀가 있음을 말한 것입니다.

漢字 棣(익숙할 체, 산 앵두나무 체)

소언 衛위詩시[모시 栢빅舟쥬篇편이라]예 ᄀᆞᆯ오ᄃᆡ 衛위儀의ㅣ 棣톄棣톄[만코 닉숙은 양이라]ᄒᆞᆫ 디라 可가히 ᄀᆞᆯᄒᆡ디 몯ᄒᆞ리로다 ᄒᆞ니 님금이며 신해며 우히며 아래며 아비며 아ᄃᆞᆯ이며 형이며 아이며 안히며 밧기며 큰 이며 져근 이 다 威위儀의 잇ᄂᆞᆫ 줄올 닐ᄋᆞ니이다

현대역 衛詩[毛詩 栢舟篇이라.]에 가로되, '위의가 체체(棣棣)[많고 익숙한 모양이라.]한 것이다. 가히 가리지 못하리로다.' 했으니, 임금이며 신하며, 위며 아래며, 아버지며 아들이며, 형이며 아이며, 안이며 밖이며, 큰이며, 작은이가 다 위의 있는 것을 말함입니다.

1 ᄀᆞᆯ히디: 가리지. 'ᄀᆞᆯ히(어간)+디(보조적 연결어미)'이다. 'ᄀᆞᆯ히다'는 '여럿 가운데서 하나를 구별하여 고르다.'를 뜻한다. 'ᄀᆞᆯ히다'는 15세기 문헌에서부터 나타난다. 16세기에 제2음절 이하의 'ᆞ'가 'ㅡ'로 변하였는데 이중모음 'ᆡ'도 'ㅢ'로 변하였다. 이러한 변화가 'ᄀᆞᆯ히다'에서도 일어나 제2음절 '히'가 '희'로 변했는데 문헌에서 확인되는 것은 17세기부터이다. 한편 근대국어 후기에 'ㄹ'과 모음 사이에 있는 'ㅎ'이 탈락하고 이중모음 'ㅢ'가 단모음화하여 18세기에 'ᄀᆞᆯ이다'로 나타나게 되었다. 18세기에 'ᄀᆞᆯ이다'와 함께 'ᄀᆞ리다'가 공존하였는데 'ᄀᆞ리다'는 'ㅎ'이 탈락하면서 연철 표기된 것이다. 18세기에 제1음절의 'ᆞ'가 'ㅏ'로 변하는 'ᆞ'의 제2차 소실이 일어났는데 'ᄀᆞ리다'도 이러한 변화를 겪어 '가리다'가 되었다. '가리다'가 문헌에서 확인되는 것은 19세기부터인데 'ᄀᆞᆯ히다', 'ᄀᆞᆯ희다' 등이 19세기까지 공존하였다. 20세기 이후 '가리다'로 정착하면서 현재에 이르렀다. ᄀᆞᆯ히다(15세기~19세기)〉ᄀᆞᆯ희다(17세기~19세기)〉ᄀᆞᆯ이다(18세기~19세기)〉ᄀᆞ리다(18세기)〉가리다(19세기~현재). 이형태: ᄀᆞᆯ희다, ᄀᆞᆯ희다, ᄀᆞᆯᄋᆡ다, ᄀᆞᆯ이다, ᄀᆞ리다, 가리다, ᄀᆞᆯ회다, 갈이다, 갈의다. 풍류 잘 ᄒᆞᇙ 伎女 五百ᄋᆞᆯ ᄀᆞᆯ히야 서르 ᄀᆞ라 뫼ᅀᆞᄫᆡ게 ᄒᆞ시니.《석상 3:5ㄱ》, 뎌 뎜이 곧 瓦店이니 조ᄒᆞᆫ 뎜 ᄀᆞᆯ히여 브려셔 즘승 쉬우져.《번노 상:17ㄱ》, 누ᄂᆞᆫ 왼 올ᄒᆞᆫ 일 ᄀᆞᆯ히야 보라 주시고 귀ᄂᆞᆫ 왼올ᄒᆞᆫ 일 ᄀᆞᆯᄋᆡ야 드르라 주시고.《칠대 10ㄴ》

2 닐ᄋᆞ니이다: 말합입니다. '닐ᄋᆞ(어간)+니(원칙법 선어말어미)+이(존비법 ᄒᆞ쇼셔체 선어말어미)+다(평서형 종결어미)'이다, '닐ᄋᆞ-'는 '이르다[謂]'의 옛말인 '닐ᄋᆞ다'의 어간이다. '-니이다'는 동사, 형용사 어간 뒤에 붙어, '-ㅂ/습니다'를 뜻하는 어미이다. 義ᄒᆞ고 그 君을 後ᄒᆞᆯ 者ㅣ 잇디 아니ᄒᆞ니이다(未有義而後其君者也).《맹언 1:3》, 녯 사ᄅᆞᆷ이 民으로 더블어 ᄒᆞᆷᄭᅴ 樂ᄒᆞᆫ 故로 能히 樂ᄒᆞ니이다(古之人 與民偕樂 故能樂也).《맹언 1:5》

【集解】詩는邶風栢舟之篇이라棣棣는富而閑習之貌요選은簡擇也니言威儀無一不善하여不可得而簡擇取舍也라

詩는 〈패풍(邶風)〉 '柏舟篇'이다. 棣棣는 풍부하면서도 익숙한 모양이요, 選은 가림이니, 威儀는 하나라도 착하지 않음이 없어, 가히 얻어 간택하거나 취하고 버릴 수 없음을 말함이다.

漢字 邶(나라이름 패), 簡(가릴 간), 擇(가릴 택), 舍(=捨 버릴 사)

【增註】**此盖借引**하여**以爲人皆不可無威儀耳**라

이는 대개 (시를) 빌려 인용하여, 사람이 모두 가히 威儀가 없어서는 안 됨을 말할 뿐이다.

漢字 盖(蓋의 俗字, 대개 개, 덮을 개), 借(빌 차)

周詩에**曰朋友攸攝**이**攝以威儀**라ᄒᆞ니**言朋友之道**ㅣ**必相教訓以威儀也**ㅣ니이다

● 周詩에 이르기를, '붕우 간에 검속하는 바는 위의로써 검속한다.' 하였으니, 붕우 간의 도리는 반드시 서로 위의로써 가르치고 깨우쳐야 함을 말함입니다.

漢字 攸[바 유=所(소)], 攝(검속할 섭, 당길 섭, 가질 섭, 걸 섭, 도울 섭, 잡을 섭)

검속(檢束): 자유행동을 못하도록 단속함. 유의어: 단속(團束).

소언 周쥬詩시[모시 旣긔醉취篇편이라]예 ᄀᆞᆯ오ᄃᆡ 벋의 잡드ᄂᆞᆫ 배 잡드롬ᄋᆞᆯ 威위儀의로ᄡᅥ ᄒᆞ다 ᄒᆞ니 벋의 도리ᄂᆞᆫ 반ᄃᆞ시 서르 威위儀의로ᄡᅥ ᄀᆞᄅᆞ침ᄋᆞᆯ 닐ᄋᆞ니이다

현대역 周詩[毛詩 旣醉篇이라.]에 가로되, '벗의 붙드는 바는 붙듦을 위의로써 한다.' 했으니, 벗의 도리는 반드시 서로 위의로써 가르침을 말합니다.

잡드ᄂᆞᆫ, 잡드롬: 붙드는, 붙들음. '잡드ᄂᆞᆫ'은 본래 '잡들(어간)+ᄂᆞᆫ(관형사형 어미)'인데, 어간 말 치조음 'ㄹ'이 어미 초 치조음 'ㄴ' 앞에서 탈락한 것이다. '잡드롬'은 '잡들(어간)+옴(명사형 어미)'이다. '잡들다'는 '잡아들다', '붙들다'의 옛말이다. 支ᄂᆞᆫ 서르 잡드러 괴올ᄊᆡ니 모ᄃᆡ 서르 업디 몯ᄒᆞ야 힘저슨 ᄠᅳ디라.《석상 9:18》, ᄒᆞ다가 힘두어 잡들면 定力 境界 흐러디리라(若著力提撕, 則解散定境).《몽법 17》

【集說】詩는大雅旣醉之篇이라攝은檢也라

詩는 〈大雅〉 '旣醉篇'이다. 攝은 검속함이다.

漢字 檢(검속할 검, 봉할 검)

故로君子는在位可畏ᄒᆞ며施舍可愛ᄒᆞ며進退可度ᄒᆞ며周旋可則ᄒᆞ며容止可觀ᄒᆞ며作事可法ᄒᆞ며德行可象ᄒᆞ며聲氣可樂ᄒᆞ며動作有文ᄒᆞ며言語有章ᄒᆞ야以臨其下ㅣ라謂之有威儀也ㅣ니이다

● 그러므로 군자는 지위에 있음에 가히 두려워할 만하며, (군자가) 쓰이고 버려짐에 가히 사랑할 만하며, 나아가고 물러남에 가히 법도가 될 만하며, 두루 돎에 가히 법칙이 될 만하며, 용모와 행동거지가 가히 볼 만하며, 일을 지음에 가히 법이 될 만하며, 어진 행실이 가히 본받을 만하며, 소리 기운이 가히 즐거워할 만하며, 동작이 文彩가 있으며, 말씀이 법이 있어, 써 그 아랫사람에게 임할 것이니, 그것을 위의가 있다고 이릅니다."

漢字 章(법 장, 문채 장)

소언 그러므로 君군子ᄌᆞᄂᆞᆫ 벼슬에 이심애 可가히 저프며 쓰이며 ᄇᆞ리임애 可가히 ᄉᆞ랑ᄒᆞ오며 나으며 믈롬이 可가히 법바담즉ᄒᆞ며 두루 돌옴이 可가히 법바담즉ᄒᆞ며 용모와 거지 可가히 보왐즉ᄒᆞ며 일을 홈이 可가히 法법바담즉ᄒᆞ며 어딘 ᄒᆡᆼ실이 可가히 본바담즉ᄒᆞ며 소릐과 긔운이 可가히 즐거오며 닐무욤애 문치 이시며 말솜애 빗치 이셔 뻐 그 아래를 디늘언ᄂᆞᆫ 디라 威위儀의 잇다 닐ᄋᆞᄂᆞ니이다

현대역 그러므로 군자는 벼슬에 있음에 가히 두려우며, 쓰이며 버림에 가히 사랑하며, 나오며 물러섬이 가히 본받음직하며, 두루 돎이 가히 본받음직하며, 용모와 擧止가 가히 봄직하며, 일을 함이 가히 본받음직하며, 어진 행실

이 가히 본받음직하며, 소리와 기운이 가히 즐거우며, 동작함에 文彩가 있으며, 말씀에 빛이 있어, 써 그 아래를 임한지라, 위의 있다 말함입니다.”

1 법바담즉ᄒᆞ며: 본받음직하며. 본받을 가치가 있으며. ‘법받(어간)+암즉ᄒᆞ(접사)+며(연결어미)’이다. ‘법받다’는 ‘본보기로 하여 그대로 따라 하다.’를 뜻한다. 규범 표기는 ‘본받다’이다. ‘-암즉ᄒᆞ’는 ‘-ㅁ직하다’, ‘-할 가치가 있다’를 뜻하는 접사이다.

2 거지(擧止): 행동거지(行動擧止). 몸을 움직여 하는 모든 짓.

3 문ᄎᆡ: 문채(文彩). 아름다운 광채.

【集解】施는用也요舍는不用也라度는法度也라眞氏曰自古之論威儀者未有若文子之備也라蓋威는非徒事嚴猛而已라正衣冠尊瞻視하여儼然人望而畏之니夫是之謂威也요儀는非徒事容飾而已라動容周旋이無不中禮니夫是之謂儀也라當是時하여令尹圍專楚國之政하고有簒奪之心하여形諸(저)威儀하니必有僭偪于上者라故로文子見而知其不終이러니未幾에果以簒奪得國하니是爲靈王이라其後에亦復(부)被弑而不能終也하니라

施는 쓰임이요, 舍는 쓰이지 않음이다. 度는 법도이다. 진 씨가 말하였다. “예로부터의 威儀를 논하는 자가 文子의 갖춤과 같음[같은 이]이 있지 않았다. 대개 威는 한갓 엄숙함과 사나움을 일삼을 따름이 아니라, 의관을 바르게 하고 시선을 높게 하여, 의젓하게 사람들이 바라보고 그를 두려워함이니, 무릇 이것을 威라 이르고, 儀는 한갓 용모 꾸밈을 일삼을 따름이 아니라, 동작과 두루 돎이 예에 맞지 않음이 없음이니, 무릇 이것을 儀라 이른다. 이때를 당하여 令尹 圍가 楚나라의 정사를 오로지하고 찬탈할 마음을 두어, 威儀에 그것이 나타났으니, 반드시 윗사람에게 참람(僭濫)하고 핍박(逼迫)함이 있었을 것이다. 그러므로 文子가 보고 그가 마치지 못할 것을 알았는

데, 얼마 안 있어, 과연 써 찬탈하여 나라를 얻으니, 이가 靈王이 되었다. 그 후에 또한 다시 시해를 당하여 능히 마치지 못하였다."

漢字 猛(사나울 맹), 瞻(볼 첨), 視(볼 시), 儼(의젓할 엄), 徒(한갓 도, 다만 도, 걸어 다닐 도, 무리 도, 맨손 도), 簒(빼앗을 찬), 奪(빼앗을 탈), 形(나타날 형), 僭(참람할 참, 어그러질 참), 偪(핍박할 핍, 행전 핍), 幾(얼마 기)

1 참람(僭濫): 분수에 넘쳐 너무 지나침.
2 핍박(逼迫): 바싹 죄어서 몹시 괴롭게 굶.
3 미기(未幾): 얼마 안 있어.

右는通論이라

● 이상은 통론이다.

소언 이 우흔 通통ᄒᆞ야 ᄒᆞᆫ 의론이라

현대역 이 위는 통하여 한 의론이라.

참고 문헌

고영근(2020), 《표준 중세국어문법론》, 집문당.

김경남(2022), "율곡 이이의 《소학제가집주》의 저본 및 편찬 방법에 관한 고찰", 《태동고전연구》 49, 한림대학교 태동고전연구소.

김태곤(1981), 《소학언해의 국어학적 연구》, 인하대학교 석사학위논문.

김한숙(1987), 《번역소학과 소학언해의 비교 연구》, 성신여자대학교 석사학위논문.

남광우(1971), 《고어사전》, 일조각.

단국대학교 부설 동양학연구소(2007), 《한한대사전(漢韓大辭典)》.

성백효(1993), 《현토완역 소학집주》, 사단법인 전통문화연구회.

안병희(1979), "중세국어의 한글자료에 대한 종합적 고찰", 《규장각》 3, 규장각.

유창돈(1964), 《이조어사전》, 연세대학교 출판부.

이기문(1959), "16세기 국어의 연구", 서울대 문리대 논문집 4. 서울대학교.

이기문(1960), "소학의 언해에 대하여", 《한글》 127, 한글학회.

이숭녕(1973), "소학언해의 무인본과 교정청본의 비교 연구", 《진단학보》 36, 진단학회.

이영애(1986), 《번역소학과 소학언해의 비교 연구》, 효성여자대학교 석사학위논문.

이유기(2020), 《역주 번역소학 권3》, 세종대왕기념사업회.

이현희(1988), "소학의 언해에 대한 비교 연구", 《한신논문집》 3, 한신대학교.

이현희(1993), "《소학》의 언해본", 《국어사 자료와 국어학의 연구(안병희 선생 회갑기념논총)》, 문학과지성사.

이회문화사(1994), 《언해소학집주증해(진우회, 영인본)》.

임민규(1987), 《소학언해의 국어학적 고찰: 주로 번역소학과의 비교를 통하여》, 고려대학교 석사학위논문.

정재영(2000), "번역소학 권3·4에 대하여", 《서지학보》 24, 한국서지학회.

정혜린(2009), "《번역소학》과 《소학언해》의 구문 번역 양상 연구 -한문 원문의

'V_1V_2' 구성을 중심으로-", 서울대학교 석사학위논문.
정호훈(2014), 《조선의 소학》, 소명출판.
진원(2011), "주자의 소학론과 한국·중국에서의 변용", 인하대학교 박사학위논문.
학민문화사(1990), 《을해신간 춘방장판 소학(영인본)》.
학민문화사(2002), 《을해신간 춘방장판 소학(구결토판, 영인본)》.
허웅(1955), 《용비어천가》, 정음사.
허웅(1958), "삽입모음고", 《논문집》 7(인문사회과학편), 서울대학교.
허웅(1989), 《16세기 우리 옛말본》, 샘문화사.
홍윤표(1984a), "번역소학 해제", 《번역소학 8·9·10(영인본)》, 홍문각.
홍윤표(1984b) "번역소학 해제", 《번역소학 6·7(영인본)》, 홍문각.

사이트

국립국어원, 우리말샘(http://opendict.korean.go.kr/)
네이버 지식백과(http://terms.naver.com/)

어절 색인

≪번역소학≫

(1) 한자와 결합된 어절

(2) 한글로 표기된 어절

ㄱ ㅅㄱ

ㄴ

ㅅ ㅄ

≪소학언해≫

(1) 한자와 결합된 어절

ㄱ

(2) 한글로 표기된 어절

ㅅ ㅄ ㅆ